钏影楼回忆录

钏影楼回忆录 续编

包天笑／著

刘幼生／点校

山西出版传媒集团

三晋出版社

再版说明

    《钏影楼回忆录》及《钏影楼回忆录续编》是包天笑先生的自传性著作，其体裁则如笔记体，读来生动有趣，文如其人，且有很高的史料价值。一九九九年，由本社(原山西古籍出版社)整理，收入《民国笔记小说大观》第四辑予以出版，旋即售罄。今值本社成立二十周年，乃重印此本，用以纪念，并满足读者不断索书之需。特此说明。

导　言

　　《钏影楼回忆录》及《续编》是中国现代著名文人包天笑的自传体著作。

　　包天笑（1876—1973），江苏吴县人。本名包清柱，小字德宝，后改名包公毅。天笑乃其笔名之一，遂以行世。号朗孙，别号包山。生平所署笔名甚夥，较为常用的有吴门天笑生、天笑生、天笑、小生、秋星阁、钏影楼、馀翁、且楼、染指翁等。

　　包天笑出生于苏州的一个商人家庭，数代均以米业为生。至太平天国之战，家业一空，遂至中落。其父初入钱庄，后营土产，终未能重振家声。包天笑十六岁时其父病逝，遂挑起全家生活的重担，出外处馆授徒。次年再赴科考，得青一衿。其间，西风东渐，包天笑通过接触一些图书报刊，从中受到新思潮影响。并与二三友好开始学习外文，先后攻读过日文、英文和法文，虽然时间都不长，但为他以后翻译外国小说奠定了基础。

　　甲午战争之后，包天笑在家乡与几位志同道合的朋友一起，组织起一个学会，即励学会，并以励学会的名义开办了一家书店，即东来书庄。其后又创办《励学译编》月刊，主要是从日文翻译一些有关政治、经济的文章。大约一年以后，包天笑又以一己之力创编印行《苏州白话报》（旬刊），可算是他与新闻结缘之始。包天笑的第一部翻译小说亦始于此时，即他与人合译的《迦因小传》，发表在《励学译编》上，署名为吴门天笑生。因包天笑并不精通英文，故此书由其合作者先从英文译出，再由包天笑润饰成文，正仿佛林琴南的翻译小说。之后，包天笑主要是从日文转译欧洲的文学作品，计有四十馀种之多。

1

戊戌政变之后，包天笑离开故乡，到南京高等学堂督办蒯光典所办之金粟斋译书处任职。曾参与印行严复所译之《穆勒名学》、《原富》、《社会通诠》、《群学肄言》等书，以及叶浩吾所译之《日本宪法》等。并曾自费印行谭嗣同的《仁学》。金粟斋结束后，包天笑先后在上海几家编译所任职，旋返回苏州。

1903 年，苏州成立新式学堂，名曰吴中公学社，包天笑应聘为国文教员。次年，又被聘为山东青州官立中学堂监督。两年之后，包天笑辞职归南，在上海《时报》任职，开始进入新闻界。同时，包天笑又在《小说林》兼职，创作小说。还在两三所女子学校任教。

自包天笑携眷在上海定居后，先后在《小说林》、《小说时报》、《妇女时报》、《小说丛报》、《小说大观》、《小说画报》、《星期》周刊等报刊兼职或任职，其间还曾在上海商务印书馆编译所任职。1925 年以后，包天笑又进入电影界，陆续将自己译写的小说改编成电影剧本，并且被搬上银幕。在社会活动方面，包天笑曾加入南社、星社、青社及丙子同庚会。并于 1936 年与萨空了、卜少夫等人署名发表《上海新闻记者为争取言论自由宣言》。同年 10 月，鲁迅、郭沫若、茅盾、林语堂、巴金、洪深、叶绍钧、夏丐尊等人联名发表《文艺界同仁为团结御侮与言论自由宣言》，包天笑亦列名其中。

抗日战争胜利后，包天笑离开上海到香港定居。直至 1973 年 11 月 24 日，因病在香港逝世，享年 97 周岁。

包天笑一生主要从事文艺创作、文学翻译和新闻事业，作品甚夥。著作有《哀》、《情波记》、《留芳记》、《拈花记》、《蛇环记》、《碧血幕》、《复古村》、《春江梦》、《非小说》、《燕归来》、《恩与仇》、《战线中》、《上海春秋》、《慧琴小传》、《换巢鸾凤》、《富人之女》、《恨绮愁罗》、《瞽井轶谭》、《雨过天青》、《甲子絮谈》、《降城痛语》、《黑海银灯》、《琼岛仙葩》、《海上蜃楼》、《新西游记》、《新白蛇传》、《人间地狱续集》、《风流少奶奶》、《风云变幻记》、《青灯回味录》、《生活的裂痕》、《春城飞絮录》、《秋星阁笔记》、《钏影楼日记》、《钏影楼笔记》、《包天笑说集》、《天笑生短篇小说》、《考察日本新闻略述》、《钏影楼回忆录》、《衣食住行的百年变迁》、《钏影楼回忆录续编》等。翻译作品有《心狱》、《覆车》、《一捻红》、《二青年》、《双雏泪》、《六号室》、《八一三》、《儿童历》、《古天官》、《铁世界》、《销金窝》、《侠奴血》、《毒蛇牙》、《空谷兰》、《梅花落》、《滑稽旅行》、《大宝窟王》、《克罗特丐》、《人耶非耶》、《天方夜谭》、《秘密使者》、《迦因小传》（合译）、《身毒叛乱记》（合译）、《镜台写影》（合译）、《大侠锦披客传》（合译）、《苦儿流浪记》、《馨儿就学记》、《弃石埋石记》、《铁窗红泪记》、《波兰遗恨录》、《空想花园记》、《碧海澄波记》、《孤雏感遇记》、《云想花因记》、《血印枪声记》（合译）、《无名之英雄》、《结核菌物语》、《二千里寻亲记》、《千年后之世界》、《拿破仑之情网》、《纪克麦再生案》、《动物之同盟罢工》、《儿童修身之感情》等。还译有话剧《怨》（合译）、《牺牲》（合译）、《女律师》等。电影剧本有《好男儿》、《空谷兰》、《梅花落》、《富人之女》、《夏心》、《复活》、《可怜的闺女》、《多情的女伶》、《风流少奶奶》等。此外，还曾编著《新社会》教科书三册，《中华民国大事记》四册等。

《钏影楼回忆录》的写作，始于1949年5月，包天笑时为73周岁。据其在《钏影楼回忆录》出版时所作《自序》中称："清夜梦回，思潮起伏，因想到年逾七十，蹉跎一生，试把这个在前半生所经历的事，写些出来，也足以自娱，且足以自警。"在同一本书中的《缘起》中，包天笑复言："把此刻还可以记忆的事迹，随便的写点出来，给我的下一代、再下一代看看，以时代变迁的神速，他们也许为了追思往事，而增添一些兴味吧？"由此先由儿童时代写起，直到辛亥革命前后，共成三十馀万字。"后经流离转徙，意兴阑珊，也遂搁笔了。"（《钏影楼回忆录·自序》）因为包天笑所写回忆录都是可以独立成篇的文字，且篇幅大体一致，所以先后分篇连载在香港的《大华杂志》和《晶报》上。

1971年，香港大华出版社为《钏影楼回忆录》出版单行本，当时包天笑已是95周岁的高龄老人了。却"蒙海内外贤哲加以奖励，谓此（按，指《钏影楼回忆录》）仅辛亥革命以前事耳，于此中断，殊可惋惜。百岁光阴，如白驹过隙，前事不忘，后事之师，追述遗闻，亦足为后生史材。而我以行将垂尽之年，在此药炉病榻之旁，亦尝回念前尘，寻思故友，深夜失眠，又复弄笔，亦得十馀万字。不足则继之以一九四九年的断烂日记，即名之曰《钏影楼回忆录续编》。"（《钏影楼回忆录续编·自序》）书成之后，仍由大华出版社出版。《自序》所记年月为一九七三年八月，而包天笑即于是年十一月逝世。据郑逸梅言，这书出版时，彼已在弥留之际，不能亲见了。（郑逸梅《民国笔记概观·包天笑的〈钏影楼回忆录〉》）

统检《钏影楼回忆录》与《钏影楼回忆录续编》，分别包括八十七篇和二十六篇文字。《钏影楼回忆录》前半部分主要写家人家事，以及包天笑在苏州的经历。后半部分则主要写其在上海的工作、创作及交游情况。《钏影楼回忆录续编》则分写包天笑在北京与上海两地的创作和交游情形。所附日记则是包天笑1949年在台湾的生活情形及对大陆政局的看法与感受。总的看来，《钏影楼回忆录》及《钏影楼回忆录续编》有以下几个比较突出的特点。

首先，包天笑一生跨越满清、民国及新中国三个时代，他虽然考中过满清的秀才，但思想很开放，并未受到封建观念的毒害。恰恰相反，他与许多新青年一起，在清末尽到了启蒙国民的责任。如他曾创办木刻月刊，推行现代教育，经手印行介绍西方先进思想的译著，撰写新小说，从事现代新闻事业等等。并且身体力行，翻译了大量西方文学作品，以教育薰染广大青少年。进入民国以后，包天笑在文学界更趋活跃。他的创作和翻译作品数量很大，并且参与多种小说杂志和教育图书的编印工作。其反对军阀独裁，鼓吹民主进步的政治思想倾向也非常鲜明坚定。从其一九四九年的日记中可以发现，他对国民党政府的独裁专制、腐败无能怀有极大反感，而对中国共产党则抱有好感，为新中国的诞生而欣慰。这些都可以说明，包天笑作为一个封建时代的旧知识分子，却能努力接受并信奉、宣传民主进步思想，具有强烈的爱国热诚。

其次，包天笑先后从事教育、新闻和文学创作翻译，他出生于文风鼎盛的苏州，又在现代文化事业发达的上海居住四十年之久，阅历甚富，交游极广，所撰回忆录具有非常高的史料价值。无论是在社会政治、文化经济方面，还是在有关制度、民间风俗方面，都提供了大量身经目见的第一手资料，为读者展现了一幅极为生动的历史长卷。单就其中所涉及的人物而言，其所交往的大都是当时一流的文人学者、巨宦名流，粗略列举书中的名人，就有周今觉、严复、章太炎、张元济、郑孝胥、张謇、章行严、吴彦复、马君武、林白水、苏曼殊、蓝公武、柳亚子、曾朴、蔡元培、赛金花、狄楚青、陈慕韩、向恺然、黄炎培、史量才、陆费伯鸿、邵飘萍、周瘦鹃、毕倚虹、李叔同、于右任、康有为、汪精卫、陈独秀、张恨水、萨空了、梅兰芳、荀慧生、程砚秋、吴沃尧、阿英、熊希龄、沈寿、刘半农、戈公振、林琴南、胡适、袁寒云、徐凌霄、徐一士等，这还只是其中之荦荦大者，并未细检全书。这些名人在包天笑笔下，无不栩栩如生，如闻如睹，兼以所述又多秘辛轶闻，可令人大开眼界。其他社会各界人物如贩夫走卒、青楼名花、律师记者、商贾学子等等，也均在其回忆录中有所描述。

再次，作为一名著名作家，包天笑曾被人称为"鸳鸯蝴蝶派"的干将，此说法确否姑且不论。而其以优美的词语，缜密的构思，为读者写下这百馀篇珠玉般的文字，娓娓道来，历历如睹，令人读而忘倦，手不忍释，感受到一种莫大的享受。特别应该指出的是，包天笑在本书中的叙述十分详尽，富有情趣的细节增加了本书的可信度，也使读者可以真切地感受到历史的真实。在此尚须特赘一笔，香港大华出版社印行的《钏影楼回忆录》前，有柯荣欣先生所撰《钏影楼回忆录序》，云："尤其难得的是，先生撰著本书时，虽已年逾古稀，记忆力仍非常强。书中随时记录着光绪初叶至民国十年前后的物价、工薪等资料。在我们后生小子看来，简直像读《史记·货殖列传》一般珍贵与惊奇。"实际上，据郑逸梅先生所言，本书是包天笑"根据早年的日记，陆续写成的"。(《民国笔记概观·包天笑的〈钏影楼回忆录〉》)查检包天笑的著述目录，《钏影楼日记》一书赫然在目，可证郑逸梅先生所言不虚。此外，包天笑在《钏影楼回忆录续编·回忆毕倚虹(二)》中亦曾言，本拟将毕氏之《回忆词》录入文中，"乃遍觅不得，十馀日后，无意中于旧日记中忽然得之，因补录如下"云云。包天笑先生的记忆力固然非常之强，但本书的若干细节乃是他依据早年日记撰著而成，却是事实。这也可以从侧面证明本书内容的真实与可信程度。

又次，《钏影楼回忆录》及《续编》的内容非常之坦诚纯笃，不事修饰。既不为尊者讳，亦不为自身讳。包天笑对于身处的环境和交接的名人，都能真实地加以描述，不掩其长，不讳其短。在他的笔下，与某些名人回忆录不同，既无那样满篇的丰功伟绩，也没有字里行间的自吹自擂。他只是平静而恬淡地描绘出那些奇人逸士的日常生活，给读者展现出既有个性，又有缺点的有血有肉的真人。尤其是对于自己，包天笑毫无隐饰，例如《钏影楼回忆录》中写到他在航船上与青楼女子的邂逅，在上海召妓侑酒的风流，在日本考察期间的平康之游。在《续编》中，他也写到了与外国女郎的一夜缠绵，由此可见其坦率。正因本书中描写的都是真情实事，所以十分感人。

此次整理排印《钏影楼回忆录》与《钏影楼回忆录续编》，并收入《民国笔记小说大观》第四辑，在中国大陆尚属首次。所依据的底本主要是包天笑当年在《大华杂志》和《晶报》上的连载文章，并参校大华出版社与龙文出版社两个不同的版本，完全保留包天笑先生文字的原貌。遇有误字，以〔 〕将正字附注于后，衍字以【 】标明，夺字则以 [ ] 补入。《续编》所附其一九四九年的日记，其中引述某些材料，偶见当时国民党当局对中共的诋毁文字，则以×号代之。因整理者水平有限，错讹不免，诚祈海内外方家指正。

一九九八年十一月

目　　录

钏影楼回忆录续编

钏影楼回忆录

自　序

距今二十馀年前，清夜梦回，思潮起伏，因想到年逾七十，蹉跎一生，试把这个在前半生所经历的事，写些出来，也足以自娱，且足以自警。先从儿童时代，写了家庭间事，成数万字。既而兴之所至，从青年时代到中年时代，断断续续，一直写下去，又成了若干万字。后经流离转徙，意兴阑珊，也遂搁笔了。实在说来，那时的记忆力更不如前了。此种记载，原不足存，更不足以问世，或存之为儿孙辈观感而已。但我辈既生存于这个时代，又薰染于这个境界，以欲留此鸿爪的一痕，又何足怪！古人有五十而知非之说，我已耄矣，应更知既往之非，有以自忏。但友朋辈却说我所记述，既可以作近代史的参证，又可以观世变的遗蜕，那就益增我的惭感了。这个回忆录，先曾登载于《大华杂志》，后又连载于《晶报》。今又承柯荣欣先生的不弃，为之印行成书，而高伯雨先生则为我订正，感何可言！回想旧游，常萦梦寐，亦思追忆前尘，而时不我予。今者衰病侵寻，神思滞塞，眼花手颤，惮于握管，因缀数语，叙其颠末。

一九七一年二月在香港，吴县包天笑时年九十六

缘　起

　　我写此稿，在一九四九年五月，我那时七十四岁了。我的记忆力已日渐衰退，大不及从前。有许多经历的故事，忘了它的头绪，有许多结交的朋友，忘了他的名字，恐怕以后，更不如现在了吧？有时我的儿孙辈，问起我幼时的事，有些是茫然莫知所答了，有些也只是片羽残鳞。虽然仅是个人的事，也好像是古人所说，一部十七史从何说起了呀！

　　昨天夜里，忽得一梦，梦着我已变成了一个八九岁的儿童，依依在慈母之侧。我的母亲，还是那样的青年，还是那样的慈爱，可惜那不过一刹那之间，我便醒了。母亲不曾和我说过什么话，也没有什么表示，我醒后却不能忘怀。其时已是天将微明的时候，窗外的白雄鸡，已在喔喔啼了。我再也不能重续残梦了，我双目炯炯，至于天晓。

　　我以行将就木之年，我比中国人最尊敬的孔夫子，已多活了一年，而忽然得了此梦，虽然我对于幼年的梦似常常做的。为了睡不着，引起了我枕上的种种回忆。但是那种回忆，也是一瞥即逝，似春梦无痕。因此我便把此刻还可以记忆的事迹，随便的写点出来，给我的下一代、再下一代看看。以时代变迁的神速，他们也许为了追思往事，而增添一些兴味吧！

一　我的母亲

在五岁以前,我是完全不能记忆了,我的知识,就算是从五岁开始了吧。因为我是五岁就上学了。

我的出生,是在苏州城内西花桥巷一个宅子里。这宅子并不是我家所有,我家只是租着住居而已。及至我略知事物,以及五岁上学的年龄,我家已迁到阊门内的刘家滨房子里了。我所出生的花桥巷房子,直到如今,没有进去看过。仅在十二岁那年跟随父亲,走过西花桥巷,父亲指点给我看:"这是你生出的地方!"我只在门口望了一望。

我们只有姊弟二人,姊姊长我三岁。我家不用奶妈,都是我母亲乳养大的。自从我生出以后,姊姊是祖母领去同睡了,我是专依恋着母亲了。我记得我是常常捧着母亲的面颊,勾着母亲的头颈而睡的。

在我七八岁的时候,母亲吐过一次血。那时西医还不曾流行到中国内地来,但是中国也知道有些吐血是一种肺痨病,而且要传染给人的,母亲便不许我向她面对面睡在一床上。我因此哭了几场,母亲忍不住了,另设一被,另具一枕,只许我睡在床的另一头,不许和她亲近。

有一天早晨,天还没有大亮,我便醒了,便爬到母亲身上去。那时帐外残灯未灭,在晨光熹微中,我看见母亲面容惨白,似乎是另一个人。我便哭喊道:"嗳呀! 你不是我的母亲呀! 你是谁呀?"母亲被我闹醒,拍我的肩头说道:"痴孩子! 怎的不是你的母亲呢? 你认认清楚呀!"便对我展开了笑容,迟之又久,我才认清了母亲的面容,紧紧的搂着她,惟恐失去了她。后来母亲垂泪向父亲道:"我的病恐怕是不起的了,孩子已不认得我了。"但是后来母亲的病,却也渐渐的愈了。

我在七八岁以前依恋母亲,没有一时间离开了她。凡是母亲回到外祖家去,我总是跟了去。有一次,母亲一个人去了,事前不给我知道。我放学回来(那时我是六岁吧),不见了母亲,大发脾气。祖母说:"母亲今天就要回来的,吵什么呢?"便命家中男佣人黄福,掮在肩头上,到门口迎接母亲去。我一定要黄福送我到外祖家,黄福不肯,只有掮了我兜圈子。见一顶轿子迎面来了(那时苏州中上阶层人家妇女,出门必坐轿子),便骗我说:"母亲回来了。"我见轿中端坐的不是母亲,又哭。直到吃夜饭时,母亲才回来,我心中方安定。她告诉我说："因为外祖家的小妹妹正在出痧子，所以不带你去。"

我祖母的母家姓吴，我母亲的母家亦姓吴。外祖家叫我母亲为六小姐，或六姑奶奶，但她并不排行第六。在兄弟辈，她没有长兄，仅有一弟。在姊妹间，她有一姊，嫁蔡家，已经故世了。此外仅有一妹。一弟一妹，均异母所出，无论如何，均不会排行第六。我曾问过母亲，母亲说："他们从小就这样叫我，大概是大排行吧？"（按：大排行者，连堂房的兄弟姊妹，都排列进去，中国的大家庭，有这样的风俗。）

但我对于母亲的被呼为六小姐，始终不明。因为我从未听说外祖有兄弟，亦未见过母亲有堂房姊妹呀。后来我问母亲："也许是一个小名，声音与六字相同，并非排行第六吧？"于是写了许多在吴音中与六字相同的字，请母亲选择一个（那时我已经十五六岁了）。母亲说："我又不识字，不必要一个名字。"（当时中国妇女十分之八九不读书，没有名字）我再三要求母亲选一个名，母亲徇爱儿之请，随便在我所写的许多字上，指了一个，乃是"箖"字，于是便定了箖字。后来直到母亲去世时，我写她的行述，也用了这个名字。

这个箖字，《诗经》上有一句"箖竹猗猗"，是与竹有关系的。恰好我父亲号"韵竹"，也可以算得有些巧合咧。

我的母亲，在我的内心中，在我的敬爱中，直到如今，我称颂她是圣者。我未见世上女人道德之高，过于吾母者。她不识字，不读书，未受何等教育，然而事姑，相夫，教子，可以说是旧时代里女界的完人。这不独是她儿子如此说，所有亲戚朋友中，没有一人不称赞她贤德的。

二 上学之始

我五岁就上学，可算是太早了，但近代在五岁时，入幼稚园的，也不是没有。况且我是在旧历二月初二生的，也可以算得足四十八个月了。在未上学之先，祖母教我识几个笔画简单的字，我都认识。又以我的父亲，在幼年时，适逢太平天国之战，随着祖母，奔走逃离，深恨自己从小失学，希望我成一读书种子。

我家那时住在城西刘家浜一个宅子里，这宅子是一个巨宅，里面住了三家人家。除我家外，一家姓赖，福建人，汉军籍。一家姓谭，似为安徽人，有些忘了。因为当时苏州是个江苏省城，别省来此做官候补的人很多（清制，本省人不能做本省官）。这赖、谭两家，都是到江苏来候补的，而在苏州作寓公。后来赖家有一位叫赖丰熙，谭家有一位叫谭泰来，一个做了吴县知县，一个做了苏州府知府，都是前清时代的地方官。但那时候，他们两家和我的一家，都已迁出刘家滨这个宅子了。

我的上学动机，和赖家有关系。这一宅子中，谭家住正屋，谭〔赖〕家住花厅，而我们住在花厅对面几幢楼房中，也有大小八九间房子。虽然花厅前面的庭院很大，院中花木扶疏，还有假山，可是我们和赖家，总是望衡对宇。他们女眷中有一位三太太，和我祖母、母亲极为客气，以邻居关系，常常互相馈赠食物。这位三太太，有时穿长袍，作旗装；有时短袄长裙，作汉装。因为她是汉军的关系也（汉军可与满人通婚，亦可与汉人通婚，成为满汉通婚的桥梁）。

因为三太太有个儿子约摸十三四岁，要请一位西席先生。他们都能说苏州话，又感于苏州文风之盛，要请一位苏州先生。商之于我祖母，我祖母本来预备我要上学，也要请一位开学先生，那就得正好，便商量两家合请一位先生。

祖母就托了她的第一女婿，就是我的姑丈尤巽甫先生。巽甫姑丈又托了他的堂兄鼎孚先生，也是我的表姑丈，介绍了一位陈少甫先生（名恩梓），这算是我家与赖家合请的。陈先生朝出暮归，好在他的家，离馆极近，他住在回龙阁，就在刘家滨南面的一条街，不过是咫尺之间。当时订明，赖家供一餐午饭，我家供一顿晚点，夜饭是陈先生回家吃了。

我上学的仪式，颇为隆重。大概那是正月二十日吧？先已通知了外祖家，外祖家的男佣人沈寿，到了那天的清早，便挑了一担东西来。一头是一只小书箱，一部四书，一匣方块字，还有文房四宝、笔筒、笔架、墨床、水盂，一应俱全。这些东西，在七十年后的今日，我还保存着一只古铜笔架，和一只古瓷的水盂咧。那一头是一盘定胜糕和一盘粽子，上学时送糕粽，谐音是"高中"，那都是科举时代的吉语。而且这一盘粽子很特别，里面有一只粽子，裹得四方型的，名为"印粽"；有两只粽子，裹成笔管型的，名为"笔粽"，谐音为"必中"。苏州的糕饼店，他们早有此种技巧咧。

停一刻儿，我的母舅坐轿子来了，他是来送学堂的。苏俗：父亲不送学堂，有母舅的母舅送，没有母舅的叔伯送，或其他长辈送。在从前送学堂，要穿礼服来的，现在简便得多了，只戴一顶红缨帽。但若是绅士人家，还是要穿礼服的。

书房就在赖家花厅的一个耳房里，有一个天井，天井里三面都是高大的墙。有六扇长窗，长窗外有一个花砌，有几枝天竹之类的小树。学生只有两人，就是我和赖家的这位世兄。这位赖世兄，他们家里叫他大少爷，我当面虽然叫他赖世兄，背后也叫他一声赖大少爷。

母舅一来，送入书房，便要行拜师礼了。佣人们在书房正中，点上红烛，母舅拈了香，然后教我朝上拜了四拜，这是先拜至圣先师的孔子。然后在正中摆上一张椅子，然后地上铺下红毡单，请先生坐在椅子上，受学生拜师之礼。但我们的陈先生却不肯坐，只站在上首，而且在我跪下去的时候，他便双手把我扶了起来，这便算拜师礼成了。

我的坐〔座〕位，就在先生的书桌傍〔旁〕边。可怜的是我身体太小，因此在椅子上，放了几个垫子，还衬上那条红毡单，便抱了上去了。一面家里又送上"和气汤"，这也是苏州的风俗，希望师生们、同学们和和气气，喝一杯和气汤。这和气汤是什么呢？实在是白糖汤，加上一些梧桐子（梧与和音相近）、青豆（青与亲音相同）。好在那些糖汤，是儿童们所欢迎的。

母舅给先生作了一个揖，说了"拜托拜托"两句，他的任务完成，便即去了，我就感到单独。先生早已预备，用红纸方块，给我写了六个字："大富贵，亦寿考。"教我认识。这六个字中，第一个"大"字，早就认识了，其馀五个，都不认识。先生教了约摸四五遍，其馀的五个字，也都认识了。这一天下午本来也就放假，大概不到两小时的光景，我也就放学了。

在放学之前，我们这位陈先生是非常道地的，他把我的字版，安放在书包里。最奇怪的，把我的书包翻转来包了。说起来我的书包，也大为考究，这也是外祖家送来的。书包是绿绸面子的，桃红细布的夹里，面子上还绣了一位红袍纱帽的状元及第，骑着一匹白马。书包角上，还有一条红丝带，系上一个金钱。

临出书房时，先生还把粽子盘里的一颗四方的印粽，教我捧了回去，家里已在迎候了。捧了这印粽回去，这是先生企望他的学生，将来抓着一个印把子的意思。为什么把书包翻转来呢？后经祖母解释，苏州有一句俗语：一个读书人飞黄腾达，称之为"书包翻身"，都是科举时代祝颂之意。

三　上学以后

上学以后，我进步倒也不慢，每天认识方块字，约近二十个字。不到两个月，已认识了一千字了。这些方块字，坊间是依著一部《千字文》而刊印的，倘再要认识生字，那就有一种在千字以外的方块字了。这些认方块字教法，只认识它的字形、读音，而不加解释它的意义，这是中国旧式的幼稚教育。

认识了一千字后，陈先生便给我读了一本《三字经》，因为三个字一句，小孩子易于上口。《三字经》读完后，先生便给我读一本《诗品》，这《诗品》是司空图著的，也是四个字一句，如"绿杉野屋，落日气清，脱巾独坐，时闻鸟声"之类，比之《千字文》，似乎更易上口。读完《诗品》后，先生说：可以诵读长短句了，便教我读一本《孝经》。

照平常的启蒙书，那些私塾里，总是先读"三"、"百"、"千"。所谓三百千者，乃是《三字经》、《百家姓》、《千字文》的三部书。但我却读了一本《诗品》，一本《孝经》。《三字经》不必说了，《百家姓》与《千字文》，在实用上也很有效力的。以识字而言，也要识得人家姓什么呀，读了《百家姓》，那就便当得多了。《千字文》里，一千个字，没有相同的，于是人家便以此排列号数了，譬如"天字第一号"和"地字第二号"，以次排列下去。不但如此，这与读书人也很有关系，在小考、大考、乡试、会试，也都以《千字文》排号的。假如在乡试场里，你的号舍是标明一个"来"字，你如果读过《千字文》的，便知道有"寒来暑往"的这一句，你的号舍，就在"寒"字与"暑"字之间了。

读完《孝经》就读四书了。照例读四书的顺序，先读《大学》，次读《中庸》，然后读《论语》与《孟子》。但是陈先生却不然。教我先读《论语》，并不教我先读《大学》、《中庸》。可惜的是《论语》还没读完，就离开了这位可爱的启蒙教师陈先生了。

陈先生的爱我，简直同于慈母。我身体小，爬不上椅子时，他便抱了我上去。每次到学堂去，母亲总吩咐我小便一次，然后进去。放饭出来进去，也是如此。偶尔忘记了，在学塾里内急了，面孔涨得通红。先生却已知道了，问我："可是要小便了？"便引我到庭院壁角里去小便。这位先生，真像一位褓

9

母。

但这位赖世兄赖少爷，却常常侮弄我。把湿纸团装在笔套管里，做了纸弹射我。又用水盂里的水，洒在我身上。因为先生是个近视眼，他避了先生之眼，就如此作弄我。我生性懦弱，怯不敢响。有一天，我临睡的时候，母亲给我脱衣服，却见我后颈里一个个的纸团，向我问起。我说："这是赖世兄把湿纸团塞在我头颈里的。"现在那些湿纸团已经干了。母亲说："那些湿纸团塞在头颈里不难过吗？回来又不告诉人。"母亲告诉了祖母，祖母恨极了，后来和赖大少爷的母亲三太太说了，三太太把她的儿子骂了一顿，责令他到我家向祖母陪〔赔〕罪。

约在二十五年以后，有一位赖丰熙，做了我们吴县知县。我有一位盟弟李叔良（名志仁），在县考时，赖知县取了他为"案首"（即第一名），非常赏识他，要把他的女儿配给叔良（后来没有成功）。据叔良所谈，我疑心这位我们的"父母官"，就是塞纸团在我后颈里的赖大少爷。他是福建汉军，又说住过刘家浜，更无疑虑。后来他就调任了，叔良进学以后，留学日本，也和他疏远了，不曾问他。

我的离开我的陈先生，为了我们是迁居了。我家那时从刘家浜迁居到桃花坞。为什么要迁居，我不知道，大概是家庭经济紧缩之意。自从这一次离开了陈先生以后，从此就不曾见面。我不知道陈先生的学问如何，但是启蒙的时候，陈先生教我读一本《诗品》，又教我读一本《孝经》，是企望我将来成一诗人，又企望我为一笃行之士。我虽不成器，陈先生可知是有学行的人了。

后来知道陈先生做了外交官，颇为奇事，不知道哪一位驻美钦使（当时无公使之称，官书称钦使，俗称钦差）到了新大陆去，陈先生当了随员。难道陈先生懂得外国语言文字吗？一定是不懂得的，他教我识字读书的时候，年已三十多岁了，哪里懂什么外国文？不过当时的出使外国大臣，也不必要识外国文，即如苏州的这位洪状元洪钧，也出使外国，他何尝懂得外国文！其馀的随员，更不必说了。

据说：陈先生到了美国，在使馆里终日闭门家居，不大出来。有人说：他到了美国，好似没有到美国，仍旧在自己家里。又听说他回国以后，曾经写过一篇很长的文章，痛骂美国，从政治到社会。中国有许多谙洋务、讲新法的人，都以陈先生的出洋为笑谈，说他不通世务。我虽不曾读到陈先生痛骂美国的文章，但不是我回护师门，必有精刻之论。至少比了那些"月亮也是外国好"的人，多少有些见识。

在辛亥那一年，陈先生放了新加坡领事。这时我的一位朋友毕倚虹（名振达，号几庵）做了他的随员。刚到上海就武昌起义了。陈先生不能到任，回到苏州去了，而倚虹也到中国公学去读书。我起初不知道先生的行踪，经毕倚虹谈起才知道。我那时已住在上海，几次想回苏州去拜谒陈先生，都蹉跎了，先生乃不久即逝世了。

四　我的父亲

我的父亲是一个遗腹子，他在祖母腹中时，我的祖父已经故世了。这不是悲惨的事吗？我也少孤，但是我到十七岁父亲才故世，我还比父亲幸福得多。

我的祖母生有两子三女：第一胎是男，我的大伯，到三岁时候死了。第二胎是女，我的二姑母，嫁尤氏，姑丈尤巽甫（名先庚），二姑母早死，我未见。第三胎是女，我的三姑母，嫁顾氏，姑丈顾文卿（名维焕），三姑母亦早死，续娶亦包氏，我祖［母］的侄女。第四胎是女，我的四姑母，嫁姚氏，姑丈姚宝森（名仪廷）。第五胎是男，是我的父亲。所以我父是遗腹子，而不是独生子。

我家祖先，世业商，住居苏州阊门外的花步里，开了一家很大的米行。我的曾祖素庭公，曾祖母刘氏，他们所生的儿女，不仅我祖父一人，但是祖父排行最小。

祖父名瑞瑛，号朗甫。因为他的号是朗甫，所以我的号是朗孙。祖母所命，用以纪念祖父。他是一个文人，是一个潇洒的人，常以吟咏自遣（但他的遗墨，我一点也没有得到）。不过他并没有去应试过，不曾走上科举的路，也不想求取功名，只喜欢种花、饮酒、吟诗，对于八股文是厌弃的。大概家里有几个钱，是一位胸襟恬澹，现代所称为有闲阶级的人。可是天不永年，将近三十岁，一病逝世，把一大堆儿女，抛弃给祖母了。

我不曾见过祖父，连父亲也不曾见过他的父亲，这只在祖母口中传下来的。除了我的大伯，三岁便死以外，其馀有三位姑母，都在幼年，而我的父亲，则在襁褓中。中间适逢太平天国之战，到处奔走，到处逃难，正不知祖母怎样把一群孩子抚养成人的。

据祖母说：这是幸亏得她的父亲炳斋公（我父的外祖吴炳斋公），逃难一切，都是跟了他们走的。炳斋公只一个女儿，便是我祖母。当时他们是苏州胥门外开烧酒行的，酒行吴家谁不知道？而我们是在阊门外开米行的，也颇有名气，论资本还是我们大咧。以烧酒行的女儿，配给米行家的儿子，在当时，也可算得门当户对的。

父亲幼年失学，因为他的学龄时代，都在转徙逃难中丧失了。祖母说：我父亲的读书，断断续续，计算起来，还不到四足年。然而父亲的天资，比我聪明，他并未怎样自己用功自修，而写一封信，却明白通达，没有一些拖沓，从不见一个别字。他写的字，甚为秀丽。想想吧！他只读了四年书呀！我们读了十几年书，平日还好像手不释卷似的，有时思想见识，还远不及他呢。

太平之战以后，父亲已是十三四岁了，所有家业，已荡然无存。米行早已抢光，烧光了，同族中的人，死亡的死亡了，失踪的失踪了，阊门外花步里的故宅，夷为一片瓦砾之场了（这一故址，后来为武进盛氏，即盛宣怀家所占，我们想交涉取回，但契据已失，又无力重建房子，只好放弃了）。我们只是商家，不是地主，连半顷之田也没有。

在这次内战以前，阊门外是商贾发达、市廛繁盛之区，所以称之为"金阊"。从枫桥起，到什么上津桥，接到渡僧桥，密密层层的都是商行。因为都是沿着河道，水运便利，客商们都到苏州来办货。城里虽然是个住宅区，但比较冷静，没有城外的热闹。自经此战役后，烧的烧，拆的拆，华屋高楼，顷刻变为平地了。我的外祖家，从前也住在阊门外来凤桥。母亲常常说起，为了战事而桥被炸断。

父亲到了十四岁时，不能再读书，非去习业不可了。从前子弟的出路，所有中上阶级者，只有两条路线：一条是读书，一条是习业。读书便是要考试，习举子业，在科举上爬上去。但是父亲因为幼年失学，已经是来不及了。而且这一条路，有好多人是走不通，到头发白了，还是一个穷书生。所以父亲经过了亲族会议以后，主张是习业了。

当时苏州还有一种风气，习业最好是钱庄出身。以前没有银行，在北方是票号，在南方是钱庄。凡是钱庄出来的，好似科举时代的考试出身（又名为正途出身）、唱京戏的科班出身一样。并且钱庄出身的最好是小钱庄的学徒出身，方算得是正途一般。在亲族会议中，便有人提出此议，如打算盘、看洋钱（当时江、浙两省，已都用墨西哥银圆了，称之为鹰洋，因上有一鹰），以及其它技术，小钱庄的师父肯教（以经理先生为师父，也要叩头拜师）。大钱庄经理先生，都是老气横秋，搭臭架子，只有使唤学徒，不肯教导学徒。

从前当学徒是很苦的，尤其当那种小钱庄的学徒，如做童仆一般。祖母只有父亲那样一个儿子，而且是遗腹子，如何舍得？但为了儿子的前途计，只得忍痛让他去了。可是父亲却很能耐苦，而且身体也很健实，大概是几年内奔走逃难，锻炼过来的了。他却不觉得吃苦，处之怡然。

这家小钱庄，只有一间门面。当学徒的人，并无眠床，睡眠时，等上了排门（从前苏州无打烊的名称，而也忌说关门两字），把铺盖摊在店堂里睡觉。天一亮，便起来卷起铺盖，打扫店堂，都是学徒们的职司。吃饭时给经理先生装饭、添饭，都是学徒的事。他要最后一个坐在饭桌上去，最先一个吃完饭。鱼肉荤腥，只有先生们可吃，他们是无望的。有的店家，经理先生的夜壶，也要学徒给他倒的。但是这一钱庄的经理很客气，而且对于我父颇器重，很优待，常教他一切关于商业上的必须业务。

三年满师以后，我父便被介绍到大钱庄去了。因为我们的亲戚中，开钱庄、做东家的极多，只要保头硬，便容易推荐。到了大钱庄，十馀年来，父亲升迁得极快，薪水也很优，在我生出的时候，父亲已是一位高级职员了。钱庄里的职员表，我实在弄不清，总之这个经理是大权独揽（经理俗名"挡手"），亦有什么"大伙"、"二伙"之称，又有什么账房、跑街等名目。大伙就是经理，父亲那时是二伙了。一家大钱庄，至少也有二三十人。现在那些吃钱庄饭的老年人，当还有些记得吧？

但我到约摸七八岁光景，父亲已脱离了钱庄业了。父亲的脱离钱庄，是和那家的挡手（即经理）有了一度冲突，愤而辞职。当时一般亲戚，都埋怨他：倘然有了别处高就而跳出来，似乎还合理；现在并无高就，未免太失策了。可是父亲很愤激，他说："这些钱庄里的鬼蜮技〔伎〕俩，我都看不上眼。我至死不吃钱庄饭，再不做'钱狲狲'了。"（按：钱狲狲乃吴人诟骂钱庄店伙之词）

五　三位姑母

我现在要叙述我家的亲戚了。我祖母有三个女儿，我有三个姑母，上节已经说过了。

我先说我的二姑母，嫁尤氏早死，我不及见了，但这位二姑丈，我是亲炙过的。那个尤家是苏州大族，尤西堂之后，太平之战，他们逃难到上海等处，没有像我家那样大破坏。我的巽甫姑丈，据说小时也曾到过大钱庄习过业。但他不惯为学徒，他是个富家公子，家里有钱，可以读书，而且是请了名师教授。他的业师，就是杨醒逋，最初在旧书摊上发现沈三白的《浮生六记》的就是他（当时他在冷摊上所发现的钞本，不止一种，曾交申报馆申昌书画室印行出版，名为《独悟庵丛钞》）。

巽甫姑丈发愤读书，进了学后，便不乡试。他的堂兄鼎孚先生，虽则是中了顺天乡试举人，但也绝意功名，在家里当乡绅。姑丈总说是身体不好，确是闭门家居，懒得出门，但是也没有什么大病，以课子为专业。除课子外，便是吞云吐雾，以吸鸦片为消遣。但他是一位文学家，尤其是他的八股文（明清两代的制艺，俗称八股文），理路清澈，规律精严。而他的教育法也好，对于教人，是一片诚挚。他的儿子，名志选，号子青，别号愿公，为吴县名廪生，正是他一手造成的。就是我，也受他的教导之惠不少。以后我再要提到他，暂且搁下。

我再说我的三姑母，嫁顾氏，我也未及见。她生了一女一子，生儿子的时候，以难产死了，剩下两个孩子。祖母便以她的侄女，嫁给文卿姑丈为续弦，由其抚育初生之子，而把三姑母所生之女，携回自己抚养。所以我的这位顾氏表姊，一直住在我家，及到她的出嫁。虽然是表姊，我们视如同胞姊妹一般。母亲也对她如己出，为之梳裹，教以女红，她也不大回到自己家里去。后来她嫁的是一家书香人家，我的表姊丈是朱靖〔静〕澜先生，也是我的受业教师，此是后话。

我的顾文卿姑丈，他家本也大族，自经太平之战，便什么也没有了。姑丈的父亲，还是殉难死的，因为我见他有个官衔，叫做"世袭云骑尉"。我问他是什么官职，他就告诉我："凡在长毛时代殉难死的，克复以后，给他后代子孙一个'世袭云骑尉'职衔。"我问他："有什么用呢？"他说："一点没有用，算是抚恤而已。"

姑丈的职业，是同仁和绸缎庄的内账房。这一家绸缎庄，就是二姑丈家尤氏所开的。在苏州开绸缎庄，也是一种大商业，因为苏杭两处，都以产丝织物出名的。同仁和绸缎庄，开在阊〔阊〕门内西中市大街，最热闹繁盛之区。每逢看三节会的时候（即迎神赛会，所谓三节者，乃是清明、中元、下元也），前门看会，后门看船（花船）。我们儿童到他店里，他总添了饭菜，招呼我们。

我的四姑母，嫁姚氏。这是祖母最小的女儿，但是一件最悲惨的婚姻。从前是父母之命，媒妁之言，男女双方不得见面的，怎知我的姚宝森姑丈，是有点痴呆性质的。北方人谓之傻，南方人谓之呆，苏州人谓之踱头踱脑，总之也是一种精神病。譬如和他谈话吧，起初很正常，后来越说越离谱了。我最怕他，当我是儿童的时候，他常常捉住我，高谈阔论，批评时事，我不知道他乱七八糟讲些什么。

但他的长兄姚凤生（名孟起），当时在江南称得起一位大书家，文学也很好。有许多向他学写字的学生，都是名门巨宦的子弟。他还刻了许多碑帖，印了许多书法，初学写字的，都摹临他的书法。因为清代是重书法的，从儿童入学，以及跻登翰苑，乃至退老园林，也不离此。他印出的书法，是精工木刻的，中楷都用了朱丝九宫格，都写的是欧字（欧阳询）。那时欧字最吃香，据传说最近某一科状元，殿试卷写的欧字，西太后甚欣赏，因此造成一种风气，大家写欧字了。有一套书法，名叫"率更遗则"，大小楷全是欧字，我也写过，写得字像木片一般，真不好看。

这位姚凤生姻伯，和我的宝森姑丈，是胞兄弟，一母所出，何以智愚相距若此，殊不可解。但是我的四姑母，性情也不大好，却有些执拗与偏见。祖母也说：在三位姑母中，是她最任性，而又以当时的盲目婚姻害了她。她生了一子、一女，都不聪慧，都是有点呆气，自然是先天关系，得了我姑丈的遗传，这也是无可奈何的事。因此我的四姑母，在中年便郁郁而死了。

姚家也是大族，他们的住宅，在桃花坞有两大宅，东宅与西宅。这两大宅房屋总共有百数十间，据说还是明代所建，现在出租给人家居住，共有十馀家。我的姑丈那一支，他们还开了一家纬线店，店号是姚正和，开设在阊门的东中市大街。这纬线店是做什么的呢？原来做前清时代官帽上的红纬用的，有的暖帽上用的，有的凉帽上用的，此外还有瓜皮小帽上一个红结子，却是丝线结成的。他们工作的地方，就是在店里。虽是一种手工业的商店，却是生意不少，不但是本城的帽子店仰给于此，各地都有来批发的。

六　我的外祖家

我的外祖蕴山公，姓吴，他的大名，已经忘却。他是苏州典当公业的总理事。苏州各业，都有一个公所，似近日的商会一般。典当业也有这个机构，规模较大，因为从前典当业属于半官性质，须向北京户部领照，然后开设，不是那些押店可比的。这个典当公业，他们称之为"公账房"，理事之上，还有董事，我记得吴大澂的哥哥吴培卿，也是董事之一。

当我七八岁的时候，他家里可称为全盛时代。他家里人并不多，我的外祖母是续弦，我母不是她生的。她生了一男一女，就是我的母舅和母姨了。母舅已娶了舅母，生了一位表妹，比我小一岁，总共不过六个人，但是家里很热闹。

其所以热闹者，第一，家里的男女佣仆多。主人六人，佣仆倒也有五六人，有厨子，有仆人，有老妈子，有婢女，人就多了一倍。第二，亲戚来得多。他们家里有不断的亲戚来往，一住就是半个月、二十天。第三，我的外祖母性喜交际，常常约她的女朋友和亲戚来打牌（按，当时麻雀牌尚未流行到苏州，那时所流行的名为"同棋"，又叫"黄河阵"，是一百零五张骨牌，也是四人玩的）。

我的母亲春秋两季，必回外祖母家，住半月到一月不定。从前上、中等人家，妇女出门必坐轿子，又因为缠了脚，在街上行走，有失体面。譬如一位少奶奶回母家，必是母家用轿子来接；到她回夫家去，又是夫家用轿子来接，方合礼节。虽然说春秋两季，回到外祖母家住一阵，但平日或有事故，如拜寿、问病、吃喜酒之类，也必回去；还有在新年里，也必回去一次，向外祖父母拜年。

新年到外祖家拜年，是我们儿童最高兴的一天，常常约定了一天，到他家里去吃饭。我的表兄弟姊妹，有七八位之多，饭后，外祖父领导一群孩子到玄妙观游玩。他们起初住在祥符寺巷，后来住在史家巷，距玄妙观都不远。

苏州玄妙观，在新年里，真是儿童的乐园。各种各样的杂耍，以及吃食零星店、玩具摊，都是儿童所喜的。有两家茶肆，一名三万昌（这是很古的，有一百多年历史），一名雅集。外祖父领了我们到茶肆里，我们许多孩子团团围坐了两桌。这里的堂倌（茶博士）都认得吴老太爷的，当他是财神光临了，这名为"吃橄榄茶"，橄榄象征元宝，以其形似。玄妙观茶肆里，每桌子上几个碟子，如福橘啊，南瓜子啊，一个堂倌走上来，将最大一只福橘，一拍为两半，称之为"百福"（吴音，拍与百同声，福橘是福建来的橘子）。外祖父临行时，犒赏特丰，因此他们就更为欢迎。

在茶肆隔壁，便接连几家耍货店（即玩具店）。于是一班小朋友，便围攻了它，你要这样，我要那样。但是我对于玩具，就不喜欢那种木刀枪、虎面子、喇叭、铜鼓、泥娃娃、小白兔之类，我却喜欢那些雏形的玩具，如小桌子、小椅子、小风炉、小暖锅等等。其次，我还喜欢那些机动的东西，有一个翻筋斗的孩童，价较贵，我喜欢它，外祖便特地买给我（这个玩意儿，《红楼梦》上的薛蟠，从苏州买来的也有此物）。还有一对细工的人像，是白娘娘与小青，都是绢制的衣服，开相也美丽。那是一出《金山寺》的戏剧，我很爱好它，保藏了好几年。

为了游玩玄妙观，我曾闹过一个笑话：那时外祖父临时发给我们每人制钱一百文，以供零用（譬如看玩把戏，买画张，听露天说书，吃酒酿等等，都要零碎钱）。我这一百文钱，到回去时，还剩十馀文。从玄妙观后门出去，将近牛角浜，有一个老年的乞丐，向我讨钱，他的须发都白了。我把手中用剩的十几文全都给了他（向来施舍乞丐，只给一文钱）。他很感谢，向我作了一个揖，我童稚的心理，觉得礼无不答，也连忙回了他一揖。

这件事，为同游的姊妹兄弟们所哗笑了。他们说："一个叫化子，给了他钱，哪有再向他作揖的道理？"于是故意的形容，故意的描写，说我是一个戆大，一个呆子，连我的母舅、母姨都笑我。我窘得无可如何，面涨通红，几乎要哭出来。但是我的母亲却回护我，母亲道："好了！我宁可有一个忠厚的儿子，不愿有一个过于聪明的儿子。"（按，苏人当时有一句成语道："忠厚乃无用之别名。"忠厚在当时不算一个好名词）

外祖父在兴盛时期，尽量挥霍，一无积蓄，也不置一些产业。以致他一故世后，这个家庭立即崩溃下来。其实他自己非常节俭，以他的所得专供家人滥用。我母舅号云涛，是一位公子哥儿，最初学生意，吃不来苦，逃回来了。加以外祖母溺爱，成为一位靠父荫的写意朋友。他拍拍曲子，还能画几笔兰花，字也写得不坏，可是吸上了鸦片烟。外祖父死后，一无所恃，立即穷困，不得已住到角〔甪〕直镇乡下去了。

母舅无子，仅有一女，小名珠，比我小一岁。在我七八岁的时候，逢母亲归宁，我也随去，常常和表妹一同游玩。不知是哪一位姨母说了一句笑话道："他们不像是一对小夫妻吗？"为了这一句话，我们这年长的表姊们，便作她们嘲弄我们的口实。当时我们很害羞，很觉得难为情。渐渐的我这位表妹不再共游玩了，到十二三岁，甚至见我去就避面。但是你越是害羞，她们越是嘲笑得厉害。

这一件事，在我十岁的时候，有一位姨母提出过，意思是弄假成真，把这一对表兄妹结成婚姻吧！但那时候，她家正是兴旺，我家日趋中落，我外祖母不赞成，我母舅也不赞成。在我们这方面，是由祖母做主的，我的祖母也不赞成，她说："这个女孩子太娇养了，况是一个独生女，我们配不上她。"这也不过偶然微露其意，以后也就不提了。

可怜我这位表妹，后来到了二十七岁，还是一位老处女，终身未嫁。大概自从外祖父故世后，他们迁到乡下去住后，我和表妹从此就不见面。母舅在乡下故世，无以为殓。我那时已是二十多岁了，在苏州买了一口棺木，雇了一条网丝船，星夜载到乡下去，办了他的身后事，那时才和她见了一面。只见她憔悴不堪，舅母说她是有病，什么病我不知道，但的确是病容满面了。

母舅死后，舅母与表妹，又住到苏州城里来了。母女两人，租了一所小房子，做做女红，勉强度日。她们住得很远，我也难得去看她们。有一天，舅母派人到我家，说她的女儿病危，急切要我去一次。我那时已是有妻的人了，我妻催促我即去。到了她家，她勉强拥被而坐，含着一包眼泪，说道："有两件事奉托。"一是恳求我办她的后事，一是望照应她的母亲。我立刻答应了。她叹一口气道："不想还是哥来收殓了我，也可瞑目了！"这话似颇含蓄，而很觉悲凄，但我和她并没有恋爱的成份，而久经疏远的。这是为她的父母所害，为什么不给她早早择配呢？（那时候，女子不许自行择配的）关于这位表妹的事，我曾写过一篇短篇小说，却是纪实之作。

七　自刘家浜至桃花坞

我家自刘家浜迁移至桃花坞，在我幼年时期是一转变。

这一年，我是七岁吧，我们自己没有置屋，都是租屋居住的。但刘家浜的房子大，对面是一个大庭院，花木扶疏。我记得有一棵山茶花树，还有两棵木犀，春来沿壁还有蔷薇花。草花无数，则有鸡冠、凤仙、秋海棠，秋来绚烂一时，都是顾氏表姊的成绩。桃花坞的房子，是一个石版〔板〕天井，虽也宽敞，却没有花木。刘家浜的房子，走出大门很近，只要跨过茶厅，就到了大门，门前还有谭宅的门房、门公。桃花坞的房子，我们住最后一进，到大门外去，要走过一条黑暗而潮湿的长长的备衖。

住居到刘家浜时，西首斜对门，即是尤宅，我的巽甫姑丈，即住居在此。他们是一个大家庭，上面老兄弟二人，一号春畦，一号省三，我都要呼他们为公公。春畦生两子，一号鼎孚，一号咏之，这两位都是祖母的母家吴家的女婿，祖母的侄婿。省三生一子，便是我巽甫姑丈。这三兄弟中，鼎孚是个举人，咏之与巽甫都是秀才。再下一代，鼎孚有儿子七人之多，咏之有二子，巽甫有一子，女儿是记不清了。他们是一个巨室，不过有一个家法，不许纳妾。苏州的巨室，恒喜纳妾，但他们家里，却找不到一位姨太太（按，最后第三代有破除此例者）。

因为距离很近，我小时常常跑到他们家里，他们房子多，穿房入户，也是惯了的。并且他们的小兄弟，和我年相若的很多，更添兴趣。他家有一个小花园，也有台榭花木之胜，有一个池子，养着许多金鱼，儿童们所欢喜。自从迁移到桃花坞后，可不能常去了。到了十馀年后，尤家聘请西席先生，我便被他们请了去，教我的几位表侄。此是后话，暂且缓提。

住到刘家浜时，东邻有一狐仙殿，仅有两间房子，一个老太婆住在里面，居然有人来烧香。还有一个女痴子，约莫三四十岁，不知是否住在狐仙殿内。她认得我，见我一个人在门前，便叫道："喂！你们弟弟在门前，不要被拐子拐去呀！"再向东去，约数家门前，有一个地址，相传是金圣叹的故宅。

桃花坞接着东西北街，这条路是很长的，街名既雅，而传说唐伯虎曾居此，因才人而著名（但后来则因年画而著名）。我祖母家的吴宅亦居此，不过他们住在东首，我们住在西首。我们租住者，便是亲戚姚家的房子。这姚家宗族既繁，房份也多，他们有东西两宅，各有大门进出，这好似《红楼梦》上的荣、宁两府。不过房子是有些敝旧了，又经过太平天国的兵燹，处处创痕可见。

他们后来都把馀屋出租了，东西两宅，总共租了不下十馀家人家。一座巨宅，都分析了，譬如某几处为甲所有，某几处为乙所有，由他们各自出租。

我们所租住的屋子，为姚和卿先生所有（和卿先生后为我的受业师，此事后述），是他们东宅的最后一进。此宅总共有七进，除茶厅（亦名轿厅）、大厅无楼外，其馀每一进都是三楼三底两厢房。我们所住最后一进，更特别宽阔，后轩还更大。这一座三楼三底，我们与和卿先生家合住，我们占三分之二，他们占三分之一。

这种老式房子，还是在太平之役以前许久时间建筑的，在战役中，攻占苏州城后，打过馆子的（如行营之类）。大厅上有一张大天然儿，留有无数的刀砍痕迹。还有胆小的人说夜间弄堂里有鬼出现的迷信话。而房子也正不及刘家浜的敞亮，因为墙高而庭小，又是古旧，住在里面，不无有点闷沉沉的。要从我们最后一进走到大门外，这条备衕，足有半条巷之长。倘在夜里，又没有灯，只好摸黑，又说什么鬼出现。我们小孩子，真有点害怕。

我的四姑母家，他们住在东西两宅的中间房子，但也是在东宅和我们一个大门出入的，因为他们把两宅完全出租与人家了。在那里有两间姚凤生姻伯很大的书室，这个书室，不是书卷琳琅的书室，而是一个书法大家的书室。四壁挂满了许多古今名书家的对联字轴，中间摆着好几张大书桌，都是他的学生们到此练习大字。其中更大的一张书桌，是姚凤生先生自己的书桌，上面有一个大笔筒，插着大大小小许多笔，以及人家来求墨宝的多卷轴儿。

他的书斋外面庭心中，有一棵很大的松树，那棵松树是很为名贵的。它的很粗的树干儿，不可合抱，真似龙鳞一般，而颜色却是白的，大家呼为"白皮松"。据说：这种白皮松，在苏州城厢内外，总共只有三棵，都是数百年以前之物。那些亭亭翠盖，遮蔽了好几间房子，因此那间书斋，他定名为松下清斋。唐诗有一句诗"松下清斋折露葵"，本来这个"斋"字，不作此解，他却借此作为斋名了。

这个松下清斋，当时在苏州，却是无人不知的。因为姚凤生先生那时除了收学生教写字以外，还印出了许多法帖，是他临写了古人的字，刻石印行的。而他写的书法，大楷小楷，精工木刻（苏州的刻工最著名），用连史纸印了，十张为一套，作为小学生习字帖，名曰《松下清斋书法》，每套售一百四十文。没有一个家塾，不是写他的书法的。

来此习字者颇多官家子弟，有许多在此做官的或是寓公，也常来拜访姚凤生先生，所以茶厅中的四人轿，常常停满。因为当时苏州是省城，候补官员很多。倘其主人为候补道，则可以坐蓝呢四人轿；其有差事者，则前面撑一红伞，后面可以有跟马。来访的人，我记得有一位杨见山，单名是一个岘字，是个大胖子，他的隶书是出名的（杨见山有个别号曰藐翁，据说他做官，为上司所参劾，说他"藐视官长"，故名藐翁）。还有沈仲复、任筱珊等，这些都是寓公，也常来见访。

八 中落时代

以迁居而言，桃花坞之局促，不及刘家浜之宽敞，以孩子的心情，也觉得后不如前了。大概父亲脱离了钱庄业以后，景况便不及以前了。那时的舅祖吴清卿公（祖母之弟，名文渠）就很不以为然，以为既然在钱业中，当然要服从经理的指挥，好比在官场中的下属，应当听命于上司，哪有反抗的馀地。但是父亲志气高傲，不肯屈服，因此便吃了亏。

这时父亲虽脱离了钱庄事业，手中还有一点馀资，和友人经营一些小商业，也不甚获利。后来开过一家毛骨栈，在齐门外下塘北马路桥块〔块〕（那时苏州并没有马路，但旧名词已有马路之称）。这一家毛骨栈，外祖也有一些资本，但他占少数，我父亲占多数，所有用人行政，都由父亲处理。

怎么叫做毛骨栈呢？就是专在城乡各处，零星购卖〔买〕了各种兽毛、兽骨，而整批出售的一种营业。兽毛中最大部份〔分〕是猪毛，整担的在堆栈中堆着。其它的各种兽毛，也有如黄狼皮、兔子皮、老鼠皮等等，不过牛皮是少数，因为另有作坊。兽骨中，大部份〔分〕是牛骨、牛角、羊角，以及其他的兽骨、兽角。除了兽毛、兽骨外，还有鸡毛、鹅毛、鸭毛，以及其它禽毛。关于人身上的东西，就是乱头发。还有破钉鞋上烂牛皮也收买的。那些东西，后来都成为出口货了，经外国人科学制造后，重销到中国来，化腐臭为神奇。在当时我们孩子心理，觉得这种营业，实在不大高尚。

这毛骨栈的店号，叫做盈丰，在齐门外下塘沿河。这是一条运河，老远就看见我们雪白墙壁上，写有一丈多见方的大字："盈丰栈猪毛杂骨。"我们自己也有两条没有篷舱而足以装货的船，停在门前。这一带，不独是我们一家，还有一家店号同丰的，也和我们同样的营业。

盈丰毛骨栈仅有踏进去的一间所谓账房间者，较为干净整理。里面是一片大场地，排列着栈房，都是堆积着那些猪毛杂骨的，发出了极难闻的臭味。还有那些乱头发，有人说：都是死人头发。谁知道呢？有一天，有个狠巴巴

21

的人，拿来七条发辫，正听得上一天，校场里杀了七个犯人，明明是这七个死囚的头发了，但也不能不收。因此我们住在城里的太太、小姐们，再也不敢到这个毛骨栈里去了。

这一种货色，自有客商来收购，各处都有得来，而有一部份〔分〕是销到上海去的。那时猪鬃销到外洋去，已是一宗输出的大生意。猪毛在国内，也有作为肥料的。牛骨、牛角，在国内销场极大，可以精制各种器物。羊角可以制一种明角灯，有挂灯，有台灯，在国内流行甚广。尚有许多，我所不知者，未能尽述。头发后来也销到外洋去，倘然如此，那七个斩犯的发辫，也许会一变而为欧美各国神圣大法官的假发哩。

这个毛骨栈，我曾去过好几次。本来苏州齐门外，已近乡郊，不大热闹的，但每一两年出一种迎神赛会，叫做"贤圣会"，也不知是何神道，城里的士女，倾巷来观，也很热闹一时。我们也便借此去观光这个毛骨栈。有一次，我们的栈房制造牛皮膏，是一位客商委托的。我以儿童好奇心，想往观看，和父亲住在栈里，闻了一夜的臭味（煎牛皮膏的臭味），大呼上当。

父亲开设了这家毛骨栈，他自己也难得去，委托了一位杨秋桥管理其事。谁知道这位杨先生，大拆其滥污，亏空得一塌糊涂。于是人家又责备父亲用人不当，自己又不能常常到栈里监督他们。我想：父亲开设这个毛骨栈，也是一时的高兴，后来便觉得这种营业，是不适于他干的，他也对它兴趣淡薄了。这家毛骨栈，在我十岁的时候，便盘顶收歇了。

我的父亲虽是商业中人，但他的性情，却是高傲不屈的。我没见过我的祖父，父亲也没见过，但据祖母说，父亲的性情，和祖父很相似。祖父文笔很好，却不事科举，不去应试。和父亲的走出了钱庄业，誓不回去，倔强的性格，有些相似。所以父亲后来虽至穷困，也不肯仰面求人。他的母舅吴清卿公，号称苏州首富，他也不肯依附于他。此即孔子所说"君子固穷"吧？

从前并不流行笔算，也没有近代发明简捷的算术，商业上就靠一把算盘。但父亲可以用左右手打两把算盘，而核对无讹。用墨西哥银圆，时常有夹铜、哑版、成色不足等等，但父亲一听声音，即知其真伪。当时还行用制钱，中有方孔，以一百钱为一串，但每有不足成色的，父亲一望即知其数之足否。此种技术，都是从小钱庄学来。但一到大钱庄，即与今之银行一般，有种种金融的事业，而范围亦大，有盈虚消长之策在其中，而我父亲以公平持正为圭臬也。

自毛骨栈收歇以后，父亲曾去当过一次幕宾。那时有一位王梅仙先生，在桃花坞和我们同居，会试中式成进士（苏人称为两榜，举人则称为一榜），也是吴县人。以榜下知县，发放湖北，补了湖北应城县知县的缺，急要聘请一位县署里的账房。由姚凤生先生推荐，父亲就到了应城县里去了。可是不到两年，王梅仙先生便丁艰卸任了，父亲也只好回到家乡来。

湖北应城县著名的出产，便是石膏，恐怕到今天还取之不竭，行销国外。也有人说应城县账房是个好缺，这都是莫须有的事。王梅仙先生的〔是〕一个清廉的官，卸任以后，两袖清风。父亲向来是生性狷介，除了每月薪水，托人带来补助家用以外，到了回家时候，路经汉口，土产也不肯带一点，倒带回一部应城县县志。

父亲最远的旅行，便要算是到湖北应城县了。此外在他年小时，祖母携着他逃难，也曾到过安徽的徽州（吴家原籍徽州，我家祖先亦为皖籍）。以后便不曾出过远门，只是在家乡的时候多。当然，那个时候，交通没有现在的便利，而苏州人士也惮于远游，成了习惯。往往一个保家守产的人，到了头发已白，也不曾离过家乡，离家几里路，就算远游。那末我父亲到了湖北省，亲友间就要算他出过远门了。

但是父亲却去过了上海好几次，他到上海去，当然是关于商业上的，是何种商业，在我幼稚时代未能明晓。但是有一次，因为父亲在上海病重了，我们便全家到了上海。

九　儿童时代的上海

我初次到上海的那年，记得是九岁（光绪十年）。时光好像是在深秋，日子记不清了。父亲到了上海半个月后，忽然上海来了一封电报，电报上除了地址之外，只有简单的几个字："韵病危，请速来。"下面署了一个"鹿"字。那时候，中国设立了电报局，还没有许多时期，因为苏州是江苏省城，也就有电报局了。但是非有急事，民间是不大打电报的，这时我们家里的惊惶，也就可想而知了。

是谁打的电报呢？原来父亲有一位好友，姓贝，字鹿岩。这位贝鹿岩先生，还是我的寄父呢。苏州风俗，孩子往往寄名给人家，或是要好的亲眷朋友那里。这个风气，不独是苏州，可称全国都流行，只是名称不同罢了。我

23

就在周岁时候，寄名给他们的。父亲到了上海，就住在他们家里。电报末尾，注上了这个"鹿"字，我们就知道是他打来的电报了。

我们接到了电报，十分惶急。电报上叫我们去，我们是否立刻动身？以祖母的敏感，就这电报上看来，说不定父亲已经故世了。在紧张中，立时召集了一个亲戚会议，商量办法。当时舅祖吴清卿公（每次亲戚会议中，他总是当主席，他是祖母之弟，年最长）主张由他那里，派一位账房先生，陪同祖母到上海去。母亲和我姊弟两个小孩子，可以不必去。但是母亲不答应，哭了。我和姊姊见母亲哭了，我们也放声大哭。还是巽甫姑丈说："既然要雇了船到上海去，多两个人与少两个人，没有什么大关系。不如大家去了，可以放心。不过陪同去的人，倒要一位亲切妥当的人才好。"于是推了顾文卿姑丈陪同前往，文卿姑丈也立刻答应了。

那时从苏州到上海，还没有火车，也没小火轮，更没有长途汽车，只有民船。雇一民船，自苏州到上海，要经过三天两夜。全部不用机力，只用人力移动的，顺风张帆，逆风揹牵。我们那时雇了一条船，叫做"无锡快"，在这船里坐卧，倒也舒适。亲戚们还送了许多"路菜"，如酱鸭、薰鱼、火腿、皮蛋之类，饭是船上烧的。可怜祖母、母亲，心中挂念着父亲，哪里还吃得下饭？

这条民船，白天开行，夜里是要停泊的。停泊有停泊的地方，他们船家是晓得的。停泊的船，也不能是一条，往往要和别家的船停泊在一处，船家们也常有互相认识的。雇船的人也往往和人家做了"船乡邻"，互相交际，成为朋友。我们的船，第一夜停泊在正仪，第二夜停泊在黄渡，两处都有"船乡邻"。船家行船规例，在太阳落山之时，就要停船，明晨天刚一亮，便即开船启程了。

第三天下午垂暮时，船便到了上海，也是停泊在苏州河。顾文卿姑丈是来过上海的，是老上海资格了，但他是一位十分谨慎的人。当我们接到了我的寄父贝鹿岩的电报后，我们曾经有个覆电给他，告诉他，我们要到上海。他的地址，我们也知道的，住在带钩桥的什么里（带钩桥，上海人呼之为打狗桥）。我们来了，先要通知他家才是，而且急急要探听父亲病状。于是顾文卿姑丈一马当先，便立刻按着地址，到贝家去了。

我们都在船中守候着，心中惴惴然，捏着一把汗，不知父亲吉凶如何。因为只在十几分钟内，便可以揭晓了。祖母只念阿弥陀佛，母亲睁大了眼睛，只望着岸上。停了一刻儿，文卿姑丈回来了，冲着祖母说道："韵竹病已好得多了，请大家放心吧！"于是我们好像胸前的一块大石头放下去了。

我们正预备上岸的时候，我的贝鹿岩寄父来了。他每从上海到苏州来的时候，常到我家，有时还带点上海食物给我，祖母和母亲都常见他的。他叫祖母为伯母，叫母亲为嫂嫂，说笑话的时候，叫母亲为亲家母，因为是干亲家呀！他是一个小胖子，面孔圆圆的，为人和气而活泼。他见了祖母也说道："恭喜！恭喜！韵竹兄这场病，危险非常，现在是好了，大可放心了。"祖母和母亲，惟有极力的感激他，深谢他。

自从贝家寄父一来，他便帮助我们上岸。船上岸上的人，好像他都认识似的，指挥如意。那时候，我孩子心理，觉得文卿姑丈不是老上海，而贝家寄父乃是老上海了。他请我们先上岸，坐了车子，到他家里去，由文卿姑丈领导。一切行李，都交给他，他会押运着送来，可以万无一失的。

岸上已停着一排东洋车（那时尚没有黄包车的名称，叫它东洋车，因为那种人力车，是日本流行过来的），他讲好了价钱，请我们都坐上车。这时姊姊和祖母坐一辆，我和母亲坐一辆，文卿姑丈坐一辆，便到带钩桥贝家来。贝家寄父押了行李，随后也就来了。我心中想：倘若在苏州，祖母和母亲，必然是两顶轿子，至少是两人抬了走。现在只要踏上东洋车，便拉着走了，到底是上海，何等便利呀！

我们儿童心理，到上海第一看见的就是东洋车。船在苏州河里，快到上海码头时，已经看见岸上的东洋车了。当时的东洋车，比后来的黄包车，车身为高，都是铁轮盘，胶皮轮还不曾流行呢。东洋车夫有制定的帽子和号衣。帽子是喇叭式的，一种蒻叶帽，好像苏州人做酱时候的酱缸盖。号衣是蓝色布的，背上有他的号码，坐车子的人，可以一望而知的。

第二是那种洋房，在苏州是没有看见的。苏州只有二层楼，三层楼已经是极少的了。我们坐了东洋车，在路上跑，真是如入山阴道上，目不暇给。一回儿，东洋车拉进一条衖堂里，在一个石库门前停下。我记得那是一楼一底的房子，后面有个亭子间，楼下是个客厅，楼上就是父亲睡在那里，贝氏夫妇，睡在亭子间。

我们觉得住在他家，打扰他们，心中不安。而且他们房子并不宽敞，使他们非常之挤，我们想去住旅馆，但是贝家寄父极力劝止，说是不方便。试想父亲还是个病人，不能住到旅馆去，而祖母和母亲此番来，至少是要看护病人，不能再委托贝家了。住旅馆则两面奔波，多所糜费，即在看护病人上，也有种种不方便处。

因此我们也就住在他家了。这房间里，除父亲外，又加上两张床，一是祖母和姊姊，一是母亲和我，他早已安排好了。父亲本来病已渐愈，见了我们来，心中宽慰，更加好得快了。父亲的病，他们说是什么绞肠痧，又是什么瘪螺痧，当时医理不明，实在是一种剧烈的胃肠病，近于霍乱，腹痛如绞，又被医生一吓，他们便急起来，打电报到苏州来了。

父亲病愈，我们放心，贝家寄父、寄母，便陪了我们出游。这时从内地到上海来游玩的人，有两件事必须做到，是吃大菜和坐马车。大菜就是西菜，上海又呼为番菜，大菜之名不知何所据而云然。吃大菜的事，我们没有办到，因为祖母不许。她知道吃大菜不用筷子，只用刀叉，恐怕小孩子割碎了嘴唇。况且祖母和母亲，都是忌吃牛肉的，闻到牛油味儿，要起恶心。坐马车是孩子最高兴的事了，出世以来，也从未经历过。

贝家寄父雇了一辆皮篷马车，可以坐四五个人。当时上海轿车还不多，只有几个洋行大班的太太，她们有私家车，把中国人的年青〔轻〕力强的马夫，打扮得奇形怪状，在跑马厅里出风头。这一次坐马车，祖母和母亲都没有去，只有我们姊弟二人和贝家两个孩子。寄父说："请你们到黄浦滩去看大火轮船去。"到了黄浦滩，见到那些大火轮船，比了房子还要高好几倍，真是惊人。马车在什么大马路（南京路）、四马路（福州路）繁华之区，兜了一个大圈子，这便是坐马车一个节目。

除了坐马车外，我们又到四马路去游玩。那个地方是吃喝游玩之区，宜于夜而不宜于昼的。有一个很大的茶肆，叫做青莲阁，是个三层。二层楼上，前楼卖茶，后楼卖烟（鸦片烟，那时候吸鸦片烟是公开的），一张张的红木烟榻，并列在那里。还有女堂倌（现在称之为女侍应生），还有专给人家装鸦片〔的〕烟馆伙计，还有川流不息的卖小吃和零食的，热闹非凡。此外，广东茶馆也去吃过茶，女书场也去听过书。

那时候，上海的电灯还不大发达，许多店家都点的"自来火"，即是煤气灯。上海人叫他〔它〕自来火，与现在所用的火柴同名。火柴，苏州人也叫它自来火。讲究的在煤气灯管子头上加一纱罩，还是新发明的。至于家庭里，所点的都是火油灯（火油是叫做洋油的。至于在苏州，那还是用蜡烛与油盏，作为照明之用）。

不久，父亲也就起床了，我们便要急急的回去。家里只有一位年青〔轻〕的顾氏表姊，和一位老妈子看家。也仍旧雇了一条船，回到苏州去。顾文卿姑丈陪我们到了上海后，他还有生意上的关系，原来尤家也有一家同仁和绸缎店开在上海，是他们的分号。还有一家同仁和参店，也开在上海，这参店是他们祖传的。所以顾文卿姑丈来了后，住在同仁和，现在也和我们一同回去了。

一〇　延师课读

自从迁移到桃花坞后，我的读书发生问题了。因为同居人家以及邻近，并没有一个私塾，而且因为我年纪太小，祖母及母亲不肯放我走出大门去。我那时不过七岁多吧，而生性懦弱，易被同学所欺，于是决定请一位先生在家课读。

请的那位先生姓何，名叫希铿，这两个字是名是号，现在已记不清了。他年纪很轻，不过二十多岁，还没有娶过亲。是一个长长的身体，瘦瘦的脸儿，说起话来，低声下气的。

何先生是没有进过学的，从前的文人，以进过学为本位，称为生员（即是秀才），没有进过学尚在考试中的，称之为童生。有五六十岁而尚未考取秀才者，称之为老童生（更有年高者，称之为"寿童"，其名甚可怪也）。从前苏州请先生，也有等级，这等级是根据于科举的。大概未进学的，等级最低，馆谷最少；已进学的高一级；补过廪，文才好的，再高一级；中过举人的，再高一级。至于中过进士的，也不会当一个处馆先生了。除非是那穷京官，在北京的王公大臣家里，教他们的子弟。

何先生的馆谷，我记得只有三块钱一节。原来苏州致送教师的修金，不以月计，而以节计的。一年分为六节，便是清明、端午、七夕、重阳、冬至、年底了。三块钱一节，质言之，就是只有一块半钱一月，十八块钱一年了。后来父亲又送了他三节的节敬，每节两元。这个三节，又是什么日子呢？便是端节〔午〕、中秋、年底。那末每年又多了六元，总共是二十四块钱一年。

中国币制一向没有本位，在官家以银两计算，即所谓生银制度，在民间则都以制钱计算。许多有钱人家，如雇用工人、佣仆们，也都是讲定每月薪工几千几百文。但自从墨西哥银圆流行到中国来后，江南大都是用银圆计算了（俗呼之为"洋钱"）。当初每一银圆（银圆亦作银元），可以兑制钱一千有零。那时以何先生的资格，每年二十四元，待遇不算得太低，因为当时的物价太便宜了。

并且江南当时的风气，出外处馆，也是一种清高的职务，待遇不靠这一点馆薪，而膳供似更重要。吴中向称文物礼教之邦，对于敬师之礼，非常尊重。家堂里还有一块"天地君亲师"的牌位，以为人生所最当敬重的五个字，师也占了一位。这正是《论语》上所说的"有酒食，先生馔"，所以人家对于先生的膳食问题，是相当注意而不敢轻忽的。

有些大户人家，家里请了许多账房先生（大概是管理田地房屋事宜），称之为东席，而所请的教书先生则称之为西席。而东席不能与西席分庭抗礼，西席先生吃饭，往往另开一桌，比较优厚。学生年纪大的，就陪了先生吃饭；若是小学生，往往先生独自一人吃饭。更有人家于吃饭后，命厨子请问："师爷明天喜欢吃些什么菜"的（我曾经受过此种待遇，但要我点菜，那是大窘事，只好谢绝他道："随便什么都好。"真是《孟子》上所说的"待先生如此其恭且敬也"）。

我们供给何先生，不丰不啬，大概是两荤、一素、一汤。夜饭，苏州人家有饭也有粥，我们就加两小碟粥菜。那是何先生一人独吃，我不陪先生吃。我小时颇娇养，吃东西很麻烦，肥肉不要吃，多骨的鱼不敢吃，爱吃的只有蛋和虾。人也瘦弱，吃得很少，每饭不过一碗。祖母和母亲很以为忧，吃饭似须加以监督。

我们学堂里，共有三人，一是我，一是姊姊，一是四姑母的儿子，我的姚氏表兄。姊姊比我大三岁，名蓉。祖母说："给她读一二年书，能识得几个字罢了。"所读的什么《闺门女训》之类，也有好几种吧。她还在习女红，不是天天到书房的。我的姚氏表兄，年纪比我大两岁，但是他的资质太不聪明，我在前章已说过。所以在三个人中，我算是一位主角。

论何先生的教法，远不及陈先生的认真。我是个小孩子，也自觉得。父亲虽是商业中人，觉得教小孩子只是死读书死背，颇不以为然。他以为小孩子要开他的知识，须从讲解入手，他意思要请何先生给我讲书。但这些《大学》、《中庸》、《论语》、《孟子》，近乎哲理的书，小孩子如何听得懂？不但是我们听不懂，连何先生也有些讲不明白呢！

于是父亲又去搜购了那种易于讲解的书，如《孝弟图说》（本〔木〕刻本，有图画，刻得很精致）、《儿童故事》之类，使小孩子易于明白的书。何先生讲是讲了，只是呆呆板板，使我们不感兴趣。而且有几段，何先生不讲，我亦懂得。何先生是住在我家的，每隔三四天，回家住一次，到明天，往往告假一天。到了半年以后，我家方才晓得何先生是患着严重的肺病，照现在说来，只怕他的病历，已到第三期了。

何先生家境不好，他又舍不得我家这个馆地。在我们家里，他曾咯过一次血，他却对我们的女佣说："这是鼻衄。"祖母已经起疑心他有病了。及至有一次，他有三天不曾到馆，祖母派了一个女佣人到他家里去问候他，方知他病得很厉害。他的母亲（我的太师母），向女佣人垂泪。女佣人回来一说，祖母连忙命人送钱去，送东西去，并且安慰他，不必急急到馆，多休养几天。祖母又常常送藕汁，什么仙鹤草熬的膏子，说是专门治吐血病的，多方去慰问他。

后来他的病有些起色了，颇想力疾到馆，我们家里，连忙去劝止他。那是有些私心的，当时也早知道肺痨病是要传染的，如何再能到馆与孩子们日夕相亲近呢？但过了一个月，何先生又病倒了，这一次，病很沉重，苏州人称之为"痨病上床"，意思就是说就是不能再起床了。何先生也自知不起，但他在病中，还怀念他的馆务，怀念我们读书的荒废，他请他老兄大何先生来代馆。这位大何先生其貌不扬，学问也不好。我们的顾氏表姊，给他起了一个绰号，叫做"何仙姑"。何仙姑本为八仙中的一位，所以称为何仙姑者，因为他是何先生的哥哥，"仙"与"先"同音，"哥"与"姑"同音也。

何先生之兄来代馆以后，未及年终，何先生已辞世了。可怜他的年龄，不过二十多岁。那个时期，苏州青年，患肺病者甚多，往往一家兄弟数人，互相传染，全患肺病。大概因为是慢性传染，不知趋避；其次则体力柔弱，失于运动，尤其那些富家子弟，更容易患此病了。

一一　记姚和卿先生

自何先生故世后，父亲正预备为我别延一师，恰值我们的房东姚和卿先生，决计于明年之春，在家里开门授徒了。这是一个最好的机会，于是祖母和父亲，就命我拜姚和卿先生为师，而向他受业了。

姚和卿是我姑丈宝森、姻伯凤生的堂侄，论亲谊我和他是平辈。在平时，我叫他为和卿阿哥。而且朝夕相见，因为我家与他只隔一层板壁。但既已拜他家为师，父亲就命令我改口呼他为先生了（按：苏俗对于受业师称先生，以示尊敬，在书束上，则称"夫子大人"，下署"受业门生"。在他省则呼"老师"，不唤先生的）。他的夫人，本叫她为嫂嫂的，现在也改呼为师母了。但她很谦抑，仍要我呼她为嫂，不要呼她为师母。

其时，姊姊已不上学了，读过什么《闺门训》、《女四书》，又读过半部《幼学琼要》。祖母说："既不在家里请先生，女孩子出门附读不方便。"于是在家学习女红了。吾母亲的刺绣颇精，教她学习刺绣，祖母有时给她温理旧书。姚氏表兄，本来也可以向和卿先生就读，但他的父母不赞成这位堂侄，而凤生先生家里，也另请了先生，他就在那边附读了。

正月开学，学塾就设在第二进的大厅上。这大厅已是很古旧了，窗棂都朽坏，地砖也裂了缝。但从前造的房子，身骨都极坚实，故家巨宅，要给子孙数百年住下的计划。大厅是三开间，和卿先生只用西面的一间，他教木匠去做了四只大书橱，把这西面的一间夹开来。

留出一扇门的空隙，挂了一个门帘，这便把大厅分开来了。但书橱没有加漆，只是白木的，倒也清洁。这等号称书橱，其实等于书架，也不过堆砌一些学生们的书籍而已。其时都是大本线装书，没有洋装的，所以每一学生，都是破破烂烂的一大堆。

里面一张方桌，一把圈椅，是先生坐的。桌子上一方墨砚，一方硃砚，以及墨笔、硃笔，为圈点批评之用。此外还有一把戒尺，就是古名"夏楚"者，倘然有顽劣不率教的学生，那是要打手心的（从前有些乡村学堂，还有要打屁股的）。学生们则散坐在周围，有的是方桌，一张方桌可坐三人，半方桌则坐一人，较为舒适。椅子是方型，或长方型，如果先生家里没有这许多椅子，可能教学生们自己带椅子来上学。

这一回，姚先生招收学生（名曰"设帐授徒"，俗语说来，就是开了一爿子曰店），学生倒来了不少，连我在内，共有十二三人，也算桃李盈门了。但是程度不齐，最大的一位是十八岁（黄筑岩君，这位同学，他在五十岁时，我还见到他，是一位老画师），年纪小的仅七八岁，过于小的开蒙学生，姚先生声明不收，像我们八九岁至十二三岁，却是最多。

姚先生是一位名诸生（即是进过学的高材生），他的笔下很好，为人极勤恳而开通，好像去年也馆在人家，今年才回来开门授徒。当时贴了红纸条在大门外，上写"内设经书学塾"，这便是开学店的招牌了，于是附近人家都来从学。不过姚先生也要选择一番，有些太下流的孩子们，他也不收。为了他的学生整齐起见，也要问问那些学生的家庭关系，一个学塾里有了坏学生，便足以驱逐好学生。

我在姚先生学塾里读书，似乎比关在自己家里延师教读时候，要开展的多了。虽然从最后一进的屋子里，走到大厅上，未出大门一步。一则，我年纪渐大，知识也渐开；二则，有了十一二位同学，知道了小孩子许多不知道的事；三则，姚先生每晚有讲书一课（在将近晚间放学时），那是对大学生们所设的，我们小学生听了，也有一些一知半解哩。

我最惧怕先生不在塾中，这十一二位同学闹起来，真有天翻地覆之势。但我也喜欢先生不在塾中，往往有新奇的事出现。有一天下午，先生出门去了，学生大起活动。那个大厅的庭院，倒也宽阔的，只不过乱草丛生，芜秽不治，蓬蒿生得过了膝盖。有一个学生，在庭角小便，看见一条蛇，在草丛蜒蜿而行，便向同学惊呼起来。

一个大学生便冲出庭院，说道："打死它。"又一个同学说道："捉住它。"但大家说："蛇是有毒的，不如打死它。"于是即有一人，拿了一根门闩来打它。他们记得一句成语："打蛇打在七寸里"，因此真个用力在七寸里乱打。蛇负了伤，还是拼命的逃。有一句俗语，叫做"蛇钻的窟窿蛇知道"，这种旧房子，多的是墙头缝，蛇便拼命的向墙头缝钻去。有一位同学呼道："不好了！给它逃走了！"有一位同学奔上去，蛇的身子，一半钻进墙头缝，它的尾巴，还拖在外面。他便双手把蛇尾拖住，但蛇尾很滑，他抓不住，便大呼"帮帮忙"。于是另外一位学生，也来帮着他，就是所谓"倒拔蛇"者，把那条蛇拉出墙头缝里来了。

那位年长的学生，可称是捉蛇能手，他倒提了蛇尾，只管把它向下抖，蛇也无力挣扎了。又是一顿门闩，蛇也已经半死了，打死了这条蛇，怎么办呢？一个学生出主意，说是"把它丢在河里"（桃花坞是沿河的，但沿河多造了房子）。年长的学生，提了蛇尾，将要拧出门口，可是门口开了一家裁缝店，他们的开店娘娘不答应，不许拧了死蛇，在他们的店堂里经过。他〔她〕说："打死了蛇，它是要来讨命的。"说了许多迷信的话。

这可怎么办呢？有人主张，不如把它火化了吧！大家也以为然。因此到邻家，讨了稻草茅柴，把它烧起来。不想惊动了住在隔壁松下清斋的大书家

31

姚凤生先生，他听的外面一片喧闹声，又见庭中轰然的火光，问起什么事。学生以实告，凤生先生大骂："你们这班顽徒！"及至和卿先生回来，他又唤他去训斥一顿（和卿先生是他的侄子）。先生回到学塾里，除了我们几个小学生，对于此事无份外，打了一个"满堂红"。

这班同学中，除了一位黄筑岩兄，是一位画家，又是一位医家，前章曾述过。还有一位姓王的，已忘其名，本来是一个水木作头的儿子，后来自己便做了大包作头，并且在上海包造大洋房，很发了一点财，偶然在上海一次宴会上遇到，谈起来，方才知道是同学。他有两只招风耳朵，当时我们叫它〔他〕"大耳朵"。他是苏州的香山镇人（苏州的水木工匠，都是香山人），直到我们叙旧时，他的香山口音，还不曾改变过。

和卿先生的开门授徒，大概不过两年多光景呢，他便出外作幕去了。原来他和吴清卿（名大澂）为至戚。吴放了湖南巡抚，便招了去，在抚院中，他当了"硃墨笔"（即代批公事，此职惟督抚衙门始有之）。说起吴清卿，苏州有两个吴清卿，一为做湖南巡抚的，苏人称为贵的吴清卿；一个便是我舅祖，我祖母的弟弟，号称苏州首富，苏人称为富的吴清卿。后来这两个吴清卿的孙子，都成了画家，一个吴湖帆，一个吴子深。

和卿先生初名元豹，后因元豹两字，音同元宝，改名为元揆。他是一位廪生，文学很优，字也写得很好，为人忠厚诚笃。但他的同族中，说他是书呆子，呼他为"瓦老爷"（苏州人嘲笑忠厚老实人，有此名称）。他自从作幕以后，便抛弃了教书的生涯，以保举及捐资，得知县职，到江西去候补，做过了几任知县。他的儿子号学洲，学洲的儿子名赓夔，笔名苏凤，是一位名记者。以亲谊的关系，我比他长两辈，所以苏凤呼我为公公。

一二　我的近视眼

近视眼有遗传性吗？在我的直系上，是一个问题。说它有遗传性吗？我的父母，都不是近视眼，我的祖父、祖母，也不是近视眼，何以我是近视眼呢？说它是没有遗传性吗？何以我的儿女中，很多近视眼呢？虽然他们深浅不一。而且我是近视眼，他们的母亲也不是近视眼呀！

我在八九岁的时候，近视眼就显露了，远的东西看不出，近的东西，虽极纤细的也能明察秋毫。祖母那时便抱怨我开蒙的陈先生，她说：在我初学写字的时候，每到下午四五点钟放学时候，便写字了（起初描红，先生还把笔，后来写书法，以薄纸印写）。书房中墙高庭小，垂暮时光，光线不足，所以出了毛病。但其实不然，私塾中习字，都是在这个时候的。

那末说近视眼是先天关系，既不尽然，后天关系，那是有的。当我在八九岁的时候，文理已经略通，便喜欢看小说书。而这些小说书，又都是那种木刻小字的书，有的是那种模糊不清的麻沙版，看起来是很费目力的。我记得我的外祖家中，有一间屋子，他叫做东书房的，这里有一口书橱。有一天，我在这书橱中，翻出几本书来一看，全都是小说，有《封神榜》、《列国志》、《说唐》、《隋唐》、《岳传》之类。发见了这个奇秘，大为喜悦，好似后来人家发见了敦煌石室一般。因此不到外祖家则已，去了，总是躲在东书房里看书。而这个东书房甚为黑暗，夏天蚊虫成市，我总是不声不响，在里面看书，这定然与我的眼睛有关系。

谈起看小说，我的正当看小说，还在九岁时候吧？家中有一部残缺的《三国演义》，也是从一只旧书箱里翻出来的，我见了如获至宝。起初是偷偷摸摸的看，因为从前小孩子不许看小说的，除了看正史以外，不许看野史。后来被父亲发见了，说是看《三国演义》无妨，非但不禁止我看，而且教我每天要圈点几页（从前有许多书，都没有圈点的，自己加以圈点，也分句读；人名、地名，也在旁边加上一竖，与现在新符号也差不多）。

不过看章回小说，看了前一回，便要知道后一回怎么样。每天晚上圈几页，怎能过瘾呢？于是仍旧想法子偷看了，最好的时间，是在大便时。大便已经完了，可以起来了，但是依旧坐在马桶上（这个名称，苏人称为"孵马桶"），偷看《三国演义》。不久，被祖母知道了，大骂一顿，说道："你在马桶上看关圣帝君的事，真是罪过，将来要瞎了眼睛。"实在说，在马桶上看书，总是光线不足，有损眼睛。不想后来成了习惯，在大便时，不论什么书，终要取一本在手中阅看。

既而上海出了那种缩小的石印书，最是损人眼睛。而且那些出版商，还印出了许多《大题文府》、《小题文府》、《试帖诗集腋》等等书籍，那是搜集了前人所作的八股文、八韵诗，以供人抄袭獭祭之用，这是他们一种投机事业。印出来的字，小得比蝇头蚊脚，还要纤细，有的必须用了显微镜，方可以看得出。这些书都是为了考试时，便于夹带用的，所以销场奇好。

但是看这些小字书，很伤目力，当时一大半的近视眼，都是由此养成。

尤巽甫姑丈，最痛恨这些石印的八股八韵书籍。他的批评，说这种书，不但伤害青年的目力，而且看了这等书，足以汩没性灵。譬如一个先生，出了一个题目，要教他的学生，做一篇文章。这须要自出心裁，把思路展开，然后才能做成一篇有意思的文章。因为自己做不出，不肯去想，于是去翻前人所做的文字，这个思想就把它关住了。那时不但剿袭他的意思，还剿袭他的成文，自己就一辈子没有思想了。所以巽甫姑丈说："这些刻出来的石印书，伤害眼睛还小，伤害性灵更大呢。"

不过我对于那些石印书，受害还轻，因为我没有钱去买什么石印书呢。但石印书有许多很适用的，譬如像《诗韵合璧》之类，我曾有一部，觉得很为便利。有些工具书，都靠了石印本而利用。如其它的许多木版书，卷帙浩繁，携带不便，却经过了缩小石印，便成了袖珍本了。譬如说吧，像《史记》、《前汉书》、《后汉书》、《三国志》，人家称为"四史"，若是木版的，要装好几只书箱，现在可以缩成几部书，那是多么便利呢。

我在十岁那一年上，就有一副眼镜了。那件事，是我牢牢记着的。因为我是近视眼，看见人家戴眼镜，颇为羡慕。亲友中也有近视眼的，把他们卸下来的眼镜张望着，颇觉明亮。我久有此意，要想有一副眼镜。但小孩子怎能戴眼镜，在当时是不许的，要被大人所呵斥。

就在那年的秋天，父亲为了奖励我读书，他允许带我去看一次戏。不过有两个条件：第一件，要那天是先生放学，不能因为娱乐而旷课；第二件，也要他自己有空工夫。于是我只有等待，等待到那一天，先生果然放学了。至于父亲有空工夫，那是不成问题的，他近来本来不太忙，即使有事，他也会带我去。

父亲对儿童不能失信，因此催着早早吃午饭，便到城隍庙前那家戏馆来了（那时苏州城内，只有一家戏馆，唱文班戏，文班戏即是昆剧）。谁知到了戏馆门前，冷落无人，铁闸也关起来了。这是什么缘故呀？一问邻近，方知今日是忌辰。所谓忌辰者，便是那一天是清朝历代皇帝皇后的死忌，这一天，照例不许演戏的。可是我却觉得很是失望了，好容易一直盼望，得到今天，才有这个机会，结果是为了忌辰而停锣。我的懊丧，真是要眼泪挂出来了。

父亲却安慰我道："这一次遇到了忌辰，还有下一次呢。"又道："你不是想有一副眼镜吗？"于是我们父子两人，便到穿珠巷来（穿珠巷在苏州阊门内，苏人又呼它为专诸巷，那里都是眼镜店，苏州人有句谜语道："穿珠巷配眼镜，各人的眼光不同")。我那天就配了一副玳瑁边的眼镜。这时,外国货的眼镜,还未流行到中国来,我的这副眼镜,全是国货,而且全用手工制成的,不是玻璃,而是水晶,价值墨西哥洋银一圆。回到家里,我非常高兴,把看戏逢着忌辰的失望,全忘怀了。戴着眼镜去见祖母,祖母说:"小孩子不能戴眼镜,只怕愈戴愈深,藏起来,到要看远处的地方才戴罢。"

不但小孩子不能戴眼镜,苏州那些所谓书香人家的子弟,虽然近视眼很多,年轻时也不大许戴眼镜。说也可笑!他们希望在科举上发达,预备将来见皇帝,什么引见、召见之类,都是不许戴眼镜的。我有一位朋友,他祖上是做过大官的,却是个高度近视眼。有一天,皇帝在便殿召见,那皇帝东向而坐,对面却安一面大穿衣镜面的屏风,他糊里糊涂,只向那面大穿衣镜面前跪了。太监看见了,掩口而笑,把他拉过来,说道:"皇上在这里。"因为他是大臣,不加谴责,但是皇帝心里终觉得不高兴,臣子不免就吃亏了。

一三　儿童时代的娱乐

在我十岁以前,苏州有什么娱乐呢?就记忆所得,略为述之。

第一,我就要说戏剧了。当时苏州的戏馆,城内只有一家,在郡斋前,就是上文说过,父亲带我去而适逢忌辰的那一家,专唱昆剧的。城外也有一家,在阊门外的普安桥,那是唱京戏的。这两家戏馆,都不是常年唱戏的,有时唱戏,或两三个月,便即停止,或另一个戏班来上演了。

当时苏州有一个禁令,城里只许唱昆剧,不许唱京戏。所以京戏到苏州来,只许在城外普安桥那个戏馆里唱。苏州当时的戏剧,以昆剧为正宗,其馀所谓京班、徽班等等,都好像野狐禅、杂牌军一般。而且当时城内城外,好像分了两个疆界,城里是要整肃的,不能五方杂处,城外就可以马马虎虎一点了。

唱昆戏的都是苏州本地人,缙绅子弟,喜欢拍曲子的很多,有时也来一个"爷台会串"(又叫做清客串),哄动城内外,真是万人空巷。京戏在苏州,却没有那种盛况。京戏大概是从上海来的,也有从各方来的,他们所谓外江班,到苏州来打野鸡。昆戏为士大夫所欣赏,从不加以禁止,京戏则有时要加以取缔了。京戏中有许多如《卖胭脂》、《卖绒花》、《打樱桃》、《打斋饭》、《小上坟》、《荡湖船》等,官厅目为淫戏,便禁止不许唱了(按:从

35

前无警察，所谓官厅者，指县衙门而言）。

除戏剧而外，苏州最流行的是说书。说书分两派，一派说大书的，称之为平话，只用醒木一方，所说的书，如《三国》、《水浒》、《岳传》、《英烈》、《金台传》之类；一派说小书的，称之为弹词，因为它是要唱的，所以有三弦、琵琶等和之，所说的书，如《描金凤》、《珍珠塔》、《玉蜻蜓》、《白蛇传》、《三笑姻缘》之类。这些大书小书，我都听过，但是一个十岁左右的儿童，都是喜欢大书，不喜欢小书。因为大书是描写英雄气概，小书只是扭扭捏捏，一味女人腔调而已。

书场都是附设在茶馆里，但也有独立的。我们去听书，每人花十馀文，而且他们还给你茶吃。书场有班老听客，他们是天天光临的，听得有了瘾了。像我的小时节，不过零零碎碎，断断续续，东鳞西爪，跟着大人们去听一回两回罢了。但是在新年里，不读书，也有跟着大人们连听十几回的。那种的书场，或大书，或小书，每次只说一档书，没有像后来上海那般书场，每一场有四五档书的。只是到了年底说会书，也常有四五档，这正是盛况空前。

说书名家，我所听到的，有马如飞的《珠塔》（那时我年纪很小，不大记得），顾雅廷的《三笑》，王效松的《水浒》，王石泉的《倭袍》，金耀祥的《金台》等等，不过都是零零落落，或只听到两三回。有的是在人家有喜庆事，在堂会上听到。从前上等妇女，不上书场，但也并不禁止，偶有一二，大都年老妇女，男女座位，也是要分开的。妇女们听书，大户人家，往往有长堂会，每天到她们家里来说书的。

戏剧说书之外，还有什么"曲局"与"清唱"。"曲局"者，也是人家有喜庆事，聚几位平时喜欢唱曲的人，同时会唱，以示庆祝之意，主人则备盛筵以饷客。"清唱"者，雇一班专门清唱的人，唱唱说说，语多发喙，名之曰"摊簧"。两者有所不同，就是一雅一俗而已。

杂耍中有一种苏人称之为"戏法"，即今之所谓魔术。戏法有两种，一种是文的，一种是武的。文的藏物于身，说说笑笑，忽然一件、一件的从身上搬运出来，有玻璃十八件，各种各样物件。我曾见从身上搬出一大坛酒的，足足有五十斤。又曾从身上变出一个十四五岁童子，真不知他如何藏法。武的有飞水、飞碗、吞剑、吐火之类的种种技术。人家有喜庆事，以娱来宾，则取文的，以求雅驯。至于武的，不免剑拔弩张，大概在庙会场上，可以时时见之。

更有一种号为女说书者，他处未见过，惟苏州有之。每于冷街僻巷处，门前贴一字条，上写"某某女先生，弹唱南北小调、古今名曲"的字样。起初只是一二盲女，卖唱度日，随后即有非盲目之青年女子，亦作此生涯。既而更有秀丽出众的人物，亦出现其中。人家有小喜庆事，往往招之使来，唱唱各种小曲，妇女们喜听之。若是盲女，从吃夜饭来，到半夜回去，不过八百文，或至一元；倘非盲女，则须三元左右；如为出众人物，或令之侑酒，以至天明方散，则须加倍还不止。惟此种女说书，绅士人家，概不请教，以其不登大雅之堂呀。

我的对于戏剧、说书、歌唱、杂耍等等，每在亲戚喜庆人家，所见为多。因为我家虽寒，亲戚中颇多富豪。他们每逢有喜庆事，常接连数日，有些娱乐，戏剧则有堂会，以昆戏为主，亦有唱"髦儿戏"者，乃是女班子也。那些富贵人家，都可以临时搭起戏台来，妇女亦可垂帘看戏。说书名为堂唱，往往连说几天。其它歌唱、杂耍，每遇宴庆，亦必招致。

再及低级之娱乐，则在城中心之玄妙观内，各种都有。如露天书、独脚戏、说因果、小热昏、西洋镜，那些都是属于文的。其它如卖拳头、走绳索、使刀枪、弄缸弄坛，那些都是属于武的了。因此苏州的玄妙观，可称为儿童的乐园。

其次便是街头娱乐了，也为儿童所欢迎。街头娱乐最普通者有两种：一为木人头戏，演者挑一担，择街头略空旷处，敲起小锣，儿童群集。他就用扁担等支起一个小戏台来。一为猴子戏，由猴子演出种种把戏，召集街童观看。

一四　坐花船的故事

有一件事，使我虽老不能忘怀，这是我在八岁的那年，父亲带了我曾去坐过一次花船。怎么叫做花船呢？就是载有妓女而可以到处去游玩的船。苏州自昔就是繁华之区，又是一个水乡，而名胜又很多，商业甚发达，往来客商，每于船上宴客。这些船上，明灯绣幕，在一班文人笔下，则称之为画舫。里面的陈设，也是极考究的。在太平天国战役以前，船上还密密层层装了不少的灯，称之为灯船。自遭兵燹以后，以为灯船太张扬，太繁靡了，但画舫笙歌，还能够盛极一时。

当时苏州的妓女，可称为水陆两栖动物。她们都住在阊门大街的下塘仓桥浜，为数不多，一共不过八九家。这里的妓院，陌生人是走不进的，只有熟识的人，方可进去。在门前也看不出是妓院，既没有一块牌子，也没有一点暗示。里面的房子，至少也有十多间，虽不是公馆排场，和中等人家的住宅也差不多。

　　不过她们的房子，大概都是沿河，而且后面有一个水阁的。她们自己都有船，平时那些小姐们是住在岸上的，如果今天有生意，要开船出去游玩时，便到船上来，侍奉客人。平时衣服朴素，不事妆饰，在家里理理曲子，做做女红，今天有生意来了，便搓脂滴粉的打扮起来了。

　　那一天是农历七月十五日，中国人称之为中元节。苏州从前有三节，如清明节、中元节、下元节（十月初一日），要迎神赛会，到虎丘山致祭。而城里人都到虎丘山塘去看会，名之曰"看三节会"。而载酒看花，争奇斗胜，无非是苏州人说的"轧闹忙"、"人看人"而已。

　　七月十五那一天，他们妓船生意最好。因为这些花船帮的规矩，在六月初开始，这些船都要到船厂去修理，加以油漆整补等等，到六月下旬，船都要出厂了。出厂以后，似新船一样，要悬灯结彩，所有绣花帷幕，都要挂起来了。而且从六月二十四日，游玩荷花荡起（那个地方，亦叫黄天荡，都种着荷花。是日为荷花生日），船上生意要连接不断。如果中断了，便觉失面子。假使七月半看会那一天，也没有生意，真是奇耻大辱了。

　　父亲那时，一来请请他的几位到苏州来的商家朋友，在生意场中，交际是少不得的；二则他也认识几条船，都是老主顾，每一次出厂，也要应酬她们一下子。因此在半个月以前，早已约定，答应他们了。坐一天船，吃一顿船菜，要花多少钱呢？从前的生活程度，物价低廉，不过四五十元罢了。此外苏州的规矩，吃花酒的每位客人，要出赏钱两元，请十位客，也不过二十元，总共也不过六七十元，在当时要算阔客了。

　　父亲预先和我说："你认真读书，七月半，我带你坐船看会。"我听了自然高兴，也不知道何处坐船？哪里看会？只跟随父亲就是了。一清早，母亲便给我穿起新衣服来，母亲也不知道父亲带我到哪里去。这时我恰新做了一件两接长衫，这两接长衫，上身是白夏布的，下身是湖色云纱的（按：当时成人们也穿两接长衫，一时盛行。原来这两接长衫，还是从官场中流行起来的。从前的官服是外套、箭衣，里面还有衬长衫，便是两接的长衫了）。里面是雪青官纱对襟小衫，下面玄色香云纱裤子。脚上淡红色纺绸单袜，蓝缎子绣花的鞋子，鞋子与袜，都是母亲手制的。头上梳了辫子，辫梢拖了一条大红纯丝的辫须。

由父亲领了，到一家人家，我也不知道什么人家来了。但见房栊曲折，有许多打扮得花枝招展的女人，有的拉拉我，有的搀搀我，使我觉得很不好意思。后来又来了几位客，大家说："去了！去了！"我以为出门去了，谁知不是出前门，却向后面走去。后面是一条河，停了一条船，早有船家模样的人，把我一抱，便抱了进船里去了。

但是那条船很小，便是苏州叫做"小快船"的，里面却来了男男女女不少人，便觉得很挤。我心中想：父亲所说的坐船看会，那就是这样的小船吗？我宁可在岸上看会了。后来那小船渐渐撑出阊门城河，到一处宽阔的河面，叫做方矶上，停有几条大船，把我们〔从〕小船上，移运到大船上去。方知道因大船进城不便，所以把小船驳运出来，小船、大船，都是伎家所有。

到了大船上，宽畅的多了，又加以河面广阔，便觉得风凉得多。于是一面吩咐开船，一面便大家解衣磅礴，我的两接长衫也脱去了，只穿官纱短衫。有许多客人，竟自赤膊，有一个大块头，露出个大肚皮。便有些娘姨大姐，给客人擦背心上的汗；有的给一个老公公只是打扇。她们也劝我脱去短衫，赤着膊儿，我却不肯。父亲说："身上都是汗，擦擦吧！"一个大姐，给我脱去短衫擦身，但我来不及把衫穿上了。她笑对父亲道："你看你的这位小少爷，倒像一位小姑娘。"

船开到野芳浜（原名冶坊浜），愈加觉得风凉了。他们移开桌子打牌，这中舱可以打两桌牌，但是他们打牌，我更无聊了。我一心想看会，会是在岸上过的，我便到头舱里去。他们特派了一个年约十二三岁的小姑娘名唤三宝的，专门来招呼我。指点岸上的野景，讲故事给我听，剥西瓜子给我吃。当吃饭的时候，她拣了我喜欢吃的菜，陪我在另一矮桌子上吃。吃西瓜的时候，她也帮助我在另一矮桌子吃，她好像做了一个临时小褓母。

临回去的时候，父亲叮嘱我道："到了家里，祖母面前，不要提起。"父亲有点惧怕祖母，祖母晓得了，一定骂他，怎么带了小孩子去。我说："母亲可以告诉她吗？"父亲笑笑，他说："告诉母亲不要紧。"因为我什么都要告诉母亲的，无从瞒起。后来母亲知道了，也埋怨父亲："为什么把孩子带到那里去！"父亲笑而不语。我父亲不是那种自命道学中人，说什么"目中有妓，心中无妓"的人，但他却是一个终身不二色的人。

　　非但此也，父亲什么地方都带我去看过。有一天，带了我到一家鸦片烟馆里去。那时候，鸦片烟馆是公开的，并不禁止。他自己并不吸烟，而有许多朋友都是吸烟的。甚而至于有许多生意经，都在烟馆里并枕而卧，方才订定了的。我还记得我们所去的地方，在苏州观前街太监衖现在吴苑茶肆的前身，房子既旧且大，生意很为兴隆。那个时候，好像在夏天吧，烟客们就灯吸食，都不怕热。我对于鸦片烟，并不觉得新奇，因为我早已见过，我的母舅，我的姑丈，他们都是瘾君子呀！

　　赌场中，父亲从未带我去过。苏州也有很高级赌窟的，他们称之为"公馆赌"。因为父亲生性不爱赌，这件事，我有遗传性质，我对赌也是不感兴趣的。至于当时流行的一种打牌，名为"同棋"的，父亲却打得甚好，但输赢是极小的（麻雀牌流行的时候，父亲已故世了）。东中市有一个钱业公所，父亲带我去过几回。据说里面可做输赢，只要是熟识的人，但凭一言，即可成交。可见从前商人信实，胜于现在。这种交易，大概以生银、银洋、制钱三种作比价，人家亦称之为"卖空买空"（这便是后来交易所的发轫基始）。当时苏州的术语，名之曰"做露水"。父亲偶尔小试其技，只不过估自己的眼光而已。

一五　在新年里

　　父亲对于我的教育，主张开放，不主张拘束。他常和母亲说："孩子拘束过甚，一旦解放，便如野马奔驰，不可羁勒。"但父亲又批评我道："他太懦善，少开展之才。"从来"知子莫若父"，信哉斯言。不过我母亲又回护我，说："我宁有一个忠厚的儿子。"我又服膺此言。

　　在新年里，是儿童们最高兴的一个时期。我们从前在学塾里读书，并没有什么星期日放假之例。除了每逢节日，放学一天之外，便是每日一天到晚，关在书房里。即使到了夏天，也没像现在那样，要放暑假。不过到了年底年初，这一个假期，却比较很长。大概是每年到十二月二十日，便要放年学了，到了明年正月十六日，或迟至二十日，方才开学。

　　因此那个新年里，便是儿童活跃之期。不但是儿童，就是他的家长们，在新年里，也是吃喝娱乐之日。那班工商界的人，早的也要过了年初五，迟的竟要到正月二十日方才开工上市。连做官的人，也是十二月二十日封印，到正月二十日开印，在此期内，不理政务。

衣食住行四者之中，衣字当先。小孩子们到了新年，都要穿新衣服。高等人家的孩子，身上都穿得花团锦簇，即使是穷苦人家的孩子，那天也要穿的干干净净的一件花布衫儿。在除夕的夜里，母亲已经把我们明天元旦应穿的新衣服取出来了。虽然在新年里，天气很冷，我们的家规，小孩子是不穿皮衣服的，也只是棉衣而已。

母亲和祖母，在新年里，有一种特别装饰，因为现在年青〔轻〕人是不知道了，我至今还有一些印象，记之如下：母亲戴一只珠兜，齐额有一排珍珠，这个名词，叫做"珠勒口"。珠勒口的上面，有一条紫貂的皮，这个帽子，她们叫做"昭君兜"。我觉得母亲戴了，非常之美。祖母呢？戴了一种黑缎子的头巾，垂在后面，这头巾上，缀满了无数珠宝。巾尾是尖的，直垂到背后腰下，巾尾上缀了一粒宝石，中间有一条线痕。他们告诉我：这叫做"猫儿眼"。而且祖母所戴的巾，却叫做"浩然巾"。浩然巾是唐朝踏雪寻梅的孟浩然戴的，如何戴在老太太头上？后来偶然看到了乾嘉时代某君笔记，中有"名不符实"一节，中有句云："浩然巾戴美人头上。"可见那时候，不但老太太戴浩然巾，连年轻的女人，也戴浩然巾呢。

其次便谈到食了。新年中，是一个吃喝时代，在年底下，即预备了许多食物，以供新年之需。有些人家，甚而至于吃到正月十五，他们称之为"年冻"。不但自己吃，而且还请亲友来吃。因此在新年里，你到我家来吃，我到你家来吃，忙个不了。虽然，从年底下的年夜饭已经吃起，不过从前的苏俗，吃年夜饭只是家人团聚，不大邀家庭以外的人。

除饭菜以外，新年里还有种种的点心。有规定的是年初一、年初三，要吃圆子（一种小的汤圆）；年初五要吃年糕汤；元宵节要吃油堆之类。不规定的，则有年糕、春卷、粽子、枣饼、鸡蛋糕、猪油糕之类，名目繁多。不过在我小时节，吃东西不大告奋勇，加以胃也大不强健，多吃就要腹痛，不得不宣告戒严了。祖母和母亲，常是吃素的，一个新年中（自元旦至元宵）倒有一大半日子是他〔她〕们吃素的日子。

其次说到住，新年里，房子也收拾到整整齐齐。在腊月底边，就有一次大扫除了，这个名称，叫做"掸埃尘"。新年里，不但将房子扫除，而且还要把它装饰一番。厅堂里有的挂起了绣金的堂彩，地上铺了红色地毡，花瓶中供了天竹、蜡梅，有的还摆上几盆梅桩。中等人家，至少也供一盆水仙花。有些人家，大门上换了新的春联，可见得人要装饰，房子也要装饰的了。

中国人是尊敬祖先的，逢时逢节，都要祭祀，这便是儒教中慎终追远之意。因此新年中，每家都要把祖先的遗容，挂在内厅，有许多亲戚来拜年，他们要来拜祖先的。假如一个大族，宗支多的，更要互相来拜谒的。这喜容一直要悬挂到正月十六日，方才收去。喜容之前，也要供些香烛果品之类。

讲到行字，我便要想起新年里的拜了。在新年里，苏州是盛行拜年的，自从改历以后，这风气渐革了。当初尽管你在平日不相往来的亲戚朋友，到了新年里，非互相拜一次年不可。据说：这也有一个道理，因为有许多亲友，终年不相往来，便要从此断绝，赖着新年互相拜一次年，从此又可以联络下去了。

拜年最出风头的，就是在年初二、年初三两天。在年初五以前也还好，过此以后，便落伍了。亲戚朋友多的，在城内外有百馀家之多的，一天工夫来不及，就要两天，那得坐轿子。因此这两天的轿子，飞驰在街头，连人家走路，也要当心，轿夫是一路在喊口号的。这时候，苏州代步的工具，没有车子，只有轿子。妇女们裹了小脚，出门也只有坐轿子。有许多人家，家里自己有轿子，多的有好几顶轿子，安放在轿厅上。轿夫临时可以召唤，有的且养在家里，如医生之类，名之曰"长班"。

新年的游观，在前面已说过，儿童最喜欢的是玄妙观。偶然看一回戏，也要预先定座。听书是要个耐心的儿童，方才坐得住。其次，城外有个留园，城内有个怡园，两个私家花园，也开放了让人游玩（都是收游资的），倒可以消磨半天光阴。里面也可以啜茗，儿童们都是家长带了去的。

新年的赌博，在苏州的巨室中也有之，我们却不知道。我们儿童中的赌具，一为状元筹，二为升官图，别的都不许赌。我家里有一副象牙的状元筹，刻得很工细，但一过新年，将近开学，祖母便命令收起来了。我们一家都不喜赌，只有祖母，她会"同棋"一种，也是四个人坐着打的，规律极严。苏州上等人家，往往玩此。至于后来流行的叉麻雀，当时苏州看也没有看见。"挖花"，却是老早就有的，但那些都是桥头巷口的轿夫们玩的，上等人不屑玩此。

元宵古称灯节，在古时必有灯市，就是称之为上元灯的。在我儿童时代，觉得也没有什么了不得。儿童们不过是放花炮，买花灯，以应景而已。况且在那个时期，已经将要开学，儿童们是想心事、收骨头的时候了。倒是正月十三日起，宋仙洲巷猛将堂里的大蜡烛，足以哄动一时。这一对大蜡烛，足有一百馀斤，是城厢内外的蜡烛店家共同供献的。

一六　我的拜年

关于我在儿童时代，新年里拜年的事，我得略说一说：

向来新年里拜年，是父亲去的。我们的亲戚很多，加上父亲的朋友，每次拜年，也近百来家。苏州人向来是工于应酬，人家既然来拜了，你怎可以不去回拜呢？坐轿子，具衣冠，要两天工夫。商业中，这几天里还要理理账，而他又素性疏放，视拜年为畏途。在我九岁的一年，父亲主张明年新春，他自己不出去拜年，要教我去了。他说借此也可以学学礼貌上的一切。

于是把向来拜年的人家，改编了一下。有几家，不来回拜的，就不必去了。有几家，是父亲的朋友，比较疏远的，可以不必去了。有几家，本是老亲，几乎相见不相识了。有几家，已迁居了，也不知道他们的新地址。就剩几家至亲好友，是非去不可的，于是删繁就简，仅存五十家左右，那末坐一天轿子，也可以赶完了。

对于出去拜年，我倒并不畏惧。我从小就不怕生，平日亲戚人家有庆吊事，我居然也去应酬，并不怯场。并且新年里有人到家中拜年，父亲老不在家，便是我去陪客。不过我有一个要求，出去拜年，要像大人一样，穿了衣冠，不能再作小孩子的打扮。因为我看见也有几个小孩子，到我家拜年，是穿了似大人一般的衣冠的，我很有点羡慕他们。

家中人曲徇我意，取出了父亲一件灰鼠马褂来，这件马褂又长又大，父亲本不爱穿，改缝了一件小的灰鼠外套，那正合式。外套里面的袍子，我本来有的，不必穿箭衣了。特为定制了一顶小头寸的暖帽，上面还装了一个水晶顶珠（本来水晶顶珠是五品官职，但小孩子是随便的）。脚上鞋子也可以了，但是我坚持了穿一双靴，我觉得穿了靴，气派得多，并且靴底厚，人也可以见得高一点。父亲不得已，便给我去定了一双靴。

轿班在隔年就定下来了。大除夕，轿班来取年赏，祖母就关照他了："明年是我们小少爷出去拜年了，只要年初二一天。一肩蓝呢轿，三名轿夫，一天里五十馀家都要拜完。"我们的轿班头，名叫阿松，听了很高兴。第一，因

43

为小少爷身体轻，抬了毫不费力。第二，一路上抬了轿子，先到哪家，后到哪家，全由他们支配作主。

但是有两处，却得预先规定，不得更改的，乃是到史家巷吴宅吃午饭，到桃花坞吴宅吃晚点。史家巷吴宅，便是我的外祖家，父亲每年出去拜年，也是如此的。这种常年老规矩，轿班们早已记得的，而且史家巷吴老太爷那里吃饭，他们最愿意，因为外祖父待下人极宽厚，轿班们不但给了他们轿饭钱，而且还款待他们酒饭，他们又何乐而不为呢？

那天我吃了早餐，八点钟就出门了，把那一张拜年单子，给轿班头看了，他们会排定了路由。在那个城圈子里，分定了东南西北，使他不跑冤枉路。城外的亲戚，我们极少，即有一二，也不挤在这一日去拜年。轿班的意思，要尽一个上午，拜去三十多家，然后到史家巷吴宅吃饭。吃过饭后，再拜一二十家，然后到桃花坞吴宅吃点心，吃了点心，便可以回去了。

因此出门时，先到胥门、盘门，后到封门、娄门，盘、娄两门较冷落，我们亲友也少，再由城中心到史家巷，差不多也有三十家人家了。吃过饭后，再由城中心到齐门、阊门，约摸二十家人家，到桃花坞吃点心，也就正好。因为轿子轻，他们抬得飞快，在下午从吾外祖家出来，他们喝饱了一点老酒，脚里更有了一点劲，轿子正像飞的一般。

有几家疏远的亲友，轿子到了门口，他们挡了驾，说主人不在家。既然挡驾，就不必下轿了。可是那些轿夫，不管三七廿一，却把轿子抬进门去停下。轿子停下，我只好出轿了，原来我不出轿，他们拿不到轿封，那些人家的挡驾，也是不愿出轿封。总之这一天，我不能自主，完全听命于这几个轿夫了。直到如今，社会上流行一句俗语，叫做"被人抬了轿子"，只怕就是这种情景了。

到了一家人家，有的献了茶，说主人不在家。有的主人明明在家，也说不在家。他们看见拜年的是个小孩子，谁高兴和你周旋呢？这就使轿夫们很愿意，可以马上就走。但到几家亲戚人家，可以直入内室的，有些太太奶奶喜欢小孩子的，便要装出果盘来，问长问短，十分亲热。这一来，可要耽搁许多工夫，那时轿夫就要着急，传进话来催请，吵着："来不及了，还有好多人家呢。"

这个拜年，蝉联了几年，直到父亲故世以后，我在居丧时期，不出去拜年。到后来更觉拜年毫无意义，对此颇生厌倦。不过有几家至亲，奉了祖母和母亲之命，新年里还是要去拜年的。还有的他们既然先来拜了，礼尚往来，也是不能不去回拜的。那就不坐轿了，安步当车了。

一七　自桃花坞至文衙弄

在桃花坞住了约有三年多光景，我们又迁居到了文衙弄。这个地方是有一个古迹，乃是明代的文徵明，曾住在这条巷里。文徵明的故宅，就是我们所住的那座房子的贴邻，现在已改成为七襄公所了。因为文家住在那里，这条巷便称为文衙弄。我起初以为凡是官署，方可以当得一个衙字，因此那种官厅，都称之为衙门。谁知从前却不然，凡是一个大宅子，都可以称之为衙。苏州有许多巷名，都有衙字，像"申衙前"、"包衙前"、"谢衙前"、"严衙前"等都是。想当初必定是姓申、姓包、姓谢、姓严的，在这里建筑了一所巨邸，因此就成了这个巷名了。

这个七襄公所是什么机构呢？原来是苏州绸缎业的一个公所。从前没有什么同业公会那种团体，可是每一业也有一业的公所，是他们集资建筑，组织也很完密。即使是极小一个行业，他们也有公所，何况绸缎业，在苏州是一个大行业呢！从前中国丝织物的出品，以苏、杭为巨擘，行销全国，机匠成千家，有绸缎庄，有纱缎庄，分门别类。这个七襄公所，就是绸缎业的公所，七襄这个古典名词，就由此而来的。

文徵明的故宅，怎么变成了七襄公所，这一段历史，我未考据。大概是在太平之战以后的事，因为里面的房子，都是新修葺的。里面却有一座小花园，有亭台花木，有一个不小的荷花池，还有一座华丽的四面厅。因为我们住在贴邻，又和七襄公所的看门人认识，他放我们小孩子进去游玩。除了四面厅平时锁起来，怕弄坏了里面的古董陈设，其馀花园各处，尽我们乱跑。

七襄公所有两个时期是开放的，便是六月里的打醮，与七月里的七夕那一天，致祭织女。打醮是大规模的，几十个道士，三个法师，四个法官，一切的法器、法乐，都要陈列出来。这个道场，至少要三天，有时甚至五天、七天。里面还有一座关帝殿，威灵显赫。七夕那天致祭织女，在初六夜里就举行了，拼合了几张大方桌，供了许多时花鲜果，并有许多古玩之类，甚为雅致。织女并没有塑像，我记得好像有一个画轴，画了个织女在云路之中，衣袂飘扬，那天便挂出来了。这一天，常有文人墨客，邀集几位曲友，在那里开了曲会的。

七襄公所荷花池里的荷花，是一色白荷花。据说是最好的种，不知是哪个时候留下的，每年常常开几朵并头莲，惹得苏州的一班风雅之士，又要做诗填词，来歌咏它了。所以暑天常常有些官绅们，借了它那个四面厅来请客，以便饮酒赏荷的。

这时候，我家有个小小神话：有一天早晨，祖母向母亲说道："昨夜里做了一个梦，有人请我吃汤包，不知是何意思？"母亲笑道："这有什么意思呢？前几天，不是皋桥堍下新开一家汤包店吗？我们明天去买两客来吃。"婆媳两人，也一笑而罢。谁知那天下午，七襄公所的看门人，把我送还家里，好像一只落汤鸡。原来我到了他们花园里去玩，见荷花池里有一只大莲蓬，足有饭碗口大。我想采这只大莲蓬，跌入荷花池里去了。幸亏看门人拉起来，虽不曾受伤，但全身衣服都湿透了。当母亲给我换衣服的时候，祖母说道："哎呀！对了！汤包！汤包！不是姓包的落了汤吗？准是观世音菩萨来托梦了。"

我家迁居文衙弄时，房东张氏，为一位年过半百的老太太，她已孀居了，有子女各一。我们住居在楼上三大间，甚为宽畅，兼有两个厢房，张家住在楼下，而楼下一间客堂，作为公用。此外他们还有傍屋，也是出租给人家住的，但留下一座大厅，是不出租的。门前租一裁缝店，那就不需要看门人了。大概这位老太太，除了一些储蓄之外，便靠收房租也足度日了。

她的那位女儿，年已二十三四了，小名喜小姐，读过书，人家说她是才女。不过当时苏州一个女孩子，到了这个年纪，还未出阁，人家便要说她是老小姐了。但这位小姐，却还未许配与人，当然姿色是差一点，但也不十分难看。终日躲在房里，不大出来，有一部木板的《红楼梦》，据说颠来倒去，看过几十遍了。我那时还没有看过《红楼梦》，很想借来一看，但是父亲不许，他说："你这年纪，看不得《红楼梦》。"我这时，却也莫名其所以然。

她的那位儿子，比我大三四岁，后来我附读在他们所请的先生那里，我就和他同学了（从前又叫做"同窗"）。他的名字叫禹锡，与唐代诗人同名，为人倒也恳挚，就是不大勤学。这位我的同学而又是房东，在我五十多岁的时候，忽然又遇到了他，四十多年未见面，他这时是上海德国人所开的西门子洋行的职员。

在这个时期，我的那位顾氏表姊出阁了。这位表姊，从三岁起，一直就在我祖母身边。因为我的顾氏三姑母，在她三岁时，便故世了。因此那位表姊，是在我家长大，而我们对她，也像胞姊一样。现在她出嫁了。从祖母起，我们全家，对她都有依依惜别之情。

她的夫家姓朱，我那位表姊丈朱静澜先生（名钟溁）后来是我的受业师，以后常要提起，这里暂且不说。但我那位表姊出阁时，她继母也已故世，家里仅有父亲一人。他究竟是男人，而且住在店里，不常归家。所以表姊归宁，也常常回到外祖母家，即是我家来，而这位朱姑爷也随之而来，好像是我家女婿一般。

那时我已十岁了，父亲因为自己幼年失学，颇担心于我的读书问题。可是他在我们迁移到文衙弄的时候，早已探听得房东张家是请了一位先生的，这位先生是很好的，于是就预备迁移过去后，就在那里附读了。

一八 记顾九皋师

顾九皋先生，是我的第四位受业师。当我们迁居的时候，恰巧姚和卿先生又出外就幕去了。如果迁移了新居，于我读书不便，可不是焦心的事吗？后来父亲探听得张家本请了一位教师，而且知道这位先生的教书，很为认真。有了这样一个机会，不可错过。因为我们这个时候的家境，已不能独立请一位教书先生了。

先给张老太太说好，然后父亲去拜访顾先生，谈得很好。父亲的意思："现在那些塾师教学生，只是要教他们死读，读得烂熟，背诵而流，而不肯讲解，似乎不能开他们的知识。最好是读一首〔部〕书，便要把书中的道理，给他讲一遍，方能有益。而懂了书中的意义，便也可以记得牢了。"

顾先生的意思："讲解是要紧的，熟读也是必须的。那些圣经贤传，非从小读不可，年纪一大，就读不熟了。"他说："将来你令郎要应科举考试吗？主试的出一个题目，你却不知道在哪一部书上？上下文是什么？你怎能做文章呢？如果读熟了的，一看题目，就知道题目的出处，上下文是什么，才思敏捷的，便可以一挥而就了。讲解自然是要紧的，但要选择容易明白的，由浅而深方可。假使是一个知识初开的幼稚学生，要给他们讲性理之学，道德之经，这是很烦难的了。上学以后，我先试试令郎的资质如何，再定教导的方法吧。"

本来这学堂里，已有了两个学生，一个便是张禹锡兄，还有一位钱世兄　47

（已忘其名），年已十六七岁了。我去了，多添了一人，共有三人，而我还是三人中年纪最小的。先生是愿意的，多添一位学生，每年也可以收多得十馀元的束修，不无小补，而我的加入，也可以算例外的。

顾先生的家里，住得很远，是在葑门内的织造府场（前清时代，有三个织造衙门，一在南京，一在苏州，一在杭州）。从织造府场到文衙弄，真是从城内的东南到西北。所以顾先生要在馆里住四五天，方才回家一次。那位钱世兄呢，也住在葑门平桥，是顾先生到馆及回家必经之路，因此带出带归。原来钱世兄的父亲和顾先生是老朋友，年龄既大，又无妻室，把钱世兄重托了顾先生。但是钱世兄佻达性成，顾先生监督甚严。

为了钱世兄年纪大了，已经开笔作文，张禹锡也十三四岁了，所以顾先生每天就要讲书。我年纪最小，但在讲书时候，令我旁听。讲过以后，他们就要回讲，可是回讲不出，尤其那位钱世兄，结结巴巴的不知说些什么，先生常常骂他。实在当先生讲书时，他并未入耳，因此心不在焉。我在旁边，心中想道：这几句书的意思，我倒明白，可惜先生不来问我，不教我回讲。

有一天，也是讲书以后，要他们回讲，他们都讲得不对。先生见我在旁边，便问我道："你讲得出吗？你来讲讲看！"我便把几句书的意义解释了，先生大为夸奖我。夸奖我便是斥责他们，先生说："你们年纪如许大了，反不及一个年纪小的。"其实先生讲时，他们指东话西，不在仔细听，我却是静听，所以回讲得出。

从此顾先生便特别注意我了，常常讲书给我听，但浅近的我可以明白，深奥的我可是不懂。这时候，我四书已经读完了，就在读五经。照寻常规例，是《诗》、《书》、《易》、《礼》、《春秋》，依着那个顺序读下去。但是在姚和卿先生案头时，他就说：《诗经》、《尚书》、《周易》，更加使小孩子难懂，不如先读《礼记》吧！《礼记》有几篇较为容易明白一点。所以我那时，《礼记》已读了半部了。

父亲的意思，要教我开笔作文了，因为我《三国志演义》也看得懂。而且见那两位大世兄读《唐诗三百首》，先生讲时，我也旁听。先生教他们读时，我觉得音调很好听，于是咿咿唔唔也哼起来了。先生也教我买了一部《唐诗三百首》来教我读，先读了五律："夫子何为者？栖栖一代中………"高兴得了不得，从睡梦中也高吟此诗，好似唱歌一般。

当时中国儿童的文艺教育初步，最为奇特，第一步就是对对子。最先是两字对，以后便是三字对、四字对、五字对以至七字对。这其间便要辨四声，每一个字，都要知道它的平仄声。如果不知道，不是问先生，便要去翻字书，须要弄清楚那个字是平声还是仄声。对对也得辨明平仄，譬如"红泥"对"白石"，那是平仄协调；假使"红泥"对"黄沙"，因为"红泥"与"黄沙"四字，同为平声，便不协调了。

对对子到了五个字，便要成一句子，而且"仄仄平平仄"，就要调起平仄来了。这时候，也可以开始做诗了。五字一句，先做二十字，不管你通不通，诌成一首，先生便给你改正。为什么要做五言诗呢？原来每逢考试，总有一首试帖诗，五言六韵，或是五言八韵，因此从小就要练习起来。这八股八韵的考试制度，先把儿童的脑筋，冻结起来了。

大概开笔作文，总是先做诗，后作文。这个传统，不知从何来的。不过我在这四句诗约略可以诌成的时候，顾先生便教我作文了。作文为了预备考试起见，便要学作制艺（名曰"时文"，又曰"八股文"）。最先做"破承题"，其次做"起讲"，随后做"起股"、"中股"、"后股"，才得完篇。但顾先生却不如此，他教我先做一百字以内的小论，题目也是出在四书上的，第一篇是"学而时习之论"。

我在顾先生案头，很有进步，顾先生对我，也循循善诱。当时的作文，不是像现代那样用语体文的，我至少对于文言文的虚字，算是已弄通了。大概有两年多光景吧，这其间有个波折了。原来这位先生是张氏延请的，我不过是附读而已。张氏老太太因为她的儿子进境很迟，说先生偏爱了我。这位老太［太］心窄嘴碎，时时冷言冷语，我祖母听了，便不服气，以为她们自己溺爱，学业不进，却迁怒人家。于是在我十三岁的春初，就拜了我的表姊丈朱静澜先生为师了。

顾九皋先生是一位道学家，平日规行矩步，目不邪视。他每日要写几行"功过格"，把每日自己的行为，为功为过，写在一本簿子上。这本写"功过格"的簿子，锁在书桌的抽屉里，不给人家看见，我们却千方百计想去偷看他的"功过格"。有一天，他的抽屉忘记锁了，被我们偷看了，中有一条写着道："今日与年轻女子作戏谑语，记大过一。"我们看了都大笑，以为顾先生是一位"迂夫子"。

自从我出了他的书房门，又过一年，他也辞馆了。好像他曾经出了一次门。一直到我进学那一年，照例，要钞考试的文章给教我作文的师长看，到他家里，他非常客气，将文字加圈，加上赞誉的评语，还送我到大门外。后来我为饥寒所驱，奔走在外，一向不曾去谒见先生。直到一九三一年的时候，我在南京，有一位同乡谈起说，苏州有两位共产党，都是顾九皋先生之子，现在已被捕入狱了。我想顾先生是一位道学家，怎样他的世兄是共产党呢？如果嫌疑轻，或者可以想营救之法。因为那个时候，嘉兴沈家，有一位学生（沈钧儒先生的侄辈），也是以共产党嫌疑被拘，我是受了沈定九之托（定九为钧儒之兄），向陈公洽（仪）说项，托他在宪兵司令部保出来的。到了从南京回上海时，我特地在苏州下车，访问此事。他们告诉我：这还是前年的事，那两位世兄，一位已病毙狱中，一位释放出来，现在不知何往了。至于顾先生则已逝世多年了。

一九　桃坞吴家

十岁以前，我随母亲，到外祖家去的时候多。十岁以后，我随祖母，到舅祖家去的时候多。那时我的最小姨母已嫁，外祖故世，母舅无业，日渐凋零了。舅祖家即是桃花坞吴家，简称之曰"桃坞吴氏"，其时则正欣欣向荣呢。

我的舅祖吴清卿公生有二子，长子号砚农，次子号伊耕，这是我的两位表叔。他们兄弟两人，相差有九岁。那时候，砚农表叔已娶妻，生有二女；伊耕表叔则年方十八九岁，尚未娶妻。他们兄弟两人，都是在十五六岁便进了学。清卿公家里请了名师栽培二子，我记得第一位请的名师是叶昌炽，就是为《缘督庐日记》、《语石》、《藏书记事诗》的那位名翰林。第二位管先生（我已忘其名），他是吴中的经学大家。两人的资质都很好，但是清卿公的意思，以砚农不再追求科举，教他管理一切家业，伊耕使他学问上进，将来在考试上博取功名。这个在苏州的绅富门第，都是如此打算的，大概以一二人保守家产，其馀的进取功名，这样则"富"、"贵"两字，都可保得。

殊不知我那位伊耕表叔，学问虽好，身体孱弱，从小时候，就是一个"药罐头"（从前中国，有病总是吃汤药，故称多病之人曰"药罐头"）。每年总要大病一场，小病就是家常便饭。他廿一岁就补了廪，第一次乡试，得了个"堂备"（堂备者，房官把这本卷子荐上去，名曰"荐卷"，主试阅卷后，在卷子上批上"堂备"两字，就是预备的意思）。第二次乡试，可以稳稳的一名举人抓到手里。苏州乡试是要到南京去的，临行之前，又是一场大病，懊丧得了不得。

当时的读书人，除了为博取功名，应付考试，专心于所谓八股八韵的制艺以外，还有两大流：一种词章，一种是经学。词章除诗词歌赋之外，什么骈体文、韵文、仿古、拟体等等，都在其内。经学则盛行一种经解，摘取各经中一名一物、一词一句，而加以考据解释，这算是考据之学。譬如说：《诗经》上第一句是"关关睢〔雎〕鸠"，就要考证出睢〔雎〕鸠是何物，古时郑康成怎样说？颜师古怎么说？作者的意思又是怎样。引经据典的写出一篇文章，其它群经中也是如此。实在此种学问，破碎支离，钻入牛角尖里去了。

我们这位伊耕表叔，他便是一位做经解的好手，大概他所师传，不是叶鞠裳，便是那位管先生了。苏州从前有三个书院，一个正谊书院，一个紫阳书院，一个平江书院。这三个书院每月都有月考，正谊书院中就是考词赋（当时称古学）、经解两门，而他的经解，往往冠群。家里有一部《皇清经解》，卷帙繁多，我翻了一翻，一点也不知道它里面讲些什么。

我尝戏问伊耕叔道："做经解有什么用处？"他笑说："一点也没有用处。"我说："既没有用处，去做它什么呢？"他说："人家既然欢喜这一套，我们就弄弄也无妨。"虽然这不过是骗骗小孩子的话，后来想想，也有道理。凡百学问，总是一窝风〔蜂〕，都有一个流行的时代。这个经解、词章之类，也不过是变相的八股八韵罢了。伊耕叔除了经解之外，还熟读《汉书》，写了一部《两汉韵珠》，木版精刻的十本。这部书，现在他家里没有了，我本有一部，流离转徙，也已遗失了。总之他因多病而不出门，只有读书，读书愈多，身体也愈弱。

我随祖母到吴家，有时一住就是一个多月，但读书倒不荒废。因为两位表叔都喜欢教我，他们从来没有教过学生，以为教学生是有趣的事。他们有一间很大的书房，就是伊耕叔日夕在其中的。这时我已经在读五经了，他是一位经学先生，常常给我讲书，可惜我对于经学不大有兴趣，尤其是《书经》与《易经》，我读也读不熟。砚农表叔除了家务之外，他也研究医道，偷忙功夫，跑到书房来，出题目教我做"起讲"（八股文的开首一段），讲究作文的"起承转合"（当时的文法），一定要说一个透彻。

这时伊耕叔还未结婚，但早已订婚了，所订的是住在阊门西街的曹氏小姐。她有三位哥哥，大哥曹志韩，又号沧洲，是苏州最红的名医（曾看过慈禧太后的病，因有御医头衔）。二哥曹再韩，是一位翰林，外放河南开归陈许道。三哥曹叔彦，是一位经学大学，也是两榜，是一个大近视眼（在我写此稿时，他已八十八岁了，听说去年还结了一次婚）。我这位表婶，出自名门，也读过好几年书。不过她的老太爷，不许女子多读书的，他说："读书求功名，是男子之职，不是女子之职。"

可惜我们这位伊耕表叔，娶了这位夫人，伉俪很笃的，不到三年，他就谢世了。也曾生下一个儿子，不幸那个儿子，也早殇了，世间惨事，无逾于此。后来把砚农叔的次子，嗣在他的名下（就是国医而兼国画的吴子深，他的医，就是向他母舅曹沧洲学的）。伊耕叔的病，也是肺病。有人说：那些青年患肺病的，在年龄上，要过两重关，第一重是二十岁，第二重是三十岁，逃过这两重关，略可放心。而在二十与三十之间，断送大好青春者，却是最多。

二〇　扶乩之术

谈起桃坞吴家，我不能不想起一件事来，便是他们家里的乩坛了。他们家里有几个密室，任何人都不能进去，除了舅祖清卿公及砚农、伊耕两表叔之外，尤其是女人。他们家里的女人，从未入内，我的祖母也从未进去过。他们都呼这几间密室为"祖宗堂"（这时他家还没有造祠堂），说是供奉他们列代祖先的神位之处。实在里面房子有两进，前面的一进，是供奉列代祖先的神位，安放古物之类，后面的一进，却设立了一个乩坛。

扶乩在中国源流甚古，我且不去考据它。不过在我幼年时代，扶乩之风，很为盛行，尤其是在江南一带。即以苏州而言，城厢内外，就有十馀处，有的是公开的，有的是私设的。公开的人人皆知，大都是设立在善堂里，很有许多人去问病，求事，甚而有去烧香的。私设的带点秘密性质，不为人家所知，即使亲戚朋友知道了，要去问病救方，也只能托他们主人，代为叩问的。

像吴家这个乩坛，当然是私设的了，可是私设的不独是吴家，我们无从知道罢了。我曾问我的祖母道："公公（指清卿公）和两位表叔（指砚农与伊耕）常在里面做什么？"祖母说："他们是在求仙方。"这个我很相信，因为他们家里，无大无小，凡是吃药，那个药方，都是从乩坛上来的。除非是有大病，方才请医生呢。

52

我常见清卿公早晨起来后，便到他们所说的祖宗堂去了。就在他所住居的那个屋子天井内，靠西面开两扇小门进去。那门平常是锁的，要他进去的时候才开，及至他进去了，里面又把门闩起来了。而且到祖宗堂去，仅有这一个门，除此之外，别无门可进的了。我几次为了好奇心，总想进去看看，但恐被他们呵责，终于不敢造次。他们外面有个帐房间，管理收租米、收房金的有几位先生。我问他们："里面那祖宗堂，有些什么？"他们骗我道："你们的公公，里面藏有好几十瓮的元宝与洋钱，你不知道吗？"实在他们都没有进去过。

但是有一天，这个秘密之门忽然对我开了。那时我不过十二岁吧，也随着祖母住在他家，伊耕叔是病着。我正在他们书房里读书，清卿公忽然到书房里来，向我说道："你高兴看看我们的乩坛吗？"我听了非常高兴，那真是求之不得的事。我就说："我愿意去看看。"清卿公道："但是有两件事，要先和你约定：第一，这里面是一个神圣所在，非同儿戏，必须恪恭将事，不可意存戏谑。第二，这个乩坛是秘密的，我们为了怕人来缠绕不清，不能公开，你在外面，不可向人谈起。"我说："我一定都可以答应。"

这教他们家人都惊异了，因为除他们父子三人之外，任何人都不能进去的，现在却让一个小孩子进去了，显得十分奇特。我也是从那深锁的小门进去，却见里面的房子很大，有三开间的两进。前一进确是他们的祖宗堂，祖宗的神位很少，还有许多祭器等等，都陈列在那里，后一进便是那乩坛所在了。

那个地方，张着黄色的帐幕，供着极大的香案，连所点的蜡烛也是黄色的，案上又陈列许多黄纸。中间并没有什么塑的神像，只有在正中挂着一顶画轴，那画轴也是由一个黄色帷幕遮蔽了，画的是什么神佛，黑洞洞瞧不清楚，况且我从小就是近视眼。进去时，大家都是屏息静气的，我也不敢动问。

江南的这些乩坛，必定有一位主坛的祖师，那时最吃香而为人所崇奉的，就有两位，一位是济癫僧，一位是吕洞宾。大概信奉佛教的是济癫僧，信奉道教的是吕洞宾。不过济癫主坛的，洞宾亦可降坛；洞宾主坛，济癫亦可降坛。他们是释道合一，是友不是敌。吴氏这个乩坛，我知道是济癫主坛的。

扶乩的技术，也分为两种，有两人扶的，有一人扶的。中间设有一个四方的木盘，盘中盛以细沙，上置一形似丁字的架子，悬成一个锥子在其端，名为乩笔。"神"降时，就凭此乩笔，在沙盘里划出字来。如果是两人扶的，便左右各立一人，扶住丁字架的两端；假使是一人扶的，一人扶一端，另一端却是垂着一条线，悬在空中。吴氏的乩坛，却是两人扶的。

假如是两人扶的，每一次开乩，就得有三人。因为两人扶乩之外，还必须有一人，将沙盘中所划出来的字录下来，这个名称，他们称之为"录谕"。这吴家父子三人，他们都可以扶乩，每次总是两人扶乩，一人录谕，三个人是缺一不可的。但如果有一人病了，或者有事外出，这乩盘便只可以停开了。可是我们这位伊耕叔，却是常常闹病的，而他们又不愿意招致外人入此秘密室，因此这乩盘也便常常停开了。

可是这回清卿公便看中了我了。因为我虽不会扶乩，却可录谕。试想：他们有两人在扶乩，有我一人在录谕，不是仍可以开乩了吗？但清卿公却顾虑着，我究竟是个孩子，沙盘里写出来的文字，一时只怕录不出。砚农表叔力保可以担任，他说："这是浅近的文字，即使错了，也随时可以改正。"他们为了要收这个新学徒，所以教我先到这个秘密室去瞻仰一下。

这录谕不似速写，可以慢慢地的〔写〕，听不明白可以再说一遍。为了这事，砚农表叔说："不妨先行试验一下。"于是说了一篇济佛祖（他们称济颠〔癫〕为济佛祖）降坛文，三四百字中，只差了四五个字。他把它改正了，便说："可以了！"明天早晨，就可以实行。他教我："明天早晨，不要吃荤腥，到了吃中饭吃荤，便没有关系了。"

第二天早晨，我就实行我的新工作了。所谓录谕者，摆一几在他们的乩盘之傍〔旁〕，备有笔砚和一本谕簿。谕簿之上，每次降乩沙盘上所写的文字，都录在上面。录谕是要跪在那里写的，他们为我安放了一个高的蒲团，矮矮的茶几，却很合式，也不觉费力，好得不过半个钟头，就完事了。这一天的成绩，却觉得非常之好，他们把我所写的来校正一下，只不过差了两三个字。

不过在求"仙方"中，我较为困难，因为有些药名，我不熟悉，写了别字。但砚农表叔是知医的人，他一向研究医理，乩坛上开仙方，也是他主持的。于是他开了一张通常所用的药物名称单子，教我常常看看，到乩坛上临开方子，他更详细指示，谨慎检点，也就顺利进行了。

及至后来，我随祖母回到家里，他们的"三缺一"（这是说三人之中缺了一人），常来请我去做录谕工作。我的父亲很不以为然，母亲说："不过上午一两点钟的事，下午仍可以进学堂读书。不许他去，是不好的。"我起初为了好奇心的关系，很为高兴，后来也不感到兴趣了。但是我的录谕工作，也有报酬的。什么是报酬呢？便是看戏。清卿公是苏州的大富翁，但非常省俭，一无嗜好，连水烟也不吸的（就是喜欢闻一些鼻烟，也非高品），所好的，看看文班戏（昆剧）。他以前总是一个人去的，现在带了我同去。那昆戏是中午十二点钟就开锣的，有时饭也来不及吃，带点什么鸡蛋糕、干点心之类，塞饱了肚子。所以对于昆剧的知识，我从小就有这一点。

我总疑心这扶乩是人为的，假造的，不过借神道设教罢了。但是许多高知识阶级的人，都会相信这个玩意儿，我真解释不出这个道理。最近几年前，上海有一处有一个乩坛，主坛者叫做木道人。我的许多朋友都相信它，而这些朋友，也还都是研究新学的开明人物呢。

后来伊耕叔故世了，清卿公也故世了，只存砚农表叔一人，"独木不成林"，他们的乩坛也就撤除了。在二三十年以后，有一次，我问砚农表叔道："你们的扶乩，现在坦白地说一说，到底是真的呢？假的呢？"他说："可以说真的，可以说假。"我道："愿闻其详。"他说："譬如在乩坛上求仙方，假使教一个一点儿没有医学知识的人去扶乩，那就一样药也开不出来。若是有医学知识的人去扶乩，自然而然心领神会，开出一张好的方子来，使病家一吃就愈。再说：假使一个向不识字的人去扶乩，沙盘里也写不出来。但我们踏上乩坛，预先也并没有什么腹稿，并没有诌成一首诗，那只手扶上乩笔后，自然洋洒成文，忽然来一首诗，有时还有神妙的句子写出来。所以我敢认定一句成语：'若有神助'。这便是我说的可真可假。"砚农表叔之言，有些玄妙，我还是疑团莫释呢。

二一　出就外傅

我自从脱离了顾九皋先生以后，便拜朱静澜先生为师了。这是我离家就傅之始，这在我童年是一个变换时期。

前文不是说朱静澜先生是我的表姊丈吗？自从我顾氏表姊嫁到朱家去后，因为表姊是祖母抚育长大的，她视我家为母家，归宁也到我家来。静澜先生也视我家为岳家，时常往来。表姊听得我附读在顾九皋先生处，张氏太太啧有烦言，她极力主张要我到她家去读书。

原来静澜先生也在家中设帐授徒，他是一位名诸生。从前所谓读书人者，除了几家缙绅子弟外，其馀都是作教师生涯。因为从前没有学校，而子弟总要读书，社会上需要教书先生，教书先生也就多起来了。教书先生有两种：一种是人家请了去，当西席老夫子的；一种是自己在家里开门授徒的。人家请了去的，比较待遇优，然而受束缚，不自由；开门授徒是一种退步，然而以逸待劳，却比较自由得多。这两种以后我都尝过，却也深知甘苦。

但顾氏表姊的要我到他〔她〕家去读书，大有一种报德主义。因为她是在我家抚育成人的，她心中常怀报答之心。近来我父亲无固定职业，家境渐窘，她想担任我的教育一部份〔分〕，使母舅（我的父亲）稍轻负担。所以她声明倘我到她家里去读书，所有学费、膳费，概不收受。可是父亲说："不能如此。学费、膳费照例致送，因你丈夫还有母亲弟妹，你不能擅自作主。而我对于儿辈读书之费，无论如何，是应当勉力负担的。"

从前学生们住在先生家里，而先生家里，供他饭食的，其名谓之"贴膳"。贴膳与束修，总共计算，普通是每年三十六元，可见从前生活程度的低廉。以每年三十六〔元〕计，每月仅合三元，以一元作束修，二元便可以对付一月饭食，住宿就不收你费用了。那时我就以三十六元一年贴膳于朱静澜先生处，便住在他家了。

朱先生的家，住在胥门内盛家浜。他们的房子，有些不大规正，大概是量地造屋，一面通盛家浜，一面通庙堂巷，也不能说谁是前门，谁是后门，因为两面都有一座厅。不过庙堂巷一面是朝南，盛家浜一面是朝北的，朱先生的一家，都住在盛家浜的那方面。

我们儿童也喜欢盛家浜，那边开出门来，便是一条板桥，下面是一条河滨，虽不通船，可是一水盈盈，还不十分污浊。从板桥通到街上，一排有十馀棵大树，这些大树，都是百馀年前物了。尤其是在夏天，这十馀棵大树，浓荫遮蔽，可以使酷烈的阳光，不致下射。晚凉天气，坐在板桥上纳凉颇为舒适。板桥很阔，都有栏干。沿滨一带，有八家人家，都有板桥，东邻西舍，唤姊呼姨，因此盛家浜一面，比庙堂巷一面，较为热闹。

我们的书房，在大厅的后面，一面很大的后轩。庭中也有一棵极大的榉树，树叶树枝，遮蔽了几间屋子，此外也有些假山石，还种了些杂花之类。我记得在四月中，有一架蔷薇，开了满墙的花，似锦屏一般，任人摘取。总之苏州人家，有一个庭院，便不让它空闲，终要使它满院花木的。这座大厅是朝东的，后轩到了夏天，有西晒太阳，书房便搬到大厅上来。大厅旁边有一间耳房，便给我们的贴膳学生做了宿舍。

朱先生家里人很多，父亲早已故世，他有一位母亲，还有两位弟弟，一号轶万，小名多；一号念硕，小名满。还有一位妹妹，闺名圆珠。其他，朱先生还有一位出嗣的异母兄，号筱泉，是个廪生，也是就馆在人家。他有夫人、儿女等，也同居在一处。筱泉的嗣母，是头沉在水缸里死的，也是异闻。

在朱先生那里，同学甚多，每年多时有十馀人，少时有七八人。当然走读的居多，而住读的（即是贴膳）也每年必有三四人。胥门这一带，衙门很多，如藩台衙门、臬台衙门、知府衙门等等，都在那里。住居的人家，有许多候补官们公馆以外，便是各衙门的书吏、家属居多（以藩台衙门书吏最多，俗称"书办"，又号"房科"）。他们在衙门里，有额有缺，世代相传，只有他们是熟习地方上一切公事的。因此我的同学，此中人也很多。

第一年的同学，我不大记得了。第二年的同学，我记得有贝氏三兄弟（说起贝氏，据他们说，凡是苏州人姓贝的，都是同宗，如我前章所说的我的寄父贝鹿岩，以及后来在金融界上有名的贝淞荪都是一家。除了苏州有一家笔店贝文元之外，因为贝文元是湖州人）。这贝氏兄弟，是仲眉、叔眉、季眉。也是贴膳，因此很为热闹。后来仲眉习医，叔眉游幕，他和我家有一些亲戚关系。季眉曾一度出洋，习建筑学，做过司法部的技正，设计建造监狱等事宜。

后来有一位戚和卿，也膳宿在朱师家。此君比我年小，而比我聪明，十三四岁时，字就写得很好，那是从苏州另一位书家杨懒芋学习的。和他同学不到两年，他便离去。三十年后，在上海遇到，他已更名为戚饭牛，在电台中讲书，颇为潦倒，大概有烟霞癖之故。在朱师处的同学最知己者，为李叔良，曾与结金兰之契（俗名换帖兄弟）。李君留学日本，回国后为学校教师，苏州草桥中学这班学生，都受过他的教导。

我小时为祖母及母亲所锺爱，年已十三四岁，还不准独自一人在街道上行走，必有女佣陪伴着。到朱家读书后，不能时常回家，回家时必有人伴送。大约每月归家不过一二次，归家住一两天，便即到馆。但回家后，反见寂寞，不及在朱家的热闹。从家里到朱宅这条路，已经很熟，屡次请于祖母，不必派人伴送，可是她总不放心。

实在，我住在朱家，正和家中一样。我表姊待我，正似长姊之待其弱弟。

不但是表姊，朱家的人，都和我很好，都呼我为弟弟。从前背后还要拖一条辫子，早晨起来，表姊便为我梳辫；晚上预备热水，供我洗脚。此无足为异，因为她未出阁时，本住在我家，也常帮助我的母亲调理我的呀。

在朱家读书这几年，我自我检讨，实在不用功。这其间有几个原因：第一，这位朱先生交游很广，交际频繁，常常不在家中，如果不是开门授徒，便没有这样自由。先生既不在家中，学生更可以自由了。第二，同学既多，品流复杂，虽然都是上中等家庭的子弟，却有各种性质的不同。尤其是那种年龄较大的学生，更足以引坏年龄较小的同学。第三，我的表姊太回护我、放纵我了。假使我说今天身上不舒服，休息一天，那就休息一天了。实在这个年龄，正是求学的年龄，最是蹉跎不得的。

这个时期内，我看了儿童们不应看的书，如《西厢记》、《牡丹亭》，以及满纸粗话的《笑林广记》之类。都是在朱家一口壁橱里寻出来的，虫蚀鼠啮，残缺不全本。那些曲本，我颇爱它的词藻，虽然还有许多是不大明瞭的，那时候正是情窦初开，便发动了我的性知识。此外也偶然看到了别的杂书，什么《庄子》、《墨子》等等，我也抓来看，多半是不明白的，不管懂不懂，我也乱看一阵子。

二二 记朱静澜师

朱静澜先生，是我第五位受业师。我在他案头，差不多有五年之多，这不可以不纪〔记〕了。

先说朱先生的家况，他们是一个小康之家，便是不作教书生涯，也可以过度。但是从前吴中的风气，既然进了学，教书好像是一种本业。并且中国的传统，我有知识学问，当然要传给下一代，而我也是从上一代传来的，如此方可以继续的传下去。从孔子一直到现代，都是这样一个传统。

还有一个理由，就是从前古训相传的"教学相长"，一面教学生，一面自己也可以求学问。凭藉着教学生的缘故，也可以把从前所学的不至于荒废。再说，即使你并不靠教学生所得的一点束修为衣食之资，但也可以检束你的身体。如果太空闲了，一点事也不做，那末，不但是学问荒疏，连身体也因此放荡了。

　　但是朱先生实在不适宜于教学生，可是他的教书生涯，颇为发达。有许多先生，我觉得都不适宜于教书的，然而在当时的社会风气及其环境，所谓读书人者，除了坐冷板凳之外，别无事可作。我是坐过冷板凳的，所以深知其中的甘苦。从前的教书先生，只有两条路：一条是在科举上，忽然飞黄腾达，平步青云，扶摇直上；一条是屡试不中，颠踬科场，终其身做一个老学究，了却一生罢了。

朱先生为什么不适宜于教书呢？我可以约举数点：

第一，他的教书不严也不勤。我们从小读《三字经》，有几句道："养不教，父之过；教不严，师之惰。"不要以为开蒙的《三字经》，却是很有道理的。试举一个例：譬如他出了一个题目，教我们学生做一篇文字，限定当日要交卷的，但是当日不交卷，他也马马虎虎了。假使他出了题目，监视学生，非教他立刻做出来不可，学生们被迫，无论通不通，好歹也写出一篇文字来了。但他出一个题目，并不监视他们，自己却出去了。学生们不做的不必说，做的只是潦草塞责，饾饤满纸，有时还乱钞刻文。他如果勤于改笔还好，而他又懒于修改，如此学生的进步更慢了。

第二，便是我上文所说的他的交友很广。他今天去看那〔这〕一位朋友，明天又去看那一位朋友，自然这都是读书朋友。而且他的朋友时时变换，每年常有新朋友。又譬如你去访了那个朋友，那个朋友明天就来回访你了。家里并没有像现代的什么会客室，来访的朋友，便直闯进书房来了。好了！书房里来了一位客，学生们都停书不读，昂起头来听讲话了。那位不识相的朋友，甚而高谈阔论，久坐不去。还有拉着先生一同去吃茶、吃酒，先生推辞不脱，于是只得宣告放学。这时学生们，好像久坐议场里的议员，听得一声散会，大家都收拾书包走了。

第三，他自己很少读书时间，因此他的思想不甚开展，也影响到所教的学生。在清代一般士子，为了科举，在未入学以前，只许读四书五经，最多读一部《古文观止》。除非是特异而聪颖的子弟，阅读些《史》、《汉》、《通鉴》之类。那就全靠进学以后，多读一点书，以备后日之用。但有许多士子，进了一个学，好像读书归了本，不再进取了。我们这位朱先生，入泮以后，南京乡试，也曾去过两回，都未中式，第三次又因病未去，对此好像有点失意，而分心于别种事业。那些已开笔作文的学生，作了文字，必待先生改正。这改文章的确是一种苛政，有些学生文字做得不通，简直要先生给他重做一篇，而朱先生却是怕改，拖延压积，因此学生家长，啧有繁〔烦〕言了。

一个人，交友是有极大关系的。我在朱先生那里，从学有五年之久，后来出了他的学堂门，因亲戚关系，也还是常常到他家里去的。我见朱先生所交的朋友，常常变换，但也并非是什么毫无知识的酒肉朋友，却是一班苏州人所谓慈善界的人。慈善界的人，受人尊重，律己也是最严。可惜这一班慈善界，总是涉于迷信，后来朱先生也相信扶乩等等一套把戏，对于教书生涯，更不相宜了。

　　这一班慈善界中人，我称之为职业慈善家。大概有一班富人，捐出一部份〔分〕钱来，经营慈善事业。他们的出发点，也有种种不同，有的是为求福计，根据于为善的人，必有善报。有的是为了求名，某某大善士，到底也是光荣的头衔。也有的资产有馀，且已年老，好像办点善事，有所寄托。这便是古人所谓"为善最乐"了。但是出钱的人，未必自己去办，那就仰仗于这班职业慈善家了。因为他们有经验，有阅历，而这种慈善事业，也是地方上、社会上加以奖励崇奉的。

　　朱先生后来奔走于慈善事业以后，也就放弃了教书生涯了。苏州那个地方，有很多善堂之类，有的是公家办的，有的是私人办的，从育婴堂以至养老院，应有尽有。此外便是施衣、施米、施药、施棺等等。有一个积善局，也是地方上的绅士办的，朱先生曾为该局的董事，而兼营了"急救误吞生鸦片烟"的医生。

　　这个"急救误吞生鸦片烟"，也是慈善事业之一种。因为吞食生鸦片烟，便是仰药自杀。吃了生鸦片，在若干小时之内，便要一命呜呼。那时候吸鸦片烟还是公开的，苏州吸烟的人很多，而吞食生烟自寻短见的更是不少。夫妇反目，姑妇勃豀，母女冲突，尤其是妇女占多数。这些人一有怨愤，便到烟榻上撩了一手指的生鸦片，向自己口中直送。这都是一时之气，及至追悔，毒已中腑，却已来不及施救了。因此每年死去的人，统计下来，便是不少。

　　于是慈善家就办了这个急救误吞生鸦片烟的机构，好像我舅祖吴清卿公以及开雷允上药材店的东家雷先生等数人，出了钱，朱先生便做了急救的医生。朱先生不是医生，却是临时学起来的。本来像急救误吞生烟的事，那是要请教西医的，中医是完全不会弄的。但那时候，苏州的西医极少。有两处美国教会到苏州来办的医院，地方极远，一在葑门内天赐庄，一在齐门外洋泾塘。要请外国医生，他们虽是信教之士，但都是搭足架子，而且医费很贵，普通人家是请不起的。现在有了这个处所，是慈善家办的，一个钱不要，连药费也不要，一报信即飞轿而至，什么时候来请，什么时候便到，即使是在严冬深夜，也无例外。

学习这急救误吞生鸦片是很简单的，只有几种药，教他们吃下去，以后便是尽量的教他喝水，使其呕吐，把胃肠洗清罢了。所难者，就是凡要自尽的人，都不愿意要人来救，都不肯吃药喝水，那就要带哄带吓，软功硬功，且要耐足性子去求他了。这一点，我真佩服朱先生，他的耐性真好。

有一天，我跟着朱先生去看急救生吞鸦片烟。那个吞生鸦片的女人，年约三十多岁，是南京信回教的人，身体很强壮，而且泼悍非常，是不是夫妻反目，这个救烟的人，照例不去问她。朱先生劝她喝水，横劝也不喝，竖劝也不喝，一定要死。但朱先生总是耐着性子劝她。她不但要骂人，而且还要伸手打人。可是这不能耽搁的呀！耽搁一久，毒发就无救了。那时朱先生手擎一碗水，正在劝她，她用手一推，那一碗水完全泼翻在朱先生身上。一件旧蓝绸袍子上，泼得淋漓尽致。

为着她要打人，教她的家里人，握住了她的双手，及至水碗凑近她的嘴唇时，她用力一咬，咬下一块碗片来。但救总要救治的，不能因她拒绝而坐视不救，最后要用硬功了。硬功是什么呢？名之曰"上皮带"，便是将她的两手用皮带扎住，用一条皮管子，上面有塞头，塞进她的嘴里，就是用手揿着，一面灌水进去，一面吸水出来，藉此洗清肠胃。这个妇人，便这样救活了。过不了几久，我走过她的门前，她们是小户人家，我见她抱了一个孩子，笑嘻嘻和邻家妇女正有说有笑呢。

二三　读书与习业

在旧日的社会制度中，一个孩子到了十三四岁时，便要选择他前途的职业了。选择职业，大概分两大部，一曰读书，一曰习业。就普通一般人的常识，当然要看那孩子的资质如何？以为聪颖者读书，鲁钝者习业。其实也不尽然，也要看他的环境怎么样？说到环境，便非常复杂了，因此对于儿童前途的取径，也非常复杂。

假定一家人家，有几个孩子（女孩子不在其例），那就容易支配。或者由儿童的旨趣，谁可以读书，谁可以习业，谁有志读书，谁愿意习业，决定了他们的前途。也有的人家，对于儿童，既不读书，也不习业，富家成为纨绔

61

子弟，穷的变成流浪儿童，这样失于教养，要算是家长的过失了。

我在十三四岁的时候，关于读书或习业问题，曾有过一番讨论。因为我是一个独子，既无兄弟，又无叔伯，似乎觉得郑重一点。但是我家中人，都愿意我读书，而不愿意我习业。第一个先说父亲，父亲是商业中人，他却偏偏痛恨商界。他在愤激的时候，常常痛骂那些做生意的，都是昧着良心，没一个好人。他宁可我做一个穷读书人，而不愿我做一个富商。母亲的意思很简单，她说我生性忠厚，不能与贪狠的商人争胜。祖母却以为我娇养惯了，不能吃苦，习业在从前是的确很吃苦的。

但祖母关于我们的家事，常和几家亲戚商量。那一年的新年，请饮春酒，祖母便提出我的读书与习业的问题来，加以谘询。第一个是我的舅祖吴清卿公，我们家庭间有什么重要的事，祖母必定问他。可是他主张我还是习业，不要读书。他说出他的理由来，他说："第一，读书要有本钱，要请名师教授，而且家中要有书可读（自然，在他那个富室家里都做到了）。为什么那些绅士家中科甲蝉联，他们有了这种优点，再加以有了好子弟，当然事半功倍了。第二，读书要耐守，现他的父亲无固定职业，而又栽培不起，倒不如习一职业，三五年后，就可以获得薪水，足以赡家。父子二人，勤恳就业，也不愁这个家不兴了。我不相信商业场中，没有出胜的人。"他列举了某某人、某某人等等，的确，他所举出的人，都是苏州商界钜子，捐一个功名，蓝顶花翎，常与官场往来。那些钱庄挡手，却都是我父亲瞧不起的人。

可是我的尤巽甫姑丈，却不赞成此说，他说："现在读书要有本钱，这是经验之谈，我不反对。若是绅富人家，科甲蝉联，而一个寒士，永无发迹之日，这也不对。试看吴中每一次乡会试，中式的大半都是寒士出身。再有一说，惟有寒素人家的子弟，倒肯刻苦用功，富贵人家的子弟，颇多习于骄奢淫佚，难于成器，也是有的。"姑丈也和我母亲的见解一样，说我为人忠厚，不合为商业中人。他又赞我：气度很好，沉默寡言，应是一个读书种子。至于能否自己刻苦用功，另是一个问题了。巽甫姑丈的话，大意如此，可是我听了，很有些惭愧。因为我自己知道，这几年并没有刻苦用功，我在朱先生那里，荒废的时间太多了。

那时父亲便决定主意，不给我习业，而要我读书了。还有几件可笑的事，不无有点影响。我自从出生以后，家里常常和我算命，在苏州是流行的，连我父亲也相信此道。朋友中有许多研究星相之学的，也并非江湖术士之流，他们常抄了我的八字去推算。及至我七八岁以至十二岁时，又常常带我去相面，相金有很贵的他也不惜。但这些算命先生、相面先生，无不说得我天花乱坠，将来如何的飞黄腾达，必然是科名中人，荣宗耀祖，光大门楣，是不必说了。

我是公历一八七六年（清光绪二年）丙子二月初二日（旧历）辰时生的。据星命学家说：这个八字很好。在我三十多岁的时候，还藏着一张自己的命书，是一位名家批的，其中还用红笔加了不少的圈。除了他们的术语，我看了不懂之外，其馀的话，都是说我将来如何发达的话。大概是说我金马玉堂，将来是翰苑中人物！出任外省大员，一枝笔可以操生杀之权。尽管他信口开河，乱说三千，却不知道他能算个人的穷通，却不能算国家的命运，科举也就废了，还说什么翰苑中人物！这无非当面奉承，博取命金而已。

所遇的相面先生，也是如此说。那些江湖派的不必说了，有几位知识阶级，平时研究各种相书的先生们，也说我气息凝重，眉宇秀朗，是一个出类拔萃的人。不是我自吹法螺，现在虽然老丑了，在儿童时代，我的相貌，却够得说是富丽堂皇的。我那时身体略瘦，而面部却不见得瘦，五官也算得端正的。还有一双手，没有一个相家不称赞的，为的是手背丰腴，手心红润。到了我四十多岁的时候，在北京遇到了盐务署里一位陈梅生先生（这位陈先生以相术著名的，他曾相过邵飘萍与徐树铮，背后向人说，这两位将来要"过铁"的，后来皆验。有人问他何故，他说，邵眉太浓，有煞气；徐眉倒挂，作猪形。皆非善相）。他也说我手可以发财。我问："发多少呢？"他说："可以得百万。"我那时正在穷困，也从不作〔做〕发财之梦，只有付之一笑。谁知后来竟应验了，到了民国三十七八年（一九四八——四九），通货膨胀，什么法币咧，金圆券咧，我偶然写写小说、杂文，一摇笔稿费就是百万圆，或不止百万圆呢。

至于笔下可操生死之权，原是算命先生的盲目瞎说。然而当我最初身入新闻界的时候，我的岳丈便极力反对，他说："当报馆主笔（从前不称记者），就是暗中操人生死之权的，最伤阴骘。"他老先生是以善士著名的，主张一切隐恶扬善。我想：算命先生说我"笔下操生死之权"的这句也应验了吧。但是到了民国八九年的时候，有位看相的朋友说道："不对了！现在风气改变了，须要脸黑气粗，心雄胆大，方是贵人。像你这个相貌，只配做一个文人而已。"

我的话说野了，现在言归正传，总之我不再作习业之想了。父亲的听信算命、相面先生的话，虽属迷信，亦系从俗，而也是对于我的期望殷切。而且他还有誉儿之癖，可惜我的碌碌一生，了无建树，深负吾父的期望呀！

二四　小考的准备

考试为士子进身之阶，既然读书，就要考试。像我祖父那样，既读书而又不考试，只可算得高人畸士而已。我在十三岁的冬天，文章已完篇了。所谓文章，便是考试用的一种制艺，后来人笼统称之为八股文的。所谓完篇，就是完全写成一篇文字，而首尾完备的意思。

这种学作制艺，是由渐而进的。最初叫"破承题"，破题只有两句，承题可以有三四句，也有一个规范。破承题的意思，便是把一个题目的大意先立了，然后再做"起讲"（有的地方叫"开讲"），起讲便把那题目再申说一下，有时还要用一点词藻，也有一定的范围。起讲做好了，然后做起股、中股、后股，有的还有束股，那就叫做八股。为什么叫它为股呢？就是两股对比的意思。自从明朝把这种制艺取士以后，直到清朝，这几百年来，一直把这个东西，作为敲门之砖。自然讲述此道的著作，也已不少，我不过略举大概。到后来科举既废，制艺也不值一顾，不必再词费了。

我在顾九皋先生案头，做过小论，到了朱静澜先生处，便做起讲。但小论觉得很通顺，起讲便觉呆滞了。因为小论不受拘束，起讲却有种种规范，要讲起、承、转、合的文法，还有对比的句子，还要调平仄，我觉得很麻烦。并且当时中国文字，没有固定的文法，一切都要你自己去体会。后来文章虽说完篇了，自己知道，勉强得很。做制艺是代圣贤立言，意义是大得了不得。但人家譬喻说，一个题目，好像是几滴牛肉汁，一篇文字，就是把它冲成一碗牛肉汤。那末这碗牛肉汤，要不咸不淡，非但适口而且要有鲜味。但是我这碗牛肉汤，自己就觉得没有滋味。

虽然是制艺，也要有点敷佐，有点词藻，而我那时枯窘得很。其所以枯窘的缘故，自然是读书甚少，所读的只是四书、五经，其它的书，一概未读。就是在五经中，《易经》我一点也不懂；《诗经》也不求甚解；《礼记》是选读的，关于什么丧礼等等，全行避去不读；《书经》也觉深奥；《春秋》向来是只读《左传》，我还刚刚读起头呢。人家说起来，到底是个十三岁的孩子呀，怎么能板起脸来，代替古圣贤立言，做起那种大文章来呢？

从十三岁冬天文章完篇起，到十四岁开春，本来规定每逢三六九（即每旬的逢三逢六逢九），作文一篇，每一个月，要有九篇文字。一篇文字，也要四五百字，限半天交卷，聪明的也可一挥而就。但以我的迟钝，常常以半天延长至一天。若在严厉的师长，决不许其如此，但是我的这位朱先生，那就马马虎虎了。

我那时对于作这种制艺文字，很为惧怕，百计躲避。而对于弄笔写小品文，或游戏文，仗着一点小聪明，却很有兴趣。还有我们的朱先生，对于改文章，也非常之怕，不改则已，改起来倒极为认真，有时改改几乎是重做一篇。假如三天作一文，一连几次不改，便积压起来了。况且他所教的学生多，大家的窗课作文，都积压不改，这使他是很伤脑筋的事呀！

我在十四岁上半年，实在没有什么进境。可是十四岁下半年，便要开始小考了。所谓小考者，以别于乡试、会试等的考试。乡、会试取中的是举人、进士，而小考取中的只是一个秀才。论秀才那是普通得很的，但是有句大家所知道的成语，叫做"秀才乃宰相之根苗"，那是踏上求助功名的第一阶级。

不要瞧不起一个秀才，说容易似乎容易得很，艰难起来却非常艰难。竟有六七十岁，白发萧萧，考不上一个秀才的。还有他的儿子已经点翰林，放学差，而老父还在考取秀才的。他无论如何年老，至于死不休的，情愿与十四五岁的学童争取功名，当时科举之迷，有如此者。主试官也往往悯其老，而破格录取的。

小考是先从县试起的，所谓县试，便是先从县里考试，主试的便是县官。县试毕后，便是府试，主试的便是知府。县试、府试考过以后，便是学台来考试了，名曰院试（俗称道考）。这一次考取了，方算是一名秀才，然后才可以去乡试。乡试中式了，成了一名举人后，又可以去会试，一直到殿试。从前举世所艳称的状元，就是以秀才为始基。

为了下半年小考问题，家庭中又讨论了。祖母以为我太小（我当时身体甚瘦弱），考试是相当辛苦的。一个在街上走路还要老妈子陪着的，如何能去考试呢？母亲不敢做主，但问："有把握吗？如果考试能取进，一个十四五岁的小秀才，谁不欢喜？如无把握，白吃辛苦一场，不如等待下一科，就算十六七岁进学，年纪也不能算太大啊！"

但是父亲期望我甚切，很想我去试一试。他说："这事须先问一问静澜

65

（就是朱先生），他说可以去考，自然让他去考。"父亲的意思不差，以我日在朱先生的案头，我的程度如何，朱先生当然知道，问他是最适当。朱先生说："文章既已完篇，不妨且去一试。"在朱先生自然以他的学生能出考为然，考取与否，乃是另一问题。而且朱先生也窥知吾父之意，要我去试一试呢。

巽甫姑丈来省视我祖母，祖母便向他说了。巽甫姑丈道："不知他所作的文字如何？抄一两篇给我看看，但要他自己做的，不要先生的改笔。要是先生的改笔，我也看得出来。"我听了捏着一把汗，因为父亲是外行，而巽甫姑丈是内行，什么也瞒不过他的。于是选了两篇比较略为光鲜的文字，好似丑媳妇见公婆一般，送给巽甫姑丈去看。

巽甫姑丈看了，只是摇头。他说："就文字而言，恐怕难于获售。但是科名一事，很是难言，竟有很老练的文章，难入主试之目，以致名落孙山，而极幼稚的文字，反而取中的。"他恐扫了我父之兴，便说："可以教他去观观场，不必望他一定进学。县、府试，我们寿官（寿官乃姑丈之子，即我子青表哥小名），也要进场，坐在一处，可以帮帮忙。道考反正要明年春天，再用用功，也许要进步点。"

这样，我就决定去应小考了。县考是在十月中间，府考是十一月中间。那个时候，我也"急来抱佛脚"的用了一点功。但于平日间的荒嬉，根基薄弱，也不能有什么进境呀！

二五 考市

先谈县考，我就去报了苏州吴县籍。在那个时候，省之下有府，府之下有县，而苏州一府之下，却有九个县。怎样的九个县呢？长洲、元和、吴县，谓之上三县；常熟、昭文、吴江、震泽、昆山、新阳，谓之下六县。上三县的长、元、吴，就在苏州城厢内外以及各乡各镇；其馀六县，即今日已归并为常熟、吴江、昆山为三县。

我们住在苏州城内的人，原是长、元、吴三县都可以报考的，何以却报考了吴县呢？这有三个原因：一则，我祖籍是吴县，而不是长、元。二则，我现在所住居的地方，在阊门一带，也是吴县境界。三则，吴县是三县中的大县，辖地既广，学额也较多。但吴县是大县，却不是首县，首县乃是长洲，所以称为长、元、吴。可是长洲虽［为］首县，吴县以大县资格，亦以首县自居。苏州有句俗语，叫做"长洲弗让吴县"。出三节会的时候，长洲城隍与吴县城隍往往为了争道而仪仗队相打起来。如果一家小兄弟争吵，他们的母亲往往骂道："你们又长洲弗让吴县哉！"及至辛亥革命，三县归并成一县，统称之为吴县，而吴县的区域愈大了。

苏州有一个考场，称之为贡院，在葑门内双塔寺前（一名定慧寺巷）。双塔细而高，正像两枝笔，这是吴下文风称盛的象征。据老辈说：苏州从前本没有贡院，那个考场，是在昆山的，士子考试，要到昆山去。到后来苏州才有考场。现在这个考场很宽大，里面可以坐数千人。有头门、二门，进去中间一条甬道，两边都是考棚，一直到大堂，大堂后面，还有二堂以及其它厅事、房舍等等，预备学政来考试住的。

每当考试时，那里就热闹起来，一班考生，都要到贡院周围，去租考寓。为的在开考那一天，五更天未明时，就要点名给卷。点名携卷入场后，就要封门，封门以后，任何人不能进去了。如果住得远一点的考生，便要赶不及。又如果遇着了风雨落雪，更加觉得不便。因此大家都要在邻近考场的地方，租定一个考寓。

住在贡院附近人家，到考试时出租考寓，视为当然的事。房子多馀的人家，不必说了，把家中空闲的房屋，临时出租，那大厅、门房，凡是可以住人，都可以派用场。即使是小户人家，自己只住两三间屋的，也可以让出一间与考生，或者将自己所住房间，以及床铺、家具都让给他们，而自己另想法子，暂住到别处去的。

苏州一向是尊重读书人的，对于考生，以为斯文种子，呼之为考相公。便是租考寓与他们，也不事苛求。这一场考试下来，他们的考寓中，考取了多少新秀才，他们引为荣耀，而且夸为吉利。住在他那里，有如家人妇子一般。我有一位同学，住在考寓里，被女主人看中了，就把女儿许配了他。这不仅是我国的留学生中，有此艳遇，那旧日的考试中的考寓里，也有此佳话呢。

租考寓是订明三次考试的，即县考、府考、道考。租金比寻常租屋略贵一些，但这是临时租借性质，而且把床榻、家具、炉灶等等，都临时借给你的。这屋子里，也同学校宿舍一般，一间房子可以住多少人，有多少铺位。三考完毕，大家回去，也有的得第以后另外送一些谢仪，这是例外的。

除了考寓以外，便是临时设立的许多书铺子、文具店。因为这个地方是住宅区，他们都租借人家的墙门间，设立一个简单的铺位。几口白木的书架，装满了书，柜台也没有，用几块台板，套上个蓝布套子。招牌用木板糊上白纸，写上几个大字，却是名人手笔。这时观前街的几家书店，也都到这里来，设立临时书店了。若到了府考、道考的时候，更为热闹，因为常熟、吴江、昆山的考生都要来。也有上海的书店，他们是专做赶考生意的。

文具店不像现在那样都成了欧美化，从前的文具店，完全是国粹。纸、墨、笔、砚是大宗，还有卷袋、卷夹、墨匣、笔匣等，更带卖些诗笺信封、白摺子、殿试策，没有一样不是国货。可是却有一样，非外国货不可，那就是洋蜡烛是也。这洋蜡烛，在文具店里也有买。原来这考试有时到深夜，须要接烛，而中国蜡烛太不适宜：一则，烟煤，要结灯花；二则，如果跌倒，烛油便要污卷；三则，没有插处，又常常要易烛。洋蜡烛均无此弊，当时德国的白礼氏船牌洋烛，已倾销于中国，而考生则非此不可（即乡、会试亦用得着），正给它推行不少呢。

在此时期，临近一带的菜馆、饭店、点心铺，也很热闹。从临顿路至濂溪坊巷，以及甫桥西街，平时食店不多，也没有大规模的，到此时全靠考场了。假如身边有三百文钱（那时用制钱，有钱筹而无银角），三四人可饱餐一顿。芹菜每碟只售七文（此为入泮佳兆，且有古典），萝卜丝渍以葱花，每碟亦七文，天寒微有冰屑，我名之曰冰雪萝卜丝。我们儿童不饮酒，那些送考的家长们、亲友们，半斤绍兴酒，亦足以御寒。惟倘欲稍为吃的讲究一点，那些小饭店是不行的，就非到观前街不可了。

二六　县府考

县、府考都要隔夜就派人去占坐〔座〕的，因此夜间贡院前就很是热闹，而摊贩也极多，他们都是来赶考市的。在平时，那些读书人家的子弟，不肯在街头沿路吃东西，以为失去了斯文的体统。到了考场前，就无所谓了。馄饨担上吃馄饨，线粉摊上吃线粉，大家如此，不足为异。此外测字摊卜以决疑，诗谜摊对准古本，也都到考场前来凑热闹了。

到了府考时候，还要热闹一点。因为在县考时，只有长、元、吴三县，而到了府考，其馀的六县都要来了。因为苏州当时是省城，而且是首府，便有观光上国之意。在下县中，常熟文风最盛，而吴江、昆山，也不退班，他们都是府考之前，先来租好考寓，以便赴考从容。还有雇好一条船，直开到苏州城河里来，考寓就在船上，竟有以船为家的。有些久居乡下，没有到过苏州的，借着送考为名，藉此畅游一番。因此在考市中，连苏州别的商业也带好了。这个小小考市，虽没有南京、北京之大，但以吴中人文之区，在那时倒有一番盛况。

我在十四岁初应县府试的时候，租的考寓，即是和尤家在一起。那时巽甫姑丈说：因我年小，要大人招呼，而他们家里应考的人多，送考的人也不少，不如附在一起吧！我父亲很高兴，因为我还是初次应试，而他们家中却年年有人应试，况且我的表哥子青（名志选，比我大两岁），他这次也要出考呢。

我记得那个寓所在甫桥西街陆宅，正对着定慧寺巷的巷口。他们家里房子很多，每次考试，尤家总借着他家做考寓，也是老主顾了。一切招待很为周到。那陆家也是书香人家，好在他们的宅子，邻近考场，他们虽不靠着出租考寓，然而一个考市里，也可以得到不少收入。不仅是尤家，还有其他人家来租的考寓。

事先，母亲给我预备了一只考篮，这考篮是考试时一种工具。提到了考篮，记得有一部小说《儿女英雄传》上的安老爷，郑重其事的取出一只考篮给他的儿子安龙媒，作为传家之宝，迂腐可笑。还有京戏的《御碑亭》中王有道为了赴京赶考，手中所提的考篮型式，曾引起了戏剧家的争论。其实考蓝〔篮〕是没有一定型式，各地方的情形不同，何须争执？

我的一只考篮是中型的，共计两层，上面还有一个屉子。母亲在下一层，给我装了许多食物、水果之类；上一层，让我装笔墨文具，以及考试时必需之物，或必需所带的书籍。有许多人，带了不少书的，因为县、府考向不搜检，你可以尽多带书。但我却一些也没有，因为我当时也买不起那种石印的可以携带的书，不过像那种《高头讲章》、《诗韵集成》之类，这是一定要带的。

在尤氏的考寓中，将近进场的时候，吃一顿进场饭，很为实惠。但我却一起身，吃不下饭，好在他们也备粥，我就吃一顿进场粥，也觉得很为暖和。这时考场前要放三次炮，所谓头炮、二炮、三炮是也。头炮，赴考的人便要起身了；二炮，是吃饭的吃饭，吃粥的吃粥，不租考寓住的稍远的，就要出发了；三炮，必定要到考场前，听候点名了。点名完毕，就要封门，封门又要放炮，谓之封门炮。此外开门也要放炮，放榜也要放炮。每在放炮之前，门外两傍〔旁〕的吹鼓亭内，必定要吹吹打打的一阵子。这也是前清时代对于考试场的老例，恐怕也是历代相传下来的。

苏州长、元、吴三县中，以吴县童生报考的最多，大概每次有七八百人；其次是长洲；其次是元和。总共有二千多人。三县分三处点名，三县知县官亲自临场。因为那时天未大明，为了使考生们知道点名的次序，所以做了好几架灯牌，灯牌上糊以纸，考生姓名都写在上面。预先自己可以认清自己的姓名在第几牌、第几行，到了听点的时候，可就觉得便利多了。

点名是知县官坐在当中，旁边一个书吏唱名的。府试是九县分场考试，也是知府亲临点名的。点到哪一个人姓名时，其人答应了一声"到"，便上前接取试卷。主试人看了看那人的年貌，便在名册上点上一点，也有临点迟到的，点完后尚可补点一次。照例是要本人应点接卷的，但县考竟有托人代为应点接卷的，不像道考那般严正。

记得我那一次县考时，吴县知县是马海曙。他是江苏一位老州县，连任吴县知县有好几年，是一个捐班出身。据说：他从前是一位米店老板。他对于做文章是外行，但于做官是十分老练。在一般考生的目中，因为他是捐班出身，便有些瞧不起他，常常的戏弄他。在点名的时候，都挤在他案桌左右，七张八嘴，胡说白道。甚而至于用一根稻草，做了圈儿，套在他的顶珠上，以为笑谑，也是有过的。

然而这位马大老爷，依旧是和颜悦色，笑嘻嘻的对他们说："放规矩点，不要胡闹。"为什么呢？一则，有许多全是未成年的孩子，不能给他们认真。二则，苏州地方，绅士太多，绅权极重，这些考生们，有许多都是宦家子弟，未便得罪他们。三则，自己是个捐班出身，须得谦和知趣一点，万一闹出事来，上司只说他到底不是正途出身，不知道国家进贤取士，与夫科举之慎重尊贵。

那时元和县知县是李紫璈，是个两榜出身，俗呼老虎班知县。这些考生们，就不敢戏弄他了。但是有些顽劣的童生，还是唤他"驴子咬"、"驴子咬"（吴语，驴读如李，咬读璈），他也只得假作不闻。原来苏州小考，童生们的吵闹是有名，人们呼之为"童天王"。那些书吏们办公事的，见了他们都头痛。后来各省设立了学校，苏州各学校的学生，也常常闹风潮。其实也不是新玩意儿，在我们旧式考试时代，已经很流行了。凡是少年们，都喜欢生出一点事来,那也是一种自然的趋势,古代如此,今代亦然,中国如此,外国亦然。

童天王最闹得厉害,却在府考的时候,因为那时候,不但只有上三县,下六县的考生也都来了。在考场里,尤其是苏州人和常熟人常常相骂,甚而至于相打。各方有各方的土语,苏州人以为常熟人的说话怪难听,常常学着常熟人的说话,嘲笑他们。可是常熟人要学苏州人的说话,却是学不来。加着苏州人的说话,又是刁钻促狭,常熟人说不过他们,于是要用武力解决了。

常熟那个地方,为了濒临江海,在吴中文弱之邦中,民风略带一点强悍性质。所以说不过你,就预备打局了,然而是十之七八打不成功的。因为相打是要有对手的,苏州人嘴是凶的,真正动手是不来的。这有些像近代国际间的冷战,只可相骂,不可相打,至于真要相打,苏州人都溜光了。但到了常熟人觉得英雄无用武之地,苏州人又一个一个出来冷嘲热骂了。

县、府考每次都要考三场,这次县考,在吴县七百多人,第一场取出约一半人数。我的文字,自己知道做得一塌糊涂,试帖诗上还失了一个黏(即是不协韵),满以为在不取的一半人数里了。谁知发案(同于放榜)出来,倒也取在第一百十馀名。共取了三百多名。我心中想,难道所取的名次中,还有二百多人的文字还做得比我坏吗?于是那个失败心便降抑下去,提高了一些兴趣起来。第二场,便跳起到九十五名。但我的表哥尤子青,他一开头就是前三名。

府考时,我名次也差不多,总在百内百外之间,其实已可以决定院试的不能获售。但父亲说:这一次原不望我进学,只是所谓观场而已。以文字而论,如果取进,那真可以算得徼幸了。县府考既毕,到明年二三月里,便是道考。这道考两字,还是依旧从前名称。从前放的是学道,所以称之为道考,现在却已改为学政,三年一任,人家又称之为院试。其所以称为院试者,因为学台衙门,名称为提督学院。这个学政,不但来考童生,而且还要来考生员,三年两试,一名科考,一名岁考。

二七　院试

江苏学政,是要巡行江苏全省,替皇帝选拔多士。在清朝这个官制,算是钦派在一省的钦差大臣。所以他在这一省内,考过一府,又考一府,匆匆忙忙，几乎席不暇暖。学台衙门是在江阴的，然而他在衙门里的时候很少。这一任的学政是谁，我已记不起来了，好像是个满洲人，姓名上有一个"溥"字的。

院试不比县府考那样的宽松，那是要严格得多了。院试考取了，便是一名生员，称之为秀才。一个读书人，在那时算有了基础了。一名生员，有什么好处呢？你不要小看他，却有许多利益。第一，任何一个老百姓，如无功名，见了地方官，要叩头下跪，称呼县官为大老爷，要是一生员，便长揖不拜，口称公祖而已。第二，在前清，老百姓犯了罪，要枷头颈，打屁股，生员只可打手心，而且要老师（学官）才能打，不能衙门里役吏打，除非革去功名，然后方可受普通刑罚。第三，老百姓是没有顶戴的，生员就可以戴一铜顶珠。其它利益还很多，在一个小县份，或是乡镇之间，一个秀才，便等于一个绅士。所以在俗语中，往往"绅衿"两字并称。据友人齐如山谈：在北方，凡有人家子弟进了学，可以免出几亩地官租。若在南方，则未之前闻。

学台一到了那个考试地方，便住到贡院里去。他照例什么客也不拜，人家也不能去拜他。这是为了关防严密，恐怕通了关节之故。一直要到考试完毕以后，方才可以拜客，而接连就是辞行，要到别一府去考试了。所以一位学政到了哪里，一直关闭在贡院里，连那许多看文章的师爷，以及带来的长随、承差等，也都是如此的。

学台到了以后，所有吃的、用的，都是县衙门里办差。像苏州那样，自然是长、元、吴三县摊派的，反正知县官也不挖腰包，总是公家的钱。学政来了以后，县里便设了一个机构在贡院前，遇到学台要什么东西时，便由那个机构去办。学台带来的人，不能出贡院门，需要何物，便在大堂上大呼"买办"（官役中买东西的人，非洋行买办也）。据说：从前学政临试，要抬进一箱银子，外面写着供应所需。考试既毕，这箱子仍复抬出，其实这箱子内空空如也。不过有此规制，总之学政临试，地方上对此供应，可以作为正开支，并且还要送一笔钱的。

对于供应，遇到了不容易伺候的学政，要这样，要那样，百端挑剔，地方官也很受他的累。临走时，所有办差来的东西，通统带去了。也有哪位学政清廉自守，而所带来的人不肯放松，也是有的。除了木器等笨重之物，不能带走，其馀一切供张，均席卷而去，连看文章师爷，也得分润。他们以为此项供张，县里已作正开支，不拿也太呆。他们这些穷翰林、穷京官，在京

72

苦守了多年，深望放一次考差，可以稍为撩〔捞〕一点儿。这已是公开的秘密，连皇帝也是知道的。

前清时代，每府、每县都有一个学宫。在所谓学宫傍〔旁〕边有几间房子，选一二位学官住在里面。这是一种最冷的官，最简陋的衙门，然而却是最清高的职务。别的大小职官，不许本省的人来做本省的官，惟有那种学官，大都是本省人做的。他们终年不必上督抚衙门，毫无官场竞争习气。他的官名叫训导，有的叫做教谕，而大家都呼之为老师。他长年清闲无事，就是两个时期最忙，一是春秋两次的丁祭，一是学台来考试的时候了。

春秋两次丁祭，是他的职司，也是最忙的时期。平常与省内的长官，难得见面，只有这次是可以见面了。而且这些大员，很客气的都唤他一声老师。昔人有咏教官的诗句云："督抚同声唤老师"，便是这个典故。至于学台来的时候，也是他们最忙〔的〕时候。因为学台是他们的亲临上司，可以管理这学官，考验这学官的。关于童生及生员的事，惟学官是问，要责罚他们，也由学官去执行，好像是代理家长似的。

在前清封建专制时代，凡是童生应试，必须备有保人，具有保结。这保人有两个阶级，一是本县的廪生，一是本县的学官。为什么要保人呢？原来有许多人是不许考试的。譬如说吧：所谓娼、优、隶、卒的四种人的子弟，便是不许考试的。这院试是士子进身之阶的始基，所以特别严厉。还有本省人须应本省的考试，本府县人须应本府县的考试，如果别省府县人来考试，这个名称，谓之"冒籍"，那就要受本省府县人的反对而攻讦的。

关于娼、优、隶、卒四类人的子弟，不能考试，我且述其大略。

先言娼：娼是指身为娼妓，及曾开妓馆而言。譬如说：他的母亲从前是个妓女，嫁了他的父亲，而父亲是一个绅士，怎么办呢？但这是无关宏旨的，因为当时是所谓宗亲社会，重父而不重母的，况且他母亲已经从良。不然，有许多姨太太所生的儿子，他的母亲都曾当过妓女的，便不能考试了吗？除非他的母亲是老鸨，而他的父亲是龟奴，又当别论。但这样人家的子弟，也不会来考试的。

次言优：优是指唱戏的，即使你是一个名伶，誉满全国，儿子也不许考试。不论唱京戏、昆戏、地方戏，都是一样。当时是戏子与婊子同等的，后来才解放。以次推及杂技，如北方的说大鼓的，南方的说书先生（此辈均由地方上的甲头监管），以及俗语所说"吃开口饭"者，他们的儿子，都不许考试。

次言隶：隶就是奴隶了。贵族人家的家奴，卖身投靠的，不必说了。便是雇佣性质的老仆、书童，以及官长的长随、青衣、长班等一切服役人等，总之属于奴隶之类的，都不许应试。不过女佣却是例外的，即使母亲在人家当老妈子，而儿子刻苦读书，照常可以考试的。

次言卒：卒是就官中人役而言，譬如像差役、捕快、地保、甲头、更夫、亲丁之类，都不许考试。但是一个官署中，便有许多办公的人，也有许多分科的人，这种人俗称之为"书办"，书办的儿子，却准许考试。因为有官必有吏，此种人是属于"吏"的阶级，且既名书办，亦是文人阶级也。

此外，在其它各省中，有所谓堕民、贱民、流民等等，其子弟有永远不许考试的。但到了辛亥革命以后，所有不许考试的规定，一律解放了。

二八　观场

我这次院试，已是十五岁的春天了。而在县府考报名时，还给我报小了两岁，名册上只有十三岁。这是苏州的风气，有许多初考试的，都是如此。我的十五岁，本是虚岁，加以身体瘦弱，发育未充，骗人十三岁，也骗得过。从县府考到道考，相隔也有几个月。假使如我巽甫姑丈所说：在这几个月里用用功，再有点进步，本来在县府考是百上百下的名次，再能跳高几十名，可以徼幸取中，也论不定。

原来全国各县考取生员的名额是不同的，我们吴县是个江苏大县，每次报考的常有七八百人，所以考取的学额，是有四十多名（据放过学差的老前辈谈，有些荒僻县份，每届考试，报考的只有二三十名，而学额倒也有二十名，只好"一榜尽赐及第"了）。原在县府考百名以内，跳上数十名到学额中，也不算难事呀。

但是我在几个月内，一点没有用功。又加着正在岁尾年头，和同学们开春联店，到处奔走听"说会书"，在新年里又是到处游玩，真是"春天不是读书天"。荒嬉到正月里半个多月，及至到朱先生处开学，虽然急来抱佛脚，也无济于事。大家也以为我这次考试，也不过观场而已，并不加以严厉的督促。

院试的前夜，也同去冬的县、府考一样，住在尤家所借的陆氏考寓。可是县、府试是宽容的，院试是要庄严得多了。所谓"童天王"的威势，到此也消灭了。学台的尊称是大宗师，他是专管你们的，遇到年老长厚的学使还好，若遇到年轻风厉的学使，你要犯规不率教，不客气的便要予以刑责。在吾乡有一位青年，在院试时，不知为了什么事，吵闹起来，学台便命令学官（老师），在案头敲打手心二十下。老师命他讨饶，他不肯，后来打到第十八下，忽然讨了一声饶，学台便命止打。这位先生，我们题他一个绰号，叫做"胡笳十八拍"。责罚以后，学台仍旧教他去做文章，而且这科就考取入学了。

在县、府考的当儿，考生只是穿便衣。院试却不能了，至少也要戴一顶红缨帽子，却是没有顶珠，只有一个圈儿。学台点名，就在贡院的大门内。这时天还没大明，灯烛辉煌，衣冠罗列，学台坐在正中，在两傍〔旁〕站班的有各县知县，有各县学的老师，有各廪保，以及各吏役、承差等，这气象显得威严而隆重。

这贡院大门的门限，足有半个成人的高，在县、府考时，去了这门限的，院试不去除。我那时身小力弱，跨不进这个高门限，幸而巽甫姑丈家有个送考的仆人，把我一抱，便送进去了。听到点上我的名时，便应一声"到"，而站立在傍〔旁〕边的廪生，便高呼曰："某某人保。"谈到这个廪保的事，我还得说一说：原来这个童生应试，也须备有保人，具有保结。当保人的是谁呢？就是本县的廪生，而且廪保还须有两位，一名认保，一名派保。何为认保？在认识的人中觅取的；何为派保？是由学官指派。那时我的认保，是马子晋先生，也是朱靖〔静〕澜师的老友，预先约好的。派保是谁，现已忘却了。为什么考试要保人呢？在封建时代，对于士子，不许他们流品太杂，如前所述，有许多种人是不许考试的。

点名即发卷，我们胸前都悬有一个卷袋，领卷后即安置卷袋中，手提考篮，鱼贯入场。这个考篮，又与县、府考的考篮不同，虽亦为竹制，而有网眼，在外面可以观察里面所贮之物，因为便于搜检也。说起搜检，这也是可笑可恼的事。县、府考是不搜检的，即使到乡试、会试，也是不搜检的，有多少书，带多少书，不来管你。惟有这个学政来院试时，片纸只字，不准携带入场。一经点名接卷以后，进入考场，便要搜检，恐怕你有文字夹带。有时还要解开衣服，遍体扪索，鞋子也要脱去检视，颇像后来上海的"抄靶子"，及现在各海关的搜检旅客一般。

虽然严于检查，但是怀有夹带的人，还有很多。以前没有洋纸，也有一种极薄的纸，叫做什么"桃花纸"，用极纤细的字，把成文抄在上面。其实怀挟夹带的人，却是最愚笨的人，哪里有所出的题目，恰是可以供你抄袭的呢？而且看文章的人，对于你所抄袭得来的，也就一望而知呢。但是在进场时，搜检出来后，有什么罪名呢？也没有什么，把夹带搜出来以后，仍旧让你进场去做文章，不来滋扰你了。

院试出题目，总是出两个，一为已冠题，一为未冠题。未冠题比较容易一点，年纪报小，可以避难就易吧。可是这位学政，大概喜欢年小的儿童吧，所以把报考十三四岁的童子，一概"提堂"。所谓提堂者，就是提到堂上去做文章，那是〔时〕我也是其中的一位。这一届我们吴县的题目，是"宜其家人"一句，我倒是选取的已冠题（这不强制你的年龄而选取题目的）。诗题是什么，早已忘怀了（乡、会试以及大考等，总是五言八韵，小考只要五言六韵）。但是有两件事，最为麻烦：一件是卷后补草稿，一件是必须默写《圣谕广训》。

在考卷的后面，附有一二页白纸，那是备你作草稿用的，因为院试是不许带片纸只字入场的。但是有些人的草稿，涂写得模糊不清，非用另纸起草不可。有些人到了时间急促时，就下笔直书，不起草稿（我便是这样的一个人）。而考卷上既备有稿纸，非要你起稿不可。那也是防弊之一法，生怕你的文字，有人代做，或抄袭得来，有了草稿，可以核对。实在看文章的人，有如许的卷子，真似走马看花，哪里还有工夫来细看你的草稿呢？所以这个补草稿，在前面几行，还有些清楚，后面便看不清楚，随便涂些什么。有人说：在急的时候，用一根穿制钱的草绳，在墨盒里涂了墨，在草稿纸上一弹，就算数了。

默写《圣谕广训》，也是令人头痛的事。这种《圣谕广训》，也不知是前清那一代的皇帝，发下来诰诫士子的训话。反正每一个专制皇朝，总有皇帝的纶音，对于士子的训诫，不但"作之君"，还要"作之师"。但是这个《圣谕广训》，我们平日既没有读过，私塾里的先生，只教我们读四书、五经，没有教我们读《圣谕广训》。既然没有读过，如何能默写出来呢？可是每逢院试，必须要默写一段，由主试摘出，从某一章某一句起，至某一章某一句止。结果，各考生都发给一本《圣谕广训》（在交卷时缴回），照抄一段完事，谁也没有去研究它，只不过虚应故事罢了。

这一次，我虽然以幼童提堂，到底没有入彀。吴县学额最广，可以取进四十馀人，大约二十人，取进一人。照我的县、府考成绩而言，除非要加两倍学额，方可以取进。家中人恐我失意，很安慰我，但我自知文字不济，决不怨人。巽甫姑丈原说："这一回，不过观场而已。"我也只好以此自掩其丑。可是我的表兄尤子青哥，却是就在这次以第二名进学了。

我这回不能进学，大家都原谅我，因为我年纪究竟还小，号称十五岁，实际上不过十四岁而已。虽父亲很希望我得青一衿，但即使侥幸得售，实在也没有什么益处，反使儿童辈启其骄傲之心。吾吴童子试时，颇也有十二三岁便进学的。曾有一位戴姓，九岁便进学，大家称之为神童，但后来却是潦倒科场，不曾有所发达。岂所谓"小时了了，大未必佳"吗？

但下一科则大家对于我期望甚切，不仅我家中人，亲戚中如巽甫姑丈、伊耕表叔，以及我的受业师朱靖〔静〕澜先生等，他们都说以我的资质，倘能用功，学业当可大进。他们都说我"有悟性"。怎么叫有悟性？好似佛家语，我实在不明白，大概说我思想开展而已。下一科考试，也不过距离一年半，或二年，在我不过十六七岁，也并不算迟呀。

二九　读书与看报

考过以后，我仍附读于朱先生处，果能努力用功吗？实在是未必。这时朱先生的事也太忙了，也东奔西走于别种事业，家里学生也渐少了。其间我又患了一场病，抛荒了几及两三个月。所读的书，四书还好，常能背诵，五经大都背不出，我最怕的是《书经》与《易经》，讲解也讲解不来。习练作文（八股文），一个月不过做两三篇，而且因为不常做，也怕做，真是"三日不弹，手生荆棘"了。

幸亏还有一件事，足以稍为补救的，便是喜欢看书。从小就看小说，几部中国旧小说，如《三国演义》、《水浒传》、《东周列国》之类，却翻来翻去，看过几遍。后来还看《聊斋志异》、《阅微草堂笔记》这些专谈鬼狐的作品。这些小说书，苏州人都称之为"闲书"，不是正当的书，只供有闲阶级，作为消遣而已。凡是青年子弟，严肃的家长是不许看的，而我却偏喜欢看此等书。

不过当时所谓正当的书，我也没有秩序的读过不少。《史记》是在《古文观上》上读过几篇；《汉书》偶亦涉猎；看过《纲鉴易知录》，与零零落落的《通鉴》。看过《三国演义》以后，很想看看正史的陈寿《三国志》，却没有看到。偶亦看子书，《庄子》、《墨子》，盲读一阵，正所谓"抓到篮里就是菜"，不管它懂不懂，读下去再说。有时硬读下去，读到后面，居然前面也有些明白了。古人所云："读书不求甚解"，难道便是这种境界，或者就是他们所说的悟性吗？

但是我家里没有书，要购买那些书来读，哪里来这许多钱呢？这就感到从前舅祖吴清卿公所说的一句话："读书是要有资本的"了。那末上面所能读到的书，不用说，都是借来的，或是在亲戚人家偶然的机会中看到的。不过借来的书，人家要索还的；偶然在人家看到的书，即使你有一目十行的本领，也是很匆促的。这两项总归不是自由的，怎能可以供你细细的研究呢？

所以我所读的书，是没有系统的，不成整个的，甚而至于只是断简残编，我就视在〔如〕枕中秘笈了。但是当时习于制艺文的时代，有些老先生们，不许学生们看杂书的。因为功令文中，譬如你的题目出在四书上，四书是周朝的书，就不许用周朝以后的典故，用了就有犯功令的。并且对于思想统制，大有关系，当时的士子，必须要崇奉儒教的，那〔即〕所谓孔孟之道。倘然你相信了庄、墨的学说，就是你"攻乎异端"，有违儒教了。

实在所谓庄、墨学说，当时我还不能明晰了解，我还喜欢看小说、笔记之类，容易懂得的杂书。这时国内很少图书馆，家庭间则多有藏书者，然也不肯轻易借给人看。我那时要看书，惟有向人情商借阅。至于廉价的书，只有自己购买一二了。亲戚中，吾姑丈尤家，他们是个大家族，有许多书是公共的，不好借出，只有吾表兄子青哥的书，可以借阅。而且他们很少我所爱看的杂书，因为我姑丈即不大许看杂书。舅祖吴家，藏书甚多，却有许多杂书。记得有一次，我发见他们一书橱，都是那些笔记、小说之类，这些都是铅字印的，上海申报馆一个附属出版所，名曰"申昌书画室"所印行的（如沈三白的《浮生六记》等，也是此时代刊物），我大为欢迎。所以我每跟祖母归宁，不大肯回来（当时有伊耕表叔还指点我作文），就是舍不得他们这些杂书呀。

我对于报纸的知识，为时极早，八九岁的时候，已经对它有兴趣。其时我们家里，已经定〔订〕了一份上海的《申报》。《申报》在苏州，也没有什么分馆、代派处之类，可是我们怎样看到《申报》呢？乃是向信局里定〔订〕的。那个时候，中国还没有开办邮政，要寄信只有向信局里寄。信局也不是全国都有的，只有几个大都市可以通信。江、浙两省，因为商业繁盛之故，信局很密。苏州和上海，更是交通频繁，除书信以外，还有货物。我记得一封〔信〕，自苏至沪，或自沪至苏，信资是五十文。这个信资，例须收信人付的。如果寄信人已付了，信封背后写上"信资付讫"四个字。

寄信多的商号和住宅，信写好了，不必亲自送信局。他们每天下午，自有信差来收取。这些信差，都是每天走熟了的，比后来邮局的信差还熟练（苏州开信局的，大都是绍兴人）。他们并没有什么挂号信、保险信，却是万无一失。我们看上海出版的《申报》，就是向这班信差手中定〔订〕的。不独我们一家，在苏州无论何人，要看《申报》，就非向信局信差定〔订〕阅不可。

而且苏州看到上海的《申报》，并不迟慢，昨天上午所出的报，今天下午三四点钟，苏州已可看到了。当时苏沪之间，还没有通行小火轮，火车更不必说了，如果是民船，就要三天工夫，怎么能隔一天就可以寄到呢？原来这些信局里，有特别快的法子，就是他们每天用一种"脚划船"飞送，所有信件以及轻便的货物，在十馀个钟头之间，苏沪两处，便可以送达呢。

"脚划船"是一种极小的船，船中只能容一人，至多也只能容两人。在一个人的时候，不但手能划船，脚也能划船，所以称之为脚划船。它那种船，既轻且小，划桨又多，在内河中往来如飞。他们苏州在夜间十点，或十一点钟开船，明天下午一两点钟，便可到达上海。上海也是夜间开船，明天到苏州，则在中午以后。当时苏州风气未开，全城看上海《申报》的，恐怕还不到一百家。这一百份报，都是由信局从"脚划船"上带来的，因此隔日便可看报了。

我们所定〔订〕的《申报》，就在每日下午三四点钟，送到我们家里。我当时还幼小，不知道《申报》两字命名之所在，问我们家里人道："为什么叫《申报》呢？那个'申'字，作什么解释呢？"我们的顾氏表姊，那时也有十四五岁了，她自作聪明的答道："《申报》是每天申时送来的，每天下午的三四点钟，不正是申时吗？"我那时还不大能读报，但知道上海的《申报》来了，便有新闻可听。

那时候，正在癸未、甲申年（即光绪九、十年）间，法兰西和中国开战，我们儿童的心理，也爱听我国打胜仗。那个黑旗兵刘永福将军，真是我们大大的爱国英雄，我们非常崇拜他。还听到那些无稽不经之谈，说刘永福把火药装在夜壶里，大破法军，那都是那些无知识的人，瞎造谣言。后来又听得法国大将孤拔阵亡了,我们夺回了台湾的鸡笼山(按:即今之基隆),以及种种捷报。的〔当〕战争吃紧时,一见《申报》来了,我们总要请父亲给我们讲许多战争新闻与故事。

到了十四五岁时,我略谙时事,愈加喜欢看报了。这时上海除《申报》以外,《新闻报》也出版了。苏州看报的人,也渐渐多起来了。他们在苏州都设了代理处,不必由信局派了。我家那时虽没有定〔订〕报,我就时〔时〕零零散散买来看。跟着祖母到了桃坞吴家时,他们是定〔订〕着长年的上海报纸的,始而看《申报》,继而看《新闻报》。而且我们这位清卿公,看过了报以后,不许丢掉,一个月订成册,以便随时翻阅。那时候的报纸,是用薄纸一面印的,不像现在的报纸,都是两面印的(按:两面印的报纸,由上海《中外日报》开始),所以仍可以作〔做〕成线装。

这于我是大为欢迎,我每日下午垂暮时候,便到他们的帐房间里去看报,竟成为日常功课。那时的报纸,也像现代报纸一般,每天必有一篇论说,是文言的。这些论说,我简直不大喜欢看,一般的论调,一般的篇幅,说来说去,就是这几句话。从前的报纸,无论是新闻,无论是论说,都是不加圈点的。清卿公想出主意来了,教我每天把论说加以圈点,因为这样,一定对于文字上有进境。于是圈点论说,变成为我每天一种功课。可是伊耕表叔却不赞成,他说:"这些报馆八股,成为一种陈腔滥调,学了它,使你一辈子跳不出它的圈子。"

三〇 自文衙弄至曹家巷

在我十五岁的下半年,家里又迁居了。这回是从文衙弄迁居到曹家巷,仍在阊门内的一隅。

我们迁居的地址,是在曹家巷的东口,三条桥的堍。所谓三条桥者,是曲尺式的接连三条桥,一条下面有河,可通船只,两条都在平地。苏州城厢内外不知有多少桥,数也数不清。本来人称苏州为东方的威尼斯,多了水,就多了桥咧。往往平地也有桥者,一定是这个地方是河浜,后来渐次填平了,而桥的旧址与其名称,却依然存在。

我们所租住的房子,却也是一家故旧的大宅。房主人李姓,他们是大族,现在是子孙式微,便把这座大宅子分析,于是你占内厅,我占花厅,好似一个国家，成为割据局面。为了自己靠了那些祖传的房屋，以之出租，可以不劳而获，于经济上有所进益，于是各将分得的一部〔分〕房屋，纷纷出租。因此我们所住居的这座大宅子，同居的人家，总共有二十馀家，比了以前在桃花坞姚宅所住的房子，更见复杂。

我们所住的是东首一个楼厅，这个楼厅，他们也称之为花厅，实在庭前只有一堆乱石砌的假山，几丛杂莳的花木而已。房东告诉我："这里文徵明也住过。"还指给我看，这个厅上，有一块匾额，写着"蘅芜小筑"，也是文衡山的手笔。我笑说："我们刚从文衙弄迁居来，此间又说文徵明住过，何与文氏有缘若此耶？"其实考诸里乘，文待诏从未住过，大约有此一块匾额所题的字，便附会上去，似乎是有光门楣了。

我的房东李先生，年已六十馀，老夫妇两人，膝下仅有一女，年可十八九，并无儿子。我们租住他们的房子，只是楼下一间，楼上三间，厨房公用。自我出生以来，从花桥巷，而刘家浜，而桃花坞，而文衙弄，而曹家巷，至此凡五迁了。但每迁必住居楼房，因为祖母喜欢楼房，为的是楼房高爽，平屋则未免潮湿阴暗，尤其对于江南那些故宅老房子为甚。

在这房子里，最使我怆痛的，便是我的父亲，在这屋子里逝世了。其它还有两件事，一是我的胞姊，在这屋子里出嫁；一是我在这屋子里进了学，成为一个穷秀才。还有附带的是我在这屋子里生了两场病。

我的身体素来很弱，年幼时就有了胃病，不能多吃，多吃了胃里便要胀痛。这个病一直到了壮年，在北方住了几年，却好起来了。在十岁以前，我每次吃饭，只吃一小碗。苏州人家，从前还不吃白米，只吃一种黄米，更容易消化。我又不喜欢吃肉（此言猪肉），偶吃一点，非极精不可。最爱吃的是虾与蛋，但蛋又不能溏黄的，假使清晨吃两个"水铺鸡蛋"（此北京称为卧果儿），胃里就要一天不舒服。此外面条也不能吃，看人家吃大肉面、爆鱼面，以及各种各样的面，深讶人家怎么有这样的好胃口。不过到了后来，我就什么都可以吃了。

因此我是消瘦的，不是壮健的。亲戚中有人说：因我的祖母和母亲太锺爱之故，吃东西非常谨慎，不敢给我多吃，以致惯成如此。也有人说，是母体所关，我母亲是多病的、瘦弱的，所以先天不足。其实都无关，一个儿童，总有他的特性，不过我到十四五岁，就没有什么大病，偶或受点感冒，伤风咳嗽，过一两天就好了。就说是胃病吧，不吃夜饭，安睡一夜，到明天也会

81

好了的。所奇者，我的胃病却与天气有关，风日晴和的时候还好，假使在凄风阴雨的天气，我便要戒严了。砚农表叔是懂得医道的，他传来一方，用"小青皮"（中药名，即橘之未成熟者）磨汁冲服，就可愈了。试之果验。

但在十六岁的初春，这一场病却不小，先是出痧子（这个病，别的地方称为出疹子，苏州人却称为痧子），后来腮下却生了一个痈。本来这个痧疹，每人都要出一回的，尤其在儿童时代。但这个病是有免疫性的，出过了一回，便无妨碍，没有出过的，便容易传染。我在年幼时，每遇家中人或邻居有出痧子的，祖母或是母亲，带了我，避居到舅祖家或是外祖家去，所以直到现在十六岁，还不曾传染过。可是到底不能避免，此刻却传染来了。

起初不曾知道，后来方知住在我们后进的李家，有一位十三岁的女孩子，先我在出痧子。我这次的病，来势很凶，家中人急得不得了。至此，方知《论语》上孔老夫子所说的"父母惟其疾之忧"的这句话的真切。那时父亲失业，家中已贫困不堪，然而他们典质所有，为我疗病。这一年在苏州，儿童们因痧疹而死亡者很不少，他们心中更焦急。幸而痧子愈了，在腮下近腭处，生下一个痈，肿痛非常。有人说：这叫做"穿腮痈"，说不定把右腮溃烂到洞穿了。实在是痧毒未清，须要开刀，天天到外科医生吴召棠那里去医治。这一病，足足病了近三个月。

病愈了，也没有到朱先生处上课，一病以后，学业也就荒疏了。但是在家里，也很感到寂寞，不比在朱老师处，他们家里人多，而且还有同学。家里和我同伴的仅有姊姊一人，但她正习女红，帮母亲理家事，她已订婚许氏，不久也就出嫁了。同居的这位李小姐，她是婉妙而活泼的，长日间，惟有伴母亲刺绣。我无聊之极，常到她们那里去聊天，在她们饭罢绣馀，有时讲讲故事，有时弄弄骨牌，倒成了一个伴侣。那时她已十九岁，早已订婚了，我仅十六岁，她常呼我为弟。我在这时候，对于异性，不免渐萌爱意。

就在同个宅子里，我们的隔邻，开了一家纱缎庄，庄名叫做恒兴。这些纱缎庄，在苏州城内是很多的，大概有百馀家，因为苏州是丝织物出产区呀。纱与缎是两种织物，行销于本地、全国以及国外（有一种织成的纱，都销行于朝鲜，因为当时朝鲜的官僚贵族，都以白色纱服为外帔，恒兴庄所织之纱，都外销于此）。这种纱缎庄，只做批发，不销门市，大小随资本而异。亦有数家，在苏州是老牌子，海内著名。但像我们邻家的恒兴庄，只不过此业的中型者而已。

旧日的苏州对于职业问题，有几句口号："一读书，二学医，三去种田，四织机。"关于种田与织机，是属于农工的，但属于住居城内的大户人家，却变为"收租"与开"丝帐房"（丝帐房即是营丝织物机构之统称）。所以织机亦是苏州最正当的一业。那时中国还没有大规模的织绸厂，而所有织绸的机器，都是木机，都属于私人所有的。这些私家个人的机器，而他们有技术可以织成纱、绸、缎各种丝织物的人家，苏人称之为"机户"。这些机户，在苏州城厢内外，共有一千数百家。

实在，纱缎庄是资本家，而机户则是劳动者。更说明一点，纱缎庄是商，而机户是工。一切材料，都由纱缎庄预备好了，然后发给机户去织。机户则限定日期，织成纱缎，交还纱缎庄，才由纱缎庄销行到各行庄去。有的是各庄预备了的存货，推销各埠；有的是各处客帮订下来的定货，规定了颜色、花样的。这个行业，从前在苏州可不小呀！

那些织机的机工，都住在东乡一带，像蠡市、蠡口等乡镇也很多，近的也在齐门、娄门内外。所以那些纱缎庄，也都开设在东城，像曹家巷我们邻居的一家，已在城里偏西的了。织机的虽是男女都有，但还是男人占多数，因为那是要从小就学习的。织出来的绸缎，灿烂闪亮，五色纷披，谁知道都是出于那班面目黧黑的乡下人之手呢？

这家纱缎庄，因为是邻居，我常去游玩，结交了两个小朋友。他们都在十七八岁，是个练习生之类。一位姓石，还是苏州从前一位状元石韫玉的后代。他曾经送过我石殿撰亲笔书写的试帖诗两本，那是白摺子式的小楷，可惜我已经遗失了。他的家里我也去过，住在清嘉坊，踏进大门，茶厅上还有"状元及第"三字的一块匾，虽然红底金字，已经黯然无光了。还有一位张润生，是个徽州人，家里开了一爿漆店（按：苏州徽帮极多，除了典当朝奉以外，有各种商业，都属于徽，漆业其一也）。他长我两岁，识字有限，而为人干练，但常向我执卷问字。这位朋友，相隔了三十年，不通音问，忽有一天，探寻到我家来（时我已住居上海）。他说：他的儿子结婚了，请我去吃喜酒。询其行藏，却在上海某一钜商家里，当一旧式的西席老夫子，奇哉！

三一　面试

十六岁的春天，病了一场，这上半年的学业，全荒废了。其实这个年纪，是一生求学最严重的时代，在学校制度上，当进入高中了。父母因为我病已告痊，实为大幸，也不来督责我。并且我也在家不大出门，朱先生那里也不去，也没有什么同学朋友往来。不过我的学业虽不进，我的知识当然随年龄而自然增长了。我仍旧喜欢看杂书和小说，这时候，中国的杂志也尚未流行，我于小说，不论什么都看，甚至于弹词与唱本。母亲不甚识字，而喜听那些悲歌〔欢〕离合的故事，在她深夜作女红的时候，我常常在灯下唱给她听。

我在十二三岁的时候，上海出有一种石印的《点石斋画报》，我最喜欢看了。本来儿童最喜欢看画，而这个画报，即是成人也喜欢看的。每逢出版，寄到苏州来时，我宁可省下了点心钱，必须去购买一册。这是每十天出一册，积十册便可以线装成一本，我当时就有装订成好几本。虽然那些画师也没有什么博识，可是在画上也可以得着一点常识。因为上海那个地方是开风气之先的，外国的什么新发明、新事物，都是先传到上海。譬如像轮船、火车，内地人当时都没有见过的，有它一编在手，可以领略了。风土、习俗，各处有什么不同的，也有了一个印象。其时，外国已经有了汽球了，画报上也画了出来。有一次，画报上说：外国已有了飞艇，可是画出来的是有帆、有桨、有舵，还装上了两翅膀。人家以为飞艇就是如此，而不知这是画师的意匠（飞机初时传至中国，译者译之为飞艇，画者未见过飞机，以为既名为艇，当然有帆有舵了）。后来在上海办杂志，忽发思古之幽情，也想仿效《点石斋画报》那样办一种，搞来搞去搞不好。无他，时代不同，颇难勉强也。

我以〔因〕为无钱买新书，只能常跑旧书店。那时旧书店里旧书，还没有像后来奇货可居，但是大部的旧书，我还是买不起的，只是那些小部的，普通的，刻印得不精的。每一旧书店，往往在门前摆一个旧书摊，一条护龙街上，有几十家旧书店（有的还带卖小品旧货），我则常常巡礼于那些旧书摊，而猎取我所欲得的书。

我在旧书摊上，购的书倒也不少。较古的什么《世说新语》、《唐代丛书》等等，较新的什么《随园诗话》、《两般秋雨盦随笔》部〔等〕等。还有许多残缺不全，破碎不完整的，我也兼蓄并收，以价较便宜，不过制钱数十文，或仅十馀文。本来人家已是字纸笼中的物，我却抱人弃我取的心。偶然出门带一根"钱筹"（按，当时墨西哥银圆已流行于苏州，而并无辅币，却有所谓钱筹，削竹为之，每根为二百文，由各钱庄所发行，虽制作甚简陋，而信用甚著），回来可以购得一大捆。

但我不大量的买，只是今日买一两册，明日又买一两册。护龙街几家旧书店，都认得我的，因为我不是买大部的书，精印的书，而只在书摊上，拾取残编断简，这并不是什么好主顾。但是那些摆在摊上的书，几经风吹日晒，久已置之度外，而看我只是一个书房里的学生，也就马马虎虎了。可是虽然日购一两册，积之已久，成了几大堆，又没有好好地〔的〕一个书房，好好地〔的〕一个书橱，于是弄得桌上、椅上、榻上、床上，都是那些长长短短、厚厚薄薄、破破烂烂、残缺不全的书了。

有一次，我在一个旧书摊上，见有《李笠翁十种曲》，但残缺不全的，只有半部。我想半部也好，十种曲不是就有了五种吗？因为残缺，自然取价甚廉。携回家去翻翻，连《风筝误》也在其内，甚为高兴。乃过了一月，在另一家旧书摊上，又发见了半部，这正是我所缺少的，遂即购之而归，当然价甚便宜，正不知道一部书为什么分了两个旧书摊呢。

即如沈三白（复）的《浮生六记》（在《独悟庵丛钞》中），我也是在书摊上购得的。这时上海的"申昌书画室"用铅字版（当时名为"聚珍版"）印了不少的书，我所购的有《西青散记》、《三异笔谈》、《解颐录》、《快心编》，……亦为数不少。《浮生六记》缺二记，久觅不得，东吴大学教授黄摩西（常熟人）出一小杂志名《雁来红》转载之，而上海书贾又翻印之。世界书局的王均卿（文濡）伪造二记，人不知觉，连林语堂亦为所蔽。五十年后，沈三白忽走红，家喻户晓，而且大摄其电影呢。

十六岁的下半年，博览群书，把当时视为正当的作举业文的功课都抛荒了。可是巽甫姑丈很注意我，不过他自己常常病倒在床。即使不病的时候，也是一灯相对，懒得出门。从前一年还到我家来几回，看望我的祖母，现在他自己不来，却派子青表哥来看望外祖母，常常的小有献赠，以娱老人。

有一次，子青哥来看望外祖母，我正借着一部大版石印绣像的《红楼梦》，在大研究其红学，被他瞥见了。又见我案头许许多多破破烂烂的笔记小说，他觉得全都不是正当的书。子青哥比我大两岁，今年十八岁，却摆出个道学先生的架子，他当时即向我说："父亲的意思，劝吾弟少看那些小说与杂书，恐因此抛荒了正业。"我不禁为之面赤。什么父亲的意思？全是他的意思，姑丈又没跟他来，怎么知道我在看《红楼梦》呢？但他对于我这忠告良言，我怎能埋怨他呢？

过不了几天，巽甫姑丈写信来了，他请我到他那里去谈谈。我想：这是东窗事发了，必定这子青哥回去告诉了他，我在看《红楼梦》和杂书。"丑媳妇总要见公婆"，我只得硬着头皮去了。他倒并不遣责我看《红楼梦》和杂书，他只查问我近来做了几篇制艺文。可怜我这几个月内，实在没有动过笔。

他谆谆告诫："你的家境不好，而你的祖母与双亲，企望你甚殷。你既然不习业做生意，读书人至少先进一个学，方算是基本。上次考试，你的年纪太小，原是观观场的意思，下一次，可就要认真了。那种八股文，我也知道是无甚意义的，而且是束缚人的才智的。但是敲门之砖，国家要凭藉这个东西取士，就教你不得不走这条路了。而且许多寒士，也都以此为出路，作为进身之阶，你不能不知这一点。"

我被他说得眼泪也要挂下来了，我说："姑丈的话，是药石之言，我今后当加倍用功。现在请姑丈出两个题目，我去做来，两三天交卷，请姑丈批阅。"他想一想，说道："这样吧！你后天上午到我这里来，在这里吃饭。吃饭以后，我出一个题目，你就在这里做，我看看你的程度究竟如何。"

我想：他是面试我了。出了题目拿回去做，还可以挨延时刻，翻阅书本。到他这里来做，真是使我"白战不许持寸铁"了。没有法子，到了后天，只得去了。吃过饭后，他出了一个题目，教我去做。他说：不必全篇，只做一个起讲。题目本不难，但我在此一暴十寒之后，思想迟滞，又在他监视之下，颇为枯窘。不得已，写好一个起讲，送给姑丈去看。他看了以后，便不客气的指出：这个地方不对，那个地方不对。他却不动笔给我改正，要我把他所说不对的地方，自己去改正。

他说："你以后每五天来一次，也像今天一样，在我这里吃饭。饭后，我出题给你做，不必要全篇，半篇也可，一个起讲也可。"临走时，他又给了我几本明朝文的制艺，和清初文的制艺，教我去揣摩细读。我觉得这种文章，都是清淡无味，如何算得名文。原来当时的制艺八股文，也分两派，一派是做清文章的，一派是做浓文章的，做得好，清的浓的都好。譬如名厨做菜，做得好，清汤也好，红烧也好。巽甫姑丈是做清文章的，尤其是小题文（题目一句、两句），人称名手，不过大题文（题目一章、两章），便不是他的拿手了。我在他那里作文数次，出了一个题目，先把题的正文，以及上下文讲解一次，然后让我去下笔。他说："先要明白题旨，然后方能理路清楚。理路清楚以后，文机自然来了。"

那时考试的制艺，流行一种恶习，往往出了那种"搭题"。所谓"搭题"

者，把四书上的上面半句，搭到了下面半句，或是上节的末一句，搭到了下节的首一句。有绝不相关者，名之曰"无情搭"。相传俞曲园（樾）放学政时，曾出过这类题目，如"王速出令，反"，与"君夫人，阳货欲"等等怪题目，以此坏了官。又有某主试曾出一搭题为"以杖叩其胫，阙党童子"。那个考试的童生写道："一叩而原壤惊矣，再叩而原壤昏矣，三叩而原壤死矣。三魂渺渺，六魄悠悠，一阵清风，化而为阙党童子矣。"四五百年来，此种关于八股取士的笑话极多。现在此制既废，不必为死人算命，徒多词费了。

可是巽甫姑丈所出的题目，却不曾出过搭题，这是我所高兴的。但也有我所厌烦的，就是做的不对，要我重做。我对于重做怕极了，我情愿另出一题目，别做一篇，而不愿以原题目重做。但他却要逼我非重做不可，宁可少做一点也好。这三个月以来，我的确有些进境，一题在手，不像以前的枯窘了。从前因为想不出如何做法，所以也颇怕作文，现在也不怕，就要想出一个题旨来了。姑丈又嫌我做得慢，要练习得加快一点，不要过于矜持，想到便信笔直书，但写出以后，又必须自行检点一遍，有不对的地方，必须改过。但三个月以后，姑丈的旧病又发，我的面试，也因此中止。

三二　父亲逝世之年

十七岁，是我惨痛的历史，乃是我父亲逝世之年了。

我父亲平日身体也很好，不过精神是不大舒适，忧伤压迫着他过日子。自从在湖北应城县回来后，并无固定的职业，即使有所贸易，亦往往失利。更不肯仰面求人，也曾有人举荐他到某一商业机构中去服务，但他又不肯小就。人越穷，志气越傲，而且又好评论人、指摘人，在这样一种腐恶的社会上，他是失败了。

我们是一点产业也没有，说一句现在流行话，真可以称之为"无产阶级"。虽然在我们曾祖时代，经营米业，亦为钜商，但经过太平天国之战，已经扫荡得精光大吉了。我父即使在有馀资的时候，也不想置产。即居屋而言，在当时苏州买屋极廉宜，建屋亦不贵。但他宁可租屋居住，而不愿自置产业。他以为自置一屋，是固定的，反不如租屋居住，是流动性的，如果嫌此屋不好，立刻可以迁居。并且他既不事生产，而又不善居积，在从前读书人中，往往称之为名士派。而他是商业中人，也似沾染了名士派的习气，便这样的

87

穷下来了。

那时候，苏州也有一种投机事业。什么投机事业呢？原来那时银行制度还没有流行到中国来，所有金融事业，都握在几家大钱庄手里。这时币制有三种，一曰制钱，二曰银两，三曰洋圆。制钱即铜钱，外圆内方，古人称之为孔方兄，现已不经见了。银两即当时所行用生银制度，以两为单位，亦有铸成为元宝者。洋圆（每写作元）便是已盛行于中国东南各省的墨西哥银圆。

但此三种币值的比例，时生差异。譬如当时每一洋钱，兑换制钱一千文，而有时为九百八十文，亦有时为一千　二十文，甚至有时长至一千一百文。银两与洋钱有比率，制钱与银两亦有比率，此中升降，商人即因之做交易。于是出钱入洋，出洋入银，而以之投机生利，但凭口头一语，不必有实物者，谓之"买空卖空"。当时买空卖空，颇为盛行，显然是公开的，其实则近于赌博。苏沪一带，名之为"做露水"。

做露水的地方，苏州则在阊门内东中市的钱业公所。我曾随父亲往观，上、下午两市，其热闹不亚于上海后来之交易所。父亲向他们说："买进洋钱三千元。"但凭一句话，并无片纸只字作为凭证。我初不解，父亲何以有力买进洋钱三千元呢？何以一句话就可以算数呢？不到半个钟头，父亲对我说："已赚钱了。"我的儿童心理，觉得这样赚钱真太容易，又觉得但凭一句话，父亲的信用未免太好了。当然父亲是钱业出身，是个内行，他有远识，对此可以称为"亿则屡中"。然而这到底近于赌博，有许多朋友做露水，弄到跌倒爬弗起，甚而至于亡家破产者，比比皆是。所以祖母知道了禁止他，母亲也劝阻他。但父亲也不过小试其技，不敢作此投机呢。

又有一次，舅祖清卿公，以父亲无固定职业，邀他到他的家中，佐理他们的田业事务。此种田业事务，是管理收租、催租，一切也很为纷繁的。那时苏州绅富人家，家家都有田地，以为这是保产最好方法，不劳而获。家中设立账房，开仓收租，经营其事者，名曰"吃知数饭"。但父亲没有耐心于此业，而又是外行，意欲不往，然迫于甥舅之谊，重以祖母之命，又不得不往。可是未及三阅月即归，托言有病。因为父亲生性梗直，不值其舅之所为，谓其既富且吝，压迫农民。且常欲以其理论，教训我父，父亲实不能忍受也。

父亲的忧伤憔悴，固然是他早死的原因，而在他病后的医药杂投，当有绝大关系。他害的是一种痢疾，时间是在初秋。在现代说来，痢疾并非不治之症，只要医治得法，立可痊愈。何况现在中外医药界，有种种的新发明，痢疾也有专治的药品。但那时却谈不到此。起初父亲不要请医生诊视，自然也为了省钱，且以为不久就可以痊愈的。及至后来病势厉害，大家都发急了。家中人又都没有医学常识的，"病急乱投医"，请了这个医生，未能见效，又请另一个医生，这与病人是太不相宜了。

虽然苏州那时已有了外国教会所办的医院，用西法治病，但大家都不相信它。害了病，还是要中国医生诊视。而我所最恨者，要是换了一个医生，必定把前一个医生所开的药方推翻，只有他所开的方子是对的，别人所开的方子都是不对的。再换一个医生，也是如此。医生越换越多，各人的见解，越是不同，弄的病家无所适从，到底听了那个医生对呢？而一个病人睡在床上，做了他们互相争竞的目的物了。

当时我父亲病了十馀天，身体已虚弱不堪了。一个医生道："不能再打下他的食滞了，须要用补药，补他的亏损了。"另一个医生道：我父亲的病体，是虚不受补，现在吃的补药，把病邪补住了，须将所吃的补药剥去，再行施治。试想：这样不是教病人太苦了吗？但我父亲已自知不起，坚不肯吃药，母亲苦劝不听。及至祖母临床，他回念自己是一个遗腹子，幸赖寡母抚育长大，未曾有所报答，不禁泪涔涔下。祖母要他吃药，他就吃了。

上半年，姊姊出嫁，父亲以向平之愿，了去一半。姊丈许嘉淦（号杏生），也是一位读书人（父亲不相信商业中人），颇为温文尔雅，比我长两岁，笔下比我好。虽然我们家道很拮据，勉强凑付，也得一副不太简陋的食具。姊丈早孤，有两兄，不事生产，所以常来我家，和我讨论文字。吾父顾而乐之，以为郎舅至戚，在〔再〕文字相切磋，不是更为相得吗？

不想下半年父亲就病了，病而至不起，宁非意外的惨伤。那种悲痛的事，到现在已近六十年了，想起来，真是非常锥心。我当时还有一种感想：祖父在三十多岁已故世了，父亲在四十多岁亦故世了（故世时四十五岁，我今日写此稿时，正是一百岁），遗传下来，我的寿命，也不会长吧。但我今日忽忽年华，已是七十多岁了，人家还恭维我得天独厚，老而弥健。但我了无建树，只是虚度一生而已。

写到此，想起一件事，在我四十多岁时，在上海有一位老友管君，招揽我人寿保险。我那时笔耕所入，每岁收获，尚有馀资，而子女众多，念此亦等于储蓄之一途，乃欣然应命，拟以五千元投保二十年，这是上海一家著名之英国保险公司。保寿险先得要检验身体，这是我所知道的，于是由管君陪我该到〔到该〕公司所指定的外国医生处检验。这个外国医生，我也不知道是英国人、美国人，听心脏，验小便，又用小榔头，敲我膝盖，令其反应。问我："曾患过性病否？"对他说："没有。"闹了一阵子，管君说："三四天后，保证书就可出来了。"乃迟至两星期，未有回音。我以电话问管君，管君支吾其词，我情知不妙。管君说：即来访我。我说："生死有命，孔子所云，大概我是不及格了，兄亦无须讳言。"管君说："不！我知道该公司检验身体者，不止一医生，我现已知道有另一医生，我们明日再往检验可也。"我此时甚为心灰，由管君强而后可。则此医生，年龄已老，白髯垂胸，云是法国人，检验也未如前医生之苛细。验后，管君私问之，医言："大致可及格。"果然，三日以后，保证书即到了。这保险到了我六十六岁满期，连息得七千馀元，足为长儿留学德国之需，亦云幸矣。

父亲逝世之日，尤其使我痛心的，他要我读书，至少也得青一衿。假使父亲今秋不死，本年我可以徼倖进学，也未可知。因为巽甫姑丈曾说以常理而论，可以获售，但要视看文章的人目光如何。因为考场中看文章，有如走马看花，而这一丛花，不是特别惹人注目的花，也许是欣赏了，也许是错过了，这要看你运气如何了。因为照文字而言，也在可中式与不可中式之间呀。如果父亲迟一年故世，而我于今年进学，不是稍慰了他在天之灵吗？

三三　父亲逝世以后

家中本已困窘，在父亲病中，母亲所有剩馀的一点衣饰，也典质净尽了。父亲身后的料理，亦极为简约。但我们还是一个中等人家，而且都是高贵的亲戚，那些普通的场面，还是要的。必须开一个吊，出一个殡，从前没有什么殡仪馆，停柩在家三十五天，这些封建时代的排场，必须应有尽有。《礼记》上说："丧礼，称家之有无。"但我们受孔子戒的人，都服膺于"慎终追远，民德归厚"。我想父亲最后一件事了，也未可过于落薄。

父亲丧事，正可以算的罗雀掘鼠，我也不忍言了。本来还就读于朱先生处，到此便踏出学堂门，不再是一个学生了。如果我在十三四岁时，学了生意，到了这时，三年满师，也可以当小伙计，每月挣到一两块钱。但我读了死书，一无所获，真是"百无一用是书生"，以后将如何度日呢？父亲在世之日，虽然也是日处窘乡，却是父亲挑了这家庭的担子去。现在这副担子，是落在我肩头上了。

苏州有很多慈善济贫事业，有所谓"儒寡会"者，一个穷读书人故世了，无以为生，他的孤寡可以领一笔恤金。各业中也都有救济会，以钱业中为最优。亲戚中颇有为我们筹划领取此种恤金者，我抵死拒绝。父亲是个商人，不能冒充读书人，入什么"儒寡会"。至于钱业中的恤金，父亲在世，深恨钱业，况且脱离已久。假如我们要用钱业中一个小钱，使我父亲死不瞑目，我实在是个不孝罪孽之子了。

舅祖清卿公，他当时是号称苏州首富的，他答应每月资助我们数元，我也婉谢了。我说："你与我的祖母为同胞姊弟关系，每月送祖母几块钱，我们不能拒绝，祖母实在太苦了。此外我们将自行设法。"虽然说是自行设法，但我一个十七岁读死书的人，将怎样的自行设法呢？后来清卿公每月送祖母两元，在他也算厚惠了。

于是我在家开门授徒，做起教师先生来。一个十七岁的小先生，有谁来请教呢？第一节，收到了一个学生，那个学生，却是一位女学生。原来住在我们一宅的，里面一家姓潘的，也是书香人家。这位潘先生，有位女公子，今年九岁了，父母锺爱，想要她读一点书，而又不愿送她到宅子外面的私塾里去。本来想明年请一位先生，所以一说就成功，而我做了《牡丹亭》里的陈最良了。

写到这里，我有一个插话了：我自从教过这位潘小姐后，一直没有教过女学生。却自从山东青州府（今益都县）办了学校，回到上海以后，却在各女学校里教书，女学生不计其数。现在所记得的，如黄任之夫人、杨千里夫人、顾树森夫人、宋春舫夫人等等，都是我的女学生。那末最先的这位潘小姐，比例这些武侠小说所说的，当是我的"开山门"女弟子吧？

其时潘小姐的束修，是每月一元。那时候，地方上周恤寒士者，还有一种书院膏火。苏州有三个书院，其它两个，童生不能考，只有一个平江书院，专为童生所考。考一超等，得银七钱（约合制钱一千文），特等减半。但也不大容易考取，有已进学的高材生，也冒充童生来考取呀。

后来我认得一个旧同学，他是粮道衙门一书吏之子。他们有一种粮册，要发给人抄写。字不必写得工整，但是要写楷书，大约是三分钱一千字。我若认真写，自早至晚，每天可写五千字，不是每天有一角五分的进款吗？这比考平江书院的卷子还可靠得多了。可惜那不是常有的，虽然每千字仅有三分，还是抢写者纷纷的，只费点笔墨而已。

其实，自从父亲故世以后，不是我挑了一副家庭生活担子，而是母亲挑了一副家庭生活担子。她在亲戚中，一向有针神之誉，她的女红，是精细而优美的。就在父亲没有故世之前，我们在窘乡中，她就把她的女红所得，取出来尽量补助家用。父亲故世后，几乎全靠她的女红收入了。

苏州的绣品是出名的，有些顾绣庄，放出来给人家去刺绣，但工资却微薄。绣一双衣袖（都是行销到内地各省、各区，为妇女官服披风上用的）不过制钱二百八十文，而工夫非三天不可。但母亲则日以继夜，只两天就完工了。苏州人家，嫁女必备绣品，尤以新床上的装饰为多。如在床的中间，挂有"发禄袋"（其典未考），两傍〔旁〕则有如意、花篮、插瓶等等，都是绣品，都须描龙绣凤，极为花团锦簇。或夸示新嫁娘的针线精妙，其实都是床头捉刀人所为。亲戚家知我母亲擅于制此，转辗相托，如此忙了一个多月，也可以获得十馀元。我正读唐诗，读到了"苦恨年年压针钱〔金线〕，为他人作嫁衣裳"之句，因想这正为吾母咏的了。

不过这都是临时性质的，不能固定有那种收入，但我母亲的女红是不断的。我们的同居，不是有一家纱缎庄吗？这纱缎庄把所练成的"纱经"或"缎经"放出去，给女工们络在轴辘上，厥名谓之"调经"。一束经，谓之一和（这是丝织品家的术语）。调纱经一和，可得五文；缎经一和，可得十文。不过此种工作，限时限刻，今日取了，明日必须交去，有时须整夜工作（凡丝织物直线为经，横线为纬。这里所谓经，即是直线）。

祖母年已六十馀了，她也要工作，她也要调经，劝之不听。于是母亲取得浅色的经，如雪白、湖色、蜜黄的经，都与祖母。深色的经，如黑色、墨绿、深蓝的经，都归自己。因祖母年老，目力不济呀。又母亲和我商定，即清卿公每月给与祖母的二元，归祖母零用，我们家用中，不能再用它。但此两元中，仍有大一半祖母供给我用，如吃点心呢，买糕饼呢，添小菜呢，都是为她们所锺爱的这个孙儿而花费的。

这几年来，我们总算得是茹苦含辛了。但我并不算苦，苦的只是母亲。她一天到晚，不过睡四五个钟头，其他时间，都是工作。可是生活倒也安定，那时生活程度，已比我六七岁的时候，高得多了。我们一家，每月五六块钱的开支，再也不能少了，房租近两元，饭菜约三元（这是祖母、母亲和我三人的食用），其它还有杂用。我们在衣、食、住、行四者之中，只有食与住两个字，衣服不能添做，走路只靠两脚了。

我家有一个规范，无论如何贫穷，不得借债。所以父亲在日，虽常处窘乡，也不肯向人告贷。我也遵守父训，一生从未举债。实在到不得已时，甚而几及断炊，则惟有典质度日。因此那些高墙头、石库门的当铺，我常常光顾呢。我们这时已家无女佣，祖母和母亲都是缠过脚的，不能上街。"举鼎观画"（此本为戏剧名，时人喻之为上当铺），我常演此剧。凡衣袖中可藏之小品（如首饰等），则可坦然直入；但衣服之类（父亲衣服极多，皮衣服大毛、小毛俱全），则挟一大包袱，如遇熟人颇露窘态。既而思之："我还搭少爷架子吗？"便也夷然自若了。

那时的家庭生计，起初很觉得困难，后来有一个安排，倒也不觉得什么了。有时每一个月中，反而有盈馀，于是把典质去的衣物，赎些出来。"赎当头"是高兴的事。从前有个寒士，改了古人诗句道："万事不如钱在手，一年几见赎当头。"可发一噱。不过在家庭预算，也常常有突出来的事，譬如送礼。苏州人家是讲究交际的，所谓"礼尚往来"。父亲开吊时，收了人家的礼，现在人家有喜庆［吊］丧的事，我们可以不送礼吗？普通也得二百八十文送一张礼票。我家现在虽处困境，还是要面子，不愿在这个封建社会上被扔下来。

这个家庭的担负，大概我担任了十分之三，母亲担任了十分之七。第二节，我又收了两个学生，连潘小姐共有每月两元的收入，考书院、钞写粮册，那是例外的。我觉得母亲这样的劳苦，心中实在不忍，然而又无可如何。可是有一个奇迹，母亲是有肺病的，在我年幼时，肺病常发，并且咯血。可是现在如此劳苦，身体反而坚强，其实却有小病，她也忍耐过去了。我们亲戚中，没有一个不称赞母亲贤德的，他们说："我母亲的不病，真是天佑善人。"

三四　适馆授餐

我十八岁的春天，便到人家去当西席老夫子了。这个馆地，是吴伟成表叔所介绍的（伟成叔是上海现在的名西医吴旭丹的父亲）。祖母的母家，不仅是桃花坞吴宅一家，还有史家巷吴宅一家，他们都是所谓缙绅门第、贵族家庭，我记得那时张仲仁先生（一麐）尚馆在他家。其实，我们在桃花坞与史家巷，亲戚关系是一样的，不过其间略有亲疏之分罢了。

在新年里，伟成叔来向我祖母拜年，便谈起了这事。是他的一位老朋友张检香，他家里要请一位教读先生，曾经请他物色。他们有三个男孩子，大的不到十岁，小的只有五六岁，刚才上学。他想介绍这个馆地给我。虽然他们束修出得少，但他们是个缙绅人家，一切供应，都是很优待的。祖母听了很愿意，不过说："年纪轻，交新年不过十八岁，要是他父亲不故世，自己还在学堂里呢。"伟成叔说："不妨事！表侄年纪虽轻，我觉得他很老成持重。况且那边的学生，年纪很小，正在开蒙时候呀。"谢谢伟成叔的两面说合，我这个馆地便成功了。谈定每年束修二十四元，三节加节敬，每节二元。

如果我在家开门授徒，所入可不止此数，因为已有几个学生，在去年说定，要来就学，至少每月也有三四元。但是祖母和母亲的意思，宁可让我到外面去处馆，第一是为了吃的问题。因为到人家去处馆，就吃了别人家的了，所谓适馆授餐。苏州人家请先生，对于先生的膳食，特别优待，以示崇敬，正合乎《论语》上所说："有酒食，先生馔"了。我家也请过先生，知道这个规矩的。

我的馆主人张检香，他们住居于因果巷（苏州人念为鹦哥巷），在城的中心点。这个宅子很大，而他的父亲也是两榜，做过京官的。现在已经故世了，而只生下检香一子。检香也是读书人，也曾进过学，所谓书香门第。但现在不求上进，做一个保产之子，人极规矩，一点嗜好也没有。苏州的有产阶级中，像他这样的人很多。这种人，大家说他真能享福的。

选定了正月二十日为开学日期，届时他们用轿子来接，举行拜师之礼，仪式颇为隆重。还端正了一席菜，请了几位陪客，伟成表叔当然列席，而先生则坐了首席（苏俗敬师，家有宴会，老师总是坐首席的）。那个书房，也很宽敞，是一个三开间的厅堂，用书画窗隔开了一间，作为先生的卧房。其馀两间，都是书房，倒也窗明几净。卧房预备先生住宿，卧具非常清洁，那可以住宿在馆里，不必天天回去了。

膳食的确是很好，每天三荤一素，饭是开到书房里来，我一人独食。学生们都里面去吃，不陪伴先生。最初几天，在吃饭以后，他们的厨子，到书房里来问道："师爷明天想吃些什么菜呀？"这可使我窘迫极了，我在家里，从来不会点菜，给我吃什么，我就吃什么。那时母亲知道我的口味，向来不问我的，我只得说道："随便，我什么都吃。"那个厨子还不肯走，报出许多名目来，说道："炒腰虾好吗？鸭杂汤好吗？韭芽炒肉丝好吗？"我说："好！好！随便！随便！"那个厨子走出书房门，还开了我的玩笑道："师爷说随便，这个随便，教我到哪里去买呀？"这是他们讲给伟成叔听，伟成叔告诉我的。

后来又常常来问：吃什么菜？我只得向年长的一位学生说："我想不出什么菜，但是什么菜都吃，请不必来问了。"他进去向他的母亲说了，以后厨子也不再来请点菜了。我想：他们三荤一素，即使有一样我不吃的，也有其馀我吃的呀。有一次，他们烧了一样鳝糊，我当时还不吃鳝，没有下箸。他们知道我不吃鳝，以后就不进此品了。

住在馆里的时候，除了午饭、夜饭两餐之外，还有两顿点心，即是早点晚点。有时也来问吃什么点心，但我知道他们早上也是吃粥的（苏州人家早上总是吃粥的，一粥二饭，称为三餐），便对他们说："我在家里，早晨是吃粥的。"以后他们便送粥进来了，常有很好的粥菜，如火腿、薰鱼、酱鸭、糟鸡之类。晚点不能吃粥，那就无非馒头、糕饼等等，不再问我，随便打发了。

最初住在馆中，白天教书，夜来便觉寂寞了。因为学生不读夜书，吃过夜饭后，只有在油灯之下（当时苏州既没有电灯，而有些人家，为了防火烛，也不点火油灯）看看书而已。因此我也规定，住在馆中两天，便回家中住一天，没有特别事故，我是概不放假的。因为馆址在因果巷，离观前街很近，放夜学时候早，偶然也到观前街散步（苏人称为"荡观前"），或到护龙街旧书店巡礼一回。不过要早些回来吃夜饭，不教人家等候。

苏州人的吃茶风气，颇为别处的人所诟病。有吃早茶的，有吃晚茶的，因此城厢内外，茶馆林立。但当时的茶馆，是一种自然的趋势，约朋友往往在茶馆中，谈交易也往往在茶馆中，谈判曲直亦在茶馆中，名之曰："吃讲茶。"假使去看朋友，约他出去吃一碗茶，那末谈心的地方，就在茶馆里。好在那地方点心也有，零食也有，说高兴了以后，便从茶馆而转移到酒馆，到老义和喝三杯去。

饮茶喝酒，一个人就乏趣了，一定要两三朋友。我那时朋友很少，除非从前在朱静澜师处时有几位同窗，否则便到我姊丈许杏生处。他们住在史家巷西口，和因果巷很近，一同到观前街吃茶。有些人是他的朋友，而我也渐渐地熟识了。记得有一位顾子虬君，是他的朋友，我也与之相熟，后来知道他就是顾颉刚的父亲。那个时候，苏州学校风气未开，顾君也在家里开门授徒，教几个学生呢。

夜饭以后，我的馆东张检香，偶然也到书房中来谈谈。那位张先生，真

95

是保家之子，为人端谨。他的年龄，差不多比我长一倍，而与伟成叔是好朋友，我所以呼之为叔，而他则恭敬地仍呼我为先生。他非常节俭，常穿布衣，一无嗜好，连水烟也不吸（其时中国香烟尚未流行）。他见我也布衣，不吸水烟，似引为同志。实则我常穿布衣，是为在孝服中，不吸水烟是年轻，亦不喜此。这位张先生得青一衿，即在家纳福，人颇羡之。

实在我这位女居停张太太，操持家政，极为能干。张先生娶于永昌镇的徐家，永昌徐氏是苏州著名的一家"乡下大人家"，拥有田产甚多，在近代说来是个大地主。张太太上无翁姑，持家井井有条，待人接物，处理得宜。儿童辈畏母而不畏父，婢仆辈亦都请命于夫人。伟成叔私语我道："不要笑他！张检香是陈季常一流人也。"我笑道："我叔曾做过苏学士吗？"

我在张家处馆有两年，但我觉得我的性情，实不宜于教书。我和朱先生犯了一个毛病，我对于学生太宽纵，不能绳之以严格。学生见我如此，也就疏懒起来了。张家的三个孩子，其中间一个，资质较钝，也有些顽劣，他的母亲很不喜欢他。那天，送进一块戒尺来，要教我施以夏楚。但我觉得责打学生这件事，我有些弄不来。因为我自从上学以来，一直到出学堂门，从来未被先生打过一下手心。便是祖母、父亲、母亲，也从未打过我。我不相信打了人，就会使这个人变好。所以他们虽送进了戒尺，我也不肯使用。他们实在顽劣，我只有用"关夜学"的一法，在别人放学，他不放学，至多我牺牲自己，也不出去，陪他坐在书房里罢了。

我在张家两年，宾主也还相得，然而我总觉得这种教书生涯，好像当了一个保母。学生在书房外面闯了祸，也要抱怨先生；偶然迟到早退，更要责备先生。我觉得担这种责任，很是没趣。而他们也有些嫌我对于学生太宽容，先生脚头散，他们对人总说："我们这位先生，到底年纪太轻了。"因此我觉得第三年不能蝉联下去了。我只得托伟成叔转达，只说："学生们年岁渐大了，我的学力，不够教他们了。"

三五　订婚

我的订婚的年龄，也是在十八岁。在那个时代，婚姻制度是牢不可破的"父母之命，媒妁之言"的结合呀。我虽然已经读过了不少描写婚姻不自由的著作与小说，觉得婚姻是要自由的，但我对于恋爱，一无对象。在亲戚中，我幼年时期的表姊妹极多，可是到现在，有出嫁的，有远离的，已都星散了。并且那时的男女之防极严，那所谓有礼教的家庭，一到了十七八岁，青年男女，然〔便〕不大能见面了。

我自从在七八岁时，在外祖母家，他们以我与表妹两小无猜，给我开了玩笑以后直到如今，就没有正式提过订婚的事。从前中国民俗，订婚都是极早的，尤其在江南各处富庶之乡，儿女们在五六岁时已订婚。甚而至于父母说得投机，指腹为婚的，闹出了种种传奇故事。我祖母及母亲，都不赞成早日订婚。因为无论男女，小时节都看不出什么来，及至长大了，有了缺点，也因为已经订定了，不能解除，不是便成了一个人的终身憾事吗？

当我十三四岁时，在朱先生处读书。盛家浜一带，古木参天，沿着一条河浜，所有人家，门前都有一条板桥，以通出入。最好是在夏天，晚风微拂，大家都移了椅子，在板桥上纳凉。东邻西舍，唤姊呼姨，夕阳影里，笑语喧哗。其时贴邻沈家，有一位女娃，小名好小姐，年亦与我相若，殊为婉妙。常常从她们的板桥，到我们的板桥来，我也到她们的板桥去，共相游玩。顾氏表姊（亦即我之师母）见我们两人似相亲暱，戏谓将与我两人作媒。问我："好不好？"我羞不能答，然心窃好之。于是顾氏表姊就和她的母亲说了，因为我们是朝夕相见的，她母亲颇有允意。顾氏表姊又和祖母说了，祖母却不大以为然。那沈家是藩台房库书吏，家里很有钱，我们贫士家风，恐仰攀不上。但自从有了说媒一件事后，好小姐便不到我们板桥上来，我也不再到她们板桥去。十年以后，重经盛家浜，曾口占一绝，上二句已忘却，下二句云："童心犹忆韶华好，流水斜阳旧板桥。"不免自作多情，而好小姐已"绿叶成阴子满枝"矣。

又有一次，大约十五六岁吧，舅祖清卿公说起，要将砚农叔的一位小姨九小姐（她们姓郁，前为富族，今已凌夷），许配与我。祖母亦不愿意，因为一则辈份不同，以亲戚论，九小姐要比我长一辈，虽则年纪仅比我长两岁。二则身弱多病，是林黛玉式的（后来果然未到三十岁即故世了）。我父在世时，曾经说过："最好是要读书人家的女儿，其丈人峰也是一个宿儒之类，必于学问请教上，有点益处。"

这一次，又是朱静澜先生做媒。我的妇翁陈挹之先生，原籍是江苏溧阳人，而迁居于苏州的洞庭东山。他们的先世是武职，而他倒是一位生员，不过捐了一个什么官衔，已弃了举子业了。他有两个女儿，一个儿子，儿子却还年小。朱先生说媒的是他的大女儿，这回是他直接和吾祖母及母亲说了。

然而我当时实在不注意于自己的婚姻问题。第一，我家里现在太穷了，一家三口，祖母、母亲和我，靠了母亲和我两人的收入，仅足以勉强糊口，而我且就食于人，怎能再添一口呢？况且一个年轻妇女，到底也要添些服饰之类，我又如何吃得消呢？第二，我也有一点自私的心，我被那种不自由的婚姻所刺激，耳闻目见，以及刊物上的故事，新闻所纪〔记〕载，加以警惕，我希望我年纪大一点，可以自由择配呀。

但是母亲却极力劝我，她说："祖母自你父亲故世以后，心中郁郁不乐，身体更加不好了。她总希望你成一个家，得见孙妇一面。她昨天说：'即使不见孙妇一面，定了亲以后，也可以稍为安心了。'又据朱先生说：那位陈小姐非常之好，在家里粗细工作，都非她不可的，而且也读过几年书，身体又非常健全。我是带病延年的人了，她来了，是我一个好帮手。况且现在即使下了定，也不能就结婚，也须你进了一个学，得到一个好点的职业，方可以预备结婚呀。"

母亲的话，真是仁至义尽。祖母自父亲故世以后，伤逝嗟贫，渐渐的步履维艰，形成半身不遂之病，举动需人扶掖。有一次，半夜起来解手，跌在床侧。从此以后，母亲便即睡在祖母房里了，只要听到床上转侧的声音，便起来扶持她。在冬天，连自己睡眠时衣服也不敢脱，真是"衣不解带"。老年人的心情，见孙子渐渐大了，也希望有个孙子媳妇在眼前，这也是人情之常。

况且这不过是订婚，并非结婚，订婚以后，也足以使老人安心。陈小姐是书香人家的女儿，我妇翁也是一个读书人，这与我逝世的父亲所祈望的条件相合。不过我的意思，要恳求朱先生说明，我们是穷人家，在我家里做媳妇是吃苦的，现在是穷，将来也未必是富，这话须要声明在先，非请朱先生传话不可。朱先生说："他都明白，陈挹翁不是嫁女要选择财富人家的，他是个明理的长者，并且他自己境况，也是寒素的。"

陈挹翁相婿倒也精严，先要与我见面，作一次谈话；又要把我所作的文字（从前称之为窗课），送他去观看。我奉了母亲之命，一一如他们所愿。我初见他时，好像是在一个慈善会里，由朱先生作介绍。他那时已留了胡子，我觉得他有点道貌岸然，实在是一个和蔼可亲的人。文字是朱先生取了给他去看的，自然选了几篇比较看得过的文字。这两件事，他都觉得满意了，这一件婚事，总算可以订定了。但订婚的仪式，要在明年我满了孝服以后，方才举行。

从前中国的婚礼中，照例是要两个媒人。我的订婚中，一位当然是朱静澜先生，另有一位是江凌九先生，那是女家提出来的。他是我妇翁陈挹翁的妹婿，在我将来要呼之为内姑丈的。他是吾乡江建霞（标）先生的族弟，此刻建霞正放了湖南学政，他跟了建霞到湖南代他看文章去了。这个媒人的名字，是暂时虚悬的，好在到了我们结婚时，他又要回来了（江凌九丈，自建霞湖南学政卸任后，又随着吴蔚若郁生放学差，看卷子，回京后，遇到义和团，幸免于难，此是后话）。

我自十八岁订婚至廿五岁，方始结婚，中间相隔七年之久。在这个时间中，所遇见的女性不少，然而我的心中，好像我的身体已经属于人家了。虽然我与我的未婚妻未曾见过一面，未曾通过一信（在旧式婚姻是不许的），但是我常常深自警惕，已有配偶，勿作妄想。因为在这七年中，我曾单独到过上海好多次，也曾思追求过女性，也曾被女性所眷恋，几乎使我不能解脱。然而我终悬崖勒马，至结婚还能守身如玉者，我的情欲，终为理性所遏制了。

三六　进学

十九岁那一年，在父亲的丧服满后，我便一战而捷的进了学了。从前对于父母是三年之丧，实在只有两年零三个月，就算是满服了。在临考试前，巽甫姑丈又招我去面试了一下，他说："大概是可以了。"说了"大概"二字，言外之意，也有所不能决定。这就觉得那几年功夫，不曾有十分进步。但要取一名秀才，或者可以得到。

他也原谅我，因为我自己在教书，不能埋头用功。不比我子青表哥，他几年功夫，大有进境，考紫阳书院卷子，总在前三名，与张一麐、章钰等互相角逐。上次乡试得"荐卷"而未中式，气得饭也不吃，我笑他功名心太重了。巽甫姑丈又企望我，他说："这回无论进学不进学，我介绍你一位老师，你还得好好用功。不要进了一个学，就荒废了。"巽甫姑丈本来自己可以教导我，无奈长年在疾病中，过他的吞云吐雾生涯呀。

可是我对于八股文，没有十分进步，为了自己坐馆教书，固然是一个原因。但我还是老毛病，不肯多练习。当时已出学堂门，亦无人指导。还是喜看杂书，心无一定。那一年是甲午年吧，我国与日本为了朝鲜事件打仗，上海报纸上连日登载此事。向来中国的年轻读书人是不问时事的，现在也在那里震动了。我常常去购买上海报来阅读，虽然只是零零碎碎，因此也略识时事，发为议论，自命新派。也知道外国有许多科学，如什么声、光、化、电之学，在中国书上叫做"格物"。一知半解，咫闻尺见，于是也说："中国要自强，必须研究科学。"种种皮毛之论，已深入我的胸中，而这些老先生们则都加以反对。

我这一次的考试，不曾在贡院前租借考寓。即在姊丈的许家出发，因为他们住的史家巷，比我们住的曹家巷，离贡院要近得多。开考时的炮声也听得见，从他那里出发，也可以从容不迫。我们睡到半夜起身，便即饱餐一顿，为的是进场以后，不能吃饭，只能进一些干粮，直要午后放炮开门，方能出来进食。这次考试，我与我的姊丈在一起，他比我大两岁，我考吴县籍，他也考吴县籍。郎舅在一起，我祖母和母亲，也足以放心呀。

这一次我考试进学，人家以为我很有把握，其实我却觉得是微倖的。那时江苏的学政是瞿鸿禨（字子玖），他是湖南人，年纪也不大，出的题目也不难，是《论语》上的"入于海"一句（每县一个题目，如长洲则为"入于河"，元和则为"入于汉"）。这种题目，有点词藻，文章可以做得好的。不过题目太容易，反而容易流入浮泛。我起初是刻意求工，做好了一个起讲，自己觉得不好，涂抹了重新再做。我的出笔本来是慢的，那时却费了不少时刻，及至我第二个起讲做好，人家已是大半篇文字誊清了。

这时我心中有些急了，但越是急，越是做不出，一切思想，好像都塞滞了。我本来是有胃病的，胃间又隐隐作痛起来，那是许氏这一顿早起进场饭，在那里作祟了。而且文思正滞时，杂念纷起，这个患得患失之心，横亘在胸中。那八股文是有起股、中股、后股，一股一股的对比的，很费功夫，而我又素不擅此。

看看人家，已将完篇，不久就要放头排〔牌〕了，笔下迅速的人，便可以交卷出场了（第一个交卷的，名曰"红卷"，特别优待）。我要用那种细磨的功夫，句斟字酌的做下去，弄到了"抢卷子"，可不是玩意儿呀（抢卷子者，到了放末牌，大家都走了，你还没有交卷，承差就来抢去你的卷子，赶你走了）。于是把心一横，拆拆滥污，听天由命，不取就不取了吧。便把起讲又改了一改，改做了一篇散文，分为三段，洋洋洒洒的一口气写成了四五百字。把海上的词句，都拖了上去，什么"天风浪浪，海山苍苍"；什么"海上神山仙岛，可望而不可接"咧；以及关于海的成语古典，运用起来，堆砌上去，气势倒也还顺，不管它了。补好了草稿，抄好了《圣谕广训》，还要做一首试帖诗，便交卷出场，已经放第三牌了。

出场以后，人是疲倦了，但胃也不痛了，心头似觉稳定了。可是祖母的关心，因出案（即放榜）尚有几天，要我把文字默出来，送给朱先生及巽甫姑丈去看，请他决定可以取进，还是不可以取进？但是我这篇野马似的文字，简直不像是八股文，如何拿得出来？而且当时未起草稿，只是在卷后胡乱补了草稿，现在要我默出来，大致不差，到底是有些走了样呢。

因此我便和我的姊丈许君商量了，因为他和我是同一题目，而他的这篇文字，做得非常工整，循规蹈矩，不像我的那一篇似野马奔驰一般，把他的一篇借给我，让我塞责一下。这是我的不老实处，说来有些惭愧的。姊丈是个敦厚的人，他答应了，因为他不必把文字抄给人看，而留有草稿，也还齐整。我先给朱静澜先生看，他力保一定可以取中。我又给巽甫姑丈去看。子青哥先看，他向我道喜，他说："一定取了！一定取了！"巽甫姑丈也说可以取中，但他到底是个老法眼，他说："这篇文字，颇不像你的作风。"意思似说：你恐怕还做不出那篇文字呢。

及至放榜时，我取了第二十七名，而姊丈则名落孙山。他自然十分懊丧，而我也心中觉得非常难过。我于是立刻披露，送给朱先生及巽甫姑丈看的，是姊丈的文字，不是我的文字。他们一面也为之嗟叹不平，一面又索观我自己的文字。巽甫姑丈说："你这篇文字，虽然野头野脑，气势倒是有的。场中看文章的人，每天要看几百本卷子，看得头昏脑胀，总觉千篇一律。忽然有一篇是散文而别出一格的，读下去倒还顺利而有气势，倒觉得眼目一清，所以提出来了。"巽甫姑丈的话是对的。后来考毕以后，领出原卷来看，却见卷子上批了四个大字道："文有逸气。"

考了第一场，不能算数，还要覆试呢。第一场，依照应取名额，多取若干名，到第二场覆试时，又除去若干名后，方算正式的取中入学了。苏州人的谐语，称第一场即不取者，名之曰"总督"；第一场取了，第二场试后不取，被黜落者，名之曰"提督"。这是什么意思呢？原来苏人读"丢"字的音如"督"，第一场即不取，谓一总丢弃了；第二场覆试不取，谓提覆后丢弃了，因此有总督、提督之称。我这时第一场总算侥倖了，惴惴然深恐第二场覆试不取，那便要做提督了。

覆试甚为简单，只要上午半天功夫，但是要到堂上去面试，一点没有假借。又为了人数很少，显得十分严肃。我们吴县的题目，是《论语》上"不有祝鮀之佞"一句。做这一个题目，要用一点技术。因为做那些小题文，最忌是"犯下文"。《论语》上的原文是"不有祝鮀之佞，而有宋朝之美，难乎免于今之世矣"。所以在文中不能提到一个"有"字，只能说"不有"两字，如果单说一个"有"字，便是"犯下文"了。

出题目的人，便有这种故弄狡狯处，但也是八股文的法律，制定是如此的。这要谢谢我巽甫姑丈了，以前巽甫姑丈命我到他家里去面试时，也往往出的这一类题目。他是人称为小题圣手的，和我讲得很清楚，所以我晓得这种诀窍。这次覆试，只要做一个起讲。我于破题的第二句，写道："若不容其不有矣。"巽甫姑丈见了道："好！扣题很紧，必不会做提督了。"后来将考卷领出来看，果然在破题第二句上，圈了一个双圈，以下的文章，便不看了。

覆试后，我又跳上了几个名次，从二十七名跳到了十九名。那是没有什么关系的，取中总归是取中了。即使是考取在末尾，一名秀才，总归是到手了。姊丈这一回未曾进学，下一届院试，以第一名入泮，苏人称为"案首"，亦颇荣誉，所谓"龙头属老成"也。

三七　入泮

读书人进了学，算是一个基本学位，又是科举制度的发轫之始，因此社会上也较为重视。进了一个学，有些人家还要请酒、开贺呢。请酒、开贺不希奇，新秀才还要排了仪仗，好似中了状元一般，跨马游街，鸣金唱道的出来拜客呢。但这在江南，尤其在苏州，那些缙绅富豪人家的子弟，方能如此。清寒人家的子弟，即使许你如此，也没有这个力量。

但这要年轻的小秀才，方能有此机会。当在十六岁以内，越小越好。如果在二三十岁之间，虽然进了一个学，那也应该自伤老大，连贺也不高兴开了。我们亲戚中，我所见的如伊耕表叔、子青表哥，开贺那一天，都排导到我家拜谒祖母，他们进学，都在十六岁以内呀！此外如苏州的彭家、潘家等，科名联翩不断的，也都有此盛举。更有一件令人家艳羡的，那个新秀才，倘然已订婚而未结婚者，这天也要到未来岳家拜谒一过。那必定轰动亲戚邻舍，来看新相公。

那一天，这位新秀才的服装也特别了，身上穿的是蓝衫（原名襴衫，本为明朝所制定的秀才服装，今则以丝织物特制），披了红绸。头上戴的是雀顶，两边插上金花。腰间又排满了什么荷包、风带、各种佩物，脚踏乌靴。有些年纪极轻的小秀才，在十四五岁以下的，他家里人给他面上敷粉，真是一位白面小书生。

出门时的仪仗，也颇为别致，头导先是有许多彩旗，那种彩旗五色纷披，称之为"竹筱旗"。拔取竹园中新生的长竹，张以狭长的彩绸，上面有金字的联语，一对一对的，当然都是吉祥的句子，什么"五子登科"、"三元及第"之类。竹枝上的竹叶，亦不芟除，蓬松的披着。这种彩旗，都是由亲友们送下来的，前导往往十馀对以至数十对，这种古典，不知始于何时。此外便是衔牌，在清代做过什么官，便有若干对衔牌，官做得越大，衔牌便越多。新秀才自己没有衔牌，但是他上代做过官的，把祖宗三代的衔牌，一齐捐出来了。其馀便是锣呢，伞呢，什么仪仗都可以加进去。最后一顶四人大轿，那个新秀才，似小傀儡般坐在其中。据说这一天，即是苏州最高长官抚台大人出门也须让道，为的是尊重读书人呀！好在抚台也难得出门的，此故事未能征实。

这是所有新秀才，在一个日子上举行的。出门后，大家都到学宫里谒圣（拜孔夫子），拜学老师，然后散出来，向各处去拜谒亲友。那些事，苏州的所谓"六局"者，都很明了（六局者，专办理人家婚丧喜庆事的），他们是有相当经验者的。最可笑的，还有一架彩绸所扎的龙门，新秀才到哪家人家，先把龙门摆在人家大门口，让这位新秀才在龙门底下进去，一边还要鼓乐放炮，以迎接这位新贵人。

我是一个穷苦人家的孩子，没有这一套的，不要说出门拜客，连圣也不谒，贺也不开，只是躲在家里。那天恰值是我父亲冥诞之辰，每天到这一天，家祭一番。我这一次跪拜，磕下头去，泪如泉涌，竟仰不起来。我母亲极力加以劝慰，而她自己也呜咽得不能成语了。这几天，祖母又值有病，未能起身。母亲道："快快揩干眼泪，不要被祖母看见，又起悲哀呢。"

进了一个学，就要那些大排场，这惟有绅富人家的子弟，方能办此。因为他们经济宽裕，可以花钱，但即使是清寒人家，大钱不花，也须花些小钱。吴县有两个学官，一个名教谕，一个名训导。这两位老师，平日实在清苦得很，虽名为官，还不及我们的教书先生，全靠三年的岁、科两试，取中几个生员，他们方才有一笔进款。那便是取进后送进去的保结，要他签字盖印，而新进秀才人家送他的一笔赀金。要是像我们那些孤寒子弟，他是得不到什么好处的，他所希望的，是本县里新进几位富贵人家的子弟，最好是暴发户，而上代没有什么读书人的，他可以敲一笔小小的竹杠，赀金可以加到数十元至百元。遇到富而且吝的人家还不肯出，于是要"讲斤头"了。讲斤头的人，总是廪保做中间人，而水涨船高，廪保也可以得到较丰的报酬。

不是说一个童生考试要两个廪生作保吗？一为认保，一为派保。我当时的一位认保，是马子晋先生。朱师的老友，为人非常和蔼。派保沈先生，已忘其名（后来到了上海，方知是沈恩孚先生的令兄）。当时我的孤贫，是大家所知道的。两位老师，各送了赀金两元。老师也哂纳了，知道"石子里榨不出油的"。派保沈先生，也送了两元。马子晋先生并且辞谢不受。母亲说："这样不好的。"马先生处送了一些别样礼物。

还有一件可笑的事。进学以后，要向亲友人家送报单。那种报单，是用红纸全幅书写的。另有一种人，专门书写那种扁体的宋字，上面写着："捷报贵府□□（以上是尊卑称呼）少爷□□□（以上是新秀才姓名）蒙江苏督学部院□（学台的姓）高中苏州府吴县第□名……"到那一天，两个报房里的人，一个背了许多卷成一束束的报单，用了一面锣，嘡嘡嘡的敲到人家去；一个提了一桶浆糊，在人家墙门间，或是茶厅上，高高的贴起来。人家也以为某亲友人家的子弟进了学了，算也是荣耀的事，未便不让他们贴。而且还要发一笔赏封，这项赏封，不过数十文而已，然积少成多，亦可以百计。报房之乐于为此，正为此赏封也。乡试中了举人以后，也有报单送与亲友，不过颜色是黄的了。

我此次进学，也花费了数十元，都是母亲在筹划。虽没有开贺，但几家至亲密友，都送了礼。舅祖清卿公，送了八元，那是最阔气的了。巽甫姑丈送四元。馆东张检香，也送四元。此外送二元、一元的也不少。从前送礼，不比现在。凡遇庆吊，送一元已算丰厚，若送四元，比一担米有馀裕了。因此也勉强敷衍过去。最高兴的是我的馆东张检香，连忙把每月束修两元的加到了每月三元，那也是苏州处馆先生的升级条例呢。

自以为荣誉的出去应酬，穿上衣冠，红缨帽上，正正式式的戴上一个金顶珠（其实是铜的）。以前我在未进学以前，出去应酬，也戴一个金顶珠，那是非正式的、僭越的（清制：一品为红珊瑚；二品为镂金珊瑚；三品为蓝宝石，俗称"明蓝"；四品为青金宝石，俗称"暗蓝"；五品为水晶；六品为砗磲，俗称"白石"；七品至九品，皆为金顶珠）。所以不要看轻这一个金顶珠，自秀才、举人，以至新翰林，都戴这一个金顶珠。

我这一次同案中，有许多中举人、中进士的，我已经记不起他们了。只有一位单束笙（镇）先生，他中了进士后，即放部曹。民国时代，曾经做过审计处处长。直到大家老年时候，方才认识，同住在上海时，时相访问。还有一位欧阳钜元，也与我同案。此君早慧，十五岁就进学。他不是苏州人，曾为苏人攻其冒籍，后有人怜其才，为之调停。旋至上海，成一小说家，笔名茂苑惜秋生，李伯元延之入《繁华报》。有人谓：《官场现形记》后半部全出其手。闻罹恶疾，不幸早夭，年未及三十岁也。

三八　记徐子丹师

我进学以后，未到半年，巽甫姑丈又约我去。他从前不是说过的吗？无论取进不取进，要给我介绍一位老师，不要以为进了一个学，就此荒废了。他说："一个寒士，不能与富家相比。有钱人家不能上进，是没有关系，反正家里有产业，守守产业，管管家务，一样的很舒服。而且现在即使考不上进〔士〕，还可以捐官，捐官直可以捐到道台。贫家可不能了，用真本事换来。你父亲早故，祖母年老，母亲勤苦，企望你甚殷。倘然在科举上能再进一步，岂非慰了堂上的心！因此我觉得这敲门的砖头，还不能丢弃。"

我听了姑丈的话，颇为感动。我想：现在真弄得不稂不秀了。再去学生意，年纪已大，学生意大概是十三四岁，最为适宜。给人家当伙计，谁要请一位秀才相公来做伙计，而且谁敢请一位秀才相公来做伙计呢？我的前途，注定了两件事，便是教书与考试、考试与教书。在平日是教书。到考试之期便考试，考试不中，仍旧教书。即使是考试中了，除非是青云直上，得以连捷，否则还是教书。人家中了举人以后，还是教书的很多呢。读书人除此之外，难道再没有一条出路吗？

巽甫姑丈给我介绍的这位师长，便是徐子丹（鋆）先生。他也是一位廪生，博学多才，大家以为像徐师那样的学问，早应该高发了，但他却是久困场屋。他年纪也差不多四十五六岁了，也是在家里开门教徒。不过他的学生都是高级的，除了在他案头有几位以外，"走从"的很多。所谓"走从"者，就是每月到他那里去几回，请他出了题目，做好文字，再请他改正了。

我也是在走从之列，言明每月去六次，逢三逢八，便到他那里去。但是徐先生声明：不要我的修金。我说："孔夫子也取束修，所以说：'自行束修以上，我未尝无诲焉。'怎样可以不要修金呢？"巽甫姑丈说："你不要管！我和他的交情够得上，你自己所得微薄，不能再出修金，而徐先生也晓得你的情况。他是一位有道德有学问的人，并且最肯培植后进，你见到他就知道了。"

徐先生不是一个仪容漂亮的人，而是一个朴素无华的人。他头颈里又生了一串瘰疬（苏人称为疬子颈），因此头有些微侧。苏州的一班老友中，背后呼他为"徐歪头"，可是当时徐歪头之名字，也为人所传述。第一天拜师，徐先生很客气，加以慰勉之词，大概巽甫姑丈把我的近时境况，都和他谈过了。当天他出了两个题目，我记得一个是《孟子》上的"非无萌蘖之生焉"一句，一个是《论语》上的"使民以时"一句。上一个题目，在行文上有些技术性的；下一个题目，可以发挥一篇富瞻的政论。

教我做这两篇文字，原是测验我的程度的。两篇文字交卷了，徐先生说：对于"无非萌蘖之生焉"一文，做得不差，有两股他还加以密圈。对于"使民以时"一文，他觉得颇为平疲，很少发挥。原来前一题，看似枯窘，但那是虚冒题，着重在"非无"两字上绕笔头，前经巽甫姑丈出题，已做过了好几回，颇能学得一点诀窍。那"使民以时"这个题目，极容易写文章的，而且可以使你大大地发挥的，但题目太容易，反而使你写不好出色的文章。若能敷佐词华，包孕史实，也可以成为一篇佳文。

实在我书倒看得不少，却是毫无理绪，又不能运用自如。在徐先生那里不到一年功夫，确是颇有进境。考平江书院卷子，常考超等，至少也考一个特等。考紫阳书院卷子，也可以考一个特等。一个月，这一笔书院膏火，也有两三块，不无小补呀。另有一个正谊书院，它的月考是"经解"与"古学"，所谓古学，即是词章之学。在这两门中，经解我不喜欢，嫌其破碎支离，词章我是性之所近，很愿意学习的。原来徐先生的词章功夫是很好的，我便请教于他，请他出了两个赋题，我便学做起赋来。

但是那个时候，中国和日本打起仗来，而中国却打败了。这便是中日甲午之战了。割去了台湾之后，还要求各口通商，苏州也开了日本租界。这时候，潜藏在中国人心底里的民族思想，便发动起来，一班读书人，向来莫谈国事的，也要与闻时事，为什么人家比我强，而我们比人弱？为什么被挫于一个小小日本国呢？读书人除了八股八韵之外，还有它应该研究的学问呢！

我那时虽然仍在徐先生处学习词章之学，觉得骈四骊六之文，颇多束缚，倒不如做一篇时事论文，来得爽快。也曾私拟了一二篇，却不敢拿出来给人家看，自然是幼稚得很的。但是当时许多老先生是很反对的，他们不许青年妄谈国事，尤其是去看那洋鬼子们的种种邪说，这都是害人心术的，这都是孔门所说的异端。他们说：这些学说，都是无父无君，等于洪水猛兽。当时的父老们，禁止我们看新学书，颇似很严厉的。但我是一个没有父兄管束的，便把各种新出的书，乱七八糟的胡看一阵。徐先生虽然知道了，也不加深责，因为那时的风气，已渐在转移了。

过了一年，徐子丹先生就馆到费圯怀（念慈）家里去了。原来费圯怀本是常州人，却在苏州桃花坞新造了住宅，预备长住在苏州，于是延请了徐先生，教他的两位公子。我那时仍旧走从他，本来常到王洗马巷徐先生家里去的，现在改到桃花坞费公馆去了。这两位公子，一号子怡，一号叔迁，他们当时年纪还小。这两位老同学，到后来在上海方才叙旧。叔迁忙于做官，不大晤面。子怡往来苏沪，且在上海亦有住宅，因此时相过从，有许多他的朋友，也是我的朋友。

有一次，我从上海回苏州，在火车上与子怡相遇，他问我："到苏州住在哪里？"我说："住在表弟吴子深家，也在桃花坞，与府上是街坊。"他唯唯。但到了明日，他到吴家来，说："明日中午，家母请老世兄便饭，务请惠临。"原来费圯怀先生的夫人，乃是清代状元宰相徐颂阁（郙）的女儿，据说费圯怀颇惧内。曾孟朴的《孽海花》小说中，曾经调侃过她，说有一次，江建霞太史去访费，他夫人疑江为北京唱戏的相公，操杖逐之，以江年轻漂亮，雅好修饰故。实在孟朴的《孽海花》以小说家言，不无渲染，故甚其词也。

我颇错愕，以费老夫人从未见面，何以请吃饭呢？如期而往，亦有三五客在座。费太夫人出见，虽老，而体颇丰腴（她有二子二女，都是胖子），我执世侄礼甚恭。子怡说："家母欣赏吾兄之小说，故极欲一见"云云，我急惭谢。既而我想："我那时正预备写《留芳记》小说，而费家的轶事亦正多，她怕我再如《孽海花》一般，把她们牵涉进去吧。"

我又说到后来的事了，如今且说我向徐子丹师受业的第三年，他在本年的乡试，中试了举人了。先是，巽甫姑丈曾谈及："徐先生今年秋闱，是背城借一之举了。他年已近五十了，大概此次是志在必得吧。"我因说："以徐先生的文才，早可发科，何以蹭蹬场屋？"姑丈说："他的学生，已有两个中举了。"我觉得姑丈之言，似乎所问非所答，后来有人告诉我，这两个学生，是徐先生代笔给他们中试的。人言如此，我也未敢信以为真。

明年会试，徐先生连捷中了进士，殿试三甲，外放在山东做了三任知县，也没有得到了好缺，就此故世在某县任上。宦囊不丰，清风两袖而已。一位读书明理而蔼然仁者，哪里会多得钱？但徐先生是我的恩师，我受了他的教诲，方有寸进，而从学了他两年多以来，他不肯取我一点修金，他对于别一位学生，从未有此。此种恩义，真使我没齿不忘的。

三九 求友时代

我从二十一岁起，可称为我思想改变的开始。那正是甲午中日开战，我国战败以后，有些士子，都很愤激，而变法自强之说，一时蜂起。这些主张变法的知识份〔分〕子，人家称之为维新党。我当时也很醉心于维新党，以为除非是这样，方足以救中国。

但是那时候，科举还没有废，一个士子的出路，还是要靠考试，而考试还是要做八股文。我在徐子丹先生教导之下，本年岁试，居然考取了一个一等（那次题目是"有不虞之誉，有求全之毁"两句，那倒是规规矩矩的八股，不是瞎扯的散文了）。但我这个一等，只可称之为"矮一等"。吴县共取一等十六名，而我的名次则为第十一名（按：秀才岁科考，例分一等、二等、三等，科考可以不到，而岁考必须到的）。照例，考了一等，可以挨次补廪。而在我们吴县补廪，非常烦难，往往考了前三名，也一时补不着廪。因为它是有名额的，要遇缺即补，甚至有用贿赂之法，买缺出贡的。至于矮一等，想也休想了。

然而虽是矮一等，亲友间却予我以厚望。其时即使是做八股文的，也风气一变了，不能规规矩矩的依照先正典型，往往野头野脑，有如野战军。并且那些当考官主试的人，眼光也改换了，专取才气开展的那一路文章，不大墨守以前的准绳。

就是徐子丹先生中举后，刻出来的朱卷，第一场四书题，还是循规蹈矩的做了，第二场五经题，有一篇文中，运用了许多子书。而且包孕时事，如列子御风而行，便象征空中飞行等等（那时飞机初发轫，已有传说到中国来

108

了)。在以前八股文中，那是不许引用的，倘被磨勘出来，是连试官也有处分的。

到后来，那种书坊店的奇诡的书都出现了，有一部叫做《天下才子书》，好大的口气，真吓坏人。我以好奇心，去买了一部，薄薄的两本，翻开来一看，尽是八股文。其中有康有为的应试文，还有许多名人的应试文，我可不记得了。好像有一篇署名林獬的，后来知道林獬就是林白水，又号万里，在北京开报馆，一九二六年在北京为张宗昌所杀。

此外，清代的许多禁书，也渐渐地出现了。那些都是明末清初的书，关于种族仇恨，鼓起了人民排满思想。可是苏州那个地方，到底还是范围狭小，要买新书，非到上海去不可。因为上海有印刷所，有铅印，有石印，那些开书坊店的老板（以绍兴人居多数），虽然文学知识有限，而长袖善舞，看风使帆，每有他们的特识（那时商务印书馆、中华书局都未开张）。他们的大宗生意，就是出了书，销行内地到各处去。不仅是新书，即使那种木版书，不是上海出版的，也能集拢到上海来。或者有些别地方出版者，请他们搜求，也可搜求得到。

我还是脱不了那个教书生涯，在廿一岁的时候，又馆在城南侍其巷的程宅去了。我的馆东是巡抚衙门里一个书吏，家道小康，这位先生难得见面，所以他的大号，我也不记得了。教三个学生，他们修金较丰，而待遇却不及因果巷张家。最大的一个学生，也已十四五岁了，名为开笔作文，出了题目，难得交卷。强迫着他，东钞西袭，不知涂些什么，而且虚字不通，改笔也无从改起。三天两天，不到学堂，家里也放纵他。这种抚台衙门的书吏，也是世袭的，大概他们也不想在科举上求取进，这个馆地，只处了一年，我实在敬谢不敏了。

我从家里城北到侍其巷城南，是多么远啊！而盛家浜的朱师处适在中心点，因此常到朱师处打尖歇脚。顾氏表姊，视我如胞弟，有时不住在馆里，便住在朱家，明晨一早到馆。朱先生依然在家开门授徒（闻曾有一度馆在严孟繁"家炽"家，旋即离去）。其时我有一位同窗李叔良（志仁），最为知己，曾订金兰之谱（当时所流行的，俗名换帖弟兄）。他比我小三岁，温文尔雅，词笔优秀，又写得一手好字。而且我因为与这位盟弟的关系，又认识了许多朋友。

这些朋友，都是住在胥门一带的，最远的是住在盘门。朋友都是牵连交结，渐渐的志同道合而亲密起来的。当时所认识的便有祝伯荫、杨紫骧、汪棣卿、戴梦鹤、马仰禹、包叔勤诸君，年龄都与我相伯仲，加上李叔良与我，共为八人。那时还拍了一张照，此八人中，伯荫、棣卿、梦鹤、叔良及我皆入了学，其他三人，则未入此途。我今写此稿时，七人均已逝世（梦鹤最先，棣卿最后），而我则孑然尚存也。

我不菲薄苏州从前吃茶的风气，我也颇得力于此种茶会。当时我们就有一个茶会，在胥门养育巷的一家茶馆里，每月约定日子，至少聚会两次。在聚会的时候，便无天无地的讨论一切，有什么新问题、新见解，便互相研究，互相辩难，居然是一个学术座谈会了。那个茶馆里，往往有一种圆桌，我们便开了圆桌会议，笑语喧哗，庄谐杂出。后来我们又组织了一个文会，轮流当值，出了一个论文题目。或是属于文史的，或是属于时事的，大家回去写了一篇，特地送给当地名人去指点批评。

其中除李叔良外，我又与通谱者二人，一为戴梦鹤（昌熙），一为杨紫骧（学斌）。紫骧与我同庚，却比我小几个月，叔良、梦鹤都比我小几岁，所以在四人中，我是大哥了。梦鹤最聪明，十五岁就进学，文章斐然，兼擅诗词，年十八九岁，所写的字妩媚绝伦，虽老书家亦叹弗如，惜其患有肺病甚深。紫骧为李叔良的姊丈，其兄绥卿，为一孝廉公，现在盛杏荪（宣怀）处当文案，也算是一个通晓洋务的人材。家居上海，故紫骧亦时迁居沪上，往依其兄，并时预备进上海学堂，不作科举之想了。

当时为了国家变法，国内要开学堂之说，也盛唱一时。外国人在中国来开学堂的，也渐渐多起来了，大概都是外国的教会办的，这些学堂，国人都称之为洋学堂。我当时也怦然心动，想我也可以进那种学堂，从新做起学生来吧。但是我的环境不许可。第一，我现在是要瞻〔赡〕家的了，虽然现在所得馆谷不多，但如果连这一点也去掉了，家用更难支持，而我的母亲要更苦了。第二，进学堂要学费、膳费（苏州无洋学堂，非到上海不可），既无进款，反加出款，这笔钱从哪里来呢？三则，祖母年老，孙承子职，我不能离开苏州，出外就学呀！

这时候，关于文学上，有一事颇足以震动全中国青年学子的，是梁启超的《时务报》在上海出版了。这好像是开了一个大炮，惊醒了许多人的迷梦。那时中国还没有所谓定期刊物的杂志，《时务报》可算是开了破天荒，尤其像我们那样的青年，曾喜欢读梁启超那样通畅的文章。当时最先是杨紫骧的老兄,寄到了一册,他宣布了这件事,大家都向他借阅,争以先睹为快。不但是梁启超的文章写得好,还好像是他所说的话,就是我们蕴藏在心中所欲说的一般。

我把这信息告诉了子青哥,他也马上托人在上海定〔订〕了全年一份。它是一种旬刊,每十天出一册,还是线装的,用中国连史纸宋体字石印的。每期中梁启超必定自写一篇,其馀也有许多别人所写的,以及欧美的政论,并且还有短篇小说,如《福尔摩斯侦探案》,中国的翻译国外侦探小说,也是从《时务报》首先开始的(后来梁启超又办了《新小说》杂志,写了《新中国未来记》,他提倡中国人写小说,也是开风气之先的)。

我不曾定〔订〕《时务报》,只是向人家借看,自然向子青哥借得最多。《时务报》不但是议论政治、经济,对于社会风俗,亦多所讨论,主张变法要从民间起。于是兴女学咧、劝人不缠足咧、研究科学咧、筹办实业咧、设立医院咧,大为鼓吹提倡。一班青年学子,对于《时务报》上一言一词,都奉为圭臬。除了有几位老先生,对于新学,不敢盲从,说他们用夏变夷,但究为少数,其馀的青年人,全不免都喜新厌故了。

自从这个风气一开,上海那时风起云涌,便有不少杂志出现。关于各种学业的,也有《农学报》、《工商学报》。吾乡的汪甘卿先生(是个举人),在上海办有《蒙学报》,以为启蒙之用。不独是上海,渐渐的有各省开通的人士,也出版了许多杂志,如湖南的《湘学报》、四川的《蜀学报》之类,但归结起来,总没有梁启超的《时务报》普遍而深入人心。直到戊戌政变,汪康年改办了《昌言报》,《时务报》也关了门。后来国事愈演变,思想愈前进。辛亥革命以后,以康、梁主张君主立宪,国民党诟之为保皇党。可是平心而论,此一时也,彼一时也,梁启超的《时务报》,对于开风气一方面说来,不能说没有大功劳。

四〇　西堂度曲

我在廿三岁的时候,又馆在刘家浜尤氏了。那年正是前清光绪二十四年(一八九八年)有名的戊戌政变时期。我所教的是巽甫姑丈的两位孙子,即子青哥之子;以及咏之表姑丈的一个孙子,即听彝兄之子(我们与尤氏有两重亲戚,前已说过)。其时我对于处馆生涯已极厌倦,最好跳出这个圈子。但是巽甫姑丈是有恩于我的，他对于我的教育、对于我的提携，后来又介绍我到徐子丹先生处，尽义务的教导我，使我有所进益。现在他请我教他的两个孙子，我好意思拒绝吗？而且我和子青哥，在表兄弟中是素所敬爱的，他的学问又好，我正好藉此向他请益呢。

还有我祖母、我母亲，都愿意我馆到丸家去。一来是亲戚，到底是自己的姑丈家，有了招呼。二来他们那些绅士人家，对于先生待遇甚佳，即在膳食方面，我那时身体瘦弱，母亲总顾虑我营养不好。他们的束修，是每年六十元，似乎比一个新进学的教书先生优厚了。那时的生活程度，也已比十年前提高多了。我为了重闱的督促，也不能不去了。

但是我的教书，实在不高明，这是我所自知的。我不知如何，野心勃勃，总觉得有点坐不住。譬如在做学生时代，放了几天学，关到他学堂里来，也要收收他的放心，而我却收不住自己的放心。正如《孟子》所说的"一心以为有鸿鹄将至"，不能聚精会神的对付学生。而学生都幼稚的，又是娇养惯的，不大说得明白的，我对此殊少兴趣。幸亏他们是个大家庭，我鼎孚、咏之两位表姑丈的公子不少（鼎孚有七子，咏之有二子，连子青哥在内，共有十位），在我都是表弟兄。他们常到我书房里，大家说笑玩乐，破除了一时寂寞。

这书房很不小，也是三间一厅，书房的前进，是一座小花园，有亭有池，比我从前居住文衙弄七襄公所的小花园差不多大。不过那园门不大开，有什么请客宴会之事，都在那里。鼎孚表姑丈是个北闱举人，授职内阁中书，与吴中官绅常有交往也。这一班小兄弟中，都与我年相若。只有两位，年纪不过十二三岁，另请一位先生姓盛的，在另一书房里。这位盛先生已届中年，他们嫌他道貌岸然，都不去他那里，而挤在我这里来。

他们总是在下午放学的时候来，因为我放学很早，下午四点钟就放学了。他们有的着围棋，有的猜诗谜，这些我都不大喜欢，我便溜出去，宁可荡观前、孵茶馆、逛旧书店了。但是有一时期，他们几位小弟兄，在我书房里，设了一个曲会，请了一位笛师教曲，我倒不免有些见猎心喜了。因为我从小就常看昆剧，又乱七八糟的看过那些曲本，略有一点门径。他们一定要拉我入会，可是我从未唱过，一上口便知道很不容易了。

那个时候，苏州的拍曲子，非常盛行，这些世家子弟，差不多都能哼几句。因为觉得这是风雅的事，甚至知书识字的闺阁中人，也有度曲的，像徐花农他们一家，人人都能唱曲的。这时吴瘤庵我还未曾认识，俞粟庐（俞振飞的父亲）吴中曲家所推重，有许多人向之习曲（他是唱旦的，年已六七十，从隔墙听之，宛如十六七女郎）。因为习曲要体验你的嗓子如何，嗓子便是本钱，本钱不足，那是无可奈何的事。

凡是青年学曲，都是喜唱小生，因为那些曲本，都是描写才子佳人，难得有脱其窠臼者。尤氏兄弟，人人都唱小生，我亦学唱小生。惟有子青哥，他偏要唱净（即俗称大面），唱了"访普"一出（即赵匡胤雪夜访赵普故事），大声磅礴，我们以为很好。但曲师说："横里是够了，竖里却不够。"原来江南一带，都没有大喉咙的，即说话也是轻声细气。只有一人，在女冠子桥一家糕团店的司务（我已忘其姓名），横竖都够，人家呼之为"糕团大面"，凡曲家都知之。如有高尚的曲局，邀之惠临，他便脱去油腻的作裙，穿上蓝布长衫，傲然而来。搢绅先生敬之如上宾，当筵一曲，响遏行云，群皆叹服。他常常唱"刀会"、"训子"，都是关公戏。但他从未客串过。因他身材太短，颇有自知之明也。

初学曲子唱小生的，都先唱《西楼记》中的一出"楼会"，第一句是"慢整衣冠步平康"，用俗话解释，就是妓院里去访一个妓女的意思。这个曲牌名，叫做"懒画眉"。何以学小生必定要先唱此曲，大概在音韵上的关系，传统如此，教曲者便盲从了。我也是如此，这"懒画眉"共有五句，只是前三句，我唱了一月多，也未能纯熟，而且是日日夜夜在唱。俗语说得好：叫做"拳不离手，曲不离口"，但是要我说起来，还可以改为"曲不离口，也不离手"。为什么呢，因为口中在唱，手里还要拍，所以叫做"拍曲子"，有所谓"三眼一板"，错一个音，就教你唱不下去呢！

我们一群拍友中，以尤宾秋为最好，他也是我表弟兄，与我同庚。他也唱小生的，天赋既好，学力尤勤，朝也唱，夜也唱，坐也唱，立也唱，走路也唱，在书房里唱，在卧室里唱。但是我可不能，我是他家一位西席先生，虽然是亲戚，到底有些客气，怎能一个人在书房里，提高嗓子，唱那不入调的歌曲，未免有失尊严吧。

于是回到家里时，有时深更半夜的哼起来。母亲宠我，一任所为，因为她的母家，常有"同期"曲会，我的母舅唱正旦（即京戏中的青衫）出名的。但是祖母却说："人家那些纨绔子弟，吃饱了饭，无所事事，消闲玩乐，自命风雅，你去劳神费力，学它做什么呢？"祖母的话颇为严正，我那时以为

113

祖母颇煞风景，还是挤在他们一起学习。可是我总是迟钝得很，没有什么大进境。

有一天，我问我的曲师道："为什么大家都唱小生？难道我们的嗓子，都配唱小生吗？"他说："不！各人的嗓子不同，不过你们都喜欢唱生，随便唱唱，也无不可。"我问："我的嗓子，应唱哪种脚色？"他说："你的嗓子，带雌而又能拔高，最好是唱老旦。"我听了很不高兴，谁去做一个老太婆呢？那曲师知道我不高兴，便笑说："老旦不容易呢，许多昆曲班里，没有一个好老旦，即如京戏里，老旦也是凤毛麟角呢。"

我知道这位曲师是在敷衍我，而尤氏这一班老表，则又耸动我，老旦既然难能，何妨试试，反正这是玩意儿，又不是登台教你扮一个老婆子。于是我便改唱一出叫做"姑阻"，是一个女尼陈妙常的故事儿。所谓"姑阻"者，是潘必正的姑母，也是一个老尼姑，阻止他不要去恋爱陈妙常。我还记得开头两句是"书当勤读，奋志青云上"，比唱"楼会"容易得多，而豪〔毫〕无兴趣。实在我这时对于拍曲子也是厌倦了，就此也半途而废。

这一班我的表兄弟中，就是宾秋成功了。他翩翩佳公子，写得一笔好字，常能吟诗，写了"西堂度曲"的诗句。他们本是尤西堂（侗）的后裔。宾秋之弟号翼如，那时方结婚，我送一幅新房对联给他，由子青哥写了，上联是"南国喜闻鸟比翼"，下联是"西堂今见女相如"，嵌了"翼如"两字，作为"并蒂格"，而西堂两字，则即寓其姓。我那时就是常好弄笔头，做对联。苏州人家，每逢婚丧，都有送对联的，他们常来请我提刀。

四一　外国文的放弃

上海的新空气，吹到苏州来了，苏州也算开风气之先的。大家传述，西方人的一切学术，都根据于算学。但是旧中国人的思想，只有商业中人要用算术，读书人是用不着算术的。从前我们的算术，也有三种，一曰心算，二曰珠算（就是算盘），三曰笔算。心算就是在心里计算，不要看轻它，尽有好本领的。我最佩服那些菜馆饭店的伙计（苏州称"堂倌"），即使有客七八人，吃得满台子的碗碟，及至算账起来，他一望而知，该是多少。而且当时苏州用钱码，这些菜馆用钱码又不是十进制度，以七十文为一钱。如果一样菜，开价是一钱二分，就是八十四文，这样加起来，积少成多，他们稍为点一点碗碟，便立刻报出总数来了。算盘是商业上通用的了，不必细说。笔算有时也用得着，但属于少数，铅笔也未流行，谁带了毛笔来算账呢？

但西方的算学，明末传到中国来了。在清代也曾以算术取士过的了。不过大家都钻研于八股八韵，把这一门学术，视为异途，早弃之不顾。现在趋于维新，要效法西人，学习算术了。可是西法的算学教科书还没有，只好搜求到中国旧法的算学教科书。我当时借得了一部（书名已忘却），线装木刻的，共有四本。里面的数目字，还是中文，并不用阿拉伯数字，也只到加减乘除吧。我埋头学习，学到加减乘，除法便不甚了了。其方式与现今的教科书不同，我记得那个乘法，是用"铺地锦"法，说与现代名算学家，恐怕他们还瞠目不知呢。

我这无师自通的算术，也就浅尝即止，后来又读起日文来了。自从中日战事以后，我们觉得日本国虽小而比我们强，于是许多新学家，及政府里有些自命开通的人，都愿意派子弟到日本去留学。留学自然最好到欧美去，但是到欧美去，一则路途远，二则费用大，三则至少外国语有了根底。到日本去，就是路近，费省，即使不懂日本话，也不要紧，因日本与中国为同文之国，有文字可通，便省力得多了。

那时中国政府派出去留学日本的很不少，而自资留学者也很多。我们所认识的有杨廷栋、周祖培诸君，他们都是学法政的。先一排，到日本去学法政，后一排便是到日本去学师范。至于其它各种科学，问津的很少，老实说，日本那时也不大高明。而当时中国人的思想，以为学了法政以外，回国后就可以做官；学了师范以后，国内正预备大兴学校，将来教书的冬烘先生是太不时髦了，他们可以在洋学堂里，当一位教师。

我们这一群朋友中，便与这班留日学生联络起来，常常通信。他们在书信中，告诉我们种种事情。他们把日本的有些法政书籍，都翻译了中文，而日本的许多书籍，则都译自欧美。我们读欧美文字的书不容易，读日本文的书，以汉文为主，较为容易。我们因此间接的读到了许多欧美名著，这不是他们给我们做了一半功夫吗？因此大家便发动了读日本文的心了。一半是为了留学日本的基础，一半是为了可以看日本的书籍。

但是到哪里去读日文呢？尤其是在苏州那地方。可是自从中国甲午之战后，中国割地赔款，又许开了五口通商，苏州也是五口之一。在苏州的葑门、盘门之间，有一块地方唤做青旸地，特许他们作为租借地。也有一个日本领事馆，可是其它一无建设。原来日本到底是个小小岛国，哪里有西洋人肆意侵占、开辟殖民地那种气魄？而青旸地却是苏州一块荒僻地方，苏州人谁也不和日本人有什么交易，这地方冷冷清清的鬼也不到那里去。虽然日本人到苏州来的不少，却只在城里做一点小生意。

其时有一个日本人和尚，好像姓是藤田，名字是忘记了。日本是崇信佛教的，他们国内也到处有寺院，有僧众。有一个本愿寺，也像西洋人的基督教会一般，向各处传教，不过他们的力量是很小的。那个日本和尚，就是本愿寺和尚（在上海虹口就有一个本愿寺），他在苏州城内，开了一个日文学堂。于是我们怦然心动了，我和李叔良、马仰禹等几个人，便去读日文。好在学费并不大，每日只上一点钟的课，时间在下午五时，还不至妨碍我的教书工作。

虽说是日本和尚，并不像我们中国和尚一样，仍旧穿了他们的和服，不过脚上不穿木屐，已是皮鞋一双了。他便把我们似教日本小孩子一般的教起来，先教五十一个字母，什么平假名、片假名，我们也就这样阿、衣、乌、哀、屋的念起来，思之可笑。这些日文教科书，在中国是没有的，也由他去办，好在日本路近，不久，便由邮局寄来。这些书，正是日本初等小学教儿童的教课〔科〕书。

那时李叔良最用功，书也读得最熟，我就不成功。我的意思，要知道他们的文法，便可以看得懂日本书。我觉得不懂日本话，那倒没有大关系，反正我也无力可以到日本去留学。但是他还要教我们日语，像教他们的儿童一般，我有些受不住了。好容易有三个多月的光景，我于他们的文法，有些弄得明白了，日本书上的汉文比较多的，我也看得懂了，我辍了学，进行自修，比这日本和尚所教，还容易进步。李叔良却还是勤恳的读下去，后来留学日本，得益颇多。至于马仰禹，未到三个月，即已不来了。

我读过英文，也是处馆在尤家的时候。我们这几位老表，对于拍曲子到了厌倦的当儿，又想读英文了。欧风东渐，由上海吹到苏州，有许多青年，对于外国文跃跃欲试。但是苏州没有洋学堂，要进洋学堂读西文，除非要到上海去。但当时苏州的父老们都不愿意放子弟到上海去，因为上海是个坏地方，青年人一到上海去，就学坏了。不如请一位西文教师到家里来教教吧。

可是苏州要请西文教师，也不容易，后来请得一人，我记得是姓顾，他是苏州电报局的电报生领班，也是在某一家绅士人家教英文。举荐的人说道：

"他的英文很好，可以与外国人直接通话。"可是我们也莫名其妙。

那时候，英文教科书中国还没有哩，也由这位教英文的顾先生去办理。第一本叫《拍拉玛》，这是启蒙的，以后渐序而进，共有五本。你道这些英文课本是哪里来的，乃是英国人教印度小孩子读的，现在由印度而到中国，据说上海甚流行。初读是"一只猫"、"一只小山羊"，我们相顾而笑。苏州乡下也不养羊，不知小山羊是怎么样的。这一套英文课本，在商务印书馆初开张，未编教科书时，把它译注翻印了，名之曰《英文初阶》、《英文进阶》，销数以万计，实为商务印书馆发祥的刊物呢。

这一次读英文，也有半年多，但是我终不能读得熟流，终觉得非常艰涩，生字终归拼错，这是因为我不能专心。试想我那时以教书为本业，虽然只有几个小学生，也很为劳神。有时为了博取膏火，补助生活之故，还要做些书院卷子。而且为了交际，常常的到茶馆里，或是朋友家里，高谈文艺，议论时政，我的野心一放不可收拾，哪里还能专心致知的读英文呢？

当尤氏弟兄兴高采烈的请先生教英文的时候，子青哥却不与其列。他说："读外国文最好是要在年幼时候，那时记性好，人事少，到了我们这样的年纪，就难于专心了。"不过后来有许多"半路出家"而成就的，也是很多，但译书容易，而说话较难。子青哥确也有先见之明，三个多月后，尤氏弟兄也渐阑珊了，我也读了后面，忘了前面，狼狈不堪了。现在我的家庭中，只有我们一对老夫妇，不懂英语。下一代，再下一代，无男无女，无老无少，都是满口英语，还有通数国语言文字。如果给我的前辈听到了，真要呵为用夏〔夷〕变夷〔夏〕呢。

除了日文、英文之外，我还读过法文。教我法文的这位先生姓江（名已忘记），他是从前毕业于广方言馆的学生，也是苏州人。这位江先生性颇孤傲，不谐时俗，不然，他一个法文很好的人，何至于投闲置散，回到家乡来，当一个教法文的先生呢？他所收的学生，共为二十人，成为一班，都没有读过法文的，也都是年过十六岁的学生。我又怦然心动，想读法文了，可见我的不知自量，心无一定了。因听得人家说：法文在欧美极为重要，所有外交公文，都以法文为正则。而我还自恃读过英文，或者比较容易一些。哪知越读越难，不到八个月，我又退下来了。

法兰西文字，使人最困惑的，是每一名词，有它的公性、母性，谁知道这个字是属于公性、母性呢？我对于读法文，似乎比读英文还勤一点，但究竟是徒劳。那便是子青哥所说的年龄已大，记忆力不足，加以人事繁杂，终难于专心一志了。我们这一班读法文的同学中，只有两人是成功的，一位杨蕴玉，他是世家子，但可惜很早就逝世了。一位陆云伯，他是吴江人，是名画家陆廉夫（恢）的公子，后来进了上海徐汇法文学堂吧？在我写此稿时，年纪也近七十岁了，但他也不曾有过什么得意的职业。在我后来办《小说杂志》的时候，他给我译了不少法国小说，还有许多关于书画的笔记（廉夫先生还赠了我一幅"秋星阁读书图"）。

自此以后，我对于读外国文一事，只得放弃了。古人诗句云："读书原是福"，我就没有这个福份。我当然是自己未能专心勤学，实在也是我的环境使然。但后来我在我的朋友中，见到许多半路出家的人，到二十多岁方始学习外国文者，居然也能译书。还有些在外国人所开设的洋行中就职的，于外国文虽然不大精通，而外国话却说得滚瓜烂熟，不觉自叹是个笨伯而已。

四二　东来书庄

那时有几位朋友，留学日本，我们常与他们通讯。并且苏州设立了日本邮便局，我们常托他们邮寄书报，在文化交通上，较为便利。尤其那时候，日本于印刷术很为进步，推进文化的力量很大。吾国在日本的留学生，也逐渐多起来了，有许多留学生，都是国文已经很好的了。日本政府，为了吸引中国青年去留学，特设了法政专科、师范速成科那种投机学校。为了中国去的留学生不谙日语，在教师讲解的时候，还雇用了翻译，极尽招徕的能事。因此当时官费、自费的留学生，在日本的竟有数千人之多。

为了日本的印刷发达，刊物容易出版，于是那些留学生，便纷纷的办起杂志来。为了中国各省都派有留学生到日本，他们的杂志，也分了省籍。如浙江学生所出的，名曰《浙江潮》；湖南学生所出的，名曰《新湖南》；直隶学生所出的，名曰《直言》（即今之河北，在前清则为直隶）。在我们江苏学生所出的，即名曰《江苏》，大概对于这个"苏"字，另有一义，作苏醒解（按：金松岑的《孽海花》，即首先在《江苏》上发表的）。诸如此类，各省留学生，出一种杂志，都有合于他们省的名称。此外也有约了几个同学同志，另有组织的。

118　　　　就是我们几位认识的留学生，他们别出了一种杂志，叫做《励志彙编》，因为他们已有一个小组织，叫做励志会呢。这《励志彙编》也是月刊性质，写稿人都是法政学生为多，当时中国学生到日本去习法政的，以早稻田大学最为吃香，此辈亦早稻田学生呢。杂志有译自日文的，也有自己创作的，我还记得有卢骚的《民约论》，也是日文从西文中转译得来的。这个《励志彙编》，执笔者有不少人，他们很有志把种种知识学问，输入到中国来。

有许多日本留学生的杂志，寄到苏州来，托我们推销，我们是要有一推销机关的。在苏州，那时城里也有三四家书店，观前街一家叫做文瑞楼比较最大，我们亦最熟，可以走进他们的柜台书架傍〔旁〕随意翻书的。但是他们都是旧书，木版线装，满架是经史子集，新书不大欢迎。最近也点缀其间，除非是畅销的书，至于什么杂志之类，一概不售的。其它有什么绿荫书屋、扫叶山房，连石印书也不问讯。有一家玛瑙经房，专售佛经、善书的（苏州当时刻善书很盛行，可以消灾避难）。那末要托书店代为推销，颇为窒碍难行了。

我不是前章说过我们当时共有八位志同道合的朋友吗？我们也组织一个学会，叫做励学会。我们当时有两个志愿：一是由励学会出一种月刊；一是开一家小书店。出月刊这一件事，在苏州可不容易，我在下文再当详述；开小书店的事，却不禁跃跃欲试了。不久，书店事居然成议，皇然是股份公司，每一股是十元。总共是多少资本呢，说来真令人可笑，共为一百大元。这很像我们从前放了年学开春联店一般，不过春联店在年底至多开十馀天，到除夕就要关门大吉，这个书店，却是长期性的。

书店虽小，首先要一个店名，大家拟了几个名字，最后择定了一个，叫做东来书庄。这东来两字，还可以引用"紫气东来"的一句成语，实在的意思，便是说：都是从东洋来的罢了。开办费可以简直说没有的，虽然号称书庄，只借了人家一个墙门间，那是女冠子桥包叔勤家的一个门口，从前也是开过春联店，房租不出，还借他家里两只旧书架。安放几只半桌，摊上一方蓝布，就算是柜台了。并且励学会的社友，省下了在茶馆里聚会，大家无事时，便到东来书庄来谈天了。

我们不用店员，仅有一个学徒，社员们（也是股东大老板）轮流当值，这于来购买书籍杂志的人，大有裨益。因为我们能指导你购买何种书籍，对于知识阶级的人，请坐送茶，周旋一番。杂志都是寄售性质，卖出还钱，销不完的还可以退还，以八折归账，因此我们可以无须要多少资本。后来我们又附带出售了日本的图书、文具之类，必须要用现款去批发了。

说起了出售日本图书的事，真足以令人发一浩叹。中国在那个时候，已在甲午中日战争以后，戊戌政变之前，还没有一张自己印刷的本国地图，但日本已经印了有很详细的"支那疆域图"了。我们在他们书店的广告目录上，看见有许多地图的名目，便托朋友寄几张来，及至一看，全图都是汉文，难得有几处注着和文的，而且印刷鲜明，纸张洁白。我们批购了十张，不到一星期，都售光了，连忙添购二十张、三十张，……虽然上面写的支那，大家都也不管，真是可怜。后来我们也批了世界地图、东亚地图，虽不及中国地图的销场好，但生涯也自不恶。

原来那时苏州已在发动开学堂了（学校的名称是后来改的，最初是唤作学堂），便不能无历史、地理等课〔科〕目。教地理连地图也没有一张，岂非憾事！那些专习八股文的先生们，四川是否通海？长江缠到黄河里去，也得先开开眼界。这个地图的风气既开，竟有许多绅士人家，向我们买了大幅的世界地图，悬在书房里，代替挂屏用的。除地图以外，还有动物、植物的挂图，也是五彩精印，日本的小学校里的，他们也欢迎作为壁上的装饰品。

日本文的书籍，当然无法推销（后来我到了上海，到虹口几家日本书店去看看，全汉文的书就不少，连《杜工部诗集》也有的）。但对于数学书籍、英汉文词典等等，也有人来定购的。除了图书以外，我们还带卖一点文具，也都是从日本寄来。日本那时已经有不少仪器，都是从西方仿造来的，但是价钱既贵，我们小资本店就不敢问津，而且在苏州也难觅销路，只是批发一些细巧的文具，都是苏州所未见的。那个时候，墨水笔也没有，仅有铅笔，也是舶来品。关于许多纸品，如信封、信笺之类，我们销得很多。信封是一种双层纸的，里面一张画着各种画，外面一张薄纸，映出里面的画来；信笺是一种卷筒纸，纸张洁白，你高兴写多么长，就写多么长。比了中国固有的信封信笺，自觉耳目一新，雅有美术趣味，也是苏州人所乐用的。

东来书店的生意发达，不到三个月，已是对本对利，不到一年，我们的资本，自一百元变成了五百元。好在我们即有盈馀，从不分红。但是既然赚钱，便思进展，不是在人家墙门口以一种开春联店的姿态可以济事了。因此在玄妙观前街西首、施相公衖口，觅得一市房，是一开间上、下楼房，每月租金十元。以一家小书店，出这么大的房屋租金，也不容易。又添了一个店员，因为那些股东，大家有事，不能常来轮值。我们励学会的同人，便公举我做了东来书庄经理，那是尽义务不支薪水的。

我虽然还有教书工作，每天下午放学以后，总要到东来书庄去一次。那时不全是贩卖日本图书、文具了，因为中国的风气渐开，上海也出了许多新书、杂志。我们每天看上海来的报纸（这时苏州还不能看上海当天报纸，一直要到苏沪火车通后），见有什么新出的书籍、杂志，连忙写信去接洽，要求在苏州推销。但是所用的那个店员是外行，所以写信接洽等等，非我亲自出马不可。还有店中的帐目，从前只有一本大型粗纸帐簿，记出每日所售之货，名曰"流水"。我去了以后，造了几册分类的帐簿，但我也是外行，以意为之而已。

但东来书庄有一件事，使我觉得非常得意，就是我们对于各乡各镇的顾客，很有信誉。苏州有许多乡镇，文化的发展，并不输于城市。尤其苏州当时是个省城，而交通也甚发达，人文尤为荟萃。即以苏州府的几个县份而言，如常熟、吴江、昆江等县，都是文风极盛的。他们知道苏州有个东来书庄，便都来买书、定〔订〕杂志，不必到上海去了。

因为在太湖流域一带，到处都是水乡，各地都有航船，而苏州也是聚会之地。每日都有航船上人，送上一张单子，开列着一排新书和杂志的名目来配书，于是有的立刻配给他，没有的便给去搜罗。上海有几家出新书的，我们也略有联络了。生意愈推愈广，不仅是苏府各县、各乡镇，连常州、无锡、嘉兴等处，也都有写信到苏州东来书庄来问讯配书了。

我这个小书店经理，虽然是尽义务，不支薪水，然而有一难得的好处，不论什么新书、新杂志，我得以先睹为快。因此有许多顾客上门购书的，问到我时，我可以略说一点大意。杂志上我也可以指出那几篇文章可读，他们就说我是一个不寻常的书贾了。不仅此也，而且我在东来书庄，认识了许多朋友，如住在常熟的曾孟朴，初见面时，便是吴讷士（湖帆的父亲）陪他到东来书庄访我的。住居吴江同里镇的金松岑、杨千里，本来也是老主顾，每到苏州，必来访我。还有昆山的方惟一（他当时姓张，叫张方中，后来归宗，叫方还，辛亥以来，一度任北京女子师范校长），那时他在角〔甪〕直镇沈家教书的，也常来光顾。此外城区里的许多文人，都是最初在东来书庄买书时认识，后来成为友好的。

最可笑的是那位周梅泉（他初名美权，后又号今觉，是周馥的孙子，藏邮票甚富，人称他为中国邮票大王），他是安徽人而住居在扬州。向我们定了一批日本书，许多都是算学书，一时我们未能配齐，他大发其少爷脾气，称我们为书侩，写了一封长信骂我们。那时我也不服气，写信回骂他，称他为纨绔子，发臭脾气，大打其笔墨官司。辛亥以后，他从扬州迁居到上海来了，我们认识了，时相酬酢。到了老年，还提起那件事，互为轩渠，正如江湖上有句话："不打不成相识。"

四三　木刻杂志

上文说过，我们的励学会同志有两个志愿：一是由励学会出一种月刊，一是开一家小书店。现在东来书庄成立，开小书店的志愿已遂了，便想到出月刊的事了。但是出月刊第一件就发生麻烦的事，因为苏州没有铅字的印刷所，除非编好了拿到上海去排印，这有多么不便呀！这时候，杭州倒已经有印刷所了，而苏州还是没有。向来苏、杭是看齐的，不免对此抱愧呀。

后来我们异想天开，提倡用木刻的方法，来出版一种杂志。用最笨拙的木刻方法来出杂志，只怕是世界各国所未有，而我们这次在苏州，可称是破天荒了。可是苏州的刻字店，却是在国内有名的。有许多所谓线装书，都是在苏州刻的。在前清，每一位苏籍的名公钜卿，告老还乡后，有所著作，总要刻一部文集，或是诗集，遗传后世。所以那些刻字店的生涯颇为不恶，而且很有几位名手。

于是我们和苏州一家最大的刻字店毛上珍接洽了。毛上珍老板觉得这是一笔很大的长生意，也愿意接受。我们所出的那种杂志，名为《励学译编》，大半是译自日本文的。因为同社中有几位对日文也看得懂，对于国文素有根柢的，尤其容易了解。此外还征求留学日本的朋友，给我们译几篇，是一种帮忙性质。我记得杨廷栋（翼之）、杨荫杭（号补堂，又号老圃，无锡人）都帮过忙，他们都是日本早稻田大学的学生，那些译文，都是属于政治、法律的。至于稿费一层是谈不到，大家都是义务性质，而青年时代，发表欲也颇为强盛。

《励学译编》是月刊性质，每期约三十页，在当时的中国，无论是日报，无论【时】是杂志，都没有两面可印字的纸（日报的两面印，是上海《中外日报》创始的）。所以我说三十页，若以今日洋装书的说法，那要算六十"配其"了。那时洋装书在上海还少得很，何况是苏州呢。当时，稿子是要一个

122

月前交给他们的，可以让他们马上刻起来。好在那些稿子，并没有什么时间性，都是讨论传述的文章，每期三十页，不过两万多字而已。

我们和毛上珍订了一个合同，他们也很努力，刻字和排字一样的迅速，这三十页木板书，尽一个月内刻成。书是用线装的，纸是用中国出产的毛边纸印的，字是木刻，可称纯粹是国货，只是里面的文字，却是从外国转译得来的。刻版是毛上珍经手，印刷当然也是毛上珍包办了。可是木刻比了铅印、石印，有一样便利，便是你要印多少就印多少，反正木版是现成的哪。

这个《励学译编》，也是集资办的，最初几期，居然能销到〖到〗七八百份，除了苏州本地以及附近各县外，也有内地写信来购取的。我们也寄到上海各杂志社与他们交换，最奇者是日本有一两家图书馆向我索取，我们慷慨的送给它了。我想：这是他们出于好奇心吧，想看看中国人出版的木刻杂志，也算一种轶闻。当时虽然也曾轰动吴门文学界，至今思之，实在觉得幼稚而可笑呢。

《励学译编》的总发行所，便是东来书庄，出版了这一种杂志，东来书庄也忙起来了。有批发的，有定〔订〕全年的，有零购的，还有赠送的。批发是照定价打七折，各县各镇，颇多每期五本、十本来批发的。本来定价是每册二角，全年十二册的定〔订〕户，只收二元，寄费酌加。但有许多外县乡镇，他们都是由航船上来取的。零购都是本城人，随意购取，看过了送与别人。我们赠送却不少，苏州的大善士敬送善书，写明有"随愿乐助，不取分文"八字，我们大有此风。这个木刻杂志，大概也出了一年吧？销数也逐渐减缩了，大家兴致也阑珊了，就此休刊完事。

但是这个翻译日文的风气，已是大开，上海已经有几家译书处，有的兼译日文书，有的专译日文书。因为译日文书报较为容易，而留日学生导其先河，如洪流的泛滥到中国来了。最普及者莫如日本名词，自我们初译日文开始，以迄于今，五十年来，写一篇文字，那种日本名词，摇笔即来，而且它的力量，还能改变其固有之名词。譬如"经济"两字，中国亦有此名词，现在由日文中引来，已作别解："社会"两字，中国亦有此名词，现在这个释义，也是从日文而来，诸如此类甚多。带有一个笑话，张之洞有个属员，也是什么日本留学生，教他拟一个稿，满纸都日本名词。张之洞骂他道："我最讨厌那种日本名词，你们都是胡乱引用。"那个属员倒是强项令，他说："回大师！名词两字，也是日本名词呀。"张之洞竟无词以答。

这个木刻杂志，不仅是《励学译编》呢，过了一二年，我又办起了《苏州白话报》来了。这个动机，乃由于杭州有人出一种《杭州白话报》而触发的。苏杭一向是并称的，俗语说："上有天堂，下有苏杭。"苏州是应与杭州看齐的。其时创办《杭州白话报》者，有陈叔通、林琴南等诸君。写至此，我有一插话：后来林在北大，为了他的反对白话文而与人争论，实在成为意气之争。有人诟他顽固派，这位老先生大为愤激，遂起而反唇也。至于反对白话文，章太炎比他却还激烈。再说：提倡白话文，在清季光绪年间，颇已盛行，比了胡适之等那时还早数十年呢。

这个《苏州白话报》，并不是苏州的土话，只是一种普通话而已。其实即就古代而言，如许多小说、语录，也都是用语体文的，民间歌谣等，更是通俗。当时我们苏州，有一位陈颂文先生，他在清末时代的学部（革命以后，改为教育部），就是极力提倡白话文的，可是当时的朝野，谁也不关心这些事。那时已在戊戌政变以后吧，新机阻遏，有许多杂志，由政府禁止，不许再出了。《励学译编》本是蚀本生涯，蚀光大吉，再办《苏州白话报》，大家也没有这个兴致了。

但我却跃跃欲试，还想过一过这个白话报之瘾。只是还不能与《杭州白话报》比，因为杭州已有印刷所，而苏州实到如今还没有呢。偶与毛上珍刻字店老板谈一谈，他极力赞成，自然，他为了生意之道，怎么不赞成呢？我又与我的表兄尤子青哥一说，他满口答应说："你去办好了，资金无多，我可帮助你。"而且他还答应，帮助我编辑上的事。我有了他这个后台老板，便放大胆与毛上珍老板订约了。

《苏州白话报》是旬刊性质，每十天出一册，每册只有八页。内容是首先一篇短短的白话论说，由子青哥与我轮流担任；此外是世界新闻、中国新闻、本地新闻，都演成白话。真是"麻雀虽小，五脏俱全"。关于社会的事，特别注重，如戒烟、放脚、破除迷信、讲求卫生等等，有时还编一点有趣而使人猛省的故事，或编几只〔支〕山歌，令妇女孩童们都喜欢看。

我们这个白话报，要做到深入浅出，简要明白，我和子青哥是一样的意思。我们不愿意销到大都市里去，我们向乡村城镇间进攻。曾派人到乡村去贴了招纸。第一期出版，居然也销到七八百份，都是各乡镇的小航船上带去的。定价每册制钱二十文（其时每一银圆兑制钱一千文），批销打七折，有许多市镇的小杂货店里，也可以寄售。为了成绩很好，我们更高兴起来了。

子青哥创议:"我们办这个白话报,本来不想赚钱,我们只是想开开风气而已。我们可以像人家送善书一般,送给人家看,也所费无多呀。"苏州有些大户人家,常常送善书给人家的,或为道德家的格言,或以神道说教,他们算是"做好事"。有些耶稣教堂在苏传教,也是如此的。而且他们印书的成本,比我们的白话报也贵得多呢。但我则期期以为不可,我说:"送给人家看,人家也像善书一般,搁在那里不看。出钱买来看,他们到底是存心要看看的呀。况且我们的资本有限,藉此周转,也不够一送呢。"子青哥被我说服了,我还自诩子青哥学问比我高,经验却不及我呢。

但是我可忙透了,编辑也是我,校对也是我,发行也是我。子青哥是难得出门的,稍远就得坐轿子,偶然步行到观前街,一个月也难得一二次,他也帮不了我什么忙。不过这种木刻杂志,只能暂济一时,岂能行诸久远。文化工具,日渐进化,苏州的所以没有新式印刷所者,却是为的离上海太近,人家印书印报,都到上海去了,因此也无人来开印刷所。我们也不能尽量开倒车,最惨者,不及三年,所有《励学译编》和《苏州白话报》的木版,堆满了东来书庄楼上一个房间了。及至东来书庄关店,这些木版又无送处。有人说:"劈了当柴烧。"有人还觉得可惜。结果,暂时寄存在毛上珍那里,后来不知所终。

四四　译小说的开始

外国小说的输入中国,以我所见,则在前清同治年间,其时上海的《申报》上,时常见一二有译载似小说的纪〔记〕事。如《巴沙官故事》等,乃纪〔记〕载一艘帆船失事,有一船员匿在酒桶中,飘流海面,卒乃遇救事。其它亦常有数短篇,不复能记忆了。我幼时在朱静澜先生家中,曾见有最初出版之《申报》,订成两册,中乃有此。后来梁启超的《时务报》,遂有《福尔摩斯侦探案》的附载,这可以算得中国翻译外国侦探小说的鼻祖了。

自从林琴南的《茶花女遗事》问世以后,哄动一时。有人谓外国人亦有用情之专如此的吗?以为外国人都是薄情的,于是乃有人称之为"外国红楼梦"。也有人评之为茶花女只不过一妓女耳,也值得如此用情,究竟小说家言,不登大雅之堂。说虽如此说,但以琴南翁文笔之佳,仍传诵于士林中。这个时候,号称所谓新学界的人,都提倡新小说。梁启超发行的一种小说杂志，名字就叫《新小说》。那个杂志，不但有许多创作小说、翻译小说，而且还有许多关于小说的理论。梁启超自己就写了一个长篇的理想小说：《新中国未来记》。这时把文学上的小说地位便突然地提高了。

我的写小说，可称为偶然的事。其时我的一位谱兄弟杨紫骥，他在上海虹口中西书院读书，为的要学习英文。我到上海去，常常去访他。因为他住在乍浦路，那边有一个中国公家花园（简称中国公园），我们常常到那里去坐地。说起这个公园，很令人生气。原来上海租界中，当时有好几个公园，都不许中国人入内游玩。黄浦滩一个公园，门前挂出一个牌子来，写着："华人与狗，不得入内。"这个牌子，不是直到如今，还传为侮辱我华人一个史实吗？当时我们住居租界中人吵起来了，为什么华人不得入公园呢？造公园的钱，也是华人纳税所出的。工部局不得已，便在沿苏州河一带、圆明园路口，另造了一个较小的公园，专供华人游玩。可怜的住居租界的华人，算得了一些小面子，就此不响了。

紫骥为了读英文以供研究起见，常常到北京路那些旧书店，买那些旧的外文书看。因为那时候，上海可以购买外国书的地方很少，仅有〔黄〕浦滩的别发洋行一家，书既不多，价又很贵。他在旧货〔书〕店买到一册外国小说，读了很有兴味，他说："这有点像《茶花女遗事》，不过茶花女是法国小说，这是英国小说。并且只有下半部，要搜集上半部，却无处搜集，也曾到别发洋行去问过。"

在这个中国公园中（因为这个公园，专为中国人造的，习惯称为中国公园），紫骥常带着这本残旧的英文小说，随读随讲给我听。我说："你不如把它译出来呢。虽然缺少上半部，有这下半部，也思过半矣。"他说："我的国文不行，除非我们两人合译，我把英文翻出来，你把中文记下去，如何？"我说："那倒可以，我们且来试试看。"于是两人就在公园中，一枝铅笔，一张纸，他讲我写，我们当时便译了一千多字。两人觉得很有兴趣，因此约定了明天再来。

明天是星期六，下午，我们再到公园里，就译有二千字光景。再下一天星期日，又在公园译有二千多字。这三天工夫，便有五千多字了。虽然这不过是极草率的稿子，还须加以修饰，但是我们觉得很满意。可是我不能常往上海，至多来四五天便即回苏州了，但我们却立意要把这小说译完。后来紫骥说："你先回去，以后我随便写出来，寄给你，不管通不通，请你从〔重〕

新做过就是了。"

因此他在课馀时间，常把他译出来的寄给我，我便加以润饰。回到苏州后，给励学社同人看过，他们都很称赞，而《励学译编》正筹办出版，他们便要求加入《励学译编》去了。这一篇小说即取名为《迦因小传》，这是我从事于小说的第一部书。因为那时候，译外国小说的人很少，倒也颇为人所爱读。后来林琴南觅得了这书的全部，在商务印书馆出版，取名为《迦茵小传》，只于我们所译的书名上的"迦因"二字，改为"迦茵"，并特地写信给我们致意，好像是来打一招呼，为的是我们的《迦因小传》，已在上海文明书局出了单行本了。当时我们还不知原书著者是谁，承林先生告知：原著者为英人哈葛得，曾印有全集行世。

除了《迦因小传》外，我又从日本文中，译了两部小说。这两部小说，一名《三千里寻亲记》，一名《铁世界》。日本自从明治维新以后，文化发达，出版的书籍中，对于欧美的文学书，译得不少。他们国内的新旧书店很多，读书的人，把已读过的一部八分新的书，看过以后，往往即送到旧书店。为的他们的读书界，抱推陈出新主义，卖去了旧书，立刻便掉换读新的了。一到旧书店，价钱便减了不少，而又可以嘉惠后学。我所译的两部日文书，都是我的留学日本的朋友，从旧书摊拾来，他们回国时送我的。

我知道日本当时翻译西文书籍，差不多以汉文为主的，以之再译中文，较为容易。我就托了他们，搜求旧小说，但有两个条件：一是要译自欧美的；一是要书中汉文多而和文少的。我译的两种日文小说，就是合乎这两个条件的。那一种《三千里寻亲记》，是教育儿童的伦理小说，总共不过一万字左右，译自意大利文的。在原文还有插图，以引动儿童兴趣。就是一个儿童，冒着艰危，在三千里外去寻他母亲的。另一种《铁世界》，可以说是科学小说，是法国文的，那大概有三四万字。虽说是科学小说，也浅显而不大深奥的。那时法德世仇，便是写小说也互相谋诋，那里面德国人如何酷烈，法国人如何和平，德人欲害法人，而法人如何逃避的情形，都写在书中。

这两部小说，后来我都售给于上海文明书局，由他们出版。因我自己无力出版，而收取版税之法，那时也不通行。文明书局是一班无锡人所开设的，如廉南湖、丁福保等都有份，而里面职员的俞仲还（前清举人）、丁芸轩等，我都是认识的。大概这两部小说的版权是一百元（当时虽也按字数计，约略估量，不似后来的顶真），我也随便他们打发，因想这不过一时高兴，译着玩

127

的，谁知竟可以换钱。而且我还有一种发表欲，任何青年文人都是有的，即使不给我稿费，但能出版，我也就高兴呀！

后来《迦因小传》的单行本，也由文明书局出版，所得版权费，我与杨紫骙分润之。从此以后，我便提起了译小说的兴趣来，而且这是自由而不受束缚的工作，我于是把考书院博取膏火的观念，改为投稿译书的观念了。譬如说：文明书局所得的一百馀元，我当时的生活程度，除了到上海的旅费以外，我可以供几个月的家用，我又何乐而不为呢？

但是我的英文程度是不能译书的，我的日文程度还可以勉强，可是那种和文及土语太多的，我也不能了解。所以不喜欢日本人自著的小说，而专选取他们译自西洋的书。他们有一位老作家森田思轩，汉文极好，译笔通畅，我最爱读他的书，都是从法文中译出来的。还有一位黑岩泪香，所译的西文小说也不少。可是很少由美国出版的书，实在美国那时没有什么文学家，寒伧得很，日本文人也不向那里去搜求了。

到了民国初年，上海的虹口，已经开了不少日本书店。我每次到虹口去，总要光顾那些日本书店，选取他们翻译西文的小说。不过那时候，日本的翻译小说，不像以前的容易翻译，因为他们的汉文都差了。最可厌的，有一种翻译小说，他把里面的人名、地名、制度、风俗等等，都改了日本式的，当然，连他们的对话、道白，也成为日本风了。所以往往购买五六本的日文翻译小说，也只有一二种可以重译，甚至全盘不可着笔的。

至于像上文所说森田思轩、黑岩泪香所译的书，早已绝版多年。于是托留学日本的朋友，到旧书店里去搜求，倒还可以搜求到不少。他们有时并且给我向图书馆去搜求，那些绝版的书，图书馆里倒还存留著。觅到以后，他们就做了一个"久假而不归"。我说："这怎么可以呢？"他们说："无大关系，至多罚去保证金而已，况且这种破烂的旧书，他们已视同废纸了。"

所以我之对于小说，说不上什么文才，也不成其为作家。因为那时候，写小说的人还少，而时代需求则甚殷。到了上海以后，应各方的要求，最初只是翻译，后来也有创作了。创作先之以短篇，后来便也学写长篇。但那时候的风气，白话小说，不甚为读者所欢迎，还是以文言为贵，这不免受了林译小说薰染。我起初原不过见猎心喜，便率尔操觚，谁知后来竟成了一种副业，以之补助生活。比了在人家做一教书先生，自由而写意得多了。

四五　苏沪往来

自从东来书庄开设，他们举我为经理以后，我常常到上海去。因为许多日本的图书，不必从苏州向日本邮寄，上海虹口已有日本书店，我们可以自去选择。我认识了两家，要什么图书，可以托他们到东京去定，邮寄也很方便。还有日本出品的文具、纸品，虹口也有批发出售。再有的，上海近来新出的书籍杂志也不少，出版、发行的地方，各各不同，他们也有的委托东来书庄为苏州代销处，大概以七折或八折归帐，都是卖出还钱，不须垫本的。那种生意，大可做得，所以也须到上海招揽与接洽。

那时苏州与上海，火车还未通，但小轮已经有了。小轮船苏沪往来，也不过十五六个小时，每天下午三四点钟开船，到明天早晨七八点钟，便可到了。小轮后面有拖船，小轮不载客，后面的拖船载客，有散舱，有烟篷，还有叫做"大菜间"的。房舱比散舱宽舒，一个房舱，可睡四人。所谓大菜间者，并无大菜可吃，只不过比较宽敞一点而已。烟篷只是在拖船的顶上，头也抬不起来的，得一席之地。当然，价钱也分等级，你要舒服，便不能不多出一些钱。不过在船上只有一夜天，吃完夜饭，即行睡觉，一到天明，便到码头。比了从前苏沪往来，坐船要三天两夜，那就便利得多了。

可是从前旅行，比了现在，还是麻烦得多。第一，就是行李的累赘，像我们出门旅行，至少要有四件行李：一是铺盖；二是皮箱；三是网篮；四是便桶。现代的青年人，恐怕都不知道了，不嫌词费我且琐述如下：

先说铺盖：铺盖就是卧具，从前的所谓客栈、旅馆，都是不备卧具的，客人要自带铺盖。不要说住客店了，在一家商店做店员，也要自带铺盖，所以停歇生意，名之曰"卷铺盖"，南方人称之曰"炒鱿鱼"，即由此而来。此风由来已古，文词中所云"襆被而行"亦即此意。这个铺盖可大可小，要是在严冬，或是年老怕冷的人，还非有重衾厚褥不可呢。

次言皮箱：皮箱即衣箱，以前没有人穿西服，这长袍马褂，皮的棉的，就是一大箱。你如果不带了，天气忽寒忽暖，怎么办呢？而且这衣箱，都是笨重非凡，不似近来的新式的皮箱，可以举重若轻的。直到如今，凡是旅行者，无论到什么文明的地方，一只旅行的皮箱，总不可少的呀。

再讲网篮：这是一种竹制的篮，篮面上张了一个网，旅行家称之为"百宝箱"。所有面盆、手巾、雨鞋、纸伞，一切杂用之物，都安置其中。有些先生们，凡家常用惯的东西，一切都要带了走，茶壶、饭碗，亦在其列。至于读书人，则书籍、文具，也是不可须臾离的。到上海来，总要买些东西，没有网篮，就不可能安放。

最后谈到那个便桶了，便桶就是马桶。庄子所云："道在屎溺"，苏州人不能似北方人那样上厕所、登野坑，而必须要一个马桶。但旅馆里不备此物，务须贵客自理（那时抽水马桶尚未出世），于是行李中不能不有此一物了。不但有马桶，有些常常出门旅行的老先生，还要带夜壶箱。苏州出品的夜壶箱，做得很为考究，方方的像一只小书箱，中置青花瓷的夜壶，上有一抽斗，可放笔墨信笺之类。箱门上还刻了字，有一位老先生的夜壶箱上，刻了一句古人诗曰："诗清都为饮茶多。"我问："何解？"老先生笑道："'诗'字不与'尿'字同音吗？"

这四件行李，刚成一担。苏州那时没有人力车，只有雇一个脚夫挑出去。那时苏州的小火轮，还是日本人创办的，唤作"大东公司"。轮船码头，在盘门外的青旸地日本租界，从城里出去多么远啊。后来中国人自己也办了一家小轮公司了，唤作"戴生昌"，旋在阊门外分设了一个码头，那就便利得多了。至于上海的轮码头，全在苏州河一带，这些小轮船，都开往苏州、杭州各处。

到了上海，便住旅馆，那时还没有旅馆的名称，只唤做客栈。船抵码头，便有客栈里派出招揽的人，此种人名曰"接客"。对于接客，有一种好处，便是可以把行李交给了他，自己雇了人力车，到住所旅馆里去。不然，你与这些码头小工，搞不清楚，正添不少麻烦呢。我到上海，常常住在宝善街（即五马路）一家客栈，叫做鼎陛栈。这家客栈，也未必有什么特别，只不过比较熟一点，茶房与接客熟了，那就方便得多了。

那时的上海，还没有新式旅馆，普通的客栈，每天每人只要二百八十文，食宿在内（二百八十文等于银圆二角八分）。不过那是以榻位计的，大的房间有四五榻，最少的房间亦有二榻，尽管不相识的人，可以住在一房。否则你除非包房间，以榻位计值也是可以的。每日昼夜两餐，也是照榻位开的，房间若干人，取共食制度，不能分餐。另有一种客寓，专招待官员来住居的，气魄大一点，价钱不免也贵一点。

上海有一种家庭旅馆，那是最舒服的最安适的了。我本来也不认识这家旅馆，那一天，我要到上海去，有一位祝心渊先生也要到上海去（祝亦曾随着江建霞到湖南做学幕看文章，现在苏州开一个私家小学校，是最早的，有名的"唐家巷小学"）。旅行有伴，那是最好的事了。在船中对榻而眠，他家中有不少书，尤其有许多明末清初的禁书，收藏不少，现在渐渐出笼了，此番到上海，大概与书贾有所接洽。

我问他到了上海，住在哪一家旅馆里？他说："住在雅仙居。"我觉得雅仙居这个名字很别致，上海客寓，总是什么平安、高陞等名字，因问："雅仙居是何型式，有何特别之处？"他笑道："一个小客寓耳，不过是苏州人开的，于我们苏州人很相宜，店主还是一个女老板。我到上海，住在那里，贪其可以吃苏州菜，价钱也和别的旅馆一样，不过小账我们多给一些。你倘然没有一定的旅馆，也住到雅仙居来，我们可以谈谈。"我闻言欣然，因为心渊先生比我年长一倍，也是个才识开明之士，可以随时请教。并且雅仙居是苏州人开的，也可以一尝家乡风味。

原来这个雅仙居的女主人，是一位年近四十的苏州女人，她嫁一位湖洲丝商（从前经营生丝出口的，很多湖州人）。他们本来住居在上海的（有人说是黑市太太，那也不去管它了），后来那位丝商故世了，遗下了她，还有一个女儿。这女儿名字唤作"金铃"，现在也十八九岁了，生得很为美丽，也在私塾里读过几年书。丝商故世后，无以为生，母女二人，便开设了这家雅仙居。

雅仙居开在近福州路的市区，是上海所谓弄堂房子，石库门三楼三底，他〔她〕们把这房子隔成不少间数，便做成一家客寓。这是一家小客寓，但特别是家庭式的，不用什么男茶房，男的只有一个打杂的，女佣人倒有两人。关于客人的饭食，女主人亲自下厨房；女儿略知文墨，便做了简单的账房。最使人赏识的，就是开饭开在客堂里，店主东的母女和客人共同进食，而苏州菜的合乎旅客口味，尤其是女主人的拿手。

住在雅仙居的都是熟客，陌生的难于问津。它那里有两帮客人，一帮就是做丝生意的，也许是与女店主已逝世的丈夫是同业，他们住很久，常是包月的。一帮便是苏州客人，也是老客人，深知底细，爱吃苏州菜的。那不过到上海来有点业务上的关系，或者游玩一次，至多不过一星期，那是短期的客人。

生长在上海的女孩儿，当然比在内地的要活泼伶俐一点，何况她是一位俏丽的女郎。吃了苏州菜，还想一餐秀色，但她的母亲管束甚严。我友吴和士，从日本留学回来，和我同住在雅仙居，他是一位翩翩佳公子，对于金铃颇为倾慕，捉空儿便与金铃作絮语。可是其母从不许金铃踏进客人的房间。和士乃与金铃隔着窗子谈话，一在窗外，一在窗内，但一闻母唤，如惊鸿之一瞥去矣。我调以诗曰："茜窗玉立自亭亭，絮果兰因话不停。安得护花年少客，敢将十万系金铃。"和士叹曰："在日本，房东家女儿，虽共相调笑，了不足怪。中国妇女，总是那样闭关自守呀。"

但我难得住雅仙居，因为它码头上没有接客，许多不便，除非在苏州有伴，同来上海，他们是住惯雅仙居的。我最初来上海，好像是为了到南洋公学（到〔即〕现今交通大学的前身）来考师范生的，虽然在七八岁的时候，为了父亲的病，来过上海一次，以后一直没有来过，隔离了十馀年，当然大不相同了。这个时期很早，似还在戊戌政变之前，中国正提倡兴学。兴学应当是小学、中学、大学，层层向上。但中国兴学，却自上而下，这是什么原因呢？因为开学校必先有师资，而中国师资没有，教那班从事八股八韵先生们去当教师是不行的。只有这一班高材生，到国外去学习师范，然后可以回来当老师呢。

我到南洋公学去考师范，是和马仰禹一同去的。那时主持南洋公学的是胡二梅，也是一位两榜先生。他出一个题目，总之是经史上的，很古奥的，现在我已完全不记得了。我胡乱做了一篇，自己也不满意，明知是不能取中的。及至揭晓，我与马仰禹俱名落孙山。因为这个师范生，考取以后，不但不要学费，而且还有津贴，并且有资送出洋希望，因此大家趋之若惊〔鹜〕。但在未考之前，便有一种谣言，说所取的名额少，而报考的人数多，非有关节嘱托不可，这也是一个无从证实的谣言。这次录取的记得有刘厚生（垣）诸君，后在上海，亦为老友。

我最初到上海去，住旅馆是"满天飞"，总想找一家洁净些、安静些的，可是住来住去，都是一样。而且我又不惯与那些陌生人同房，倘然自己包一个房间，又未免费用太大。那时我在上海朋友很少，只有杨紫骢，我到上海，必定去访他。他还在中西书院读书，难得同他吃一次番菜。这时上海戏馆已经很多（都是老式的），我一个人也没有这个兴致去看戏，至于什么女书场、夜茶馆，更不敢踏进去了。那个时候，苏州人家，不让青年子弟到上海去的。他们说，上海不是一个〔好〕地方，好似一只黑色大染缸，堕落进去便洗不清了。

四六　烟篷的故事

公元一九〇〇年（光绪廿六年）岁次庚子，那一次我也到了上海。前章所述，我到上海，不是常住在宝善街鼎陞栈吗？到了那里，恰巧楼上有个小亭子间，是占两榻地位的，我便把它包了。所谓包者，就是一个人出两个人的钱，本来每客二百八十文一天的，现在出到五百六十文一天。如此则不容有个陌生人来同居，而饭菜也可以丰富些。有一盏电灯，夜里不出门，也可以看书写字，没有人来打扰。好在住居的时候不多，所费也还有限。

本来预备住四五天，至多一星期，因为那时候，北方正在闹义和团，风声鹤唳，时常有种种谣言。正想把所办的事，料理清楚了，即行回去。有一位老友庞栋材（别号病红，常熟人）来访我，他办一个时钟社，出了题目，教人做两句对联，然后评定甲乙，予以赠奖。这也是文人无聊之事，而当时洋场才子所乐为。可是其中有广告性质的，有似后来的填字游戏一般。庞栋材所办的诗钟社，便是那种性质，而诗钟的评定与发表，每日却附录于《苏报》的后尾。当时的报纸，亦没有副刊之类。

庞君的意思，要我为他代理一星期，因为他急欲回常熟一次，当然不是白当差，也自有报酬的。我那时也喜欢弄笔，什么做诗钟、撰对联，很有兴趣，正是投我所好。尤其每天必要到苏报馆一次，我还不知道报馆是如何排场，说如何权威，正要瞻仰，趁此我且把苏报馆说一说。

"苏报馆"最初是由胡铁梅创办的，其时为一八九六年（清光绪廿二年），用他的日本籍老婆驹悦名义，向上海日本领事馆登记（上海那时的报馆，挂外商牌子的很多，以此为护符也）。但这个报馆不发达，便移转给陈梦坡（号蜕庵）接办。陈梦坡是湖南人，曾做过知县的，因案罣误革职，便携眷住到上海来，大概宦囊里有几个钱，便出资盘受了这家《苏报》。

那时的《苏报》是怎样的呢？说来真是寒伧得很，开设在英租界棋盘街一家楼下，统共只有一大间，用玻璃窗分隔成前后两间。前半间有两张大写字台，陈梦坡与他的公子对面而坐，他自己写写论说，他的公子则发新闻，有时他的女公子也来报馆，在这写字台打横而坐。她是一位女诗家，在报上编些诗词小品之类。所以他们是合家欢，不另请什么编辑记者的。

再说那后半间呢，一边是排字房，排列几架乌黑的字架；一边是一部手摇的平板印报机（什么卷筒轮转机，上海最大的《申》、《新》两报也没有呢）。这排字房与机器房同在一房，真有点挤了。前半间沿街是两扇玻璃门，玻璃门每扇上有"苏报馆"三个红字。推门进去，有一小柜，柜上有一块小牌，写着"广告处"。这位专管广告的先生，和气极了，见了人总是含笑拱手，惜我已忘其名。后数年苏报案发，这位先生也陪着吃官司呢。

我每晚到苏报馆一次，便在这个广告柜上一具纸制的信箱内，收取诗钟投稿。对于陈梦坡，我见他老气横秋的坐在那里，不敢与他招呼。那个地方，也没有一只可以安坐写字的桌子，只得回到栈房里去了。可是这个鼎陞栈的小亭子间，白天倒还清静，一到夜里，便喧闹起来。原来推出窗去，有一个小月台，月台对面，正是一家妓院（上海称为长三堂子）。因为楼下恰是一条堂子弄堂，每到了上灯时候，酒绿灯红，哀丝豪竹，全是他们的世界。

那条弄堂很狭，我房间外面的月台，和对面那家妓院里的月台，不但可以互相讲话，伸出手去，竟可以授受东西。我为了避嚣，时常把窗门关了，但是房间既小，关了窗很闷，开了窗的时候，对面房间里的人，时来窥探。年轻的少女，从十四五岁到十七八岁有三四人之多。我这时虽然已经二十岁出头的人了，还是非常面嫩，见了年轻的女人，便要脸红。她们见我如此，便故作揶揄，尤其那班十四五岁的女孩子，吵得厉害，有时呼我"书踱头"（吴语，即书呆子之意），有时装出我近视眼看书的状态。这种顽皮的女孩子怎么办呢？我只好不去理睬她们。

有一天，庞栋材到鼎陞栈来访我，他走到我窗外的月台上，向对面一望，他说："嗳呀！这是金湘娥的房间，我曾经到那里吃过花酒的呀。"他又指着对面一位年纪较长，约有十八九岁，斜倚在月台栏干上的说道："这个唤作阿金的，也算上海北里中的名叶（当时上海妓院中，称姑娘们为花，称侍女们为叶）。你住在这里，真可以称得'流莺比邻'了，我来给你们介绍一下。"那时我想阻止他，却已经来不及了。

"阿金姐！"庞栋材踏出月台，便唤着她。又给我介绍道："这位你们朝夕相见的二少，也是苏州人，是你们的同乡呀。"又向我道："这位是鼎鼎大名的金湘娥家的阿金姐。"那个阿金也打着苏白道："庞大少，倷同子二少，一淘过来白相嚄！"我怪栋材，闹什么玩意儿，又是硬派我做二少。栋材道："不是你有一位令姊吗，你在上海，不要做一个迂夫子呀。"原来庞栋材算是一个"老上海"了，他和小报馆里的李伯元等，长在一起，于花丛中人，颇多驯熟，所以认识了她们。李伯元便是别号南亭亭长，写《官场现形记》的这个人。

从此以后，那些女孩子们，不再对我揶揄了。有时在对面月台上见到阿金，也对我点点头，报以微笑。我觉得阿金很美而且很大方，但我那时从未涉足青楼，也觉得十分矜持。这时候，正是八国联军进攻北京城的当儿，而上海醋嬉如旧，为了有三督联保东南之约（三督者，粤督李鸿章、江督刘坤一、鄂督张之洞也）。不过北方闹得厉害，难免不扰及南方。有一天，不知从哪里来了一个谣言，说是洋兵要占领上海，军舰已开进吴淞口了。中国人那时是最容易相信谣言的，这个谣言不翼而飞，便到处宣传，人心纷乱了。

不但是上海，这个谣言便立刻飞到苏州，还加添了许多枝叶，说上海如何如何。我祖母因我在上海，老不放心，竟打了一个电报来，教我即日回苏。那时候，苏沪间还没有铁路，只有小轮船可通。我接到了电报，立刻到苏州河一带河轮船码头去一问，各小轮船公司的船票，尽已卖光了。那种往来于苏沪之间的小轮船，本来拖了好几船的，这次拖得更多，竟拖了六七条之多。

每一条拖船上，都是拥挤非凡，而且船价没有一定，随便讨价。多带行李，还要加租，一只箱子，就要加两块钱，以前是没有这个规矩的。我想：今天不走了吧？但祖母急想我回去，母亲亦在悬盼，说不定明天还要拥挤，还要涨价。有一家戴生昌小轮公司，我有一个熟人，和他情商，他说："除非在烟篷上，或者可以想法，但是你先生怎可以趁〔乘〕烟篷呢？"我说："不管了！只要能搭上去，就可以了。"

一张烟篷票，卖了我四块钱，在平时只要两角五分，那也不去管它了。不过他还关照我，买了票就到船上去，烟篷上也是挤得很的。我回到客栈里，拿了铺盖便到船上去，果然，烟篷上已经挤满了不少人了。所谓烟篷者，在拖船顶上布篷之下，身体也不能站直，只好蛇行而入。向来所谓上等人，从没有趁〔乘〕烟篷的。

我钻进了烟篷后，便打开了铺盖，因为打开铺盖，就可以占据了一个地盘。当我正在满头大汗摊开铺盖的当儿，忽听人堆里有人唤道："二少！你怎么也来了呀？"我回头看时，却正是我寓楼对面金湘娥家的阿金。我那时也顾不得羞惭了，便道："买不到票子，没有办法，只好趁〔乘〕烟篷了。"她笑道："人家说：'大少爷拉东洋车'（按，此为上海一句俗语，指少年落魄之意），现在时世，大少爷趁〔乘〕起烟篷来了。"她便爬过来，帮我摊被头。又低低的说道："和你掉一个位置好吗？"原来她的贴邻，是一个不三不四，像

135

马车夫一样的人，她有些怕他。我明白她的意思，便给她掉下一个挡，做了他们之间一个缓冲。

船一开行，就吃夜饭了。饭是船上供给的，但只有白饭，没有菜肴，仅有一碗公共的咸菜汤。我临行匆促，没有买得路菜。谁知阿金倒带得不少，她说都是小姊妹送的，酱鸭、薰鱼，硬把顶好的塞在我饭碗里，说道："吃吧！吃吧！吃完算数！"我很觉难为情，但又不能不吃。吃完夜饭，船就渐渐开得快了，天也渐渐黑了，烟篷上只挂着一盏朦胧略有微光的煤油灯，渐渐的鼾声四起了。我是睡不着，但睡在我隔邻的阿金微阖双目，我不知道她是睡着了没有。

到了十二点钟以后，我还是睡不着，而且还有些刺促不宁，原来我的小便急了。和阿金调换位置以后，我睡在里挡，而阿金睡在外挡，如果我要到船边，拉开布篷去小解，必然要爬过阿金身上，我只得且忍耐住了。但越是忍耐，就是忍耐不住，更是睡不着。已经忍耐过一个钟头多了，阿金也已有所觉察，张开眼睛来，微笑道："二少，阿是睡不着？"我没有法子，只得告诉她要小解。她道："怎么不早说呢？好！我让你爬过去。"

于是她就蜷缩了身体，让我从她的被头面上爬过去，可是一揭开布篷，外面的一阵寒风吹进来，令人发抖。原来那时候，已是旧历九月的天气了，我连忙退缩进来。这时江深月黑，船因开得快，重载以后，颠荡倾侧，站在船舷上，又无栏干，危险殊甚。阿金见我缩进来了，便问："怎么样？"我说："站立不住，危险得很。"她说："那末不小便，这是要熬出'尿梗病'来的呀！"

那时她便想出一个办法来，解下了她的一条白湖绉纱的裤带来，把我拦腰一缚，教我站在船舷上去，她在后面紧紧拉住。果然，这方法很灵，而我也胆大了不少，小解过后，我也就此舒服了，得以安眠。她嘲笑我说："吃这样的苦头，真正作孽。"她这时又问："讨了少奶奶没有？"我摇摇头，表示没有。她笑说："快点讨少奶奶吧！可以服侍你。"她又问我道："为什么急急要回去，真怕洋鬼子打到上海来吗？"我告诉她："祖老太太打电报来，一定要教我回去。"我回问她道："你呢？你为什么急急要回去呢？"她说："乡下有信来，要教我回去。"我问："为什么要回去呢？"她有点含糊其词了。

天微明的时候，大家都起身了，因为那船很快，七点钟就可以到苏州。起来时，一阵忙乱，大家都是打铺盖，把卧具卷去。这时，她帮我打铺盖，我亦帮她打铺盖。但我于此道是外行，有点尖手尖脚，一样的帮忙，还是她帮我的忙帮得多。虽然我当时已经二十以外的人了，她还不过十八九岁，身躯比我小，气力好像比我大。她这时便对镜梳掠，我坐在她傍〔旁〕边，她问我："还要到上海吧？"我说："是的。""还住那客栈吗？"我说："是的。"我回问道："你也仍在金湘娥那里吗？"她笑了一笑，也说："是的。"

回家去了两个月，时局平静，北方虽是联军进城，两宫出走，而上海醋嬉如旧。不知如何，我虽与那个青楼侍儿，仅有同舟一夕之缘，却是不能去怀，我觉她是一个又温柔、又豪爽的女孩子。我这次到上海，竟然坐大菜间了，价值仅及上次烟篷的四分之一。船过金鸡湖，口占一绝曰："短篷俯瞰碧波春，一梦温馨岂是真？两岸青山看不尽，眉痕一路想斯人。"痴态可掬如此。

到了上海，当然仍住在鼎陞栈，幸喜这个小亭子间仍空着。第一，要看看对面金湘娥家的阿金来了没有？可是推窗走到月台上一望，不免大失所望。原来金湘娥已经调到别处去，而换了一家陌生人家。问旅馆里的茶房，他们也不知道。当夜我到一家春番菜馆进西餐，我知道番菜馆的侍者（上海呼为西崽），他们都熟悉各妓院的近状，向他们查询。他们说："现有三个名叫金湘娥的，不知先生要哪一位？"我对此茫然，不得已，把三个金湘娥都叫了来，没有一个家里有阿金的。有位小姑娘说道："上海堂子里名叫阿金姐的，少说也有十几位，你真是沙里淘'金'了。"这有什么办法呢？怅然而已。

过了两天，我又遇到庞栋材了，告诉他与阿金同船回苏州的事，并且托他访问阿金。他道："嗳呀！我在中秋节前，好像听得说阿金过了节，就要回到乡下去嫁人了。因为她从小就配了亲，男家已经催过好几次了。阿金虽在堂子里，人极规矩，有许多客人要转她的念头，却转不到，嫁了人，也不会再出来了。"说到那里，他又笑道："老兄还自命为道学派，只同船了一次，已经把你风魔了。无怪崔护当年，有人面桃花之感了。"

我为什么琐琐写此一节，这是我未成熟的初恋，也是可嗤笑的单恋，此种事往往到老未能忘怀的。后来我曾经写过一个短篇，题名为《烟篷》，在《小说月报》上刊出的，便是这个故事。

四七　名与号

中国所谓上中阶级的人，一向都是有名有号的，除了名号之外，还有许多别号以及小名等等，如果一个文人，更有许多的笔名。我的最初的名字，唤作清柱，这个名字，是姻伯姚凤生先生给题的。原来我父亲的名字是应壎，号韵竹；我祖父的名字是瑞瑛，号朗甫；而我曾祖的这一辈，是"大"字辈。大概是我父亲请凤生先生为我题名时，说出了辈行，凤生先生便拟定了二十个字，成了四句五言诗道："大瑞应清时，嵩生岳有期……"当我小时候，还能很清楚的背出这四句诗，现在却只记得上面十个字了。

为了这个排行，在我一代，应得是用"清"字辈份了。至于那个"柱"字，大概我的八字里缺木的缘故，因此在名字中要选一个木字偏傍〔旁〕字的了。但是这个"清"字，是当时的国号（大清国），底下不可乱加什么字，于是题了"清柱"两字。我们这位姻伯，是不是祝颂我将来成为皇家栋梁的意思，总之是出于他的好意是无可疑的。所以我自从上学起一直到进学止，一直用了这个名字，从来没有更易。

到了二十二三岁的时候，我看看新书，渐渐有了一点新思想，又发生了一种民族意识，感觉得现在统治我们的一个异族，而种族革命的呼声又在呼唤我们的青年。我那时就感到我这"清柱"两字的名字不妥当，朋友们问起这两字有何意义，是否真要做皇家栋梁？令我惭愧，于是我便毅然决然的自己改名了。

在从前，已入学的人，要改换他的学名，也有点小麻烦，而在学署里也要花些手续费，这是为了乡试会试起见。我可不管这一套，便自行主张改了。我读《论语》，有两句道："士不可以不宏〔弘〕毅，任重而道远。"我觉得这"毅"字可用。因为我自己觉得对于求学处事，都缺少毅力，用这个"毅"字为自己警惕之意。起初我想改单名，大家说不好，因为我上有一姊，排行第二，而苏州人的土音，二与毅声相同，例同张三李四之类。于是又想改为"君毅"两字，但君字用于号者多，用于名者少，觉得君字不及公字大方。而且我们祖先有位包孝肃，是妇孺皆知，大家都称之为包公的，因此也就用了这个"公"字，定名为公毅。

当时的名片，并不流行那种外国式的、雪白的、像云片糕似的小名片，而是大红纸的大名片。因为那时，红是吉祥的颜色，白色是忌讳的。那种名片上的字，常常请名人名书家写的。我改名以后，就请我的谱弟戴梦鹤，写了一个是魏碑的。到后来，也曾经由几位名人写过，记得请张季直写过一个，请章太炎写过一个，木刻都精工。最后还请狄平子写了一个，他做了锌版送我，那时已经不大流行老式名片了。后来老式名片渐行废弃，我这些名片木戳，都不知丢往哪里去了。

谈起名片，颇有许多趣事可述。我在十三四岁的时候，曾有集藏名人名片之癖。先集状元的名片，现代人如洪钧、陆润庠、翁同龢等，我都有了，先代的也觅得两三张（张謇那时尚未中状元）。至于榜眼、探花，苏州就可抓一把（我还有张之洞的名片），翰林更不必说了，总共也收集到近百张呢。这个东西，后来我迁居上海，一古脑儿送给一位朋友了。

再说：当时的风气，凡是一位新进士、新翰林，初中式时，出来拜客的名片特别大，本来七寸的名片，放大至近尺。而名片上的名字，则亦顶天立地，费念慈这个"费"字，足有两寸多。到后来，慢慢缩小，到授职编检，已缩小许多。至出任疆吏，就和寻常一样了。但有一可笑的事，苏州的妓女，也用大名片，竟与此辈太史公看齐。我们坐花船，吃花酒，召妓侑觞，她们照例送来名片一张，请爷们到她那里坐地。这个风气，最先也曾传到上海，我曾得到林黛玉的大名片一张，简直与那班新翰林者无二。

最坏者藉名片为招摇、需求、欺骗、威胁之用。就小事而言，苏州有各处私家花园，虽然开放，亦收门票，但只要某绅士一张名片，可以通行无阻。或介绍一个佣仆，或为亲友说情等等，这名片亦有用。大之则所谓不肖子弟，仗其父兄势力，用彼父兄的名片，招摇撞骗，向人欺诈。那些结交官场的恶地主，动不动说："拿我片子，送官究办。"以威吓乡下人，这名片的为害烈矣。

我的话不免又支蔓了，我将叙入正文：有名必有号，自古以来，中国上、中阶级的通例。至于下也者，不但无号，抑且无名，就以阿大阿二、阿三阿四叫下去了。我在十五岁以前，是并没有号的。还有，一个人题他的号时，总与他的名有关联，古今人都是如此。但我若题号时，必与原来的柱字上着想，又是什么栋臣、梁臣之类。可是我的号，并未与名有联关，这个号，倒是我祖母提出的。其时中国有一种风气，往往在他号中，有他祖父号中的一字，而加以一"孙"字。譬如他的祖父的号是云伯、云甫之类，他的孙子，便可以取号为云孙。为了我的题号，祖母笑着说："他的祖父号朗甫，就取号为朗孙吧。"祖母不过因为怀念祖父，随便说说，并不是要决定如此。但后来没有另取一个号，我就把祖母所说的朗孙二字，随便用用，不知不觉，便成为我固定的号了。

中国人的命名，于他们的宗族是大有关系的，如用名字排辈行，不容紊乱。兄弟间则以伯仲叔季为次序，古来就是如此，传至于今，仍复如此。除以承继其祖取号者，亦有承继其父取号，譬如父号云伯、云甫者，其子号少云、幼云者，不计其数。这是宗法社会，不独中国，外国亦有此风。不过他们的姓名，很多鲁〔噜〕苏，不及我们的简捷耳。

我的小名叫德宝，现在已经无人知道了，这也是祖母所题的名字。当时我祖母及父亲、母亲并其他尊长，都呼我以此名。平辈中长于我的呼德弟、宝弟，幼于我者呼德哥、宝哥。佣人们呼我为德宝官（苏俗：对儿童的尊称，不论男女，都呼曰官），稍长，即呼为德少爷、宝少爷，但宝少爷三字较顺口。在我十二三岁时，凡我的女性的长辈，都以此宝少爷三字呼我。我记得读《易经》时，有两句道："天地之大'德'曰生，圣人之大'宝'曰位。"我便写下来，做了我小名的嵌字联。

这个"天笑"两字的成为笔名，也是出于随意的。到了后来，竟有许多朋友，不知我的原来的名号，只知道是天笑了。最先用这个名字时，还是在译《迦因小传》时，用了这个笔名叫做"吴门天笑生"。在那时的观念，以为写小说是不宜用正名的，以前中国人写小说，也是用笔名的多，甚而大家不知道他的真姓名是谁，要探索好久，方才知道的（其时同译的杨紫骥，他的笔名是蟠溪子）。

有人问我：这"天笑"两字，有何意义？实在说：并没有什么意义，不过随便取了这个字罢了。我当时还有许多笔名，不过这只是许多笔名中之一而已。只记得子书上有一句"电为天笑"，那是好像一句非科学的哲人的话，而诗人又常常引用它。要是从前人的诗句上，我也可以找得出这两字可以联合的，最先如杜工部的诗中，有两句道："每蒙天一笑，复似物皆春。"近人如龚定庵诗句中，有"屋瓦自惊天自笑"的句子，谭嗣同也有"我自横刀向天笑"的句子。我只是腹俭，倘真要检寻，古人诗中关于此两字的，恐怕还多。但这也不过牵连附会而已，实在说来，都与我这笔名无何关系。

我最初用的是"吴门天笑生"，共有五个字。后来简笔一些了，只用"天笑生"署名，仅有三个字。再到了后来，便只署"天笑"二字。及至后来到了上海的时报馆，常常与陈冷血两人写极短的时评，他署一个"冷"字，我署一个"笑"字。这是从"吴门天笑生"的五个字，缩而成为只署"笑"的一个字了。

当时我有不少的笔名，后来都放弃，这也是文人积习，自古已然。我还记得我有一个别号，唤做"包山"，我自己姓包，而又叫做包山，这不成为"包包山"了吗？但古人早有其例，如大家所知道的文文山等，我也算是仿古。以包山为号的，古人中有位陆包山，他是著名的画家，但不姓包。包山并不是没有这个山的，属于苏州的太湖中洞庭东、西两山，那个西山，就是名为包山的，因为它是包于太湖中间的意思。我用包山两字作别号，在结婚那年为最多，因为我这位新婚夫人，她虽然原籍是溧阳，但是生长的地址则在洞庭山。有一位画家任君，还为画了一幅"包山双隐图"。而我的谱弟，为我写了一个木刻封面"包山书简"，是北魏体的。

我的笔名之多，连自己也记不起来了，什么轩、馆、楼、阁之名，恐怕也都用到。只有两个，到老还是用着，一个叫做"秋星阁"，一个叫做"钏影楼"。有时写点笔记之类，常是写着"秋星阁笔记"，或是"钏影楼笔记"。有时我高兴写日记起来，也是写着"钏影楼日记"的。

四八　钏影楼

秋星阁与钏影楼，两个笔名，我是常用的。秋星阁这个名儿，我曾经用了在上海开过小书店，现在且不必去说它。至于钏影楼这个名儿，我用得最多，有好几方图章，都是刻着钏影楼的。人家觉得这钏影楼三字，未免有点脂粉气，好像是个应该属于女性所使用的。又怀疑着这钏影楼三字，好像是个香艳的名词，有没有我的什么罗曼史在里面？其实这钏影楼的名词，我不过纪念我母亲的一段盛德的事实罢了。

在我五六岁的时候，那一天，是旧历的大除夕了，那时我父亲从事商业，境况比较地还好。我们是习惯地在大除夕夜里吃年夜饭的。那时的吃年夜饭，并不像现时所流行的邀集亲朋，来往酬酢。因为各人自己也要回到家里吃年夜饭，只是家人团聚，成了一个合家欢。像苏州那些大家庭、大家族，到那一天，妇女孩子聚在一起，常常有数十人、百馀人，不［足］为奇。但我家吃年夜饭，只有六个人，便是祖母、父亲、母亲、我们姊弟二人，以及长住在我家里的那位顾氏表姊。

吃年夜饭已经在夜里十点多钟了，为的是在吃年夜饭之前，先要祀先，这便是陆放翁所谓家祭。苏州人家，对于家祭极隆重，一年有六次，如清明、端午、中元、下元、冬至、除夕，而除夕更为隆重。

而且也要必须等父亲从店里回来以后，然后设祭。大除夕这一天，无论哪一家商号，都是最忙的一天。及至我父亲结好了账，从店里回来，已经要九十点钟了。吃年夜饭，照例要暖锅，装得满满的，还有许多冷盆，喝着一点儿酒。大家说说笑笑，吃完的时候，已经将近十二点钟了。虽然大除夕的夜里，人家有通宵不睡的，但是我们小孩子是要瞌睡了。

母亲在大除夕的夜里，每年常是不睡的，到深夜以后，还有什么封井（苏州人家每个宅子里都有井，除夕要封井，至初五方开）、接灶（送了灶君上天后，要于除夕夜里接他回来）、挂喜神（祖先的遗容，新年里要悬挂起来，有人来拜年，还要拜喜容）、装果盘（自己房里点守岁烛，供果盘，还用以待客）等等的事。除此以外，还要端正我们两个小孩明天元旦穿新衣服。父亲也还没有睡，他在算算家庭和个人的私账，一年到底用多少钱。

其时已经元旦的凌晨两点钟了，忽听得叩门声甚急，是什么人来呀？本来大除夕的一夜，讨账的人在路上络绎不绝，甚至于天已大明了，只要讨账的人手提一只灯笼，依旧可以向你追讨。一到认明是元旦，只可说恭喜了。但是我们家里的账，早数天都已清还，并不欠人家的账呀！

开门看时，原来是我父亲的一位旧友孙宝楚先生，形色仓黄〔皇〕，精神惨沮，好像很急的样子。问其所以，他摇头太息，说是活不下去了。因为他亏空了店里一笔款子，大约四五百元。这四五百元，在从前是一笔不小的款子呢。这位孙先生，又不是一个高级职员，他一年的薪水，至多也不过百馀元而已。这种钱庄上的规矩，伙友们空了款子，到了年底，都要清还。如果不能清还，明年就停歇生意了。

但是大除夕，是一年最后的一天，孙君还不能归还这笔款子。即使借贷典质，也仅能筹到百馀元。假如明年停歇了生意，一家老小，靠什么生活，况且还有八十多岁的老母，还有三个未成年的孩子呢。而且苏州的钱庄是通帮的，你为了用空了钱而停歇出来的，还有哪一家再肯用你呢？那末到此地步，只有死路一条了。

他这一次来，当然是求助于我父亲了。不过，他怎样的会拉下这许多亏空的呢？全部是"做露水"（钱业中的卖空买空投机事业）蚀去了的。因为他是个中等职员，薪水微薄，不够赡家，于是想弄点外快。不想这"做露水"的事，就像赌博一样，赢了想再赢，输了想翻本，就不免愈陷愈深了。

本来那种迹近赌博而输去了钱的人，有人目为那是自作自受，不大肯加以援助。但父亲和他是老友，且一向知道他为人诚实，可是到此也爱莫能助呢。父亲当时向他说道："你若早两天来，还有法子可想，怎样直到这个时候才来呢？"原来父亲已经结束好了账，也没有宽裕，只不过留着几十块钱，以供新年之用。在新年里，所有金融机关都停滞〔业〕，一直要过元宵节（俗名灯节）方可调动款子呢。

那末，即使我家中所留存的数十块钱都给了他，也无济于事，而我们新年里没有钱用，倒也不去管它。如果立即拒绝了孙君吧？人家正在危难之中，不加援手，也觉得于心不忍。父亲正在为难之间，母亲却招了父亲到房里来，说道："我看这位孙先生的面容不对，如果今夜这个年关不能过去，恐有性命之忧，他不是说过只有死路一条吗？"

"哪又有什么办法呢？"父亲皱着眉头道："我现在手头没有四五百元可以接济他呀！假如他早两天来，甚而至于在大除夕的白天来，我还可以给他在朋友中想办法。现在已是大年夜的半夜里了，教我到哪里去给他借钱呢？"母亲踌躇道："你问问孙先生，如果不是现款，也可以的吗？"父亲道："不是现款是什么呢？难道半夜三更，还可以拿房契田单，寻人去抵押吗？"母亲说："何必要房契田单呢？况且我们也没有这种东西呢。"父亲道："那末你说是什么呢？"母亲道："难道金饰也不可以吗？"

父亲熟视母亲道："你的意思，愿意把你的金饰，救助孙某吗？"母亲道："救人之急，我很愿意的。你快去问孙君吧！"父亲道："明天是个元旦呀，大家都要穿戴，而你却没有，这如何使得？"母亲笑道："这有什么关系？即使我有了，不戴出来，也由得我呀！况且那副绞丝镯头沉甸甸的，我真懒的戴它呢。至于老太太问起来，我会告诉她，她也是慈善而明白的人，她决不会责备我的。"

父亲很高兴，拥着母亲道："你真是好人！你真是好人！"他便奔出去，告诉了孙宝楚，孙感激得眼泪只管流下。及至我母亲走出去时，孙君便要向母亲磕头，母亲急急避去。母亲所有的金饰，份量最重者，便是那一对金绞丝手镯，每只差不多有二两重，此外还有一只名为"一根葱"较小的，此外还有金戒指，此外还有我们孩子们［的］金锁片、小手镯等。母亲向父亲道："救人须救彻，请孙君尽量取去就是了。"

据估计当时的金价，除了最重的一对绞丝镯之外，再加几件零件，还有孙君自己借贷典质的钱，也可以张罗过去了。那时中国还没有钞票，要是拿三四百块现洋钱，却是非常笨重的。此刻虽是金饰，丢出去就是钱，这时黄金是非常吃香的，最硬的东西，总而言之，孙君明年的饭碗是保牢了。

孙君临行时，向我母亲说道："大嫂！你是救了我一条性命。"他说时，在衣袋里取出了一只圆型牛角盒子来。里面是什么呢？却是满贮了生鸦片烟膏。他说："我到此地来，是最后一个希望了，如果这里没有希望，我觉得无颜见人，借此三钱生鸦片烟毕命了。"因为孙君平素是不吸鸦片烟的人，他藏了这生鸦片烟在身边，真是企图自杀的意思呀。

到了年初三，孙君到我们家里来拜年，他神气很高兴，因为生意到底连下去了。趁着拜年，他真的向我母亲叩一个头，母亲便忙不迭的还礼。我们还请他吃饭，父亲陪他喝一点酒。在席间，母亲便劝他："孙先生，这些近于赌博的露水做不得了。"孙君说："吃了这一次苦头，几乎把性命丢掉，幸而有大嫂相救，假如再要做那种卖空买空的勾当，不要说对不起大嫂，也对不起自己呀。"

关于这金钏的事，孙君后来渐渐把这笔款子拨还，也需要一年多光景。母亲除了兑还孩子们的金饰外，重新去兑了一对比较轻的手镯。到了后来，我们的家况日落，父亲没有职业的时候，她还是把它兑去了，以济家用，以供我读书之需。我想起了这个故事，我并不痛心，我只赞礼我母亲慷慨好义，慈善救人，是一个寻常女人所不肯。她是不曾读过书的，识字也有限，而却有这仁厚博大的心肠，我们如何不纪念她。

这便是我题这钏影楼的典故。

四九　结婚

我是二十五岁结婚的，我妻与我同庚，也是二十五岁。我是在二月初二日生的，她是四月初一日生的（俱属旧历），我比她长了两个月。中国人每多早婚，尤其是在江南，二十五岁结婚，在当时已算是迟的了。就我们的亲戚中说：大半是在二十岁以内，十八九岁为最多。若是女孩子，一过了十六岁，便可以出嫁了。至于乡下地方的婚嫁，好多是畸形的，不必说它了。

主张我即行结婚的，第一是祖母。父亲故世了，我的三位姑母全故世了，连她所喜爱而领在我家的顾氏表姊也已出嫁了，我姊也出阁了。老太太们喜欢小孩子，她的晚景，将寄托于抱曾孙子。至于母亲，也未尝不希望我结婚，因为我已成年，而她的身体日就衰弱，很望有一勤健的儿媳，来帮她的忙。就只家中贫苦，人家娇养的女儿，不知能否食苦为虑。

我对于结婚的事，很有点犹疑。第一，我是为了家计。我幸有母亲的操劳支持，勉强可以过度。娶了亲后，家中既添一个食口，而人家一位青年姑娘，到我家来做媳妇，似不能过于艰苦。并且结婚以后，不能不生育，小孩子一个一个添出来，这个负担，也就不轻呀。还有一个意思，全出于自私之念，我觉得未结婚的人，自由得多，结了婚的人，便不免生出多少牵虑来了。

但是我的家庭，已使我不能不结婚了。原来我的祖母已成了瘫痪之症，不能步履行动了。她那时已是七十多岁了，而躯体丰肥，起床也须有人扶持。起床以后也只能坐在一张藤椅子里，冥坐念佛而已。还有半夜起来溲溺，也须有人扶掖，这都是我母亲的责任。如果是别人呢？譬如女佣之类，她们不能半夜惊醒，而且粗手粗脚，未能熨贴，这是使母亲不能放心的。

所以自从祖母得了这半身不遂之病后，母亲便不睡在自己房里，一直睡在祖母房里了。有一天，祖母半夜里起来小解，她因为知道我母亲夜里做女红，睡得很迟，不想惊动她，便轻轻悄悄起来。谁知没有站稳，一转侧间，跌倒在床前地下。母亲睡得异常警醒，听得了声响，急忙揭开帐子一看，吃了大惊，因为老年人是不能倾跌的，何况祖母又是身躯肥重呢。

从此以后，母亲在夜里更为警醒，祖母床上一有声响，她便立刻起来。到了冬天，衣不解带，只是和衣而睡。后来祖母病了，常常不能起床，有时连溲溺都在床上，一切铺垫、洗溺等事，都由母亲任之。祖母捧着母亲的手涕泣道："求求菩萨！但愿你的儿媳妇，也这样的孝顺你。"我听了，心中很难过。因为我们一家只有三人——祖母、母亲和我——我是一个男子，饥驱奔走，我又不能代母亲之劳。而且母亲的身体也不健全，日就衰弱，每天吃得非常之少。她是有肺病的，带病延年，现在已是五十多岁的人了，人家以为即此也不容易。希望我结婚以后，有个媳妇帮助她，总归是好的。

我的结婚日子，是在那年四月二十五日（都是旧历，以下仿此），那个时候，所谓新式结婚（俗称"文明结婚"）还没有流行呢。新郎新娘以前从未见过面，现在称之为"盲婚"，这两字甚为切当。一切仪式，都为老派，从辛亥革命以后出生的诸位先生们，恐怕有莫名其妙的。但中国历代传统以来，对于婚姻制度非常隆重，即使要写一些近代婚姻风俗史，也非成一巨帙不为功。我今就我的结婚，略述一二：

首先说迎娶，依照古礼，新郎亲自到女宅去迎亲的。直到如今，在中国别省犹有此风，但东南各省已无此风了，只是用全副仪仗，敲锣打伞去迎接她。其中最有别者，新娘要坐一顶花轿，这顶花轿，不仅属于虚荣，抑且恃于权势。妇人对于嫡庶之争，往往说："我是从花轿抬进来的。"好比清朝的皇后，说："我是从大清门进来的"一般。苏州的花轿，却是特别考究，明灯绣幄，须以八人抬之。但我们没有用花轿，仅有用一蓝呢四人轿，以花轿多所糜费也。惟仪仗一切则如例。

次言拜堂，当新娘未出轿以前，新郎已迎候于堂前，新娘出轿后，即同行拜堂礼。先拜天，后拜地，然后新夫妇行交拜礼，这是中国旧婚礼中最隆重的一个节目。当拜堂时，新郎则下跪叩头，新娘却只跪而不叩头。问其所以，则云新娘凤冠上附有神祇〔祇〕云云，其实她满头插戴珠翠，且罩以方巾，不能使其更一俯首也。所有礼节中之跪拜，都受命于一赞礼（苏人呼之曰"掌礼"），此人穿方头靴，皂袍皂帽，插金花，披红巾，全是明朝服饰，此古典当是满清入关时始也。

拜堂既毕，把红绿牵巾，系在新郎新娘手上，这不知是何意义，或者是赤绳系足的故事吧？这时新郎倒行，新娘顺行，脚下则踏以麻袋（此种麻袋，都向米店中去借来），名之曰"传代"，谐音也，此俗在明代已盛行。然后进入内厅，行合卺之礼，苏人则俗称为"做花烛"。新郎、新娘对向坐，中间点大红巨烛四枝〔支〕，作为新婚夫妇对饮对食状。旋即有青年四人（预先选定者），各持一烛，送入洞房。

入洞房后，新郎、新娘并坐床沿，此一节目，名之曰"坐床撒帐"。那时新娘头上仍遮上大红方巾。入洞房后，第二节目便是揭去她这个方巾，名曰"挑方巾"，挑方巾必延请亲戚中的夫妻团圆（续弦不中选）、儿女绕膝的太太为之。这个时候，新娘方露出庐山真面，为妍为媸，可以立见。以后便是新娘至后房易服，卸去凤冠霞珮的大礼服，而穿上红袄绣裙的次礼服，出来谒见翁姑及各亲戚尊长行见面礼，与新郎偕，此一节目，名曰"见礼"。吴中风俗，并无所谓翁姑端坐、新妇献茶的仪式。以后有一节目，曰"祭祖"。那是儒家规范，于礼甚古。祭祖时，翁姑在前，新夫妇居中，而合族中人都来行礼也。以后更有一节目曰"待贵〔宾〕"。此是设盛筵以待新妇，而新郎不与其事。新娘居中坐，往往选未出嫁的小姑娘为之陪席，亦有"定席"、"谢宴"小节目，不赘述。

依照旧式婚姻喜庆事，我家于以上所述节目，一一遵行。最后我谈到了"闹新房"一事。闹新房虽然不是善良的风俗，但亦是青年人意兴之所趋。又因为中国传统，对于少女太不开放，男青年对于女青年很少有见面的机会，而女人又养成羞怯的习惯。醉饱以后，哄入新房，欲见新娘子一面，说说笑话，打趣一番，原无所谓。如果是恶作剧，甚至演出无礼的举动，这便是令人憎厌，而为不受欢迎的宾客了。

我此次结婚中，并没有闹新房的一个节目。原因我为了简省之故，未发请柬，仅仅几位至亲密友来吃喜酒。有几位比我长一辈的，怎好意思闹新房！至于我所交的新朋友，他们有些新时代气息，不喜此种旧风习。还有一种趋势，闹新房具有报复性质，你如果喜欢闹人家的，到了你结婚时，人家也来闹你新房了，这便叫"我不犯人，人不犯我"。我就是不欢喜闹新房的，所以也没有人来闹我新房了。

这一回，亲友的贺客虽然不多，却也吃了八桌酒席。女宾倒也不少，还有许多儿童。苏州人对于吃喜酒，那是最欢欣鼓舞的事。想起了从前的物价，使现代青年人真有所不信，那时普通的一席菜，只要两元，有八只碟子，两汤、两炒四小碗，鸡、鸭、鱼、肉、汤五大碗，其名谓之"吃全"。绍兴酒每斤二角八分。八席酒菜，总计不过二十元而已。不过最高价的筵席，则要四元，那是有燕窝、鸽蛋等等。我们那天的"待宾"节目，即用此席，新娘例不沾唇，留待家人分饷。至于后来的什么鱼翅席、烧烤席，苏人从未染指也。

我妻端庄而笃实，我祖母及母亲都极挚爱她。尤其是身体健全，不似人家所说的工愁多病的林黛玉型那样人物，因为她在家里也是操作惯了的。虽然她是缠了小脚的人（那时苏州风气，凡上、中等人家，如果讨了一位大脚的新娘子，便将引以为耻，而为亲朋所哗笑），可是行走极便利。在文字上，她曾进过私塾，读过两三年书。《论语》上半部，她还能琅琅上口，只不过不求甚解而已。至于缝纫刺绣，却是从前吴中闺女的必修科〔课〕。倘欲洗手作羹，则正可向我母学习耳。

在从前未出阁的小姐们，对于婚姻事，一听父母支配，自己连提也羞于提起，怎敢有什么主张！嫁了过来，侍奉舅姑，是其本职，哪里有什么自由行动，也没有什么组织小家庭的志愿的。尤其像我是一独生子，又没有伯叔兄弟，祖母仅有这一个孙媳，母亲仅有这一个儿媳，自然是格外的宠爱了。我见到祖母与母亲都锺爱她，我也为之心慰。

不过我那时已呼吸了一些新空气了，那时大家又在那里提倡女学，解放缠足，有些外国教会里也在开设女学堂了。我们写文章也是动不动说妇女要解放了。而我所娶的女人，却是完全旧式，好像是事与愿违。但是我们在六七年前已经订婚了，虽是父母之命，媒妁之言，也是经我同意。那个时候，也没有所谓洋学堂里女学生。就是到我结婚的时期，女学生也还是很少的，所有我们亲戚朋友中，哪一家不是娶的深闺中的小姐呢？

这时上海已有了女学校了，苏州还是没有。即使有了，在我们的环境上，也不许可。试想我要进学校，尚且不可能，何况她是个女人，怎能许可呢？直到后来我住居在上海，我在女学校教书，所住的地方是在上海老西门，那边有好几家女学校。她曾经在民立女中学的选科中，学习音乐与绘画，这时年已三十，更有了儿女，也像我的学习外国文，一无成就，只得放弃了。

我妻姓陈，名震苏。这个名字，很不像一个女人名字，那是我的岳丈陈挹之先生题的。陈挹翁有两女，她是长女。次女名兰仪，嫁王稚松君。

五〇　初到南京

在我结婚的那年，还馆于尤氏，虽心厌教书生涯，但无别的出路。许多同学，有的到日本去了，如李叔良、汪棣卿诸君；有的出外就学，如杨紫骍、戴梦鹤诸君。只有〔我〕株守故乡，绝无发展之馀地。在新婚的一月间，通常称之为蜜月，苏州有个俗例，叫做"月不空房"。意思就是这个月子里，要夜夜双宿。我向来是住在馆里的，三四天回家住一夜。现在要夜夜回家，遵此俗例，新婚宴〔燕〕尔，早晨到馆，不无迟了一些。有一天，我那两位表侄的学生，见先生未来，顽劣惹祸，女佣们便抱怨师爷迟到，刚被我听见。虽佯作不闻，而心殊不乐，从那一天起，我就打破了"月不空房"的俗例，依旧是三日回家一次。虽祖母不以为然，我殊不顾也。

我这时野心勃勃，觉得株守故乡，毫无兴趣，倘能离开了这个教师生涯，闯到别一个地方去，换换空气。但以重帏在堂，祖母是年老有笃疾的了，许多尊长们似不以我出门为然。现在家里既添了一个人，而这人也是一个健妇，足以帮助我的母亲不少。那末我即使不能远游，在本省之间，或在太湖流域各处去游学，或者也是可能的事吧？

自从戊戌政变以来，各处都闹着开办学堂，其时南京便设立了一个高等学堂。那时还无所谓大学堂、中学堂的等级，名之曰高等学堂，便是征集国内一班高材生而使之学习。说一句简要明白的话，便是把从前的书院体制，改组一下，不一定研究西学，而还是着重国学，不过国学中要带有一点新气，陈腐的制艺经文，当然不要它了，但也不过是新瓶旧酒而已。南京的高等学堂是官办的，这些官办学堂，不但不收学费，而且进入这个学堂后，学生还有若干膏火可拿。不过学生是都要考取的，它的资格，至少是一个生员，而才识通明之士，自占优胜。

这个南京高等学堂是江苏省办的，派了一位苏省候补道员蒯光典（号礼卿）为督办。在前清开办官立学校，无所谓校长之称，最初为督办，后来便改为监督。那位蒯光典是安徽合肥人，李鸿章的侄女婿，他是在光绪九年癸未科中进士，散馆授翰林院检讨，后来外放为江苏候补道的。提起当年各省的候补道，以江苏为最多，齐集在南京的，少说有三四百人。其中分红道与黑道两种，因为江苏地区虽大，道员的实缺，只有几个，那便靠各差使了。好在道员是万能的，无论什么差使，都可以派道员去当。但是红道台可以优先得差缺，而黑道台不用说得缺了，得一差也难若登天。

怎样是个红道台呢？要出身好、家世盛、交际广、才学富，方觉优异。蒯光典可说是占全了，说他出身好吧，他是一位太史公，为世所重；他的家世，父亲曾任江苏藩台，而他又与合肥李家为亲戚；他在南京，与几位知名之士如缪小山、刘聚卿、张季直等，都为好友，时相酬酢；他是在旧学上有根柢的人，不是那些捐班的道员可比了。但是他在南京，有蒯疯子之称，大概他是一位高谈时政、议论人物的人，故有此号。当他初办高等学堂时，还有人讥诮他，说他闹了一个笑话，因为他向总督衙门去谢委，那时两江总督是刘坤一。人们说：委办学堂是聘任的，师道当尊，不宜谢委。但蒯说："学堂不是书院，书院请山长是用关聘的，我没有接到关聘，只有札委，应当是谢委的。"那时的官场，却有许多把戏。

我的谱弟戴梦鹤，他年纪虽轻，却是一个多才积学之士。他早就考取了

149

南京高等学堂，这位蒯礼卿先生非常器重他。可怜梦鹤是个肺病甚深的人，在高等学堂里的时候，已经有些勉强的了。可是这个高等学堂开办还不到两年，适在戊戌政变以后，新政受了阻遏，各处学堂，悉令停办，这个高等学堂也奉令停办了。蒯光典另行得了一个十二圩盐务督办的差使。不过他爱才心切，把高等学堂几位他所赏识器重的学生，都招致了他家里去，栽培他们，使之可以成材。

梦鹤肺病，时发时愈，他觉得病在蒯的公馆里，终觉不便，不如回家养息，候病愈后再去。回家后，病乃略痊，又思再去南京。实在这种肺病，渐渐深入，大家劝他养好了身体再去。他说："蒯师盛意，我必定有一个交代。"但到南京后，又复咯血。蒯公知其病根已深，派一亲信家人，护送回苏。临别时，又委托了梦鹤："苏州有没有愿意出来就事而就学的人，请你举荐一人，我要给两个孩子请一位教读先生。"

梦鹤就举荐了我，他说："好！我相信了你，就相信了你的朋友，包君倘愿意，就请他来吧。"梦鹤回苏州，便和我说了。我久闻蒯公大名，颇为愿意，因为常常听得梦鹤称道其师学问渊博，也可以有所进益。但是又要我做教书先生，我觉得我的命运注定如此，真是万变而不离其宗，未免有些厌倦了。梦鹤道："你不愿意教书，也可以申明，蒯先生最能量才使用，在他那里，别的事也就很多呢。我在给他的信上透露一点你的意思，你去后再说吧。终究是我们一条出路，恨我病深，不能与兄同行也。"

我回去，便与祖母、母亲商量，她们说："你不要以我们两个老人为念，既然有此机缘，不可放过。况且南京就在本省，也不能算远。"祖母说："不过你还新婚呀，你也要问问震苏呢。"其实震苏早已通过了。那时我还馆在尤氏，我立刻写了一封信给巽甫姑丈，即行辞馆，因他此刻正在病中。他当然不能阻止我，子青哥且力促我行。但我们的聘约，要至年终，于是我请了一位代馆先生张湛甫以终其事。张为我之表姑丈，亦一名宿也。

那个时候沪宁铁路尚未开通，从苏州到南京，要先到了上海，然后趁〔乘〕长江轮船到北〔南〕京。我既未到过南京，亦未趁〔乘〕过长江轮船，不免有些惘惘。可是梦鹤家里有个老佣人，名字唤作金福的，曾经陪伴了梦鹤去过几次南京，可算是识途老马。因此向戴家借用了金福，陪伴我去。祖母与母亲，又向彼丁宁，与以酬劳。不过在上海情况，我比金福还熟悉，一上长江轮船，便要听金福的指挥了。我们在上海无多耽搁，便去定了江轮船票。这时长江轮船有三个公司，一是太古，二是怡和，三是招商局。这三个公司是班轮，此外还有日本的什么日清公司等等，上海人称之为"野鸡轮船"，自由通行。

这三个公司中，只有招商局为中国人自己办的，太古、怡和两公司，都是英国人办的。无论哪一个国家，海岸通商，外国轮船是可以来的，至于内江、内河，从来不许外国轮船可以侵入的。但中国乃是失去主权的国家，一任它长驱直入，不但侵袭我主权，抑且掠夺我利权，这且不必说了。当时我们就在这外国轮船公司（船名已忘却了），买了两张船票，我的一张是房舱，金福一张是散舱。本来我也想买散舱，由金福的劝告，他道："长江轮上著名的扒手极多，坏人充斥，还是房舱好些吧。"

船主是外国人，关于搭客装货等事，雇用中国人管理，这些中国人经理其事的，就唤做买办。一条船上有大买办、二买办、三买办的许多等级，这些买办，大多数是宁波人。……我这里也不必再絮烦了，且说我们到了船上，等候开船，但闻码头上邪许之声，正在装货。未几，货装完了，汽笛声声，便即开船。船一开了，许多怪现状都显形了，首先是鸦片烟盘，一只只都出现了，鬼火燐星，东起西灭，而且船上也有鸦片可买。其次，便是赌局，非但可以叉麻雀，牌九、摇摊也行。据金福说：有时还有随船的妓女，一路可以接客，但这次却没有。这些客舱中茶房，权力极大，向船客"敲竹杠"，小账之多，比了票价还要多。一个大舱，往往有十几个茶房，各人还可以沿路带走私货。

我是第一次乘长江轮船，幸有金福为之照顾，他年纪已五十多岁，颇为老成。那天风和日暖，波静浪平，我在甲板上观览长江风景，过镇江后，便到南京，船是一直要开到汉口为止。本来预备船倘在下午到埠，不及进城，便在下关住一天旅馆，现在上午已经到了，就可以即日进城了。这时南京的市内交通，有马车，也有人力车，本来想坐马车进城，但这些马车（都是敞篷的），破烂不堪，乱讨价钱，金福说："还是坐人力车吧。"两部人力车，坐了人，还装上一些行李，直进仪凤门而去。

南京我也是第一次来临，这个"龙蟠虎踞帝王州"（李白诗句），倒时时在我心目中。本来江南乡试，我们苏人是要到南京来的，但我这时对于科举，不甚有兴趣，又自知学问浅薄，未必能中举，徒然来做一个不第秀才，因此也懒得来了。现在一进仪凤门，但见一片荒芜，直到鼓楼，好像是一条马路，

151

此刻马路上遍生青草。至于马路两傍〔旁〕，全无房舍，难得有几处，有住居近处的，筑几间茅屋，种几坵菜地，此外则一望无际的蔓草荒烟而已。金福说："听此间人讲，本来从三牌楼到鼓楼一带，原也是繁盛之区，打长毛（太平天国之战）当儿，一把火烧干净了。"

过了鼓楼，分东西两路，而我们则向西路行。那边有两个城门，一曰旱西门（往来封柬，常写"汉西门"，大约因"旱"字不佳），一曰水西门，而蒯公馆则在水西门安品街也。我觉得突如其来便到蒯公馆，未免轻率，不如觅一旅馆，暂为驻足之地，然后进谒，较为妥适。由于人力车夫的介绍，找到一旅馆，门前有两块招牌，写着"仕宦行台，客商安寓"八个大字。走进去先是一片场地，然后有几处房屋，却是冷清清的不知里面有无旅客。我们住了一个单房，纸窗木床，倒也干干净净。时已过午，便在这旅馆里吃了一顿饭，便命金福到蒯公馆投帖报到。

金福回来说："蒯大人不在家，但他早吩咐，请包老爷（老爷之称，我也是第一回）立刻搬进公馆去住。"我托旅馆雇了一辆老爷马车，因有几件行李等等，和金福便到蒯公馆来。原来他住的地方，是南京安徽会馆的邻宅，亦与安徽会馆相通连，里面一个大庭院，雅有花木之胜。出来迎迓的，是姓方的方漱六君，也是安徽人，后来知道是蒯先生的侄婿，年亦不过三十左右，人极干练。蒯公不理家务，似乎一切由他经理。

我到了蒯公馆，应当以晚辈之礼，先去拜谒这位蒯公，但是直到垂暮，他还没有回家。方漱六道："四先生（他行四，大家呼他为蒯四先生）今晚有饭局，回来必很迟。阁下长途辛苦，宜早安置，明晨可以相见呢。"但到了晚膳以后，我正想要安睡时，蒯先生一回来，便到我屋子里来了。他是一位瘦瘦的五十多岁人，嘴唇上一撮小胡子，头发略有一些花白了。但是精神奕奕，非常健谈，一口安徽庐江口音，起初我还听不清楚他的话，后来渐渐驯熟了。他很谦和的说道："我们这里一切都不拘礼，今天阁下舟车劳顿，早些安息，我们明天晚上谈谈。"又问了问："梦鹤的病况如何？"他极力称赞梦鹤的品性与才华，深为他的病体扼腕，教我写信时，代为问候。

五一 记蒯礼卿先生

且说自南京高等学堂停办后，由蒯礼卿先生留在他公馆里的，约共有五六人。现在我所见的，一位是汪允中，他是安徽歙县人；一位是陈宜甫，他是镇江人；一位郭肖艇，他是安庆人。苏州人本有两人，一位是戴梦鹤，一位是余同伯，梦鹤有病不能来，而同伯则另有他就，已向别处去了。但另外有一位苏州人，是王小徐，他并非是南京高等学堂学生，他是吾苏王绂卿先生的次公子，他的哥哥王君九（季烈），也是我所熟识的人。大概蒯与王绂卿为甲榜同年，所以小徐呼蒯礼卿先生为年伯也。

我所下榻的地方，就在那大庭院的翻轩里。这个翻轩，一排共有五间，我便占了两间，一间作为卧房，一间作为起居，壁间也悬有什么书画之类，沿窗安置了一张有抽斗的书桌，以供读书写字之需。在我所住的左首，有一个月洞门，走进去却是另一个小庭院，也有三间宽大的屋子，那便是汪允中、陈宜甫、郭肖艇三人所住的。我到蒯宅的时候，王小徐还没有来，他在北京当小京官。蒯先生约他来，就是拟聘请他在十二圩盐务督办差上当一位文案，实在绂卿逝世后，他周恤故人之子也。

到了明天晚上，吃过夜饭以后，他果然到我的室中来了，一谈就谈到了深夜。他问我近来喜欢看点什么书？主张哪一种学说？这一问，可就把我问窘了。我虽然也看看书，然而我的看书，是毫无系统的，杂乱无章的，俗语所谓"抓到篮里就是菜"。而且有许多书看了以后，老实说"不求甚解"，甚而至于过目即忘，从未有深入堂奥、加以深切研究的。现在要问我学说不学说的话，我更茫无主张，无词以对了。

我只得坦白地说："实在孤陋浅薄得很，因为家贫不能购书，只不过从亲友处借来看看，所看的也都是芜杂的一类。至于正当有系统的书，看得很少，以后要请先生指教。"他似乎颇喜我的坦白，便说："你要看书，我这里有个小小藏书室，书虽不多，但求学上应看的书，约略均备。现在新学盛行，据梦鹤说，足下颇喜新学。我这里上海近来新出的书，我觉得可观的，也随时托人添购一二，不过有许多简直是胡说白道。你爱看什么书，就看什么书，明天你自去选择就行了。"

原来他所说的小小藏书室，就在我所住的房子的隔邻。不是我说的我的下榻地方，是一排五间的翻轩吗？我所住的是东首的两间，而最西首的一间，便是他的藏书室。里面排列着七八具大书橱与大书架，都装满了书，其馀的桌子上、柜子上，也堆满了书，那当然都是线装木版书，虽然也约略分类，可是不大整齐。我进去展览一过，真是如入山阴道上，目不暇给。起初想随意取数册携归房中阅读，但是史类呢？集类呢？那是我性之所近而容易看得懂的。既而想从前无书可读，偶有所获，不加抉择，今有如许可读的书，不能再乱七八糟，要定有一个方针。且与蒯公谈谈，他是个有学问的人，或能开我茅塞也。

一日，偶与蒯公谈及诸子，他说："看看子书也好，可以开发思想。我们营逐于科举，博取功名，死守儒教，只知四书五经，而不知尚有许多学说也。"于是我在藏书室，选取一部《庄子》，一部《墨子》。《庄子》我在以前也曾看过几篇，浮光掠影似的也都忘了。《墨子》我不曾看过，但我读《论》、《孟》时，曾知"墨子兼爱，摩顶放踵而利天下"。现代作家常引用《墨子》的学说，好像很时髦的一部书。我预备先读《庄子》，后读《墨子》。谁知这部《庄子》，还是明末版本，纸张既薄且脆，我一不小心，翻书时用力一点，便扯破了一页，问他们有别的《庄子》吗？一时也找不到。我觉得这是名贵的书呢，不要损坏了它，草草看过，还了藏书室。

蒯先生又要索观我的诗文，以我的自卑心理，实在觉得拿不出去，而且我又不大留稿。在南京来的以前，梦鹤就关照我："怕蒯公要看吾兄的大作。"我就怪他，必是你为我捧场。梦鹤说："蒯公很肯教导我们后进，给他看看何妨。"因此我就抄录了几篇，又默写了几首诗，送给他看。他第二天晚上来谈天的时候，就袖之而去。到了明天，他来还我的时候，说道："你近来很在读龚定庵的诗文集吧？所写出来的诗文，都有龚定庵的气息了。"

提起了龚定庵，我又有插话了，约在四五年前，我在护龙街旧书店获得《龚定庵补编》两本，木刻大字本，但有文而没有诗，心窃好之，以其文气奇兀，不同凡俗也。因思有补编必有正编，向护龙街各旧书坊竭力搜寻，均无所获。后闻祝心渊先生有全集，拟向借观而尚未果。会戴梦鹤至南京，我托他向南京书坊问讯。后来梦鹤自南京归，道经上海，写信给我说："南京无龚集，而在上海觅得一部，是杭州版，其中有数页已断烂空缺，而索价须五元，计六册。"我覆书谓无论如何，请弟购之归。自此以后，我得读了定庵《己亥杂诗》等诸诗。那个时候，上海书贾尚未有龚氏诗文集出售。及至我居住在上海时，在邓秋枚（实）先生处，得到了《定庵集外未刊诗》一册。我请人用精楷石印，在"秋星社"（小书店）出版，销行了一千册，此是后话。

蒯先生那时却说："文字亦随风气为转移，龚定庵近来颇为入时。早年大家提倡桐城派，此刻渐觉陈腐了，一读龚定庵，似乎眼前一亮，尤其是他的诗词等，显出惊才绝艳，青年人更为喜欢它。不过究非诗的正宗，有人甚至说它为野狐禅，真要学诗，非从古诗入手不可，仅仅读近代人的诗是不够的。作文亦然，必须多看书，多研究，并非说古人的话全对，不过多阅览以后，引起了你的思想，便有了一个抉择。"

这时候，民主思想渐入人心，虽没有打倒孔家老店那种大炮轰击，但孔子学说已为新学家所疑问。为了《论语》上有"民可使由之，不可使知之"两句，于是哗然说这是孔老夫子的愚民之术。据说这还是到中国来传教一位教士，研究了中国书后，倡此说的。于是信奉孔子者，为之辩护，说这两句书为宋儒所误解，这个句读，应当为"民可，使由之；不可，使知之。"我们偶与蒯先生谈及此，他说："这是孔子的明白国家的政治，世界各国，无论哪一国号称民主的国家，都是民可使由，不可使知的。不必用句读给他辩护。说到传教士倡此说以诋孔，尤为可笑，他们的教会，就是一个'可由不可知'的大本营。"

蒯先生的谈锋真健，可说无所不谈，从宗教到社会，由哲学至时政。他颇研究佛学，常和我们谈佛学，他常赞叹：佛学是广大圆融的。王小徐、汪允中，他们于佛学是有点研究的，但是我却一窍不通。可是他不管你懂不懂，总是娓娓不倦的讲下去。我问："如何于佛学有一点门径，可以摸索进去呢？"他教我去看《大乘起信论》，于是我便去买了一部《大乘起信论》。这时南京有一家"金陵刻经处"，专刻佛经，流通各地，是杨仁山老居士所办的。但是我看了仍不明白，难起信心，大概我是一个钝根的人吧。

蒯先生既好健谈，又能熬夜，我们都不敢早睡，他常常吃了夜饭，甚至在十一二点钟，到我们屋子里来了。一谈常常谈到半夜，当然都是他的说话，有时竟至鸡鸣。他自己往往不知道，直到他太太令仆人来催请。有时谈至深夜，上房里送出了些茶食、糖果等类，与我们同食。我想送茶点出来的意思，也有警告他时已深夜，可以休息的意思。不过来谈时，总是在我屋子里的时候多，后院竟不大去，这是因为我屋子离上房近。听讲的也是王小徐、汪允中与我三人为多。

本来我到南京来，原是由戴梦鹤介绍，教蒯先生的最小两个孩子的。但来此已多日，竟不提起教书的事了，每天只是教我看书。他既不提起，我也未便询问。后来得到了梦鹤苏州的来书，他说：教书的事，仍由陈宜甫蝉联下去了。本来这两个小孩是宜甫教的，一时偶思易人，现在不调动了。陈宜甫是研究小学的，为人沉默寡言，但他一口镇江话，也觉得很不易听。据说：这两位世兄，也很聪明。有一天，讲"日"、"月"两字，先生说："这两个象形字，在篆文上，日字像个太阳，月字像个月亮。"学生道："这个我们明白了，但在读音上，为什么日字不读月字音，月字不读日字音呢？"这不知陈宜甫如何解释，若是问到我，我可就无词以答了。

在那里不到半个月，他们的帐房便送来了十二块钱，说是我的月薪，这使我问心有愧了。我来到这里，既不是教读，又没有其它名义，终日间除白天看书，夜来听蒯先生谈话，并无别样工作，岂不是无功受禄吗？在那时候，也不能轻视这十二块钱，一位举人先生，在苏州家乡教书，每月也不过十二元的馆谷呢。我因此问问汪允中诸君，他们说："我们也是如此的，这是蒯先生乐育英才的意思。"不过王小徐，他在十二圩另有职务的，他的月薪是二十元。那真使我却之不恭，受之有愧了。

我在那里差不多住了有一年，在笔墨上，只不过做了几件事。有一次，有一位先生（忘其为谁），刻他的诗文集，请蒯先生给他做一篇序文，他便将诗文集给了我，教我给他代拟一序。他说："诗文都不甚高明，你只恭维他一下好了。"我便当夜写成，交给了他，不知他用了没有。又有一次给人家题一幅山水画，也教我来题句，我写了两首七绝，请他选一首。他说："很好！"也不知用了没有。倒是有些对联，我做得不少，以挽联为多，那都是用了，因为他是请人来写的，我都看见。这都是应酬之作，他只给我一个略历，或这人有行述，加以删改，这些诔墓之文，更为便当了。

五二　在南京

我在南京住了几个月，到了年底，回家度岁，过了新年，到正月下旬再去。这也是到了下关搭了长江轮船到上海，再回苏州的，此次便老练得多了。到了上海，望望几位老朋友，无多耽搁，便即归家。祖母和母亲幸尚康健，吾妻更欢愉，人家说："小别胜新婚。"真是不差。往访戴梦鹤，先由祝伯荫告我，梦鹤的肺病，据医家说：已到第三期了。到他家里，我见他面色红润，不像是有沉疴的人，谈谈南京情况，似乎颇为高兴呢。走访尤氏，巽甫姑丈亦病不能兴，令我卧在烟榻之傍〔旁〕，与我谈天，语颇恳挚。子青哥我在南京时，常与他通信，他对我歆羡不已。

　　转瞬新年即过，我又到南京来了。道经上海，那个上海又增了许多新气象，添了许多新人物了，不过我都是不认识的。最兴奋的，上海除《申》、《新》两报之外，又新开了一家《中外日报》。这家《中外日报》出版，使人耳目为之一新。因为当时《申》、《新》两报，都是用那些油光纸一面印的，《中外日报》却［是用］洁白的纸两面印的，一切版面的编排也和那些老式不同。这个报，在近代的刊物上，都说是汪康年（号穰卿）办的。其实是他的弟弟汪诒年（号颂阁）办的。他们兄弟分道扬镳，编辑上的事，穰卿并不干涉的。汪颂阁是聋子，人家呼他汪聋朋，为人诚挚亢爽。我即定〔订〕了一份，要到第三天方能到南京。

　　其时章太炎已有藉藉名，当时大家只知道他是章炳麟，号枚叔。南京那边方面的一般名流，呼之为章疯子，出了一本书，古里古怪的唤作《訄书》（訄音求），大家也不知道里面讲些什么。蒯先生欲观此书，托人在上海购取，却未购到。他托我道经上海时，购取一册，因我在上海，有些出版的地方是熟悉的，我为他购取了一册。那时严又陵的赫胥黎《天演论》，早已哄动一时，我购了两册，带到南京，赠送朋友。

　　到了安品街，仍旧住在老地方。时届初春，这个似花园一般的大庭院，已经春意盎然。靠西有一座大假山，假山上有个亭子，署名曰锦堆亭，杂花环绕其旁。亭中有一张石台，有几个石鼓凳，我们几个朋友，便笑傲其间。这时又来一位蒯老的侄子蒯若木（此君在民初做了一任什么青海垦殖使的官，我可不记得了），颇喜发表议论，就居住在我的邻室，颇不寂寞。在我们一班人中，蒯先生最佩服的是王小徐。小徐从前是北京的同文馆肄业，通晓俄文，精于算学，他常以算学贯通哲理，是一位好学深思的青年。他与蒯先生谈佛学，常常有所辩难，蒯也不以为忤。汪允中也研究佛学，但蒯先生则说他驳杂不纯。但汪允中常常写文章，小徐却从未见他写文章。直到晚年，他再耽于禅悦之理。自离南京后，我久不见王小徐了。他的母亲，苏州最有名新人物，唤做王三太太，开了一个振华女学校，倒也栽培了不少家乡女孩子。当国民政府在重庆时，有人告诉我：王小徐到峨眉山削发为僧了。这个消息，其实是不确的，我却认识了他的女公子王淑贞医师，自美国习医归国后，现为上海妇孺医院院长。因为我们都是尚贤堂妇孺医院的董事（熊希龄夫人毛彦文也是），我见王淑贞戴了孝（其时为一九四七年），方知她父亲故世了。

　　夜来，蒯先生仍时来谈天，但不如去岁之勤，因他的交游既广，应酬频繁也。饭局也大都在夜里，不是人家请他，便是他请人家，大概都在自己公馆里，有时也在菜馆里，甚而至于在妓馆里，秦淮画舫，此时正趋繁华也。南京的侯〔候〕补道，出门都坐四人轿。倘然是实缺道台，可以旗锣伞扇，全副仪仗。现在不过是候补道，而且在省城里，那不过是坐四人轿而已。但是有差使的，在轿前可以撑一顶红伞，有二个或四个护兵，轿后有两个跟马，是他的亲随。不过蒯老虽也是有差使的道员，他没有红伞与护兵，只是跟马是少不了的。

有一天，他在家里请客。忽然把小徐、允中和我都招了去做陪客。见一位圆圆的面庞，高谈阔论的，他介绍是刘聚卿；一位紫棠色脸儿，静默寡言的，他介绍是张季直；还有一位是否是缪筱山，我已不记得了，这几位都是他的好朋友。向来他家中请客，我们概不列席的，这一回，不知何故，大约是人数不足一席了吧？那个时候，张季直已是殿撰公了，那是我初次见面。后来我住居在上海，在江苏教育总会里，他是个会长，我是个干事，一个月就有好几次见面了。

我在南京，不太出门，因为路径不熟，除非和几位朋友一同出去游玩。因此南京所最繁华、最出名的秦淮河一带，也难得去的。有一次，大概是十二月（旧历）初旬的天气吧，那是郭肖艇兄弟请客，他们预备回到安庆办电灯厂，我们在夫子庙一家菜馆里吃了夜饭。酒罢，汪允中提倡要到钓鱼巷去游玩。钓鱼巷是秦淮河一带妓院荟萃之区。席中有几位都是钓鱼巷的顾客，都有他们相识的姑娘，尤其是方漱六，还有他特别相好的人。只有我与王小徐不曾到过钓鱼巷，对此并不熟悉。他们喝了一点酒，意兴飞扬，我由于好奇心，也要跟他们去看看。王小徐是一个无可无不可的人，我们那时便跟了他们走。

自然，方漱六最内行，因此便到方漱六所熟悉的一家去。南京的妓院，和苏州、上海是完全不同了，他们的门口，站立着许多人，当你来时，大家垂手侍立，一副官场气派。因为方漱六大概是常常来的，他们都认得他，唤他为方老爷。我们这一组有六七人，以方漱六为领导，便轰到那个院子里来了。秦淮的妓女，十之八九为扬州一带的人，他们称之为扬帮，与苏州、上海的妓女，称之为苏帮的，实为东南妓女中的两大势力。

方漱六所赏识的那一位，好像名字唤作金红，文人词客，又把她的名字谐音改作"惊鸿"。但秦淮妓院中，不靠什么风雅的名字，她们是尚质不尚文，名字起得好，有什么关系呢？她们所用的什么小四子、小五子以至小七子，甚至小鸭子，像这种庸俗的名字多得很。苏北历岁以来，都是荒歉，而扬州夙称繁盛，于是像盐城各县的苦女孩子，从小就卖出来，送入娼门为妓。古人咏扬州有句云："千家养女先教曲，十里栽花当种田。"实在这都不是扬州本地人，但是他们总称之为扬帮。这种妓院，规模倒也不小，房屋倒也很好，而且自己都有游艇。因为南京官场中人，颇多风流狎客，常常有逛秦淮河挟妓饮酒的。至于科举时代，每逢乡试年份，更是青年士子猎艳之处了（有些考寓，即与钓鱼巷邻近）。

因为金红的房间宽敞，又装了火炉，于是大家一窝蜂地都轰进了她的房间里去，只有王小徐一人在外间一个屋子里。那时天气已冷，人家已穿了皮袍子了，小徐向来穿的朴素，只穿了一件旧绸子的棉袍，外面罩了一件蓝布长衫，也不穿马挂〔褂〕。我们正在金红房间里闹闹吵吵的时候，早把那个同来的朋友忘怀了。忽然走进一个女掌班（俗称鸨妈），她道："方老爷！你们跟来的这一位当差的（仆人），正在外房等候你们。我看他扛了肩胛，寒噤瑟缩的好像身上有些冷，我就给了他一杯茶，觉得可以暖和些儿。"

我们想：我们并没有带什么当差来呀！方漱六跑到外房一看，却见小徐真个缩了头颈，手里捧着那杯热茶，踱来踱去，正在沉默地推阐他数学上的哲理思想。便被漱六一把拖进房里去，一面便骂那女掌班道："该死！这是北京下来的王大人，怎么说他是我们的当差的，还不陪罪？"那女掌班吓得真要叩头求饶了。其实小徐在北京某部，确是当个小京官，至于大人之称，在南京了无足异。本来清制，凡四品以上方可称大人，外官则知府方能称大人，知县只能称大老爷。南京地方做官的多，给他们升升级，也是"礼多人不怪"吧。

我在南京，差不多有一年多，除看书以外，便请教蒯先生，而以他的素好健谈，又诲人不倦，因此也很多进益。不过在他那里的朋友，除了王小徐是他的年侄外，如汪允中、郭肖艇、陈宜甫诸位，都是他的学生。我没有来得及进高等学堂，如果进去，也是他的学生了（当戴梦鹤入高等学堂时曾亦有此志愿）。但是他的教导我，也和他的学生一样，我颇想拜他为师，执弟子礼。因托汪允中为之说词，但蒯先生谦辞，他说："交换知识，切磋学问，就可以了，何必执师弟之礼？一定要拜师执贽，将置朋友一伦于何地耶？"

五三　金粟斋译书处

越年，我又从南京回到上海来了。原来蒯礼卿先生在上海有金粟斋译书处的组织，派我和汪允中到了上海。先是在一二年前，侯官严又陵先生，翻译出一部斯宾塞尔〔赫胥黎〕《天演论》，震动了中国文学界，好似放了一个异彩。这位严先生，本来是考送到英国去学海军的。他是福建人，直到如今，好似福建人习海军是有传统的。回到中国，中国哪有什么海军，严先生一无用武之地，他自己便研习起文学来了，所以他的文笔是很好的。

他为了沟通中西学术，便从事翻译。《天演论》一出版，这个新知识传诵于新学界，几乎人手一编。第一是他的译笔典雅，他曾说：译外国书有个三字诀，便是信、达、雅。他既说到此，自然便循此三字而行。创立名词，如《天演论》中的"天择"、"物竞"之类，亦至为切当。那个时候，白话文还不曾流行，什么人读书、写文章，都要用文言。即如以后提倡白话文的鲁迅、胡适，最初作文、译书，也用文言的。就因为他们译笔好，所以在当时的那两位福建先生，严又陵与林琴南，在文坛上走红。

但严又陵那时是一位直隶（今河北）候补道，属于北洋，住居在天津。他虽然在文场上走红，在官场上却是走黑。照例，他是一位出洋留学生出身，熟悉洋务，应该是走红的了。其所以成为黑道台的缘故，据说他的脾气很不好，喜欢骂人。对于同僚，他都瞧不起。当然，这些候补道中，有些花了钱买来的捐班出身，肚子里一团茅草，火烛小心，而他对上司，也有藐视态度。况且自己又吸上了鸦片烟，性子更懒散了，试想一个做官的人，怎能如此的吗？

他不但走黑而且闹穷了，他托人介绍，向蒯礼卿借了三千元，蒯慨然借给他。后来他说：要他还债，他哪里还得出，现在他正译了几部书，自己既没有资本出版，给人家印也没有受主，蒯君道义之交，就把这几部所译的书，作为偿债之资吧。那时蒯也承受了，不过那是译稿，要印出来卖给人家，方能值钱。这些译稿，计共有七部，便是《穆勒名学》、《原富》等等的几种书。

其时还有一位叶浩吾先生，他是杭州人（叶葵初的令叔），曾到日本去习过师范教育，在上海当时也是新学界的人。回国后，译了许多日文书，并开

160

了一个东文学堂。这位老先生，真是名士气太重，什么事都想做，而从不为自己的经济着想。他译了许多日文书，自己想印而又没有钱，把译稿售与人家，人家又不要，弄得很窘，以致生计缺乏，甚至断炊。在严冬时，为了棉袖〔袍〕子已付质库，早晨不能起身。于是友朋辈为他制了一件厚呢袍子，作为裼袍之赠。也由友人介绍，来向蒯先生借了七百元，也是把他的译稿作为抵偿。

蒯先生收了严又陵、叶浩君〔吾〕的西文、东文译稿一大部份〔分〕，可有什么办法呢？新文学是有时间性的，不比中国的古书，可以束之高阁，藏之名山，为了开风气起见，赶紧要把那些印出来才好。因此策动了他开办译书局的意念了。不过倘要印书，现在全国只有上海较为便利，并且出版以后，就要求销路，求销路必须到上海。上海四通八达，各处的购书者，都到上海来选取，各处的书商，都到上海来批发，因此他决定到上海来，办理这个译书事业了。

这一个机构，就唤作"金粟斋译书处"。那个名称，是他自己题的，"金粟"两字，也是佛书上的典故吧？第一步，先派方漱六到上海去租房子，置家具，安排一切。第二步，便派汪允中与我两人去办理印刷等事。不多几天，方漱六在上海写信来，说房子已经租定了，在南京路的某某里（这个里名，我已忘却，其地址在云南路与贵州路之间，老巡捕房隔壁）。于是我与允中两人便离开南京，到上海去了。

蒯先生的意思，却教我们两人常驻上海，方漱六则经理一切，或往来宁沪，管理业务上及财政上事，至于编辑、印刷、校对等，由我与允中两人分任之。譬如像严又陵先生的书，我们是不能赞一字的，但是校对这一件事，却要十分细心。蒯先生也谆谆以此为嘱。一部高深的书，只不过错了几个字，往往原意尽失，如何对得起人呢！至于叶浩吾先生的译稿，因为他的日本文气息太重，他是直译的，甚而至于就在日本书上勾勾勒勒，不再另纸起稿，那〔是〕非加以修改不可的。

我与允中到了上海后，第一件事，便是寻访印刷所。那个时候，上海可以印书的还不多，我们所印的书，当然要设备完整一点的呢。第二件事，便是整理稿件，我们决定哪一部书先印，哪一部后印。虽然蒯先生给我们二人以全部处理之权，如果二人不能决定，还须请问于他。第三件事，那是商量版式、行款、字型等类，允中比我内行，全凭他的设计。当时还是流行线装书的，不流行两面印的装订的。

寻访印刷所的事，我比允中较为熟悉。连日奔波，找到了两家较为合式的，一家唤作吴云记，一家便是商务印书馆。我们预备出书快一点，所以找到了两家印刷所，可以分部进行。两家比较起来，商务印书馆规模较小，而设备较新。它是开设在北京路的河南路口，也是一座平房，他们里面的工人与职员，总共不过三十人。经理先生夏瑞芳，人极和气，他们的职员都是出身于教会印书馆的。开办这家商务印书馆，资本金是三千元。除印教会书籍外，也搞一点商家的印刷品，后来又把英文课本（就是英国教印度小孩子的课本，中西对照的翻译出来），译成了《英语初阶》、《英语进阶》等书，那是破天荒之作，生涯颇为发展。

吴云记是一家个人所开的印刷所，地址在苏州河以北，号称北河南路，泉漳会馆侧面的对门。记得这时候，那边还有一条河浜，更有一座桥，吴云记就在桥堍下。那个印刷所，比较旧气一点，有几间大厂房，工人多，出书较快。当时为了先印什么书，我们讨论起来，我最初主张印叶浩吾的书，因为他从日文译的都是浅显易解，如关于政治、教育、法律等为现时所切用，篇幅不大，容易出版。严又陵的书，文笔很深，非学有根底的人，不能了解，故不如先易而后难。

但允中所主张者，也很有理由，他说："叶浩吾所译的书，都是直译的，全是日本文法，非加以修润不可。但修润起来，也要相当时日，不若严又陵的书，立刻可以排印。况且自从严译《天演论》后，名噪一时，有好多人急于要看看严又陵续出的书。也已有人知道有严译许多书，将即由我们金粟斋出版了，倘若迟迟不出，不免令人失望，所以我们应该赶紧将严译排印出版。"后来写信到南京去，取决于蒯先生，回信说："不论严译、叶译，以迅速出版为主。对于那几部书的印刷费，我已筹备齐全了，不过我们是为了开风气，不是想在出版上获利。到出版以后，可以藉此周转最好，不然，我们到那时候另想法子。"

于是我们便与吴云记和商务印书馆订了合同，我们两人便分工合作起来。大概是我担任校务，而允中还担任修改叶浩吾的译稿。严又陵的大半是在商务印书馆排印的，我因此便风雨不改的天天跑商务印书馆了。严先生的稿子，他有自己刻好的稿纸，写的一笔很好的行楷，当然也有添注涂改的地方，但他的改笔，一例是红墨水的，鲜艳可喜。不比叶先生的译稿，真是一塌糊涂，我们说笑话，只怕问他自己，也认不出来呢！但是严先生的稿子虽然清楚，我总是小心翼翼，无论如何不敢擅改一个字的。倘有一点可疑之处，我惟有携回去，与汪允中揣摩商量，不敢有一点武断。

我们对这译稿，要校对四次，头校、二校、三校之后，还有一次清样，清样以后，签了一个字，便算数了。即使再有错字，排字工人不负责任（除非校出来了，他没有改正），校对人负责任了。叶浩吾的书，也有几种，由汪允中修润以后，即以付印，大概由吴云记印行。叶浩吾是一位好好先生，自从我们设立这个金粟斋译书处后，他是常常来的。允中给他说，他的译稿要修改，他说："很好！很好！我是直译的。"这个日文一长句中，便有很多的"の"字，他都把它译成中文的"之"字，那一句话中便有七八个"之"字，这个句子就显得很别扭，很鲁〔噜〕苏了。我们有时搞不清楚，只好请他来，和他商量。

叶浩吾先生本是一位教育家，开了东文学校外，又在《中外日报》担任东文翻译。年在五十左右，留着稀疏的小胡子，很似有一些道学气，可是我们常给他开玩笑。时常闹穷，但他有了钱"东手接来西手去"，只要身边有一点钱，人家向他借时，立刻借给人家，不管自己明日要断炊了。他孑然一身住上海，他的太太和儿子住在杭州，不寄家用去，叶师母常常吵到上海来（他的这位公子，后来便是写《上海之维新党》谴责小说之叶少吾）。

叶先生当时还闹了一个笑话：因我们所住的南京路这条弄堂，前面沿马路是三上三下的房子，到后面去，却都是一上一下的房子，可是里面便有不少的野鸡堂子（上海人亦称为雉妓）。到了夜里，便有许多野鸡妓女及女佣们，站在弄堂口拉客。那一天，比较深夜了，叶先生到我们那里来谈天，刚走到弄堂口，便被野鸡们抓住了，喊道："老先生！到我们那里坐坐去！我们新到了一位小姐。"叶先生很窘，说道："不是的，我到金粟斋译书处去。"她们以为金粟斋也是和她们一类的，便说："我们那里比金粟斋好。"于是几个女人，把叶先生你推我拥的，拖到野鸡窠里去。那些女人蛮力很大，叶先生一个瘦怯老书生，哪里抵挡得住呢？后来到底花了一块钱，方许他赎身出来。

谈起金粟斋出版的书，严译的《穆勒名学》、《原富》之外，还有《社会通诠》、《群学肄言》等等，都是名贵之作，虽然比不上《天演论》，可也传诵一时。但是我们出版书中却有一种，颇受人訾议，还有人写信来骂我们的。原来在叶浩吾所译的日文书中，有一册《日本宪法》，还附有《皇室典范》

一卷，这不过几页书而已。这也不能怪叶先生，我们应担负这个责任。原来这个时候，中国已有主张立宪的动机，一班维新党的志士们，也在纷纷倡议，欧美各国都有宪法，为什么中国不能有宪法呢？汪允中和我谈论："现在大家闹着什么君主立宪，日本也是有皇帝的，这个日本宪法，不妨印出来给大家看看，以供参考呢。"当时我也并不反对，本来叶译的书，全由允中主张。及至印出以后，渐有人加以批评，说是日本的宪法，哪里算得宪法，那是他们天皇颁布的，名之为"钦定宪法"。印出那种书来，将来贻害于人民的。可是在那个时候，清廷专制，也没有一点儿宪法萌芽，谁也没有想到中国后来有几次大革命呢！

五四　金粟斋时代的朋友

我在金粟斋译书处时代，认识了不少的名人。因为那个时代，正在戊戌政变以后，来了一个反动，禁止开学堂，谈新政。康、梁逃到海外，许多新人物，都避到上海来。再加以庚子拳变，两宫出走，洋兵进京，东南自保，上海那时候，真是热闹极了。

我们这时候的金粟斋译书处，又迁了一个地方。那个南京路（上海称为大马路）的老地方是一个繁盛的区域，但我们的译书处，却并不一定要一个繁盛区域，尤其是后面是个野鸡堂子，燕莺成群，使叶浩吾先生为群雌所俘，闹成笑柄，住在这里，更不妥当。我们如果找一个清净的区域，不是也很好吗？于是我们和方漱六商量了，预备迁居，择一个比较清静所在。这时上海的公共租界，正在向西北区扩展，开辟不少新马路。我们便向这些新马路去找寻房子，却便找到了登贤里一座也是三上三下石库门式的房子，我们便迁移了进去。

那条马路在南京路的西北，当时还未定名，大家呼之为新马路，后来便定名为白克路，租界收回以后，又改名为凤阳路了。那地方最初是一片旷地，荒冢乱草，但是那些地皮商人，已经在那里建筑起房子来了。我们迁移去的登贤里，便是新造房子，围墙也没有砌就，仅把篱笆围了起来。可是邻居一带，我们便相识起来。在我们后门相对的一家，便是吴彦复的家；在我们前面，有一片方场，另外有一带竹篱，便是薛锦琴女士的家。

164　　薛锦琴是广东人，记得是她叔叔薛仙舟带她到上海来的。有一次，静安寺路的张园，开什么大会（按：张园又名味莼园，因为园主人姓张，故名张园，园内有一厅，名安垲第，可容数百人），有许多当时号称维新志士的在那里演说。忽见一位女子，年可十八九，一双天足，穿了那种大脚管裤子，背后拖了一条大辫子，也跑到演说台上去演说。在那个时候，上海还是罕见的，虽然也很有不少开通的女士，然而要她们当众演说，还没有这样大胆的。

一时鼓掌之声，有如雷动。薛锦琴女士侃侃而谈，说得非常慷慨激昂，听者动容。至于说了些什么，也是说中国要革新变法这一套，但出于一位妙龄女郎之口，就更为精采了。因为她是一位不速之客，踏上台来演说，虽然听她口音（广东官话），看她服饰（那时候广东妇女的服饰，与上海绝异），一望而知是广东人。下台以后，方知道是薛锦琴女士，并且知道也住在登贤里，还是我们的芳邻呢。

住在我们后面的一家，便是吴彦复先生。他是一位公子，又是诗人，号北山，又号君遂，他的身世，记述者很多，无容细述。他是一位礼贤好客的人，那时章太炎先生就住在他的家里，这是我第一次见到太炎。在南京的时候，早已闻名，有人称章枚叔是怪客，也有人呼之为章疯子。我见他时，他穿了一件长领的不古不今、不僧不俗的衣服，有点像日本人所穿的浴衣。手里拿了一柄团扇，好似诸葛亮的羽扇。他老早就剪了头发了，乱糟糟的短发披在颈后，好像一个鸭屁股。他是浙江馀杭人，那时他的排满思想，已塞满在他脑子里，但他的讲话，还是那样温文迟缓，并没有什么剑拔弩张之势。不过他这个馀杭国语，实在不容易听呢。我们偶然请他写点文字，他也很高兴，但一定用黄帝纪元。有人请他写扇子，他也写，字颇古艳，别有风姿，我就请他写了一个名片。

吴彦复带了他的那位姨太太，唤做彭嬷的，还有两位女公子，住在这里。但是他家里的宾客很多，有时开出饭来，便坐满了一桌。这时从日本回国的，从欧美回国的，从北京下来的，从内地出来的，都齐集在上海，都要来拜访吴彦复、章太炎。常到他家里的有沈翔云、马君武、林万里（即后来的林白水）、章行严，都是一班有志青年。行严这时年少翩翩，不过二十岁刚出头的人吧，他常到吴彦复家里去，与太炎先生讨论学术。因为他与太炎同姓，人家有疑为他们兄弟行的，其实太炎是浙江人，行严是湖南人，可谓同姓不宗。后来行严也编过一部《黄帝魂》，充满种族思想，那时候的种族革命思想，实已深中于人心。

行严也常到金粟斋来，金粟斋的后门，正对着吴彦复的前门，两家宾客，川流不息，因此便显出更热闹了。我们有时吃了夜饭，也便到吴彦复家里去玩，常见他们那里高朋满座，议论风生。彦复先生对人和蔼，每喜奖掖后进。他曾经送我一部《北山诗集》，其时我的《迦因小传》正再版，也送了他一册，他还做了诗呢。起初我不知道，后来读梁任公的《饮冰室诗话》，却载有一则，今录如下：

> 十年不见吴君遂，一昨书丛狼籍中，忽一剌飞来，相见之欢可知也。相将小饮，席间出示近稿十数纸，读之增歔。顾靳不我畀，惟以别纸题《迦因传》一首见遗，录此以记因果。诗云："万书堆里垂垂老，悔向人来说古今。薄酒最宜残烛下，暮云应作九洲阴。旁行幸有娄迦笔，发喜难窥大梵心。会得言情头已白，矗矗相见久沉吟。"《迦因传》者，某君所译泰西说部，文学与《茶花女》相埒者也。

任公说这话，那是过宠了，我们何能与畏庐先生的《茶花女》相埒呢？不过彦复何以对此而发牢骚，有人说：那个时候，彦复的如夫人彭嫣，正是下堂求去，他不免借他人的酒杯，浇自己的块垒，而任公也知之，所云"因果"者，乃以掩扬出之耳。

有一天，我从金粟斋出门，看见章行严携着吴彦复的两位女公子，到薛锦琴的家里去。我问他何事？他说："奉彦复先生命，拜薛锦琴为师，薛锦琴是固中西文并茂也。"彦复的两位女公子，长名吴弱男，次名吴亚男，那时两姊妹，年不过十一二，我们在彦复家里时，常见她们憨跳狂跃。不想后来弱男女士，便做了章行严夫人。因为大家都出国留学了，想是在国外缔结这姻缘吧。及至又二十多年后，我在北京的车站，乘京沪路车回上海，又遇见了章夫人。那时行严在沪大病，恰巧邵飘萍来车站送我，邻室的章夫人，还托邵君打电报到上海去呢。此是后话，在此不赘。

我们的金粟斋译书处开办了有半年多后，得到了蒯先生一封信，说是严又陵先生要到上海来，我们要略尽招待之责。严先生是住在天津的，这一回到上海来，并不是什么游玩性质，说是奉命来办理一项洋务交涉的。我们得到了蒯先生的信，当然要欢迎他。他在上海也有很多朋友，这次来，他是寓居在一位同乡的家里，那也不去管它。约了上海几位名流，请他吃了一次饭，自由方漱六去安排，不必细说。

那时候，严先生的《穆勒名学》刚在金粟斋译书处出版，因有许多人不知道名学到底是一种什么学问，名学这名词，应作如何解释？便有人来和我们商量：趁严先生此次来上海，我们不如开一个会，请严先生讲演一番，使得大家明白一点。我们于是请命于严先生，他也允许了，便即选定了一个日子，借了一所宽大的楼房，请了许多人来听他的演讲。我们这个会，定名为名学讲演会。

这个名学讲演会，我们邀请的人可不少呢。除了常到金粟斋来的朋友，以及常往来于吴彦复家中的名流都邀请外，还有侨寓于上海许多名公钜子，馀者我都忘怀不记得了。我只记得有两位，一位是张菊生（元济），一位郑苏堪（孝胥）。这两位在我却是第一次见面。吴彦复陪了章太炎也来了，还有我们未曾邀请的，朋友带朋友的也来了不少。关于听讲的事，我们可以拒绝吗？当然一例欢迎。

本来约定是下午两点钟的，但到了三点钟后，严先生方才来了。原来他是有烟霞癖的，起身也迟一点，饭罢还须吸烟，因此便迟了。他留着一抹浓黑的小胡子，穿了蓝袍黑褂（那时没有穿西装的人，因为大家都拖着一条辫子），戴上一架细边金丝眼镜，而金丝眼镜一脚断了，他用黑丝线缚住了它。他虽是福建人，却说的一口道地的京话。他虽是一个高级官僚，却有一种落拓名士派头。

我们的设备，也不似学校中那样有一座讲台，只在向东安置一张半桌，设了一个坐〔座〕位，桌上供以鲜花和茗具。听讲的人排列了许多椅子，作半圆形，那都是方漱六所安排的。严先生讲演得很安详，他有一本小册子，大概是摘要吧，随看随讲，很有次序。不过他的演词中，常常夹杂了英文，不懂英文的人，便有些不大明白。但这种学问，到底是属于深奥的学问，尽有许多人，即使听了也莫名其妙。坦白说一句话，我是校对过《穆勒名学》一书的人，我也仍似渊明所说的不求甚解。所以这次来听讲的人，我知道他们不是听讲，只是来看看严又陵，随众附和趋于时髦而已。

这次讲演，大约有一小时之久，我们虽设有坐〔座〕位，严先生却没有坐，只是站着讲。他演讲的姿势很好，平心静气，还说了许多谦逊话。不过虽是一小时，在他也觉得吃力。讲完以后，我们饷以茶点，听众也都星散，留了张菊生等几位。张菊生是他的老朋友，从前在北京和他一起创办过通艺学堂的。可是他也没有多坐，便匆匆回去了。

167

这个名学一门学问，严先生虽倡译此名词，他也觉得不易使人了解。后来他译了一部《名学浅说》，那不是金粟斋出版了。到了现代，有许多研究新学术的人，也不大提及这一门学问。有人说：在日本人方面，则称之为"论理学"。我国近代，"逻辑"两字颇为通行，且有所谓"逻辑学"者。闻"逻辑"两字，为章行严所创译的名词，是否从名学而来，会当问之孤桐先生。

　　我第一次与新闻界有缘的是《苏报》，前已说过了。第二次便要说到《中外日报》是后起之秀，虽然有《申报》、《新闻报》两个大报笼罩于上，但不免暮气已深，况且这两报都是外国人资本，外国人创办（《申报》属英，《新闻报》属美），报馆好似一家洋行，华经理称为买办，主笔呼为师爷。这班维新派的人鄙夷它，而他们也以注意商业为本位，只要能多销报，多登广告就满足了。《中外日报》是中国人办的，当然没有那种洋商报馆的习气。为了汪氏昆仲的关系，我们早与《中外日报》接洽，金粟斋出版的书，必须在《中外日报》登广告。后来因为金粟斋没有办发行所，出了书也就由《中外日报》寄售了。

　　中外日报馆我是去过好几次的，馆址至今已想不起来，那规模比了《苏报》可是大得多了。但是要比现在的大报馆，还是不能同日而语。主笔房只有一大间，汪颂阁以总经理而兼总主笔，占了一张巨大的写字台，此外的编辑先生，各占一席。两位翻译先生对面而坐，译东文的是叶浩吾，译西文的乃温宗尧（粤人，号钦甫）。说起当时报纸上翻译，殊令人发生感慨：第一，一般普通的读者，不注意国外新闻，譬如说：现在某国与某国已在交战了。他们说：外国人打仗，与我们中国无关。除非说，外国将与中国开战了，当然有点惊慌，但是说，不打到上海来也还好，东南自保之策，也就是这种心理。第二，翻译新闻，翻译些什么呢？那时各国的通讯社都没有到上海来，只有英国的路透社一家，中国报馆要教它送稿，取价甚昂，以英镑计算，实在路透社报告的都是西方消息，读者也不甚欢迎。于是翻译先生们只好在上海所出版的西报上搜求，如《字林西报》等，倒有好几家呢。日本有一种"东方通信社"，记得也还未有，日本报馆，似已有两家开设在虹口。不过日本报纸可能常常由大阪、东京寄来，足供叶浩吾的选译。

　　我今再提起一人为马君武先生，君武亦吴彦复家常到的宾客，为人诚挚而好学，我常见他坐在人力车上，尚手不释卷咿唔不绝。然其天真处亦不可及，当时传有两事：其一，这时日本留学生回国者甚多，颇多浪漫不羁之士，如沈翔云则挟妓驾了亨斯美车（一种自行拉缰的马车）在张园兜圈子。如林少泉（即白水）则见其穿了日本和服在抽鸦片烟。至于出入花丛，竟无讳忌。某一日，一群青年在妓院闹事（上海人称之曰"打房间"），据说为龟奴所殴。君武本不作冶游，乃因同伴被辱，前往助战，亦受微伤。汪允中告我，初不信，明日见之，果额角其有血痕一条。其二，君武迫其母、夫人入女学读书，母云："我已五十许人了，何能再求学？"但君武固请，至于跪求，太夫人不得已，勉徇爱子之请，梳辫子作女学生妆，随少女曾入学数星期。此为当时友朋对马君武的趣谈。

更有对于我一嘲弄可笑的事，我今亦不讳言。当时金粟斋常来游玩的宾客中，有一对青年夫妇，邱公恪与吴孟班。公恪名宗华，为吾乡邱玉符先生之子，夫人吴孟班，亦吴人。他们年龄都比我小，而才气横溢，雄辩惊座，不似我之讷讷然的。尤其是孟班，放言高论，真不像是个吴娃。我们以同乡的关系，时相过从，孟班常说我太拘谨无丈夫气。一天，在朋友辈宴会中，宣言于众，说我像一位小姐。于是这个小姐之名，不翼而飞，传播于朋侪间，如蒋观云先生（智由）见我即呼我为小姐。三十岁以后，本已无人知我有此雅号，一日，与南社诸子吃花酒，诸真长（宗元）忽宣泄我这个隐名，于是又飞传于北里间，花界姊妹，亦以小姐相呼，真使我啼笑皆非。甚至老年时，陈陶遗还以此相谑呢。

再说邱公恪与吴孟班这对夫妇吧，我离金粟斋后越一年，闻孟班即以病逝世，或云难产。公恪到日本，习陆军，入成城学校。但日本的那种军官学校，课务严厉，他虽意气飞扬，但体魄不能强固如北方健儿，又以他们这对青年伉俪，情好素笃，夫人逝世后，不数月他亦以病退校，友朋们送之回上海，未及一月，亦即长逝。两人年均未届三十也。叶浩吾挽以联曰："中国少年死，知己一人亡。"蒋观云挽吴孟班诗句云："女权撒手心犹热，一样销魂是国殇。"我今白发盈颠，回忆五十多年前，多情俊侣，再无复有呼我老小姐的，思之不禁有馀哀也。

五五　重印仁学

自从我到了上海，担任了金粟斋译书处的工作，离苏州故乡更近了。因此每一个月总要回去一次，留在家里两三天，或是三四天。那个时候虽然苏沪火车未通，小轮船也甚为利便。其时东来书庄还开在那里，由马仰禹在经理，我还在上海尽一些接洽和运输的义务。还有励学社的诸位同志，有的还在日本，有的已经回国，也常常访晤通信，在当时也可以说到"同学少年都不贱"这一句诗了。

在这个时候，最可悲痛的是我的谱弟戴梦鹤逝世了。他年龄还不到二十四岁，是一个绝顶聪明的人，却为了肺病而夭逝，真是极可惜而可哀的事。我从上海回苏州时，常去看他，前两个月，我去看他，见他面色红润，精神甚好，不像是有病的人。私心想念，或者从此会好起来吧。我的母亲不是也有肺病的吗？她现在已经五十多岁了。从前五十岁后便称中寿了，梦鹤也能活到五十多岁，其所成就当然不小。

最近十日前，得马仰禹来信，说是梦鹤病重，已卧床不起了。苏州人有句俗语，叫做"痨病上床"，便是说已无生回之望。因此凡是患肺病的人，平日间往往好似无病的人，起坐随时，一直到了病势沉重，不能起身，从此就再不能离床了。不过上床以后，也还有能淹迟若干时日的。不意十日后，我自沪回苏，一到家里，即见到他们的报丧条子，即于是日就是他的大殓日子。急往吊唁，已陈尸在室，道义之交，知己之感，不觉泪涔涔下。他父母在堂，夫人尚比他小一岁，向以美丽称，伉俪甚笃，并无儿女。开吊发讣文期，友朋辈欲我写一文，以志其志行，随讣分发。在从前是越礼的，我写了一文，传记不像传记，祭文不像祭文，充塞悲哀，无从下笔。

写至此，我又回忆到以肺病而杀害许多才智青年的，还有我的表叔吴伊耕先生。他的逝世，比戴梦鹤还早一二年吧。他是富家子，然而这个肺病，专门向那班富家子弟侵袭，乡下人种田汉，便不会有这个疾病。他聪明好学，为我吴叶鞠裳先生（昌炽）得意学生。他的病与梦鹤有异，差不多一年中有半年卧病，不是这里，便是那里，以西医言，则同出一源，所的〔得〕结核病也（忆我曾译过一小说，名《结核菌物语》，结核菌可以走遍全身，肺病即肺结核，此外如瘰疬、肛痈等等，皆属此）。

伊耕表叔之内兄，为苏州大名鼎鼎的医师曹沧洲，曾为西太后看病，有御医之称。但纵使此名医，也医不好这个缠绵恶毒的肺病。曹沧洲还咎于我的这位舅祖清卿公，过于迷信，专吃乩坛上的仙方。直〔实〕在那些仙方，吃不好也吃不坏。总之这个肺结核病，在号称文明的欧美各国，医学日渐发明者，至今尚束手无策呢。我在八九岁的时候，随祖母归宁，常住吴家，由伊耕叔教我读书。及逝世后，清卿公涕泣语我道："他生平没有一个学生，就只有是你。"我知其意，故挽联上竟以师礼尊之，自称受业。伊耕叔有一子，甚慧，三岁而殇。于是乃以砚农叔之次子子深嗣之。

我今再叙一悲哀的事，在此时期中，我的尤巽甫姑丈亦去世了。我得信后，立即从上海回去，在他的棺前痛哭了一场。因为我当初从尤宅辞馆出来，到南京去的时候，使姑丈有些不大愉快，他是有点守旧的，不愿我走新的一条路。就是我在馆的时候，因为我脚头太散，不太认真，也有些不满意，常写一个便条，交子青哥劝告我。我写给了他的回信，充满了穷人的傲气，有些话竟有些顶撞了他。事后也非常痛悔，曾写信去道歉谢罪。及至听得他故世了（他已久病），想起我的得有今日，也亏了姑丈提携栽培之力，因此在他大殓之日，我不禁在他灵前大哭起来。

我姑丈故世以后，子青哥真是哀毁骨立，但是他的思想上，可以逐渐解放了。因为我姑丈还相信科举不至废弃，还希望他作科举中人，所以不大赞成他读新书。自从戊戌政变，康梁逃亡，科举复活，他的信心愈坚了。然而时势所趋，无法阻遏，自从姑丈逝世后，我在上海时时与子青哥通信。凡是苏州所购不到的书，都是我从上海邮寄给他，也常常把我所交际的、学习的告诉他，与他讨论，与他批评。他也有他的新见解、新议论，有时一封长信，千馀字不足为奇。

有一次，日本的横滨印出了谭嗣同的《仁学》一书（谭字复生，湖南浏阳人，为戊戌六君子死难之一），我的一位留学日本的朋友，寄给了我五本，我寄给蒯礼卿先生一本，送了汪允中一本，子青哥一本，仅剩了两本。但有许多朋友，知道我有此书，纷纷向我索取。我只能说：再托日本朋友寄来。但日本朋友的回信说：此书出版后一抢而光，只好等候再版。但此是禁书，不知是否能再版，重行寄来，未可一定。

我当时是每天跑商务印书馆的，为了校对严又陵先生的译稿。那天我忽然灵机一动，这部《仁学》，是谭先生的遗著，而又是清廷所禁止者，在日本印行，并没有什么版权，只要能流通。既是许多人要读它，我们何妨来重印一下呢？我就带了这部《仁学》，到商务印书馆和夏瑞芳商量。我说："我要印这部书，你们可以担任吗？"他说："你先生要印什么书，怎么不可以担任呢？"我说："这是一部禁书呀！"告诉他谭嗣同是戊戌政变六君子之一，为清廷所杀戮的故事。他说："没有关系，我们在租界里，不怕清廷，只要后面的版权页，不印出哪家印刷的名号就是了。"

我这时便把那本《仁学》交给了他，请他印刷估价。我说："只要印一千本，但要用洁白纸张，里面还有一页谭复生先生的铜版照相图。因为我印这本书，不想赚钱，也不想多印，预备半送半卖，得以略撩〔捞〕回一些成本就算了。"夏瑞芳所估的成本并不贵，大约连纸张排印，不过一百元左右。他说："你老兄的事，这是核实估价，不能再便宜了。"

虽然如此说，但是我想印这部《仁学》，而印书之费还没有筹到。如果交给东来书庄印，也有问题。因为这是禁书，内地不能出版与发行，而且，要取得各股东的公意。我私人独资印也可，可是我那囊中这时还没有一百元的馀资。我于是写信给子青哥了，告诉他：我想印这部《仁学》而独力不支。他立刻回了我一封信，极力赞成，他说："由我们两人私人印行好了，如果印费要一百元的话，我出六十元，弟出四十元如何？"不过他要求出书以后，定价要低廉，我们是为尊重谭先生遗著，并非翻印谋利，望弟速与商务印书馆订定。

我与夏瑞芳又磋商了一次，《仁学》便立即开排了。好在我每天要到商务印书馆去校对严又陵先生的译稿，附带的校对《仁学》的校样。我总是每天吃过午饭后便去，总是在那里工作一个下午。我自觉我的校对很精细，可能不会有错字。我以为校对的错误与不细心，对于作者与读者殊为抱歉。直到后来，我自己写稿子，对于那些出版家，校对疏漏的，深为难过。往往一篇文章中，只要被它差了两三个字，竟使这篇文章大走其样，真使你啼笑皆非，奈何它不得呢。

直到《仁学》印好装制的时候，夏瑞芳忽然对我说："这部《仁学》，我添印了五百部。"我觉得夏君是违约了，我们订定了印一千部的，怎么他忽然添印五百部呢？印刷所受人之托，担任了印书的职务，怎可以添印呢？大概夏君也不知道《仁学》里面，讲的是些什么话，只知道是一部新出的禁书，而又知道是没有版权关系的（实在我曾写信到横滨，与原出书人接洽过，还允许送给他们若干书的）。或者有人给他说：谭嗣同遗著很吃香，可能多销几百部呢。

但是既没有版权关系，我能印，他亦能印。而且夏君也还算老实坦白，换了别一个书贾，他也不必告诉我，别说多印五百部，多印一千部，我也无从知道。我只能说：我印这书是有后台老板的，我不能允许你。他见我有难

172

色，便道："这样吧！我多印了五百部，我在印费上，给你打一个九折吧。而且这书也由你精心校对的，作为小小酬劳。"

这事本想与子青哥商量，但子青哥于印书事，完全外行，并且他一切托了我，即使问他，他也说由我作主。况且我们印这部书，并无权利就〔思〕想，只有推广主义，多印五百部，岂不更好？因此我也就默许了夏君，不过向他声明。"我们是做蚀本生意，半送半卖，定价甚低，你不要和我们来抢生意。"夏君答应道："我知道！我知道！"出书之后，送给了横滨数十部，赠给朋友的也不少，其馀则分散在各寄售所。距今三十年，我在旧书摊上，还看见了我们所印的那部《仁学》，而子青哥墓木已拱矣。夏君的五百部，不知销在何处，我偶然问及他，他笑着说道："不够销！不够销！"

夏瑞芳，上海本地人。有人告我：夏在年青〔轻〕时，曾在英租界当一名巡捕（巡捕为租界中的警察），常在华英印书馆门前站岗。遇到了华英印书馆中的鲍咸昌等兄弟，劝他何必当巡捕（那时租界华巡捕每月薪水不过数元，尚不及印度巡捕），不如从事于印刷事业。夏亦觉当巡捕无甚意思，他们都是基督教徒，于是便组织这家商务印书馆。因夏甚能干，便举为经理。这是后来商务印书馆发达后，有人谈起的。语云："英雄不怕出身低。"做巡捕又何妨。但我知夏瑞芳确是习过排字业的，业务繁忙时，他也能卷起袖子，脱去长衫，向字架上工作的。

虽然那时资本不过三千元的商务印书馆，颇思有所发展。夏瑞芳不是中国旧日的那种老书贾，而以少年失学，于文字知识上有限的。他极思自己出版几种书，但不知何种书可印，何种书不可印。不过他很虚心，人家委托他们所印的书，他常来问我是何种性质？可销行于何种人方面？当然他是为他的营业着想，要扩展着他的生意眼，忠实于他的事业。他又常常询问我："近来有许多人在办理编译所，这个编译所应如何办法？"我说："要扩展业务，预备自己出书，非办编译部不可。应当请有学问的名人主持，你自己则专心于营业。"夏君摇头叹息道："可惜我们的资本太少了，慢慢地来。"

夏瑞芳虽然不算是一位文化人，而创办文化事业。可是他的头脑灵敏，性情恳挚，能识人，能用人，实为一不可多得的人材。后来商务印书馆为全中国书业的巨擘，却非无因而致此。但是夏瑞芳后来在商务印书馆发行所门前被人暗杀了，这是很可惜的。至于为什么被人暗杀，想历史上当有纪〔记〕载，我这里不多说了。

五六　金粟斋的结束

金粟斋译书处的不能维持下去，就是它的经济基础不曾打好。当时一班有志之士，提倡新文化事业，都是为了开风气，并不是为了谋利润，因此便不在经济上打好基础，这大都是不能持久的。蒯礼卿先生办这个金粟斋译书处，最初的动机，便是严又陵向他借了钱以译稿为抵偿，后来又有了叶浩吾的几种日文译本，如果不印出来，不是把它们冻结起来，成为死物吗？所以他筹出一笔款子来举办，最低限度也要使严又陵、叶浩吾的几部译稿，可以早日出版。

这个译书处，只有他个人的资本，并非股份性质。而且没有规定应用多少钱，没有固定资本。用完了钱向他说话，又像是一种无限性质的，这个基础就不稳定了。真是当时说的只能耕耘，不问收获。蒯先生是世家子，虽然做了官，以名士派而带点公子脾气。他不知现代的出版事业，已成了商业化了。还像从前的名公钜子，出一部诗文集，赠送给人的这种玩意儿吗？

但是我们当时对于这个译书处，也寄以无限的希望的，鉴于严又陵的《天演论》足以哄动中国的文学界，以后关于严译的书，一定可以风行海内，不胫而走。便是叶译的几部书，也是当务之急，虽然由日本文中译出，而日文的译本，不是现在正风起云涌吗？并且我的在日本留学的朋友，听得我在译书处，他们也来承揽生意，愿意给金粟斋译几部书，只要开出哪一种类。如果出版的书，源源不绝，收回成本，继续出书，不是便可以成为一个永久的机构吗？

原来他们那些当外官的人，经济是流通的，尤其像那班候补道。有了差使，可以挥霍；没有了差使，只好坐吃老本。那时蒯礼卿的十二圩盐务差使，听说要交卸了，继续有什么差使，却还没有下文。因此之故，他便有了紧缩译书处的意思。可是金粟斋的开销也不小，除了关于印书费用以外，我们几个人的薪水以及房租、食用，还常常要当码头差使。有许多当时的维新党人物，都跑到金粟斋来，是一个文星聚会之所。热闹是热闹了，花钱也更多了。

我和汪允中两人是不管金粟斋的经济的，管经济的却是方漱六。有一天，方漱六哭丧着脸向我们道："老头子（指蒯公）写信来骂了，说我们费用太大，要我们紧缩。但他又常常介绍他所认识的人到上海来，要我们招待请吃饭，太太又要在上海托买东西，我都是有账可查的。"但漱六的账，我们从来不看的，他是蒯公的侄女婿，是他亲信的人。又有一天，方漱六告诉我们："老头子有补缺的希望。"我和汪允中都说："那就好了，金粟斋当可发展了。"方漱六摇头道："更糟！谁不知道金粟斋是蒯光典办的，没有得缺的时候，尚无所谓，得缺以后，京里那班都老爷，参你一本，说你'勾结新党，私营商业'，那就是革职查办了。"后来蒯公果然被补授了淮扬道，金粟斋却早关门了。

可是金粟斋是注定要失败的，我们也不能辞其责，这便是当时我们对于出版事业实在是外行。不比那些旧书坊，它开好了一家书肆在那里，基础已立，看机会刻几部书，与同行交换销行，就立于不败之地。我们可不能这样做，我和汪允中两人，一到上海，便商量印书事，如何发行，并未计议及此。汪允中还主张印好几部书，一齐出版，便是在报纸登广告也合算些，全面些，或可以轰动一时，那真是书生迂腐之见。当时还以为一出书，便可以收回多少成本，实是一种幻想。因为自己既没有发行所，须向各书店推销，这时上海书店还不多，对于出版的新书，信心未坚，不肯大量来批发，至多来批十部、五部，试为推销。出版家没有办法，只好用寄售的方法了。

寄售的方法，是卖出还钱，那实在不是生意经。一般书贾，售出了十部，只报告五部，有的还是三节算帐。他们当然不能给你登广告，即使书价可以全部收回，也是鸡零狗碎，增添许多麻烦。书已寄去了好多时，钱老不回来。若是寄售在外埠的，那更糟了，冥鸿一去，永不回头，谁花了路费，去讨回这些微的书价呢？所以不单是金粟斋，当时有好多的出版家，起初是一团高兴，到后来半途而废，便是这个缘故。

金粟斋译书处不到两年就结束了。只有支出，没有收入，成了个无底之洞，如何支持下去。这个两年来，蒯先生已经花了不少的钱，怎能教他再维持！就说开风气，也要有个限度啊。不过金粟斋所存留的译稿，未印者尚有十分之一二，到此也只好暂时停止了。既已准备结束，也须有个善后方法，房子退租，工人遣散，自有方漱六去料理。但是已经印好的几部书，如何发行出去，难道束之高阁吗？

后来我们决定办法了，和中外日报馆商量，金粟斋已印就出版的几部书，托中外日报馆代售，一齐交给他们经理。汪颂阁为人诚恳，而且在他的报上，常年登出义务广告（几年以后，严译的几部书，如《原富》等等书的版权都归入了商务印书馆了。这个交涉，不知何人经手，我未知道）。至于人事问

175

题，容易解决。总共只有三人，方漱六、汪允中和我。除了方漱六暂时留在上海办理善后未了事宜，日后自回南京去。不过汪允中和我，与金粟斋脱离关系，便无所事事了。

承蒯先生的厚意，说你们不妨仍到南京来，但我们觉得很不好意思。因为现在情形，不同往日，从前是为了刚卸高等学堂的任，他有培植后进之意，招留几个青年，此刻恐没有这个意味了。况且我也不能长此倚赖他，一无所事，白白的受他供养呢。汪允中也不愿回南京去，他在上海已很活动，卖文亦足以度日，并且他已有了女友。我却只好回到苏州去，再想办法了。

当时还有一件事，我有几位留学日本的朋友，听得金粟斋办理译书事，也要求译一些书，以补助学费。这事通过了蒯先生，他也应允了。有的付了一小部份〔分〕译费，有的订了约，未付款，但是对方已开译了。此刻金粟斋结束，如何办理呢？我便请命于蒯先生。他说道："我知道！此辈都是苦学的青年，不能使他们受亏，我可以照约收受，这不过三四百元的事罢了。"因为我是介绍人，蒯先生不使我为难，我也深为感谢他。

不过我想这些留学日本朋友的译稿，蒯先生即使收受了，也不能再行印出，岂非埋没了人家一番心血。而且那些译稿，多少是有些时代性的，譬如厨子做菜，要博个新鲜，倘成为隔宿之粮，有何意味。这时我在上海，已认识了好几家书店，他们都向我征求书稿。那时的所谓书稿，自以译本为多，但那时出版的书，以文言为正宗，也没有人用语体文的。译笔则以严又陵所标榜的信、达、雅三字为宗旨。我那些留学日本朋友的译稿，他们是在课馀的工作，只求其速，不免有些粗糙了。本来到了金粟斋后，也要加以一番琢磨工作的。

因此我便另行作一计算了，既是那几家新书店向我索稿，我便把留学日本朋友的译本介绍给他们，便可迅速出版，岂不是好？那时我便开出书名，略述大意，向这些新书出版家一一兜售。他正值出版荒，都愿意收受。于是我便写信到日本去，向他们说明，已约定的译本，照常收受，照常付款。金粟斋虽结束，由我负责，他们当然很满意。不过这些译稿甚为草率，实在有些拿不出手，非加以润色不可。幸而他们把原本也随同译稿寄来，我也懂得一点日文，有什么错误之处，也可加以校正。不过我虽加修润，不附己名，仍用译者原名，不敢有掠美之嫌。

五七　巡游译书处

我自从离开了金粟斋译书处以后，便与蒯礼卿先生疏远了。本想特地到南京拜访他一次，汪允中说："不必了，他也不［是］拘于这种礼节的人。"此刻沪宁铁路还没有通，还是要乘长江轮船到南京的，往来有许多跋涉。蒯先生谋补空缺，正忙于做官，不久便实授了淮扬道，我又到了山东，连音问也不通了。直至他以四品京堂内用，放了欧洲留学生监督，出洋时道经上海，这时我已进入上海的时报馆了，方去拜谒一次。那天宾客如云，也没有说几句话。我只见他老了许多，胡子头发，全都灰白了，从此以后就没有再见过他了。

金粟斋出来，便预备回家了。只是我在想：回到苏州，做什么呢？还是处馆教书吗？要谋生计，在苏州更无出路。正在踌躇之际，遇见了叶浩吾先生。他问我："金粟斋已结束，有何高就？"我笑说："低就也没有，回家吃老泡去了。"（老泡乃是一种泡饭粥，回家吃老泡，苏谚失业之意）叶先生说："老朋友！到我那里帮帮忙好吗？"原来叶先生曾经办过一个日文译书馆，是个学习日文的机构。那是速成的，只求能读日本文，不求能说日本话。毕业以后，许多习日文的学生要求工作，叶先生乃设立一个名叫启秀编译局以容纳他们。因为日文译本一时风行，叶先生也招徕了不少主顾，以应各新书店的需求。

我想这也好，暂时有所托足，便到启秀编译局去了。但是叶先生请我去，不是要我译什么日本书，却要我做整理工作。就叶先生自己所译的稿本而论，也教人看了很费脑筋，这是我们在金粟斋已见过的了。他的译文，只是在日本原文上的倒装文法，用笔勾了过来，添注了中国几个虚字眼儿，就算数了。有时一句句子长得要命，如果不加以剪裁，把那句子另行组织，简直拖沓得读不下去。若是在日文原书上勾勾勒勒，排字工友也弄不灵清。叶先生请我去，就是把他们的译稿，做这种整理工作。

可是叶先生这个启秀编译局，我一进去便知道前途不甚佳妙。叶先生实在是一位老书呆子，他全不懂经营事业。帮他译东文的，都是他的学生，有些日文未通，连国文也未通，甚难加以修整。他虽然对那些出版家采取薄利多销主义，可是过于粗制滥造，也难以使顾客欢迎。

叶先生不是一个自私的人，他为了办这个启秀编译局，负了满身的债，甚至把所有的衣服都当光，真是"范叔何一寒至此"。

叶先生是一个人在上海，他的夫人和儿子，都仍住在杭州。每个月要寄钱去杭州作家用的，但他最初不过愆期，后来竟至中断，虽然杭州的家书如雪片飞来，他是"学得无愁天子法，战书虽急不开封"。叶师母没有办法，只得带领了他的这位少君到上海来了。但是叶先生无钱是事实，石子里炸〔榨〕不出油来。叶师母到启秀编译局质问他，我们看见叶先生眼睛看了日本书，手里笔不停挥的译书，耳朵里听厨子索取所欠的饭钱，嘴里还要与叶师母反唇相稽。我说他真是五官并用，大有毛西河遗风。

我在这里又有一段插话了，我所要说的是叶先生的这位少君叶少吾。当师母带了他到上海来时，他年龄不过十五六岁，穿的衣服宛如一个花花公子，袖中的手帕儿，洒满了香水。我们以为像叶先生这样的规行矩步的教育家，必定痛责其子，但只对他皱眉叹息，斥他不长进而已。大概以为叶师母的溺爱，免致冲突。向朋友张罗筹款，送他们母子回杭州，以博耳边清净。越一年，有人到杭州，遇见了叶少吾，他询问道："喂！我们的浩吾，在上海搞得怎么样了？"又越数年，他写了一本小说，名曰《中国之维新党》，署名曰"浪荡男儿"，把当时维新党中人，骂了一个狗血喷头。但叶浩吾先生他〔也〕是维新党中之卓卓者，幸而具有天良，未曾齿及，至于一班父执世交，则难逃笔诛了。

不要以为此书荒唐，当时很有一班反对维新党的，读之以为痛快。这个时期谴责小说风行，如《官场现形记》、《二十年目睹之怪现状》，皆以骂人为宗旨，读者都为之提倡。维新党中，也大有可骂人在。《中国之维新党》一书中，自不免添枝加叶，故甚其词，然此辈所谓有志青年的私生活，亦不能诬为羌无故实呢。辛亥革命以后，叶少吾曾于沪军都督陈其美处得一职，陈颇信任之。因少吾与上海做军装生意的某洋行有渊源，介绍了一笔军装生意而囊有馀资了。其时叶浩吾先生已归道山，而叶少吾则颇为活跃。会北京开议会，四方贤杰，均走京师，少吾亦北上，颇思有所营谋。那时候，上海的北里亦动员花界姊妹，也到首都去掘金。有一位海上名妓花元春，也到八大胡同树艳帜，乃部署初定，忽以喉疾殒命。举目无亲，无以为殓，叶少吾慷慨拍胸口说："花老六我虽与她没有发生关系（发生关系，上海妓院中已有肉体之亲的术语也），一切殓费，我自任之。"于是北京胡同中姑娘，都称颂他是一位"有良心客人"。乃未及数月，叶少吾亦病死于北京。那时花丛诸姊妹，谓以义气博义气，群起而理其丧。此事大有传奇性质，自北京传至上海，各报亦兢〔竞〕载其事。有人为作挽联曰："秋雨梧桐悲一叶，春风桃李泣群花。"实在群花理丧，并无其事，叶少吾之叔清漪先生，与其堂兄葵初先生皆有书致报界辩正呢。

言归正传，我在叶浩吾先生处，帮了他三个多月的忙，只拿到了一个月的薪水。他是一位忠厚长者，我不能向他催索，我也不忍向他催索。不过我为了要瞻〔赡〕家，为了要糊口，也不能从井救人。有一天，我遇见了章太炎先生，他问我："现在何处？"我告以在启秀编译局。他笑说："何不到刚毅图书馆去。"我问："哪里有刚毅图书馆呢？"他说："启秀与刚毅，不是庚子拳变时代的名人吗？"后来叶先生这个启秀编译局，到底支持不下去，负债过多，幸赖他的人缘很好，大概是许多朋友帮他料理过去吧。

我从启秀编译局出来后，又到广智书局的编译所去，谁介绍我去的，我至今真是百思不得其解。因为我那时的广东朋友很少，广智书局里却全是广东朋友呢。那时候，上海的新书店已越开越多，广东是开风气之先的，当然要着此先鞭。广智书局的规模不小，既然有了书局，也想自己出书，因此也设立了一个编译局〔所〕。有人说，康南海、梁任公都有资本。也有人说，不过以此为号召而已。我以有人介绍，瞎天盲地的闯了进去，那个编译所的编辑主任为谁，我也不记得了。

广智书局编译所的情形，和启秀编译局完全不同，有一种严肃的气氛，不像在叶先生那里，可以谈笑自由。编译员连我共有五六人，编译主任目灼灼坐在那里，好像一个监试官。译书是支配的，他配给我一本日文的讲下水道工程的书，便是讲开发道路、沟渠工程的种种事的。我不是一个工程学家，对于那书是很少兴趣的。

但我当时有一种自尊心，觉得他们支配你译的书，而你第一次便退还他，足见得你是无能。我于是勉强接受了，好在篇幅还不算得太长，其中的解释，也不深奥难懂。就只有许多土木工程上的日本名词，有的还是用和文拼出来的西洋名词，这可教人有些头痛的了。

我那时只得狂翻日本文词典，请教深于日文的人，购买参考书，日本人所编的《和汉新词典》，中国人所印的《和文奇字解》（上海作新社出版），乞灵于那些工具书了。不到两个月，居然全部完成。这书译成以后，我就敬谢不敏，从广智书局出来了。因为里面全是广东人，我和他们言语不通，未

179

免有些扞格。再者，他们给什么工程科学的书给我译，我的科学知识实在浅得很，也不敢再献丑了。不过我又想：像这部专讲下水道的书，虽然是冷门，也不能不说是当务之急。现在各处正在要开马路、建工厂，而外国已在流行什么抽水马桶的话，这是将来市政上一件重要的工程而必须研究的事。不过我当时译这一科门的书，不免有点盲人［骑］瞎马了。所以译完此书后，参加了一个签条给总编辑，大意是"对于下水道从未研究过，请由专家加以检定"云云。但我在两年以后，却见这部书赫然在广智书局的橱窗里了。

从广智书局出来，真想回老家了。忽遇蒋观云先生（蒋先生名智由，号心栽，观云其笔名也），问我近况，告以从广智出来，正想回去。蒋先生说："不要回去，请到我那里去。我那里还有你的一位同乡蔡君，一定可以和你融合无间，使你高兴。"原来蒋先生那时也办一个译书处，这个名字叫作"珠树园译书处"。那个名称，很觉美丽，珠树园三个字，真可与金粟斋三字作一对偶。珠树园后于金粟斋，蒋观云先生是一位诗人，宜其有此题名。当时的一班新文学家，都喜研究佛典，这两个名词都从佛典来的呢。

蒋观云先生是浙江绍兴人，是前清的一位孝廉公，而又是一位学者、诗人、革命家。他有两句诗曰："文字收功日，全球革命潮。"后人讹为是写《革命军》一书的邹容所作的，其实不过是邹容重述一过而已。我们在金粟斋的时候，蒋先生常常来游玩谈天，因此我们认识他已久了。他为人非常和蔼，爱说笑话的。

在那个时候，有人推黄公度、夏穗卿、蒋观云为近代诗界三杰，互相唱和。这个珠树园译书处，也有两位孝廉公，一位是杨秉铨，江苏武进人；一位就是我的同乡蔡云笙兄了。

珠树园译书处也和金粟斋一般，如上海所称的石库门三楼三底的房子。蒋先生住在楼下，我们都住在楼上，每天饭开一桌，自己有厨房，那比在广智书局舒服得多了。我和蔡云笙同住一房，杨秉铨和另一位朋友同住一房。云笙的年纪，只不过比我大一岁，他名晋镛，二十一岁上便中了举人，为人极慧敏而风趣，我们两人一见便成为好友。为什么呢？一则我们两人志趣相同，二则为了同乡之故，愈见亲切了。

在珠树园那里，我自由极了，他不支配你做什么工作。你高兴做什么工作，就做什么工作。但蒋先生却见他写作很忙，他好像在什么杂志、日报上写文章（《中外日报》上有时也见他的著作）。那时他还自己出了一种杂志，名曰《选报》，那是选取近代名人的著述的。但虽云《选报》，也有并未见于其他刊物，而直接寄给他发刊的。这个珠树园译书处，我记得我并没有译什么书。不过他们也征收外稿，请为检定这稿子可用不可用，签出来加以评语，请蒋先生覆核，这个工作我做了。至于蒋先生的《选报》，我无从帮忙，偶然给他看看清样而已。

我们在珠树园虽甚闲适，却不大出去游玩。上海是个金迷纸醉之场，我和云笙都是阮囊羞涩之人，也不敢有所交游。只是偶然两人到小酒店喝一回酒，那时我有绍兴酒半斤的量，再多喝一点儿，便要晕酡酡了；云笙却可以喝一斤还多。不过都守了孔夫子所说的"惟酒无量不及乱"，就是适可而止了。回到家里，我们联床共话，无所不谈，上自世界大事，下至男女性事，我们常常谈至半夜三更，了无足异。

有一次，我们谈到一向传言山西大同府的妇女性器官，有重门叠户之异。云笙言：绝对没有这事。因为他有一位亲戚，曾经在大同府做过知府，他们的幕僚，也因素闻此传说，欲一验其异。那地方土娼极多，历试之平淡无奇。云笙又言："虽然无此故实，然前人笔记却有此记载。我曾假定这重门叠户为有三重门户，每一重门为之制一联一匾。"我说："愿闻其妙。"他道："第一重门的联曰：'鸟宿林边树，僧敲月下门。'匾曰'别有洞天'。这联与匾都用成诗成语呢。"我笑曰："佳！第二重门呢?"他说："第二重门联曰：'山穷水尽疑无路，柳暗花明又一村。'匾曰'渐入佳境'。"我道："好！第三重门呢?"他说："第三重门联曰：'云无心兮出岫，鸟倦飞而知还。'匾曰'极乐深处'。"说罢，相与大笑。好在我们都是结过婚的人，而珠树园也没有一个女职员，故能如此荒唐。

过了两个月，我记得已是初冬十月天气了，蔡云笙来了两位朋友，邀了我一同到广东馆子里去吃火锅，广东人谓之"打边炉"。这是宜于严冬的，十月里似乎太早。但旧历在江南十月，往往会来一个冷讯。我饭罢回来以后，便觉得身子不舒服，夜来便发起寒热来。到明天，我以为可以退热了，谁知寒热加甚，而且喉间作梗痛。那个时候，苏沪一带，正患着这个传染极速的喉症，当时还不大知道什么白喉、猩红热那种病名，统称之曰"烂喉痧"。我一想不好，在外间害病，大非所宜，且使家人焦急，不如归家为宜。

我当时即与云笙说了，通知蒋先生。蒋先生来看我以后说："你有病，一人回去，我们很不放心。"他便派了一个干仆，买好船票，送我回苏州。云笙还直送我上小轮船，叮咛而别。回到家里，我已很惫了。因为我说喉间梗痛，吾妻一看，喉间已有腐烂的白点。她口中还说："没有什么。"我见她脸色发白，两手震颤，飞奔往告堂上。都知道这是危险的病症。其时苏州有一位著名专治喉科的医生，唤做马筱严，他是中医，吃中国药，不过他已治好了许多患喉病的人，因此声誉鹊起。祖母、母亲也急了，立刻延请这位马筱严医生为我诊治。

一清早去请了他，直到下午上灯时候才来，这倒并非搭架子，实在忙不开来，可见那时候患喉症者的多。马筱严诊病很细到，他说："是烂喉痧，目下流行的时疫，是一种要传染人的疾病。"他开了方案，匆匆的去了。当时我们也没有隔离，小孩当然不许进病房，而老人——祖母与母亲，住在楼下，我住在楼上，看护我的仅有我妻震苏。那时，苏州地方，还没有一家医院呢。

她说："在未嫁之前，已经生过一次喉病，可无妨碍。"这话不知是真是假。但除了她以外，也没有别人看护我呢。我心中惴惴然，毕竟我妻是没有传染的。

马筱严出诊到我家两三次后，我病渐有起色。因为他诊费很贵，我有些吃不消（其实每次不过三四元，在当时已算贵了），以后便坐了轿子，到他家里这个医室去就症〔诊〕了。喉症愈后，颔下又生了一个外疡，到一切复原，差不多要两个月了。当时由上海仓猝返苏，留在珠树园的物件都没有拿。后来托人带回来一只衣箱，箱中一件羊皮袍子不翼而飞，那也不去管它，大概珠树园的侍者，实做了顺手牵羊，取去御寒了。病愈以后，祖母不许再到上海去了，于是游历译书处的行踪，到此告一段落了。

到了明年，得到了蔡云笙的信，珠树园译书处也告结束了，其情形与金粟斋相同。真是无独有偶，他们这些办出版事业，好似"大爷串戏"一般。蒋观云先生呢，说是要离开上海，不是北京，便是日本。可是从此以后，我竟未与蒋先生再一次谋面。倒是在十馀年后与他的公子蒋百器君（尊簋）曾见过一面。这一天，狄楚青请客，似专请百器者，因楚青与观云，也是老朋友呀。那时百器已卸浙江都督任。这一次宴会，使我至老不能忘的，乃是第一次见到赛金花。那时她还只是将近四十的中年，在上海悬牌应征名赛寓。百器飞笺召来，他比赛年龄还轻得多呢。

五八　回到苏州

游历译书处倦游归来，我那时又失业了。为了生计问题，我不能空闲无事。幸而我以卖文所得，少有积蓄，家用又极省。虽然苏州的生活程度，渐亦提高，非比往年，但每月有十元左右，亦足支持。我偶然译写一部书，得百馀元，足供数月之用，亦颇优游。那时苏州兴学的风气已开，但私塾还是未灭，且有人劝我设帐授徒的，我再作教书先生吗？无论如何，这只冷板凳坐不住了。

东来书庄那时已成暮气了，自从我到南京去后，我们励学会的诸同人，除了戴梦鹤故世外，大半亦都离开了苏州。如汪棣卿、李叔良、马仰禹，都去了日本，有的学法政，有的学师范。祝伯荫到上海，到了大清银行为行员，后改为中国银行后，他一直在那里。

因此东来书庄无人管理，不知哪一位股东，介绍一位经理先生来，是位镇江人，我已忘其姓，以前在钱业中做过事，对于书业完全是外行了。

有人来问他：上海新出版的什么书有吗？他也不说有，也不说没有，只是昂起头想。想了半天，再去翻书，实在他不知道这书到底有没有。因为当时不流行把新出版的书，摆在外面，须在书架上去寻。顾客看到他这种态度，早已等不及拔脚跑了。东来书庄资本小，不能多添书，别的书坊，也渐渐带卖新书了。加以观前街渐趋热闹，房东又说要加租，因此感觉到入不敷出，而同人的兴趣也已阑珊了。我们于是加以商议，就此关门大吉，便把这个书店结束了。

关于苏州兴学的事，好像全是地方上几位开明的绅士发起的。那时候，清廷还没有明令要教各省开学堂咧。各省自行发动，地方官也不瞅不睬。苏州本来私塾最多，读书人靠此为生，现在要把那些私塾废止，改成小学堂，第一就是没有师资。不要说那些冬烘先生无所适从，便是那班翰林进士出身的大绅士，对之亦觉茫然。于是地方上便派一班青年而有才气的人，到日本去学习师范，回来可以当小学教师。这一班人大约有十馀位，而我友汪棣卿、李叔良皆在其列。

许多中国青年都涌到日本来，日本便大搞其投机事业，以速成为诱饵。于是有速成法政学校、速成师范学校等组织。这个速成师范学校，只要一年便可以毕业，给了你一张文凭，回国便可以当教师，皇然以受过师范教育自命了。这个速成师范，正是但求速成，不管你所学程度如何，一概与你毕业，可谓一榜尽赐及第。还有些人到日本去的，对于日文、日语，却是茫然，日本人更加迁就，雇用了翻译人员，老师一面讲解，翻译人员就站在旁边解说，真是教育界一种怪现象。不过我们苏州派出去的青年，至少于日文都有一些根底，若李叔良等则日语也勉强可说。

小学既兴，私塾渐废，可是这辈一向教惯私塾的先生们如何处理呢？苏州当时是个省城，地方绅士颇有势力，好在官厅也不来管你这本帐，因此他们便设立几个"师范传习所"。就是请那几位从日本学习师范回国的青年来教那些私塾先生。

这个设计是不差的，一则，私塾既废，这些私塾先生饭碗都要打破，不能不予以改造；二则，小学既兴，还需要不少师资，改造以后，便可以把向来教私塾者转而教小学了。

可是这"师范传习所"成立以后，便闹了不少笑话。原来有许多私塾先生，都是高年，甚至苍髯白发，年龄在花甲以外，向来以教书为主，私塾既废，绝了他的生路，不能不来学习。在日本学习师范回来的青年，都不过二十岁左右。有的论起辈份来，还是他们的尊长，甚至长两辈，长两辈要唤他为公公的。还有一位青年，看了一张传习所报名的单子，摇头道："我不能教！"问其所以，他说："里面有一位，教过我书的老师，我甚顽劣，他打过我手心，我今却来教他，太难堪了。"主事者无法，只好把这位老先生调到另一传习所里去。其他属于姻亲中的尊长，世谊中的父执，也就马马虎虎了。

他们从日本学习回来的，说是教师上堂，学生必起立，但私塾里是没有这规矩的。现在觉得这传习所里，要教这许多老先生对于青年们起立致敬，也不相宜。而且有的起立，有的不起立，参差不齐，也不雅观。因此议定了不必起立。还有上课以前，要先点名，这个点名，有人主张不废止，因为可以借此查出他列席不列席，又可以借此认识他。也有人以为对于这些尊长的老先生，直呼其名，殊不合于中国的礼教。后经吴讷士先生（湖帆的父亲）调停，每一人姓名下，加"先生"两字，点名时呼"某某某先生"就可解决。这议案也就通过了。

最妙的这班学员先生（因那些老先生，未便称之为学生，改称之为学员），向来常不释手的小茶壶以及水烟袋，也都带到了课堂里来。当他们听讲听到高兴时候，便点头播脑的说道："这倒对的！"喝了一口茶，润润喉咙。或者听到得意的时候，说道："这个我赞成！"傍〔旁〕顾他的学友道："诸君以为如何？"于是划了火柴，呼噜呼噜地吸起水烟来。我没有到传习所里去学习，这个情形，都是我的谱弟李叔良讲给我听的。我说："怎么许他们带那些小茶壶、水烟袋到课堂里来呢？"他说："要他们以为对，可以赞成，也就不容易了。不然，给他们引经据典反驳起来了。"

苏州向来是读书人多，私塾既废，小学便兴起来了。这些小学，要分几类：一类是由家族创立的。苏州有许多大家族，历代簪缨不绝，族中的子弟很多，他们本来也有什么义庄、义学之类，储有一笔公款的，于是就把公款分出来办学堂了。这个制度，不独苏州为然，全国都有。我们读《红楼梦》，贾宝玉进的家塾，也便是这一种。于是苏州便有了彭氏小学堂、潘氏小学堂、吴氏小学堂、汪氏小学堂，以及各个皆冠以姓氏的家族小学堂。这种小学堂，除了本族之外，亲戚邻里间的子弟，也招之入学。一类是由同业中发起的。苏州有许多大商业，如钱业、金业、绸缎业等等，每一商业，都有他们的集团，便是他们称之为公所的。每一商业，也都要招收学徒，而这些学徒，本来是从私塾中来的。现在私塾既废，各业自设学堂，教以各业基本上的学识，不是更为合适吗？因此某业小学堂，亦分门别类，亦兴起来了。还有，苏州地方，向有各种善堂，每一善堂便有一个义学。这些义学，真是不堪承教，凑集街头流浪儿童，教之识字，真是"天地玄黄喊一年"。现在也想改良、扩充，成为公立小学堂。所以苏州的小学堂，也便风起云涌了。

虽然如此，但是那些绅富人家的子弟，还是不大愿意送到小学堂去的。这有两个原因：一是科举真的要废止吗？苏州好像是个科举发祥地，他们对此尚有馀恋，洋学堂即使发展，总非正途出身。二则那些绅富家的子弟，都是娇养惯生的，以为那些小学堂中的学生，总是良莠不齐，不如请一位先生在家里教读，觉得放心。尤其是太太们的意见，都是如此。所以虽然小学堂风起云涌，而那些大户人家，延请西席先生还是很多。

那个时候，我既没有到什么师范传习所去学习，也无意于去当小学堂教师，我想这也不过是"换汤不换药"的玩意儿，我根本就不愿意作教书生涯。然而在此期间，我终究还是教了半年多的书，自我矛盾，可谓已极。这时我的舅祖吴清卿公已故世了，伊耕表叔是早已故世了。砚农表叔为了他的令郎，我的寿祉表弟与子深表弟，请不到先生，要我给他们代馆半年。我在情谊上是义不容辞的，因为在儿童时候，伊耕表叔曾经教过我书的，我正赋闲无事，这怎能推卸呢？

我只得应承了，说我赋闲无事，其实我那时也忙得很，这种忙，正是俗语所说的"无事忙"。我和砚农表叔声明：我在南京、上海几年以来，心已野了，不适宜于静坐教书，请表叔赶紧访求明师。我和两位表弟，不要有什么师弟型〔形〕式，我只是一个伴读而已。砚〔农〕叔也答应我。但是这半年来，我觉得很苦闷，他们还是墨守旧法，从四书五经读起。这两位表弟，年龄尚小，还未开笔作文。寿祉人颇忠厚，子深却聪明而顽皮（现在他已为名医师而名画师了），我没有师道尊严，他们也不怕我。这半年来，坦白说来，两俱无益，尤其我的脚头散，朋友多，无论风雨寒暑，每天要出去，已经成为习惯了。

世事是推陈出新，交友之道亦然。我在苏州，又认识了不少新朋友。其中一部份〔分〕，是新从日本留学回来的，如上文所说，以学习师范、法政的最多。学习师范的正预备在故乡作师资，学习法政的如周祖培、杨廷栋（号翼之）等诸君，他们都是日本早稻田派的学生，回国来也思有所发展了。上海是开风气之先的，而苏州是个江苏省城，距离上海还近，也是得了上海风气之先，有许多号称新学者也崛起了。于是我又认识了不少以前没有认识的新朋友了。

苏州向来吃茶之风甚盛，因此城厢内外，茶馆开的极多。有早茶，有晚茶。所谓早茶者，早晨一起身，便向茶馆里走，有的甚于洗脸、吃点心，都在茶馆里，吃完茶始去上工，这些大概都是低一级的人。高一级的人，则都吃晚茶，夕阳在山，晚风微拂，约一二友人作茶叙，谈今道古，亦足以畅叙幽情。到那种茶馆去吃茶的人，向来不搭什么架子，以我所见的如叶鞠裳、王胜之等诸前辈，也常常在那里作茗战哩。

观前街为茶馆集中之地，因为它是在苏城的中心点，以前有一家唤做玉楼春，后来又改名为云露阁，算是最出名的。里面有一个楼，名曰逍遥楼，四壁都是书画，还陈列着许多古玩，一切椅桌器具，都极考究，那是士大夫们在此吃茶的地方。近来最著名的便是吴苑了，吴苑那时是新建设的，地址颇大，茶客亦杂，好在各种茶客，自能分类集会。里面有一处，唤作四面厅（按，那是四面都是回廊的，苏州建筑家以及园林，每多喜此）。

吴苑四面厅里的茶博士，对于我们一班茶客，个个都叫得出姓名，某少爷、某先生，罗罗清楚。连你们的家世也都明白。有几位写意朋友，还有自己的茶壶、手巾存放在那里的，这要算是特客了。这种茶馆里，点心及小吃，都是极丰富的。吴苑门前有一个饼摊，生煎馒头与蟹壳黄（饼名）也是著名的。此外你要吃什么特别点心，邻近都是食肆，价廉物美，一呼即至。至于小吃，那些提篮携筐的小贩们，真是川流不息。至于卖报者，吴苑有两人，享有专利权。卖报的也是租看的，出制钱一二文，足以使你一览无馀。

写到此，我又想起了"吴苑三痴子"的故事。三痴子者，都是吴苑四面厅的老茶客。为什么奉他们以痴子的名号？因为苏州人都以温良风雅为贵，遇有性质特别、有异于众的人，辄呼之为痴子。这也不独是苏州为然，如我前文所说的，当时呼章太炎为章疯子，蒯礼卿为蒯疯子。别地方的疯子，亦即苏州人所称的痴子。实则借用一句古典话，所云"臣叔不痴"也。我且述三痴子如下：

第一先说冯痴子。冯君号守之，他是一个田主人家帐房。这一种职业，苏州人称为"知数业"，其名称当有来历。冯自言只读过三年书，而好谈时政，他的政治知识，全是从报纸上得来的。他一到吴苑，便是谩骂，骂政府，骂官僚，骂绅士，无所不用其骂，四面厅上，好像只听得他的声音，别人也无从与之辩解。但即使别人不理会他，他也一人喃喃地骂，因此人呼他为冯痴子。后来，他认识了几个日本人，经营日本股票，颇有所获。再后来，便住居日本去了，在商业上发了一点小财。我那一次到日本去的时候，坚欲留我在其家盘桓几天。他说："我家有床有帐，有桌有椅，完全是苏州派，不必席地坐卧也。"我以在国内有职业，辞谢之。

第二是朱痴子，号梁任，是一位深思好学的人。他的父亲是位文秀才而武举人，得一个武职，未就任，家颇小康。但梁任从未考试过。他排满最烈，剪辫子最早，剪辫而仍戴一瓜皮小帽，露其鸭尾巴于背后；身上长袍，御一马甲，拖一双皮鞋，怪形怪状，因此人呼为朱痴子。他最佩服章太炎，当太炎因苏报案被囚时，他每至上海，必到提篮桥监狱一访太炎。他有口吃病，期期艾艾不能畅言，而性颇卞急。他也是吴苑的常茶客，却是来去匆匆，坐不暖席。后来闻他以陪某几位名士，至角〔角〕直镇观唐塑，他携其儿子，另雇一小船同往。途经一湖，忽遇风浪，船覆于水，他们不识水性，父子同死。那时我不在苏州，未识其详。关于朱梁任事，我下文再有多次述及。

第三是张痴子，名一澧，号沉圃，他是张仲仁的族弟。这位先生也有些特别，他是一位评论家，在吴苑中人人识之。向例茶馆中泡一壶茶有两茶杯，意示一壶可以供两人饮也。但张君自己并不泡茶，好与友人共一壶，时人称之为"共和先生"，因"壶"与"和"同音故。张君又曾写一小说曰《老骚》，乃记述杨崇伊（杨云史之父，时寄居在苏州）与吴子和（吴郁生之弟）在苏争夺一妾事，话多嘲谑。后来张一鹏（号云博）主持上海的《时事新报》，继孟心史（名森，号莼孙）之后，朱梁任、张沅圃均为编辑。一日两痴为一小问题，几至大打出手。《时报》与《时事新报》望衡对宇，两人均来赴诉于我。我笑谓："你们两人，各打板子一百。此小事不足争论，我请客，分饷大菜一餐，复为朋友如常。"

五九　吴中公学社

我写此回忆录，往往因前事而述及后事，又因追思往事，涉笔成趣，不免庄谐杂陈。我今又回叙到我重回苏州这二三年的事。那个时候，我真是所谓吊儿郎当，说我闲吧，我一天到晚也像是很忙的；说我忙吧，我忙了些什么事，真是自己也觉得莫名其妙。苏州嚷着兴学，各处要设立小学堂，我又无意于此。我本也有好多机会在上海去谋事，有几家书局设立编译所了，但是我祖母年老，母亲日就衰病，遵守家贫亲老，不事远游的古训，诸尊辈都告诫我不离故乡。其时，吾家中又添了一女（名可青），居然四代同堂。八十馀岁的老祖母，得见此重孙女，当然晚景一乐也。

在此兴学潮中，苏州城南有一唤作位育善堂，这个善堂，不是苏州地方人士所设立的，是一班侨居于苏的寓公们集资所创办，是一种会馆的格式。不过会馆是一地方的人士所设立的，而这个位育善堂却不拘于一地方人。因为苏州是个省城，人物荟萃，故别省、别府、别县的人侨居于此者甚众。

这个位育堂内，也设有一个学堂，这个学堂，不同于寻常善堂中的所办的义学。寻常善堂中所办的义学，不收学费，拉几个街头失学的儿童，使他读一二年书就算了。这位育堂所办的学堂，是高级的，一样收学费，不同于义学。虽然学生的程度可达到中学，虽然没有英文课，却是有洋学堂的派头。因此不独是许多在苏寓公的子弟就学，苏州本地方的子弟，也就学的很多。这个学堂不分班别，大约共有学生四五十人吧。

忽然之间，那个学堂里的学生闹起风潮来了。原来那时候，正在上海的

188

南洋公学学生大闹风潮之后，好似铜山崩而洛钟鸣，苏州亦如响斯应。这位育堂的学生，为什么闹起来呢？说是大不满意于那位教师。这位教师是谁呢？便是王均卿（名文濡，湖州人，后为上海世界书局编辑，伪造《浮生六记》遗失之二记者）。学生们说他傲慢与偏见，本来有四五十学生的，一哄就哄出了二三十人，去其大半。这如何办法呢？书是总要读的，他们就以上海南洋公学为蓝本，学生出来了，组织了爱国学社，他们也要自设一个学社之类。

单是学生，也闹不出什么事，没有什么魄力的。但是有几位家长、几位教员，却帮助了他们。因为位育善堂里这个学堂，是侨居于苏州的人士办的，什么董事之类，很多官僚派，以善堂而办学堂，还带有官气，虽然一样收学膳费，不免仍有义学臭味。于是由几位家长以及几位号称开明的学界中人，开了几次会，组织了一个唤作"吴中公学社"。

这个吴中公学社，当时算来是自治的、民主的，有许多地方，都是由学生自主，学社里的费用，由学生家长们公摊。房子是也由一位姓汪的家长把一所待租的空屋，借给学社用，不收租金。倒也有一厅数房，可作课堂与宿舍之用。教职员都不领薪水，有的略领一点极微的津贴。其时祝心渊自己办了一所唐家巷小学，他是有了办学经验的，同人奉为指南，还有朱梁任、王薇伯诸君相助为理。

我本来不参加与其事的，他们托祝心渊来极力劝驾，他说："与其荡观前，孵茶馆，何不来帮帮忙，尽尽义务呢？"我便去当一个国文教员。

那时有吴帙书、吴绾章兄弟两人，日本留学回来。吴家也是苏州望族，他们在日本倒不是学的什么速成师范、速成法政，帙书学医，绾章学理化。而他们回国时，却带来一位同伴，一直到如今，成为中国历史上特殊有名的人物，你道是谁？便是苏曼殊是也。苏曼殊，在当时还没有这个别号（按，曼殊的别号，不下数十个），我们只知道他叫苏子谷。据帙书说："他是在札幌学医的时候认识他的，他不曾到过中国的上海来。这一次，随了我们到上海，但他在上海又没相熟的人。我们回苏州，只得又跟了我们到苏州来了。"恰巧这时候，吴中公学社的学生要一位英文教员，以应潮流。曼殊是懂得英文的，吴氏昆仲便把他推荐到吴中公学社里来，住在社里，供他膳食，藉此安顿了他。

当我初见曼殊的时候，他不过二十一二岁年纪吧，瘦怯怯的样子，沉默寡言。那也难怪他，他第一次到苏州来，哪里会说苏州话，而且他说的广东话，我们也不懂。那时不独他一人，还带了一位年约十岁左右的男子。起初我们以为是曼殊的弟弟，后来听说曼殊并没有弟弟，据吴氏昆仲说：是朋友的弟弟。但曼殊也不肯详言其身世，我们也未便查三问四。至于曼殊自己的身世，只知道他父亲是位广东商人姓苏的，母亲是日本人。到后来说他母亲是河合氏，父亲苏某某，差不多到了曼殊逝世以后才发表。这也由于曼殊抱有身世之痛，生前不大肯吐露之故吧。

也有人说：曼殊从小就在广州的某一个寺院出家，当了个小沙弥，后又还俗了。在南社里的一班朋友们，都唤他为苏和尚。但在那个时候，并不像一个出家人，也不谈什么佛学，不过他是剃了一个光头，牛山濯濯，却像一个和尚了。说起光头，我又有一个笑话了：原来和曼殊一同来的吴帙书，也是剃了一个光头的。他未到日本去以前，早已结婚了，回来后，装了一条假辫。他家有个女佣，告假回乡下去，及至再来时，不知主人已归。惊告同伴道："奇怪！少奶奶房里有个和尚！"众皆大笑。

当时，日本留学生剪了辫子的不少，去的时候，都留着辫子，但是这条辫子颇为惹眼，只有中国人有此怪状。日本那些刻薄文人在报纸上称之为"豚尾"；日本有些小孩子追逐其后，呼之为"半边和尚"。然而中国人有些还不肯剃去，为的是归国以后，将来还须考洋举人、洋进士，不能没有这一条辫子呢。譬如像端方的儿子，在日本留学，把他的旅费、学费，都挥霍完了，向老头子要钱。老头子不答应，他说："我要剪辫子了。"他们满洲人，怎能剪辫子呢？端方一急，便汇了一千块钱去。曾孟朴《孽海花》上的回目，本来有什么"一辫值千金"回目，后来端午桥把他招致入幕，这回书便不曾写。于是通融的办法，大家便装假辫子，像曹汝霖、陆宗舆等回国考试时，都戴着假辫子呢。

且说苏曼殊最初以不通吴话故，沉默寡言，后来渐渐也听得懂了。吴中公学社诸同事，都兼任了别处事的，也都很忙，吴氏昆仲亦难得来，曼殊不免趋于寂寞。我那时比较空闲，常到他房里去看他。起初我们作笔谈，后来也就不必了。但曼殊却喜欢涂抹，有时写几句西哲格言，有时写一首自作的小诗，即以示我，最后则付诸字篓。他又喜欢作画，见了有空白纸张，便乱画一番，结果亦付诸字篓。有一次，我购得一扇页（摺扇的扇面），那是空白的，他持去为我画，画了一个小孩子，在敲破他的贮钱瓦罐，题之曰"扑满图"（按，扑满者，小儿聚钱器也，满则扑之，见《西京杂记》）。但这个

"扑满"两字，有双重意义。那一个扇面，我却珍藏之，可惜今亦遗失，不然，倒是曼殊青年遗墨也。

吴中公学社有两学生最为出秀，一曰王公之，一曰蓝志先。王公之自吴中公学社解散以后，不知何往。蓝志先后改名为蓝公武，他本是广东潮州人，其父在苏州养育巷开一土栈，志先耻之，乃改为苏州吴江籍，实亦生长于苏州。他最崇拜梁任公，作文亦仿梁任公的文章，洋洋洒洒一大篇。后入北京，为研究系中人，久不闻消息。及至最近，方知其早已加入共产党。回想当年，是一位十六七岁的青年学生，现在大约也是皤然一老了。

但吴中公学社不到一年，即已解散，学生们便都星散，这是没有基础的一个学社。

在那个时候，我们还有一种戏剧性的演出。我们那时候，大家对于种族革命，似很热烈。上海有章太炎等在那里鼓吹，苏州虽然不敢明目张胆，然而一派自命新派的文人，亦常常以排满为革命先驱。清初文字之狱，最为酷烈，此刻则许多禁书，都在上海出版了，什么《扬州十日记》、《嘉定屠城纪略》等书，读之使人心痛，使人发指。其中以朱梁任是个激烈份〔分〕子，在吴苑茶馆里，也是那们〔么〕乱说。有人问他："你姓朱，是否明朝后裔，要是换一个朱洪武来做皇帝，我们也不赞成。"这都是戏谑之词，梁任也期期艾艾，不以为忤。

有一天，是个下雨的天气，朱梁任穿了一双钉鞋，握了一把雨伞，到我家里来。其时我已迁居，自曹家巷迁至都亭桥的承天寺前，这一条巷名很别致，唤做东海岛郎山房。原来吴人佞佛，承天寺这个寺院占地极多，从前那地方本为寺产，现在已成为民居，什么东海岛、郎山房（疑是狼山房），都还是当日寺院中的名称。但我家门前，却有一个古迹，对门一口井，这口井便是宋末遗民郑所南的一部《心史》出现的地方，见之于顾亭林的文集中。但是这虽是一口古井，仍旧为邻近各小家所汲用。梁任来访我，常要到井畔去徘徊，谈及郑所南故事。那一天，也是在我家上下古今，高谈阔论，临出门时，又到那井边指手画脚。这井边正停了一副馄饨担子，不知如何，他的雨伞柄一伸，把那馄饨担打翻了。卖馄饨的拉住了他，不肯干休。还是我出去和解，因为这馄饨担也是我家老主顾，赔了数百钱了事。

有一天，朱梁任忽然发起要到苏州郊外狮子山去招国魂。这种玩意儿，现在想想，也大有痴意。我问："何以要到狮子山呢？"他说："我们中国是睡

191

狮，到此时候，睡狮也应该醒了。"偏偏祝心渊、王薇伯等都附和他，还拉了我和苏曼殊。我当时也是好动不好静的人，曼殊是无可无不可的，这种事有几位老先生，真以为我们发痴了。于是由梁任去雇了一条小快船，因为在苏州作郊游，并无车马，总是要坐船的，还由他备了一些祭品，到狮子山去了。

记得那时候，重阳已过，正是在九月中。一路黄花红叶，秋色漫烂，久居城市中的人，身心为之一畅。爬上狮子山的山巅，扯了一面"招我国魂"的红旗。

朱梁任还带了一枝后膛枪（因他的父亲是个武举人，实在当时家藏枪械也不禁的），向北开放了一声巨响，引得狮子山下的乡下人，莫名其妙，以为洋鬼子又来打猎了。这天，只有朱梁任最严肃，我们不免都带有一些游戏态度。我当时还做了几首《招国魂歌》，在狮子山头，同人大声歌唱。那歌词我早已忘却了，我向来偶写诗歌之类，都不留稿的。二十年后，在金松岑的《天放楼诗集》里，忽然见到他却转载我的《招国魂歌》，而且还有他的和作。

谈起了金松岑，我又想起了我们吴江县同里镇这一班老朋友了。当时苏州一府九县，同里一镇，属于吴江县，而他们人文英发，开风气之先。苏府属的同里镇，时人比之亚洲的日本。我首先认得的是杨千里，杨千里的认得，是在东来书庄时代。因为同里镇和苏州城相隔非遥，同里镇是个水乡，他们自己家里都有船，家里的佣工，都能摇船到城里来。同里老早就有男女学校，与东来书庄也常有往来。因此千里到苏州来，常来看我，有时也吃吃小馆子，互作东道。他是一个世家子，而弟兄姊妹极多。他约我到同里去玩，他的父亲是位孝廉公，似在那里做学官。耽搁一天、两天，我就住在他家。

因杨千里而认识了金松岑，松岑本是南菁书院的高材生，也是同里镇人，此刻在家乡办一学校。说起来大家都知道，那便是写《孽海花》小说的发起人，后来他自己不高兴写，便让给曾孟朴了。但那时也出版了许多小本书，如《三十三年落花梦》、《自由钟》等等，到同里镇时，总是招待请吃饭。又由金松岑而认识了陈佩忍，后来有一时期，在上海几与佩忍朝夕见面，那是在南社时代，此是后话不提。最后，又认识了柳亚子，他们这许多人，都是住在同里镇的，吴江县城内，反而显得沉寂。但柳亚子不是同里人而是黎里人（黎里亦称梨里），不过黎里与同里，一水之隔，相距甚近。此一辈人中，以柳亚子年最轻，那时他没有亚子这个名号，我们只知道他为柳安和，正在

192

松岑所办的学堂里当学生咧。

有一次我到同里镇，是金松岑等所开的学堂里，开了一次游艺会，请我去当评判员，那是他们放船到城里来接我去的。游艺会开完以后，松岑就在学堂里宴请几位评判员和教职员，大家兴高采烈，行了一个酒令，是写了许多国名，都做了字阄儿，谁拈着哪一个国，就算哪一个国的统治者。某一国对一国是世仇，或是某一国对一国，有所侵略，有所抵抗，便拇战起来。偏偏我拈着的是俄罗斯，当时是在帝俄时代，尼古斯二世即位后，颇多侵略，颇多暴政。于是在座各国，都来打我。我的酒量，绍兴酒只有半斤，拇战又不擅长，喝得酩酊大醉，呕吐狼藉，这是我生平第一次大醉。

六〇　重帏弃养

我二十七岁那一年（公元一九〇二年，清光绪廿八年），是我慈亲故世之年。我母亲年轻时，就有肺病，在我五六岁，她在三十四五岁时，咯血病大发，至为危殆，然而到底逃过了这个关。后来吐血病常发，在父亲失业，家况穷困的时候，她常常讳疾忌医，终是勉力支持。即使病发时，她也不大肯睡眠，因苏州有一句古老的话，叫做"痨病忌上床"。她说："我不能上床。"所以仍力疾操作，人家劝她也不听。

亲戚姻娅中，均预料她是不寿的，不久于人世的。在三十四岁大病时，医生都已回绝了，后事也准备了，以为是无可挽回了，而她却渐渐好起来。从此就是带病延年，一直到逝世那年，她是五十四岁了。有些略知医理的人，都以为是奇迹。而笃信因果的女太太们，都说她本来在三十四岁那年要故世的，因为她奉养衰姑，一片孝心，感格上苍，所以给她延寿二十年了，到五十四岁方才身故。

当时这个口碑，是传诵于戚邻间的，吾舅祖吴清卿公、姑丈尤巽甫先生，尤赞叹不置。向来说是"家贫出孝子"，现在正是"家贫出孝妇"了。但在此二十年间，第一，她的睡眠不充足，每夜须至十二点钟以后方睡，为了从事女红，并看护我祖母，早晨往往天初微明，即起身了，至多每夜不过睡五六个小时。每二，她的营养不调和，每天的饭吃得很少，仅及常人之半，而一个月里，都〔却〕有三分之二是茹素的；便是吃荤的日子，仅有的荤菜，也是让给老的、小的享受，而自甘藜藿。第三，他〔她〕的操作太勤苦，家中常常用不起女佣，从无一刻可以安闲，勤劳若此，真是舍己拯人的仁者了。

吾母亲是在正月底病倒了，直至四月十八日逝世。即在病中，凡是能力疾起来的，总是起来，照看着祖母。因为同睡在一房，她非常警醒。病到三月间，实在不能支持了。医生说：并不是她的旧病复发，实在是她的精力尽了。正似庾子山《枯树赋》上的话："此树婆娑，生意尽矣。"虽有神医，也无法挽回了。

母亲直到了不能起床时，还关怀着祖母。那时我夫妇本住在楼上，我嘱吾妻亦睡在祖母房中，可以照顾她们两位病人。其时吾姊及姊丈也和我们合住，可以帮着我们的忙。我则出外奔走，以求糊口之方。母亲在病中，更使她受着一个很大的刺激的，是我最初生的一个女儿可青的殇亡是也。这孩子名为三岁，其实不过二十个月，却很为聪慧，吾母亲极锺爱她，而她也极能讨祖母的欢心。忽然之间，以惊风病（新名词当为脑膜炎）不到三天便夭亡了。母亲经此一悲痛，病愈加重了。

母亲自得病以后，即知道自己的病是不起了，一心挂念着不能侍奉祖母到天年。她告诉我们祖母老境的悲苦，她生了两个儿子、三个女儿，没有一人送她的终，就只剩了一个我是儿媳，我还要先她而离开人世，其悲惨为何如！我们夫妇只得安慰她，祖母的事请放心，我们不能有一点忽略。可怜祖母这时耳已失聪，不能详细听得我们的话，她只是坐在床上念佛。她还希望吾母亲的病体，还有一线转机哩。

母亲故世以后，我像痴呆一样，真是欲哭无泪。家人催我办她的后事，我已莫知所可。幸而母亲的病，大家知道不起，她的什么寿衣、寿衾，我们陆续预备好了。关于棺木，她极力叮嘱不能比父亲的好，而且不要预置寿材（祖母已预置寿材多年，而且寿衣等也都制好）。苏州风俗，棺殓以后，停放家中，过了五七，然后开吊出殡。吾母信佛，我不能屏〔摒〕弃佛学，在未殓以前，便做了一堂佛事，名曰"系念"。在静夜中，我听了僧人们的那种安和圆融的梵唱，似觉得可以安慰母亲的灵魂。

在出殡以前，发出讣闻于亲友，我写了一篇关于母亲的行述，随讣分发。在前清时代，惟贵显人家的父母尊长故世了，方始可以有行述。倘然是个平民，虽有德行的人，身死后也不许表彰，可见当时的专制不平。

我却不管这种体制，我就我母生前的行为，写了一篇《哀启》。我是一点没有虚饰之词的，因为吾母亲一生，最不主张欺人，她自己也从未做过欺人的事。所以我的文字中，也没有一句半句欺人的话（那时苏州最初有用铅字印刷的印刷所，我所写的行述是铅印的）。

开吊的那一天，因为我的文友多，送下来的挽联很不少。有的亲友中，本来知道吾母亲德行的，有的是看了我所写的行述方知道的。我记得我的姑表丈尤鼎孚先生送了一联道：

> 一诺千金，闺阁共传吴季子；
> 鞠躬尽瘁，家庭今见武乡侯。

这副挽联，上联便是说我母亲脱一只金约臂，拯救了吾父亲的朋友孙君的事，那是我写的行述上所载的。下联是吾母亲事姑的纯孝，那是凡我们亲戚中都知道的。这幅挽联，虽字数不多，却撰得浑成贴切，大概吾母的德性，在《列女传》上也找不到，就用两个男人来比拟了。后来知道：这联句虽是吾鼎孚表姑丈署名致送，实在是我那位子青表哥所撰的。

自母亲逝世后，我们夫妇在母亲大殓以后的当夜，便睡到祖母房里，睡到母亲一向所睡的床上去了。这时候，吾妻震苏又怀了孕了。祖母的意思，不愿意劳动她，雇有一个婢女睡在房内也好了，但是我们如何能放心呢？况且母亲临终时，再三叮咛，要我们好好照顾祖母的呀。有一天，我在楼上自己房间里，写一篇文字（那时我在家里卖文为生，也写译些小说之类），到深夜尚未下楼。吾妻年轻易睡，不及吾母的警醒，祖母起来小便，向须有人扶掖，那天她不欲惊动怀孕酣睡的孙妇，因原谅她白天操作也很忙，便偷自起身。震苏在睡梦中，忽闻一声巨响，急起奔至床前，见祖母已坐在马桶上。所云一声巨响者，乃马桶盖落地声也。自此以后，我也不敢久留楼上，即有工作，亦在楼下房里挑灯握管了。

母亲故世后，吾祖母的老境，愈益伤感。她常常垂涕道："我应该死在她的前头，使她好好地送我的终，怎么现在倒要我去哭她呢？"当然，这样一位举世无双的孝顺媳妇，先她去世，怎么不使她悲哀？祖母那时身体愈加衰弱，但是她神志清朗，虽然睡在床上，不能行动，可是家事由她处分。有些事，母亲在日由母亲处理，原是不必要费她老人家的心呢。

我自从母亲故世后，一直没有离家，连上海也难得去。可是到了明年的初冬，在苏州有几位同志发起，苏州没有女学堂，别地已有发起设立的，如上海、杭州等处，吾吴文化素著，不应后人。朱梁任说：他在阊、胥两门之间的城脚下，有祖传的一块空地，可以捐出来造房子，在造房子的时间，他也可以募集一点钱。但是有两位同志说："要等到造好房子，方始开办，未免太迟缓了。真是要办，房子可以先行租定，城里空房子很多，便是吴中公学社的房子，还是空着呢。有了学堂的基础，再造房子不迟。我们不妨在今冬即先筹办起来，筹办成熟，明春即可以开学。"

我也主张这一种计划，但是所说的先行筹备起来，这筹备却先从何处着手呢？因为在苏州开女学堂是破天荒，别处却已有先开办的。第一步，不如先到别处已开办的女学堂去参观一下，并征求他们［的］规模、章程之类，以供参考。倘到别处去参观，先到何处去呢？上海是开风气之先，自然先到上海了。第二步是请什么人去呢？他们便一致公推了我。一、因为他们都有事羁身，而我较为空闲；二、我到上海比较熟悉，认识的人多；三、请我调查以后，将来开办时，便含有推我做该学堂的主任的意思。

我答应到上海去了，可是这一去，却抱了终天之憾。临去时，得了祖母的许可，规定连来去是三天。她那时神气非常安闲而清朗。我问她："要些什么东西吗？"她说："上海如有文旦，买一只回来，别的都不要。"那时候，苏州虽然也有这种果品，但来得很迟。我约定三天回来，虽说不作远游，三天谅无妨碍。谁知我到第四天回来时，已素帏高悬，灵柩在望，我见了一个头眩，昏晕倒地了。

原来我到了上海，可以供我参考的，只有一个爱国女学社，是中国人自己办的，那时务本女塾等等都不曾开办哪。其它有几个教会女学堂，都在外国女教士主持中，我都是不熟悉的。我于是只得去访问爱国女学社了。那时候，爱国女学社是在蔡子民先生（元培）主持下，蔡先生我本来也认识的。我去访问时，他极为恳挚，详细指示一切，又介绍我见林宗素女士（林万里之妹）。

蔡先生听了我说苏州将开女学，甚为兴奋，并且他说：如有可以帮忙之处，愿尽力帮忙。我要向他征求爱国女学社的章程规则、课程表之类，以便参考进行。他说："今天来不及了。"他此刻匆匆地还要去上课，明日当检齐一份，以便阁下携归。因此我明天下午，再去向蔡先生叨教一番，因此之故，不免多延迟了一天。

我在家临行的时候，没有关照家中，到上海住在什么地方。因为左不过来去只有三天，也未能决定住在哪家旅馆。到了上海，也没有写信回去，误就误在这个上，太觉大意疏忽了。祖母在我动身的那一天白天，还是好好的，夜里还吃了粥，不改常度，谁知到了明天清晨，一口气便回不过来了。这天是农历十一月十六日，吾祖母享寿八十四岁。

震苏和吾姊，一时束手无策，连忙到桃花坞去，通知吴砚农表叔（其时吾舅祖清卿公已逝世，砚农叔为祖母之侄）。他们一来了，便料理祖母的后事。震苏主张打电报给我，但上海这样一个地方，人海茫茫中，这电报打到哪里去呢？从前有金粟斋译书处等，他们是知道的，现在连我最后从事的珠树园译书处也解散了。本想打电报到中外日报馆，因知道我是看《中外日报》的，登一广告，传此噩耗，促我即回，后亦未果。砚农表叔道："这就吓坏他了，我们这位老表侄，身体素弱，上下那种小轮船，尤应小心。老姑太太（他们呼我祖母）得终天年，命中注定无儿孙送终，现在我们定明日大殓，能在此时期回来最好，否则也不能停灵等待了。"吾妻也不能坚持定要我回来大殓，他们便这样安排决定了。

为甚么砚农叔说〔祖母〕命中注定无儿孙送终呢？据说：祖母年青〔轻〕时，曾有一算命人，算她的儿女虽多，却无一送终的人。祖母共生二子三女，厥后，我的三位姑母，相继逝世，我的大伯早夭，及吾父故世而星者之言大验。祖母常引苏州的两句俗语云："装得肚皮宽，哭得眼睛酸。"为老年丧子的痛语。自我生长后，有人私询这算命者，问：再下一代如何？其人摇首道："恐怕也靠不住。"这话不令祖母知，他们以为我亦不育，或者先祖母而死耳。父亲故世后我便是承重孙，孰知鬼使神差，为了筹备女学事，我离家往沪，而实践了即一孙也不能送终的妖言。

到了我去上海的第三天，祖母便成殓了。因为祖母的身后一切，早就预备齐全的了，寿材（即棺木）寿衣（入殓所穿的衣服），在十年前早已预备，还有身故后焚化的经忏锭箔，她在病中，自己也早以〔已〕安排。其它丧仪佛事，都有吾母故世时候的前帐，不过祖母的丧事，都要比母亲丰裕些。所用款项，在我未归前，均〔由〕砚农叔代付，日后由我归还。不丰不简，一切也还满意，所最不满意者，就是在祖母临终时，未见一面，没有送她的终。到了第四天，我方才回家，竟只见厅堂中停了一具黑漆的棺木了。孔子说："父母在，不远游，游必有方。"这便是我的罪名。我见了那只上海带来的文旦，禁不住热泪盈眶呀。

六一　葬事

自从吾父亲和母亲故世以后，即寄柩于城北在桃花坞背后之轮香局厝所（其地亦名五亩园）。每岁春秋两季，前去拜奠。人死后以早日安葬为宜，古今中外一例。古语云："入土为安。"现在人家，往往以华屋为山丘，停棺不葬，为人后者，终觉心中不安。当父亲故世时，我以年幼，且这笔葬费也无着。母亲故世后，我正筹备父母合葬，却又适逢祖母故世了。我那时便筹备父母及祖母葬事了。这事便与砚农叔商量，他极为赞成。

向来苏州人家办葬事，隆重而麻烦，没有葬地的，便要购买葬地，还要请教风水先生，横看竖看，这一种成为封建时代的学术，为的是祖宗的墓地，关系着子孙的荣枯。我们却没有这种麻烦，因为我们本有墓地，在苏州西郊乡下的白马涧。我的祖父朗甫公，早已葬在那里了。这是吾祖母的父亲吴炳斋公，帮助吾祖母经营的。所以离他们吴家的坟墓，也很相近，我往祭扫时，有时也与他们吴家一同去的。

我家还有一个祖墓，这个地名，叫作卧九岭（是否这两个字，我还未深考），那个地方较远，我们去扫墓，从白马涧要翻一个岭过去。那是我的高祖以及曾祖等的葬地，那个墓规模很大，占地很广，这一带乡下人称之包家坟。我跟了父亲，在十四五岁时便去过，但不加修理，很多荒圮〔圮〕，有许多树木也被人砍伐了。我们的宗族凋零，只有我们一家去祭扫，因为路远，一天工夫来回很迫促，也不能年年扫墓。

这白马涧一处，墓地虽小，颇为紧凑，对面是青山，四围是松林，乡下人呼之为"绿山"，究竟是哪一个相同的字音，我未查志书，怕志书上所未载。我家的看坟人（苏州人称为坟客）是一个寡妇，年约三十馀岁，他〔她〕的丈夫名阿罩，我们呼之为阿罩娘娘。每逢年底，必到城里来，送些乡下土物，以及冬青柏枝之类。吾祖母则留宿、留饭，馈赠颇丰。有一次，阿罩娘娘来说：在我们的坟后，本来是没有路的，现在乡下人为了贪便利，行捷径，走出了一条路来，禁止不可，不知有碍风水否？祖母问我怎么办？我素来不信风水之说，随口胡诌道："后面有路，是最好的了。"其实既然在我们坟外，如何可以禁得住，除非筑一道围墙。筑围墙又很费事，正是他们的生意经来了。而且乡下人的事，你要禁止他行走，他偏要行走，就生出事来了。

苏州有句古老的俗语，叫做："乡下人打官司，城里人做坟。"意思是说乡下人打官司，必定要到城里来，请教于城里人，这时要吃城里人的亏。反之，城里人做坟，必定到乡下去，仰仗于乡下人，可是也要吃乡下人的亏。撇开乡下人打官司不说，城里人到乡下去做坟，的确对这班乡下人有些不容易对付。他们是地理鬼，对于做坟的事，比城里人内行熟识得多。他们知道城里某一家大户今年要来做坟，那就是他们的好生意来了。什么土工、石工以及关于葬务上的工作，你总逃不出他们的手。而且他们每一乡一村都团结好了，不许别乡别村的人来侵袭他们的范围所有权的。

我们白马涧这个墓地，在支硎山脚下，为支道林养白马所在地，因此得名。春二三月，游人到天平、范坟诸胜地，倘在扫墓以后，坐了山轿，到日落时，还来得及一游。那地方的妇女，也以抬山轿为业，十八九、廿一二的乡下姑娘，抬了山轿行走山路，其捷如飞。我有一次扫墓时，船泊环龙桥，有两妇人，一老一少，抢着要抬我这一肩山轿。抬至半路，略事休息，我见那少妇翻开桃红色袖子，还是一位新嫁娘，问之果然，原来此两人一姑一妇也。我问老的道："她多少年纪？"说是十九岁，我说："怎抬得起山轿？"那老的道："前几天，贝家大少爷，一个大块头，身重二百斤，也是我们婆媳抬了走。"

最奇妙的，她们放下山轿，便从事于刺绣。这一乡村，妇女刺绣，也是一种职业。所绣的一为神袍，一为戏衣，北京、上海等地戏班里所穿的袍服，都取给于苏州，而苏州各绣庄，则放此工作于乡村妇女呢。

我于建筑墓地的事，完全是个外行，这又不得不请教于砚农表叔了。他们的帐房里，有一位胡琴孙先生，他是一位熟手，最近清卿公的葬事，也是他经手办理的，与乡下人接洽得很为妥当。而且吴家的坟与吾家的坟，相离不远，乡下人也都认识他，呼他为胡师爷。不过我们的坟和吴家的不能相比拟，他们的规模大，我们的规模小呀。所以我请命于砚农叔及胡琴孙先生，恳他们帮助我办理这件葬事。经他们都答应了，砚农叔就托胡先生陪我筹备一切，择日即盘柩下乡了。

我们当时便雇了两条船，一条大的船，装载了祖母及父亲、母亲三具柩；一条小船，便是向来我家每年去扫墓的那条小快船，载了胡先生和我两人。从城里出发到白马涧，也需要行程三四个小时哩。再说，这块墓地只够吾祖父母和吾父母的四个穴位，我们夫妇的穴位是没有的了。当时我曾想：就在吾祖父母和父母的坟地相近，买一块地，为我夫妇及儿辈将来葬身之地，则我们死后，也可以魂依左右。一时有这个思念，却也未曾实行，因为我时常出门远游，离开了家乡，东奔西走，迄无定所。又因世变日亟，内外战争，逃了好几次难，哪有闲工夫办理此事！况且现在经营公墓，提倡火葬，对于坟墓的事，不足注重。我写此回忆录时夫妇都已七十四岁了，身在异乡，未知能否归骨故乡。那末几根枯骨，不知儿女辈如何措置它呢。

我办理这葬事，是在我二十八岁的冬天了（一九〇三年，清光绪廿九年），那一天棺柩入土的时候，正在清晨（名曰开金井），天气严寒，还飘了几点雪。乡下人又说是吉兆，很难得遇到的。我办了酒饭鱼肉，请他们吃了一顿。我和胡琴孙先生说：他们很认真劳力，我们宜宽待他们一些，不可苛刻，所以这班工作的人，也无所苛求。仗了胡先生的精明，处理得很好，这地方的乡民也还是良善的，不致被敲了竹杠，可是我们也没有亏待他们呀。到底我们不是大户人家来做坟，他们也加以原谅。

营葬以后，我对于祖母以及父母的事，好像是有了一个归束。在这期间，却又有使我悲痛的一事，乃是我的子青表哥逝世了。他是可以不死而竟死了，更为令人可哀。譬如我的盟弟戴梦鹤，他的肺病已深，无可挽救，而子青表哥是身体素来强健，别无病痛。他比我长两岁，今年刚三十岁了吧。因为这时他们一家都患了最厉害的喉症，首先是他的母亲传染了。那时苏州并没有医院，仅有在葑门天赐庄美国教士所办的一个小医院，唤做博习医院，仅有数张普通床位。并且这时候中国人不相信西医，尤其所谓上流社会，即使有医院，也不愿把病人送到医院里去，虽然有许多病是要传染的，还是守在家里，预防之法，并不严密。只有相信中医，而中医却不善治此种传染的恶疾。

那时他的母亲（是我的姑母，非吾祖母所出，是巽甫姑丈的续弦，母家江氏）也知道是传染病，叫子青哥趋避，他不肯听，因为他事母至孝。结果，他母亲死了，他抚尸痛哭，他也传染而死了。此外，他的夫人儿子，当时亦都传染，幸而未死。子青哥死了，我哭了他好几场，他是我的兄而兼师的。我没有兄长，视之如亲兄；而哥亦无弟，爱我若胞弟。我们这个表兄弟，有胜于亲兄弟也。他在幼年时，即拘束于家中，别无朋友，且亦难得出门，我想他的朋友除我之外，就很少了。我有什么要想发起的事，他都做了我的后援，如印《仁学》、发刊《苏州白话报》等等。他的环境，为旧势力所包围，然而他是趋向新的路上走。我在外面，得到风气之先，有时对他报告，对他启发，他也很以为是。他的对于时代评论、个人学识，我亦为之心折。不想他乃殉身于旧道德，这是很足以悲痛的。他有两个儿子，都是我的学生，后来也未能出胜，次子又早故世，长子温如，颇为落拓。子青哥生前有一些著作，不知何往。屡次询问温如，思为编集，他却模糊其词，我又与他家人久别，思之不禁泫然。

我自从祖母故世以后，打破了"父母在，不远游"的古训了。我觉得株守家乡，太无意味，至少出外谋一个工作，目的地当然在上海。我倘然在上海工作，而家眷则仍在苏州，也没有什么不便。现在内河小轮船愈开愈多，苏沪之间，一夜可达，将来火车一通，不是更加便利吗？这时沪宁铁路，已在建筑，先开通苏沪一段，苏州乡人称之为"旱火轮"，在齐门外已在鸠工储材了。我以卖文为活之生活，亦足自给，因为家庭开支很省，我每月所得尽够支持，这只冷板凳我是要远远抛弃了。

不过我虽有此计划，而未能积极进行，上海虽然也去过一两次，也没有什么机会可遇。而且我是不大愿意干求人的，并非高傲，实是懒散。在苏州呢，朋友之中，除了几位略有新思想的，都远离家乡，出门去了。苏州那时也真太安闲了，屈指计之，有数种人：第一种是绅士。苏州可称是绅士最多的地方，因为苏州科举发达，做大官的人多，有的做京官，告老还乡；有的做外官，归营菟裘。不但是本地人，外省、外府的人，也都到苏州来，以为吴风清嘉，而且又是江苏省城，因此冠盖云集，互相交游。至于本地的绅士呢？也有些担任地方公益慈善事业，此外便是亲朋们的应酬，婚丧喜庆，衣冠跪拜，一天到晚，便是忙着这些事。第二种便是富家子弟，保守财产者，家里有田地房屋的产业，不必出而谋事，所谓安富尊荣之辈，一切外事不问。每天叉叉小麻雀，蹀蹀观前街，了此一生。还有吸上了鸦片烟的，吞云吐雾，重帘不卷，短笛无腔，说是吸上鸦片，可以保守产业，不至于外出狂嫖滥赌，任意挥霍了。第三种就是属于我辈号称所谓知识阶级了，弄弄词章，画画山水，游游花园，拍拍曲子，也可称逍遥自在。最苦的是一班素以教书为业的老学究，虽欲改造而也无从改造起了。

前章说的为了筹办什么女学堂，到上海去调查，以至不能对祖母亲视含殓，心中正是郁塞。祖母故世后，在家守孝三十五天，照例不能到人家去（旧俗，在此期间，到人家去，人家视为不祥）。朱梁任虽来看我，我也只约略告诉他，把所征求的规章都交给了他。他们也觉得当时要我［到］上海去而铸此大错，心中有些不安，所以一直也没有对于此女学有所进行。这件事还没有一个基础，大家一松淡，就此松淡下去了。而且我还有一个私心，我是不愿意长处苏州的，如果女学办成，要我做主任，我又在苏州生了根了。还有如果子青哥不死，他一定能帮助我，今则已矣，尚何言哉？大家意志涣散，女学仅一场空论。

六二　到青州府去

当我正在侘傺无聊的当儿，忽然有到山东青州府去办学堂的一事。

先是那一天，我妇翁陈挹之丈来视其女，并对我说道："昨天遇到彭诵田先生，详问你的地址，说是要来访你。"我觉得很为惊异，苏州彭氏，是吴门第一家大乡绅，状元宰相，簪缨不绝，其发甲还在潘氏之前。他们世居蔀门，俗称旗竿里彭宅。所以称为旗竿里者，因他们住宅门前，有八根旗竿（清制：凡状元、大学士，门前都得竖有旗竿，可以悬旗），因是得名。不过到了清末，也没有人做大官了，但诵田先生，还是一位两榜，当了京官好多年，至今解组归田，在地方上当一名绅士。

那个时候，好像端方在当江苏巡抚吧，自命为开通人物，也想厉行新政。为了地方自治张本，请省内绅士担任公益事务。其中有一个节目，叫做"讲乡约"，在清代的皇帝的谕旨中，也常有此一条。几位绅士主其事，他们自己不讲，约了几位老学究来讲，每逢三、六、九，在玄妙观里寿星殿开讲。从前"讲乡约"，大概依照《圣谕广训》中词意，推阐一番，现在不免要变通一些了。我的岳丈，便是讲乡约老学究之一，而彭诵老则为轮值之绅士，他们所以相识。我这时急急问道："为什么要访我？有什么事吗？"我岳丈道："好像是关于办学堂的事，他未详言，我不大清楚。"

我想：办学堂的事，一定是彭氏小学堂的事了。彭氏小学，吾友汪棣卿等诸人在办，何须来问我？难道办女学的事，又有人发起了吗？胡思乱想了一阵，不过想到彭诵田先生到吾家来造访，我的房屋湫隘，他们是轿马出入的绅士，也许我不在家，有失迎迓。他是乡前辈、乡先生，既有所事，不如约了日子，我去拜访他。吾岳丈亦以为然，说："你是晚辈，应当如此，明天我给你约定日子，你去见他就是了。"

两天以后，我去拜访彭诵老了。他是不住在蔀门旗竿里老宅里，住居在他的丁香巷新宅里，招待在他的花厅会客室里。原来是他的一位亲家曹根荪先生（名允源），也是苏州人，丙戌进士，由部曹而外放山东青州府知府（当时中国府治尚未取消，故各省知县之上，有知府一级）。满清政府，废科举，办学堂，谕令全国各省，每一府要设立一个中学堂，每一县要设立一个小学堂。青州府这个中学堂，已经设立了，但看看不像是一个学堂。曹耕翁是由京官而外任，已经很干练了，但是办学堂是个外行，他想请一位懂得办理学堂的南方人，整理此事。

那位曹耕翁便拜托了这位彭诵老了，要他在苏州物色人材。因为听说近来家乡风气开得很早，学堂也开得不少，最好聘请一位家乡中人，而于新旧文学都能贯通的人，来办理这个学堂，他可以放心了。彭诵老又说："这个青州府中学堂监督的事，我想阁下一定能够担任，所以我前天同你令岳丈说了。"我那时不免有些受宠若惊，这是我的自卑感，试思我是一个读私塾出身的人，从未进过洋学堂，一向坐那些冷板凳的人，忽然要我去当一个官学堂的监督，如何吃得消呢？什么叫做监督，监督就是现在所称的校长。在前清初办那些官立的大中小学校的时候，不称学校，而称学堂；不称校长，而称监督。这也很奇怪。

这个到山东办学堂的事，忽然飞到我头上来了，真是睡梦里也不曾想到，正不知彭诵老何以看中了我？我当时辞谢了，我说："我一则年轻学浅，二则我也没有办过学堂。现在我们苏人中，到日本去学习过师范回来的人很多，何以不请教他们呢？"但是彭诵老却一定要我去，他说："我已考虑过了，觉得你去是最适宜的，我已问过几个人，他们也一致推荐你。老实说，到山东去办学堂，要比苏州容易得多，曹耕翁又是我们的同乡，你不必推辞了。"

我还说容我思考，彭诵老竟好像已经决定似的打电报到青州府去了。后来知道他也询问过别人，一则，他们因为不要那班在日本留学回来的师范生；二则，苏州人怕出远门，谁愿意老远到山东这个地方去？他们在苏州舒服惯了，起居饮食，都不方便，家乡有个职业，就安居乐业吧。还有，诵老有位公子，号彦颐，在日本留学多年。我和留日学生的苏〔州〕同乡，常有接洽，也许是彦颐将我推荐，不过诵老并未说出来罢了。

回家与震苏商量：从前因为祖母老病，不能远离，现在祖母已逝世了，所谓男儿志在四方，正好向各处走走。恰巧有此机会，山东也好，山西也好，虽然没有办过学堂，粗枝大叶，约略也晓得一点。缩在苏州，觉得不大有出路，上海一时也没有机缘。不过现在去山东，不带家眷，往后再说。山东与江苏，虽为邻省，已是北方气候，起居饮食，一切都有些不同了。

决定以后，彭诵老去电，青州知府曹允源的关聘便来了。因为那个中学堂，是属于青州府的官立学堂，青州知府领有个督办名义，学堂里的一切经费，都是府里开支的。监督由府里聘请，这个学堂监督，好像与府主有宾主关系，似从前书院里的聘请山长一般。我的薪水，是每月白银五十两，因为青州地方，不用银圆，更无洋钱，还是以银两计算的（小数目则用钱票）。五十两银子，恰好是一只元宝，在南方可以兑换银圆七十元左右。我自从受薪以来，以每月束脩二元始，至此亦可算是最高阶级了，私心窃喜，学佛者也不能戒除这一个"贪"字呢。

随着关聘而来的，还致送了一笔川资，是五十元，那是彭诵老处代垫的了。以五十元的川资，从苏州起身到青州，大概是很敷用的了。那是从苏州乘小火轮至上海，在上海耽搁一二天后，便趁〔乘〕搭海轮到青岛，然后再由青岛坐胶济铁路的火车，便到青州，也可以算得跋涉的了。

那时候，我还有两位同行的人，却也不很寂寞。原来青州府中学堂，还聘请了一位教英文的教员杜安伯君，那也是曹耕翁托彭诵老介绍的。那位杜君的父亲，也是一位老先生，我在〔从〕朱静澜师读书的时候，他与朱师为老友，常来访问，早已识他，却已忘其名。现在这位杜安伯君，是上海南洋公学毕业的，年不过二十四五，新结了婚，这回去青州，带了他的新夫人同行。有此伴侣，也是有兴味的事。

我到了上海后，急来抱佛脚，买了一点近来新出的关于教育的书，以供研究。自己想想好笑，我还是做教书先生，旧教育改换新教育，换汤不换药罢了，终究跳不出这个框子。安伯夫人是第一次到上海，虽然无多耽搁，也不免要稍事游玩。我没有携眷同行，也只有访问访问几位老朋友。第一件事，我们便要去定好到青岛去〔的〕轮船。

那个时候，差不多大半个山东，全是德国人的势力。为了在曹州杀害了德国两名教士，他们便占据了胶州湾，开辟了青岛租借地。第一条铁路，由胶州湾直达山东省城济南，这便是所谓胶济铁路，一切统治管理权，都属于他们的。就是从上海到青岛的轮船，也是德国的商船办理的，非但侵夺吾国的航海权，连别国也不许问津。我们当时便托旅馆里的帐房，先去定好了船，那家船公司，唤作亨堡公司，有好几条船在中国沿海驶行。上海和青岛的船，每星期对放一次，行走只有三十六小时，那船的名字，我已不记得了。船主当然是德国人，船上的买办，便是中国宁波人。本来德国的商业，在上海、天津，已经占很多数了。我在这时候，只乘过江轮，还不曾乘过海船，我的身体又很弱，惴惴然，怕的是要晕船。但想到反正只有三十六小时，无论如何有风浪，总还可以忍受吧！

我们定的是房舱，舱中共有四榻，两上两下。我和杜安伯夫妇共三人，空了一榻，也不招外来人了。我睡在上榻，让安伯夫妇对面睡下榻，这样的上下床，似乎很为适宜。安伯新夫人，不过二十一二岁，而且是缠了小脚，她从来未出过远门，上船下船，都要人扶持。一面要照顾行李，一面要扶持这位新夫人。不比我没有挈眷同行，行李较为简单，他们有了女眷，什么东西都要带了走。这也难怪，因为各处的习俗不同，不能不预为之备呀！

我们当时趁〔乘〕的那条船，是一个外国文名字。房舱每客十馀元，连饭菜都在内，饭是到帐房里去吃的，全是宁波菜，好在我们都带了路菜。一出吴淞口，稍一颠荡，我已坐不起来了，不要说行动吧。我恐防要呕吐，把一只洋铁面盆，放在枕边，幸而还没有吐，但安伯夫人已掌不住了。那时只听东有呕吐之声，西也有呻吟之声，虽然茶房来招呼吃饭，只好敬谢不敏了。

好容易熬过了三十六个钟头，船到了青岛，我们都住在一家唤作悦来公司。这家悦来公司，也是宁波人所开设的，从前没有旅行社，而悦来公司却已有这个规模。他们从事转运事业，招待往来旅客也是一部份〔分〕的业务，我们是在船上早接洽好的了。好在那几条船上，从买办以次，也全都是宁波人。近几年来，中国开辟商埠，第一个先到的便是宁波人，其次的方是广东人。

他们开疆辟土，勇往直前，这个功劳着实不小。商场里没有宁波人，就像军队里没有湖南人一般，不能成事。并且他们乡谊极重，拔茅连茹，便自然而然的集合成市了。

德国人对于山东土著的人，太不客气了。名为青岛，其实是个胶州海湾，德国人没有来时，是一片荒寒的海滩。然而那个地方，冬暖夏凉，气候最佳，虽近北方，是个不冻海岸。为什么德国人一下子便挑了这个地方呢？可见他们觊觎已久。中国有此好地方，不加注意，别人家早已留意，一旦有事，乘隙便来攫夺了。德国人来了以后，斩荆除棘，便在这个区域以内，把居住在这里的土著尽行驱逐出去，要建造西式房子，不许造中国式的房子。原来住

205

在这胶州海湾的山东人，都移到一个唤做大包岛的地方去，真是喧宾夺主了。

山东人本来也是以强悍著称的，登、莱、青一带，绿林中人也很多，他们也不怕洋鬼子。据说：德国人待之尤酷烈，初来的时候，也曾吃过山东佬的苦头。后来他们定打了一把极大的剪刀，捉了强盗来，就把他齐颈一剪刀。有人说："这太惨〔残〕酷了。"他们说："你们中国人捉了强盗来，也不是杀头吗？哪里去找道地的刽子手，这不比〔砍头〕更爽快、更简捷吗？"这是悦来公司的帐房先生讲的。

他又说："在青岛可分别出四等人来。"我问："怎样的四等人？"他说："第一等人，不必说了，自然是他们的白种人，尤其是德国的官商，志〔趾〕高气扬，不可一世。第二等人，中国的官员，或是济南省城来的，或是别省大官，经过此间的。第三等人，便是我们南方来的商人，和他们有生意上往来，他们好像客气一点。第四等人，对于山东的土著乡民，十分虐待，简直奴仆不如了。"听了这样的分成阶级，真令人痛叹不置的。

我们在青岛只耽搁了一天，明天便搭了胶济铁路的火车，到青州府去了。胶济铁路的火车，也分三个阶级，便是头等、二等、三等。购买火车票，我们早就托了悦来公司去办理，我们初来此间，搞不清楚的。原来购买胶济铁路的火车票，分用三种币制：如买头等车票，用银两；买二等车票，用银圆；买三等车票，则用铜圆（这种铜圆，是青岛特制的，他处不可通用）。

起初，我问悦来公司："中国人也可以坐头等车吗？"因为我坐到青岛来的德国轮船，中国人就不能购最高级的舱位，如一般人们所说的大餐间之类，故有此问。他们说："很少，总是外国人居多，不过他们也没有规定不许中国人乘坐。"我想：既然没有规定中国人不可以坐，我们何妨坐一次，即使价钱贵些，究属有限（因为胶济路直达济南，在青州府只不过全路之半）。但杜安伯不赞成，他的不赞成是合理的，因为我只是单身，而他带了夫人，却要出双份呢。

我们到了车上，我看了看头等车，颇为华丽，每间可坐六人，另有玻璃窗可以关住。二等车也还好，是长条的皮椅，亦甚清洁。但三等车便不堪了，三等车并无坐〔座〕位，所有旅客，都坐在地上。行李杂遝，有的便坐在行李上，乡下人的鱼肉菜蔬，也杂乱地放在那里，腥臭难闻。那是别处铁路的火车上，从未有的。

头等车里果然都是外国人，可是二等车里也有不少外国人，在我们的车厢里，便来了一个德国兵，正坐［在］安伯夫人的对面。这些德国小伙子，对于中国的妇女，不大有尊重的态度，目灼灼看着安伯夫人。但是你不去理他，他也不敢怎样无礼。安伯却是懂得英文的，他有些看不惯，便操着一句英语说道："她是我的太太。"不想那德国兵，也戏谑地操着英语，指指自己的胸脯道："不，她是我的太太！"这时安伯夫人已面涨通红，而安伯也弄得很窘。我忙说："不要理他，他们不过开开玩笑而已。"果然后来那个德国兵，见我们不理，他也没有什么无礼态度，过一站，便下车去了。

不过德国人在胶济铁路上，已是骄横成习了。数年以后，有一位黄中慧君，在胶济铁路头等车里，被德国人拖了出来，因为黄中慧是个名人，上海各报都登载了这则新闻。不知为了何事，也似我的要硬坐头等车吗？黄君愤恚，要与胶济路办交涉，小事一桩，有何交涉可办。所谓"弱国无外交"，中国积弱之馀，被外国人欺负的，岂仅黄中慧一人呢。

六三　记青州府中学堂（一）

火车到青州府车站，约在下午两三点钟，因为在青岛已经打了一个电报去，府衙门里已经派人到车站来接了。

安伯夫妇和一位先在青州府中学堂教算学的胡菊如同居，他们早先已约定了。我没有带家眷来，就住在学堂里。

我到学堂还没有坐定，正想去拜谒这位青州府知府曹耕翁，堂役忽报："太尊来了！"太尊者，知府的尊称（清制：知县称大老爷，知府以上，方称大人，不过太尊是知府专有名称）。原来在青州府的文官，以知府为最尊，他每次出衙门，必定要放炮吹打，所以合城皆知。他要到哪里去，也先有人快马通报，因此学堂里，也先已得到了消息，堂役们即赶紧来通报。

果然不一刻儿工夫鸣锣喝道，府大人已来了。他是翎顶辉煌、朝珠补服的坐在会客厅里，这就使我很窘了。因为那时穿了祖母的孝服（我母亲的孝服未满，又接穿了祖母的服，因为我是承重孙），虽然有一套素衣冠，却不曾带来。这时他衣冠整肃的先来拜客，而我却便衣出迎，未免失礼不恭。但这也无可如何了，不过我当时曾经和彭诵老【曾经】说过：我是不懂官场规矩的。诵老说：曹耕翁最和易可亲，熟不拘礼的，到此也没有办法，只得穿上了一件布马褂，便去迎接他。我以乡长者之礼，依苏俗唤他为老伯，并请一

207

切指教。又说:"在守制中,未具衣冠,殊为不恭。"他说:"我们概不拘礼。"又说:"我们做了官,只能衣冠桎梏的了。"

这个青州府中学堂监督,是青州府里聘请的,好像人家请了一位西席先生,而他们以尊师之礼,一定要先来拜见。他去了以后,我立刻便去回拜。他请我在花厅相见,什么升坑〔炕〕咧、献茶,完全是一套官场仪式,使我真有些吃不消。幸亏我在南京蒯礼卿先生处,稍为懂得一些,不然,真的要闹出笑话来咧。譬如官场的会客送茶,那茶是不能轻喝的。倘然主人招呼用茶,或是客人自己端茶,傍〔旁〕边的仆从人等,立刻高声喊"送客!"客人便立刻起身了。但是我呢?当主人端茶时,他便招呼一声道:"随便喝!"只这"随便喝"三个字,仆从们有了暗示,便不喊送客了。

为了学堂的事,我初来时,茫无头绪,自然要和他详谈一下,他也谈得非常坦白而诚恳。他说:"我们是科举出身的人,当京官磨蹭了好几年,放了外任,对于现在办学堂的事,完全外行。至今政府要厉行新政,通令外省各府要办中学堂,各县要办小学堂。这里本来有个云门书院,我把它改办了一个中学堂。起初以为也照从前的书院制度,选取几个高材生,在此肄业就是了。哪知现在的新法必须要英文、算学、理化等等,要成为一个新式学堂规模,那就要请一位专家来办理了。彭诵翁推荐阁下到此,一切都要借重了。山东虽是圣人之邦,风气却还闭塞得很,据说青州一府,还算是较优秀之区咧。"

原来青州府城内有三座学堂,一座是青州府中学堂,那是青州府办的官立学堂;一座是益都县小学堂,这是益都县办的官立小学(益都县是青州府的首县);还有一座是青州蚕业学堂,是省里办的,而由益都县兼管的,因为这地方宜于养蚕呢。这三座学堂以外,便只有私塾了。晚清自拳变以后,上下内外,都想变法厉行新政。办学堂对于外任府县,上司有个考绩,不能马马虎虎,于是他们遂有不得不办的趋势了。

青州府这个中学堂,对于学生真是优待极了。不但是不收学费,而且供给膳宿,所有膳宿费一概不收,并且还有膏火,真是极尽招徕之道。因为当时此地风气未开,父兄都不愿子弟到这种他们目为洋学堂里去读书。青州一府所辖有十馀县,十馀县里的青年子弟,都可以到青州府中学堂来肄业,然而来者却很寥寥。在我初来的时候,学生还不到六十人,但到后来渐渐扩充,到我两年以后走的时候,也仍不过八十馀人。因为学生全都住在学堂里(他们是各县来的），斋舍有限，再添学生，便要再建斋舍，并且府里的办学经费，也有一定限度，不能随意扩充呀。

学生是由各县保送而来的，并不是像科举时代的县考府考的考取的。据说当时征求学生，也和征兵一样难。贫家子弟，不是没有读书的，他们大都务农为生，要在农隙时，方才读书，谁能舍农业而出门读书呢？富家也持保守主义，不相信那种用夏变夷之法，他们还是相信科举不能废，考试有出路。所以这个中学堂，虽是极力征求，百般提倡，来者究竟不多。

我在这个中学堂里，却有几位学生，年龄比我大的。我那年是二十九岁（旧历虚岁），他们有年龄过三十岁的。

这时候大家拖着一条辫子（我也拖着一条辫子），我见那些学生，有的是红辫线的，有的是黑辫线的，不解何故？因之请问于那位监学李先生（他是监学而兼庶务的），他是安徽人，年约五十左右，是一位老山东了。他告诉我道："这里面有分别，凡是红辫线的，是没有结婚的人；黑辫线的，是已经结婚的人。"我一看，学生中黑辫线的人很多，那都是已结婚的人了。已结过婚的人，要他们当学生，住在宿舍里，半年不得回去，无怪他们视学堂为畏途了。

这些学生中，有已进过学的秀才四五人，而且还有一位举人先生。这使我很为惭愧，因为我只是一名诸生，而我的学生，却是一位孝廉公，这如何说得过去呢？我便去请教曹耕翁，他说："他虽是个举人，学问也浅薄得很，他是本地益都县人，其人颇想知道一点新学，他要进中学堂来，我们也不好拒绝他呀。或者，请你特别给他谈谈，他是只领膏火而不住斋舍的。"我便约了他谈谈，此公姓李，年不满三十。果然，除了八股之外，一无所长。但其人甚为谦抑，常对我"老师"、"老师"，叫不绝口。我想：在我们江浙两省中，一个举人，往往有目空一切，而自命有绅士资格了。

这个中学堂，是此地的云门书院改造的。云门书院不知何时建造，我未考据，大约甚古。因为距离非远，就有一座云门山，在青州是著名的。自从改了中学堂后，只不过把房子修饰了一下，无多改建。据说：本来是没斋舍的，后来添建了斋舍。这些斋舍，土墙泥屋，与青州那种普通民房一样，作为学生修习之地。学堂中空地甚多，如果经费充裕，再添造数十斋舍，也绰有馀裕。进大门后，一条很长的甬道，直通到大厅，这个厅现在已改为课堂了，东西两侧为会客室及学监室。后面一大院落，还有厅事、房舍，我与有两位住在学堂里的教员们，便住在那里。傍〔旁〕侧又有一园子，园虽荒废，但是里面古木参天，都是百馀年前大可合抱的柏树。进门以后的甬道两傍〔旁〕，也排列着很多的柏树，还竖立着几块碑碣，是一种学院威严的气象。

我到了第二天，便和学监李先生，同到各处巡视一下。第一件事是改正课堂。原来的课堂，朝南正中，设一师位，桌上围一大红桌围，上设笔架及硃墨笔砚。学生的桌子，坐南面北，正对着师位。我命他们立即撤去，这不像是课堂，而像衙门里审官司的法堂了。乃改为师位向东，什么大红桌围及硃墨笔砚等，一概除去。并命制了高一尺的讲坛，又备了一黑板及粉笔之类，学生的坐〔座〕位，也改为坐东向西。这个课堂，已改为嵌玻璃的纸窗了，倒也很明亮。但是中间进门处，却又装了一个大红黑镶边的棉门帘，这是北方规矩，不必去改它。

原来这学堂最初设立时，只有国文，教师有总教习、副教习等名目。至于英文、算学、理化等课程，都是没有的。国文先生上课，没有一定时刻，他要上课了，便令堂役向斋舍去摇铃召集。上课时，教师并不点名，亦不讲解，命学生们圈点什么书（从前书本，都无圈点的），由教师指定，师生们均默坐无哗。不过有些学生，看书有看到疑难的地方，可以请教老师。老师坐在课堂上，觉得有些倦了，随时可以下课。此外便是学生们到斋舍的自修时期。那些学生肯自修吗？看闲书、着象棋，还算是安份〔分〕守己的，否则便溜出去胡闹了。

学生上的什么课呢？曹耕翁已告诉过我了，他曾经托人在上海买了十部《资治通鉴》（某书局石印的），分给学生们圈点，供给他们研究史事之用，这便算是历史课了。至于地理课却是没有。处在这时候，中国也没有什么合乎中学生的教科书，只不过选读几篇古人的文章，如《古文观止》一类的东西。不过我们此番来时，在上海，杜安伯为了选取英文教课〔科〕书，我也选取了几种合于中学程度〔的〕教材与参考书，以资应用。自然这一回，要定出一个课程表来了。每一天，上课几小时，逢星期日休假，不能再像从前那样马马虎虎了。

学生的斋舍里，我也看过，脏得不成样子。我写了几张条子，请学监李先生贴在斋舍里，要他们保持清洁，自己扫除。所有被褥衣服，要自己整理。学堂里所用工役有限，不能来服务，要养成学生自治之风。学堂里虽然也有几个茅厕，然而学生们都喜欢在草地上大便，粪秽狼藉，臭气薰人。因请李先生招人把这几个厕所修治整洁，以后再不许他们在草地上大便。饭厅里也去看过，学生们是吃馍馍的（南方人呼为"包子馒头"，又称"高脚馒头"，作椭圆形）。

此外有小米子粥，煮得非常稀薄，也有几样蔬菜，大蒜是家常必需品了，肉类就很少。我们南方去的先生们，是吃大米饭的，鸡肉荤腥鱼类比较少一点，无论如何，不能与他们学生同餐。学生们的饭食是包给厨房的，每一学生，每天若干钱，学生告假，却要扣算的。但是厨子却来诉苦，说是："先生们（他呼学生为先生，呼我们为老爷）在饭厅上尽管吃，我们没有话说。但是他们吃完以后，还要带几个到斋舍里去，常常闹［得］馍馍不够吃，我可亏负不起呀。"

我问李先生："果有此事吗？"他说："确有此事。因为这个缘故，厨子不肯包饭，便换了几个厨子。而且每次开饭，学生总嫌厨子馍馍太少，不够吃，甚至要打厨子，饱以老拳。他们每一餐，要吃四个馍馍，像我们南方人，吃两个已经够饱了。可是他们吃了四个，还要带着几个走，厨子就吃不消了。"我说："现在只有理喻他们一番，如果在饭厅里，不要说四个，就是五个、六个，也尽他们吃，要带出去，可是不能。"李先生去劝说了一番之后，学生们不承认把馍馍带出去。我说："不承认最好！所谓'有则改之，无则加勉'，只要以后不带出去，那就解决了。"

但是过了两月，厨子又不肯做了，说是先生们依旧带馍馍出去，并且敲破了他的盘子。那个时期，苏沪之间，学生闹饭堂风行一时。记得我友叶楚伧，在苏州高等学堂肄业，也是为闹饭堂而被开除（说来可笑，饭厅里每桌坐学生八人，有一样菜，唤做"虾滚水豆腐"，是苏州家常菜。端上来时，楚伧用筷子一掏，说我们有八个人，而里面的虾只有七只，怎么吃呀？于是附和他的同学，便把台面一翻，卷堂而去）。其实这是当时学生不满于高等学堂监督蒋君，闹饭堂是借端发挥。楚伧被开除，就此走广东闹革命去也。

不过我当时想到学生果然喜闹事，厨子也多刁顽。就是说砸破了一只盘子，这种粗劣的盘子，能值几文钱，他便大惊小怪的把破盘子送给我看，好像是我打破了的。我心中很是生气，我就说："厨子不肯做，另换一个。"李先生虽是唯唯答应了，但是他说："府里限定学生饭食费若干，厨子若是亏本，谁也不肯做的。"

那时学生又举代表来说："厨子供给馍馍，不够吃饱。"那我真担当不起呀！传到曹耕翁处，他要说：我是请你来办堂〔学〕堂，却教学生饿肚皮。我发狠道："我也上饭厅，与学生同吃馍馍。"几位南方来的同事劝我道："何苦呢？你的身体不大好，吃一星期，就得生胃病。况且他们仍旧拿馍馍，你近视眼，看也看不见。"

我试了半个月，实在吃不消。因为我从小娇养惯，父母宠爱，对于饮食的营养，向来是好的。后来作〔做〕了教书先生，适馆授餐，都是富家，待先生馔肴，又都是最丰的，从来也没有吃过这样的饭食。但是在我饭厅里同食的时候，却还安静，以后厨子又向学监先生噜苏不已了。他们的斋舍，我是通常不大去的，因为这是李先生的责任。有一天，我偶然进去观察一下，却见斋舍里剩馀的馍馍，丢在墙阴屋角，任它霉烂。如此暴珍天物，实难隐忍，明明拿了，而又矢口说不拿，而且拿了以后，又尽量糟塌，这我可生气了。于是我请李先生，站在从饭厅到斋舍的通道中，一个一个的搜检，搜出了一大堆。因为他们所穿出的大褂子，袖口有一尺多宽，藏几个大包子在内，还绰有馀地呢。

因说：这一次不记名，搜出的还给厨子，以后可不能再拿，要记出他的名字来了。这位李先生，初时还不敢搜检学生，恐怕得罪了他们。他是一位好好先生，越是不敢得罪他们，他们也就不大客气。我说："你不要怕，由我负责，越怕越不成功。你若一再让步，那就闹饭堂、打厨子的风潮来了。"但是我后来想想，也不免自悔孟浪。青州府的学生还是驯顺的，要在上海等处学潮正盛的时候，敢于搜检学生，我这中学堂监督，怕不被他们拳而逐之吗？

六四　记青州府中学堂（二）

到青州府中学堂后，有一事，觉得很难忍受。便是学生见了老师，必定要"请安"。所谓请安者，就是屈一膝以施敬礼，那个风气，是满洲入关带进来的，在北方是盛行的，而且他们已习惯成自然，见了尊长，必须如此。即使一天见几回，便请几回的安，在路上遇见，亦当街请安。可是我们南方人，实在觉得不惯。我一到学堂，便想改革此风。

一则，像那种屈膝请安，不免带有奴性（在南方仆役对主人带点官气的，也行此礼）；二则，他向你请安，你也要还礼吧？不回礼似乎有点倨傲（本地尊长对于下辈是不回礼的），如果要回礼请安，我们很不习惯。

于是我们南来的教员们提议，把请安改为打拱、作揖，然而学生们对于打拱、作揖都不习惯。他们的打拱作揖，自下而上，好似在地上捧起一件东西来。见了这种打拱作揖，各教师均掩口胡卢而笑。于是我出了一个主意：以后学生见师长，既不要请安，也不要打拱作揖，只要垂手立正就是了。这个礼节，起初学生们还不大习惯，忍不住还有〔要〕请安，后来渐渐地矫正了。

谈起请安，在北方，子弟见尊长，仆役见主人，下属见上司，都要请安。他们做官的人，很讲究此道，请安请得好，算是风芒、漂亮、边式。做大官的人要学会一种旋转式的请安，假如你外官初到任，或是到一处地方，有许多比你低级的，环绕着向你请安，你要环绕着回礼，这种请安，名之曰"环安"。你要弄得不好，踏着自己的袍子，一个失错，向前跌冲，那就要失态了。还有所谓请双安的，屈两膝，身体一俯，也要讲究姿势。满洲妇女优为之，从前的官宦人家都要讲求那种礼节。

我的话又说野了，言归正传的说，初到青州府中学堂时，也颇有种种趣事：譬如课堂里的红桌帷，以及种种红的色彩，我都教他们除去了。但是这个会客厅的红椅靠、红坑〔炕〕枕等等，他们都不肯换。原来在中国一向以红色为吉，以白色为凶，尤其是在官场，做官的人，更为迷信，一定要触目见着一些红颜色的。他们因为客厅里是太尊时常要光临的，他来了，如果见一白无际，没有一点红颜色，是官场所禁忌的。他们既如此说，这本是官学堂，不脱官派，只好听之。其它可改者改之，不可改而无伤大雅者，也只好听之。

关于商量课程的事，首先是国文。国文教员本来有两人，都是本地青州府人，有一位已辞职去了。他们就是上课不规定时间，而上堂只是圈点《通鉴》的。曹耕翁告诉我：他已经在济南请了一位教员来了，这位教员，是一位四川先生，姓张的。

英文与算学，是杜安伯与胡菊如两人分担，这两人都是南方来的（胡菊如是宁波人）。但又新添了理化教员两人，这理化教员哪里去请呢？就是在上海，当时能教理化的人也难觅呢。可不知青州府有一个天主教堂，据说教堂里也办有一个小学堂，却介绍了两位理化教员来，一位姓白，一位姓黄，每星期来上两次课，那都是府里请他们的，我可全不管。说老实话，我也不懂什么理化，这黄、白两位先生，自己带了一本书来，口中念念有词，我也不

213

知他们讲些什么东西。

写到此，我又有一些插曲了。有一天，府里先来通知了，说是今天下午，有两个外国人来参观学堂了。什么外国人，我起初以为又是什么德国人来乱搞吧？便请李先生来一问，原来就是本地天主教堂里的两位神甫，要来看青州府的新学堂了。我说："我们要怎样招待他们吗？"李先生道："不必！随便领他看看好了。"果然，到了下午，这两位神甫来了。我以为既是外国人（说是美国人），必然是西服笔挺，或者穿的是教徒的制服。一见之下，却是长长的蓝布袍子，大大的黑呢马褂，脚上双梁缎鞋，雪白土布的袜，头上一顶瓜皮帽子，顶上还有一大红帽结。除了高高的鼻梁、深深的眼睛以外，完全是一个山东佬打扮，而且还是道地的山东口话〔音〕。李先生引领他们到课堂各处去看看，口中不绝地说："好！好！也是！"一副谦恭下士的态度。我想：外国人到中国内地来传教，也穿了中国内地的衣服，按照中国的礼仪风俗，这真可谓"深入民间"呀。

我来当这个中学堂的监督，本来可以不担任教课的，我的关聘上，也没有要我担任教课。但曹耕翁的意思，想要教我担任一点课，属于训育之类，随便你高兴讲什么，就讲什么。上了课以后，可以认识了这班学生，不至于太隔阂，也可以亲近起来，这话是无可厚非的。而且我也觉得太空闲了，好像有点无功食禄，于心不安。但是我可以讲点什么课呢？要我可以担任，而学生们可以听得进的才对。后来我想出一法，我说：我试讲讲《论语》如何？曹耕翁大为赞成。我和曹耕翁，都是从八股出身的人，对于《论语》当然很熟，到了明天，立刻送了官书局精印的一部大版四书来。

于是排出课程，我每一星期上三次课，规定在星期一、三、五。我们这个中学，仅有一间课堂，并无班级，真是简单之至。我的讲《论语》怎样讲法呢？说来也甚可笑，就是用做八股文的老法子，选了一个题目，写成一篇讲义。不过八股是有排比，有规制，这所谓讲义者，算是一篇散文而已。我这个讲义，却并不是高头讲章式的，有时把时事、新政，都穿插在里面，学生们倒也觉得新鲜可喜。如果宋儒理学大家朱、程二先生当今之世，那是一定要呵斥我这小子离经畔〔叛〕道的了。

这个中学堂，虽然也有暑假与年假（那时中国还奉行夏历），但是学生们每逢春、秋两季，必定要告假回去十馀天。春天是春耕时期，秋天是秋收时期。因为他们在学堂里，固然是长袍短褂，是一个学生，回到家里，脱去鞋袜，自己可以下田，而且他们都是自耕农，没有租佃的。他们名正言顺的来告假，我可以拒绝吗？我忽发奇想，和曹耕翁商量：我们这学堂，不放暑假与年假，或缩短暑假与年假，而改放春假与秋假，使学生得以便于农事，岂不甚佳。曹耕翁道："您的意思甚善，但每年各学堂要放暑假与年假，是政府的通令，我们是个官学堂，不能违背政府的法令呀。"

我办这个中学堂，总算是很为顺手。第一，曹耕翁的言听计从，从不掣我的肘，自然我提出的计划，提出的要求，也是在他范围里做得到的，并不强人所难。还有，那学堂的经济权，握在府暑〔署〕里的，学堂里有所需要，如与经济有关系的，当然要与府里商量，经过批准。一年以后，风气也渐渐开了，又因为当时那种官办学堂，优待学生，各县的学生，也很多愿意到这个府中学堂来就学。似乎这六十位的学额太少，我常与曹耕翁讨论增额。

曹耕翁也愿意增额，但是增额先得筹经费，而且要向省里去请示，不是贸贸〔然〕就可以的。因为学生都是住堂的，就得添建斋舍，假使我们增额到八十人，那得再添造斋舍十间（以两人住一间，原有学额是六十名）。并且一切饭食杂费，都是由学堂供给，培养一个学生，一年要经费若干，那是要通盘筹算一下的，而且要经省里核准。可是到了第二年，曹耕翁居然筹出一笔经费来，添建斋舍，学额增到八十名。

我在青州府中学堂时，只有两件事，与曹耕翁有些不愉快，但过去以后，也就谅解，并无一点芥蒂了。

在第二年开始，省里有命令，各中学堂要添设体操课。青州府中学堂本来没有体操课的，乘年假我回到南边来时，曹耕翁便托我请一位体操教员。我道经上海，和朋友谈及此事，那时有位徐念慈君，他是常熟人，正帮着曾孟朴在上海办"小说林书社"。他说：他有一个弟弟号粹庵，可以担任此事，粹庵是学过体操的，年纪很轻，不过二十多岁。我以既是老朋友的弟弟，当时也便即行约定了。

我们同到了青州，山东学生对于体操一课，甚为高兴。我于此道，实在外行，据说也都是日本学来的，名之曰兵式体操。曹耕翁还托我在上海定了六十套操衣操帽，我便转托同回上海的胡菊如兄。操衣操帽是灰色呢的，有些仿德国兵的制服（这一项冠服，上海制就后，运到青岛后，为德国人扣留查询，多方解释，始得放行）。学生大概出于好奇心，也很高兴穿这种制服，虽然把辫子塞在操帽里，棉袄裹在操衣里，也显出一种尚武精神来。至于操

215

场，学堂里有得是旷地，不过那里都有树木，徐粹庵还讨厌这些树木，说："地小不足以回旋。"我笑说："这不过几十个人罢了，难道是一师一旅，要什么大操场吗？"

过了几月，粹庵说是经学生们请求，要什么盘杠子、踏秋千架的玩意儿。他说："这是属于柔软体操的。"我想：山东学生，懂得什么柔软体操呢？是你这个体育教师的新贡献吧。当时什么网球、篮球之类，内地尚未梦见，每天喊着"开步走！""立正！"太无意思。姑徇所请，在操场上置一架秋千架。但学堂里每有所修建，都是要由府里派人来的，于是写信到府里去，请置一秋千架。府里也答应了，但迟迟不来装，以为此乃不急之务。几及一月了，粹庵又来催我。我说："再等几天，待我面见曹耕翁时，提起一声吧。"

这时，我家眷已到了青州，我便不住在学堂里了。那一天，到学堂时，粹庵很高兴的告诉我道："秋千架已经做好了，请你去看看吧。"我说："那就很好，府里派人来做的吗？"他说："不！是学生们自己做的。"

我想怎么是学生自己做，急往看时，原来是截去了一棵柏树，把它横钉在另外两棵柏树中间，下面系了两条粗绳，悬住一块板。据说是学生合力动手，而粹庵自然是总指挥了。

但是无端截去了一棵柏树，被钉的两棵柏树，也受了损伤，那是一个问题来了。因为本地人对于这些柏树，很为宝贵，他们是不肯加以戕伐的。青州府中学堂的前身是云门书院，地方上的公产，算是借给府中学堂的。当时的点交清单上，还列明柏树多少株的，怎么可以随便砍伐呢？虽然这事不是我做的，可是我要负责的。当时我埋怨徐粹庵，为什么不通知我，让学生擅作主张。但树木已经砍下来了，枝叶已经丢掉了，所谓既成事实，又有什么办法呢？

果然，曹耕翁知道了，对于这事大不高兴。他虽然谴责徐粹庵，但我觉得就是谴责我。他是一个爱惜名誉的人，以为学堂里做一个小小秋千架，而砍去一棵可贵的柏树，地方上人一定啧有烦言。我不得已只好写了一封谢罪的信去，自承己过。截下来的一棵柏树是无法想了，幸而是较细的一棵；被钉的两棵，把它解放了，也还不致有大损伤。此外便请府里，立刻来作秋千架。我笑语同事各教员道："为了老柏，却使老伯不大高兴（因为我呼曹耕翁为老伯），以后我们要谨慎些呀。"

另有一事，却较严重了。原来那时的山东巡抚为周馥（号玉山，安徽人）。他不知有什么事要到青岛去，与德国人有什么交涉。从济南乘着胶济铁路火车到青岛，要经过青州府的。省里先有一个通知，给青州府知府，意思是说抚宪路过青州府，要令本府全体学生到火车站列队迎送，以示本省兴学有效。

那时府里就派了一位幕友，到学堂里来通知一声，说是明天抚台大人过境，应请监督率领了全班学生，到火车站排队迎送。谁知这位幕友，碰了我一个钉子回去。我说："不但是我不到车站上去迎接，连学生我也不教他们到车站上去迎送。"我说："办学堂是为的造就人才，不是为官场中送往迎来用的。今天接一个抚台，明天送一个藩台，一天到晚，都是跑火车站，不必再读书了。"

那位幕友碰了我一鼻子的灰回去，府里觉得这事弄僵了，又怪那位幕友不善措辞，又推了一位高级幕友王鸿年先生来。此人也是一位知县班子，他很能宛转陈词，他说："朗兄的意思，太尊很以为然，学生岂是要他们送往迎来的。不过据兄弟们的意思，省里既然要我们去接，我们也不能不服从。也许他们要看看我们的学堂办得怎么样了，学生们整齐不整齐，倘然我们太倔强了，别的没有什么，怕的与太尊的考程有碍。我想如果朗兄不高兴去，请派了监学李先生去，也无不可。"

我听了王鸿年的话，只得转意了，便说："既然如此，就请监学先生带了学生们去吧。"于是传谕学生，明日到火车站迎候抚台，恭听训诲。可是学生们消息很灵，已知道了这事，便来问我，要去不要去？我只得推说："我穿了素服，没有衣冠，有所不便；再则我头痛发烧，火车站上风大得很，所以李先生陪了你们去。"结果，学生去了十分之七，十分之三没有去。

这件事，在第一次的这位幕友（安徽人，忘其姓名）来过以后，我就有一点悔心，觉得言语也说得太激烈。试思中国官场，哪一个不奉承上司，惟上司之言是听？曹耕翁是位长者，又是一位好好先生，这事怕要损了他。不过前次那位幕友，神气得很，好像命令我率领学生去接官，我是有点傲气而吃不消呀！如果我对学生一番申说，学生都是青年，他们一闹别扭，那大家都不愿意去，那真是弄僵了。

到晚上，监学先生陪了学生回来了，我问怎么样？他说："不但学生们没有见到抚台，连太尊以及益都县也没有见到，说是一概挡驾道乏。据说：抚台大人在专车里睡中觉，概不见客。"我问："那末他也不知道学生们车站上接他吗?"他说:"他哪里知道?学生们在车站上站了班,只见一个武巡捕,手里抓了一大叠手本,喊道:'哪一位学堂里的头脑?''哪一位青州府中学堂的?'他望着那班学生发怔,后来我迎上前去,他说:'着学生一概退去!'我们听了,也就退出来了。"

这件事,那位幕友初回到府里去时,不无媒蘖其词,说我怎样不近人情,而曹耕翁听后当然也就不大乐意了。到了王鸿年来过,我并不坚持学生不去车站,也赞成监学可以陪了他们去,他也渐渐释然了。及至火车站的情形,他也自己亲眼看到时,也觉得甚没意思。其实周馥并不注意什么学堂与学生,他也并不要学生去车站迎送他,都是那班下属讨好上司罢了。那时周馥已是七十多岁了,是一个聋子。有人说:"他其实并不聋,关于遇到尴尬的事,他便装着聋子,没有听见。"他在他的专车里闭目养神,但并没有睡着,深得前清做大官的技术。语云:"不痴不聋,不作阿家翁。"

六五 青州风物

我在山东青州府计两年多,第一年,未带家眷去;第二年,方携我妻震苏及新生的一女可芬偕往。幸而有几位南方教员,已携有家眷在此,即以本学堂而言,有杜安伯的夫人,她是苏州人;有胡菊如的夫人,她是上海人,也是最近从上海来了。此外,府尊曹耕翁的儿媳,也是苏州人,他〔她〕便是彭诵田的女儿。此间首县益都县知县李擂臣(祖年),一家又都是常州人,他的衙门里师爷,大半是常州人,而携眷来此者亦甚多。

青州府的房屋,也尽是北方式,庭院却很大。我们家中,雇用一个老妈子和一个僮儿。老妈子名张嫂,年约四十左右,做事很勤恳。僮儿年十四五,名唤犬儿,也很活泼诚实。及至我们回南时,他坚欲跟我同去,我以其母在青,未允携归。本地人多睡坑〔炕〕,我们不惯,然此地无藤垫、棕垫之类,只有高粱杆子所做的床垫,睡了倒也觉得很为安适。此间无楼房,全都是平屋,较讲究的方为砖地,否则都是泥地而已。

自胶济铁路通车后,青州府适在铁路的中心点,亦渐成为山东一大城市。故此间居然也有洋货出现,洋货来自上海的,也有来自天津的。日用必需之物,如洋皂、洋火之类,市上亦均有售处,不过本地人却难得用。各方来此的人也不少,便带了那些舶来品来了。市上购买杂物,数目少的用钱票,从一千到十千（一千即名一吊），那种钱票，都是破烂不堪。数目大的用银块，几两几钱，临时用天秤称之，傍〔旁〕置一夹剪，分量如太重，则夹去一块。

青州府仅有一条热闹的大街，店肆林立，我们如果买过一两次东西，他们便认得了你，叫得出你的姓，知道你住的地方。

大概他们对于南方人，是一望而知的。假使你买了东西，身边的钱不够，你尽管拿走好了，他们信得过你。掌柜和伙计，都是很客气，买了东西出来，常常送你到门口，口中不绝地道谢。最妙者，这里有一个邮政局，局长也是青州府本地人，此外有一两位邮差兼助手。我们和他熟极了，寄信可以坐到他办公桌上，自己打邮戳。因为来信有一定时间，胶济路的上行车与下行车，都在青州府交车，而我们有信没信，只要等火车站上的邮差回来，便知道了。

在青州府的第二年，上海的《时报》已出版了，我便去定〔订〕了一份《时报》。本来学堂里也有一份《新闻报》，要等府衙门里看过后，然后送来，已隔了好多天了。我在南京蒯公馆的时候，《中外日报》新出，我就自己定〔订〕了一份《中外日报》。人家说，这是我体己的报。实在说，报纸总在日求进步，《中外日报》出版后，报纸有一进步；《时报》出版后，报纸又有一进步。我是不喜欢墨守而喜欢创新的。

我从学堂里回到家里去时，邮局是必经之路，我最注意的，今天有没有报纸寄来呢？还有我所购的新书、所定〔订〕的杂志，有没有寄来呢？那时并没有信箱之类，那位邮局长给我安放在一处，我喜欢自己去领取。最可笑的，是在第一年，我要寄家用到苏州去，而青州和苏州的邮汇不通，并且币制不同，因为苏州是用洋钱的，青州是用银子的。但是小包邮件是可通的。邮局长说："你可以把整只的元宝，当小包的邮件挂号寄去，已经有人试过了。"恰好我的每月薪水是五十两元宝一只，于是由麻布包扎缝好，到了苏州，由公估局估定，到钱庄兑换，倒极为便当了。

我喜欢吃闲食，也是我们苏人的习惯吧？青州也有干果店、糕饼店，其食品也为可口，我有时也常去光顾。中秋时节，也有月饼，但这种月饼，不同于苏州月饼、广东月饼。我乃知全中国各处，都有月饼，除了一例是圆型以外，便有种种的不同。我也曾吃过七八种不同的月饼了，倘然开一个全国月饼展览会，倒也很有兴趣呀！此间宴客，以海参席为最阔绰的了，不有什么鱼翅之类，可见山东是个简朴守俭之乡。家常菜则猪肉鸡鸭之外，鱼类较少，虾蟹更少见。

还有，此间的菜蔬颇佳，胶州白菜，尤所驰名，味极腴美。本地人吃面食，山东面粉，在美国面粉未来倾销以前，亦为国中首屈一指。他们不大吃油，南方人则非油不可。此间本地人是吃得很苦的，但我们都得吃，一切不受什么影响。这时香烟还不曾流行，我们南方人，都是吸旱烟与水烟的。我在四十岁以前，什么烟都不吸的，但是青州人却喜欢吸一种黄烟，短短的一根烟管，藏在袖子里。我初到这中学堂里，有许多学生，都是吸那种黄烟的。有一天，那位国文先生正在上课，我到课堂里去看看，却见烟云缭乱，原来那些年长的学生们，一面听讲，一面偷偷地在吸烟。我便下了一个谕帖："学生们不许吸烟。"但也只能办到上课时不吸烟，他们的斋舍中不能免了。

　　这种黄烟，是山东本地出产制造的，气味很不好闻。我在学生们走近身时，就闻到这种味儿，因此知道他们还在偷吸的（还有他们喜欢吃大蒜，这气味亦殊难闻，但是不能禁止的）。又有时在路上遇见了他们，总见他们手中携着一枝短烟管，下垂一个烟荷包，见了我，连忙把烟管藏在背后，但我早已看见，也只好佯作不见了。

　　益都县是青州府的首县，县令李摺臣先生（名祖年，江苏武进人，年约四十许），他也是一个进士，所谓榜下知县。这人很开通，我们常常到他的县衙门里游玩，走得比府衙门还勤。因此他们有几位幕友，我们也都熟识了。倘到府衙门里去，必定要有什么事，或是谒见太尊，而县衙门却由我们随便到处乱跑，加以李摺臣又是好客健谈，对我们一点不搭官架子。在前清，无论哪一个县衙门，都脱不了绍兴师爷。惟有益都县衙门里，竟找不到一位绍兴师爷，所有刑名、钱谷，都是常州人。初意，我以为这位李大令引用同乡之故，后来知道当幕友的常州人，在山东却有一大部份〔分〕势力，在绍兴师爷的势力范围内，可以分一杯羹。

　　那时候，中国司法尚未独立，审官司乃是知县的职务。我在家乡，从来不踏进县衙门里去。也有朋友约我去观审，这时刑讯尚未废除，当用刑时那种惨呼哀号之声，我不忍闻。现在到了青州，在益都县衙门里，我倒看过几次审强盗、审奸情的案子。

　　审强盗，用夹棍，用天平架。说起来，"三木之下，何求不得！"但这还不算非刑。但是山东民情强悍，盗案最多，有些在刑求之下，死去活来，他们咬紧了牙关，死不肯招。我问摺臣："何必要用严刑呢？"他说："这些都是证据确实，一些没有冤枉的。不过刑事重口供，如果没有口供，是不能结案定

220

罪的。"

至于有些奸情案，他都在花厅上审问。这些都不是上等人家的事，女的本来不是什么天姿国色，到这时候，做了监犯，也都是面黄肌瘦，憔悴不堪了。男的更是丑陋，断不是戏剧中所描写的苏三起解，三堂会审了。重大的案子，女犯也要用刑，用几枝小木棍，夹在指缝内的，名为楼子，把它收紧了，据说是痛澈心肺的。我笑向李搢臣道："你这样焚琴煮鹤，不太煞风景了吗？"他说："这是国家法度。不过那种奸情案子，到了你们小说家的笔下，总是帮着女人的，可以装点成一篇恋爱传奇小说，而我们总是酷吏呀！"

青州府也有土娼，我们学堂里教英算的胡菊如，在他太太未到青州来的时候，为了解决性欲，曾去领教过。县衙门里有两位师爷，也做过入幕之宾，他们很熟习这种门径。有一位姑娘，大概是十八九岁，说是此中翘楚，胡菊如和她发生了关系。留髡之夕，嫌她的被褥不干净，把自己的铺盖先派人送了去，明天再送回来，一时传为笑柄。我笑说："你真是《诗经》上的'抱衾与裯'了，古来只有女人如此，今乃出于男子。"

我以好奇心，每到一个地方，要看看那边的娼妓风俗。除家乡以外，在上海，在南京，也都曾跟了朋友到过妓院。但此刻到底是一个学堂监督，不敢问津。有一次，在我学堂里的办事处，从纸窗里塞进一张匿名信来，上面写着："英文教员胡老师，在某一夜，到某土娼家里，品行有亏……"云云。我给胡菊如看了，他承认不讳，确有此事。那就可以知道学生们也恰巧光顾到这土娼家里，被他们撞见了。我经此一吓，愈不敢去观光了。

然而到我卸了青州府中学堂监督之任，在离青州前几天，终究观光了一次。那位姑娘穿了一套红棉袄、绿裤子，扎了裤管的，不大不小的脚，脸上粉白脂红，额上留了一圈刘海发，背后拖了一条大辫子，这是她们的时髦装束。她体健躯高，似一匹高头大马。他〔她〕的装饰是土气极了，但是活泼憨跳，不作遮掩羞态，倒也有天真可取处。青州府无论男女，都比较全省为俊秀。我想：就像这位姑娘，改换了装束，衣以锦绣，教之歌舞，到了通都大邑去，不就成为一位名伎了吗？

青州地方，气候可以养蚕，土壤可以种桑，因此在那里，开办了一所蚕桑学堂，那是一个省立学堂，而由益都县县令为之监督。里面所请的教员，大半是浙江省的杭州与嘉兴人（记得有一位郑辟疆君，还有朱君，已忘其名，他们都是史量才的同学）。因为杭州先有一个蚕桑学堂，而他们都是在此中毕

221

业的。山东本来出生一种野蚕，名曰柞蚕，织成了一种丝织物，光洁坚实，销行各省，称之曰府绸（因由济南府销行，故名），又号茧绸（我曾有此质料之一袍）。现在既是考察下来，山东宜于桑蚕，气候与土壤都适合，于是就在青州开了一个学堂，这也是开风气的意思。而这笔经费，也是益都县所开支的呢。

这个学堂，在养蚕的时期，概不上课，完全实习，那时的学堂，便成为养蚕场了。过此以后，便依然上课，大约与普通学堂相同。照中国古时说法，养蚕以女子为宜，亦应招致女子的。但山东的女界，尚未开通，而且还都是缠了小脚的，所以这学堂全是男生。学堂中除了学生以外，教员中是清一色的南方人，所以我们也常去游玩。我曾询李摺臣："养蚕是妇女天职，何不设立一女子蚕业学堂？"他说："一个男学堂也维持不易，还设立什么女学堂！"至于男女同学，当时还未敢作此想。

青州府蚕桑学堂，也是我们常去游玩之地，因为那些教员，都是南方人。有一次，我们到那里去游玩，他们刚购置得两架显微镜，那也是蚕桑学堂的必需品，所以为检验蚕子之用。他们告诉我："可以看一切微生物，并可以看人类的精虫，你要试试吧？"我以为开玩笑，但他们说："不开玩笑，我们朱先生已经试过，就是用佛家所谓'非法出精'的手术，在玻璃片上验过。"我说："到底精虫是什么样子的，可以赏鉴吗？"他们说："形似小蝌蚪，有条尾巴的，很为活泼。我们不能制标本，看过只好放弃了。"

那个蚕桑学堂，我也曾去教过半年书，那是李摺臣一定要我去的。这学堂监督是专任的，不能兼职，我怎能担任别一个学堂的教课呢？可是后来李摺臣竟直接与曹耕翁说了，我只得去担任了。我便把严复的赫胥黎《天演论》，给他们讲解，学生倒也爱听。原来这个学堂里的学生，不仅是青州府一属，别一府县的学生也有。有了这个学堂，便开了青州府养蚕的风气。现在相隔了四十馀年，久未通讯，不知怎样了。

我在家眷未到青州去的时候，一年回南两次，便是暑候〔假〕与年假。家眷去了以后，便又住了一年有馀。我的身体不大健全，航海时常要晕船，也因青岛与上海往来，航线沿岸而行，每多风浪，但也有时风平浪静，比了坐长江轮船还要稳定。

第一年的年假回苏州去后，交新年我已三十岁了，本预备过了新年，即携眷至青州。但我的生日在二月初二日，许多亲友欲为我小做生日（苏州有句迷信俗语，叫做"三十弗做，四十弗发"），且因此为我饯行。故我的行期，便须延迟数天，预备到二月初四五日动身。谁知到了正月底，青州府却来了一封电报，要我速即来青。因为"学生不受约束，夜间逾墙出游，太尊晋省未归，拟派一营兵，驻扎学堂周围，以阻学生跳墙。"

我得电大骇，因想这可要闹出事来了，什么派营兵驻扎学堂周围，是什么人的主张，而太尊又晋省拜年去了，必是那些幕友们的轻举妄动。我立刻打了一个电报去："请将学堂门夜间勿锁，尽让学生们自由出入，营兵未驻者勿驻，已驻者即撤。请待我来处理。"原来学堂规定在正月二十日开学，学生在未开学前，已纷纷住堂，以斋舍为旅舍。而正月下旬，青州府尚有些新年景象，学生夜出游玩，亦属常情。

学堂向来规例，夜间到九点钟，大门上锁，无论何人，不得出入。监学先生，自然守此成规。但虽然算是开学，监学及一部份〔分〕教员未来。新年里，学生颇好嬉游，见学堂大门已锁，无法出入，可是斋舍周围，一带墙垣，并不崇高，墙垣以外，便是菜圃麦田。他们只要填几块石头，便可一跃而出了。如果你派了营兵在那里，他们知什么，见学生逾垣而出，便去禁阻他们，追捕他们，可不要闹出事来吗？

因此我打了一个急电去，过了我的生日，便急急忙忙的携带家眷，到青州府去了。心〔手〕中却捏了一把汗，万一闹出事来，我虽不在学堂里，总是我的责任，为什么不在开学以前即行赶到呢？吾妻即宽慰我道："要是闹出乱子，早就有电报来了。既没有电报，当然平静无事，就可以放心了。"到了青州府，果然平静无事，依照我的去电，营兵没有驻扎，大门不锁开放，学生自由出入，也就不必有跳墙的事了。其实也有几个学生，夜来要出去游玩，新年一过，也不想出去了。因此我想到古人有两句话："天下本无事，庸人自扰之。"真的有此种道理呢。

我到了青州府，曹耕翁也已从济南回来了。对于学生夜来跳墙出游的事，我也不去查究，自今起始，照旧规定下午九点钟锁门，十点钟息灯睡眠。学生们也循规蹈矩，再没有什么爬墙头的事了。青州府的学生，可算循良了。

六六　青州归来

在我到青州府中学〔堂〕的第二年深秋，从府衙门里得到一个消息：山　223

东巡抚周馥，将升任两江总督，山东巡抚却调了一位杨士骧来了（号莲府，安徽泗县人，光绪十二年翰林）。那时政府对于督抚，时常调动，原不足异，可是这一调动，与曹耕翁却大有关系，并且连带了与我亦有关系。因为这位新抚台杨公，与曹耕翁是儿女亲家，曹耕翁的第二女公子，便是嫁给杨抚台儿子杨琪山为妻。

照清代的官制，上司与下属如果是儿女亲家，那个当下属的照例要呈请回避。那末这一回杨士骧到山东当巡抚，青州府知府的曹耕翁，自然要呈请回避了。曹耕翁一调动，我这中学堂监督，恐怕也不能继续下去。因为我这个职位，虽由彭诵老所推荐，实仗曹耕翁所支持。我是不惯与官场中人相处的，很带有书呆子脾气，但曹耕翁是同乡，他对我一点不搭什么官架子，虽不过两年宾主，也还和洽。换了一个别人来，我恐怕难能与他周旋呢。

不久，周馥走了，杨士骧来了，曹耕翁呈请回避的摺子也上去了。他为了回避人家而调动，是不会提空的，又有了他亲家的帮忙，便调任了湖北襄阳府知府（后来听说未到任，又调了湖北汉阳府知府，兼八卦洲厘金总办，这是他的老同年陈夔龙任两湖总督，特别照应他的，此是后话）。

我在这里办学堂，不是他的幕友，不能跟他走的，我便先向他辞职。曹耕翁极力劝我不要辞，他说："学堂办得方有成绩，学生们以及地方上对于你的感情也不坏，你又何必辞呢？"那时李摺臣兄也来劝我，他说："等新任来了，你觉得不能相处，请到我们蚕桑学堂来，不过有屈你一点就是了。至于待遇也与中学堂监督一样。"

不久，新任的青州府知府发表了，是一位姓段的，记得是河南人，他的大名，我现在已想不起来了。起初，我惴惴然怕是放一位满洲人来，我和他有点叙不下去。这时我们的胸中，还充满了排满的思想，实在满洲人中，也有较开通的。据曹耕翁说：这位新任的段太尊，也是进士出身，年纪较轻，不过四十多岁。我心中为之一慰，既然是读书人，还有什么说不通的呢。

谁知这位段先生上任以后，在两三个月内，我一连碰上了他好几个钉子。这是在曹耕翁时代从来没有过的。他接印后，我以宾师的地位，不曾先去拜谒他，只写了一封信去，我想他心中先已不高兴了。但他也不曾到学堂里来过，接印后三天，忽然传下一个命令来："明天上午，太尊到学堂里来拜孔，吩咐监督，率领全体教员一同在礼堂行礼，学生亦一体参加。拜孔以后，太尊要对学生加以一番训话。"这个命令下来后，就很使我为难了，我且申说一下：

第一，学堂里就没有礼堂，也没有设孔子的什么神位。因为学堂是云门书院改建的，房屋无多，除了添造学生斋舍以外，其它并没有造什么房子。只有两个课堂，还是勉强的，此外都是散屋，万不能做礼堂。现在他要率领全体教员学生行三跪九叩之礼，这如何可行呢？不得已与监学商量，把一个大课堂，改作为临时礼堂。而且还要备许多拜垫，除了太尊自己的拜垫，是自己带来的（前清官场是如此，都是自己带拜垫，如拈香、祭神等），此外只得向别处去借了。

第二，除太尊外，要监督及全体教员学生一同跪拜行礼。监督不生问题，从小上学时，就拜孔子的了。学生也不生问题，可以强制执行，说起来，你们山东人而不拜孔子，也似乎说不过去。但是这位英文教员胡菊如，他们全家是天主教徒。更有物理、化学两教员，也是本地教会中人。他们只信上帝，岂能拜孔，不得已只好由他们临时请假了。此外教员中，也有不大愿意拜孔子的，只好请他们看我薄面，委屈一下了。

第三，这位段太尊，明天是翎顶辉煌、衣冠整肃的来了，他穿了官服，我们陪拜的也应穿官服了。学堂里有几人有官服呢？如监学李先生，本地国文教员，至少有红纬帽一顶。但我就没有官服，而且我带祖母的孝，尚未满服（本来祖父母之丧，是期年，因我是承重孙，须服两年又三个月），素衣冠，做既来不及，借又无处借。并且我在这个时期中，对于衣服一点也不注意，一件黑布马褂，袖子已经破了，夷然不以为意。山东的天气，比较江南冷，而我只是棉袍子、棉马褂，并不穿皮衣服过冬，好像自己要锻练一下耐寒的身体。那时不但我没有官服，南方来的教员，谁也都没有带官服来。既没有官服，只得穿便服了。

这一天拜孔之礼，总算拉扯过去了，但是说要对学生训话，却并未实行。据云，另有要公，必须打道回衙去了，那倒使我轻松一下。不然，他训话一番之后，至少我也要说几句恭维他［的］话吧。不过他留下一句话，说是以后每逢朔望都要来拜孔。其实青州府也有学宫，也有大成殿，你一定要拜孔，也可以尽管正式到那里去。而且地方官各府各县，也从没有规定每逢朔望，必要拜孔谒圣的，那岂不是故意给学堂捣蛋吗？但他是青州府知府，又是学堂的督办，办学堂的经费，要从府里发放的。俗话说："不怕官，只怕管。"他要怎样，只得依他怎样了。所以每逢朔望，行拜孔典礼，好似串一出戏，那

225

倒不去管它了。而这一天的上午，为了把课堂权作礼堂，并且为了谒圣，便不能上课了。上午谒圣，下午学生便藉词休息了。起初还像样一点，后来教员溜之大吉，学生则"如不欲战"。我劝他们帮帮场子，好在一个月只有两次。后来连太尊也不能如期来，但是我们倒要预备呀。

有一次，为了学堂某一件事，必定要与府里商量请示，我便写了一封信去。那是曹耕翁在任时，一向是如此的，有例可援。可是这次那里的号房（收发处）拒绝不收，把原信退了回来。问他们是什么原因呢？说是："送来的信，没有红签条，不合程式。况且我们大人，老太太在堂，避免那些没有红签条的信封，送到上头去，碰过了钉子，所以不收。"原来有这么多的忌讳，那真是出于孝心吗？他们官场中最怕丁艰，丁艰就要弃官守制，是做官人最犯忌的事。

我说："这容易办，换一个信封就得了。"（原来苏州那些笺扇店，古色古香，制了这种有瓦当文、钟鼎文的信笺信封，有朋友送了我两盒，我便带到青州，不经意的用了）那时我便换了一个红签条的大信封，里面的信笺也换过，开头写了几句恭颂他的四六句子，然后方说到正事，想没有话再说了。至于说不合程式，一个学堂监督，对于他们地方官，应用如何程式，当时也没有规定，只好我行我素了。我觉得曹耕翁在任时，我太脱略了，什么程式不程式，我完全不知道，但官场中最讲究程式，直到辛亥革命以后还不能改。

又有一次，段太尊到了学堂里来。学堂里有一间会客室，上面有坑〔炕〕，坑〔炕〕上铺以红呢的垫子，有铜痰盂，有瓷帽架，富丽堂皇，十足是个官样文章。以前曹太尊来，也是先到这会客室坐地，如今段太尊来，也在那里坐地。那个监学兼庶务的李先生，为了会客室四壁空虚，挂了一些从上海购来的植物、动物彩色图画。这都是日本印刷品，那动物图中属于水族一类中，有许多鱼类龟类的标本。段太尊看了，觉得很不须〔顺〕眼，便叱问道："谁主张把这忘八也挂在这儿喇〔啦〕？"立命撤去。

诸如此类，不胜枚举，他那样思想不开明，实在我已没有法子再和他周旋了。这时他又觉得学堂里的课程表，不合他的意旨，要加以重新修改。我不等他的提出，便把辞职书送进去了。他在面子上，也加以挽留，但我知道不过虚与委蛇而已。总之我总算客气的离开这青州府中学堂监督之职了。

这在两年以前，学风起初很不好，学生们到学堂里来，好像是住不要钱的旅馆。因为膳食、住宿、杂费，全是学堂供给的，上课无一定时间，吃饱了饭，出去游玩，晚来回斋舍里住宿，再自由也没有了。这两年来，不敢说如何进步，总算是上了轨道。以曹耕翁的努力，学生也增加到八十人。

学生的思想也渐改正，很有几个人肯用功的，可惜他们年龄太大了。有几个和我比较亲近的学生，当我离开青州府的那一天，还到车站上送我，这使我不禁有些惭愧感想呢。

在我离开青州府的时候，南方来的几位教员也联袂走了，并非和我同进退，实在也觉这位段太尊有些叙不下。胡菊如后来有朋友介绍到上海申报馆当会计，一直到他故世。杜安伯回到苏州当英文教员，好像在草桥中学也教过书。徐粹庵回到常熟，忽然留了一部大胡子，但过了几年，胡子又剃去了。此君乡誉不大好，他的哥哥徐念慈，却是不寿，中年即逝世了。

做官人往往相信运气，曹耕翁是光绪丙戌进士，他这一科，有徐世昌、陈夔龙、杨士骧等，都是同年，偏他与杨士骧结成了儿女亲家。他最初简放直隶（今河北）宣化府知府，那时杨莲府不过是直隶通永兵备道，道府非直属，不用回避。乃杨累擢至藩司，那便例应回避了，于是调任青州府知府。不意杨又追踪而至，升为山东巡抚，又要回避，再调湖北襄阳府知府。其时，陈夔龙已是湖广总督了，未到任以前，谒见陈筱石，陈筱石说："老同年仕途蹭蹬，我既在此，应得帮忙。请不必到襄阳府本任，我以鄂督名义，奏调署汉阳府，兼八卦洲厘金总办，或可稍充宦囊，便即归营菟裘吧。"但他一直老书生本色，不善经营，恐亦未有所得。

辛亥革命以后，他回到苏州故乡来了。苏州人因他是乡前辈，推他为省图书馆馆长，即在沧浪亭对面的可园中。其时我已移居上海，那一年回苏之后，便去访问他。他送了我一部是他自己的诗文集，是木刻大本线装的。还约我请吃便饭，我以来去匆匆辞谢之。他的长公子恭翊，即彭诵老的女婿，在外交部当差，曾做某处的领事（似为纽丝伦，已忘却了）；次公子恭植，后为李揩臣的女婿，早故。李揩臣后升山西大同府知府，旋擢巡警道，革命以后，曾任山西财政厅长。有一天，我在上海法国公园遇到了他，已自山西告病回来，观其走路蹒跚，语言塞涩，恐是真病，未几亦谢世了。后又认识了他的弟弟李祖虞大律师，又认识他的一位公子李宗瀛兄，这都是后话。写到此，归结了在青州府的登场人物，可以闭幕了。

六七　移居上海之始

我在青州府中学堂的时候，和上海的诸友好，频通音问，我所交游的，当然是一班文人。那时上海的文化，愈益进展。商务印书馆自被火烧后，加股增资，延请了张菊生（元济）设立了编译所，编译了许多新书，大事扩张。其它新的出版家，一家一家的开出来了。出版的书，自然各种都有，关于政治、经济为大宗，其次也涉及各科学，而最特出的，乃是小说。曾孟朴在上海办了一个出版所，名字就唤作"小说林"，顾名思义，这个出版所，不必问，完全是出版小说的了。

他们不但这出版所称唤作小说林，还出了一个月刊，也叫《小说林》。孟朴自己写《孽海花》长篇小说，连载在这月刊，颇足哄动一时。原来《孽海花》本来是吴江金松岑发起的，借一个名妓赛金花，以贯通前清同光之间的轶闻史事。那时我国日本留学生，在日本办了各种杂志，江苏留学生办的，就唤作《江苏》。《孽海花》本在《江苏》上发表，《江苏》停办了，金松岑只写了三四回，无心再写下去。因为孟朴高兴写，他在北京，知道这班名公钜卿的轶事甚多，便让给他写了。

我在青州时，孟朴也曾写信给我，征求小说稿。我在那时候，自己还不敢创作什么长篇，只偶然写几篇短篇而已。短篇大都是文言，长篇应为是白话，但译作虽是长篇，亦用文言，这个风气，自然要说是林琴南先生开的了。我从上海到青州府去时，也到虹口去选择了几部日本小说，不论是什么名家非名家的，记得有一部唤作《银山女王》，还有几种，名字也已经忘了，随时译寄给他们，他们倒也欢迎。

自从《时报》出版了，我在青州即定〔订〕了一份，虽然要隔了三四天，方可以寄到，但青州没有出版物，几等于空谷足音。中国的报纸，我觉得自《中外日报》出版后，革一次命。以前报纸自己每日没有专电，从《时报》起始，方每日有专电了。以前报纸上没有小说，从《时报》起始，方登载小说了。我很赞成《时报》的编辑新颖，别出一格，没有陈腐气。除社论外，所写短评，简辟精悍，仅仅数语，能以少许胜人多许。亦有笔记、诗话，狄平子所写；小说大都陈冷血执笔，皆我所爱读。

228　我此时不觉技庠，偶亦投以笔记、短篇，立见登载，并寄来稿费。既而狄楚青、陈景韩均以书来，询问近状，并暗示与其在山东那种地方办官学堂，何不到上海来帮帮我们的忙呢？同时曾孟朴也有信来，意思说：高兴到《小说林》里来吧？我们正虚左以待呢。这时曹耕翁走后，正感到这位段太尊的难于伺候。我想即使放弃了这只新式冷板凳，也不愁没有嗷饭地，于是我便浩然有归志了。我是到了明年（一九〇六年，光绪三十二年）夏历二月中旬，才到了上海来的。因为辞职以后，便觉得"无职一身轻"，在青州的朋友们，都劝我过了新年去。我与吾妻商量，也觉得回苏州过年，未免太局促了，在异乡过一个新年，也别有风趣。我虽然到了青州府两年来，竟没有到过省城济南，在正月下旬，又同几位友朋，到济南去一游，揽赏大明湖、历下亭风景。回来后，又遇这个时候，天气不好，航海有风，又耽搁了好多天。但我觉得归心如箭，不能久待了。

谁知这一回，到了船上，遇着一次极大风浪，为生平所未经过的。因为我几次航海，都不晕船，而且有两次真是风平浪静，好似在长江船上一般，这次却吃不消了。自上船以后，便不敢进食，呕吐频作，震苏已病不能兴，连三岁的可芬也呕吐了。那个浪头，高过于船楼，只听得甲板上忽朗朗〔喇喇〕一片水声。他们把上下舱门全都钉起来了。船是德国船，德国人是有勇气的，船上的职员与水手们，大家穿了雨衣雨靴，一致在风浪中工作与搏斗，只听得呼唤声、水声，闹成一片。

船行至半途，忽然抛了锚，船上有开炮的声音，我觉得奇怪了。问起了船上人，原来是前面发现了一个水雷，他们要开炮打沉了水雷，船方开行。那时中国的海面，怎么有水雷呢？原来还是上一年日俄战争时候，留下了遗物。那水雷是不生眼睛的，而且他们的战争，就在中国的近海，水雷没有扫净，它便到处飘流了。这个讨厌的战争遗物，总是危险的东西。所以即使航行时不碰着它，或者以为时间长了，不能起什么作用，可是看见了它，总要把它毁灭。自己不受害，也怕别人受害，这也是他们航海家的一种公德心呀！

到了上海以后，我们就住居在汉口路一家新开的旅馆里，那时候的旅馆，已进步得多了，我们便包了一间房，饭食另计。我想在上海游玩几天，然后回到苏州去。即使我在上海就事，家眷住在苏州，亦无不便。苏沪铁路造成，早已通车，往来不过两三小时，可云迅速。可是到了上海以后，天天下雨，这一次，下了二十几天的雨，我们在旅馆里闷住了。因为带了很多的行李，还有小孩子，下雨天不便回苏，因此一天天的拖了下来。

可是有许多朋友都劝我，家眷何必要回到苏州去，就居住在上海，岂不甚好？从前你有祖老太太在堂，不能离开苏州，现在仅有夫妇两人和一个女孩子，只是一个小家庭。你既在上海就事，便没有回苏州的必要。那一天，我去访问杨紫骥谱弟，适遇他的哥哥杨绶卿在家（他是一位孝廉公），也劝我住在上海。因为他最近从苏州来，知道近来苏州的近况及生活问题。他说："有许多人以为住在上海费用大，住在苏州费用省。我最近调查一下，衣、食、住、行四个字：衣物原料，倘是洋货，还是上海便宜，不过裁缝工钱略大，但难得做衣服，或自己能裁缝的，没有关系；米是苏州便宜，青菜与上海相同，鱼肉丰富；所差者房租上海要比苏州贵两倍多，但只是一个小家庭，也不过上下数元之间；在行的方面，上海有人力车，车钱支出较多，但倘使家眷住居苏州，免不了一个月要回去几趟，一去一回，这笔火车费，计算起来，倒也不小咧。"

被他这样一分析，觉得从经济上着想，住上海与住苏州，也相差无几。更有一件事：现在上海风气，往往对于职员，不招待膳宿，即使有可以膳宿的，也总觉不大舒服。如果借住在亲戚朋友之间呢？上海寸金地，挤人家也不好，而且可以白吃白住在人家吗？一样要贴费给人家，倒成了苏沪两面开销了。若是住旅馆，那是费用太大，更不合算了。

因此与震苏一商量，便决定住在上海了。既然决定住在上海，便要立刻去寻房子，虽然天常常的下雨，也要冒雨进行了。到哪里去寻房子呢？我却有一个目的地的，便是向新马路一带进行。所谓新马路者，后来的派克路、白克路一带地方，从前都呼之为新马路，因为那地方的马路，都是新开辟的呢。

为什么我要［在］那地方进行呢？这有几个原因：一则，那地方是著名的住宅区，我有好多朋友和同乡，都住在那个区域里，彼此可以访问和招呼。二则，从前金粟斋译书处，就在白克路登贤里，我在那里住过，路径比较熟悉。三则，曾孟朴小说林编辑所，也在新马路梅福里，此刻虽没有说定，将来恐成为事实，而到时报馆去，也不甚相远。为了这几个理由，我所以向新马路一带进行。

但是说容易却也不容易，我一连去跑了三天，有种种关系，都觉得不合适。而且近几年来上海日趋繁盛，因此空屋子也就不多。直到了第三天，已经跑到了爱文义路一条河浜边（这条浜，原名陈家浜），有条衙〔衖〕堂，唤做胜业里，是个新造房子，里口贴了召租，说是一间厢房楼要出租，实在那地方已经出了我目的地的范围了。我便不管什么，便跑进去看那房子。

我叩门进去，有一十八九岁的姑娘，静悄悄的在客堂里做鞋子，容貌甚为美丽（就心理学家说：这个印象就好了）。我便说明要看房子，便有一位老太太出迎，领我到楼上看房子。本来是两楼两底，现在只把楼上一个厢房间出租。因为房子是新造不久，墙壁很干净，厢房朝东，后轩有窗，在夏天也很风凉。一切印象都好，我觉得很为满意。

我问她租金若干，那位二房东老太太先不说价，详询我家中多少人？是何职业？何处地方人氏？我一一告诉她，她似乎很为合意。她自己告诉我：他们家里一共是五人，老夫妇两人外，一个女儿，便是刚才所见的，还有一子一媳。他们是南京人，但是说得一口苏州话，因为她的儿媳是苏州人。她说："我们是喜欢清清爽爽的，如果人多嘈杂，我们便谢绝了。你先生是读书人，又是苏州人，我们不讨虚价，房租每月是七元。"我立刻便答应了，付了两元定金，请他们把所贴召租，即行扯去。

回到旅馆，就与吾妻商量，请她去看过一遍，以为决定。她说："我不必去看了，你以为合适就是了。我在上海，一切不熟悉。"她又说："既已看定了房子，最好能早些搬进去，住在旅馆里，花钱太多，而且实在不便。"上海借房子，就是那样便利，今天说定了，明天便可以搬进去。

于是不到两天，我们便从旅馆里迁移到爱文义路胜业里蔡家的房子里去住了。

但这是一个草创的家庭，一切器具都没有。虽然我们在苏州的家具甚多，也可以运到上海来，却是缓不济急，且有许多烦杂，不如简单的在此置备一些。那时上海初流行的铁床，还是舶来品，我就买一张双人床。其它的木器家具，也算是应有尽有，总共也不过百元左右。最要紧的是炊具，厨房可以合用，炉灶必须安排，草草布置一下，居然一个很安适的小家庭了。

六八　新闻记者开场

我到了上海的几天内，即到《时报》馆去访问狄楚青、陈景韩两君。那时候的《时报》，是在福州路巡捕房对面广智书局的楼上。走上去是一条黑暗的楼梯，到了楼上，始见光明。《时报》是在一九　四年，清光绪三十年间开办的，到这时候，大概有一年多了吧？虽然销数不及《申》、《新》两报之多，一时舆论，均称为后起之秀，是一种推陈出新的报纸。

我知道上午是报馆里没有什么编辑人的，所以到了下午方去。到了报馆里，先见的陈景韩，他见了我，开口便说："楚青想请你到报馆里来，可以不可以呢？"正在谈话时，楚青已来了。他总是满高兴的样子，穿了一件黑呢的马甲，胸前一连串的钮扣，向来是一个也不扣的。匆匆忙忙，好像是坐不定，立不定似的。我和他初次见面，好像我已答应他到报馆里来了，便和我当面讲条件了。

他的条件，是每月要我写论说六篇，其馀还是写小说，每月送我薪水八十元。以上海当时的报界文章的价值而言：大概论说每篇是五元，小说每千字两元。以此分配，论说方面占三十元，小说方面占五十元。不过并没有这样明白分配，只举其成数而已。这个薪水的数目，不算菲薄。因为我知道我的一位同乡孙东吴君，比我早两年进入申报馆当编辑时，薪水只有二十八元。孙君说："就是每月二十八元，也比在苏州坐馆地、考书院，好得多呀。"（他是南菁书院高材生，素有文名的）何况八十元的薪水，还比青州府中学堂监督的一只元宝还多咧，因此我也很满意。写论说，自然是针对时事发言，那是有时间性质的。我是做八股出身的，写论文只不过偶然为之。

也曾看到报纸上的论说尽是那种滥调，人称之为报馆八股。但我这个科举八股，怕对于报馆八股不中绳墨。写小说，已觉得轻而易举了，并不硬性规定每日要登多少字，但至少也得像个样儿，可以引人入胜。因为《时报》很注重小说，狄楚青在梁启超创办的《新小说》杂志上，便写了长长的一篇提倡小说的论文，说是小说感人的力量最深，胜于那种庄严的文章多多。

陈景韩（笔名冷血）也在《时报》上写小说的，他写的小说，简洁隽冷，令人意远。虽然也有许多译自日文的，但译笔非常明畅，为读者所欢迎。那时候，正是上海渐渐盛行小说的当儿，读者颇能知所选择。小说与报纸的销路大有关系，往往一种情节曲折、文笔优美的小说，可以抓住了报纸的读者。楚青的意思，要我与冷血的小说，轮流登载（那时的报纸，每日只登一种小说），以餍读者之望。

单是写论说与小说，我不必天天到馆，这个工作，在家里也可以做呀。但楚青的意思，要我天天到馆，在主笔房里，另设了一张写字台，安排了笔砚之类。他说：在报馆里天天见面，大家亲切有味，有什么问题，可以互相

232

讨论。便是写论说，也可以对于新闻上，有所讨论商酌。每一个报馆常有论调与人不同之处，论说上或还有必须修改之处，仅仅是闭门造车，我以为是不大相宜的。

这时候，上海的报馆，没有一定的制度，不像现在那样，有社长，有总编辑，以及许多名衔。一个报馆里的两大权威，便是总经理与总主笔。名义上自然总经理管报馆里一切事务，总主笔担任编辑上一切事宜。但是总经理有时也可以干涉到编辑部，而且用人行政之权，就属于总经理（私人出资办理者，便称为报馆主人）。所以当时的总经理，就等于现在的社长地位了。

时报馆，狄楚青是总经理，罗孝高当时是总主笔。罗孝高是广东人，他是康南海的学生，梁卓如的同学。因为时报馆的成立，是有康、梁一部份〔分〕资本在内的，所以他们推举罗孝高为总主笔。此外主笔中，也另外有两位广东人，一位是冯挺之，另一位的姓名，我已忘却了。但罗孝高除审查论说外（有时也写论文），其馀两位广东先生撰写论说外，他们都不管编辑上的事。

罗孝高有家眷在沪，不住馆内。两位广东先生合居一室，因为言语不相通，很少与我们接洽。

《时报》的编辑新闻人员不多，除罗孝高总主笔，及专写论说的两位广东先生外，专编新闻的人，只有两位，便是陈景韩与雷继兴。他们都是松江人（那个时期，上海报馆里松江人最多，上海县亦属于松江府也），而且两人是郎舅，继兴的夫人，便是景韩令姊。雷继兴学名一个"奋"字，他是日本早稻田大学的高材毕业生，思想明捷，笔下很好。我觉他是一个绝顶聪明人，可惜他是有病的，还是一种很深的肺病咧。

此外还有一位翻译西文的程先生。那时上海中文报，对于外国新闻不大注重，英国的路透电，不送中文报，要从西文报上转译得来。读者也不注意，除非世界有大事发生，始登一二。其它外国通讯社，也很多尚未出版的，所以这位翻译西文的程先生，每天不过从《字林西报》译载二三条关于中国新闻的，至于编者不用，他也就不管了。还有一位专译电报的张先生，也是广东人，年纪五十多。他的译电报，可真熟极而流，看了号码，便知什么字，用不着翻电码书。《时报》上的专电，都是深夜方来，幸亏他翻得快，不致耽误时刻。以外便是校对先生了，只有两人，都是熟手，因此报上的错字还不多。

报纸上，除了论说、时评（时评两字，也是《时报》首创，一是时事的评论，一是《时报》评论，有双关之意义）以外，便是新闻。新闻可以分三部：一是要闻，质言之便是北京新闻；二是外埠新闻；三是本埠新闻。要闻当然是最主要的，这时候，中国并没有通讯社，可以当天发电报，要消息灵通，便靠报馆里自己的私家专电。那些专电，大概都是北京打来的，因为前清的政府在北京，所以政治的重心，也在北京了。其次是北京通信，这北京通信，也是《时报》所创始，延请文学好而熟悉政情的人，观察时局，分析世事，那种通信，大为读者所欢迎。其时为《时报》写北京通信的是黄远庸君，江西人，前清进士，曾留学日本，后亦为《申报》［写］北京通信。袁世凯帝制时代，在美国为华侨所暗杀。后来又有邵飘萍、徐凌霄诸君，也为《时报》写过北京通信，此二人为我所推荐。

外埠新闻，就是除了北京以外的全国各地新闻。但是就各地而言，也只有东南几个省城，或是几个通商口岸，才有访员（俗称访事）。这些访事的薪水，极为微薄，每月不过通若干信，他们也访不到什么新闻的。只是邻近上海的各处，如苏州、杭州、南京，以及江浙两省的各繁盛府县市镇，《时报》设有分销处地方，新闻也便多一点了。但是某一地方，倘然发生了特别重要事件，那也有发专电、写通信之可能。

本埠新闻，在最初是极不重要的，报馆开在租界里，所载都是租界内的事。主要是公堂访案，专管人家吃官司的事。公堂访案就有公共租界与法租界的分别，那些访员的薪水也少得可怜，每月仅在十元以内，但是他们不嫌菲薄。因为他们是有一个团体组织的，担承上海各家报馆的本埠访员，送出来的稿子是一律的。别的我不知道，我只知道在北浙江路会审公廨（又叫新衙门）对面，有一家茶馆，便是那班公堂访员的茶会。倘有一件官司，当事人不愿登报的，知道这个门径，或者进行了贿赂，他们就可以把这件案子不送报馆。但是后来不行了，上海的事业，日渐繁复，本地的新闻愈趋重要，各报馆都有了外勤记者。这一班旧式的本埠访员逐渐淘汰了。

在《申报》、《新闻报》的当初，编辑方面，更为简单了，他们是所谓混合编辑。用一种只可以一面印的油光纸印的，统共只有一大张，倘然加半张的话，名之曰附张，附张上专载各省督抚的奏折之类。正张上，开首是一篇论说，以下便是上谕、宫门抄（不是最近的），以下便是各地新闻、本埠新闻，也从不分栏的，此外便是洋行广告了，总之是广告多于新闻的。直至

《中外日报》出版,方用了两面印的白报纸。可是《申报》、《新闻报》,老不改良,在我进《时报》的那年,还是由一面印的纸张咧。

《时报》上的要闻与各埠新闻,都是陈景韩编的,本埠新闻是雷继兴编的。那个时候,各地正在闹地方自治,上海本地的一班有志之士,兴教育,办实业,也正在奋发有为。在租界以外的南市、西门、闸北、浦东,也都兴盛起来。继兴是精明法政的人,所以他编上海的地方新闻,是最为适宜的。

我进了《时报》三个月后,楚青与陈、雷两君商量以后,把编新闻的事,再一调整,是景韩编要闻,我编外埠新闻,继兴仍编本埠新闻。但是仍旧通力合作,如果有一人因事告假,其馀两个人中,可以代为发稿。我们三人又商量定了,各人在他所编的一栏里,就当天所发的新闻中,择要写一个极短的时评。那时评一,属于要闻;时评二,属于外埠新闻;时评三,属于本埠新闻。

我后来这论说就不写了,起初写了几篇,交给总主笔,有的马上登出来了,有的没有登出,有的略加修改后登出。初进报界,我不知道如何立论,方合舆论,方切时局,方符体裁,自然还是学习态度。那是白纸黑字,印出来要给人家看的,当然要句斟字酌了。我向来写什么文字,既不起稿,又不修改。我妻常笑我,说我的写文章,"出门不认货"。这次较仔细一点,但没有登出,不免有些懊丧。再有写文章的人,往往有一种偏见,见人家改窜了,心中便有些不舒服,便要根寻以何理由而改窜?倒是不登,来得爽快。

后来我问起景韩、继兴,他们也不写论说,我觉得他们的文字,都比我写得好。景韩的文章,简洁老辣,即写时评、小说亦然。继兴是日本早稻田高材生,他在新出的《法政杂志》上也写文章,理解鲜明,文词畅达,为什么都不在《时报》上写论说呢?我问了他们时,他们说:"反正有广东先生在写了,我们乐得藏拙躲懒。"于是我学了他们的样,我也不写论说,我也藏拙躲懒了。并且以后编外埠新闻稿,每月要写三十则时评,难道还抵不上六篇论说吗?

实在,当时报纸上那种长篇累牍的论文,倒不如短小精悍的短评,易于使人动目。大概普通读报的人,一份报纸到手,翻开来最主要的是要闻与专电,其次是本埠新闻与外埠新闻,就在那时候便有一二百字短文,也连带一起读下去了。到了最后,或者读读论文,事忙的人,对于政治不感兴趣的人,简直干脆不看论文。况且那时又都是文言,没有圈点,像近日的新式符号。

写论文的说来说去，就是这几句话，成了一种滥调与老套，因此人称为"报馆八股"。

就这样，俗语说的，我就吃了报馆饭，做起新闻记者来了。当我就职时报馆的时候，我的家乡许多长亲，都不大赞成。

他们说当报馆主笔的人，最伤阴骘。你笔下一不留神，一家的名誉，甚至生命，也许便被你断送。我的妇翁陈挹之先生，便以此告诫我，他是一位好善的长者。我想：如果我的祖母在世，也许不许我就此职业。那时的清政府，也痛恨着新闻记者，称之为"斯文败类"，见之于上谕奏摺。然而我素喜弄笔，兼之好闻时事，不免便走上这条路了。

六九　在小说林

在报馆里编新闻，于每日的时间，很有关系。编要闻，时间最晚，因为要等北京的专电到来。那种专电，往往要到夜里十二点钟以后，甚而至于到午夜两三点钟送到，也说不定。为什么这样迟呢？原来那时的电报是分几等的，如一等电、二等电是官电，民间不许通行；三等、四等电，方是民电，又称为急电，我们所打的乃是四等电（及至民国成立以后，乃规定有新闻电，以便利报界。四等电每字一角，新闻电特别便宜，每字仅三分）。当然电报局要先发官电，继发民电，然后方发新闻电，即各报馆的专电了。

好在陈景韩那时是住在报馆里的（他的夫人故世后，其时尚未续弦），不必深夜归家，那便利得多。还有报纸全部排好，拼成版子，将要开印的时候，还要仔细看一遍，有无错误，这叫做着"看大样"。大概看大样的事，属于总编辑的，也是在深夜最迟的。但罗孝高不来，两位广东先生也不管，为了怕要闻中有什么错误矛盾之处，景韩也就看看了。

本埠新闻的编辑，比较要早得多，大概到下午九点钟的时候，访稿全都来了，编本埠新闻的到十点钟就没事了。如果在九点钟以后，发生了特别事故，有重要新闻，明晨必须见报的，当然可以加入。其馀的琐闻细事，他们也就不再送稿了。至于编外埠新闻的，更要早一点，从前还没有快信、航邮，下午五点钟以后，邮差不再送信了，把当日所到的信，评定它的轻重与缓急，发清了稿子（有的须要修正一下），就没有你的事了。

236　　　刚到上海，住在旅馆里，曾孟朴就托徐念慈来访问我了，便是商量请我到"小说林编译所"去。单写小说，便不必一定要到编译所去，当时已流行了计字数酬稿费的风气了。但是他们还要我去帮助他们看稿子与改稿子，那就非去不可了。因为《小说林》登报征求来的稿子，非常之多，长篇短篇，译本创作，文言白话，种种不一，都要从头至尾，一一看过，然后决定收受，那是很费工夫的事。还有一种送来的小说，它的情节、意旨、结构、描写都很好，而文笔不佳，词不达意，那也就有删改润色的必要了。

我也告诉了他们进入时报馆的事，待时报馆的事定局了，再接受《小说林》的事。再则我那时房子也没有租定，住在旅馆里，纷乱如麻，未能决定。及至时报馆事定局了，我觉得反正上半天没有事，便接受《小说林》的事。我们规定上午九点钟至十二点钟，星期休假（报馆是星期不休假的），他们每月送我四十元，我也很为满意。我有了时报馆的八十元，再加上《小说林》的四十元，每月有一百二十元的固定收入。而我的家庭开支与个人零用，至多不过五六十元而已，不是很有馀裕吗？

况且我还有写小说的额外收入呢。写小说便成为我一种副业了。起初大家不知道我在上海，后来见了《时报》〖馆〗上登了我的长篇连载小说，许多人才知道。这个时候，上海的小说杂志正风起云涌，都写了信来，还有自己来造访的。狄楚青的有正书局也出了《小说时报》，本来是陈景韩编的，我去了与景韩轮流编辑，我们是不取它的编辑费，但稿费即〔却〕照算的。其时还有龚子英编的《新新小说》，吴趼人编的《月月小说》，我都写有小说稿子，此外什么小说杂志记也记不清楚了。

这时上海的小说市价，普通是每千字二元为标准。这一级的小说，已不需修改的了。也有每千字一元的，甚至有每千字仅五角的，这些稿子大概要加以删改。但是许多出版家，贪便宜，杀穷鬼，粗制滥造，也是有的。更有一些穷文人，为了生活所迫，虽然他的稿子很不坏，但深入窘乡时，也不待善价而沽的。像那位笔名平江不肖生的向恺然吾〔君〕，他从日本回国时，写了一部《留东外史》，描写当时一般中国留学生在日本留学的状况。到上海来，兜来兜去，这些书贾，以为其人不见经传，无人肯要，就是以每千字五角，卖给某书贾。谁知后来销数甚佳，却赚了不少钱。

我的小说，后来涨价到每千字三元，那是商务印书馆要我在他们的《教育杂志》上写教育小说而加价的（按，此一笔稿费，适在商务印书馆逐年增资期中，他们请我把稿费作为股份，我亦允之，每月亦不过三四十元而已），这算是特别优待。但在时报馆（有正书局）及《小说林》两个基本地方，仍作每千字两元算。其时林琴南先生已在商务印书馆及其它出版社译写小说，商务送他每千字五元，但林先生不谙西文，必须与人合作，合作的大半是他的友朋与学生，五元之中，林先生即使取了大份，亦不过千字三元（后来商务印书馆给林先生每千字六元）。

这时候写小说，以文言为尚，尤其是译文，那个风气，可算是林琴翁开的。林翁深于《史》、《汉》，出笔高古而又风华，大家以为很好，靡然从风的学他的笔调。后来到五四时代，极力提倡用语体文的如鲁迅、胡适之辈，所译写的短篇小说，也是用文言的，其馀的更不必说了。不过如果写章回小说，每回都有回目，纯中国旧小说的体裁的，传统下来的是用白话文了。

所以曾孟朴的《孽海花》，是用章回式旧小说体裁，而是以白话文写的。他写的同、光之间的北京掌故，常常是用北京话，而在京话的对白中，却要说得漂亮，简捷俏皮。好在他是住过北京的，可以对付。不过他的《孽海花》实在写得太慢了。在《小说林》杂志上预告，每期可以登一回（《小说林》是月刊），但他还是常常脱期。即使不脱期的话，每期登一回，试以全书八十回而言，也须六年又八个月，可谓"长线放远鹞"了。

孟朴的写小说，正与我相反，我是写了下来，不加修饰，并且不起第二回稿，以前写制艺文、叙事文，都是如此。直到如今，有好多小说，我已记不起它的内容，并且记不起它的题旨与书名了。我想：这也是我的一个恶癖与懒性，必然因此而错误很多吧？孟朴却不然，他是句斟字酌，改了又改，甚至将做好的一两回全部推翻了，重新再做起来，也是有的。可是错误还是有的，因为《孽海花》不是虚构，而是影射那时代的实事的。孟朴的著书与写小说，全在夜里工作，至少要到半夜，时常至于通晓，因为他是有烟霞癖的。他独居在《小说林》编辑所的楼上，他的家眷都不在此。

他的有烟霞癖，为了他的多病。他在《孽海花》小说上的笔名，不是叫作"东亚病夫"吗？为了这个缘故，他在上午是不起身的，有时要到下午三四点钟才起身，起身以后，便与阿芙蓉为伴。

我每天到《小说林》去是在上午，那个时候，他正是"春眠不觉晓"，在他的黑甜乡里，不便去惊动他。要去访他，最好是在吃过夜饭后，而他也是精神最健旺，即使和你谈一个通宵，也不算一回事。

在《小说林》的时候，我们还有一个志愿，可惜到后来，这个志愿，一

238

个都没有偿。因为孟朴说：他的《孽海花》，写到庚子拳变、两宫回銮以后，就结束不写了，赛金花让她活下去吧，也就无关紧要了。因此徐念慈（《小说林》总编辑）说："我想写一部长篇小说，记东三省红胡子的事。"在清代称红胡子为胡匪，又称为马贼，民间则有称为义勇军的，这时候正在崛起时代，他也起好了一个书名，正在搜集材料。他说：这部小说，正好接在《孽海花》之后，可以出版。

我说：我想写革命事迹。当时革命党东起西应，排满风潮热烈。恰有徐锡麟、秋瑾的一件事发生，秋瑾是中国女子中革命的第一人，我想把秋瑾作书中的主人，而贯穿以各处革命的事迹。书名也已拟好了，叫做《碧血幕》，并且在《小说林》杂志上登载过一两回的，后来《小说林》杂志不出版了，我也就此搁笔了。

孟朴的《孽海花》始终没有完篇，最初出了有二十回的单行本，倒也风行一时。但是这单行本出版以后，虽然书中人物出于影射，然而核对事迹，一望而知。因此得罪了许多老前辈，第一，他的老岳丈汪柳门，便不以为然，更有许多还是他的父执，尤其苏州人中，如陆凤石、汪芝房、叶鞠裳等，对于他都有谴责之词。后来端午桥邀了他去，说何必写这种小说得罪人呢？你何妨到我这里来呢（旧回目中，本亦有涉及端方的事）？这时他们又搞什么宏文馆，编什么《博物大辞典》，那时我已不在《小说林》了。总之资本已经蚀光，关门大吉。

这以后，孟朴便浮沉于宦海中。辛亥以后，陈陶遗任江苏省长时，他是什么水利局长、财政厅长，闹了一下子，我也弄不清楚，其实吏事非其所习，他是一个文学家呢。

到一九二七年，他官又不做了。他的大公子曾虚白，从法国留学回来，在上海开了一家"真美善书店"（我们称之为父子书店），又出了《真美善》杂志。《孽海花》又写了十馀回，写到赛金花那时从洪宅出走为止。那一个回目是"青阳港好鸟离笼"，以后便不曾写下去了。

徐念慈的红胡子小说，可怜他并不曾着笔，便这样赍志以没了。我的《碧血幕》，也不曾继续写下去，后来便是辛亥革命，仅仅秋瑾一方面的事，也不足以包罗许多史实。但我对于这个志愿，当时总搁在心头，老想以一个与政治无关的人，为书中的主角，以贯通史实。这不但写革命以前的事，更可以写革命以后的事了，只是我却想不起我的书中主人。

直到民国七八年间，我在北京，和张岱杉先生（名弧，别号超观，绍兴人，曾一度为财政部长，是前清举人）谈起此事，他知道我要写此历史小说，他提醒我道："眼前有一个极适当的人，你没有留意吗？"我问是谁，他说："梅兰芳将来是一个成名的人，而且都搭得上政治历史的，何不把他为书中主角呢？"我被他提醒了，大为称善。于是我便写了《留芳记》，但也只写了二十回，给林琴南先生看过，他还给我写了一篇序文，在上海中华书局出版。关于写《留芳记》的事，我后将再述。

在从前以一个文人，办点商业性质的事，终究是失败的多数。《小说林》也是如此，虽然所出的书倒也不少，销路也不差，还是亏本。譬如说：放出的帐，收不回来；管理处不得其法等等。而且出版物是有时间性，尤其是小说。他们是自办印刷所、排字房的，后来搜出了半房间的铅字，都是拆了版子，不归原位，倾弃在那里，只好作为废铅卖了。诸如此类，都是吃了人家的亏。《时报》后来的失败也是如此，他们两位，狄楚青与曾孟朴，都是公子哥儿呀！

七〇　息楼

到了时报馆后，我认识了不少的友朋，除了报馆同人以外，还有许多馆外的同好，也常常到时报馆里来的。这是狄楚青本来是好客的人，而陈景韩与雷继兴，也是友朋很多，他们常常到报馆里来访问与闲谈。时报馆的主笔房，不是像后来各大报馆的严肃整齐，而却像人家里的书房一般，随便起坐谈笑的。

有些朋友，也就喜欢跑到主笔房，但到底有些妨碍工作。而且有些新闻，报馆里往往称为独得之秘，不愿在报纸上未经披露之前泄露了出去。若是为各报馆竞争起见，还恐怕偶不留意，传到了别家报馆里去，被他们占着先鞭，这也是当时报界中的常情。

但《时报》又是欢迎他这班朋友来的，因此在馆内楼上，辟出一间房子，做了一个小俱乐部，那个名字，就唤做"息楼"。起这个名的意思，无非是聊供休息所需，有许多朋友来访问、闲谈，便请在息楼里憩坐。在报馆里的同人，工作之馀，也在息楼中休息一下。或有朋友见访，就可以在息楼中会客。

息楼那一间房子，由报馆供给，不取租费；另雇一个茶房，专管息楼内的茶水、差遣等等，备了几份日报，供客流〔浏〕览，所费无多，而得益匪浅。也有朋友们在息楼里吃点心的，好在时报馆在福州路望平街，邻近都是点心店、西餐馆，叫茶房去唤他们送来，自吃自惠钞，很多便利。

息楼里常来的几位朋友，就记忆所及，略述数位如下：

沈信卿，名恩孚，他是我们吴县人，是前清的举人。他现在是上海龙门师范学堂的校长，那时候，公立学堂的主持人，没有监督的名称的。龙门师范，是上海原有的龙门书院改组的，属于地方公有性质的。那时他已五十多岁了，学高望重，我们呼之为信先生。他虽是苏州人，因为他以前久居于嘉定，因此苏州人和他少亲近，而上海人和他较密迩。

袁观澜，名希涛，宝山人，也是前清的举人。他的一位女公子，还是我的学生。他是常常到息楼来的，他一来了，我们老远就听得了他的声音，因为他声带作嘶音，而又很为响亮。辛亥革命以后，他曾一度为教育部次长。我在商务印书馆出版过几部教育小说，承他在教育部任上，奖给我几张奖状，无任愧感。他有两位弟弟，袁希濂、袁希洛，都是我的老友。

黄任之，名炎培，川沙人，也是前清的举人。在息楼的三举人中，他的年纪最轻。他在家乡为了闹革命，几乎被地方官（那时松江府知府戚扬审讯）捉去被杀。他的夫人和令妹，都是我的学生。在国民党统治时代，屡次请他出来任教育部长，他没有应允，只在上海办职业教育社。在这个时候，他正在运动几位工商家办学堂，如杨斯盛等。

龚子英，单名一个杰字，苏州吴县人，也久居上海了。他是前清的秀才，精于算学。他们世代经营金业，在上海金业界中，亦推巨擘。那时候，他正在上海办一个金业小学堂。他们兄弟四人，他是最小，排行第四。他的长兄龚子瑜是上海汇丰银行的买办（按：买办在当时上海是尊称，后来讳言之，改称为华经理）。辛亥革命初期，曾一度为江苏财政厅长。

林康侯，名祖潘，上海人，前清秀才，游学日本。他自称为半个苏州人，因为他的母夫人是苏州人（上述沈信卿是他的母舅）。他现任南洋公学附属小学的校长，他的书法极好。他们是老上海的绅士阶层，他与龚子英，均在时报馆任本埠新闻编辑。后因江苏、浙江两省，自办江浙铁路公司（沪杭铁路公司的前身），调往铁路上办事，始离新闻界。康侯的履历甚富，渐入银行界。他与我是丙子同庚，后与穆藕初等成立丙子同庚会。我写此稿时，他在香港。

史量才，名家修，他原籍是南京人。他的父亲在上海郊原的泗泾镇开了一家米店，他就成了泗泾人了。他是杭州蚕业学校毕业生，我到《时报》的时候，他在高昌庙开了一座女子蚕业学校。是有许多人帮他的忙的，我也在他那个学校里当义务教师。他是天天到息楼来的一个人。辛亥革命时，他当了什么松江运副盐务事。他的接办申报馆，是张謇、赵凤昌出力最多。其人有干才，后为国民党特务所暗杀。

吴怀疚，他是上海人。在上海人中，开女学堂的算他最早（除了爱国女学以外），也是办得最发达的人。他所办的务本女塾，学生最多，规〔纪〕律最好。因为那个时候，男女同学，还不曾流行。上海早有一个中西女学，是美国教会办的，但教会气息太重，于是群趋务本女塾。他的学堂，开在西门，是华界不是租界。有许多家庭，为了要送女孩子入学，都住到西门去，以至一时蔚为风气，西门的女学堂也便多起来了。

朱少屏，他是上海人。我记得那个时候，他是开了一个"健行公学"，也是在西门。后来他又办了个"寰球中国学生会"，对于中国出洋留学的学生，辅助不少。在上海各文人所组织的"南社"中，他是主干。朱少屏是老同盟会会员，但在国民党中，一向不甚得志。他的夫人岳麟书女士，也是我的学生。在第二次大战前，杨光泩任菲律宾总领事，朱少屏任副总领事，为了抵抗日本，均为日军所戕害。

杨白民，上海人，住在南市的竹行衔。他也开了一个女学堂，叫做城东女学。他因为这一座房子〔是〕自己的，颇宽大，不似租界里的那些街堂房子。自己家庭也住在这里，成了个家庭女学校。学生极多，年龄不齐，幼者不过十二三岁，长者则已二十多岁了。许多太太们，就学者甚众。杨白民到息楼来，总是抓人到他城东女学去教书，陈景韩、雷继兴、林康侯，都去教过书。黄任之是基本教员，因为他的太太，即在城东当学生。记得后来当监察委员的刘三（号季平）也去教过。我也曾教过一年多吧。还有一个奇迹，吴怀疚生了五六个女儿，没有儿子；杨白民也生了五六个女儿，也没有儿子。他们都是开女学堂的，大概拼命的在那里为自己制造女学生吧。

杨翼之，名廷栋，他是苏州人。他从日本回来，我便认识他。自从我到时报馆后，他常来访我，便为息楼中的常客。不过他也是日本早稻田大学毕业的，和雷继兴等一班学习法政，都是同学。在那时候，上海的一班有志之士，号称维新党，组织所谓宪政预备会，意思是督促满清政府速行立宪，他们皆与其选。还出版了一种《宪政杂志》，大家写文章。那时候，大家还主张君主立宪的，到时报馆息楼中高谈宏论，意兴奋发，不可一世。

管趾卿，无锡人，是上海德国人分设的西门子洋行的买办。西门子洋行〔是〕作电机生意的，在中国甚为活跃。息楼里来的人，大概都是学界人，只有他一个是"康白度"（上海洋泾滨语）。他与我们这班人连〔联〕络，在营业上毫无所益。后来我子可永到德国柏林大学习电机工业（时年十四岁），又在西门子德国总厂实习，甚得管君之助。

叶养吾，他是青浦人。青浦距上海甚近，因此来上海的人很多。上海新闻界中，青浦人也不少。叶养吾有个兄弟，名叶石，也是同在日本留学的，也同在时报馆的。但叶养吾在日本学的是商科，进了商科大学，他家里也很有钱，预备到上海来办商业。那时日本人也都在上海办商业，叶养吾颇认得几位日本钜商，颇思与他们合作。但日本人做生意，很为精刻，没有成功。还是自己从事于电灯事业，嘉兴、绍兴，那两处的电灯厂，都由他创办的。

杨荫孙，他是苏州人，比国大学毕业生。他原先和他的弟弟杨景森，都是南洋公学的学生。他被派出洋，到比利时留学，学的是银行学。回国以后，到上海来，也是息楼中的一客。后来到了北京，便入了北京的银行界。梅兰芳第一次到上海，正遇到杨荫孙也回到上海来结婚。梅兰芳还没有到戏馆里唱打泡戏，却先为杨家婚宴上唱堂会戏了（荫孙结婚，在上海张园的安垲第），一时称盛。杨荫孙后任北京交通银行行长，我到北京时，常相过从。

杨景森，荫孙的弟弟。他是美国留学生，回国后，即在上海谋事。那时美国留学回国的，已经很多了。他很聪明而好学，可惜是有病的，这病不容说，又是当时中国最流行的肺病了。那时上海报纸，也渐渐注意到外国的新闻与论说，狄楚青即请他在《时报》翻译此种文字。他译得极快而又极多，但报纸上容不了这许多，他心中大不高兴。他后来为中华书局编辑部请去，另外还卖文译小说。他对了一头亲事（旧式婚姻），其未婚夫人是富家女郎（上海施家，是著名的外交家），为了结婚场面豪华起见，拼命勤劳的写作，虽以病躯，力疾工作。结婚以后，未及数年，病即大发，养疴于莫干山，即病殁于山上。

此外常到息楼来的，还有夏颂来、王培孙、沈叔逵、黄公续及其公子黄伯惠（即后来接办时报馆的），更有苏州来的吴讷士、常熟来的吴斯千（曾孟朴的妹婿），不能一一记忆起来了。但狄楚青的许多朋友不来，如叶誉虎、叶葵初、熊秉三以及他的弟弟狄南士，都不到息楼。更有我后来有许多南社里的朋友，也没有到息楼来，因都另有聚会之处呀。上海这个地方，真是人材荟萃之区，而我当时年青〔轻〕，也是一个爱好朋友的人。写此稿时，息楼里的朋友，陈景韩在上海，黄任之在北京，林康侯、黄伯惠，均在香港，馀则均作古人了。

七一　女学校教书

自从到了时报馆，从事于记者生涯以后，我是决计放弃了教书工作了。我自从十七岁父亲故世后，即开门授徒，作了一个小先生，一直处馆教书，坐热了那只冷板凳。以至脱离私塾制度，又踏进了新式教育，什么吴中公学社咧，又是山东青州府中学堂监督咧，真是"人之患，在好为人师"。这一回，到了上海来，上海也正在各处兴办学校。一到上海，就有人来请我去当国文教员，我实在对此厌倦了，便一概加以婉辞。

然而到底不能脱去这个范〔樊〕篱，第一个破我戒的，便是史量才。量才在西门外高昌庙地方，开了一座女子蚕业学校，除了养蚕时期，女学生都要服务以外，其馀时间，便同别的女学校一样，只不过加一点与蚕桑有关系的学科而已。他是常常到时报馆息楼里来的，时报馆的几位编辑先生，如陈景韩、雷继兴、林康侯等被他拖去教书了。我初到时报馆，他便以我为鹄的了。

我起初拒绝他，我说："我已教了十馀年书了，旧的、新的，都已教过，对此渐少兴味，我现在要换换方向了。况且我现在也没有工夫教书，时报馆、《小说林》之外，偶有馀闲，还得要写一些小说。"但量才百方劝驾，他说："你镇日埋头写作，也未免太闷损了，必须换换空气。况且我不是天天要你来，一星期来三天或两天，每星期担任五六个钟头的课，终可以抽出这工夫吧？《时报》是在夜间，《小说林》在上午，那末下午你有工夫了。"

他又说："山东青州府蚕桑学堂中教员，都是我的老同学。我知道你在青州办学堂，很为吃力，但是上海的学堂非青州之比，尤其是女学堂。你不曾到女学堂来教过书，何妨来试试呢？把山东的男学生和上海的女学生，作一比较如何？并且我们学校里，到四月里就要养蚕了，蚕忙的时候，便不上课。现在到养蚕时节，至多只有两个月，那是很轻松的事。况且景韩、继兴，他们也来教过呢。"

我为他说动了，我的确不曾在上海教过书，尤其不曾在女学堂里教过书。我当时又动于好奇心，凡是没有经过的事，我总想去经历一番。又想到量才所说：他的学校，四月里就要养蚕，过后至多再读一个月书，接着便要放暑假了，那末总共也不过教三个月书吧！

而且我当时正想写社会小说，搜集各种资料，商务印书馆又来接洽，要我写教育小说。无论是社会小说也好，教育小说也好，各方面的情形〖的〗都要晓得一点，这个女学生社会，也是应该晓得一点，作一个实地观察呢。

回想我十七岁开始作小先生的时候，曾教了一个女学生潘小姐，以后就没有教过女学生。但现在所要教的不是一个女学生，而是成群的女学生了。我问史量才："你是女学校的校长，何妨传授心法？"他说："也没有什么方略，但是你不可太嫩。太嫩了，压不住她们，便吱吱喳喳的吵起来。虽然不必板起面孔来，但至少也得装起老气横秋的样子，方可以吃得住。"量才这话，正说中了我的病，我就是太嫩，尤其对于女人。其实我那时也有三十岁出头了，人家看我，却不过二十三四光景。

我所教的这一班女学生很整齐，全班不过十馀人，年纪都在十八岁以上。因为这是一班最高级，快要毕业了。女子蚕业学校里没有太年轻的学生，因为他们在招考的时候，就规定要十六岁以上，方能报考。这有两个原因：第一，他们在养蚕时期，有一个很辛苦的服务，时常要轮流守夜，而且很沉重的蚕匾，要掇上掇下，非幼稚女生所能胜任。第二，在育种的时候，须用显微镜，仔细观察，而且对于蚕蛾的交配，详细解释无遗，在交尾中，还要辅以人力，这也是那种幼稚女生所非宜。

大概从前女学堂里的女学生，顶会吵的是十四五岁，到了十六七岁，便渐次沉静了，一过了十八岁，便不会吵闹了。还有的在初进学校的女学生，最是会吵，在将毕业的女学生，便不大会吵的了。更有一说：在男先生的课堂里会吵；在女先生的课堂里，她们便不大敢吵了。在她们不大佩服的先生，自然吵得更加厉害；在她们佩服的先生，就不大吵了。这些都是当年在女学校教书的经验之谈。

在上海教会里所办的女学堂，像"中西女学"之类，他们对于中国的国文，不十分注重，所请的国文教员，都有些冬烘气息，女学生们常常开他的玩笑。我记得有一位国文教师是松江人，督责学生们倒也很严。教她们读

钏影楼回忆录

245

《古文观止》，那班学生们读到苏东坡的《赤壁赋》，中有句云："巨口细鳞，状如松江之鲈。"她们大声朗诵道："松江猪猡！松江猪猡！"先生正把她们无可奈何。又有一个十三四岁的女学生，不知如何触犯了先生，那位先生便拉着她，要到女校长那里去申诉。她大呼："男女授受不亲。"（《礼记》上语）吓得那位教师急忙缩手。可是对于那些外国女教师，虽然背后也骂她老太婆，或给她提出丑恶的、可笑的绰号，然在当面，却甚畏惧她，非常服帖。

我在女子蚕业学堂未及一月，而城东女学校校长杨白民，又来劝驾了。意思说：一样的朋友，能在女子蚕业尽力，也希望在城东女学帮忙。我说："我的工夫来不及。"他说："每星期只要来三天，不到女子蚕业的日子，便到城东女学来好了。"我一时面软，也就答应了。但是女子蚕业，在西门外过去的高昌庙；城东女学，则在南市的竹行弄。自己却住在租界里的爱文义路，一面在极西，一面在极东，这样的终日奔波，很为劳累。并且高昌庙与竹行弄，都在华界，到了那边，便得更换人力车。但是我那时很有勇气，觉得教女学生，很有兴味。

城东女学这一个学校的学生，却是复杂得多了。我这一课堂中，约计有三十多人，年龄小的不过十三四岁，年龄大的已有三十馀岁，已是太太型的人了。就像黄任之的太太王纠思，也在我的课堂里，同学们都呼她为黄师母。因为这时候，任之也在城东女学授课呢。还有他的两位令妹黄冰佩、黄慧兼，也在一课堂。年龄最轻的就像袁观澜的女公子袁世庄，不过十三四岁，程度自然参差不齐。但在这个时候，实在出于无法，只要有志向学的，便是来者不拒。所以这个班次，只好勉强合并了。

我初在这些女学堂教书时，的确有些儿面嫩。她们似乎比你老练得多，不过她们也并不使我受窘，就是喜欢多说话，常常说到功课以外去。有时，她们说："今天先生不必讲古文，请说一段故事给我们听。"她们以为我常写小说，必定有一肚皮的故事藏在心中。我只好说："故事今天不曾预备，下一课期讲故事。但是我口讲故事，请你们把我所讲的故事，用笔记起来，那也是习练作叙事文的法子呢。"她们听了，觉得不大写意，后来就不请我讲故事了。其实记出来不是很好吗？而她们视为强人所难。

我从青州府回到上海来，衣服很不入时。上课时，用粉笔写黑板，有一位女学生最喜欢多说多话的，便道："喂！先生！你的袖子管太长了。"我只好说："是的！我的衣服不入时了。"我以为她没有什么说了。但是又继续说道：

"先生！你的指甲也太长，要剪去它，写粉笔不大便当。"那时我真有些窘了，幸而和她同座的一位同学，怒之以目，别的同学则俯首掩口而笑。后来我告诉了杨白民，她〔他〕说："这人素来如此，就是上海人所说的'十三点'脾气。"

后来我想：她所劝告我的并不错，我的袖子管的确太长，我的指甲确是好久未剪。大概别的学生，也在这样批评我，而她却忍不住，心直口快的便嚷出来了。下一次上课，我把指甲都剪光，衣服也换了件袖子短的。上了课堂以后，我就伸出手来给她们看，我说："我是从善如流，听你们的劝告，把指甲都剪平了。"那位女学生，反而面胀通红，俯首无言。

两三个月以来，我便老练得多了。我对于上课并不怕，但是对于这个改课卷，实在有些怕。试想：女子蚕业近二十人，城东女学有三十馀人，每星期就有五十馀本作文要改，而且不能积压，一积压就要拖下去。我那时把课卷带回家中，预备开夜车，可是一吃夜饭，睡魔便降临了。

而且那时候，《时报》已登了我的连载小说，明天的稿子，也要预备。把课卷带到报馆去吧？发稿已毕，可有馀闲，但报馆里朋友多，谈谈说说，庄谐杂作，谈笑风生，早已把学生的课卷，置之脑后了。

后来想出一个办法来，将学生的作文课本，安放在学校的教员休息室内，上课以前或以后，倘有馀闲，即行改卷。再在学生作文的钟点内，她们在作文，我在课堂里监视的时候，便是改课本〔卷〕，这样觉得好一些，不致积压起来吧。

然而我的朋友中，有几位一天要上好几个学堂的课，都是按着钟点，方始赶到（那时上海各教员，也是按着钟点计值，一天要跑几个学校）。他们的口号，叫做"下车上课，下课上车"。那个情况，就像后来上海的说书先生，按着钟点赶电台一样了。

在我们从爱文义路迁居到西门敦润里以后，上海民立女中学校的校长苏本崐女士，又光临寒舍来了，她又要请我到她那个学校里去教书。苏家开了两个中学校，一个民立中学校，属于男学生的；一个民立女中学校，属于女学生的。民立中学校是苏颖杰主持，民立女中学是苏本崐主持，他们原是兄妹，为上海望族（苏女士已嫁，其夫为王孟缘）。这个民立女中学，也开在西门，西门可称是女学校的大本营。最大的务本女塾，也是开设在西门，是人材最多的。

我这时女子蚕业学校已不再去教书了，城东女学校却还是去的。苏本昷女士到我家里，和我妻说："我知道包先生很忙，但是你们不迁居到西门来，我不好意思来说，既已迁居到西门来了，离我们学校很近，可否请包先生屈就一下？"又笑说："我是奉学生之命来的，有几位学生，都推荐包先生，因为她们的姊妹同学们，有的在女子蚕业，有的在城东女学，都欢迎包先生教得很好，所以我来敦请，务必俯允。"

这样的高帽子戴上来，我又只得答应了。不过我的教书，不是过于自卑感，实在自己觉得不甚高明。但我以为在这一代的女学生，却是在启蒙时代，当以启发她们的知识为首要，能多懂得一点新知识，就是好的。启发了这一代的女学生，然后使下一代的女学生，更注重于种种学问呀。我在民立女中学教的这一班学生，颇为整齐，一共只有十人，年龄都在十八至二十岁，是称为卒业班。程度也相差无多，课堂里沉静无哗，与城东女学的学生，正大不相同。

七二　女学生素描

我到上海以后，并没有在男学校教过书。我在山东，对付学生，觉得还好。到上海后，我惴惴然怕对付不了这班男学生。

况且我的职业，已命定我当新闻记者的了，我不能再分一半力量，来作教书先生。而且我立志也不愿教书，这不过变相的冷板凳而已。

况且我青年失学，读书甚少，就我所学，也不足以为人师。仗一点小聪明，并无真学问。古训所说："人之患，在好为人师。"我倒服膺龚定庵这句诗："但开风气不为师。"

至于在女学校教书，她们既不讨厌我，我也就我所知的和她们讲解，觉得很有兴味，而且女子往往别有慧心，较男学生聪明。在我所教的三个女学校中，以城东女学校教得时间最长，民立女中学次之，女子蚕业又次之。此外上海当时还有两个著名的女学校，一为务本女学，一为爱国女学。这两个女学校，我不曾正式受聘去教过书，但曾给朋友去代过课。"务本"只代过一星期，"爱国"却代过一个月，这个爱国女学，还是蔡元培先生那时所创办的，直到民国八九年时还存在着。那时的校长，好像是萧蜕呢。

此外上海还有个美国教会所办的中西女学，开设在公共租界的中心区，那是重西文而不重中文的。虽然它在三马路的时代，我的女儿可芬也在那里读过书；后来那个"小中西"，我的孙女儿，也在那里读过书，那都是外国女教士当校长的。这个女学校，我总嫌它的贵族气太重，夕阳西下，门前汽车停了一条长龙，往后也就不再去上学了。

城东女学的地址，在南市竹行街。一条极狭的街堂，弯弯曲曲地走进去，里面却有古老式的，不像租界那种房子的一座房屋。杨白民便利用这座祖遗的房子，开办这个女学校了。他那个女学校是家庭式的，因为他的家眷也住在里面，除了有间厅堂可以作课堂，其馀的屋子，除了自己居住外，便作了女学生的宿舍，为远道来的女学生住宿（这时外县如松江、苏州、无锡、常熟、嘉兴等地，到上海来就读的女学生极多）。至于本地通学而走读的也不少。

城东女学的校长是杨白民，他的夫人，便当了管理学生的舍监（适与民立女学相反，民立是苏本喦为校长，而其夫王孟绿〔缘〕为教员）。杨师母虽在中年，尚有睡在摇篮中的小女孩儿，她主持中馈，更是一位家庭主妇。于是住在他们家里的女学生，课馀之暇，便给她抱小孩，有时还帮着杨师母烧小菜。她们的课程中，本来有几项属于家事的，如缝纫、烹饪之类。缝纫不必言了，那时毛线工作，正在长足进步，而烹饪一课，亦别有风味。

杨先生主张烹饪一课，每月要实习一次，在星期六举行。以每一学生捐银两角，十个学生为一组，轮留〔流〕当值。从前有两元，可以办很好一桌家庭饭菜，请各教师来白吃（还讲出《论语》"有酒食，先生馔"的古训来），吃后请加以批评。至于校长则贴酒饭与柴火，其事至为公平。不过有几位学生，本来是会烧菜的，当然很能入味。有两位从未烧过菜的，那些娇养惯的小姐们，鸡手鸭脚，烧出来的菜，咸不咸，淡不淡，令人攒眉。有位老先生正要加以批评，我拽了他的袖子，笑道："吃了白食，不要瞎批评了。"于是大家都说道："好！好！"

女学生们，向她们说了几句重话，都要哭的，但我不曾惹她们哭过。陈景韩在城东女学教书，常常骂得她们垂泪，他自己也撅起嘴唇，面相很觉难看。所以陈先生上课，她们不敢多说多话，背后却骂他"冷血动物"（因他的笔名是"冷血"也）。实在，像民立女中学与女子蚕业，我所教的一班，都非常整齐，用不着疾言厉色。城东女学，班次既杂，人数亦多，往往不大整肃，似非稍加严峻不可。你若太放纵了，她们就愈加撒娇了。

要是诚恳地同她们讲，也并不是讲不通的。我最讨厌她们的，是把那些绒线生活，暗带到课堂里来。她们一面听讲，一面在桌子底下织那绒线生活。她们是熟极而流的，眼睛不必去看它。但是一不小心，钢针落地，丁零一声，大家都回首以观，掩口而笑了。有时候，的溜圆的一个绒线球，直滚到了教师桌子傍〔旁〕边，她又不好意思来拾取，倘把绒线尽扯，却是愈扯愈长。我已经几次托杨师母给她们说了，她们却还是老不改，我只得自己开腔了。说了以后，果然就没有带绒线生活上课堂来了。

城东女学的故事是很多的。有一次，他们那里招收了一个漂亮的女学生，年约十七八岁。虽然漂亮，但衣服穿得很朴素，不施脂粉，完全是个女学生型。这个女学生，是在黄任之所教的国文班里的。城东女学招生，不似别的女校里十分严格。因为学生都是幼年失学，到了年长，方始来补习的。在现代那种校风说起来，又要说她是"校花"什么之类了。在城东女学也来了有两个月了，倒也是很聪明而且很勤恳。

有一天，黄任之有应酬，人家请他在某一西菜馆里，内中是有许多商界中人的，他们"叫局"（即召妓侑饮），黄任之自己不叫局，而不能禁止人家不叫局。

一时之间，莺莺燕燕都来了，可是其中有一人，恰好坐在他的对面，酷似城东女学每日上课的这一位漂亮的女学生。不过是遍体绮罗，装束入时，完全是两样了。他越看越像，而这一位堂子里来的姑娘，见了黄任之以后，也很为局促，侧着身子，不敢以正面对他。

偏偏那个叫她堂唱的商人，还对着黄任之夸说："黄先生！你不要轻视她，她还是一位女学生哩。"那位姑娘脸涨通红，愈加不能存身，立即起身告辞了。黄任之也不待吃完西餐，说另有他事，起身离席，一脚奔到竹行弄，告诉杨白民以刚才所见的一切，于是学生们也大哗起来了。但这事也不能怪杨白民，他怎能知道她白天在读书，夜里在出堂唱呢？这也没有别的办法，只有等她明天来时，把她开除就完了。可是不必等你开除，她从此就不再来了。

后才知道这人便是上海妓院里当时鼎鼎大名的小四金刚之一的金小宝。她和一位客人青浦名士陆达权很要好的，陆达权是留学日本的一位高材生，因为她〔他〕的妹妹也是城东女学的学生，是她指引到城东女学来读书的。陆与杨白民、黄任之等，也全都认识，如何让一个妓女来附读呢？但是后来租界里美国教会所办的中西女学，它的校址在汉口路，四周围都是妓院。它那里附设的慕尔堂，办了一个妇女补习学校，妓院里的雏妓，在那里补习的不知其数。试从宽展处着想，哪一等人是不应受教育呢？孔子云："有教无类。"

城东女学每年一定要开一次游艺会，而这一次游艺会中，也一定要演一回戏。每一次演剧时，编剧、导演又一定是我充当的。那个时候，现代所称为话剧的那种新戏，已经流行到中国来了。我们在日本的留学生，也在东京演剧。上海男女各学校，每逢什么节日、纪念日，学生们也常常在演剧，这个风气已经是大开了。我记得，第一年，我给他们编导的一个故事，名曰《女律师》；第二年，我曾选取了我所译写［的］儿童小说《苦儿流浪记》的一片段。

《女律师》取材于莎士比亚集，林琴南的《吟边燕语》中，译名为《肉券》，有的书上则又译为《一磅肉》。我因为在女学校里演出，而为安东尼辩护的，却又是一位女律师，所以便取了此名。

这时女学生中，大家都不肯演这个犹太人。我说："如果戏剧中全是好人，没有坏人，这戏剧也演不成功了。"后来有一位女学生挺身而出，她愿意做犹太人。这位学生是吴传绚，苏州人，我友吴帙书、吴绾章的胞妹。学校演剧，当然草草不恭，却也有声有色（按，吴传绚后嫁一李君，我忘其名，杭州人，日本士官毕业，为一旅长，革命有功，乃早逝世。传绚寡后，到上海即住我家，以与我妻甚友好。抗战期间，携其子同至重庆，后即不通音问了）。

《苦儿流浪记》，要选以一位年龄在十一二岁的学生，饰为苦儿，且要是聪明活泼的。当时选取杨白民女公子中最小的一人，唤做杨雪珍（杨氏姊妹，都以雪字排行，其长女曰雪琼，有一位名雪玖，今已成为女画家）。但剧中人是一个男孩子，现在以一女孩子权充男孩子，亦无不可，惟多一条发辫。因为那时候，中国妇女，尚未流行剪发，女学生们都拖着一条辫子。但雪珍当时为了演戏，竟毅然的剪去了那条辫子（那时女人爱惜她的秀发，不肯轻易剪去的）。这一次，在女学校中，也传为佳话。

女子蚕业学校开办甚早，在那里毕业出来的学生，由各处聘请，或自设养蚕所。史量才办了申报馆后，它的后身，就是苏州浒墅关女子蚕业专门学校，扩大发展，归为江苏省立的。那民立女中学校，我所教的最高一班，不是说整整齐齐的十个人吗？但其后果，皆不甚佳。我后来听得人说：有一位嫁夫早寡；有一位以产难逝世；有一位带发修行，长斋礼佛；更有一人，竟正式做了尼姑。这位正式做尼姑的，乃即是民立女中学校长苏本喦的女儿。她在杭州近西湖主持一小庵，到上海来，必至我家，访问包师母。因我妻亦信佛，她们引为同志也。我问她："有何刺激，乃至出家？"她说："并无刺激，只是信仰。"

苏本喦女士兄弟姊妹颇多，其妹苏本楠女士习医，为著名儿科专家。他们本为一大族，下代所出，亦多学者。后来他们也不办学校了，那种私立学校，亦已被上海市政机关所接收。我在写此稿时的前三年，常在上海一家茶室中，遇到王孟绿〔缘〕、苏本喦一对夫妇，年在八十，互相扶持，互相爱好。老年不稀奇，老年夫妇而如此健康互爱，则不可多得。

孟绿〔缘〕嗜昆曲，唱旦角，以八十高龄，能迫紧喉咙，唱《游园惊梦》的杜丽娘给我听，真是不可企及呀！

我的女学生，后来颇多为我朋友的夫人，如蔡云笙夫人（孙润宇的妹妹）、陆费伯鸿夫人（陆费伯鸿是中华书局总经理）、顾树森夫人、宋春舫夫人等等。有的其初还没有知道，后来由其夫人道及，往往都亲治一餐以饷我。我在北京时，在宴会上遇宋春舫，他说："有一人要见你，明日我开车子来接，到吾家便饭，便可相见。"我问何人，他说："现且不说，见后自知。"明日以车来迎，春舫筑室于清华大学之傍〔旁〕，至其家，夫人出迎，乃我学生朱润女士也。亦得饷一餐。春舫所筑之室，名"春润庐"，即以其伉俪之名名其室。室外花木环之，室内图书罗列，甚为雅洁。饭后，导游西山，至暮仍由春舫开汽车送归。至于黄任之夫人、杨千里夫人、朱少屏夫人等，都为我的学生，前文已说过，不赘。

七三　时报的编制

《时报》当时的编制，我于上文已述及。但新闻事业，在中国是继续进步的，不是墨守成法的，而且随着时代的进化而转移的。中国的开发，比较欧美为迟，在东方，比较日本为迟，这是无可讳言的。所以中国的新闻界，在那时只可以算草创时代，精神与物质上，都是赶不上人家呢。但无论如何，我们总想是在进步，决不是退步的。

中国报纸的编辑上，有三件事，都是由《时报》创之：一是专电，二是特约通讯，三是副刊。我将依次约略言之。

第一说专电：专电者，是报馆里特派人员在北京，每日将政界要闻，特地发电报到报馆里来，以便迅速发刊。因为中国当时自己还没有通信社，政府也不重视将新闻传播于民间，有时还讳莫如深。报馆要知道政界重要事件，只有靠在京的特派员打专电了。上海的外国报纸，如《字林西报》之类，也派了专员在北京，他们是和他们的使馆联络的，很可以得到许多政界要闻。中国的报纸上反而没有，要到外国的报纸上转译过来，岂不可耻！所以我们派了专员在北京，专拍政界要闻的电报了。

因为《时报》先有了专电，于是别家也有了。始而专电少，非关于重要的新闻不发；既而专电多，虽非重要的新闻，亦发专电了。为了各报都有了专电，便成一个竞争的目标。譬如北京政府发生一重要的事，这一家报馆有这样一个专电，而那一家报馆却没有，明天报纸上发表出来，这岂不是使没有这个专电的那一家报馆相形失色了吗？

发专电要有一笔电费，从前是由报馆汇一笔钱给特派员，或是每月有一个约数，规定电报费若干。到了后来，电报费可以记账。民国时代，交通部优待新闻界，新闻电比普通电特别便宜，专电也就多起来了。再到后来，各大报馆在北京特设机关，名曰"通信处"，专司每天采访新闻，拍发电报了。

在辛亥革命以前，上海报馆在北京所委托的通信员，有些是秘密的，也有的是政界中人。因为非此不足以得到正确重要消息。时报馆曾经有一位通讯员姓锺的（杭州人，还是王文韶的孙婿），为了泄漏秘密消息而被捕，幸有王文韶的老面子，得了轻罪。不过到了革命以后，那些通信员，也就公开了。但是在探访新闻时，也有个竞争，看各人的手腕。有的得到了新闻，有的得不到新闻，未可一概而论。

因为是新闻电，它的电费最便宜（每一字三分），所以北京电报局每压在最后发出，一直要等到官电、加急电、商电发完以后，方始发新闻电。所以上海报馆里接到电报，都在深夜。但是电报局也知道这些电报，是你们明天报纸上要登出来的，所以尽速在当夜也给你送到。即使在深夜两三点钟，也仍照送。可是报馆编辑最头痛的，就是深夜来的电报。那个时候，报纸将要开印了，但专电不能不加进去（这时上海各报馆，还没有一家有卷筒机），而且极迟来的电报，往往是极紧要的新闻。幸亏我们时报馆里翻电报的张先生，他已翻得熟极而流了，不用翻什么《电报新编》，信笔疾书的写下去。但是电报号码上，倘有错误，他却不管。翻好以后，就送到主笔房来。

可是这种专电，常常有号码的错误，而且错误得奇形怪状。那是要猜详出它的原文来，到底是什么字，有的要从它的上下文看出，方能猜到是什么字；有的却很难猜详，只不过电码上一个数字之讹。尤其是人名、地名之类，往往差得你匪夷所思。并且发电的人，为了省钱，电报打得字数愈少愈好，非有极重要事件发生，不肯打字数较多的电报。往往因了一二字电码的错误，使一条电报不能明瞭的，很使人费了脑筋。而且这些简略的电报，在明晨报上，不能将原文登出，必须要装头装脚，加进了许多字，充足了这个电报的意义，方可以使人看得懂。

第二，特约通信这件事，也是由《时报》创始的。虽然《申报》、《新闻报》，各地都有访员，但是这些通信，都是无足观的。《时报》当时最重要的是北京通信。当然，那时的政治重心在北京，所以北京通信，显出重要来了。自然那几位特约通信员，都是有政治知识而文笔优富的人，方可以胜任愉快。记得《时报》最初的通信员是黄远庸（笔名远生），他是江西人，还是前清的进士，曾到日本留学。因为他与《时报》的雷继兴（奋）同学，狄平子与他亦相熟，因此《时报》一创刊，即担任为《时报》通信。后来史量才接办申报馆，便把黄远庸拉去了，但仍为《时报》偶尔通信。袁世凯帝制时代，为了上海开设亚细亚报馆事，友人劝其赴美避祸，卒遭暗杀，真是冤哉枉也。此外，邵飘萍与徐彬彬，亦都曾为《时报》作过北京通信员。飘萍太忙，发专电是专长；彬彬得不到重要消息，文章多肉而少骨；都不及黄远庸。飘萍与彬彬皆我所推荐。

这班北京特约通信员，都在报上标明"北京特约通信记者某某"。虽不是天天要写通信，但一星期至少要有两篇通信。这种有系统的、文艺性的，观察时局，评论人物，用一种轻松而幽默的笔调写出的通信，颇为读者所欢迎。大约每篇总要有两三千字，过短觉得不足以过瘾，过长则又觉得冗长无味，甚而至于画蛇添足。我们收到了每篇北京通信之后，都排列在专电后，各种新闻前。除非看出它有笔误或有所忌讳外，未敢轻改一字。凡属高才，都不喜人家擅改他的文字。我每见许多编者，恒喜乱改他人文章，自诩博雅。其实识力不足，反致点金成铁，更为作者所不悦，所以因此为戒呢。《时报》上偶然也有国外通信，那是难能可贵的，是几位留学在欧美、日本的，或是使馆里的朋友写来的。这是他们一时高兴，而也是不受什么报酬的，并非是一种职业性的通信员。

　　到后来，上海的各大报馆，也都有了特约通信员，更为当行出色，这都是民国时代的事了。报业既进步，经济自更发展，像黄远庸在《时报》写通信，不过月酬二百元，已经算是最高了，其它报馆不肯出此（如当时申报馆的总主笔张蕴和，在外国资本时期，月薪不过四十馀元）。在《大公报》的特约通信员，则除了月薪之外，还有交际费可以开支，那当然宽展得多了。

　　有一时期，邵飘萍曾担任了《时报》的专电与通信，在新闻上可以说统一。因为飘萍那时在新闻上大发展，除了在北京开设了"京报馆"，又办了一个通讯社，网罗了许多人材，在北京认识了许多人。认识寻常人不足异，要认识在政界方面足称重要的人，方可探索出重要的新闻来。因为他的交际广阔，方可以对于新闻上，如张网一般，无所遗漏。他这时不但与《时报》发电，也曾与《申报》发电。正在军阀时代，有许多秘密的消息也传了出来（有要闻他不打新闻电）。但上海的各报，都是持保守主义的，狄楚青胆小，认他是一位冒险人物；史量才竟说他要垄断上海新闻。加以他在北京连吃官司，结果和黄远庸一样，断送了生命，殊可哀也。

　　第三，从前的报纸，并没有什么副刊的，虽然也登载些小说、杂文、诗词之类，都附载在新闻的后幅。我在初进时报馆去时候，便是如此。但《时报》那种杂录，如楚青所写的《平等阁笔记》和《平等阁诗话》（后为陈子言所编）都是附载在新闻之后。还有名人投稿，弃之亦属可惜。当时报纸，除小说以外，别无稿酬，写稿的人，亦动于兴趣，并不索稿酬的。因为《时报》的读者，都说《时报》是趋向于文学方面的，喜欢弄笔的人都来了。

　　后来我创议别辟一栏，名字唤作"馀兴"，专登载除新闻及论说以外的杂著。商诸楚青，他颇赞成，便嘱我主编。当时亦没有什么副刊的名称，但自辟此栏后，投稿者非常踊跃。因为《时报》对于教育家、文学家，著有信仰，上海以及外埠的各学校都阅《时报》，尤其是青年学子。故所有投稿家，大半是从此中来的（我认识范烟桥、周瘦鹃，即在此时）。这"馀兴"中的文字，正是五花八门，矜奇斗巧，讽刺歌曲，游戏文章，可谓层出不穷。

　　他们虽不受酬，可是我们为了鼓舞投稿人的兴趣起见，分别酬以有正书局的书券。好在有正书局那时的出版物，甚为丰富，都是狄子平〔平子〕所选取的。苏州、常熟、吴江（同里镇）的投稿家，积聚了许多书券，到上海来，选择了一大包回去。

　　后来《申报》、《新闻报》，也便有了副刊了。《申报》的唤作"自由谈"，

《新闻报》的唤作"快活林"。其他各报也都有了副刊。自从毕倚虹进了时报馆以后，我们又商量了别辟一栏，名之曰"小时报"，一切都是小型的，可谓具体而微，有小评论（我与倚虹轮写，一名小生，一名小可）、小专电（此电是电话）、小新闻（里弄间琐屑奇怪的事），一概都是袖珍式的，颇觉新颖有趣。其时助我们的，还有濮伯欣、陈彦通诸君，诗词并载，庄谐杂陈，可以做到雅俗共赏之作，为读者所欢迎。编副刊亦要有种种技巧，而且常常要变换方式，乃可以引人入胜。这种副刊，毕倚虹题其名曰"报屁股"，现在报屁股三字，已传诵人口。

七四　集会结社

这个时候，上海有一个"江苏教育总会"，在江苏全省的教育上是很有势力的。虽然那时是在前清末纪，政治腐败，可是一班革新人士，以为欲改革政治与社会，非兴教育不可。况且江苏省内，上海、南京、苏州、无锡，以及各府各县的学校，也风起云涌了。江苏教育总会设立在上海，因为上海是人文荟萃之区，而交通亦利便，可以支持各地的新教育而总其成。

江苏教育总会的会长是张季直（謇），并无副会长。另有一位总干事是沈同芳，他是常州人，好像在前清曾做过官的，是位孝廉公，我已不记得了。这位总干事，就同后来的秘书长似的，管理会内一切事务。每逢开会，都是他报告处理一切行政事项，纪〔记〕录开会时的议决案。他是住在会里的，可以领取一笔车马费（实在便是薪水），其馀的干事，都是没有薪给的。

江苏教育总会最初的地址，是在白克路的酱园衖（后来改名青岛路），我初到时报馆去的时候，还是在酱园衖的。后来他们筹集了一笔款子，就在老西门外造起了一座西式的两层楼来，便作为永久的会址了。

到那个时候，会务也忙起来了。干事中如沈信卿、袁观澜、黄任之诸君，最为活跃，他们是中坚份〔分〕子，因为他们都是教育界的人。那时这个江苏教育总会，在江苏教育界中颇有势力，以张謇为会长，可以直接与江苏最高长官相交接。因此之故，也很有反对他们的人，称之为学阀。还有一班人，骂之为"西门破靴党"。

入会的资格，要办过学堂，当过教员的人，或是对于新教育有知识的人，我当然有这个资格了。我起初并不想入江苏教育总会，后来却参加了。一则，

256

楚青劝我加入,他自己本是一个干事,却从不到会。但《时报》在教育界颇占势力,虽然陈景韩、雷继兴都未加入(他们不高兴加入),而常到时报馆来作客的人(简称息楼中人),大半是那边的干事与会员,藉此可通声气。二则,有许多苏州同乡,都怂恿我加入教育总会,可以有部份〔分〕力量,在故乡或可多少便利之处。所以我的介绍入会的人(须有两个会员介绍),一位是狄楚青,一位是我的表姑丈尤鼎孚先生(苏州绅士)。

第一年,我是普通会员。第二年,他们便选举我为干事了。干事约计有二十馀人,但我实在是个哑干事,在会议席上,难得发言。这因为我在江苏教育界的情形,不大熟悉,而他们都是教育界老前辈呀!不过我是有表决权的,倘然我不列席,表决权就少一票。所以每逢开会,总是打电话到报馆里来催请,被催请得急,只好去了。他们的开会时间,总是在下午五六点钟。这时候,我总在报馆里发外埠新闻,被他们一捉就着。遇到他们开会不足法定人数,拼命的打电话来,宛如十二金牌一般。这是义务性质,自己还要贴钱。但亦有所酬报,开完会后,会中备有一顿丰富的夜饭,足供一饱。

江苏教育总会,一直到辛亥革命以后,便即取消了。因为当时的政府,以为教育是属于政府的,政府自有教育方针,不能操纵于一班士绅之手。会员们、干事们,也都别有所事,有的离沪,有的做官,大家星散了。我写此稿时,从前教育总会的同人,大概都逝世了,只剩一个黄任之,还在活跃咧。

除了江苏教育总会以外,我所加入的集会团体,便是南社。我从山东回到上海的时候,南社早已成立了。

第一次参加时,觉得人数极少,不过十馀人而已。这个南社的组织,既无社址,也没有社长。每逢开会,不过聚几个文艺同志聚餐会谈而已。到了后来,社员渐渐多起来了。每年有一次大会,但仍然是聚餐性质。地方没有一定,我记得有一次在苏州虎丘开会,还是坐了画舫去的;有几次就是在上海西餐馆开会。原来社员的入会,再简便也没有,有朋友介绍,说某君愿入南社,说出他的姓名履历来,大家都赞成。也有某君、某君,我们要邀他入社,只要某君答应了,便算是社员了。社员虽多,并不须要列席,即使算是开会了,聚餐一回,餐后即散,无所事事。到了后来,有了编辑社友诗文集这一件工作,算是一点成绩。

我的加入南社,因为南社中早已有了我几位老朋友。如陈佩忍,在吴江同里镇金松岑家里就认得的。如苏曼殊,在苏州吴中公学社就认得的。还有许多人，也都是到上海来后认得的。后来在南社成为主干人物的柳亚子（他起初叫柳安如），那时还在他的故乡吴江黎里镇咧。那时主持南社的人，我只知道陈佩忍与朱少屏。少屏名葆康，早入孙中山先生的同盟会，在西门办了一个健行公学。陈、朱两位常居上海，每逢南社开会聚餐等，总是由朱少屏处发出通知，社员名籍、住址，也都是由他保管。他英文颇好，但要似南社一班文人词客般，吟诗填词，他是敬谢不敏的。不过他在办事上，甚为干练，在新学界中，认得的人也很多。后来于右任发起的《民呼报》、《民吁报》、《民立报》以及《太平洋报》，都由他帮忙拉拢不少。

在南社中，我认识了不少朋友。其中自然是江苏人最多，浙江人次之，广东人又次之，此外各省人都有。那是因为它的基地在上海，尤其是侨寓上海的人，其次，就是常常往来于上海的人。最初，报界中的人，入南社者甚少，即以《时报》而言，就只有我一人。《申》、《新》两报，是阒其无人。有一天，狄楚青问我："南社里是有些什么人？有人说：是一个革命机关。"苏曼殊到报馆里来看我，报馆里有位广东先生，问我道："这位西装朋友，人称他是一位革命和尚。"我说："和尚应穿袈裟，他怎么穿西装呢？不但不穿袈裟，而且还吃花酒呢。"因一笑置之。

南社是提倡旧文学的一个集体，虽然其中人物，都是鼓吹革命的，但他们的作品，还是固守着文言，不掺杂白话的。上言报界中人，入南社者甚少，但辛亥革命时期的《太平洋报》，几乎全部是南社中人。叶楚伧的入报界，便是从《太平洋报》开始。他本来是在广东，和姚雨平在一处的。在南社里的朋友，我认识的就有诸真长、邓秋枚、李叔同、陈陶遗、胡寄尘等；仅有一面之交的，还有高天梅、高吹万、刘季平（即刘三，后在南京与他同寓，则常见了）、黄晦闻、蔡哲夫等等，现在已不能尽忆了。有一次开会，于右任、汪精卫亦列席。南社中人更有一特客，则为陈仲甫（即陈独秀），似亦一社友。此真所谓百花齐放，百鸟争鸣了。

在此时期，我要提到陈佩忍。佩忍自他夫人故世后，并未续娶，仅有一女。他携其女住居上海，每晚必至福州路一妓馆花雪南家。花雪南年十六七，貌不甚佳，闻其为巫来由籍。但佩忍志不在花雪南，从未与染，乃借她的房间，作为会客之所。凡是熟朋友，要访佩忍，晚间至花雪南处，必可见到。上海妓家，有一规例，房门前挂一门帘，无客则悬起，有客则垂下。如果门帘垂下，生客无论何人，即不能擅入，名之曰"闯房间"，为所禁忌，则曲在闯入者了。

所以当时上海一班有志之士，高谈革命，常在妓院门帘之下，比了酒家、茶肆、西餐馆，慎密安适得多。花雪南貌既不扬，生涯亦寥落，绝少访艳之客，而佩忍更满意，常盘据其房间，甚至写文章，通书札，亦在此间。他的一位八九岁的女公子，也带到此间。

其所报酬于花雪南者，则逢时逢节，必开筵请客，妓家谓之"做花头"。如无人做花头者，佩忍拍胸脯包办。在妓家开筵请客，即是上海人所说的"吃花酒"了。以其交游之广，群贤毕至，就我所记忆得的，如诸真长、邓秋枚常在座，有时亦有杨千里。如苏曼殊在上海，极为高兴，主人为他召集许多名花坐其侧，我有句云："万花环绕一诗僧。"在座大都是南社中人，我亦常在座。无容讳言，二十年颠倒于狂荡世界，诚难自忏也。

南社后来无形消灭了，这也是有理由的。第一，因为这班人，都是研究旧文学的，不能与后起的新文学沆瀣一气。有些人是无论如何不肯写白话文的，而且也不赞成那种欧化的新文学与新诗词的，在五四时代，已成为过去人物了。第二，南社里有许多人已入政界，他们做官去了，也有的是别种职业，谁也没有闲情逸致，来南社做文人词客了。剩下几个人来，也渐渐取消极态度。第三，南社是一点没有基础的，既无社址，也没有职务，当初只不过每次开会，大家凑出钱来，聚餐一回。虽然辛亥革命以前，他们也很鼓吹革命。辛亥以后，便是军阀时代，一直到北伐成功，政府也不曾支持它，而它觉得这个政府实在不能满意呢。

在我初进时报馆去的半年中，便有几多有志之士、热心朋友（有些是从日本留学回来的），组织了属于政治、法律以及地方自治等会。因为《时报》同人及息楼来宾，不少是在日本的政法大学毕业的，而尤以早稻田大学为多，如雷继兴（奋）、杨翼之（廷栋）以及常来《时报》的人。自从清廷对外吃了几次败仗，国内革命之声渐起，又承了戊戌〔戌〕政变、庚子拳祸以后，上下都闹着要变法了。于是清廷便下预备立宪之诏，意思要君主立宪。那时世界各国，皇帝还很多，君主立宪也很盛行，实在清廷这个预备立宪之诏，也不过缓和一下空气而已。

在当时，日本留学青年，便出版了提倡立宪的许多书报，召集了讨论立宪的许多集会。时报馆同人以及馆外贤达等，也有一个会，好像是什么"宪政期成会"吧？现在我已记不起这个名称了，总之就是这么一回事罢了。

这个会，也有数十人，虽不限于江苏人，但十之七八是江苏人。张季直、马相伯，这两位老人是不挑的，每开会必有演说。马相伯的演说最擅胜场，词令之妙，无可比拟，深入浅出，层次井然。其次要算雷继兴，起初声音很低，愈说愈高。他们从未预先起一稿，录一底，只是随机应变，大概非平时练习不为功。此外又出一种杂志，是一种月刊，名字叫作宪政什么的，可是现在想不起了。杂志中的材料是丰富的，因为他们都是法政学家，可以一挥而就。我却是门外汉，可是他们有如淮阴将兵，多多益善，也把我拉进了这个会里去了。

在编辑杂志的时候（雷继兴主编的），他们一定要我写一点东西。可是我一个跑龙套，跑龙套照例是不唱的，我能写些什么呢？小说是用不着的，政论又怕不合意旨，在日本报上东翻西翻，翻着一篇《俄罗斯新宪法》。那个时候，俄罗斯还在沙皇时代，"苏联"两字尚未出现，大概也是国内革命党闹得不可开交，所以不得不颁布一种宪法。这种宪法，也是和日本一样的钦定宪法吧？现在上海一班维新党，主张君主立宪，也足以供参考。我就"瞎猫拖死鼠"的，以此塞责了。不过，这个宪政杂志，没有出到半年，也就停刊了。大概是沉闷不过，难以引起人家的兴趣吧。什么叫做立宪，也有许多人，怕还是老不明白呢？

对于地方自治，也有很多人加以研究。那些到息楼来的朋友们，以上海本地人很多，目睹租界里一切地方行政，都操在外国人手里，中国人无从问津。中外有什么交涉，老是中国人吃亏，喧宾夺主，就是上海本地人，也被压得透不过气来。此刻在租界外的地方，如南市、闸北以及浦东等，也渐渐繁荣起来了，极思有所振作。即使在租界里，纳税者也都是中国人，不能放弃这个权利，当时倒没有在租界当一个大亨的思想。谁知后来，却出了许多土豪地棍，靠着洋人，恃势作恶，以此为巢窟呢。

七五　编辑杂志之始

我今要谈到我与编辑杂志的关系了。我与杂志的关系，大概都是属于文艺的，其次是属于教育的。在我没有从山东回上海的时候，上海出版的杂志已经风起云涌了，其中小说杂志更是不少。一半也归功于梁启超的《新小说》杂志，似乎登高一呼，群山响应。虽然商务印书馆出版、李伯元编辑的《绣像小说》还在其先，但在文艺社会上，没有多大影响。《新小说》出版了，引起了知识界的兴味，哄动一时，而且销数亦非常发达。

那时就有了曾孟朴的《小说林》月刊，吴沃尧等所编的《月月小说》，龚子英等所编的《新新小说》，以及商务印书馆的《小说月报》，陆续出版的小说杂志，不下七八种。我不能详细叙述，吾友阿英，他有《晚清小说考证》等著述，调查得很为清楚咧。那时综合性、专门性杂志，也有出版，但总不及小说杂志畅销。

因为通俗，因为有兴趣，大家都看得懂。不过那时还是译自外文的多，自己创作的少。我在月月小说社，认识了吴沃尧，他写《二十年目睹之怪现状》，我曾请教过他（他给我看一本簿子，其中贴满了报纸上所载的新闻故事，也有笔录友朋所说的。他说这都是材料，把它贯串起来就成了）。那时我还自己不曾写过那种长篇创作，但是《月月小说》里，我有几篇译作，如《铁窗红泪记》等，也有四五万字左右，分期登载。

这时一个生力军的《小说时报》出版了。原来狄平子是心醉于小说的，《时报》上就每天有长篇连载，自我来后，便急须办《小说时报》了。他本有一个有正书局的出版所，又有一个很好的印刷所，铅印石印齐备，办一个杂志，也较为方便。又有《时报》上不花钱可以登广告。在筹办期中，登报征求小说稿，无论长篇短篇，文言白话，一例征收。那时译写小说的人，已经很多了。有的本有固定的职业，性之所好，以此作为文人的副业。有的竟是生计艰难，卖文为活的。一时投稿者实在不少。

这些小说稿，都要选择过，检定过的，倒也很费功夫。冷血不耐看那些征求来的小说，那末阅读小说便是我的工作了。本来看小说是有兴味的事，有了名小说，我们还要急急去购求。但是强迫着每日要看若干万字的平庸小说，便觉兴趣索然了。好的小说，固然越看越有劲；坏的小说，却是如吃苦果了。不过也有文词生硬而意思还好；也有没有什么旨趣，而用笔也很技巧，便不能不看下去。我常是为投稿人设身处地想想，投稿而不用退还，是多么使人难堪呀！

编辑《小说时报》，是我与冷血二人轮流合作的。不过我们每期都要担任些短篇和长篇，此外便是选登若干外来的短长篇了。《小说时报》是个月刊，编辑并不难，就是每期要担任若干稿子，也是够忙的了。对于长篇小说，其它杂志，都是分期刊出，每期不过登出四五千字。如果稿是四五万字的，要十期方始登完，使人闷损。但《小说时报》上，倘然是个中篇，必一次登完，长篇而字数较多的，则分为两期，最多是三期，也一定登完。在《小说时报》上，我认识了许多人，如周瘦鹃、范烟桥等，他们都不过廿一二岁初露头角的青年。

还有几位女作家，记得一位是张毅汉的母亲黄女士，还有一位黄女士闺友，好像也是姓黄的。她们都是广东人，都能译英文小说，或是孀居，或是未嫁。其时张毅汉（今更名为亦庵），年不过十二三岁，他母亲的译稿常由他送来。到后来我屡次办杂志，张毅汉中英文精进，帮助我的译作，实在很多。《小说时报》除了短、长篇小说之外，还有笔记、杂著等等，有征求得来的，也有自己投稿的。我记得叶誉虎、李孟符（曾著有《春冰室野乘》一书者），以及许多知名之士，都有作品，不过他们都另有笔名，不欲显露其真姓名。这般都是狄楚青的朋友，不过他的《平等阁笔记》，还是披露于《时报》上为多。

从前办那种文艺杂志，也很注意于图画，尤其是小说杂志。《小说时报》除了在小说中偶有插图外，每期前幅，还有许多页铜版画图。这些铜版图，有的是各地风景，有的是名人书画。但狄平子以为这不足引人兴趣，于是别开生面，要用那时装美人的照片。这种时装美人的照片，将向何处去搜求呢？当时的闺阁中人，风气未开，不肯以色相示人，于是只好向北里中人去征求了。

上海那时的风气，以吃花酒为交际之方，有许多寓公名流，多流连于此。狄平子与其弟南士，他们时出而应酬，认识花界的人很多。常向她们索取照片，登载《小说时报》。不过这事也有许多麻烦，尽有许多名妓，已经很红，而不大有照片的；也有虽有照片而其容貌、姿态，未能中选的。那个时候，什么电影明星、舞厅娇女，都还没有出世。向这北里中人索取照片，除非要同她们去摄影。要这样的伺候妆台，不是成为一件苦事吗？

后来却有一件便利的事，原来狄楚青在南京路西，跑马场对面，开了一家唤做"民影"的照相馆。这家照相馆，他的原意是为了有正书局要影印许多古书画、名碑帖，又请了两位日本技师研习珂罗版，不能不自己有个摄影所。这许多印件，又都是情借得来的珍贵之品，要委托别家照相馆，倘被遗失或损毁了，这都是不世之珍，无价之宝呢。照相馆不是专映古书画、名碑帖的，自然也可以为人摄影。为了我们要时装美人的照相，便极力运动那班花界姊妹来照相了。

请她们来照相，有两个方式，一个方式是在民影照相馆请客（民影的地方很宽裕，有一两次吃花酒，便移到民影来吃了，她们应召而来），来了便给她们照相。另一方式，是由民影照相馆制成一种赠印照相券，交给花界姊妹，请她们来摄影。这两个方式，当然都是免费的了。

第一个方式，效力最大。民影照相馆是一座三层楼，最高一层是照相馆；最下一层是一家民报馆；而中间二层楼，便是这个俱乐部了。这时候，常到俱乐部来的，有熊秉三（希龄）、叶誉虎（恭绰）、濮伯忻（一乘）、陈彦通（陈三立第七公子），还有那个唱戏的贾碧云。其馀还有许多客，已经记不清楚了。在俱乐部设宴请客，都叫局侑觞，一来了便请她们照相。有时还约集了一个日子，集团照相，如《小说时报》上登出的"金钗十二图"，是上海当时最著名的红姑娘十二人。还有什么"八宝图"者，把一个胡四宝，一个洪四宝，两人合照在一起，这些都是楚青的玩意儿。

第二个方式，虽没有第一个方式效力大，但零零落落的来照相的也不少。年轻的女孩子们，谁不喜欢照个相儿呢？全身的、半身的、坐的、立的，尽着她们自由意志。好在她们的底片，都是留在照相馆里的，《小说时报》就取之不尽，用之不竭了。这些照片，在《小说时报》登载过后，有正书局还出了单行本，用最好铜版纸精印，装以锦面，名曰《惊鸿艳影》，购的人还很多咧。

《小说时报》出版后，销数很好。我在这个杂志上写有不少短长篇小说，此刻有许多也已记不起来了。只有最初出版的第一期上，曾写了一个短篇，题名为《一缕麻》。这一故事的来源，是一个梳头女佣，到我们家里来讲起的（按：当时上海有一种女佣，每晨约定到人家来给太太、小姐们梳头的，上海人称之为"走梳头"）。她说："有两家乡绅人家，指腹为婚，后果生一男一女，但男的是个傻子，不悔婚，女的嫁过去了，却患了白喉重症。傻新郎重于情，日夕侍疾，亦传染而死。女则无恙，在昏迷中，家人为之服丧，以一缕麻约其髻。"我觉得这故事带点传奇性，而足以针砭习俗的盲婚，可以感人，于是演成一篇短篇小说。不用讳言，里面是有些夸张性的。当这篇小说登出来时，我还在女学校里教书，有许多女学生便问我："果有这事吗？"好像很注意这个问题。

这篇短篇小说《一缕麻》，我写过了早已忘怀了。乃于十年以后，梅兰芳

263

忽然把它编成了戏剧，写信来取我的同意，在北京演出。我当然同意，而且也很高兴。据梅兰芳后来告诉我，那时天津地方也有类此指腹为婚的事，看了他的戏而解约退婚的。不过他到上海来时，没有演过这戏，而我到北京，也未看过这戏呢。又过数十年，上海越剧正盛行一时，袁雪芬、范瑞娟两位女艺员，忽又看中了这篇《一缕麻》短篇而演出戏剧了。那是在上海演出的，她们也来商量剧本，但越剧是有歌唱的，另有编歌词的人，我完全是外行。而且我也向来不看越剧的。《一缕麻》开演，她们送了八张赠券来，我们全家去看了一回。坦白说起来，《一缕麻》这一短篇，有什么好？封建气息的浓重如此，但文艺这种东西，如人生一般赋有所谓命运的，忽然交起运来，有些不可思议的。

本来《小说时报》几个月来都是我编的了，因为冷血常常出外旅行。过了一年多，楚青又想出一种《妇女时报》来。于是《小说时报》重归冷血编，而我又专门编《妇女时报》了。《妇女时报》是综合性的，不能专谈文艺，而且里面的作品，最好出之于妇女的本身。但是当时的妇女，知识的水准不高，大多数不能握笔作文。因此这《妇女时报》里，真正由妇女写作的，恐怕不到十分之二三。有许多作品，一望而知是有捉刀人的。好在那个范围很宽，凡是可以牵涉到妇女界的，都可以写上去。还有关于儿童、家庭等等，都拉进《妇女时报》去了。

《妇女时报》开卷，也要有几页铜版图，那是这个时候办杂志的通例。即使到了近代，也是如此。第一，要征求闺秀的照片，这可难之又难，那时的青年女子，不肯以色相示人，守旧人家，不出闺门一步，怎能以照片登载在书报上，供万人观瞻呢？不过我那时也得吕碧城姊妹、张昭汉（后改名默君）、沈寿（著名刺绣家）以及几位著名女士，也可算得凤毛麟角了。

最可异者有两位朋友溯源，还是从《妇女时报》而认识起来的。一位是邵飘萍（原名邵振青），先由其夫人汤修慧，在《妇女时报》上投稿而介绍认识的。一位是毕倚虹（原号毕几庵），为其夫人杨女士（杨云史的女公子）投稿诗词文艺于《妇女时报》（倚虹代庖的），而后来见访认识的。此外还有说不清、记不起的许多男女友朋。

狄平子的有正书局，还出版了一种《佛学时报》，那是由濮伯忻（一乘）所编辑的。这个冷门货，销数太少了，大概出了不到五期，就停刊了。

在辛亥革命以后，第一年，我还编了一种《中华民国大事记》，每月一册，也是有正书局出版的。初编的时候，志愿甚大，用了纪事编年的体例，逐月的编下去，可以成一种史料。虽然取材于各报，但是编起来很为辛苦，不是可以抓到什么新闻乱塞一阵子的。我起初以为这一种史实材料，是大家要看的，谁知销数并不见佳。到后来事态复杂，愈编愈难，也曾编到一年多吧，积存不少销不出去的《大事记》。这吃力不讨好的工作，我只得停止。

七六　还乡三事

我自从在上海定居以后，即思往苏州一行，游子不忘故乡，也是自然之理。况且现在苏沪铁路早已通车，自沪到苏，不过两三小时，便利极了。这回到苏州去，也有几个原因。第一是扫墓。在前年冬天，办理了祖母及双亲葬事以来，便接连两年，到了青州，错过了清明祭扫的时期，此次必须要去看看了。第二，苏州有许多亲戚故旧，几年来变迁得很多，也要去探望一下。第三，当时我携眷到青州府去的时候，我的老家仍在苏州。本来我姊和我同居的，我姊丈也有职业在苏，临走时，我就托他们照管。所有家具器用，箱笼衣物，也都留在那里。此刻也想去检点一番，能否运一些儿到上海应用呢？

那一天，我们夫妇，带了一个三岁多的女儿可芬一同去的。我们的老家，住在阊门内承天寺前地名西海岛一条巷里。不是前文曾说过，门前有一口古井，乃是郑所南藏在铁函里的《心史》，就在这井中发现的吗？现在我们回去，当然仍住在老家，也已经写信通知了我姊的了，在我们住居楼上打扫了一下，以便安居。

这时候，正在春末夏初，天气又是佳晴，如果作春游，真是大好时光。不过我在上海也只告假几天，来去也殊匆匆呢。

到了先去雇船，那是我家一向雇用的熟船，停泊在崇真宫桥堍陆状元住宅前（陆凤石故居）一条小快船，有六扇玻璃窗的。船上没有男人，母女两人，依此为家，也靠了这条船生活。那个船婆是个孀妇，女儿名叫阿龙，年约十八九，生得白白净净，很讨人欢喜。我们原是老主客〔顾〕，不必讲价钱，她们的船，明天有空，便定下来了。本来苏州城里人家上坟扫墓，妇女、小孩都不大去的。妇女缠脚，行山路不便，妇女不去，小孩也不去了。可是现在也不拘了，反正是要坐山轿的，于是当夜即烧好了祭菜，备好了祭品，明天一清早，便出发了。

船出阊门，一路进发，过了铁岭关，全是郊区了。久不作郊游，天气又这样的好，桃花还未全谢，东一簇，西一簇，也没有人理它，随意开花。一路上的菜花，又黄得使人耀眼睛。船到环龙桥，已有许多抬山轿的男男女女挤在那里。有一个中年的乡妇喊道："那是包家里的少爷，我前抬过他的。"又有一个半老妇人道："他旧年也不曾来上坟呀。"他们的记性都很好的，一与他们接触，总是牢牢的记着不忘的。

　　闹闹嚷嚷中，我们上了岸，从这里到墓地，路不算近，总是要坐山轿的。那就是要两肩山轿，我坐一肩，我妻和我女坐一肩。由他们支配下来，奇妙极了，两个女人抬我，两个男人抬我妻和我女。问他们为什么如此安排？他们说："你一人身轻（我当时身体甚瘦，体重百磅多），你少奶奶还有个小姐咧。"我想想也有道理，何必一定要男抬男，女抬女呢？问了我妻，她也不反对。此外还加了一个十五六岁男孩子，挑了祭菜品等，一同上道了。

　　到了墓地，我们的坟客（苏人对于看坟者的称呼），早已得信，即来迎候。她是一个中年寡妇，我们叫她阿罩娘娘。便到墓地祭奠，见松楸无恙，扫除清洁，略可安慰。馂馀向例即送给坟客们，又分派了"添土钱"（添土钱者，坟邻的儿童辈都来聚观，各给以数钱使之勿来坟地践踏）。于是坟客邀往其家小坐，烧了茶，请我们喝一杯。平时她家里不吃茶，只饮白开水而已。

　　那时她家中正养着蚕，也有小小的一片桑田，我和震苏，都是见过养蚕的。我女阿芬，从不曾见过，看了那碧绿的桑叶上，卧着许多雪白的蚕，正想讨几条蚕，带到上海去，其母呵之乃止。

　　在我们这墓地白马涧乡村一带，这些妇女，正是多才多艺。不但养蚕，而且还工于刺绣。苏州那时有一种工业，专作神袍戏衣，城内开设这种神袍戏衣店的，不下十馀家。所谓神袍者，便是各种神像身上所穿的袍服，花团锦簇，必需是种种绣品。至于戏衣更不必说了，无论京戏昆剧，不拘生旦净丑，穿上身的都是绣花的衣服。所以这种神袍戏衣店，生涯却是不恶，各处都有到苏州来定制的。这种神袍戏衣上绣品，都是粗线条，不要太工细的，所以都放到乡间妇女去做。这里乡村一带的妇女，却正是做这种活的（乡妇们对于刺绣，称为"做生活"），所以她们放下细针密缕的刺绣工夫，又可以粗脚大手的去抬山轿了。不但是多才多艺，实可称能文能武。

　　回到船上，时已近午后两点钟了。随即开船回去，我们也就吃饭。饭菜是船上母女两人烧的，什么红烧鲫鱼、荠菜炒肉丝、虾仁蛋花汤。这两菜一汤，不脱苏州风味，加着这时候，肚里也觉得饿了，愈加觉得适口有味。吃过了饭，看看沿河的一带农村风景，小桥流水，幽草闲花，这也正在农忙时期，农人却觉得自由自在。夕阳影里，已近市区，及至归家，便到黄昏时候，和姊丈及我姊谈谈家常，即行安眠。

关于访问亲戚故旧的事，真是思之惘然。最可悲者，我的两位最爱好、最友善的异姓兄弟，一位表兄尤子青、一位盟弟戴梦鹤都逝世了。梦鹤逝世后，我从此便没有到过他的家里，他夫人甚贤慧，而青年守志，我一向未见过面，未便访问。子青哥的两个儿子，都是我的学生，年均幼稚。我们的这位表嫂，我也未见过，这是旧礼教和大家族的封建制度所限制了。再回忆到子青哥和梦鹤弟，生前有多少著作，我后死者没有给他们收拾整理一下，至今思之，实在很多愧憾呢。

亲戚中，我的顾氏表姊也逝世了，她还死在我祖母之先。表姊丈朱静澜我师，续娶了一位夫人，曾到我家拜我祖母，认为外孙女，以慰老怀。但她的年纪比我还轻，我叫她表姊好呢？还是叫她师母好呢？朱师那时也很憔悴，他既不能再做教书先生，也不能再做职业慈善家，那个急救误吞生鸦片烟的机构，也取销了，家计也日趋困窘。其时我家有个亲戚，是我一个远房表弟吴霞赤，得了一个什么厘卡差使，请他相助为理，大约在浙江省某一处地方。不想朱师就在那里得病，急即送归家中，不数日便即逝世。此时我尚在山东青州府，还不能向我师抚棺一恸呢。

还有我师徐子丹先生，自从乡试中举以后，赴京会试时，我去送他。联捷中进士，以即用知县，分发山东，连任了山东三处地方的知县官（县名我已忘却）。有一时期，我还在山东，但不相闻问。但徐先生却殁于最后任所，自赴京会试送他后，从此便不曾见面。这一次回家，知道徐先生已由其公子扶柩回籍安葬，在家择日开吊。我知道了信息后，做了一副挽联，那天从上海回去，拜奠了一下。徐先生是我巽甫姑丈的好友，也是我的恩师呀。

诸亲戚中，只有桃坞吴家，却还兴盛。我舅祖清卿公早已故世了，现在砚农表叔当家。他们家的产业，本来只限制于苏州本地，近来也渐有发展到上海之势了。这有两个原因：一则是苏沪铁路通后，交通便利，一天可以来回；二则是上海日趋繁盛，商业发达，获利容易。清卿公在日，他是一向持保守主义的，也曾有人劝他在上海有所营运，他总是摇头，他说："上海是鬼子世界，我们也不想发什么洋财。"

其实上海自开埠以来，最先到的便是苏州商家。当时的大商业，如珠宝业、绸缎业、药材业、参茸业、典当业，以及钱庄、金铺，都是苏州人来创始。说句可耻的话，因为苏商的发展，妓馆也借说书为名，号称书寓，而成为苏帮了。上海在一年一年发展中，于是几个大商家，宁波人也来了，广东人也来了，各省的人都来了。但是像宁波帮、广东帮，都是从海道来的，不免带了一点洋气。而苏帮却是从内地来的，营业也就有国粹意味。

不过近岁以来，苏人以近水楼台，也想分我一杯羹，因此在上海营地产事业，迁居上海的也就多起来了。

此外，还有几位旧友，从前开东来书庄，出《励学译编》的同好，也都散处各方，谋求职业。只有我的谱弟李叔良还在故乡，在中小学校教书。约了他，在"吴苑深处"喝茶，以叙契阔。这个吴苑，是我在苏时常去的地方，现在许久不来，熟友甚少，觉得"旧雨不来今雨来"了。还有我的岳父母还住在苏州，一位姨妹已嫁，我妻带了女儿，亦必须去省视一下，以叙别情。这样也有四五天工夫，便须要回上海了。

至于家具器用、箱笼衣物，想运一些到上海的话，那只是空想罢了。以家具而言，我父亲从前置备甚多，从厅堂以至卧室，都是上好木材，比上海那些木器店里的要好得多。以前没有什么外国家货〔俱〕、沙发椅之类，可是中国式的太师椅、杨妃榻等等，我们也是应有尽有。后来屋子住得越来越少了，家具便成了供过于求。因此有的寄给人家，有的借给人家，有的老老实实卖给人家了。但是还留下不少，即如我结婚时的一张新床，虽不大考究，却是照苏州迷信的俗例，不能卖去的。可是这个庞然大物，如何搬运到上海去呢？还有箱笼等物，我母亲的嫁妆红漆箱四只，我妻的嫁妆红漆箱四只（还是簇新的），还有白皮箱、黑皮箱，单是这箱子就有十馀只，不管里面都是些旧衣服、破衣服，但是如何把它安顿呢？

还有我的书橱、书箱，开出来一看，蠹鱼先生已经据为己有了。无论新的、旧的，有用的、无用的，好像都不忍舍弃。我妻也是一样，对于衣服器物，甚至厨房用具，都有恋情。我说："除去木器以外，对于细软，我们现在只好拣最切要需用的带一点去，以后不是常常要到苏州来吗？来一次带点回去就行了。"有了这缓冲之法，便把此事解决了。

七七　一天的临时记者

以后，我也常常回到苏州去，只不过一两天就回来了。沪宁路的特别快车已通，甚而至于早车去了，夜车回来，也是有的。可是有一次回到苏州去，似乎重要，却是带有戏剧性的。

有一天，吴讷士先生到时报馆来访我，他说："我们苏州即将开一次运动会，为了提倡体育，召集各学堂学生，在城中王府基操场，作竞赛运动。"我鼓掌赞成道："这是我苏州破天荒的事，届时我一定到苏州来观光。"他说："不是观光的事，我今天特地来拜访你老兄，届时要请你在会场上当一位临时记者，报告运动会场上一切的事。关于家乡的事，你老兄一定要帮忙。"我说："家乡的事，应当尽力，但是那些体育、运动的事，我完全是外行。"讷士笑道："你是外行，我们在外行上还加一'瘟'字呢（按这一"瘟"字，吴语作愚蠢解）。不过还要请抚台大人到场检阅（按：当时的江苏巡抚是陈夔龙），至于他们官场中人，更加是莫名其妙了。"

那时苏州的学堂，分为几派：一派是官办的，那就是庚子、辛丑以后，清政府诏令各省都要设立学堂，省有高等学堂（大学堂则设在京师），府有中学堂，县有小学堂，苏省当然是遵办了。一派是公立的，有许多中小学堂，那是地方上以公款办理的，由地方上举出人员来办。一派是私设的，许多富厚之家，扩大他们的家塾的制度，如彭氏小学堂、潘氏小学堂等等。还有一派是外国人以传教性质，到苏州来办学堂的，那是别开生面，便不在此例了。

在苏州的办学经费而言，却不必愁，即那三个书院（正谊、紫阳、平江）都有它们的产业，如田地房屋等。还有什么"宾兴"款项，那是补助士子们乡会试所需的。现在科举既废，以之办理公立学堂，最是适宜。而这种公款，一向是地方上绅士所管理的，称之为绅董。现在的公立学堂，也是这样，承袭此制。吴讷士便是绅董之一，他是吴清卿先生的嗣子，对于办学堂等事，饶有兴味。即如出了许多的知名之士如顾颉刚、叶绍钧等的草桥中学，也是他和吴中的一班同志所创办的呢。

讷士所说的王府基，是什么地方呢？原来是在苏州城内的一片大荒场，在元朝末年，张士诚在这里起造的王府，当时占地很大，想起来也必定是宫殿巍峨的。后来张士诚为朱元璋所灭了，留下这一片瓦砾之场，为的是王府的基地，至今称之为王府基，苏人也称之为"王废基"的。苏州城内，好几个阅兵之场，都不在郊原，像北寺塔后面有一个校场，也是个练武操兵之地，见之于范成大诗集，可见在宋朝即已有之了。现在这个王府基，原亦是操兵场之一。

据讷士言：今已把这个地方修葺整治起来，野草乱石，概行扫除，也还可用。那边还有一座演武厅，本来空空洞洞的，此刻也临时打扫安排起来，招待许多官绅，总要做得像模像样，不能太觉寒伧。

我答应了他，但说："我一个人独木不成林，要几个人帮助才是。"他说："放心！帮助的人有的是，早已预备好了。"那个时候，《时报》在苏州销数不少，城市和乡镇，共约有三千份，为上海各报之冠，即《申》、《新》两报，亦望尘弗及（《申》、《新》两报，本埠销数最多）。我便想借此为《时报》出出风头。便去买了一块近两尺见方的白纺绸，做成一面旗子，正中有"优胜"两个大字，傍〔旁〕侧有"时报同人赠"五个小字，请狄楚青写的。又嘱我妻震苏绣成红字（这时她正买了一部缝衣机器，可以绣花的，结果她说不好，还是用手工绣的），雪白的纺绸上绣出的红字，倒也觉得鲜艳夺目。到了那一天，带到运动会上，作为献礼。

开运动会的时候，记得是在秋天，这正是"已凉天气未寒时"，日子可已经忘怀了。王府基的场地，果然整理扫除一清，在南面扎了几十丈的篱笆，不是与运动会有关的人，都只能在篱笆外观看。苏州地方的人，原是最容易起哄，即如城里人看三节会，乡下人看草台戏，每足以哄动一时。况且这种运动会，是洋学堂里带点洋气的玩意儿，从古以来，也没有见过。有位老先生说：在书上见过，有什么吴宫中教美人战的故事儿，说不定苏州将来的"小娘唔"（小娘唔，乃苏人对一般少女的称谓），都要上操场咧。这时万人空巷，都来观看，一早便已挤了不少人。儿童辈则都带着长凳来的，好像上海的跑马厅周围看跑马。更有许多做小生意的人，也来凑热闹，有卖水果的，有卖糖食的，有卖油豆腐线粉的，有卖五香茶叶蛋的，真是有吃有看，十分写意。

那个演武厅上，今天更热闹了。因为今天抚台大人要来，所有苏州城内，司、道、府、县各官，都要迎候站班；还有本地的绅士们，够得上与官场交际，并能与抚宪说几句话的，也一齐都到。演武厅上挂红结彩，气象堂皇，加着那些官绅们，翎顶辉煌，衣冠整肃。只听三声炮响，先有报马报到："抚台大人已出辕了。"

当这位江苏巡抚陈筱石中丞的绿呢大轿,抬进运动场,在演武厅阶前停下时,各属员、各绅士都群趋迎候。那时候的陈筱石,还不过五十多岁吧,白白的脸儿,黑黑的胡子,真是一位漂亮而和蔼的人呢。

那时候,各学堂的学生运动员,早已一队队鱼贯入场,也都有他们的地盘与岗位,准备一显身手。我们的临时新闻发行所,就在演武厅傍〔旁〕边新搭盖的一间席棚,很为宽大。已预备了几具油印器,都是日本货,从各学堂借来的。几捆毛边纸,那都是国货。还有好几架脚踏车,有的教员与学生,已经学会了,可以在观前街飞驰出风头了,如今也借来一用。那就是每一个比赛节目开始,与每一个比赛节目结束,用油印器印出了报告,以脚踏车环走于会场,散发观众的。但是他们怎样的比赛,哪样的节目,我现在已经全然不记得了,总之不外乎跑跑跳跳而已。西方的运动新花样,在上海方才发轫,在苏州更是望尘莫及。但在那天最后一个节目,是八百八十码赛跑,那好像京剧里的压轴戏。陈筱石中丞见了,他说:"八百八十码,未免太剧烈了,可否改为七百七十码呢?"在他也是体恤学生呢,但大家听了,不觉好笑,便传谕奉抚宪命,八百八十码,要改七百七十码了。此事大家引为笑谈,但我想八百八十码是谁立的法?七百七十码有何不可呢?

这种关于体育运动的事,老实说:我实在是个外行。从前在青州府中学堂,那个体育教员徐粹庵,搞什么兵式体操,我看也不去看的。此刻幸亏有在这里的几位体育教师帮忙,我也便滥竽充数了。陈抚台来了,坐在演武厅正中,真像检阅军士,观看秋操一般。我想他是比我更为外行的,大概不到一个钟头,便鸣锣喝道,回到衙门,吃午饭、睡午觉去了。抚台一走,各官员也纷纷如鸟兽散。但是各绅士、各学董、各学堂的教职员等,还要支持这个场面,不能走的呀!

这次运动会,也有一张顺序单,分派于观众的。下午还有好几个节目,运动员正兴高采烈,喜气飞扬,因为许多官老爷走了,大家都显得松动起来。我们也照常发我们圈子里的新闻,我算是这个雏型新闻的总编辑了,还有好几位副总编辑,还发表了一点滑稽小评论(那天徐卓呆也在场,他曾在日本学体育,他夫人汤剑娥,便是教体操来的)。这时篱笆外的观众,看到他们得意处,也不谋而合的拍手欢呼,做起啦啦队来了。

可是到了压轴的八百八十码赛跑,却发生问题来了(当时陈中丞说:改为七百七十码。虽然如此说，却有违宪谕，并未改过）。大家都不肯跑，说是选手与非选手的问题，成了一个僵局。实则其中还有官立学堂与公立学堂的内幕问题，因为这两派学堂向不协和。那时就有人向之调停，却未能解决。但这是最后一个节目，夕阳已挂林梢，怎能这样的僵下去呢？

吴讷士心中很急，便来和我商量。我这时见我带来的这面白底红字的优胜旗，他们装了一根竹竿，插在演武厅的栏干上，迎风飘拂。我这"门角落里诸葛亮"（苏州俗语，言能出歪主意也），忽然心生一计，我说："现在试说，由《时报》献议，不论选手非选手，只要是运动员，谁能在此八百八十码跑第一者，《时报》即赠送这面优胜旗。"这个布告贴出去，大家说赞成，于是立刻打破这个僵局了。结果，高等学堂一位学生跑了第一，走上演武厅，拔去优胜旗。一群同学簇拥着、欢呼着，高高举起了这面旗帜，耀武扬威地回去了。

我想：这一回的赠旗之举，不免好事多为：对于《时报》却是擅自主张；对于运动会，出于越俎代谋；都是不合于法的。但因此一面旗而获有排解纠纷的功用，实非始料所及。这一天夜里，吴讷士在家请客，好像是一个庆功宴，还请大家吃蟹，时节已深秋了。他住居在葑门内南仓桥，原是他们世代的老宅。葑门外有蟹市，他家也有老主顾。那时阳澄湖大闸蟹，已渐著名，驰誉上海。其实秋老菊黄，太湖流域港湾繁多，处处有蟹，所谓金背红爪云云，亦不过老饕溢美之词而已。

那天晚上所吃的蟹绝巨，以一团一尖对搭，重可一斤，苏人名曰"对蟹"。我初不解大闸蟹之名，因问："闸"字何解，疑为"煠"字的音同字异，大家用此闸字，亦习非成是了。座中有方惟一先生（名还，原名张方中，大约过继外家，后乃归宗，我馆在尤家时，即识之），昆山人，他居近阳澄湖。因说："闸字不错。凡捕蟹者，他们在港湾间必设一闸，以竹编成，夜来隔闸置一灯火，蟹见火光，即爬上竹闸，即在闸上一一捕之，甚为便捷，这便是闸蟹之名所由来了。"谈起蟹来，便也有种种故事，兹不赘述。

座中又谈起这位陈夔龙陈抚台。讷士说：他本是杭州许家，即许庚身家的女婿，他的所以升迁这样快，不用说全靠许氏之力。所以他对于他的这位太太是非常尊敬的。只可惜膝下无子，仅有一位千金小姐，她的父母，当然对她宠爱非常。这位小姐，年方十七八，秀外慧中，真是既聪明，又美丽。

在陈夔龙来苏州上任以后，不幸这位小姐，竟香消玉殒了。他父母是哀痛逾恒，那也是无可奈何的事。最可笑的，苏州官场中那些下属，趁此竟大拍马屁。有一位下属，请了个名画师，画了一幅仙女图，缥缈云雾之间，似月里嫦娥一般，还做了诗，呈献上去，说这位小姐，不过小谪人间，现已仙去了。这还算是附庸风雅的事，更可笑的，此间有一位巡警道汪某（或云汪瑞闿），叫纸扎店扎了一队巡警队共三十六人，和人身一样高，服装也和现代巡警队一样齐整。到了这位小姐出殡的那一天，作为仪仗队焚化灵前。陈夔龙虽也觉得这种事无聊得很，但碍于太太正在悲痛爱女之时，也就不管它了。

谈起了吃蟹，又忽忆起了吃熊掌的一件故事儿。小时节读《孟子》，有两句道："鱼，我所欲也；熊掌，亦我所欲也"两句。鱼是在我们江南水乡，已经吃得很多，熊掌却从未尝过呀！有一天，吴讷士到上海来，便走进了时报馆的息楼。他也是息楼中来宾，苏州同乡除我外，还有龚子英、杨翼之诸位，是息楼常客，而也是讷士的熟友。他说："今天请你们吃夜饭，有熊掌一味，请你们尝尝。"原来那是他的一位北方朋友带来送给他的（按，他们吴家，和袁世凯、张之洞家都是亲戚）。他说："这个熊掌，我问了上海几家菜馆，都不知怎样烧法，连那些号称北京馆子也说搞不来，倒是广东馆子说可以做。我昨天已交给杏花楼了，不过要今天晚上九点钟才可以吃，请各位赏光。"杏花楼是上海最老的粤菜馆，开设在福州路，和望平街不远。熊掌我们谁也没吃过，大家也愿意去尝试一下，以快朵颐。

那时还有一个小插曲，为了守候吃熊掌的时刻，雷缠〔继〕兴、林康侯等提倡打小扑克。这时舶来的赌品，已侵略到上海来了，几夺麻雀之席。还有一种叫做"沙蟹"的，上海人称之为"强盗赌"，我们还不敢染指，扑克则已风靡一时。先时，讷士拿到三个十，换两张；我起首就是四个A，故意换一张；我的下家，却是不换牌，可知不是同花，便是顺子了。不想讷士所换的两张中，又有一个十，也有了四个十。于是连我下家不换牌的，三人争加注码不已，当然最后是我胜了，赢得数十元。所以那天的杏花楼，除了熊掌以外，其它的酒席，是我付的账。当时物价廉，不过二十元而已。息楼打扑克，很多奇迹。有一次，有人以一个同花，遇着人家一个同花顺子，狄楚青在傍〔旁〕拍手大笑道："我得妙句矣，其词曰：'君有同花，我有同花顺。'妙极！妙极！"因为王渔洋有句云："郎似桐花，妾似桐花凤"，曾传诵一时，至词人称之为王桐花，楚青乃改之以为雅谑。至于这个熊掌，却是红烧的，颜色浓重可观，想见杏花楼已到火候功深地步。不过我却嫌其太黏腻。

不是我和孟夫子闹别扭，他说"舍鱼而取熊掌"，我则宁愿舍熊掌而取鱼呢。

七八　编辑小说杂志

前所纪〔记〕载，我在上海的时报馆当编辑的时候，同时也写小说，编杂志，一天到晚，就忙了那些笔墨上的事。那个时候，我正当壮年，精神很好，除了编辑报纸杂志以外，每天还可以写四五千字，在卖文上，收入很丰。那个时候，各女学校的教书已不去了，因为这个工作很苦，你倘然上两小时的课，就有一小时奔波在路上，租界华界，还要换车。而且课前还要预备，课后还要改卷。所得报酬，微乎其微。在史量才的女子蚕业学校，与杨白民的城东女学，算是半义务性质，每小时仅致酬半元；民立女中学则每小时致酬一元。觉得不如安坐家中，写写小说，较为自由而舒服便利得多了吧！

今要提起我所编辑的《小说大观》：《小说大观》是以文明书局名义出版的，那时文明书局已归于中华书局了。而它的名义尚在，不过作了中华书局一个附庸。主其事者为沈子方，那时还没有开办他的世界书局，便经理文明书局。他是绍兴人，绍兴人在上海，一向是在旧书业中一股巨流。

《小说大观》是预备每年出四巨册，每册约二十多万字，大型本。每年出四册的，名之曰季刊，现在出小说杂志的，都是出的月刊，出季刊的却还是没有。我对于出季刊，却也赞成，但对于《小说大观》这个名称，嫌它太庸俗，不雅驯。因为那时候坊间所出的什么大观、什么大观，实在太多了，他们只求量多而不求质佳，未免令人齿冷。可是以沈子方的见解，似乎要标示他的雄心豪志，如淮阴将兵，多多益善，执定非《小说大观》四字不可。他说："我们一出版就要使人家哄动。我们决定以后，我就要预先登广告，如果用《小说大观》这个名字，我在推销上大有把握，若用别的名字，我就不敢说了。"我没有法子，只得屈从他了。因为我那时知道：一种出版物的发行，非常重要，在推广销路上，也正大有技术，他们商业上所称的"生意眼"，未可厚非。他是在发行上有把握的人，我们不能不相信他，以为是可靠的了。

商量到封面的事，我却占胜了。因为近来普通的那些小说杂志，都考究它的封面画，各种封面画，都用到了，而最多的封面上画一美人。直到如今，封面上用美人的还是很多，人称之为"封面女郎"。但我却主张用朴素的封面，不要那些封面画。这是一本大型挺厚的杂志，须用厚纸作封面，以朴实古雅为宜。子方想一想，也以为然。不过每一期的封面上《小说大观》四字，每期要请一名人书写，这也是可以做到的事。

出版《小说大观》的时候，已经在辛亥革命以后了，也举办了三年，整整的出了十二巨册。每一册上，我自写一个短篇，一种长篇，此外则求助于友人。如叶楚伧、姚鹓雏、陈蝶仙（天虚我生）、范烟桥、周瘦鹃、张毅汉诸君，都是我部下的大将。后来又来这一位毕倚虹，更是我的先锋队。因此我的阵容，也非常整齐，可以算得无懈可击了。而且那时候，创作的小说渐渐增多，不似以前的专靠翻译。我写的短篇，记得有《冥鸿》、《牛棚絮语》、《影梅忆语》、《天笠〔竺〕礼佛记》等等，大半都有本事。惟周瘦鹃及张毅汉两君，都是译作。此外有许多名作，最使我不能忘怀的，那是苏曼殊所写的一个中篇《非梦记》。那是他最后的一篇小说了（按，在翻译小说中，有一部是署名《悲惨世界》，是苏子由、陈由己两人合译的，其实苏子由即是苏曼殊，陈由己即是陈独秀。原书是法国嚣俄作品，上海东大陆书局出版，后来我屡觅未得，附记于此）。

推销方面，沈子方的确有把握，因为他们各埠都有分店，各处也有分销处，最少四五千份是靠得住的。以前上海办杂志，以能销三千份为一个本位，倘然第一版能销三千份，就可以不蚀本了。他们的支出与收入，也作三千份计算，假使销数超出了三千份，那就要算赚钱了。以后越销得多，便是越赚钱，因为他们既打好了纸版，倘使添印，所有稿费、排工，都不必计算在内了。

《小说大观》中的作品，在五六万字以内的中篇，便是一次登完。十万字以外的算是长篇，也必在两期内登完，太长者我们便不大欢迎了，那只可以在日报上连载较为合宜。读小说如听说书一般，要继续读下去，方有兴味。那种季刊要三个月出一期，人家把三个月前读过的，早已忘怀了。其次，《小说大观》里面的杂俎栏，那些笔记、诗话、小品文、随感录，亦都是名人所作，颇能引人入胜。不过当时许多著作，还是文言为多，白话较少。

关于《小说大观》的图画，我倒不能不说一说。沈子方也是要许多时装士女作为号召的，在《小说时报》时代是狄楚青很为高兴，由他担承一切，还有他的民影照相馆，可以供应资源，不愁缺乏。但是在《小说大观》上，沈子方没有办法，却是全要我去张罗了。每一期的《小说大观》，图画要十馀页，除去一二页中国风景或外国人物之外，全是要所谓时装美人，而且每一页不止一个人，二三人、三四人不等，还要予以配合，外加花边（这事我请了孙雪泥君为之绘画）。试想一时之间，哪里去弄这些照片呢？

要向那班闺秀名媛去索取照片，休得问津。从前我办《妇女时报》，也只有几位开通的女士们，方肯取出照片来，给我登载。那些深闭固拒的太太小姐们，好像凡是正派的女子，都不能以色相示人。我那时在上海也身入花丛，偶然也可以向她们索取一两张照片，但也无济于事。那时上海的照相馆有一个规则，非得本人同意，不能把照相送给人家与卖给人家的。

还有这《小说大观》上所要的，大都是海上名校书，素负时誉的人物，而她们有些还不肯以照相示人的；有些不喜欢照相的，偶然照了一次，又觉得这也不好，那也不好的。所以征求照片那件事，在当时也是有些麻烦的。

可是机缘来了，我那时认识了一位笑意老六（她后来是钱新之夫人），我向她索取照片，并诉说向姊妹们索取照片的不易。她笑说："你今晚十二点钟到我这里来，我可以供给不少照片。"我绝不爽约，报馆里的事完毕后，如期而往。不想刚到了她的妆阁里，她又要匆匆出堂唱去了。她临走时，投给我一个钥匙，说道："这个钥匙，是开梳妆台抽屉的，照片全部都放在抽屉里，请你自己去选取吧！"

我便开了她的抽屉一看，除了她的几件珍贵的饰物以外，满抽屉都是姊妹们的照片。有些是我所求之不得的，有些是她们秘不示人的。原来笑六自己就喜欢照相，她照了相后，便把自己的照片，与姊妹们交换，交换得来后，就塞在抽屉里。我这时如入宝山，便有些应接不暇了，看看这张也好，那张也好，都觉得不能舍弃了谁。她本来说：尽我携取的，我就老实不客气，不管环肥燕瘦，一鼓而擒之了。

我便留下一张条子，报告她取了若干张，又声明用过以后，可以一律奉还。这一部份〔分〕照片，足可以供《小说大观》三四期之用，而且都是当行出色，名下非虚的。第二天，我请她吃夜饭，谢谢她的盛意。我问她："这些照片，不得她们本人的同意，登出来没有妨碍吗？"笑意老六的为人，非常豪爽而坦白，她拍着胸脯道："请放心！有人说话，我负责。吃堂子饭的人，还搭什么架子呢？"因为她喜欢看小说，我便送了她我自己所写几部单行本，如《情网》、《空谷兰》、《梅花落》之类。《小说大观》出版以后，也赠给她与登有照片的姊妹们，托其转赠。

除了《小说大观》外，我们又出了一种《小说画报》，那是别开生面的。

这《小说画报》的设计，说来也很为可笑的。那是有一天，我患了失眠，夜来睡不着，胡思乱想，便想出了这个设计来。谁知这个空想，却成了事实。这《小说画报》的几个大纲，却如此的：

一、《小说画报》中的小说，不用文言，全是白话的。因为上海那时所出的小说杂志，文白兼收，有的堆砌了许多词藻，令人望之生厌，所谓鸳鸯蝴蝶派的小说，就在这个时候出现。现在的《小说画报》全用白话，一如画家的专用白描，不事渲染，可以一矫此弊。

二、《小说画报》中的小说，都要创作，不要译文。这也是因为现在译作太多了，尤其在英文、日文中译出来的，他们外国文还没有读通，便想译小说以博稿费，因此错讹百出，而译出来又不大能用，不是枉费精神吗？也有的外国文虽好，而国文欠佳，往往辞不达意。因此之故，主张多登一些创作的小说。

三、《小说画报》是石印而不是铅字印的，这在当时，却有点像开倒车。而且还是用线装的，这不免更有些复古的意味了。不过这种线装，却是模仿的日本型〔形〕式，用各种丝线，在书脊上贯穿着，像他们对于几种美术书本，都是如此的。虽是仿古，而却有新趣味。

四、无论长篇短篇的小说里，都有插画，为的是图文并重，所以称之为《小说画报》。但是绝不用照相铜版图画，而是仿从前的《点石斋画报》那种型〔形〕式，画要工细，不要那种漫画、速写，或是半中半西式的。当时给《小说画报》绘图的，我记得有钱病鹤、丁慕琴（悚）、孙雪泥几位老朋友。

这在起初时，不过是一时理想，偶与沈子方谈起，他竟大为赞成，却以为这是一个新鲜玩意儿。和这些商家合作，他们往往有一种"说着风，说扯蓬"的脾气，并且督促我即日筹备，邀约写小说的朋友。好在我的班底是现成的，至于印刷发行上的事，由他负责，照印书的成本算，反较铅印为廉。但是我却觉得这种刊物，不免有些标新立异，是个反时代性质。因与他约定了，不论销数如何，必须办完一年。因那时上海办杂志，真是风起云涌，但亦多短命的，才露头角，便即夭逝，他也立即答应。

《小说画报》是月刊，于是我便约齐了许多朋友，有的写短篇，有的写长篇，有的短、长篇都写，为的是都要创作，大家便提起精神来。记得毕倚虹写了一个长篇，题目叫做《十年回首》，署名是"春明逐客"，是记述他十年前在北京当京官的故事儿。因为他家是簪缨世族，他十六岁就到部里当差去

277

做官的。他写的为了身体矮小，特定制了一双厚底靴子，在家里演习；"引见"时的排班背履历；到部谒见堂官等等，都是未经人道过。那时北京的相公堂子，还未消灭，他也跟着人逛胡同。可惜这书未写下去，那要比李伯元所写的《官场现形记》高明得多咧。因为李所写的，只不过是道听途说，而他却是身历其境呀。

周瘦鹃也写了一个短篇，名曰《芙蓉帐里》，是叙述他新婚之夜的事（按，瘦鹃其时新结婚，是我做了他们的证婚人）。他的夫人名凤君，这篇小说写得很细腻，那也已经不似我们那时的旧式婚姻了，他的文词中有"凤君啊"、"凤君啊"的几句，同人每以此为取笑之资（现在写此稿时，这一位贤淑夫人已逝世，瘦鹃已续娶了）。其他如叶楚伧、姚鵷雏、陈蝶仙诸君，每期都有稿子。还有一位新作家是刘半侬（后改名刘半农），我也忘记是谁介绍来，他写了一个长篇，开头还好，后来不知写到哪里去。向来杂志上的稿费，都是分期付的，而且要出版以后付的。有一天，他跑到我家里来，他说："这长篇完全写成了，你付给我稿费吧。"我问何以如此急急。他说有一机会，要到北京去，以此稿费作旅费，请帮帮忙。但是我向沈子方说，他不肯付，他说："不能破例。"而刘半侬又迫得我甚急，大概为数有六七十元，不得已我只得挖腰包垫付了。以后刘半侬从未见过面，亦未通过信，而他的到法国、考博士，荣任北大教授，也可算得一帆风顺了。

《小说画报》初出版时，却也风行一时，照例印三千册，可以销完。但石印书不能打纸版，也不复再版，可是后来的销数渐渐退缩了。我就觉悟到这种刊物，到底是有点反时代性，不能再用古旧的型〔形〕式，以示立异。那时的读者，只求外观，不顾内容，最初以好奇的心理，购几册来看看，以后又顾而之他了。不过无论如何，也得履行前约，出完了一年十二册，以了此局。

不久，文明书局便正式归并于中华书局，沈子方就跳了出来，组织了他的"世界书局"。他们绍兴人对于书业有根底，向来对于旧书业有办法，现在对于新书业，一样有办法。同时另一个绍兴帮也开一家书局，这就叫做"大东书局"。

如果那时候以商务印书馆与中华书局为上海第一号书业的，那末，世界书局与大东书局便是上海第二号书业了。那个时候，在福州路（俗呼四马路）从山东路（即望平街）起至河南路（即棋盘街）止，完全是报馆与书店，所有"商务"、"中华"、"世界"、"大东"都在其内，所以人称此一带为"文化大街"。

沈子方开办了世界书局以后，一切要另起炉灶，自不必说。而那时这个后起之秀的大东书局也崛然而起。有一位沈骏声君，是沈子方的侄儿，英俊有为，他是大东书局一个干部，专与上海的作家接洽。我又为他们编了一个周刊，名曰《星期》，是小型的。虽然是小型的，却也长篇、短篇、笔记、杂俎、小品文，色色俱备，可以说得"麻雀虽小，五脏俱全"。

这个时候，在写作上帮我忙的，以毕倚虹为独多。这时他已不在上海时报馆了，为了他父亲故世，亏空了公款，他以承继人的资格，关在杭州县衙门里吃官司。虽然吃官司，却住在县衙门的花厅里，清闲得很，就是不能出门一步。于是一篇一篇的短篇，写了寄给我。此外便是徐卓呆，专写讽刺滑稽小说。姚苏凤不写小说，好写小品文。范烟桥的写作，趣味盎然。此外如叶小凤、姚鹓雏、陈蝶仙君，各有所事，不再写稿了。

但有一个人，我必须在此提及，便是这位笔名平江不肖生先生了。向君留学日本，写了一部小说，名曰《留东外史》，回国售稿，却没有人要。后某君以极廉价购了，出版后，销数大佳，于是海上同文，知有平江不肖生其人（关于《留东外史》及向恺然其人其事，将另述）。但《留东外史》虽畅销，而向恺然其人则踪迹杳然，有人说已回湖南去了，有人说又到日本去了，莫衷一是。

有一天，我遇到张冥飞君，谈及此事。冥飞笑道："你们不知，我却知道向恺然仍在上海，但此君意气消沉，不愿多见客呢。"我急问其住址，我说："我以诚意访他，或可一见。"冥飞以向的住址告我，乃在新闸路一条极湫隘的弄堂里，名曰斯文里。冥飞且告我："你要访他，须在下午三点钟以后，倘然在夜里去更好。"我说："我知道！向大人乃瘾君子也。"冥飞鼓掌道："对啊！对啊！"因为张冥飞亦是湖南人，故我知所言甚确。

到了明天下午四点钟，我便去访问他了。他住在一家人家的楼上，一踏进去，我便记得从前人家一副集句的对联，便是"垂帘不卷留香久，短笛无腔信口吹"。有一位少妇，不知是不是他的太太，总之是他的爱人。此外房间里还有一只小狗，一头猴子。他是刚起身，必须过了瘾方有精神，我就不客气就在他烟榻上相对而卧了。那天就谈得很好，我要他在《星期》上写文字，他就答应写了一个《留东外史补》，还有一种《猎人偶记》。这个《猎人偶

279

记》很特别，因为他居住湘西，深山多虎，常与猎者相接近，这不是洋场才子的小说家所能道其万一的。

后来为世界书局的老板沈子方所知道了，他问我道："你从何处掘出了这个宝藏者？"于是他极力去挖取向恺然给世界书局写小说，稿资特别丰厚。但是他不要像《留东外史》那种材料，而要他写剑仙侠士之类的一流传奇小说。这不能不说是一种生意眼，那个时候，上海的所谓言情小说、恋爱小说，人家已经看得腻了，势必要换换口味，好比江南菜太甜，换换湖南的辣味也佳。以向君的多才多艺，于是《江湖奇侠传》一集、二集……层出不穷，开上海武侠小说的先河。后来沈子方索性把这位平江不肖生包下来了。所谓"包下来"者，就是只许给世界书局写，而不许给别家书局写。就像上海戏馆老板，到北京去包了名伶来唱戏是一个典型。

这个《星期》周刊，也只办满了一年，整整五十二册，其中有四个特刊，什么婚姻号、婢妾号等。我觉得办周刊很为吃力，每七日一期，是追紧在后面的，要休息几天也不能，又没有一个助手，我对此实在有点倦意。

我便与经理这一部份〔分〕事的沈骏声相商，我说："倘继续办下去，请另换一人编辑，写稿我仍担任。"

可是续编也找不到人，其时瘦鹃也正在大东书局筹备一种小说杂志，取名《半月》，那就正好，于是《星期》便即停刊。《半月》是半月刊，比《星期》从容得多了。

七九　在商务印书馆

我自入新闻界以后，每日与笔墨为缘，自不必说了。但译写小说，则不是这个时候为始。第一次写小说为《迦因小传》，那时间的译作，都是文言体。在未到时报馆以前，在山东青州府中学堂的时候，上海商务印书馆便与我通信。因他们出版了《教育杂志》，要我写一种教育小说，或是儿童小说，要长篇的，可以在《教育杂志》上连期登载。但是我当时意识中实在空无所有，那就不能不乞灵于西方文化界了。

这时我每从青州回苏州，或从苏州去青州，每次必道经上海。到上海后，必常到虹口的日本书店，搜寻可译的日文书，往往拥取四五册以归。那都是日本的作家，翻译欧西各国文字者，我便在此中选取资料了。于是第一部给

《教育杂志》的便是《苦儿流浪记》，第二部给《教育杂志》的便是《馨儿就学记》，第三部给《教育杂志》的便是《弃石埋石记》。

先说《苦儿流浪记》，原著者是一位法国人，名字唤作什么穆勒尔的，记一个苦儿流离转徙，吃尽了许多苦头，直至最后，方得苦尽甘回，叙事颇为曲折，颇引人入胜，而尤为儿童所欢迎。实在说起来，这是儿童小说，不能算是教育小说。我是从日文书中转译得来的，日本译者用了何种书名，是何人所译，我已记不起了。不过我所定名为《苦儿流浪记》，颇合原书意味。后来闻章衣萍曾译此书，定名曰《苦儿努力记》；徐蔚南又译之曰《孤零少年》，均在我所译的十年以后，我均未读过，想他们均在法文原本中译出的了。这《苦儿流浪记》还曾编过电影，在还不曾有过有声电影的时代，已经在欧西有出品了。这电影到过上海，我错过了没有看到，后来有友人告诉我的。

再说《馨儿就学记》，写此书时，却有一重悲痛的故事。原来我最先生育的一个男孩子，他的名字是唤作可馨，这孩子生得俊美而聪明，又因我们前此有几个孩子不育，我夫妇颇锺爱之，因此我写这小说时，便用了《馨儿就学记》的书名。不想写未及半，馨儿还未满三岁，又殇亡了（关于馨儿殇亡的事，后再拟提及）。后来夏丏尊先生所译的《爱的教育》一书，实与我同出一源。不过我是从日文本转译得来的，日本人当时翻译欧美小说，他们把书中的人名、习俗、文物、起居一切改成日本化。

我又一切都改变为中国化。此书本为日记体，而我又改为我中国的夏历（出版在辛亥革命以前），有数节，全是我的创作，写到我的家事了。如有一节写清明时节的"扫墓"，全以我家为蓝本，今试摘录一小段于下。

三月廿三日，我侍我父母，往扫先人之墓。我祖莹〔茔〕在支硎山下白马涧，相传为支公饮马地也。时则父母携我及妹往，并随一老苍头。自金阊门，买棹行，虽轻舸一叶，而明窗净几，荡漾于波光山影之中，如入画图也。船娘二十许人，为态至甜净，衣服复楚洁，舟行如飞，和风煦拂，春意中人欲醉。两岸桃花，缤纷如红雨，落英飘堕水面，争为游鱼所接〔唼〕也。

船进环龙桥，即系缆于树桩。岸距吾莹〔茔〕可三里弱，吾母及妹乘山舆以行，老苍头担篮而从。余与吾父喜徒步，循紫陌而行。菜花已

281

黄，蜂蝶作团，而泉流之声淙淙然，与枝上流莺相酬答。展墓时，我父告我以"主位为若曾祖父母，昭穆乃若祖父母也。若祖母吴太孺人，以孝闻于戚友间。若祖父早卒，祖母事衰姑，十馀年如一日，食不安味，瞑无恬睡，所谓先鸡鸣而起，后斗转而息，仍未一解带安睡者。辛以劳瘁过甚，先汝曾祖母而逝，悲夫我母也。"我父言此，泪为之潸。

我母闻父言，亦襟袖为湿，而阿妹见母哭，则嗷然大号，我乃痴然如木人。我祖母之傍〔旁〕，有一小茔，我母语我曰："此汝长姊可青也，殇时仅三岁。最得祖母欢心，每晨，必向婆婆索饼饵。后以病殇，殇时犹紧握尔父之手呼爷也。嗟夫青儿，今得长侍慈爱之大母矣。"我母语时，亦泣不能仰，我妹揽母颈，谓母不要哭。守墓者为一媪，与我父缕缕然道太夫人事，而肩山舆之老乡人，亦能话我家前三代故事。展墓既竟，守墓人请顾其庐，将烹茗饷客。我妹入乡村，觉在在皆可爱玩，沿路行来，掇拾野花，芳菲盈握，置诸吾青姊之茔，云将以此代花圈耶。既入媪室，亦颇精洁，村中儿童，围而观之，复窃窃私语。我母出铜圆数十枚分赠之，曰"添土钱"，此乡俗例也，咸欢跃道谢而去。

这都与《爱的教育》原书原文无关的，类此者尚有好多节，无需赘述了。当时尚不用语体文，那也是时代背景使然。以现在一般人的目光，那种文言，已成过去了。

至于《弃石埋石记》，这是日本人所写的教育小说，作者何人，已不记得，总之是一位不甚著名的文学家。其中关于理论很多，是日本人对于教育的看法。好像关于师生的联系，有所论列，那也对于我们中国尊师传道的统绪，若合符节。那书倒是直译的，译笔有些格格不吐，我自己也觉得很不惬意。所以究竟是怎么一个故事，到现在连我自己也说不清楚了。

这三部书的发行，销数以《馨儿就学记》为第一，《苦儿流浪记》次之，《弃石埋石记》又次之。《馨儿就学记》何以销数独多呢？有几个原因：一、那书的初版是在庚戌年，即辛亥革命的前一年，我全国的小学正大为发展。二、那时的商务印书馆，又正在那时候向各省、各大都市设立分馆，销行他们出版的教课〔科〕书，最注重的又是国文。三、此书情文并茂，而又是讲的中国事，提倡旧道德，最合十一二岁知识初开一般学生的口味。后来有好多高小学校，均以此书为学生毕业时奖品，那一送每次就是成百本，那时定价每册只售三角五分。所以此书到绝版止，当可有数十万册。《苦儿流浪记》虽然编剧演戏，也盛极一时，销数不过万馀。至《弃石埋石记》，不知曾否再版（商务初版，例印三千部）。

我写此稿时，案头有三部《馨儿就学记》，那都是友人从旧书摊上拾得了寄给我的。有一册是民国二十七年在长沙的商务印书馆出版的，版面还画了一幅儿童观看的画，标明国难后第四版；有一册是上海第十八版的。还有除商务出版以外，各地方翻印的也不少呢。

民国成立以后的某一年，教育部忽然寄给我三张奖状，那就是奖给我这三部教育小说的。何处来这不虞之誉，好似天外飞来。询之商务，乃知前在时报馆息楼中的常客袁观澜（希涛）先生，已荣任了教育部次长，蒙他加以宠赐呢。其时总长是谁，我已忘却了。

再说到这三部小说的稿酬吧，那是每千字三元。千字三元，在当时也很算优待了，平常不过是千字两元。但每月所登载的不过一万字，只不过三十元左右而已。但我要写一笔，这三部书的稿费，没有全部入我荷包。为什么呢？原来那时候，商务印书馆正在加股，这加股是不公开的，尽先对于自己公司里的职员，有优先权。有几位同事，劝我将稿费积存作为股款，可以作一个小股东（那时是每股百元吧）。这个时候，商务的营业，已年年有盈馀了，也真能引人入彀，于是我在商务的股份便逐渐增长起来。到后来，有一位友人郑君，他有一部份〔分〕商务股份，也让给了我，我共有了商务股份三千多元，够得上一个董事资格（商务任董事，起码要有股份三千元）。不过到我写此稿时，早已归公了。

我进了时报馆以后，商务印书馆的编译所早已成立了，张菊生（元济）是总编辑。夏瑞芳那时已为总经理，以他的长袖善舞，成为书业界钜子了。记得那时中华书局尚未开业，商务印书馆几位老友，后来访问我："能到我们编译所来吗？我们大家欢迎你来。"可是我那时已答应了曾孟朴的《小说林》，每天又要报馆里编辑新闻，随后又被拉到女学校去教书，东扯西牵，实在忙不过来。我想有一个时期，曾称之为"游历编译处"，现在又要走老路了吗？还有一个问题：商务的编译所，是在闸北宝山路，那是属于华界的。我到上海，先住在英租界的爱文义路，继又迁居到老西门，到宝山路有多么远呀！坐人力车，到那里要换车子，因为租界里的车子不能去呢。所以我总婉辞了。

直到一九一二年，就是辛亥革命的明年，庄百俞奉了张菊老之命又来劝驾了。那个时候，我已迁移到接近北火车码头（即沪宁铁路的上海站），一条里衖唤作庆祥里，南出爱而近路，北接界路，到他们编译所的宝山路较近，踏到宝山路口，便可雇车，似觉便利得多。并且那时《小说林》也不去了，女学校教书也停止了。只是我要问庄百俞兄："我倘到你们编译所去，有何种工作呢？"

百俞道："这个我还未能知其详。"我想要我译日文书吗？又是写小说吗？我的技〔伎〕俩，只有此耳。因为我在广智书局时要译一本"下水道"的工程书，把我吓怕了，不敢再尝试。百俞说："不！大概是关于教育一方面的。"我说："那不免问道于盲了，我也不懂得什么教育，近来许多在东西洋学习师范回国的人也不少，不是可以延请吗？"

百俞说："你如能俯就的，最好请到编译所看看，或者和他们几位主任谈一谈。"我说："好的，我当来拜访一下。"

约定了日子，我便到宝山路商务的编译所去了。商务印书馆可说是以编辑教科书起家的。最先以三千元的资本开设在北京路的印书馆时候，便有《华英初阶》、《华英进阶》，销行于上海各中、小学堂，一时颇为流行。他们号称商务印书馆，当然以赚钱为主。现在学校繁兴，这是有利可图的事业，更有推进文化的功劳。自从扩张了印刷部，推广了发行部，又开办了这个编译所，延请了许多知名之士，大大地致力于此，已非昔日寒伧可比。虽然此刻新刊古籍、丛书杂志，联〔连〕续不断，而仍属于教育为大宗。

我那天去了，就算是拜访庄百俞。他那里有个小小的会客室，坐定以后，百俞出见，他说："今天竹庄没有来（按，蒋竹庄，名维乔），要见见菊生先生吗？你们也是熟人。"张菊老我前在金粟斋译书处时，曾经会见过多次（现在金粟斋出版的严复所译各书，也归商务印书馆发行了）。他也和狄楚青相熟，但不甚亲密。不过商务出版的新书广告，只登《时报》一家（有一时期，商务每日出版新书两种，规定登《时报》封面报头旁边，以包月计，每月似为二千元）。到上海后，数年来没有见过张菊老，从前的所谓维新党人物，今亦寥落了。

张菊老出见，长袍马褂，风采不减当年，就是同我一样，脑后少了一条辫子了。先谈谈金粟斋的旧事，旋问问时报馆的近状，然后谈到了正文。他说："我们出版的小学国文教课〔科〕书，年年改版，现在革命以后，又要重编了，要请阁下来担任其事。"我说："我没做过这个工作，恐怕才力不及。"

他说:"看过你写的教育小说,深知你能体察儿童心理,必能胜任愉快。"又加上我几顶高帽子,我算是答应了。后来我和庄百俞商量,我只能去编译所半天,因时报馆里回去得迟,早晨起不了身。于是定了每日下午一点至五点,星期日休假,他们送我每月四十元。

这个编译所规模可大了,一大间屋子,可能有四五十人吧?远不同我从前所游历过的那些编译所。每人一张写字台,总编辑的那张写字台特别大,有一个供参考用的书库。既不像叶浩吾那个"启秀编译所"的杂乱无章,又不同蒋观云那个"珠树园译书处"的闭户著书的型〔形〕式。虽然这个大厦聚集许多人,却是鸦雀无声,大有肃穆的气象。

这个编译所,以江苏人为最多,江苏人中,尤以常州人为最多。即以我们编辑教科书方面,如蒋竹庄、庄百俞、严练如诸位,全是常州人。那时候,商务印书馆编辑《辞源》已在发起了,而主其事的陆伟士先生(尔奎)也是常州人;还有孟纯孙先生(森,又号心史)也在商务编译所任事,我不知道他是担任哪一科。其他还有我所不相熟的常州人也不少。次之乃是无锡人,我所熟识的如蔡松如(文森,后来成为亲戚)、王西神(蕴章)诸君,而我本乡苏州,则寂无一人。其时王云五尚未进商务印书馆,而沈雁冰、郑振铎则是后起之秀。

编写这个小学国文教课〔科〕书,我完全是个外行,虽然我一向以教书为生涯。虽说是重编,其实也可以算改版,先把前任原来的课本,作为参考。还有庄百俞、严练如,他们两人是熟手,可以和他们商量,有时还请教于蒋竹庄老作家。那时又认识了高梦旦先生(凤谦),他们都是年龄比我长的长者,高先生人极和气而恳挚,每有所谘询,必详细答覆,所以我们也常和他接洽。

这个高等小学国文教课〔科〕书,共编四册。我却小心翼翼,颇为谨慎。每编三四课,就要与庄、严两君斟酌(《教育杂志》就是他们编的),编成一册,即送高梦旦批阅,然后请总编辑检定。我当时即知道日本所有的教科书,均须经他们的文部省检定的,可是那时的中国,还没有这个制度呢。新国文的内容如何呢?我现在已完全不能记得了,大约我所持的宗旨,是提倡新政制,保守旧道德。老实说,在那个时代,也不许我不作此思想。现代的青年,也许目之为封建产物了。

当这书出版时,我主张封面印一新国旗,即红黄蓝白黑的五色国旗,标明五族共和之意，商务印书馆的教科书，是销行于全国的。同事诸公，初时还有些犹豫，后来决定不印在封面而印在内页，即在开卷第一页上。大概发行以后，不到三年，这高小国文教课〔科〕书又改版了，那时我早已出了商务编译所了。这时期正是筹安会兴，袁世凯想做皇帝，幸而洪宪八十三天，就此夭亡了。不然，这高小国文教课〔科〕书，将要歌功颂德，另费笔墨呢。但后来改版的高小国文中，却摘取了我《馨儿就学记》中关于扫墓的一节文字，如我本章上文所述的。故在现今年已五六十岁的朋友，凡读过商务高小国文教课〔科〕书的，犹留有印象咧。

高小国文编成后，我又编了书名《新社会》的四册。那是高梦旦先生提议而经众赞成的。这不是教课〔科〕书，而是一种课外读物。所谓《新社会》者，亦可以称之为新知识，意在对于社会革新而言。国家既已革命了，社会也须革新。但这个题目，实在太广泛了，因为太广泛，反致无从着手。若说是课外读物，自宜注重给学生们阅读的，那不外于培养他的德、智、体三育。可是要改造旧社会而建立新社会，则又有种种如破除迷信、改善家庭、戒绝嗜欲、厉行节俭等等，亦为新社会所应有的条件，那就并不限于学生，亦为一般成人无论男女所当知道的了。

编这个东西，我实在也想不出什么好法子。那时白话文尚未流行，我只能以最浅近的文言出之。这也分章的，写了几章看看，自己不觉摇头。我想倘出之以小说体裁，把所有应当改造的新社会包孕其中，或者稍有一点趣味，而当初约定的并非小说。现在我所写的什么《新社会》，只是老生常谈而已。而又好像板起面孔，向人说教，谁要听你的滥调呢？我觉得还是《时报》上每天写一个短评，有意思而且有趣味得多呀。果然出书以后，销数并不多，远不及我的三部教育小说。

我这个人自己知道很少恒心，对于商务编译所又有些厌倦了。我觉得这一个编译所，像一个学校里的课堂。张菊老似一位老师，端坐在那里，披阅文稿，也难得开口；编译员似许多学生，埋头写作，寂静无哗，真比了课堂还要严肃。我却一向习于松散，自从出了书房门，又当教书匠，以及现在的记者生涯，都是不大受束缚的。而最大的原因，自顾才力疏陋，学殖荒落，商务编译所正多通才博学，珠玉在前，自惭形秽。大约还不到一年，我患了一个头痛之病，却就借病辞职了。

八〇　记余觉沈寿事

在《时报》任事后，第一次出游是在南京开南洋劝业会时候。南洋劝业会到上海来，邀请上海各报记者参观，一切由他们招待。

楚青便派了我去，他以为我在南京住过，较为熟悉，景韩、继兴，还都不曾到过南京，他们也不愿意去。其实，当时我住在蒯礼卿公馆，就不大出门，什么地方也都没有去过。加以南京地方辽阔，路径生疏。此刻南洋劝业会所开设的地方，却是新辟的一个区域，好像是什么叫做丁家桥吧。我那时性好游览，没有去过的地方，总想去走走；没有见过的事物，总想去看看。便欣然答应去了。

南洋劝业会是上海各报馆都邀请的，那时和我同行的，有申报馆的席子佩，他是苏州洞庭山人，现在寄居于青浦珠家阁（那时《申报》还没有让渡于史量才）。有《神州日报》的汪寿臣（名彭年，又号瘦岑，安徽旌德人）。还有一位章佩乙，也是吴县人，是我的同乡，却已忘却是哪一家报馆。这三位同业，在我可还是初交，原来上海各报馆的编者，向来不互相往来，除非本是旧交。不过大家闻名已久，也有相见恨晚之雅，一路之上，谈笑甚欢。

提起汪寿臣，我又有一段插话了。《神州日报》本来是于右任等诸位所创办的，后来转展〔辗〕入于安徽人之手。汪是皖籍，与一班皖籍有势力的人如杨士琦等互通声气，颇为密切，但《神州日报》很为风厉，讥弹政事，出之嬉笑怒骂的文章。洪宪帝制议起，那时亦女权活跃，有沈佩贞者，她在名片上有"大总统门生"字样，人称为女志士。但放浪形骸，招摇过市，时人为之侧目。有一天，在北京醒春居宴客，以嗅女子脚为酒令（按，当时沈不承认有此事）。上海《神州日报》尽情登载，连刊三日，描写当时的丑态。于是沈佩贞大发雌威，率领了刘四奶奶、蒋三小姐一班娘子军，直趋南横街汪宅（其时汪以选举众议院议员，滞留北京），孰知汪不在家，适有另一待选议员的郭同，借住汪宅，却被那班女志士殴辱了。这事成为一时趣史，濮伯欣在《小时报》上，写有打油诗云："最是顽皮汪寿臣，醒春嗅脚说来真。何人敢打神州报，总统门生沈佩贞。"但这是后来的事，不在我们同赴南洋劝业会时期，此亦当年报界一轶事，偶一回忆，故记之。

且说那个南洋劝业会，也算是中国破天荒之举，因为中国从来没有过这种国内物产展览会呢。那时好像端方正在做两江总督，他是自命为满洲人中的新人物，要行一点地方新政夸示于人，号称南洋劝业会，也征集东南各省的新产品不少。

我们到了那里，便有人来接往招待所居住。丁家桥这里，本来一片荒芜，招待所还是临时建筑起来的平屋。我们到了以后，也有开会、饮宴，然后领导各馆陈列所展览，忙碌一时，且不必说。

到了晚上，回到招待所，有客来访，视其名片，却是"余觉，号冰臣"。这个人我们早已知道，因为他夫人沈寿，是中国一位著名的刺绣家，曾绣了一位义〔意〕大利皇后像，驰誉中外。《时报》上曾登过她的新闻，《妇女时报》则征求沈寿的照片。余觉是浙江省一位举人，现在北京当一位小京官。他的所以见访，也因为《时报》曾经为他们宣传过，并且沈寿还是我的同乡咧。原来他们所住的招待所，和我所住的招待所，恰是贴邻，不过咫尺之间，来去甚便。只是我和余觉却是初次见面，沈寿虽是同乡，亦未见过面的。

他来过访后，我立即去回访。一则礼尚往来，从前的交际总是如此的。二则渴欲一见这位在中国号称针神的沈寿。那时沈寿年在三十多，端庄贞静，不减大家风范，待客殷勤，饷我以茶点。但有两女郎，一为十七八，一可在二十许，跳跃欢笑，颇为活泼。余觉告我道："这两人乃是小妾，痴憨如此。这个年小的，预备送到日本去学绣，日本有刺绣一科，属于美术学校，中国却没有，得此基础，将来庶几有传人。"辞出后，我想沈寿自己也还不过三十多岁，竟让他〔她〕的丈夫纳妾，而且一纳就是两人，谁说妇女善妒是天性呢（按，后知沈寿有隐疾，性冷感症，故亦无所出）？

这个南洋劝业会，有一部份〔分〕的出品，可以出售的，我以窘于资，也没有购买什么，就只从湖南出品的瓷器，略选购一些。我国的瓷器，当然以江西的景德镇最著名，人称之为瓷都，南洋劝业会中陈列也很多。我觉得它那时只是墨守成法，不肯改良。今见湖南新产品，瓷质明净，绘画新颖，因购了杯碟数套。记得一套是绘的枇杷，一套是绘的青菜，色采〔彩〕美丽，甚为可爱。

我当时正在编《妇女时报》，归时乃索得沈寿的照片，及其制品的照片。随后，余觉又寄来他的赴日学绣的小夫人照片，姿容曼妙，手张日本绢伞一轮，含笑睇人，亦印入《妇女时报》中。

越二年，余觉到时报馆访我，颜色甚沮丧，他说："你知道我的在日本学绣的小妾，已背我随人去了吗?"问其所以，他说:"此人本为天津班子中人（天津妓院，均称某某班），是北方人，今随一赵某而去，亦北方人。那赵某是留学生，亦是革命党，在日本演新剧，艺名赵嗜泪，原名赵欣伯。"我说:"你何以调查得如此清楚?"乃劝慰他道:"佳人已属沙叱利，足下可以挥此慧剑，斩断情丝了。"

余觉道:"此事尚有新闻，最近听说两人为了革命到武汉去，已被捕获，存亡未知。你们报馆武汉当有访员，可否请为一询?"我那时正编地方新闻，因答应了他，一询武汉访员，来信模模糊糊。说是传闻有一赵姓革命党被捕，最近又有一女革命党，发髻中扎有白头绳，传为赵之配偶，赵则已伏诛了。我即以之覆余觉，其时在辛亥革命之前。越四十年，余觉馆于我表弟吴子深家，课其子，告我道:"前所云我有一小妾在日本随一赵姓而去的赵欣伯，并未死去，现已在伪满洲国为立法院长了。"至其院长太太，是否在日本学绣的女郎，则未加考证呢。

至于在南通发生的一段因缘，余觉、沈寿之间，忽插进一张謇，这正是佛家所谓一重业障。好事者详为记述，新闻界添此材料，我就所经历的说一说:那时余觉在愤恨之馀，写了一册《痛史》登载了张謇的亲笔情诗，精楷石印（他本是书家，擅楷书与草字），便来访我，意思要我介绍这《痛史》登上海各报。我正言告诉他:"张四先生是我们江苏的乡先生、乡前辈，众望所归，我不能为你向各报介绍此册。老实说，即使介绍了，上海各报，也没有一家肯登的，我不犯着去碰这一个钉子。"

余觉迟疑久之，便说:"那末登《小晶报》如何?"（上海的《晶报》，人每呼之为《小晶报》，这是出于街头报贩之口）我倒为之一怔，便说:"我也不能介绍，你自己看余大雄便了。"我知道《晶报》一定欢迎的，他们的宣言，常说凡大报所不敢登不愿登的，我《晶报》都可以登。

这个我未便阻止他了，《晶报》果然把他的《痛史》排日登出，于是喧传遐迩。后来大生公司（张謇所创办）一班朋友，有疑心我给余觉代送《晶报》者，那真 [是] 不白之冤。平心而论，张謇、余觉，都有不是处，而沈寿最是可怜。她以身怀隐疾，专精艺术，两方竟挟以相争，酿成似是而非的三角恋爱，怎得不愤郁以促其生命呢?

张謇邀沈寿至南通一段因缘，我不甚了了。但余觉自辛亥革命以后，即无职业。既邀沈寿，余觉自必偕行，南通事业大，必可得一好位置。张亦曾予以照应，出资为经营—"福寿绣品公司"，后来亏蚀了，尚有其它经济上的事，总之两方都不慊于怀，余觉遂离去南通。张謇至此，遂有买珠还椟之心，亲沈寿而疏余觉。其最无聊者，张忽自作多情，写出了许多缠绵悱恻、鸳鸯蝴蝶派的诗词，贻人口实。这位殿撰公，算是怎么一回事呢？

及至沈寿病死于南通，张葬她于狼山风景之区，树一墓碑，不题其夫姓，又无余觉署名，于礼亦不合。余觉更大愤，至欲将沈寿棺木自狼山迁出移葬，且声言欲与张打官司。正纷扰未已间，而张亦逝世了。一死以后，诸事都解决，安土重迁，沈寿孤坟，亦长眠于狼山。余觉年至八十馀，遗一子一女，即其另一如夫人所出，女嫁我一远房的吴氏表弟。

八一　春柳社及其他

我自幼即爱好戏剧，七八岁时，常由父亲领着到戏院子里去看昆剧（苏人称为文班戏）。那个时候，在苏州以昆剧为正宗，但城内也只有一家戏院子。虽然京戏班子，也有得到苏州来，只许在城外普安桥一个戏院子里开演。昆剧的所以盛行，也因为苏人喜欢听曲者多。所有绅士人家，每遇喜庆，常有"堂会"，青年子弟，恒多客串，我因此也看得多了。后来我馆于我姑丈尤家，诸位表兄弟们都是曲家，我也随之学习，虽然未能成功，却也略窥门径。

后来到了上海，那时以京剧为主体了。有人说：北京是中国第一戏剧都市，那末上海便是中国第二戏剧都市了。戏院既多，名角也众，但我对于京戏，兴趣没有昆剧高，大概是没有研究的缘故吧！

回忆在我小时候，偶然也看一二回京戏，回家后，祖母问我："你看到了什么戏吗？"我说："我不知道！只看见红面孔与黑面孔打架。"家人引为笑柄。

随后，上海的京戏也在改变了。夏氏兄弟排演了什么时事新戏，根据太平天国之战（俗名《铁公鸡》），那时号称时装戏。有个向大人（荣）红顶花翎黄马褂，出现于舞台，上海人好奇喜新，一时哄动。于是《铁公鸡》一本、二本、三本，一直编演下去。后又由夏氏兄弟，特建了新舞台，添加各种布景，花样翻新，层出不穷。那时有个伶人潘月樵（艺名小连生）时常到时报馆来，请教于陈景韩。他是唱老生的，演新戏最卖力，慷慨激昂，满口新名词。对于观众，好作似是而非的演说（他们京戏中的术语，名之曰"洒血"），但观众反而拍手欢呼（后闻潘月樵曾经一度为岑春煊的武巡捕，辛亥革命以后，也就潦倒了）。

既而又有一位名伶汪笑侬来到上海了。据说此君是满洲人，曾经做过某处一任知县，为什么忽然下海唱戏呢？不知道。其所以自己改姓名为汪笑侬的缘故，说是有一天，他以其自己认为卓越的艺术，晋谒于北京著名老伶工汪桂芬，以为汪桂芬必奖赞他。谁知汪对他不置可否，只笑了一笑，他自己就把名字改为汪笑侬。人家这样说，不知确否？

其时我友陈佩忍，正在上海办一种戏剧杂志，名曰《二十世纪大舞台》，那也是中国戏剧杂志的破天荒，意思也想戏剧革命。但佩忍自己一点也不懂得戏，上海那些写戏稿的人，不知有多少，却都不合他的规律。汪笑侬来上海所编唱的戏，什么《哭祖庙》、《骂阎罗》之类，觉得颇为别致。他因此拉着我，要去同访汪笑侬。我说："汪是一个瘾君子，白天不起身，夜里要上戏院子。要去访他，最好是散戏以后，到他寓所去，在他烟榻上，一灯相对，那是他精神最足的时候。"

约定了一天，在夜里十二点钟以后，佩忍打电话到时报馆来，邀我同去访问汪笑侬。汪是住在他的朋友那里，蓄了一条小狗，是北京带来的。他倒还没有北方伶人的那种习气，谈锋也很健。

向来北京的那些名伶，都称"老板"（其实"板"应作"班"，乃是掌班的意思，后来以讹传讹，都写成老板，所谓约定俗成。也有写成"老闆"者，伶界很不通行），我们只称之为汪先生。佩忍本想和他谈谈戏剧改良的事，但他转而讲及北京的政治，痛骂官场，连那些王公大臣都骂上了。据说他的文词也不错，佩忍本来原想请他在所编的戏剧杂志上写点文章，后来不晓得怎样，好像写了几首诗，我可忘怀了。

其时学校演剧，上海也渐渐开这个风气了。法国人在上海所办的天主教学校，有一所徐汇公学，常常训练学生演戏。我有朋友介绍，也曾去看过几次。每逢什么节日，或是招待学生家属，开什么恳亲会时，常常演戏。有时也有很好的短剧，不是完全宗教性的，不过他们讲的是法语或英语。那戏台只不过是象征的，临时搭起，服装更是极简单的，但必定是有一个幕。到后来，上海中国人所办的学校，学生演戏，也大为盛行，开什么游艺会、恳亲会、毕业会以及许多节日，也常常有此馀兴，那是这班青年男女学生最高兴的事了。不是我在前数章，也曾述及过在上海城东女学演剧的事吗！

这时在我国戏剧史上，开辟一个新天地的，那是我们在日本的留学生，

291

看了日本新兴所谓新派剧，回到中国，开办春柳社的事了。可以说，我们中国后来流行的话剧，大都开源于此。日本留学生开始在日演新派剧，发动在一九〇七年，这是借一个赈灾游艺会的名义，在东京神田区青年会举行的。

谈起春柳社，使我第一个想起的便是那位李叔同先生，他是春柳社的最先发起人。他世居天津，也曾在上海南洋公学教过书，后来留学东京美术学校。在留日学生发起演日本新派剧的时候，他们所主演的戏，便是《茶花女》。这时候，林琴南和他的友人所译的法国小仲马所写的《茶花女遗事》一书，刚出版未久，正哄动了上海的文学界，几乎是人手一编。因此我国在日的留学生，便选定此故事作为剧本。

李叔同美丰姿，长身玉立，跌荡风流，经同学推定扮演茶花女，他也很高兴。可是他那时还留着一抹美式的小胡子，为了扮演茶花女，竟也剃去了。

茶花女是法国女子，不能穿中国或日本女子的衣服，他特地还制了几身当时最漂亮的西洋女子装服。其实这一部《茶花女》，也只演了两幕而已。那时叔同在戏单上的艺名，便唤作李息霜。可是他就只演了这一次，就没有演过第二次，而且也更没有演过别的新剧。我记得后来他们留日学生又演过《茶花女》，那却是江小鹣（名新，江建霞的次公子）扮演的茶花女了。但叔同虽不演戏，却曾经穿了这几套漂亮的女西服，拍了许多照片，赠送文友。我曾在我友毛子坚家里，见过了几帧，那便是茶花女的扮相了。

李叔同先生，我和他只见过一面，以后便没有见过了。他也是南社中人，南社中有两个和尚，一是苏子谷的曼殊上人，一是李叔同的弘一大师。两位都是诗人，叔同诗颇绮丽，自入空门，即不复作；曼殊则一动笔即是缠绵悱恻语了。两位又都是画家，叔同能作大幅油画，不多见；曼殊颇多白描小品，散见于友朋处。但两人都是学佛者，叔同精严，曼殊圆融也。传叔同有一位日本太太，出家后，即与绝缘。这位太太涕泣求见一面，无论如何不见，人有疑其绝情者。但学佛者，首先戒除贪、嗔、痴、爱，而爱字最难戒，非猛勇不可，弘一却能坚持此毅力呢。关于李叔同轶事，有真有假，有是有非，我只就其演新派剧一事连类及之。

留日学生，在东京所演的新派剧，除《茶花女》外，还有好几种。他们都是自己编剧，自己导演，并不求助于日人的。日本的伶人们，倒也欣赏中国青年有艺术天才，颇多来参观的。但这个春柳社到上海来演出，却是以陆镜若的力量为多。陆镜若，原名扶轩，江苏武进人，镜若是他登台的艺名。

他是商务印书馆编辑《辞源》主任陆尔奎的儿子，东京帝国大学文科学生。他的戏剧知识，并不是无师传授，而是像中国戏剧界的传统一样，曾拜了一位日本新派剧的名伶藤泽浅二郎为师，而且也亲自登台实习过。

陆镜若回到上海后，便到时报馆来访我。我本来不认识他，那是我友徐卓呆所介绍的（卓呆原名筑岩，因笔画太多，自改为卓呆，又笔名曰半梅）。徐卓呆也是日本留学生，性好戏剧，与春柳社这班人时相过从。

那时，《时报》上新添了一个附刊，唤作"馀兴"（其时尚无副刊这个名称，《申》、《新》两大报，有一个附张，专载［各］省大吏的奏摺的），这"馀兴"中，什么诗词歌曲、笔记杂录、游戏文章、诙谐小品，以及剧话、戏考，都荟萃其中。

这些关于戏剧［的］文字，别报都不刊登，只有《时报》常常登载，徐卓呆却常在"馀兴"中投稿。卓呆和我是同乡老友，为了要给春柳社揄扬宣传，所以偕同陆镜若来看我了。

这个陆镜若，却有些怪状，虽然穿了一身西装，却戴了一顶土耳其帽子。那帽子是深红色的，有一缕黑缨，垂在右边。上海这个地方，虽然华洋杂处，各国的人都有，除了印度人头上包有红布之外，像戴这样帽子的人很少，所以走进时报馆来，大家不免耳而目之，他却显得神气十足，了不为怪。他的年纪不过廿二三岁，到底是世家子弟，又是文科大学生，温文英俊兼而有之。他和我谈到日本对于新剧的发展，不似我们中国的固守旧剧，一片乌烟瘴气。

春柳社所演的新剧（那时还没有话剧这个名称），我差不多都已看过。每一新剧的演出，必邀往观，不需买票，简直是看白戏。但享了权利，也要尽义务，至少是写一个剧评捧捧场，那是必要的，那而且是很有效力的。这些剧目，现在我已记不起来了。只记得他们曾演出过的《黑奴吁天录》，是陆镜若的弟弟陆露沙演的黑奴，好极了。他本来去日本学医的，一向沉默寡言，朋友们给他说句笑话，便要脸红的，可是化装演了黑奴，扮演了一个被白人虐待的黑奴，非常成功。

另一部春柳社演出，使我至今不能忘怀的，名曰《不如归》。那是根据于日本的一部小说而用原名演出的（这部日本小说，很为著名，欧洲人也把它译了，而林琴南又从欧文译成中文，在商务印书馆出版的）。这是一部悲剧，大意是："一对年青恩爱的夫妇，结婚以后，其夫出征，其妇患了肺病。但其姑则以此为传染病，不许其子与妇相见。妇在医院，渴念其夫，信无由得达。

及其夫得信，迅速归来，急趋医院，而妇已死了。"那时还没有男女合演（日本也是如此），这个戏，陆镜若为男主角，马绛士为女主角。而马绛士这个脸儿，不用化妆，天然是一只肺病面孔。

他们刻画这个悲哀之处，真是令人垂泪。有一天，我同一位女友往观，她看到了第二幕时，已经哭得珠泪盈眶了。我说："好了！我们为求娱乐而来，却惹起悲哀，陪了许多眼泪，不如不看了吧。"但她却不肯，越是悲哀，越是要看下去，戏剧之感人有如此者。

我与欧阳予倩的认识，也在这个时候。第一次见面，好像也是陆镜若这一班人在春柳社介绍的。予倩是湖南浏阳人，他家和谭嗣同、唐才常那两家的革命烈士，都有同乡亲戚关系。欧阳予倩的祖先，也是清代做官的。予倩在日本时，进入了成城学校，但是他的志愿，并不在此。在东京他也是爱好戏剧的，但是他的祖父很守旧，不许他演剧，以世家子弟而沦为优伶，将为门阀之羞。及至他祖父逝世了，予倩遂得到的解放。

予倩在上海很活跃，而且他的志愿也很广大，他不拘拘于一个所谓剧团，喜欢打游击。他极力想改良京剧，于是自己学唱，与唱京剧的人结为朋友。那时有一位江子诚者（号梦花，上海名律师江一平的父亲），也是一票友，唱旦角出名的。予倩便向他请教，自己也学唱旦角。后来予倩自编京剧，自撰歌词，并且自己登台，记得他自己写过一篇《自我演剧以来》的文章的，我现在记不得了。

有一时期，予倩编了许多《红楼梦》剧，这些都是歌唱的，并不是话剧。所编的有《晴雯补裘》、《鸳鸯剪发》、《馒头庵》、《尤三姐》、《黛玉焚稿》、《宝蟾送酒》等等，我大部份〔分〕都看过了。第一演出的《晴雯补裘》就唱红了，唱着那"从今后，怡红院，红消翠冷……"等词儿大家都听得懂。这是在一家"笑舞台"戏院演的，行头全是新制，布景也甚华丽，虽是歌剧，也是分幕的。演《红楼梦》剧，旦角要多，姑娘丫头一大群，笑舞台的旦角却特别多（徐卓呆那时也上台，常演丑角的。那时扮一个晴雯的嫂子，真是一个十恶不赦的人）。《宝蟾送酒》这一出戏，予倩自己扮宝蟾，真演得出神入化。这剧只有三人：夏金桂、薛蝌、宝蟾，却一动一静，都是戏情，从无一点冷场。这戏我看了它几次，很为佩服。

不过有一次，我和他辩论过，为了《潘金莲》的一出戏，他从《水浒传》上翻案，同情于"潘金莲"。意思是她嫁了像武大这样一个人，而忽遇到英俊的武松，当然要移情别恋，大有可原之处。我则以为别恋是可以的，但谋杀是不可恕，不管他是丈夫不是丈夫。武松为兄报仇，也是正当的，也不管她是嫂子不是嫂子。但这个戏谬种流传，后来到处开演了。甚而至于潘金莲被杀时，露出雪白的胸部，向武松求爱，说愿死在他的手里，那我的头脑真是冬烘了。

在清末民初这一个时期，戏剧界的变化最多。上海那个地方，不但中国人有许多剧团剧社，外国人也有他们演剧的组织运动。记得那时上海博物院路，有一个唤作兰心戏院，便是他们英美人所经营的。那个地方，我倒去过数次。戏院虽不大，建筑的格式，完全是西方型的，不像中国那些乱七八糟的老式戏院。同时他们有个业馀剧团，简称为 A.D.C，他们每年总要演剧三四次，而且都是西洋名剧。当然他们是说外国话的，而我却不谙西语，被留学西洋的朋友，拉去观光。他说妙不可言，而我却觉得莫名其妙。

其次是日本戏剧，在虹口一带很有数家。日本人真会想法，把上海那种三上三下的衖堂房子，拆拆装装，二层楼变成三层楼，拼拼凑凑，可以容纳一二百观众。我几次被徐卓呆拖了去，记得有一家在文路那边，名曰"东京席"。卓呆说是从东京来的名优，他的名字好像有五六个字，不要说现在不记得，当时也没有进耳朵。这种小型戏场，实在难于领教，第一，走进去就要脱鞋子，幸我早知道这规矩，不敢穿破袜；第二，盘膝坐在榻榻米上，实在吃不消。剧中没有音乐，用两块竹片，拍拍的敲着，口中好像唱歌，又不像唱歌。我起初也是为了好奇心，跟他去见识见识，可是以后就敬谢不敏了。

那个时候，剧团之多，屈指难数，剧本荒更不必说了。于是乱抓一阵子，抓到篮里便是菜。我的《迦因小传》小说，也被他们抓了去，说是王钟声、任天知这班人搞的，连我知道也不知道，他们也没有通知我。带了这个剧本，到汉口各处出码头，徐卓呆和他们都认识，还称赞他们演得很好。再后来这个新派剧演得更滥了。不要剧本，只求通俗，列一张幕表，配定脚色，演员可以凭自己的意思乱说话，那便是当时称的文明戏了（按：在辛亥革命时期，"文明"两字极为流行。即如那时的结婚制度改变了，便称之"文明结婚"；妇女放小脚，一双天然脚也称之为"文明脚"。想来有些可笑，这都出于妇女之口）。到后来每况愈下，这所谓文明戏者，取材于弹词脚本，什么《三笑姻缘》、《白蛇传》、《珍珠塔》、《玉蜻蜓》等等，都演之不已。于是开店娘娘、隔壁姐姐，座为之满，而生涯亦复大盛。

这个新剧，因为没有音乐歌舞，后来便改称之为话剧。那自然和文明戏截然不同，自有电影以来，几乎便同化于电影剧了。那个时候，南方对于新剧，正大为流行，而北方戏剧界则大为反对。北方以京剧为正宗，即昆剧也已退治。你这个没有音乐，没有歌舞，没有化装〔妆〕，没有艺术，随便什么人跳上台去，胡说白道，这算是什么东西！记得在辛亥前一年吧，我友黄远庸从北京到上海来，他要观赏上海近来盛极一时的新剧，我们陪他去看了一回。他大不满意，便在《时报》上写了一个剧评，痛骂一场。过了一天，这个新剧里，为了报复他，添了一场，一个名记者，唤作王大头（黄远庸在北京有大头的浑名），是个小官僚、小政客，如何如何。据说这出于演员郑正秋所为。

自从有了学校演剧、素人演剧（这是日本名词，在中国则称为是客串，是玩票），上海人一窝风〔蜂〕，我有许多朋友，也都喜欢上台一试身手。最惨者，杨千里的弟弟杨君谋，在学校演剧中，演一名剧名曰《血手印》。先和他的同学约定，藏一袋于胸口，满贮红水，一刀刺入，似血染胸臆，以象其真。孰知其同学一刀误刺入心脏，君谋即以此殒命。开吊的那天，有人送一祭幛，曰"呜呼於戏"（因《论语》上"呜呼"两字，均写作"於戏"）。陆镜若亦早故世，我挽以一联云：

> 似此英年，遽尔销沉谁之罪；
>
> 竟成悲剧，空教惆怅不如归。

因为《谁之罪》、《不如归》两剧，均为春柳社最著名的两剧也。我已忘却，陆丹林兄，乃以录示。还有那位刘半农博士，少年跳荡，在十六七岁，对于新剧，亦见猎心喜，在某一新剧中扮一顽童，徐半梅为之化妆。轶事甚多，兹不赘述。

八二 时报怀旧记（上）

我从十七岁踏出了学堂门，为了生计问题，奔走衣食，所就的职业种类，可也不算少。但是都没有悠久性，少或一年，多至三年，又顾而之他。只有在上海的《时报》，为期可算最长。自清光绪三十二年（一九〇六）至民国八年（一九一九），服务至十四年之久，要算是最长的了。而且即使与《时

296

报》脱离以后，断断续续，一直与新闻界为缘。从前有人说：新闻界也是一只大染缸，在这个染缸里一浸，便很不容易脱色。这也未必然吧？我有许多新闻界的老朋友，早已跳出这个圈子了。不过我还是执着，对于这十余年来的《时报》，至今还寤寐不忘。

从前上海的报馆，哪有现代报馆的设备完全，规模宏大。即以《时报》的编辑部而言，最初只有一位总编辑（以前称总主笔），是罗孝高君。罗君脱离后，实在没有什么总编辑名义，编辑部就是三个人主持，一编要闻，一编地方新闻，一编本地新闻。自我进《时报》以后，陈景韩编要闻，我编地方新闻，雷继兴编本地新闻（那个时候副刊也还没有咧，但狄楚青有些诗话、笔记之类，则附录在新闻之后）。此外却有一位翻译，两位校对，论说是请馆外写的，三位编辑员每人每日写一时评，只此而已。但报纸却每日要出三大张，好像并没有什么紧张。

而且时报馆还附属了一个带有俱乐部性质的息楼。几位编辑先生在工作的余暇，常常溜到息楼去，与来宾谈天说地。后来息楼里索性流行了叉麻雀、打扑克，楚青也一持放任主义。可是报纸也照常编得齐齐整整，并没有什么歪曲、错误，有时也颇多精采之点。并且我们这位陈冷血先生，脾气古怪而突兀。有一天，无缘无故，忽然失踪了。他的第一夫人，早已故世，尚未续娶，孑然一身，住在报馆里。那天报馆里找不到他，到雷家去问，也不知其踪迹（雷继兴太太，是景韩的姐姐），众皆错愕。幸而楚青接到邮局寄来一封信，说是告假出游几天，也不说去了哪里。大家知道他的性情，也暂安心。后来接到他一封信，却从东三省寄来的，他一人遨游于白山黑水之间去了。

我在时报馆，自己分为前后两期，以辛亥革命为分界，辛亥前为前期，辛亥后为后期。

前期很热闹，后期渐冷落。第一那个中心人物陈景韩去了《申报》，此外编辑部中人也变动了，息楼里的朋友们，做官的做官了，远游的远游了。编辑部中变动最多者莫如本埠新闻版，我初进去时，两三年后，一直雷继兴，自雷继兴去后（辛亥革命前夕，他已入政界了），林康侯继之（林原为上海南洋公学附属小学校长）；既而林又去了，继之者为沈叔逵（沈又号心工，继林康侯南洋附小缺，即是最初编《学校唱歌集》的）；沈叔逵去了，龚子英继之（龚为苏州人，久居上海，为金业学校校长）；龚子英去了，瞿绍伊继之（瞿亦上海人）；以后又经数人，最后乃为戈公振（戈初入《时报》为校对）。

所以我虽不是《时报》的创办人，服务于《时报》的时期，要算最长，其次乃是陈景韩。不过景韩虽然脱离了《时报》，到了《申报》去，好像以顾问资格，常来《时报》。直到黄伯惠接办了《时报》以后，还与《时报》有渊源。不似我后来出了《时报》，便洒然以去了。

当我在山东青州府中学堂的时候，景韩便寄了一张照片给我，照片上两个人，一穿西装，一着中服，说明是罗孝高与陈景韩。因为两人我都未见面，他要我猜谁是罗，谁是陈。我知罗为广东人，乃猜穿西装者为罗，作书询之，彼亦未答。及至见面，方知是猜差了，穿西装者却是景韩。其时上海穿西装还很少，大家拖一条辫子，但景韩剪辫甚早，全时报馆也只有他一人剪辫子，穿了西装呢。

在编辑部（从前叫主笔房），我与景韩同一室，每人同样一张写字台。台上乱七八糟堆得满满的，都是各方通信、投稿、报纸（有些与外埠交换的）、杂件等等，有尺许高，从不清理。馆中仆役也不敢来清理（狄楚青另外一个房，名曰总理室，他的桌子上，堆得比我们的还要高，有许多书画、碑帖、古董之类，通常房门锁起来，要等他来了才开门）。我们房里的两书桌，一旦要清理了，我觉得这也不好丢弃，那也应暂保留，迟迟疑疑的。景韩的桌子呢？他看也不看，把桌子上东西，双手捧起来，向大字纸篓里一丢。我说："这一件应当留着吧？"他说："不要！不要！留此徒乱人意。"这可见我们两人性情之不同。

初见陈景韩时，有两印象，一为脚踏车，一为烟斗。我常笑他：他属于动静二物，动则脚踏车，静则烟斗。他不坐人力车，脚踏车又快、又便、又省钱，随心所欲，往来如飞，文学家称之为自由车。提起脚踏车，我又见猎心喜了，颇思学习。他说："好！我来教你。"于是租了一辆车，选一新辟的马路，行人较少，每天下午去学习。到了第三天，刚刚能够不要人扶持，一交跌在路傍〔旁〕一小沟，满身坭〔泥〕污，眼镜几乎跌碎，从此就不学习。但景韩说："要学习，跌几交，算什么事。"再说到烟斗，当他口衔烟斗，脚踏在书桌上，作静默构思状，我说你是从福尔摩斯那里学来的吗？他也不理我。他所吸烟丝不知何名，我吸之甚不耐此味。我虽吸过国粹的旱烟、水烟，但其时香烟尚未上口咧。

某一年，景韩自北京回上海，携来一头狼狗。据说原来军用狗，是北京军界中的一位姓钱的送给他的。这狗状甚凶猛，性却驯善。好像有一个名字，而其名不彰，时报馆里的人，都叫它"冷血的狗"。在编辑室中，它老是伏卧在我们书桌的中间。它颇灵敏，知主人意旨，听主人命令，此原是狗的本性，而人的爱狗亦在此点。我不喜狗，但也不厌狗，澹然处之而已。起初，它随着主人出入，跟着脚踏车，亦步亦趋。后来，它可以独往独来。有一天，我从馆里出来，正思回家，忽有一巨物，直扑我身，两脚搭上我的肩头，吓了我一大跳，却正是"冷血的狗"。我想：在主笔房里，和它不瞅不睬，何以忽然和我亲热起来？或以为路上忽遇老朋友，也得招呼一下，不能反面若不相识吗？这条狗，在景韩续弦娶第二夫人时，便送给人家了。

景韩的趣事甚多。有一天，好像康侯与继兴，在息楼中，为了一块钱，你推我让，一个要给他，一个说不要。恰巧景韩走来，说："你们都不要吗？那就丢了吧。"他就拈起这块钱，向窗外马路上一丢。累得那个息楼茶房，向马路拾取，早已没有了。景韩道："没有最好，省得再推来推去。"又有一次，沪杭铁路招待我们到海宁观潮，到江岸边，要跑一段路。早晨天凉，景韩穿了件夹大衣，跑路时不觉热了，脱去大衣携在手中，甚觉累赘。同行一友笑说道："既然累赘，弃之可也。"路旁正坐着一个老乞丐，景韩便把这夹大衣丢了给他。这个乞丐方错愕间，景韩说："给你！给你！"扬长而去。

更有一事与人不同者，凡属亲友的婚丧喜庆，他概不送礼。如果是吊丧、庆寿，绝对不来，结婚或者来看看，亦不道贺。但他娶第二位夫人时，居然宴客，客凡十七人，我亦其一也。吃的是西餐，座无女宾，新娘亦未临席（他的第二夫人王氏，忘其名，上海人，中西女学毕业生）。人每目景韩为怪人，当时的所谓怪人者，便是不谐世俗，好自立异，或者出于礼法之外。但景韩实一志识高尚的人，凡所作为，亦未有损于人。结婚以后，我觉得他起居有节，也便随俗得多了。

我与景韩相处的时间多，不觉拉杂谈了不少。我再谈到雷继兴，也实在是个可佩而可惜的人。他是日本早稻田高材毕业生，研究政治法律的。可是他的肺病，不过二十多岁的人，那病已经很深了。他的夫人，便是景韩的令姐，因为景韩的父亲，却是继兴老师，幼年时即赏识他的聪明，便以女儿配给了他。狄楚青开时报馆，把陈、雷两人拉了来，那正在清代末纪，立宪啊，革命啊，闹个不清，像雷继兴这样精通政法的学者，真是在当时不可多得的人材。

继兴是进过学的，写文章通畅透切，口才也好，可说得是辩才无碍。那个时候，上海到处开会，到处演说，那演说不是容易的事呀。有许多人想好了一篇演词，起好了腹稿，及至走上台时，全都忘却，两眼白瞪。也有的人言不由衷，语无伦次，像说书先生一般的"口铳"、"漏洞"，接连发生。当时上海演说最好的首推马相伯，第二名就是雷继兴了。但据内行人说：马相伯虽然演说得好，不无有些矜才使气；而雷继兴却举止从容，稳健有力。有听他初发言时声音甚低，慢慢的高起来，至说到最紧要时，不期而然全座掌声雷动了。

辛亥革命前夕，他是江苏各钜公如张謇、赵凤昌等高等顾问，即是世所谓智囊者，那时早脱离了《时报》了。旋又至北京，虽不曾做官，不似许多同学的都成为新贵，闻其潜势力颇大。我当时自知能力薄弱，不求上进，不在这圈子以内，所以也不大知其详。

后据友人传述，在开国之初，袁氏未谋帝制之前，有许多法律规章，均为雷奋所起草的，不知此语能否证实呢。

此外，如林康侯、龚子英、沈叔逵诸君，虽他们早离开了时报馆，我和他们仍相交往。尤其是康侯，他入了银行界以后，我常与他在银钱上有小小的往来。后来我们又组织了个同庚会（因为我与他同为光绪丙子年生的，有穆藕初等共二十人），每月聚餐一次。所以他如在上海时，每月必见一面。关于康侯的事，以后当再提及。

入《时报》以后，那时却另有一班朋友，这却是因狄楚青而认识的，实在是与《时报》无关。就在那个时候，楚青在静安寺路东口（今称南京西路）跑马厅对面，设立了民影照相馆（楼下为民报馆）。楼上沿马路一间，本为招待宾客，研究影印书画所需，后来竟成了一个俱乐部。许多朋友，常来此游玩，而有两位朋友，也便住在那里。这两位朋友，一为濮伯欣（号一乘），一为陈彦通（陈三立的第七公子），这都是楚青小一辈的朋友。

其他楚青的朋友，有熊秉三（希龄）、叶誉虎（恭绰）诸位，誉虎是难得来，而秉三却常常来此。那个时候，陈彦通最是活跃，以世家子风流文采，又好冶游，北里中名花群集。只有熊秉三规行矩步，谨守阃令，他也是《狮吼记》中陈季常的流亚。那时他的朱夫人尚未逝世，至于毛彦文女士却尚在雏年。

因《小说时报》征求照片而猎艳（曾见前章），又以陈七公子的浪漫作风，民影照相馆莺莺燕燕，遂成为珠香玉笑之场。我的和花界姊妹为缘，亦由此开端。杜牧之所谓"十年一觉扬州梦，赢得青楼薄幸名"，非无故也。张四先生（謇）板起面孔向人说道："时报馆冷血好赌，天笑好嫖，哪里办得好？"（据史量才传说）我不足惜，冷血不过又又小麻雀耳，乃竟以好赌加之。又闻陈伯严（三立）向人抱怨楚青，说把他的儿子老七引坏了。回念前尘，殊可忏悔。

八三　时报怀旧记（下）

我于前章，曾分《时报》为两时期（黄伯惠接办后，乃另一组织，不算在内），辛亥以前为前期，辛亥以后为后期，确有此种境界。

原来江苏诸元老，合谋接收席子佩申报馆，聘请陈景韩，事前把狄楚青瞒住，他一点也没有知道，并且连我也一点没有知道。因为倘被楚青知道，他决不肯放景韩走的。及至他知道时，事已大定了，楚青的愤恨可以想见。因为景韩是楚青言听计从的人，凡事都与他商量。以前如雷继兴走了，林康侯走了，他并不十分置念，况且他们也并非跳槽。现在景韩走了，似挖去他心头之肉，他真的要和史量才拼命了。可是上有江苏元老派（如张謇、赵凤昌等）的压力，下有息楼里一班朋友（如沈信卿、黄任之等）的帮腔，玉成其事，而且他们是有政治力、经济力，楚青却是孤掌，难与为敌。

还有，狄楚青虽是江苏人（他是溧阳县人，属于镇江府），却与上海的一班松江人、苏州人、常州人，不大融洽的。即以息楼的一班朋友而言，都是上海本地人和松江府属人为多，都不是他原来的朋友。他的一班旧友、老友，从来不到息楼中来。息楼虽是附属于时报馆的，他却也难得来。这是一弱点。其次，辛亥革命成功，《时报》虽已脱离了康、梁的关系，这个保皇党的馀臭仍在，不能在这个时候吃香，这又是一个大弱点。而《申报》以旧日威权、新兴势力，一切要改革上海新闻界颓风，重整旗鼓，气象万千，哪得不大都来倾向呢？

于是黄任之、林康侯等向楚青来劝慰，说这是元老们所主张，要办好《申报》，非请冷血出为总主笔不为功。但《申报》的编辑事，仍由张蕴和总其成。景韩可以算不曾脱离《时报》，仍旧时常到《时报》看看，你有什么事，可仍与他商量。你还有天笑咧，景韩所担任的一切，如专电、要闻各栏，可由天笑任之。楚青还有什么话可说。于是我就顶了景韩这个缺了。

我的薪水，每月八十元，自初进时报馆以来，一直没有加过。景韩的薪水，为了他续弦以后有家用，加到了月支一百五十元（到《申报》后，月薪三百元，董事会议定，五年为期）。不过我的八十元，在初进《时报》时，约定要写论说、小说，后来论说不写，小说另计，学编外埠新闻，写一短评，实在轻松。而我又东搭西搭，向别处写小说、编杂志，可两倍于《时报》薪水。现在楚青亦每月送我一百五十元，如景韩例。

　　这一回儿，楚青很不高兴，那也无怪其然，好似战争方酣，遽失一员大将。向来每到下午三四点钟，一定到报馆，第一件事是看信。报馆里茶房守候他来了，一大叠信件、一把剪刀，他就分别是编辑部的，是发行部的，是他自己的，是编辑部同人的，除了私人标有姓名的信件不拆外，其它拆开看过，分送各部，这是他的每天工作。但是这一回儿常常不来，打一个电话，嘱我代为看信，不是说身体不舒服，便是说有正书局印刷所事忙。那些本来也是无关紧要的信，我便做了官场中的"代拆代行"了。

　　谈起有正书局，楚青倒是以全力经营的。它的发行所，就在望平街时报馆的傍〔旁〕边；印刷所却又在他的海宁路的住宅傍〔旁〕边。说起他的工作来，实在花于有正书局精神、时间，还比《时报》多。就是那个用珂罗版精印各种古今名画，也是由他创始的。他雇用了日本两个技师，订了两年合同，专管印刷古画的事。又令他的厂中艺徒加以学习，所以不到日本技师两年合同期满，他们都已学会了。到了后来，《时报》困穷，入不敷出，而有正书局却岁有盈余。于是挖肉补疮，以其盈余，补其不足。《时报》得以支持数年下去，也很靠有正书局为之扶助呢。

　　我自从顶了景韩的缺后，觉得他的编辑要闻，发发专电，事甚轻松，以他的果断明决，大有举重若轻之概。及至接手以后，方觉得未可轻量。我们苏州人有两句俗语道："看人挑担不吃力，自上肩头嘴也歪。"也正是新流行的一句话，叫做"不简单"了。那时黄远生还没有脱离《时报》，他的北京通信稿，是游、夏不能赞一词的。读了一遍，看它没有什么笔误，便即发下排字房了。就是这个专电，那真有点麻烦呢。

　　那时北京政府算是优待新闻界，所谓新闻电者，特别便宜，每字只收三分，可以记账（其它普通电，每字一角，三等电倍之，至于一二等电，便是官电，只许官家打了）。因此电报局便把新闻电尽量压后，甚而至于到午夜二三点钟，方始发出。报馆里呢，为了省电费，字数又尽量减少简约。譬如关于一个人的姓名，单写一个姓容易缠误，于是就分出什么老徐（徐世昌）、小徐（徐树铮）、老段（段祺瑞）、小段（段芝贵）等等。

但是那些新闻电，还常有错误，有些照了它上下文，可以看得出，有些却错误得看不出，而且还是紧要的字，这却很费脑筋了。这个叫做"详电报"，似详梦一般去详，有时闹得困窘非常。越是重要的电报，越是来得迟，午夜两三点钟还没有电报来，真是急死了人。那时各报都有了专电了，到了明天，人家都有这重要的专电，而我们报上没有，岂不是相形见绌。最可笑的是"造专电"，怎样是"造专电"呢？报纸全版排好了，空着一个地位，只等专电，真似《三国演义》上说的：万事齐备，只欠东风，而专电老是不来。夜间有几位编辑先生，便造出专电来。我们同业中的邵力子先生，最是能手，因为他们的《民国日报》最穷，专电常常脱稿，他造出来的假专电，和人家的真专电竟无甚参差，可称绝技。

其次便是看大样。所谓看大样者，就是报纸全部排好，最后覆看一次之谓。当我在编辑外埠新闻时，真是省力极了。我大概在下午四五点钟到报馆，编那些外埠新闻，修正一下，连写一则短评，不过一小时；此外我再编一个副刊"馀兴"，总共也不过两小时，便可以没事回家了。但是我不回家，因为这时候，正是报馆里大家上班，而息楼又是宾客云集，所以要到吃了夜饭，方才回去。现在为了要看大样，一直要等到专电来后，全部一齐排好，机器开印（排字工友的术语，叫做"上架子"。排字工友起的名词，如空了一个方块叫"开天窗"，对于那些花边新闻，叫"坐花楼"，排好而不用拆去的名之曰"充公"，均有趣味），方可回去。那时天已作鱼肚白色，赶菜市场的卖菜佣，推着碧绿菜蔬的小车，已出来了。不过景韩当时是住在报馆里的，他比较是要便利得多呢。

其时我还兼了编辑外埠新闻，我请楚青添人，也请了几位。记得有一位秦先生（名忘却），来了数月，另有他就去了。

留美回国的杨心一，本来请他是翻译西文的，也帮忙了一阵，后来被中华书局请去了。濮伯欣也搞了一回，但他不是新闻记者的材料（楚青请他编《佛学时报》的），这都是玩票性质。及至毕倚虹进了时报馆，那觉得志同道合，才是我一个好帮手。

我与倚虹怎样认识的呢？说来也甚微妙。当我在编辑《妇女时报》的时候，有一位杨女士常来投稿，都属于诗词之类，什么缩春词、饯秋词，我知道这都是她的床头捉刀人所作，一看笔迹便知道，无庸推敲其意义了。那时《妇女时报》上妇女著作，非出于闺阁之手甚多，一律为之登载。不然，这个《妇女时报》要曳白了。

不久，倚虹到报馆里来见访了，我们谈得甚好，颇有相见恨晚之雅。又因为谈到他随我师陈少甫先生到新加坡当领事，他充随员的事，更觉有些融洽。他那时正从中国公学法政班毕业出来，和我住得很近（我那时已住在爱而近路了），时相过从。这时《时报》正要添人，我就介绍于楚青，楚青也就答应了。倚虹进馆后，就由他编外埠新闻。后来我们商量组织《小时报》，由他主任，而我也便帮助了他。

当倚虹未来时，我在报馆里，每晚八九点钟至十二点钟这一段时间，最为无聊。因为所有新闻稿以及论文等都已发齐了，专电却还没有来。从前息楼那班朋友，时常来此聚首，有时出去吃个小馆子，有时在息楼里打起小麻雀。现在好似人去楼空，我一人觉得很是孤寂，除非是出去访问友朋，否则是对着电灯枯坐而已。自倚虹来后，两人便不觉得寂寞，讲故事，说笑话。那时他家眷不在上海，他们那个大家庭，却在杭州，因此他常常和我同去吃夜饭，也每至深夜，然后回去。

望平街那一带，周围都是饮食店。京馆有悦宾楼，我们吃得最多，因为他可以打一口京片子，伙计们似乎更客气，唤他毕大爷。我们常吃的什么糟溜鱼片、清炒虾仁等等，大概是两菜一汤，不喝酒，价不过两元而已。番菜馆那边更多了，有一家春、岭南春等等，这时上海的番菜，每客一元，有四五道菜，牛扒、烧鸡、火腿蛋，应有尽有。有一道菜，名曰"红酒青果煨水鸭"，我们常吃，说是大有诗意。上海的番菜馆有两派，一派是广东派，一派是宁波派，我们所吃的都是广东派，所以猪脚必称"猪手"，牛舌必名"牛脷"，我们讨论过，这"脷"字不见经传也。广东菜则杏花楼近在咫尺，但我们不去请教它，专趋广东小馆子，什么洋葱炒牛肉、虾仁炒蛋、腊肠蒸一蒸，开价也还不到两元，真是便宜。

我们有时也到饭店弄堂（这弄堂一带尽是饭店，因此得名），那吃客太挤了，常没有空位子。它的菜名都只有两个字，什么汤卷、秃肺（都是鱼杂）、圈子（猪肠）、白切（猪肉）、煎糟（鱼类）等等，那都是本地菜，外埠人来此，真莫名其妙。

最可笑的，有一次，我们谈到福州路一带的番菜馆，不是广东式的，便是宁波式的。但他们的招牌上，都是写着"英法大菜"。真正外国大菜，究竟好到怎么样，我们要去尝试一回。我说："外国人吃饭，有许多臭规矩，不像中国人的随便。"倚虹说："不去管他，闹笑话就闹笑话。"于是我们闯进去了，在近黄浦滩一家西餐馆，是有一个外国名字的，不记得了。这个大菜馆，十块钱一客，在当时上海要算最贵的了。中国人请外国人吃饭，有时也便在此，西崽都是中国人，至于餐味，我们莫名其妙。有一碟是两小块红烧肉，配以两个很小巧的马铃薯，这在我们家庭中，不值五分钱耳。

又有一次，四马路胡家宅方面，开了一家日本西菜馆，每客大菜只需要五角钱，什么咖啡、水果，应有尽有，我们也要去试试。的确是日本人开的，是大概夫妇两人吧。男的还穿了西装，女的却是和服。房子是借着人家楼下一间，这个大菜，实在难于下咽。咖啡、水果，的确应有尽有，咖啡在一个大壶中，倒一杯就是；水果有几粒樱桃，一只香蕉。毕倚虹大发诗兴道："烂了香蕉，黄了樱桃。"（乃仿前词人"绿了芭蕉，红了樱桃"句也）

关于毕倚虹的事，我将随时想到、写到，我再谈谈戈公振。公振是夏蔚如先生（名仁虎，别号枝巢）介绍给狄楚青的。初来《时报》时，是个校对，后来便升为编辑本埠新闻。公振处事也颇为勤敏，但人缘极不好。本来我们校对有三人，不须添人，重以夏蔚老的面情，加添了一人。其时我有位亲戚王君，也在校对部，他告诉我："戈公振到了校对部，神气活现，好像他是个主任，指挥同事，像煞有介事，大家都不服他。"我说："少年气盛，也没有做过报馆的事，将来自会改变气质的。"可是他后来不但对于校对方面，对于报馆营业方面，也去侦察他们，掇拾细故，便去告诉楚青。

后来做老板的人，都喜欢听听伙计们的闲言闲语，以显示他的察察为明。好比一个国家的元首，不论皇帝也罢，总统也罢，总喜欢听听左右的论调。楚青是老板阶级的人，有时对于公振的话，也颇听得进，有些也是事实。于是营业部中人便恨极了，题他一个绰号叫做"小耳朵"，这是上海俗语，说他就是老板一个耳报神。楚青呢？对于公振说他很细心，很勤恳，表示颇赏识他。

那时本埠新闻正空了个缺，公振好似清代的即用知县，遇缺即补了。调他编本埠新闻，的确是很细心，很勤恳，每天写一则关于本埠新闻的时评（这个"时评"两字，景韩所题，说是有双关之意，一是时事评论，一是《时报》评论），也还不差。不过他究竟不是久居上海的人，有些地方，未免

305

隔膜一些。只是他下笔甚迟，雷继兴那个时候，不到半小时就完事了，他却四五点钟来，要到深夜才回去，要摸索这许多时候呢。

当时他有一位未婚夫人，不知是不是他的同乡（他是江苏东台人）。好像是姓翟，常常到报馆里来的。那时上海的那些报馆，不仅没有女记者，女人也从没到报馆里来的。但时报馆初无禁忌，我与倚虹，也都有女友来访过。公振这位翟小姐，后来每夜必来。我到了每夜九十点钟，无事可为，往往出去游玩，到十二点钟，回来发专电，看大样。而这位翟小姐，却常见她坐在案头，陪伴公振。毕倚虹说她：真是要枕"戈"待旦了。

又过了两年多吧，那时他已离开了《时报》，推荐了一位同乡夏奇峰到《时报》来代他的职了。据夏奇峰告诉我：那位翟小姐，已与公振解约了（没有结婚，故不能称为离婚）。我当时还不相信，以为他们两相爱好，何遽判袂。夏奇峰说："在公振还恋恋不舍，翟小姐却毅然决然，他们在律师事务所签好字出来，翟小姐向公振说了一声'再会'，便似惊鸿一瞥的高飞远去了。"我那时正在某杂志写短篇小说，苦无题材，便影射此事，写了一个短篇，题目即为《再会》。公振见之，当不愉快，我亦自悔孟浪也。

公振后遂出国，曾在国联任事。回国以后，《时报》已易主，其时我亦不在上海，故未与谋面。他的志愿，颇思进入申报馆，尔时申报馆正人材济济也。但史量才对之淡然，又有人谓其器小不大方，那正是公振的人缘不佳。不得已请其编《图画周刊》，因他在欧洲时，常以外国报上的图画，剪寄《申报》也。但这个职位，不是他的志愿，郁郁寡欢，遂以病卒（据说是盲肠炎和腹膜炎），始终未获一爱人。友朋为理其丧，葬于静安寺路一公墓。最惨的日寇侵华，到了上海，静安寺路公墓被掘，有数尸暴露于外，有人往视之，其一却是公振，乃重为掩埋。我不知造物主把他的运命如何安排，正是鲁迅诗所谓"运交华盖欲何求"了。幸而他有一部《中国报学史》传世，聊足有慰于地下。

八四　回忆狄楚青

我的入于新闻界，是仗着狄楚青、陈景韩两人之力，前章已说过的了。楚青是一位世家子，一位才人，一位名士，逝世以后，至今常为人称道。不过毁誉参半，在今时世，虽贤者亦所难免。我在时报馆时，和他朝夕相见，今就记忆所及，略述所知：

楚青名葆贤，是前清一位举人，兄弟二人，其弟号南士。在戊戌政变以前，他在北京，与许多名流相结纳。康有为公车上书，他名列其间。那个时候，康、梁名重一时，拜康为师者甚众，他也算是康门弟子，其实是泛泛的。不过他与梁启超等，则甚为莫逆。又以他自己的才华，与夫家世门第，交游甚广，均为当世名流，而大家也都乐与之游。唐才常武汉之役，他也预与其事。唐失败被戮，他遁走日本，改名换姓（改姓高），又在日本结识了许多朋友。后来事渐寝息，他便回到上海，筹备开设这个时报馆了。

我先谈谈楚青的家庭，他的夫人姓陈，出于杭州世族人家，也颇贤惠，却一连生了六个女儿。楚青常说："古人有言：盗不偷五女之家。我有六女，可以无忧了。"（那个时候，常来时报息楼，如开务本女塾的吴怀疢，开城东女学的杨白民，都有五六位女儿，我笑他们："昔人打油诗中句云：'专替人家造老婆'，可以移赠呢。"）但楚青有一位如夫人，却生了一个儿子，这个儿子，楚青又不喜欢他，说他愚笨。其实这位世兄，人颇规矩，只是太拘谨老实一点，报馆里从未来过，我家里却来过两次，其时年在二十左右呢。

但是楚青很爱他的小姨陈女士，陈女士聪慧有文才，且貌亦佳丽，于是遂蹈"先弄大姨，后弄小姨"的故事。此在古名人亦常有其事，亦有姊妹同嫁一人者，古之英皇，先有其例，无足异也。但他初则瞒着夫人，以陈女士尚在某女学读书，后来就别置金屋了。密叶藏莺，终究为夫人所侦知，大为不悦，可是木已成舟，况且为自己妹妹，也只好听之而已。我想这个时期，是楚青最高兴、最得意时，办《小说时报》、《妇女时报》，开民影照相馆，映上海各名妓照片，也正在此时呢。

即而楚青与陈女士诞生一子，举家欢庆，大有天赐麟儿之感。而这个孩子玉雪可爱，聪慧出众，他父母的锺爱，那是不必说了。谁知"福兮祸所倚"，却发生了一场大惨事。在这位儿童扶床学步还未到三岁的时候，他们雇用了一个稚婢，专门是看护扶持他的。那一天，不知为了烧什么饮料之类，他们利用火酒炉，整大瓶的火酒，安放在一间空楼墙角边。那个稚婢，抱着这位小少爷，到楼上去装火酒。不知如何，一个火星流落在火酒里，火酒瓶打翻，满地尽是火。这一位爱儿与稚婢逃避不及，两人同罹于难。

这场祸事，无论何人遇此，都要感到悲惨，不用说楚青与陈女士了。那时候，楚青便如痴如醉有好几个月；又病了一场，报馆里也难得来，来了也茫茫然莫知所措。有时，他托他的令弟南士来，那总是在深夜。因为距离时报馆不远，在福州路（俗称四马路）有一家华商总会，时〔是〕上海最老的一个总会（那时上海还没有俱乐部这个名称，俱乐部是日本传来的名词）。这个总会领有工务局照会，可以打牌，可以吸鸦片，还可以叫局（即召妓侑酒）。别的总会，虽可以打牌、吸烟，但不可以叫局的。这个总会，入会的都是上海绅商名流、高等人物（外国人称之为有体面商人）。南士每夜必到此，因为他有阿芙蓉癖，既可打牌，又可抽烟，半夜到时报馆里看看，亦殊便利呢。那时还有个笑话：有一位朋友向我说："今天在早晨九点钟，看见南士在南京路上徘徊。他向来上午不起身，大概有什么特别事情吧。"我亦引以为异，既而思之，恐怕是他在总会出来，还没有回家睡眠吧。询之果然。

且说楚青以爱子夭亡，中心惨怛，任何人遇到了这种事变，不能不悲戚。幸而他是学佛的人，对于佛学的研究，也可以自解悲怀。谈佛学者必曰"了生死"，人生寿命，有如弱草栖尘。凡情感中的悲哀，也和欢乐一般，随时间而趋淡。不过楚青每喜谈鬼神因果的事，这在他前所著的《平等阁笔记》中，也写过不少了，都说是从佛学中研究得来。他常常和我谈及其子的夭逝而火化，是投胎转劫云云。又说："他的母亲，常常梦见其子，与之谈禅理，颇多澈悟，劝母勿悲，他日同上灵山。"三岁小儿，俨如禅师，但楚青娓娓言之，我虽不相信，然亦不加反对。我想他能以此自慰，当可稍释他的悲念。这时候，他与陈女士的关系也不瞒人了。他常称道陈女士对于佛学的深邃觉悟，比他精进。我从未见过陈女士，则亦颔之而已。

凡皈依佛教的人，在其本名之外，必另起一名，他们称之为法名。此所谓法，则是佛法而非世法。那好像现在读外国书，说外国话，常与外国人交际的，无男无女，也必须有一个外国名字。这个法名，大都由他所信仰的师尊所赐，亦或为虚空的神佛所赐。楚青于当时所著名的高僧禅师，往来接触的不少，我都无所知，记得有一位名字唤作谛闲的，他常常道及。楚青的法名，不知为何。陈女士的法名，则我知其为"观定"两字。佛教有许多宗教，什么大乘、小乘等等，楚青所修的云是净土宗，吃素念佛，是其不二法门。我不是佛教徒，所说的大都是门外语了吧。

数年以后，陈女士也逝世了，佛教中则称之为"圆寂"，也没有世俗中所有举殡开丧的仪制。我见楚青写了长长一篇的悼文，恭楷精印，中述禅理，语多解脱，似亦有陈女士的小影。最特异的文中称陈女士为定师。夫妇之间，原为敌体，但古人亦有以妇称夫为夫子者，如《孟子》上的"必敬必戒，无违夫子"的古训。至于近代在女学校里教书的先生们，教教书教出了爱情来了，我所知道的如徐卓呆、叶楚伧、鲁迅诸君，其夫人尊敬其夫，亦仍以师礼尊之而呼之为师者。至于呼妻为师，那真是狄平子的创作，而是"前不见古人，后不见来者"的了。

自陈女士逝世后，楚青意态更为消沉，脾气也不大好，家庭之间，亦不甚融和。因为他自己吃素，而强迫全家亦吃素；因为他自己念佛，而亦令全家都念佛。譬如说：他的女公子辈都在青年，都在女学校读书，而欲令之长斋礼佛，未免太不近情理了。谈起吃素念佛，一般新人物斥之为迷信，但我倒并不十分反对。在我小时节，我的祖母、我的母亲，她们都是吃素念佛的。每一个月里，至少有十几天吃素的日子，吃素是有戒杀的意思，戒杀即是仁心。所谓"闻其声不忍食其肉"，儒家亦有此语。念佛是一心皈依，收摄妄想。我祖母和母亲，她们也无所谓净土宗、什么宗，只知道吃素念佛，是信善奉行，没有教我们儿女辈定要遵从呢。

狄氏的创设《时报》，在上海新闻界不为无功，那正是《申》、《新》两报暮气已深的当儿，无论如何，不肯有一些改革。他们以为改革以后，读者将不欢迎，而且对于广告有窒碍。这两个老爷报，都执持一见，他们原以广告为养生之源也。但人心总是喜新而厌故，《时报》出版，突然似放一异彩，虽然销数还远不及《申》、《新》两报，却大有"新生之犊不畏虎"的意气。他注意于文艺界、教育界，当时的知识阶级，便非看《时报》不可了。初出版的几个月，第一版所谓封面广告，全是各书局的出版书目。商务印书馆的广告，订有合同，以月计，其时正发行教科书，广出杂志。后来商务又规定每日出书两种，而订定必登在《时报》"报头"之傍〔旁〕，他报不登也。各学校招考学生，每年两期，亦专登《时报》，他报不登。至于洋行广告、香烟公司广告、大药房广告（卖假药，欺骗中国病家，利润极厚，非登巨幅广告不可），那时不会光顾《时报》的。

在我进入《时报》的时候，正是欣欣向荣的日子。以言《时报》的销数，在本埠当然不及《申》、《新》两报，然在外埠则比《申》、《新》两报为多。以苏州城乡各区而言，都看《时报》；楚青在北京有基地，有分馆，也有有正书局，呼应较灵，此外苏州、杭州，也都有分馆，规模较小。他那时每日到报馆来，说笑话，讲故事，习以为常。有一天，他对我说："你知道我们两家的故事吗?"我愕然,答以不知。

他道:"你知道包拯与狄青两人,在宋朝同时出世吗?包是文臣,应是一位白面书生,何以生得像一个黑炭团?狄是武将,应是一员黑脸大汉,何以变成一个小白脸,因为怕吓不倒敌人,甚至要戴上铜面具上战场呢?"我又答以不知,愿闻其详。他道:"原来包拯是天上文曲星,狄青是天上武曲星,两位星君,闲来无事,在南天门外,互抛头颅为戏。正在玩得有兴趣时,忽然太白星君传下玉皇谕旨,命两位星君火速下凡。两星君急不及待,各将手中的头颅,戴上头去,谁知是两人的头是互易了。"

这种神话,不知是他在哪些神怪小说上看得来的?或是他杜撰出来的?他又续说道:"后来包拯与狄青在宋朝干了一番事业,便即归位了,大家也就把头颅换回来,所以你白而我黑了。"我说:"我们也不必谈知白守黑了,你也不是黑面孔,我则已变成黑不黑、白不白,变成了灰色面孔了。"我的这话,也不是没有来历的,原来那时上海的"新舞台"正在排演一部新戏《包公出世》,头本、二本,排日唱下去,故事是乱造的,演出青年的包公,是光下巴,不带胡子,面孔就是既不黑,又不白,而变成灰色了。他们以为年青〔轻〕不能太黑,素以黑脸著名的又不能太白,于是弄成这个满面晦气的样子。我说:"你们侮弄包公,他是阎罗天子,谨防半夜派鬼使神差捉你们去审判呢。"

在辛亥革命时期,《时报》的声光,就稍有减色,大家总说它是保皇党的报纸,无论如何,总是白圭之玷。其实在革命以前,康党的股份早已拆出,但总不能塞悠悠之口。不过楚青在国民党中,友朋知交亦多,颇能原谅。最使他抱憾的是陈景韩的离《时报》而去《申报》。因为景韩是他最信任的人,不但关于《时报》编辑上的事,即业务上,也时与景韩商量。还有,像景韩那样忽然不别而行,只身走去东三省,人家目之为怪人,他亦不以为意,说他素有这个怪脾气,不足为异。现在景韩忽然离他而去,使其心中懊丧可知。尤其可恨的,事前一些不给他知道,把他瞒在鼓里,及至披露,则已无可挽回。所以他对于史量才恨如切齿,从此不与他谋面。若非保持绅士态度,真要与他扭住胸脯,打斗一场。

一直到史量才被刺死后,发丧那一天,他倒亲自来吊奠一番,送了一幅陀罗经被(在前清要皇帝钦赐的,现在民国时代,他的有正书局里仿制的)。那天我亦在那里,问他有无挽联?他叹口气道:"人已逝世,冤亲平等,还造此文字罪过？"

坦白地说：《申报》的改革与发展，实与《时报》大有损害。因为以前的《申》、《新》两报，暮气已深，不肯改革，所以《时报》可以别树一帜，一新读者耳目。现在《申报》有了改革，新发展，实大声宏，举《时报》的所长——而攫取之。史量才原来是《时报》息楼中的常客，所有《时报》的一切技〔伎〕俩，他窥视已久，现在智珠在握，一经运用，宛转如意。譬如王〔黄〕远庸的"北京特约通信"被夺取；各学校、各书局的联络；那都是《时报》命脉所关。加以《申报》那时的蓬勃新气象，又有后台阔老板、商业资本家，《时报》岂能望其肩背！

更有《时报》那个息楼，从前闹闹嚷嚷，此刻冷冷清清。辛亥以后，做官的做官，受职的受职，此外的人，也都跑《申报》而不跑《时报》了。但《申报》却没有这种俱乐部型的组织。史量才觉得那种组织与一个大报馆不相宜。他有一间很大的总经理室，里面空空洞洞的只有一张大写字台，也没有什么沙发椅子，仅有几张圈椅。他每天下午两点钟来，五点钟回去，平时是锁起来的，有一个茶房专管理这间屋子而伺候他的。有几位老朋友，也在这个时候方能见到他，至于编辑员，便难得和他见面了。我想：像这样才是一个有气派的大报馆总经理吧。以之与《时报》相比，显见《时报》有寒伧相了。

我还记得一件可笑的事：在辛亥革命以前，上海还未流行汽车，那几位报馆经理先生，总是出门坐自备人力车一辆。新闻报馆经理汪汉溪先生最节俭，他在清朝，曾经出仕过，有时上司过境，他还去迎接。有人说他戴了红缨帽子，坐在人力车上，殊不雅观，劝他坐马车，他也不许。及至汽车渐渐流行到上海来了，豪商钜贾，出门便非坐车不可了。史量才接收老《申报》后，便坐汽车；席子佩开办《新申报》后，也坐汽车。《新闻报》是上海新闻界巨擘，经人劝说：不能示弱于新、老《申报》，汪汉溪也不能不坐汽车了。于是依次及于《时报》。当时上海一般口碑，《申》、《新》、《时》，三家并称。

许多朋友都劝狄楚青坐汽车，楚青迟迟疑疑，他说："汽车常常撞死人，我们报上不是常常责备坐汽车的人吗？以佛家言，亦是一种罪过也。"后来不知如何，为人说服，居然也坐起汽车来。刚坐进汽车里，口中就喃喃念："阿弥陀佛！阿弥陀佛！"又频频叮嘱他的司机道："开慢点！开慢点！"司机道：

"老板！开慢点与开快点是一样的。"暗示要出毛病不分快慢。后来果然出毛病了，不知如何汽车被撞了一撞，挡风玻璃板碎了，还好面部只有微伤。他说："这回是菩萨保佑。"从此就不坐汽车。他的汽车哪里去了？不知道。

后来我看他对于《时报》渐有厌倦之意，幸而他对于有正书局兴趣还高。用珂罗版印名画集，由他创始发起，是精心结构之作，不惜向收藏书画名家，征集印行，这个颇足嘉惠于一般艺术之林的。有正书局也搜印了许多的古本书籍，有的已经是孤本，有的亦早已绝版了。即如八十回《红楼梦》，亦于此时出版，引起后四十回是否高鹗所续的争论。曾孟朴的《小说林》出版所结束，他做官去了，将《小说林》所出版的书，以三千元全部抵押于"有正"，因此《孽海花》的再版亦是有正所印行。及至孟朴罢官，与他的法国留学回来的大公子虚白，再开"真美善书局"，方向有正书局赎回。所以当时常能以有正书局的盈馀，济《时报》一时之困。到了后来，《时报》日处窘乡，楚青再也不能背这个烂包袱了，只好挥此慧剑，以求解脱。

八五　日本之游

我初次到日本，约在辛亥以后，民国之初，何年何月，早已不记得了。这时〔事〕的发源，乃在日本一个通讯社，是一位日本人波多博所创办的，名曰"东方通讯社"。波多博原来是上海东亚同文书院的毕业生，在上海多年，能说上海话。后来又到北京的《顺天时报》（日本人在前清时代在北京所设立的华文报）任事有年，所以也能说北京话。并且他对于中国南北两方面的风土人情，揣摩极熟，结交了许多中国朋友。他从北京回到上海来，便设立了这个东方通讯社。

本来上海的外国通讯社，早已有的了，最早的自然是英国路透社，传说，在一八七二年，已经从伦敦到上海来设分社了。

他们设立的初意，原是要搜罗中国的情报，寄给总社，由总社再分发到本国和各国。当初在上海只发给西文报，不发给华文报，如果华文报要登载外国消息，只能到西文报上去转译过来。后来也发给华文报了，却取资甚贵，照英镑计算。但当时中国读者对于国际新闻是很少感到兴味的。虽然继之而起的各国通讯社多起来了，如美国的合众社、法国哈瓦斯社，以及德国、俄国也都有了通讯社，而一般读报人对之还是冷淡。只有那个东方通讯社，日文既容易看得懂（当时的新闻记者，大多数是不识西文的），后来索性翻译了送华文报馆了。而且东方通讯社在北京、广州、汉口、辽宁都有分社，消息灵通，各报都乐用了它。

波多博与《神州日报》的余大雄很友善（按，《神州日报》是好出身，最初是于右任等所创，后经火劫，屡易其主，到了余大雄手中，只销数百份，还靠三日刊的《晶报》支持。至《晶报》独立后，《神州日报》便关门大吉了），余大雄是日本老留学生，日本话说得很为流利。他日本进的什么学校，我似未有详细问过他，不过他说和黄远庸同学过的。那时候，去日本的留学生，实在太多了，有的到日本去，不曾进学校，就这么逛了两三年，对于日本的社会状态，却是很为熟悉。像平江不肖生的向恺然，便是这样。余大雄和波多博认识，还是在东方通讯社开办以后呢（东方通讯社后归日本政府官办，波多博又办了个日文《上海日报》，自任社长，此是后话）。

有一天，余大雄特地到时报馆来访我，说，日本愿意招待上海各报馆记者到日本访问游历一下，但不是日本政府的招待，而是日本的各新闻社所招待，那只是一种私人社交，一种游宴性质，别无政治关系的。这是由波多博与他向各报馆分头接洽的，每报馆派一人。他问我："你老兄高兴去吧？"我笑说："我不是自由身体呀！要问我的馆主人。"大雄便说："如此请你一问楚青先生，最好是你去，因你与波多亦认识呢。"我商之楚青，楚青道："谁去呢？"他窥知我有欲去之意，便说："你如果高兴去，你就去吧。发稿有倚虹，夜里我叫南士来看大样好了。"

我想：我有许多朋友和同学，都去过日本，而我却至今仍未曾去过，不禁心向往之。于是我就答应了，算是代表了《时报》。

这时上海各报所派的人，我还有些记得，申报馆是张竹平；新闻报馆是他们营业部里的一位老先生，我已忘却他的姓名了；时事新报馆是冯心支，他是苏州人，是我吴著有《校邠庐抗议》一书冯桂芬先生的孙子；《神州日报》当然是余大雄；《中华新报》是张岳军（群），他也曾留学过日本，当时还是一位新闻记者，尚未身入政界咧；新申报馆是沈泊尘，是一位漫画家，沈能毅的老兄；民国日报馆所派何人，现已想不起，或者是未有派人。此外除波多博陪了同去外，还有两位他们通讯社记者是日本先生，也陪了同往，照料一切。所有舟车旅费，都由日方所担任。那时还没有飞机，从上海乘轮船到长崎登岸，恐不过两天路程吧？

时隔五十多年了，我在记忆上，早已模糊一片。我们当时所到的地方，由长崎而东京、西京，以及大阪这个商业区，还有许多风景名胜的好地方，有如走马看花，过而不留。到今日如果有人问我：游踪所至，可资描述否？则早已瞠目不知所对了。而况这数十年间，日本经过了一次大地震，又不自度德量力，铤〔铤〕入第二世界大战中，第一个尝到了原子炸弹的味道，把这个岛国好像翻了一个身，已经从新妆点起来的了。我现在只好了无头绪，杂乱无章的，想到哪里，就零星琐屑的写一点出来。

　　船到长崎，便有许多人在岸上迎接。我们一上岸，即蜂拥而来，深深地向你一鞠躬（鞠躬也有规则，须两手按在膝上），口中念念有词，便取出一张似云片糕一般的名片，塞在你手里后，又顾而之他。但这个方去，那个又来，也和前人一样，似是刻版文章。我手中握了一大把名片，也无暇观看，究竟也不知那是谁的名片，而我又措手不及，无从回他一张名片，茫然若失。好在他们自鞠躬送名片后，即飘然远去，不知所踪了（按，后来到别一个都市，到火车站来迎接的，也是如此）。我看了他们的名片，当然都是各报的外勤记者，也有商业界各大公司（株式会社）的人，以迎送宾客为职业的。

　　那天长崎地方人士，在一个唤做徂谀山（这山名，我或记错，我国是有个徂徕山的，但我记得是有个谀字的）地方，开了一个会。这个会很为别致，算是欢迎会，又不像园游会，仅是一片旷场，周围却罗列了各种的小摊头，有饼糕（日语称"果子"），有熟食，有廉价的小品玩意儿。来宾如喜欢这些品物，尽吃尽拿，不须付钱。这个会是什么名称，我可不记得，询诸东游诸友辈，亦未能举其名也。

　　这时便有许多花枝招展的艺妓列席，任招待之职。日本凡有宴会，必召艺妓，每有大宴会，甚至满室尽是裙钗，跌〔趺〕坐于来宾身傍〔旁〕，侑筋劝酒，似乎非有艺妓，举座为之不欢者。那一天的欢迎会，亦有艺妓十馀人，并摄一巨型照片，前排坐着我们一班东游者，而在足畔则各跌坐一艺妓。张岳军膝畔跌坐的一艺妓甚美丽，及其后来任上海市市长时，上海的《晶报》乃单独剪取此摄影上岳军先生与艺妓的照片登在报上。张市长见之亦不忤，但笑曰："这又是余大雄开人家玩笑的故技耳。"

　　到东京，又是宴会无虚夕，有时还分昼夜两次，粉白脂红，艺妓满堂。原来每一大餐馆，每一大酒家，都有他们的基本艺妓。如果今日有宴会，应需多少人，一呼而至，群妍毕集。即如上海的"月逦家"、"花之间"这些料理店，也都是这样，我曾数度与宴，故并不陌生。日本的宴会必招艺妓，与上海的吃花酒不同，这是招她们来侍应宾客的，是共同的而非单独的，是公诸同好而非据为私有的。只是她们载歌载舞，而我们却莫名其妙，在座的有拍手赞美，我们也只好盲从而已。此辈艺妓，酒量颇宏，譬如她来敬酒，请你干杯，你亦必洗杯回敬她，她也一吸而尽。如果量窄，客未醉而她先醉，岂非要失礼呢？

　　凡是日本式的宴会，都是席地而坐，这是我们最不习惯的。照他们的坐法，便是双膝着地，脚底向天，屁股压在小腿上，我们这样的坐半小时，简直要不能起立，我们只能照我们的席地坐法。若是在上海的那些料理店，他们对于中国人，备有一种小几子，以供年老或肥胖与实在不能席地坐的人，此间大宴会是没有此例的。每人前面设一几，所进的餐是各客的，餐具颇多漆器，或碗或碟，形式不一。

　　日本所著名的生鱼，中国人往往不食，或厌其有腥味，或谓其不卫生，我却觉其颇腴美。生鱼有两种，一红一白，红的艳如玫瑰，白的皎若玉雪，日本人视之为珍品云。

　　但是如果以西餐饷客，则艺妓均不列席。记得有一次，是大阪《朝日新闻》请客，那全是欧化型式，就在他们报社大食堂中。这一回甚为张扬隆重，似欲炫其日本新闻事业的伟大者，周围扎以纸制的樱花（日本纸扎花著名，颇能乱真），满室生春。所有餐具，都有该报社的徽章与名称，即小小一火柴匣也印有他报社之名。我们这一次到日本，也算是一个上海新闻记者团，但没有什么团长、团员的名义。惟以余大雄能说日本话（其实张岳军也能说，但他谦抑不肯说），每宴会，必有主人一番演说，我方亦须有答谢之词，只好让余大雄去担任。也无非互相祝颂之词，万岁万岁之声，不绝于耳，高呼干杯而已。

　　这一回，我们这个记者团，除余大雄、张岳军外，无人能说日本话的，真是一个"哑旅行"（日本有一小说名《哑旅行》，说一个日本人到欧洲去旅行，不懂外国语文，闹出种种笑话，我曾译此书在《小说林》出版）。不但此也，到日本来，有许多交际仪式，也都有未谙的，于是先行大家解释叙述一番。尤其在宴会中，西洋人更有许多繁文缛节，吃日本菜还松动的多，我们不要有什么失态，以致遗笑邻邦。幸而那天大阪《朝日新闻》的宴客，还算过得去，但也发生一件不大愉快的事。这天《朝日新闻》的社长（已忘其姓名），年已七十，长髯垂胸，仪表甚好，他是主席，我坐在他的斜对面，而我右首便是代表《新申报》的这位漫画家沈泊尘。酒半，沈忽技痒，取纸伸笔，速写那位社长的容貌。我急拽其袖，令其勿写，彼不听，以为描写很神似，且以示之邻座。社长有所觉，于是邻座的日本记者即以呈社长。社长付之一笑，说："这是我哥哥〔的〕像吗？"意谓画得他太老，其实心中很不悦。语毕，即以此像压在碟子下，这使我们很尴尬，又不能向他道歉。余大雄后来怪之，沈还得意，以为画得很像，所以社长不还他也。沈泊尘神经早有问题，不久病卒。

有一天，我在东京一家日本旅馆里（我们所住的旅馆是日本招待所指定的，群聚在一处），因为体有不适，谢绝了他们一次宴会。但是我一个人留在旅馆里，言语不通，很为不便，于是临时向余大雄学了一套，譬如要茶要水，要饭要菜，如何呼唤下女等等。他们去了，我觉得枯寂无聊，便实习大雄所教的日语了。唤下女，他们的习惯是拍手，一拍手，下女闻声即至。如果下女不在近处，则可呼唤。我先拍手，无以应，便呼"乃生"（按，此是译音，若译意，则曰"姐样"。日本人这个"样"字，乃尊敬的称呼，男女兼用之），果然下女姗姗其来了。

这些大旅馆的下女，都选取年青〔轻〕而貌美的，也大都是高小女学毕业的。我想我虽然学得几句日语，怕发音不准确，格格不吐，不如和她笔谈为妙。那个下女颇甜净，善笑。我先问她叫什么名字，她说："芳子"。这两个汉字，就写得很工整，于是便一路笔谈下去：什么地方人？几岁了？读过几年书？好似查她的履历一般。她也问我：姓什么？中国什么地方人？从前到过日本吗？又问：有没有太太？则掩口吃吃而笑，似以为这是对旅客不应当问的。我们只管笔谈，却忘了唤她进来是什么事了。她也不问是有什么使唤，我猛想起，便也觉得不好意思，便即说要一壶茶，她便即出去匆匆地泡了一壶茶来。

我那时确是腹中有些饿了，但是不知道可以吃些什么东西，日本有许多怪食物，而这些怪食物，又有许多怪名词，常使人莫名其妙。我们在上海时，常和几位在日留学回国的朋友，到虹口去吃司盖阿盖（牛肉烧），也由下女坐在榻榻米上，为之料理，但这可不适宜，也嫌麻烦。忽然想起在中国最流行而普通的一种食物蛋炒饭，因用笔写出给芳子看道："是用鸡卵与米饭同煮的。"芳子摇首，笑了一笑，既而又写出了"亲子丼"三字，意思是说与我所要的蛋炒饭相类。但这个"丼"字，引起我的好奇心，为什么在井字当中加一点呢？我问芳子，是否井字？她说："不是，读音则如冻。"原来亲子丼者，乃是用鸡与鸡蛋，加以粉类同煮。"亲"者，指鸡而言；"子"者，即是鸡蛋；"丼"字，乃日本容器。但中国字书无此字，意者日本别有一仓颉吧。

在我没有到日本以前，早听说日本是男女同浴，初不避忌的。又说是我乡江建霞太史（标）年少美风仪，在日本洗浴时，日本女郎围观而笑，使他不好意思起来，因此有"东邻巧笑图"之作。其实也过甚其词，开他的玩笑而已。我到了日本，没有看见到什么男女同浴。据他们说："那是在浴池中，但男女也是分开的，在泳〔浴〕池中间隔以一栏，那是可望而不可即的。"不过我在这日本式的旅馆中，他们自有浴室的。那一天，我到浴室中去就浴，推门进去，先有一个四十岁的中年妇女在内，我即忙退出。她即〔却〕向我笑颜迎入，原来这是旅馆中的佣妇，他们呼之"阿妈生"的，她只是在清理浴室而已。她作手势，似乎可以帮助我洗浴似的，我急谢辞之。

日本那时的浴室，即使在他们号称为大旅馆者，也是简陋得很的。里面是一个大浴桶，贮满了水，足有半身高，底下烧火。就浴的人，另以木桶取水，向全身浇之；或擦以肥皂，用毛巾拭；所谓淋浴，也没有莲蓬头。但上海那时的各大新式旅馆，却早已有西式瓷浴缸，冷热自来水龙头了。可是日本人勤于浴，到处有公共洗澡的地方，每日必去，无间寒暑。他们是讲实用，不事奢华的，而且对于那个传统性很为坚固，教他到这些新式浴室里去，反而觉得周身不自在咧。

我那时也坐过日本的火车，那也远不及中国的火车，但他们那时是自己办的铁路呀，不是像中国那时的借助于外力。他们的卧室车，没有专房，只是一个统间，上下两层，仅仅障以一幕，因此常常有误揭别人之幕而以为自己的卧榻的。倘在中国，脾气暴燥〔躁〕的人，便要怒吼争吵。日本人即使误揭妇女卧榻之幕，也不甚以为忤，只是鞠躬谢罪而已。

那时日本火车上，也没有餐车，但一路的车站上，都有出售"辨当"的（按："辨当"两字，中国人有译之为"便当"者）。"辨当"是何物呢？用木片制成的一长方匣子，中贮以白米饭（冷的，日本人吃惯冷饭，惟米粒较中国者佳），其中或有半个鸡蛋、两片鱼、一块酱萝卜（日本呼萝卜为"大根"，他们的酱萝卜极佳），附有筷子（竹制相连的，食时始分开）、牙签之类，其价是日圆两角（那时日圆与中国银圆相差无多）。吃完以后，这辨当匣子和筷子等一古脑儿向车窗外一丢就完事了。

茶也是由车站上供应的，一把青花粗瓷茶壶，普通的茶叶，那是热的，其价不过数分而已。喝完了撂在火车里，到下几个火车站，自有人来收取空茶壶去。那是当时的情形，到现在当然不同了。

在日本最使人不惯的，便是那脱鞋子的风俗。虽然这还是他们从中国古代学去的，但是我们中国早已改变了，而他们还是固守旧习，不能改变。这也是所谓"万世一系"吗？无论公共场所，无论私人家庭，入门便要脱鞋子。在日本大家都穿木屐的时候，较为便利，现在已普通都穿了皮鞋了，皮鞋上还有带子，解带去履，就要破费不少功夫，何必一定要如此呢？还有，在未去日本之前，我就说笑话："诸位先生有习惯穿破袜子的吗？假使有那些空前绝后的袜子露出来，是不雅观的。"因为我在上海虹口到日本料理店吃司盖阿盖时，有位王老五，正是袜破无人补，急来抱佛脚，只得临时就近购了一双新袜子穿上，才得傲然进门。

那时日本的各大都市，像西洋式那些大百货公司，也早已有了。他们不称为百货公司，而称之曰"吴服店"。吴服店中百货杂陈，舶来品应有尽有，本国的新出品，也广为罗列。不似中国上海南京路有些百货公司，是外国人来倾销外国货的，似乎中国货都不值得一顾的了。这些吴服店，每天就有数千人进出，也要教每人脱了鞋子方能进门，那门前鞋子堆积如山了。而且那些吴服店的地板，光漆如镜，走廊又有地毡，不耐你泥鞋的践踏。于是他们想出法子来了，制成了无数的白布软底套鞋，用下女们守在门口（这个地方，日本人称之为"玄关"），每一客走进吴服店，必套上这白布套鞋。购买东西，或进来巡游的人，从后门出来，也有人守在那里，脱去你的套鞋，这样就方便得多了。

总之，我觉得日本在明治维新以后，百废俱举，勇于进取。有人谈起：他们那时到欧美考察的人，最注重于理化机械之学，而中国人到欧美去的，大都研究文学、哲理，以及音乐、美术；他们没有中国人的聪明，而有他们的勤恳。中国人自诩为"形而上者"之学，以为高明，其如不切当代的时势，所以当时日本就比中国早熟了。

我们这一次也经过日本的名胜古迹地方不少，但我至今都已忘怀，事隔数十年，在日本也有沧桑之感。只记得在西京的游览金阁寺，在岚山的看红叶，有口占句云："金阁寺前夕照斜，岚山红叶艳于花。……"下句已不复记得，什么风景，亦只是过眼一瞥而已。

我们这个记者团，在将欲回国的时候，各人有两日的自由行动。在这两日自由行动里，我做了一次荒唐的事，和余大雄两人作了一次狭斜游，这是应当忏悔的。谁说艺妓不肯以色身娱人者，我不是想吃冷猪肉，本可不删风怀，然亦不过浪费纤佻的楮墨，暂且搁笔。

八六　参观朝日新闻

这一次到日本，我很想参观日本的学校，尤其是大学校，如著名的早稻田大学，就是我们的许多友朋，曾在这个大学里毕业。但是没有这个机缘，我们的旅游程序单上，也没有这项节目。不过到神田区那里去逛了一逛，看看那里的书店。那里的书店分两种，一是新书店，一是旧书店。日本明治维新以后，正是他们文化发达时期，新书固然风起云涌，每天必有若干种发行，而旧书店里，也颇为拥挤，尤其是那些学生哥为多。我是喜欢逛旧书店的，走进去看看，却见许多号称旧书的实在和那些新出版的相差无几。原来日本的读书人，见新出版了一部要读的书，立即去买，买了来就读，读完了便售给旧书店，再购买新出版的。不像我国人，见出了新书，也必须去买了，买了来不看，或看了一半，便堆在书架里，古人所谓"束诸高阁"，甚而至于供蠹鱼的享受，给蟑螂做食粮。不说别人，我就有这个坏脾气。

他们这种旧书店，有一定的价值，譬如收进打几折，卖出打几折，各家旧书店一例。那些新书店里，出版的倘然是一位名人著作，几万册在一星期内，可以一扫而光，你要是迟一步，只好仰望于旧书店了。当然，也有好多学者，即使读完了，用备研究参考，不肯即付诸旧书店的，但旧书店总陆续有些收进。故一部名贵的书，在新书店已经绝版，而旧书店反可以获得。大概一部新书，不到三个月，便可以降级到旧书店去，此是书的可悲处；但虽到了旧书店，仍有人赏识它、渴求它，捧之而归，视同良友，则又是书之可喜处了。不过我以为这样吐故纳新之法，颇足以促进日本的文化进展呢。

我虽没有参观过日本的学校，我却曾参观过日本当时的新闻事业，只可惜事隔数十年，大半都已忘却了。而况日本近来的新闻社，随时代而进步，也已大异于昔日的新闻社了。我只能就现在所尚能记忆者，一鳞半爪，略述数端。我所参观的新闻社，就是大阪《朝日新闻》。日本的新闻界，当时最发达的便是大阪，而东京次之；这好比我们中国的新闻界，当时亦是最发达的是上海，而北京次之。

最先自然是参观他们的编辑部，编辑部本来不大让人家看的，除非是预先约定，我们上海的报馆，也是如此。但我们也是记者，以记者的身份，而先有波多博的介绍，乃得参观。可是约定的时候，乃在上午，谁都知道上午新闻社编辑部，乃是空旷时期，编辑先生一夜辛勤，这时［在］家中作元龙的高卧（那时《朝日新闻》无夕刊）。不过我们去看看他们编辑部的规范陈设，亦无不可。不出大家所料，上午此间也是空荡荡的，那里有一大间，排列着无数的桌子，有的一人一桌子，有的数人合一大桌子，编辑长（中国称总主笔，后改称总编辑。有一家报馆，又有总主笔，又有总编辑，询之，则曰："总主笔管言论，总编辑管新闻也"）独居一室，这与我们上海大报馆无大差异，也收拾得清清楚楚。但回顾我们《时报》，便逊色得多，写字台上故纸成堆，灰尘厚积，哪有如此齐整。若《民国日报》，更是拆滥污，叶楚伧的桌子上，绍兴酒、花生米，一塌糊涂，因为他不喝酒，不能写出文章来呀！

我本想详细观察一下，譬如附属于编辑部的图书室之类。但此次我们是集体参观，大家也不甚注意于此，我随众鱼贯而入，匆匆忙忙一览而已。不过我看到，他们每一记者的桌子上，大都有一具电话，这就我们上海报馆所不及了。像我们《时报》而言，总共只有两只电话，一在主笔房，一在营业部，都是装在墙壁上的。《申》、《新》两报多一些，但编辑室里，也没有桌上电话呢。上海最初的有电话，不是自动电话，要报了对方的电话号码，由电话局接线生给你接通了，方可谈话。接线生倘迟迟不接，或故弄狡狯，真是要命。有的人急得在电话里恳求："谢谢你！爷叔！我在这里向你下跪了。"真是使人啼笑皆非。今见日本的记者桌上，都有电话，可见日本的电路四通八达，大有益于新闻的报道。西方人说："新闻是从屋外飞来的，不是从大门进来的。"就是这个缘故吧。

我们参观了他们印报的机器房，那就觉得伟大了。他们总共有轮转机近二十部，导观的日本先生说："有十馀部是自己制造的，有四五部是舶来品，自己制造的还不及舶来品，现在正加研究精进，可以不需舶来品。"想想正要脸红，申报馆自史量才接手，在外国特买了一部新的轮转机，装在楼下沿马路，从大玻璃窗外可以看得到，赢得许多路人围而观之，以炫示《申报》力求革新，标明一小时可印若干报纸。若我们时报馆则更是丢人，还是老爷式的两部平板机。这老爷机又时时喘息走不动，常常挤不上火车报（最先出版，送火车站早班车），这真是小巫之见大巫了呢。

这个机器房，地下全是小铁道，纵横贯穿，有如蛛网。你道是为什么？原来那些印报的机器，每天张大口，要吃进多少吨的报纸，而这些报纸，必需要一个大仓库可以堆积的。像《朝日新闻》这样一个新闻社，他们的纸库，至少也储藏几百吨卷筒纸的。从纸库到机器房，也有一段路，谁去扛抬这些笨重的纸料，这就只有把卷筒纸装上小铁车，推上小铁道，送进机器房，装入印报机了。报纸印好吐出，连摺叠、包扎也是用机器的，便也由小铁道间运出，送上运送报纸的大汽车，应送火车站的到火车站，应送轮船码头到轮船码头（那时还没有飞机），自有人管理，很快的运送出去了。

说到报纸，我又想起我们当时中国的新闻界了。中国自从创兴了新闻事业以来，一直是用外国纸张。最初《申报》、《新闻报》，是由外国人创办的，他们用外国纸，不必去说它了。以后由中国人自己创办的，也是靠那些舶来品。

起初外国纸输入中国来的，也是平板纸，我记得那时多数是瑞典、挪威出品，随后也就有加拿大的出品。这些平板白报纸，以五百大张，称之为一令（就各报纸的篇幅大小，一开为二），自从《申》、《新》两报有了转轮〔轮转〕机后，方始外国有卷筒纸输入（还有西文报纸，也用卷筒纸，但销数极少），但平板纸仍有进口。因别家报馆还是平板机，不能不用平板纸呢。不过《申》、《新》两报是向外国直接定购的，其他报馆，就在上海的纸商购买的。因为那些穷报馆，资力不充，只有零零碎碎去购取的了。

于是上海的有些纸商，想出新花样来，开了一种切纸公司。怎叫作切纸公司呢？据说是把卷筒纸切成平板纸，仍是以五百大张称为一令，你可以临时要买多少令，就买多少令，他们只是做生意，却加惠于那些穷报馆。而且都开在望平街附近，而且还做夜市，可以做到深夜十二点钟。不过要现钱交易，不赊不欠。那时《民国日报》，是上海著名的穷报馆，赖邵力子、叶楚伧两君，苦力支持，常常报已编好，无力买纸。于是楚伧飞一笺，向我告贷，其词曰："今夜又断炊矣，恳借我十元，以疗我饥"云云，我即解囊予之。其时的纸价，有十元可买四令纸，不出三日即偿还。其实他们馆中经济，由力子主之，但力子觉得不好意思，而楚伧与我同乡，又以我编杂志，请他写稿，有文字缘，较不客气耳。

这个时候，日本已是纸业发达，纸厂林立，并不要仰仗于外力了。颇闻有新闻社自办纸厂的，也有与纸业公司合作的。我还记得当时日本的《读卖新闻》，所用的纸，别创一格，乃是淡红色的，这必是定货的了。日本以文化发展，印刷事业随之扩大，各种纸品费用日繁，即对于印行书刊图书等物，用纸亦已不少呵。此就当时的情形而言，到现在更不知进展如何了。

在我中国，记得曾有一度，以上海用纸最多的如申报馆和商务印书馆等，曾合议在浙江某一地方创办一制纸公司。结果，意见不协，未能成功。这事我当时略有所闻，此刻却已想不起了，许多老朋友，当还记得。后来上海有一家较大的造纸公司，居然也能试造卷筒纸，曾经请过申报馆作试用。史量才告诉我，那天夜半开印时，不旋踵而机器就停了，问他们为什么呢？回说这种纸经机器一卷，便即破碎了，须停十五分钟，方能接上。量才说："我报夜半三点半开印，六点钟要送火车站，经得起每次停十五分钟吗？"不得已只好仍用舶来纸。一个国家，欲求新闻事业的发展，而不能自己造纸，差不多就成了英雄无用武之地了。

我在报馆里的时候，常常看到日本报，所有东京、大阪的各大新闻，都有得寄来。因问楚青，是否与他们特约交换的。据楚青说："我们并未与他们交换，我们开报馆后不久，便送来了。"我起初以为楚青、景韩、继兴，他们都是日本通，所以与日本新闻界有所联系，特别寄送《时报》。继见别家报馆，也一样赠送，可见日本的宣传性质，器量甚大。不过这种日本报纸，送到各报馆，大家看也不看，原封不动，送之字纸箩中。不但他们不懂日文的人，即如我们馆中景韩、继兴，都谙日文的，也不屑一顾呢。我这一回到日本，倒是很想参观一下日本新闻界的状况的，无奈这是个团体旅行，不能自由。而且这一个集团中，还有几位不是我们同业中人。说是走马看花吧，不但花香未曾嗅到，花影也未曾窥见呀。

当时我所参观的大阪《朝日新闻》，觉得最特异的便是他们的改版室（按，"改版室"这个名词，是我杜撰的）。何谓改版室呢？原来他们的报，一清早已印好发行出去了，但在印刷发行的时候，又有新闻电报来了。他们等不及到明晨始行见报（那时还没有夕刊），于是就在第一次原报上，挖去一些旧新闻，补入了新新闻，打好纸板〔版〕，重新开印，这便是所改的第二版。当第二版开印时又有新闻电报来了，仍要挖旧补新，开印第三版。……如此的改版，一天甚至可能改版到六七次，要看新闻的来源重要不重要。假定上午五点钟出第一版，七八点钟出第二版，中午出第三版，以及下午出若干版，一天工夫，便是改版不停，出版不停。

有人说：这样的改版，不是使读报者迷乱吗？究竟是读了哪一版才对呢？不！他们是有规定的，排好了次序，有条不紊的。

尤其是运输到外埠、外国的报纸，何处是第一版，何处是第二版，不教人看重覆新闻，也不使人有漏网新闻之虞，那时联系了国内外的交通邮便寄送出去的。我们那天去参观的时刻，是在上午约十点多钟，而他们的报纸，还正在机器上印行，也不知是第几版。却见有两位校对先生与排字工友，团聚在机器傍〔旁〕边，就地在那里工作，满头大汗的形势紧张得很，而频频听得有铃声，似乎是催促他们，时限已到。我们也不敢打扰他们，只得望望然去之了。总之我觉得日本那时，对于无论何种事业，都是一本正经，不像我们那时的喜欢轻松、懒散、写意、省力，甚至不负责任、乱搭架子。我不是扬人之长，揭己之短，当日的感想，实在如此。那时是在二十世纪初年，日本明治维新以后，大正年代，而我国亦在辛亥革命以后，军阀时代呀！

回国以后，不多几天，我遇到了商务印书馆的高梦旦先生（凤谦）。那时我已住在爱而近路的庆祥里，在这个里口却开了一家小小的闽菜馆，店名唤作"又有天"。那个名字，当然由一时著名的闽菜馆"小有天"化出来的。而这家"又有天"的老板，从前原来是高先生家的厨子，所以梦旦先生常常约了二三知友在此小吃。那天我刚走出庆祥里口，便被高先生拉住，同往吃饭，在座好像还有李拔可先生。

高先生知道我新从日本回来，问我有何记述。我告诉他集体旅行，实在没有看到什么，真是如入宝山空手归。既而谈到了新闻界，我们当记者的，就如俗语所说的"三句不离本行"，讲到在大阪《朝日新闻》看了一看，也只看到一点外表，未审其内容。高先生说："你何妨写点出来呢！我们出版界，也与新闻界息息相通，现在我们出版的书籍中，也没有一种对于新闻事业的著述。近来到欧美各国去留学的，也有几位研究新闻学的，我们不管它，先把日本新闻事业写出来给人看看也好。"

我经他一说，心中不免也有所忻动，回国以后，关于日本社会上、风俗上，琐屑的事，在《时报》上（尤其在《小时报》上），也零零碎碎的记述了一些，可是也不免杂乱无章。如果此行是写了日记的，那就好了一点，但也没有，我便是上文所说的轻松懒散的一流人吧。

我便和梦丹〔旦〕先生说:"让我考虑一下,管中窥豹,仅见一斑,对于日本新闻事业,虽然略看一点儿,实在资料不多,而且不能作统一贯穿的叙述。我当整理作为笔记体裁,或可以编一小册子。"

我那时便穷了一个月之力,约莫写了有二万字,因为资料不多,实在枯窘得很。且在此时代,新闻事业正在日趋进步,日本又是同文之国,可以做中国一个榜样,而我不能向之研究采访,深自抱愧。不得已将日本新闻的普通状况(与大阪《朝日新闻》齐名的,有大阪《每日新闻》,而且东京也有《朝日新闻》)叙述一番,杂凑成文,怕还不到三万字。题其名曰《考察日本新闻略述》。自己看看,也不能满意,但高先生说可以印行,而且还取了我一张照片去,登在扉页上(按,我所著述的刊物,从未有印出照片,仅此书有之)。可是出版以后,销数寥寥,远不及我译写的小说。这是冷门货,谁也不高兴去看它。不用说不是报业中人了,即使是我们同业,也懒得看它。日本是日本,中国是中国,吾行吾素。至于物质上的发达,问之报馆老板好了。但是仔细想来,我们从事新闻事业的人,看到日本的日趋进步,而我瞠乎其后,不能不有些愧作〔怍〕,有所警惕呀!

八七 记上海晶报

上海自有大报以来,即有小报,小报起于何时,有人纪〔记〕载说是在一八九七年,从李伯元(那是写《官场现形记》别署南亭亭长的)在上海创办《游戏报》开始的。以我所知,似乎那些小报的发行时期还要早一些,《游戏报》也不是上海第一种小报,好像先有什么《消闲报》等等。总之《游戏报》是最著名,以后续出的便有《繁华报》、《笑林报》种种名目的小报出现,此刻也已记不清楚了。

小报的内容如何呢?当然以趣味为中心,第一是不谈政治,所谓国家大事,概不与闻。所载的不过是街谈巷议,轶事秘闻,也没有好材料。执笔者都是当时所谓洋场才子,还弄点什么诗词歌赋游戏文,也有一般人爱观的。到后来日趋下流,专写这些花界、伶界的事。甚而至于向那些娼家去示威,乱敲竹杠。譬如说:上海的高等妓院,吃酒叫局,都是三节算帐。他们倘然与哪家妓院有隙,便在报上放一谣言,说是下节某妓嫁人了。那些嫖客本为属意于某妓而来捧场的,至此便"漂帐"了("漂帐"即赖债,妓家术语)。

又如对于伶界，他们也有剧评（那时各大报没有剧评的），北京来了一个名角，他们便闯进看白戏。以前上海的戏馆，还没有买票制度，你不让他进去，他明天写一个剧评，便把你丑骂一顿。戏馆老板虽痛恨它，可没有办法。所以这些小报，已弄得人人憎厌了。

那时的小报界中，似以李伯元的《游戏报》销数较佳，因为他在上海交游颇广，而尤以他所写的那部《官场现形记》，附载报上。其时正当清末，人民正痛恨那些官场的贪污暴虐，这一种谴责小说，也正风行一时。李伯元笔下恣肆，颇能侦得许多官僚丑史。其实他自己也是一个佐杂班子，我当时也认识他，在张园时常晤见。所谓张园者，又名"味纯园"，园主人张叔和（名鸿禄，常州人，广东候补道，曾办招商局，亏空公款，被参革职，以其宦囊在上海造了那座张园）与李伯元为同乡，所以我知《官场现形记》中的故事，有大半出自张叔和口中呢。

小报与大报不同之点，不但在于内容，而亦在于外型〔形〕。即如说：它的纸张，大小最有分别，小报只有大报纸张之半；大报每份都有数张，小报则每份仅有一张。再说：大张〔报〕都是靠广告，广告越多，纸张越加多。小报则靠发行，往往仅有半张的纸，却能与大报数张的纸的价目，并驾齐驱。这便是短兵相接的，也有它的足以胜人之处了。

再次谈及报纸上的副刊。记得北京某一家报纸出版副刊，刘半农写了一个发刊词，开首便说："报纸为什么要有副刊？这个问题谁也回答不出，但有报必有副刊……"但我敢说副刊是一种自然趋势，而且还受着小报的遗传性。因为未有副刊之前，先有小报。最初的报纸，并没有什么副刊，可是我见到那些最早出版的报纸，在新闻之后，便有什么诗词杂文之类，不过当时是不分栏的，那便有了副刊的萌芽了。到后来可以说把小报的材料吸收了，取其精华，遗其糟粕，于是遂有《申报》的"自由谈"，《新闻报》的"快活林"，《时报》的"馀兴"与"小时报"。那时候，副刊便成为大报里的小报了。

在这个时候，旧时的小报，已成腐化无人问津了，而忽然崛起了一张《晶报》，这是在小报界里第一次革命。

《晶报》本是《神州日报》的附刊，"神州"始由于右任等所创办，一再易主，而入于皖籍人士之手，最后始归于余大雄。余亦皖人也，籍隶徽州，胡适之所自嘲的徽骆驼者（按，有一种虫，名"灰骆驼"，似蜘蛛而背高，作灰黑色，以"徽"、"灰"同音，苏人以之嘲徽州人者）。但他为人勤敏，当

325

接收《神州日报》的时候，报纸每日的销数，不及一千份，百计思量，总是难于起色。于是他在《神州日报》出了一张附刊（附刊非副刊也，又称之曰"附张"），唤作《晶报》。

为什么唤作《晶报》呢？因为它是三日刊，每隔三日，方出一纸，以三个"日"字凑成一个"晶"字，所以谓之《晶报》，而且也带有光明精澈的意思。谁知读者虽不喜《神州日报》而却喜《晶报》，每逢附有《晶报》的日子，销数便大增，没有《晶报》的日子，销数便大减。因此余大雄便对于《晶报》十分努力，对于"神州"，则日趋冷淡。《晶报》朝气充沛，蒸蒸日上，"神州"却近乎冬眠状态了。

但那个时候《晶报》不能独立，必附属于"神州"，因它有宗主权也。"神州"的编辑是吴瑞书，常熟人。说来好笑，编新闻，写论说，孤家寡人，全编辑部只有他一人包办，真似广东人所说的"一脚踢"。好在只出一大张，大约一小时便可以齐稿上版，"神州"真是神速之至。至于《晶报》，要三日方出那么小小一纸，余大雄于此三日内勾心斗角，取精用宏，与"神州"相较，缓急之不同，真不可同日而语。

那时有位张丹斧先生（又号丹父）借住在神州报馆，余大雄便请他为《晶报》编辑主任。张是一位扬州名士，好写奇辟〔僻〕的文章。本来扬州文艺界，从前有扬州八怪的名人逸事，而这位张丹翁也有些怪癖。他虽名为编辑主任，并不与闻《晶报》编辑事，只偶然写一则怪文，作一首怪诗而已。一切征集新闻，处理文字，都是余大雄亲手经营，要三日方出一纸，也真可谓算得好整以暇了吧。

大雄好客多交游，实在他的好客多交游，就是为他征集新闻材料的谋略。

他对于《晶报》，发布了有三纲：一、凡是大报上所不敢登的，《晶报》均可登之；二、凡是大报上所不便登的，《晶报》都能登之；三、凡是大报上所不屑登的，《晶报》亦好登之。这个意思就是说：一不畏强暴，二不徇情面，三不弃细流，这是针对那些大报而发言的。先打击了大报，以博读者的欢迎，那是"初生之犊不畏虎"，也是一种战略。但如果只是这样空言白话，说说罢了，那就没有意思，总要给点真材实料，给读者们看看，方足以取信于人呀。

所谓真材实料是什么呢？便是要征集大报所不敢登、不便登、不屑登的资料了。余大雄的征集新闻资料，有两种方法，一是取自外的，一是取自内的。试为约略言之。

　　那时上海的记者们，以"不事王侯，高尚其志"的态度，也谢绝各方交际应酬，以自示清高，实为可笑之事。当时也没有外勤记者这一种职业，即使有外勤记者到人家去访问，人家也绝不欢迎。余大雄就是以他的交游广，他以友朋的姿态去访问，人家不能拒绝呀，可是有极新鲜的新闻，就从此中来了。他所访问的友朋以何种人为最多呢？其中以律师、医师、其他一般所谓自由职业者，次之则是海上寓公、洋场才子了。这时候，上海的律师，多于过江之鲫，在法政学堂读三年书，就可以到上海来挂律师牌子了。自然，也有精通法学的名律师，也有只挂了一块律师招牌而从没有办过法律事的。余大雄奔走其间，每每获得大好的新闻资料；其他如上海的许多名医，及一般自由职业者那里，也往往有珍闻出现，所以当时人家呼余大雄为"脚编辑"。

　　这便是取自外的了。再说：《神州日报》那房子，既旧且窄，《晶报》这小小一间编辑室，也就是他的会客室。有时少长咸集，群贤毕至，余大雄的朋友，张丹斧的朋友，朋友带来的朋友，如梁上之燕，自去自来，谈天说地，笑语喧哗，吃饱了自己的饭，闲管着别人的事，讨论辩驳，是白非黑，而他就在此中可以汲取材料了。好在《晶报》要三日一出版，尽多空闲时刻，不似大报的每日出版，匆忙急促。还有文人好事，自古已然，忽然的天外飞鸿，收到一封叙事既曲折，文笔又幽默的报告秘闻，这又都是意外收获了。诸如此类，可说那新闻取自内的了。

　　总括一句话：《晶报》上的新闻资料，没有什么内勤、外勤，也没有什么薪资、稿费，这是与大报完全不同的。譬如说：人家偶然报告一件有趣而重要的新闻，怎样去衡量这个价值而与以酬报呢？人家也不过出于好奇心、发表欲，一时兴之所至，见大报所不登而《晶报》所欢迎的，便即写来了。不过虽然《晶报》所欢迎，也须加以调查，是否翔实，未可贸然登载。所以《晶报》对于什么稿费这一层，却是不必谈的。

　　就《晶报》所发表的新闻故事偶拾数事而言：当时上海法租界三大亨（黄金荣、张啸林、杜月笙）势焰熏天，谁也不敢得罪他们的。但是有一次，黄金荣为了娶一个女伶人露兰春为妾，与一个上海富商薛某之子争斗的事（按，露兰春是黄金荣所开的"共舞台"戏院的女伶；薛氏子是第一次世界大战时，以囤积颜料发财的薛宝润的儿子。薛氏子很吃亏，为黄门徒众打了一

327

顿，弃于荒野），他报都不敢登，《晶报》登了。这件事，后来黄金荣的徒弟们，计谋要把余大雄骗到一个地方，依照对付薛宝润儿子的方法，把他毒打一顿。也有人说：这种瘦怯的文人，吃不起我们"生活"（"生活"，沪语代表殴打的意思），那是要闹出人命来的，不如请他吃一次"糖油山芋"吧（所谓吃糖油山芋者，雇一个小流氓，用旧报纸包了一包粪，伺于路旁，乘其不备，塞在他的嘴吧〔巴〕上。那就是请他吃屎的恶作剧，上海也有许多人尝试过了）。但黄老板门下也有文化人（也有报界中人）出来调和了，劝余大雄，何必要吃那些眼前亏呢。教余大雄登门道歉一番，总算了却一件事。

至于说大报所不便登、不愿登而《晶报》独登的，那是不可以偻指计。即如张謇与余觉、沈寿的一重因缘，上海各大报，没有一家肯登的，而《晶报》乃以为奇货可居，大登特登。又如有一次，胡适之在上海吃花酒，这也无足为异，当他在上海华童公学教书的时候，本来也是放荡惯的。这一回，他是胡博士了，是中国教育界的名人了，当他从北京来上海，即将出国，似乎要尊严一点。偏有那位老同学胡宪生（无锡人），觞之于某妓院，胡适为余大雄所瞥见（他们是同乡），又以为这是《晶报》好材料，便写了胡适之冶游的一篇素描。这也是大报上所不便登而不屑登的。其它也不胜枚举，而最轰动一时的，便是《圣殿记》一案了。

"圣殿记"者，当时有一位德国医生希米脱，到上海来行医。他不是普通的医生，却是施行一种"返老还童术"（上海人如此说法）。来了以后，大事宣传，说是怎样可以恢复你的青春腺，在性事上疲不能兴的，他可以一针使你如生龙活虎，永久不衰。在那个时候，上海社会，确可以吃香。在各大报上都登了广告，而且求名人作义务试验。据说：试验打针者有五人，而其中一人乃是康有为。于是上海有两位德国派的青年医生（上海当时习医分两派，一为英美派，一为德日派）黄胜白与庞京周弄笔了，写了一篇《圣殿记》，投稿于《晶报》。

怎么叫做《圣殿记》呢？所谓"圣"者，指康有为而言，因康有什么《孔子改制考》的著作行世，素有康圣人之称；这个"殿"字呢？原来在古文"殿"与"臀"通，北方人呼臀为"腚"，南方人则呼臀为"屁股"。那就是说这一针是从康圣人的臀部打进去的，文甚幽默，语涉讽刺。康先生大人大物，以为这些小报吃豆腐，不去理它。哪知激怒了这位德国大医生希米脱，他正想到上海来大展鸿图，不想被人浇以冷水，大触霉头。于是延请了上海著名的外国大律师，向《晶报》起诉，以诽谤罪要《晶报》赔偿损失。

这个损失《晶报》赔得起吗？必然是狮子大开口。朋友们都劝余大雄，在这租界上与洋人打官司，总是中国人吃亏，不如向律师疏通道歉了事，希米脱不过借此示威，要开展他的滑头医术，我们报上给他说些好话，为他宣传宣传，也过去了。但余大雄很为倔强，他说，我们《晶报》虽小，一向以不畏强暴著称，许多读者喜欢看《晶报》也因为此。现在一个外国滑头医生，靠着租界势力，来威胁我一个小报，我决计抗一抗。况且这篇文字，我们只与南海先生开一次玩笑，对希米脱也没有什么诽谤，南海也不计较，他算什么？以余大雄的倔强，这官司是打成功了。审判的那一天，是英国领事当值，中国方面的会审官是不是关炯之，我已记不得了。结果：宣布被告余大雄，赔偿原告希米脱一元。赔偿损失一元，这不是可笑的事吗？这是象征着原告已胜诉而被告已败诉吗？

再说：希米脱所要赔偿的是名誉损失，而他的名誉只值一元吗？所以判决以后，希米脱一路怒吼骂人走出，《晶报》同人则很为高兴。据说：赔偿极微的损失，在英国法律有此判例，这有劳于研究英伦法学家了，但是在面子说，白人总是胜诉了。未几，希米脱悄然离沪去了，这一场官司《晶报》却增长了千馀份报纸。

更有一事可回忆的，当《晶报》兴盛的时候，史量才颇想收买它，曾托我向余大雄一探其意。量才的意思，以为有许多社会新闻，《申报》上是不便登的，倘有一个小报如《晶报》者，作为卫星，那是《老申报》与《小晶报》（按，这是上海小报贩在各里衖里高喊的，《老申报》要吥？《小晶报》要吥？《小晶报》因此出名）岂非相得益彰吗？但这个交易，余大雄要他四万，史量才只肯出一万，这当然不成。《晶报》何所有，一部《神州日报》遗传下来的平版老爷车机器，一副断烂零落的铅字，《申报》也用不着它，无非是买这《晶报》二字而已。但《晶报》的组织与他报不同，有余大雄的奔走各处，不惮劳烦，采访新闻，人呼之为脚编辑的。有各色各种的人，跑到《晶报》馆里来，谑浪笑傲，高谈阔论，就于此中有奇妙的新闻出现，而不是你区区出了些稿费，就可以买得到的。所以我向史量才说："收买《老申报》容易，收买《小晶报》倒是不简单呢。"

钏影楼回忆录续编

自　序

在一九四九年五月，我始写此回忆录，自儿童时代写起以及青年而至中年，得三十多万言。本不敢以问世，前序经已述及。后由友朋的劝告督促，并相助为理，遂于一九七一年六月，在大华出版社印行出版。尔时我年已九十六了，老病侵寻，神思衰落，记忆力更不如前。乃蒙海内外贤哲，加以奖励，谓此仅辛亥革命以前事耳，于此中断，殊可愧惜。百岁光阴，如白驹过隙，前事不忘，后事之师，追述遗闻，亦足为后生史材。而我以行将垂尽之年，在此药炉病榻之旁，亦尝回念前尘，寻思故友，深夜失眠，又复弄笔，亦得十馀万字。不足则继之以一九四九年的断烂日记，即名之曰《钏影楼回忆录续编》。前编由柯荣欣先生为我印行，后编由高伯雨先生为我印行，皆由大华出版社出版。我以病中，精神不继，尤赖伯雨先生为我编校，多所赞助，心滋感谢。春蚕丝尽，蜡炬泪干，读者诸君，有以教正。

吴县包天笑时年九十八，一九七三年八月在香港

八八 关于《留芳记》（上）

在一九二〇年时期，我曾有历史小说《留芳记》之作。屈指计来，已是五十年了。此书也是未完成之作，以章回小说体，共写了二十回，计有十万字，在上海中华书局出版，今则早已绝版了。我于别的译著小说，并不十分着意，但于《留芳记》，却是下了一番工夫。病中无聊，偶尔追忆其事。

我在青年时代，在曾孟朴所办的《小说林》出版部，见他所写的《孽海花》，我也曾有过志愿，要想把当时的革命事迹写成小说。也曾把秋瑾、徐锡麟的事，写成一二回，名曰《碧血幕》，当时革命尚未成功呢。因思历史小说者，不同于历史也，也不同于传记也，最好与政治、军事无关的人，用以贯串之，始见轻松俊逸。久久未得其人，而我也于这个志愿淡忘了。那年在北京，识张岱杉先生，偶谈及此事，他说："有一个人，可以为你书中贯串一切的主人。"我问何人，他说："是梅兰芳。这孺子一定成名，现在已经声誉满京华，士大夫争相结纳。用他来贯串，比了《孽海花》中的赛金花，显见薰莸的不同。"当日座中尚有宋春舫、钱芥尘诸君，都拊掌称善。我也觉得张岱老提出梅兰芳作我书中的核心人物，也颇为适当。就这样的三言两语，便引起我写这书的兴味来了。

梅兰芳我早就认得，他第一次到上海来，便到《时报》及各报馆拜客。又因为我友杨荫孙（北京交通银行行长）在上海张园结婚，演唱堂会戏（本来是上海丹桂第一台请来的，却以北京银行界的势力，抢先演唱了一次堂会戏），也和他晤谈过。其时他是二十岁吧？那时北京到上海的名公钜卿、文人学士，捧他的已经有很多很多人了。我为了写这小说，不能向壁虚造，一定要先行搜集材料，多多益善。在梅兰芳一方面，我的朋友属于"梅党"的极多（梅党两字，是他们党员自称的），要征集资料，可以供过于求。但是我的写这书，志不在梅的美艺嘉誉，而很想阐发那时民国革命的史实。如今想来，不免有些志大言夸了。

我这时便想着手搜集资料了，谈何容易，这真是一个艰巨的工作。我此次来北京，距离辛亥革命，已经有七八年了，洪宪时代也已过去，正是北洋军阀当权的时期。而我是生长在江南的人，从武昌起义，一直到清帝让位，江南人好像随随便便，没有什么大关系。譬如叉麻雀扳一个位，吃馆子换一家店；糊糊涂涂睡一觉，到明天起来，说道已经换了一个朝代了。

　　还记得江苏宣告独立之日，程雪楼（德全）以巡抚而易为督军的时候，我和《时报》一位同事程君，到苏州去观光一下。但见抚台衙门前只不过飘扬了一面白旗，至于老百姓，正是行所无事，各安其业，古人所谓匕鬯不惊呢。所以我必须在北京多搜集资料，因为此地虎斗龙争，狼奔豕突，可歌可泣、可怒可惊的轶事正多，这是我们治野史的所万不能放弃的呀！

　　但是搜集材料，却先从何处着手呢？自然要向在北京的朋友去访问，而我当时在北京熟识的朋友还不多。有的是在辛亥以后方到北京的，有的虽在北京而不问外事的。岱杉先生说："我可以把我所知道的许多遗闻轶事慢慢地告诉你。"不过他也忙得很，我怎可为了我的小说材料，常去麻烦他（其时他是财政部次长兼盐务署）！而且他是现任官，到底有许多不便讲的呢。我这一次到北京，不过两星期就要回上海，买的京沪来回票，有限期。因想不如下次再到北京来，多住几天。这种征求故事的工作，不是以急就章所成功的。最好是从容不迫，在饮宴中、谈笑中，无意得之，更为亲切有味。

　　回到上海不多久，可就有两位朋友见访。这两位朋友，可算得是梅党中的高级职员、宣传使者。这两人是谁呢？一位是赵叔雍，一位是文公达。叔雍是赵竹君的公子，公达是文芸阁的公子。叔雍任职于申报馆，公达任职于新闻报馆，为党魁支持舆论，也算得分派得好均匀了。我的《留芳记》还未动笔，而不知如何，他们消息灵通，情报周密，新闻鼻已经嗅到了。两人都是为梅郎作说客，我是心领神会的。叔雍先来，我知道他的意思，掉了一句京戏《空城计》的戏词，笑道："司马的大兵来得好快呀！"叔雍的话颇为蕴藉，他说："畹华的为人，真如出污泥而不染。你先生也赏识他，呵护他的。关于云龢堂的事（云龢堂是北京的相公堂子），大家以为不提最好，免成白圭之玷。"公达的词令没有叔雍好，他说话有点格格不吐。这位先生文思邃密，而边幅不修，他还是费圯怀（念慈）的女婿呢。他的夫人嫌他没有功名，不漂亮，常常把他逐出闺房之外，大有天壤王郎之感。他说："兰芳虽是冯六爷（冯耿光）一班人捧起来的，外间那些人妒忌他，尽说些脏话，那是不可轻信的。"我说："我知道。这次在北京，我也和兰芳见过几次面，以他的温文尔雅，我已心仪其人，决不会对他有轻佻之感。实在说，我写此小说的旨趣，目的并不在梅兰芳，只不过借他以贯串近代的史实而已。正要向两兄请教，以两兄的博闻广识，必有许多大好资料，光我篇幅咧。"

过不了几个月，我又到北京去了。这一次，我想在北京多勾留若干时日。我那时已经脱离《时报》了，无职一身轻，所以有此空闲岁月。这个时候，北京正是最繁盛的时期，也是最纷乱的时期。上海的许多朋友，也纷纷北上。除了去做官的人以外，如林康侯、杨荫孙，都入银行界；邵飘萍到北京开京报馆；申、新两报都有发电的特派员在京，《申报》是秦墨哂，《新闻报》是张继斋。还有本在北京的徐凌霄、一士昆仲；还有袁寒云也从上海回到北京来，旧友新知，更是多起来了。

这时北京新开一家旅馆，唤做东方饭店，是上海一位姓丘的来京开设的。它的地址在南城外，邻近八大胡同，正是最繁华之区。因为是上海人来开设的，不免有江南莼鲈之思，所以凡是上海来的朋友，也都喜欢住在东方饭店。我在它的三层楼上占有小楼一角，每天三元，却包括早、午、晚三餐，且是西餐，下有公共食堂。当时的物价，比现在可便宜得多呢。那个时候，我还在《申报》写连载小说，因此白天访朋友，打游击，晚上在电灯光下，握笔疾书，每星期两次，以快邮寄去，也可以算得手忙脚乱了。

我那时想：既是书名《留芳记》，以梅兰芳为书中主要贯串人物，那好像戏剧的一开幕，便先要把梅氏捧了出来才对。却是从何处着笔呢？我记得前读《左传》有一句道："数典而忘其祖。"我于梅氏不如先从他的祖父梅巧玲讲起吧。原来从前清咸、同年间，曾、左、李三位忠于满清的名臣，平定内战，又把回光傃照的爱新觉罗氏扶了起来了。北京是人文荟萃之薮，那些所谓士大夫也者，歌舞承平，扢扬风雅，载酒看花，赋诗听曲。那时，有些相公堂子正在流行，梨园子弟，除了演艺以外，兼及侑觞延客。梅巧玲因为他生得丰腴，北京有"胖巧玲"之称，甚而皇帝也知道。当时某诗人有句道："天子亲呼胖巧玲。"是那一位皇帝呢？我不知是咸丰呢，还是同治呢？这个诗人呢，我也不知道，大概是樊云门、易哭庵这几位先生吧！

可是梅巧玲有一故事，都中名士，传说不一，我较其最切近者记述下来。

原来四川有一位举人傅留青，少年科第，到北京来会试，带了一个老仆住居在会馆里。一到北京，同乡同年的宴会无虚夕。起初认得一个名旦唤做龄官的，龄官死了，他做了一副挽联，那句子是："生在百花先，万紫千红齐俯首；春归三月后，人间天上总销魂。"（因为这龄官是二月十一日生的，比百花生日早一天，四月初一日死的，所以有下联的第一句了）其实这种对联，也没有什么了不得，不过切合他的生死月日而已。但是文人积习，互相标榜，便称他为蜀中才子了。那傅留青正在郁郁寡欢的当儿，却遇见了梅巧玲，一见倾心，便成为美满的知己。

傅留青家里是有些钱的，此番来京，带来了一万多两银子，作为在京的费用。又为了四川距离北京遥远，即使春闱报罢，就可以在京读书，预备下一科再战。可是读书是妄想，驰逐于声色之场，倒是真的。以他的豪情慷慨，任意挥霍，不久便囊空如洗了。有一天，梅巧玲去访他，见他正和会馆里的厨子算账。厨子见有人来，噘着嘴巴走了，傅留青却是愁眉不展的样子。梅巧玲私问他老仆傅忠，傅忠叹口气道："人是没有良心的，这个厨子本是我们家乡人，菜还做得可以将就。我们大爷，从前一个月里总要请十几回客，账也由他开，钱也赚得够了。现在因为钱不凑手，欠了他三个月饭钱，也不到一百两银子，就时刻来算账，不怪我们大爷要生气了。"巧玲道："原来如此！我想你们大爷外面还有账，不止欠厨子的钱吧！"傅忠点点头。

要知那个时候，中国的电报、邮政还没有通呢，从北京到成都，一封家书，动辄几个月，一往一来，便要半年。傅留青远水救不了近火，家乡的汇款不来，已是深入窘乡，这也瞒不过梅巧玲的。那一天，他忍不住向傅留青说道："我知道傅老爷近来钱不凑手，怎不和我商量？我手头还有几千两银子的积蓄，暂时济急，有何不可？"傅留青道："我怎好用你唱戏辛苦得来的钱呢？"巧玲道："除非您不屑用我们唱戏人的钱，也就罢了。"傅留青道："好！那末先借一千两来用吧。"银子到手，豪情勃发，不到一两个月，早已阮囊羞涩，妙手空空了。俗语说："一客不犯二主。"还是巧玲接济，他一连三次，共借了三千两银子，巧玲自己也真没有钱了。

北京是个势利之场，傅留青如果会试中式了，便有办法，偏偏又是落第。他在贫困之中，忽又害起病来，不到几天，病已不起。不等到家中寄钱来，早已身没京师，魂归蜀道了。幸亏会馆里同乡帮忙，料理他的后事。这时梅巧玲前来吊奠，怀中取出几张纸条儿，说："傅老爷在生之日，曾向我移挪过三千多两银子，本不要什么借券，但傅老爷定要给。不过这借券留在我处不好，今日带来，在诸位老爷面前把它销毁了。"另外还送了五百两银子。他说："最好请同乡老爷们，把傅老爷灵柩盘回川中去。"说罢，洒泪而去。

这故事，北京人谈者很多，而且传说不一。焚券市义，大似孟尝君之所为。我记述的是听罗瘿公先生所讲的，较为详实。

338

八九　关于《留芳记》（下）

我写这《留芳记》小说，还是用章回体的。不过我在从前写译作小说的时候，早已不用章回体了。据一般出版家方面说，如果是创作，读者还是喜欢章回体，开首有一个回目，回末还有两句下场诗，并有"欲知后事如何，且听下回分解"的老套语，可知旧小说原是从说书人遗传下来的。旧小说开卷前有个楔子，楔子还有一首诗或词，我的《留芳记》也有楔子，也有诗词的，开首便是罗瘿公的一首词。其词曰：

> 流末从知市义难，输他奇侠出伶官。灵床焚券泪汍澜。
>
> 曲子当年倾禁御，孙枝万口说芳兰。留将善报后人看。
>
> 调寄《浣溪沙》

这首词便是从梅巧玲说到梅兰芳了，那是我请求罗先生写的。这时他住在北京的顺德会馆，他是广东顺德人，我便常常到顺德会馆去访他，因此也认得了程艳秋。那个时候，程艳秋不过十六七岁吧。十次访瘿公，倒有九次遇见艳秋在那里。后来艳秋拜梅兰芳为师，也是罗先生先生介绍的。

再说，我这《留芳记》，先写或〔成〕了二十回（另楔子一回），约有十多万字。本预备写成八十回或一百回的，也可谓志大才疏。但是想：倘使要完成了出版，也不知要何年何月，就是这写成的二十回，已经研磨到两年多了。如果写成一百回，那便至少要有五十万字，而当时还流行用四号铅字排印的，势必要装钉〔订〕两册。并且这时上海的小说出得虽多，读者的购买力还是微弱得很，一部书价目在一圆以上，便有些缩手了。出版家的计算，一部新书有十万字的，定价可以一圆左右，初版三千部销出，决不会亏本，再版当然有利了。

因此我这《留芳记》，写成了二十回以后，跃跃欲试的便想出版的方法了。

闭门造车，不能出而合辙。我那时就想把所写成的给诸位老朋友去观看，请他们加以指正。尤其是供给我材料的诸位先生们，当时由他们说了，及至我写出来时，却大异其趣！也有的一时传为珍闻奇事，而到了后来方知不确，未能征实的；诸如此类甚多。我有自己印成的原稿纸（那是在时报馆仿照冷血所印的型〔形〕式印行的），把它誊清了，成为两册。我是在上海定稿的，这一次到北京，便带了这稿本去了。

我记得那是一九二四年吧（民国十三年，岁次甲子），约在三四月间，到了北京，我第一要去拜访林琴南先生。因为在三年前，我就曾造访过他，以后也常通过信。写《留芳记》的事，我也告知他，并请求他为我写一序文，他也慨然应许了。这次来，将此《留芳记》请他鉴定并索取序文了。他那时已是七十三岁，但我见他还是精神奕奕，有说有笑的。我说："小说写得不好，请先生指教。序文慢慢儿赐下，拙稿拟在下半年印行。"谁知不到三天，他的序文已经送到我寓所来了。我今将林先生的序文录如下：

弁　言

前此十馀年，包天笑译《迦茵小传》，甫得下半部，读而奇之。寻从哈葛得丛书中觅得全文，补译成书，寓书天笑，彼此遂定交焉，然实未晤其人。前三年，天笑入都，始尽杯酒之欢，盖我辈中人也。国变后余曾著《京华碧血录》，述戊戌庚子事，自以为不详。今年天笑北来，出所著《留芳记》见示，则详载光绪末叶群小肇乱取亡之迹，咸有根据。中间以梅氏祖孙为发凡，盖有取于太史公之传大宛，孔云亭之成《桃花扇》也。《大宛传》贯以张骞，骞中道死，补贯以汗血马。史公之意不在大宛，在汉政之无纪，罪武帝之开边也。云亭即仿其例，叙烈皇殉国，江左偏安，竟误于马、阮，乃贯以雪苑、香君。读者以为叙述名士美人，乃不知云亭蕴几许伤心之泪，藉此泄其悲。今天笑之书，正本此旨。去年，康南海至天津，与余相见康楼，再三嘱余取辛亥以后事，编为说部。余以笃老谢，今得天笑之书，余与南海之诺责卸矣。读者即以云亭视天笑可也。

甲子三月闽县林纾拜识

林先生文章茂美，史识超群，乃序中以太中公、孔云亭相比例，他的宠誉我实在太过了。但他的序中意有所指，也是借他人酒杯，浇自己块垒呢。他是以流丽的行楷，写在两张笺纸上。我在印行《留芳记》时，即以其墨迹冠于首页。他序文中，有"前三年，天笑入都，始尽杯酒之欢"的数语，我不能不说一说。

原来，我在三年前第一次访林琴翁时，谈得很好。他奖掖后辈，不遗馀力，他就约我第二日到他家中吃便饭。我出来告诉友人们，他们说："嗳呀！此老是极难得请客的，对你真是极大面子，万不可拂其意，而且要去得早，不能使他久待。"那个时候，还是初春天气吧。他约的是中午一点钟吃饭，我不到十二点钟，便到他家里。他的书斋中有三数宾客，大概是他的同乡，却不见主人。后来却见琴翁穿了一件长可及膝的棉袍子（这种棉袍，我们江南老年人也常穿的），正在他们的厨房里，指挥厨子做菜（后来我才知道有好多福建名士，都会自己做菜的）。他还告诉我，这是甚么菜，如何做法的，这都是我从未吃过的闽菜。其中有一只"汤煲肚"，又香、又鲜、又脆，不知如何做法，我至今还好像是芬留齿颊呢。

那天还有一事，餐未及半，有人送一信来，立候回音。琴翁离席匆匆去，旋即归座，说已了却此一件事。原来有某显者，丧其父，求琴翁撰写一墓志铭，送笔资三百元。但林翁不愿为此人谀墓，谢绝了，璧还了他的笔资。在座的一位客，问求写墓志铭的何人？他笑说："总之我不愿给他写就是了，不必问何人。"所以我觉得林琴翁的风骨和厚道，实在当世一般贤达之上。他在我书的序文上，不是记着年月是甲子三月吗？不想就在这一年的下半年，他便逝世了。他是生于一八五二年（清咸丰二年），殁于一九二四年（民国十三年），享寿七十三岁。

我那时又把《留芳记》稿本给在京的诸位先生看，有几位都是供给我书中资料的。如张岱杉先生，他是发起我写这部书的，但他那时正忙于做官（曾以财次升部长）。还有一位丁士源先生，是在德国留学回来当军官的，在辛亥年间，任陆军大臣荫昌的副官处长，他给我的关于辛亥史实不少，须再加以证明。北京交通银行行长杨荫孙兄，取了我的稿本去看，后来对我说："你害了我，一夜看完，使我失眠。"我此次来京，承蒙荫孙兄以交通银行透支一千元的摺子与我。他说："知兄旅费不多，在京不无有些交际，可以活动一点。"及我将回上海时，他又向我说："我查看你账，只透支了三百多元，我已给你还清了。"兹事亦殊可感也。

最后，我这稿本给胡适之看过。我知道胡适之的为人，你若诚心请教他，他也诚心对付你，而且肯说实话。他看过了，便说："我知道你写这小说很费力，我敢批评你五个字：'吃力不讨好。'恕我直言。"这仿佛对我兜头一瓢冷水，我正在兴高采烈时呢。但事后想想，确也是他的见到语。再一想想，人

341

做"吃力不讨好"的事正多，写小说是其小焉者耳。因想胡适之的一生，就是"吃力不讨好"呢。那时我已回上海了，和胡适之见面，也是在上海，我就把这二十回的《留芳记》急急想出版了。

关于筹划出版是一个问题，回忆到我最初译写小说，那是卖给了书店去出版，自己一切不管。后来到了时报馆，我在报上写连载小说，如《空谷兰》、《梅花落》等等，都由有正书局去出单行本。至于那些杂志上的连载小说如《苦儿流浪记》、《馨儿就学记》等等，则由商务印书馆出版，我都不管的。此刻的《留芳记》怎么办呢？而我的发表欲却正在催迫我呢。

那个时候，我已出了《时报》，《时报》也换了新东家了，但我在《申报》上还在写连载小说（上海报纸，每日只登一篇小说，约一千字，不属于副刊）。我想到如果把《留芳记》先在《申报》上登一登，十万言也不过三个多月光景，然后再出单行本也不迟。我便先与陈景韩商量，景韩说："你先把稿子拿来，给我们看看，再行定夺。"我便把稿子给他了。过了数天，景韩回报我，说："我们都看过了，《申报》不好登，因为有许多磕碰。"景韩所说的"他们"，当然有史量才、黄任之诸君在内。所谓"磕碰"两字，可作触犯解，而是出于无心的，这也是新闻界的一种术语呢。我知道《申报》不便登，《新闻报》更无论了。我在《新闻报》，也曾写过连载小说，规定以一年为期。在此一年之中，汪汉溪先生访问了我三次，只不过词句之间，他认为讽刺某一人为不妥当而已。他们都是这样谨慎小心，而尊重作者，而不肯擅自改窜作家文字，却也很可感的呢。

本来把版权卖给书商，让他们去出版，自己不用费心，不是也很干脆的吗？可是我又不愿意。自己付印刷所排印，由自己出版，最大问题是关于发行一件事。而我又素性疏懒，最怕麻烦，以我所经验的想起来，决定是办不好的。

想来想去，我们这一班作家，总逃不出书商之手。我还是和商务印书馆同人去商量，如把《留芳记》交商务出版，他们必能接受。我〖们〗的意思是并不让渡版权，而只收取版税。因为我知道有几位著作家，在商务已有此例了。

未与商务接洽前，先见到陆费伯鸿，偶然谈及《留芳记》事，伯鸿道："你为什么不给我们中华书局出版呢？"（伯鸿是中华书局总经理）这时中华与商务竞争甚烈，知要在商务出版，更不放你过门。我想中华书局也不弱于商务，现在欣欣向荣，各省都有分馆，既然如此，省得再与商务去噜苏了。于是与伯鸿讲起生意经来，版税收二成，就是照定价一元中，售出后我可以收到二角，三节算账。据他说："这是特别优待，初版倘印三千部，我们也许要亏本的，希望的是再版。"这样，《留芳记》便由中华书局出版了。

初版在三个月内即销罄，再版迟至两三年，三版恐印得不多吧，总共算来，不曾能销到一万部。版税陆续送来，这些零零碎碎的钱，也零零碎碎用去。可是到了日寇侵占时期，中华书局给我一封信，说是《留芳记》被日方禁止发行了。我百思不得其故，我书也并未踏着它尾巴，为什么要咬我一口呢？以后《留芳记》也就绝版了。

九〇　辛亥风云（一）

我写的《留芳记》，最先的设计，原想从辛亥革命开始，一直写到洪宪帝制，甚至拉到了张勋复辟，其志可谓不小，然也还不到十年的事呢。书中还要把梅兰芳硬串在里面。即使是写张勋复辟吧，那天这位辫师进京，即在当天晚上，他们江西同乡（张勋是江西人）在江西会馆欢迎他，大开筵席，还唱了戏，而这个班子里就有梅兰芳。大家正是酒酣耳热，注目于戏台上的梅兰芳出场，狂喝他的门帘彩。回过头来，却不见了今天的主宾张勋。原来这位辫师乘人不备，已经离席，悄悄儿溜出去，直叩清宫大内去了。这样不是又把梅兰芳搭上去了。可是不要说张勋复辟没有说到，连洪宪帝制也没提及，这二十回《留芳记》中，只谈到辛亥革命几件传闻故事罢了。

现在我把《留芳记》中辛亥革命的故事儿，拾取几件来说。不过先得来一个声明：第一，《留芳记》里所写的人，都不是真姓名，而是影射的。这也不是我们创始，《儒林外史》中的人，不是都有来历吗？曾孟朴写《孽海花》，也是如此。现在我所重行记述下来的，即都是真姓名。第二，写小说不免有夸张的地方，也不免有隐讳的地方，有的出以故作惊人之笔，有的发为奇异莫测之文。但是我现在所记述的不是小说，只不过把从前在朋友处听来曾写在《留芳记》上的，加以修正，平铺直叙的再记录一下而已。

讲到辛亥革命，首先要从武昌起义说起。但这一段历史，记述过的不知有多少了。从新闻上、杂志上、公家典籍上、私家传记上，千篇一律，早已家喻户晓，我何必再去重叙一过呢？要知道我的是小说，不是史传，我高兴

343

写那里，就写那里。我征集的材料，大多数从北京来的，因此我便从北京一方面写起了。

且说当武汉〔昌〕起义事件发生的当儿，清廷正在直隶（今河北）永平府预备秋操。自从清廷注意练兵以后，共办了四次秋操。第一次在河间府，是光绪三十年，北洋大臣主任，教练官大概是日本军官。第二次在彰德府，光绪三十一年，练兵处主任。第三次在安徽太湖县，光绪三十四年，陆军部主任。这次永平府秋操，已是第四次，由军谘府派了一位亲贵涛贝勒为主任，预备在八月廿一日（旧历，下仿此）大操的。在八月十九日夜里，忽然接到一个武昌十万火急的密电，但是密电本子却在涛贝勒的帐篷里。那时的警备总司令丁士源，骑了一匹马，直闯载涛的营帐，一叠连声的唤道："七爷！有紧急电报！"这时载涛已经睡了，便道："什么事？咱们明天谈吧。"丁士源道："不！那个密电本子在您房内，咱们翻出电报来，给您瞧吧。"

电报翻出来，只有几个字："工程营兵变，瑞澂逃。"载涛说："怎就闹起乱子来了？是革命党不是？"丁士源道："工程营是新兵，新兵变乱，很可考虑。"载涛说："这和咱们秋操很有关系，现在可怎么办呢？"召集了几位高级司令，商议下来，说现在把这事暂时秘密起来，不要摇动了军心，想来北京定有处置，等上头命令。果然北京的命令来了："秋操暂时停止，着载涛即日回京。"说暂时停止，只不过是缓兵之计，这一次秋操，就这样的半途而废了。

戴涛回到京城，见政府各机关已是震动忙乱起来，各处的电报，几乎要塞满了一个军谘府。明发的上谕也已经下来，着陆军大臣荫昌督师南征，克日启行（荫昌号五楼，在德国学过陆军的）。大将出征，军书旁午，大兵踊跃，气象万千。荫昌先派了廿三标统带为先锋队，立即驰赴战地。又檄调五十七标统带开拔前进。自己便带着大队人马，开着京汉铁路专车，缓缓向前进行。原来清政府吃了外国几次败仗以后，便注意练兵，开陆军学堂哩，秋操哩，请外国军官来当教练哩，闹了一个乌烟瘴气，都是不切实际。到了摄政王载沣当国，一班兄弟们都以皇叔自居，又设了什么贵胄学堂等等。这班乳臭未干的亲贵，教他们赁厢听戏，饮酒看花，逛胡同，吃馆子，那便都是翩翩少年；若论冲锋打仗，决算运筹，还远得很。现在他们以为汉人闹革命，我们满人兵权在握，不难一鼓荡平。

闲文少叙，且说荫昌奉命出征，在北京启行的那一天，到车站相送的人可不少。除了在京各大员、各要人外，还有许多外国公使、西报记者，也来相送。荫昌带了一班参谋长等等，军服辉煌，在专车里酬酢来宾。到了相当开车的时候，大家纷纷下车，车站长把手中绿旗一挥，火车便蠕蠕而动。但只动了一动，忽然又停止了。这是怎么一回事呀？传问站长，说是刚得电话，盛宫保要来送行，立刻就到。大家都诧异，盛杏生有什么事吗？原来那时盛宣怀是邮传部大臣，火车站也由他可以统制的。不到十分钟，只见他匆匆忙忙赶来了。荫昌道："咱们车已开了，说宫保要来相送，不知有什么事吗？"盛杏生道："委实有一点事，兄弟非亲来不可。听说汉阳已失守了，此次我们大军一到，必可夺回。只是我们在那里有个铁厂，非保全不可，那是我们花了好多心血在里头的。这件事要拜托诸公。"说着，从靴统里摸出一张半新半旧的地图来，说："这便是汉阳铁厂的地址所在，要能保全无损，该厂愿出十万块钱犒赏大军。"荫昌道："得啦！咱们夺回汉阳时，准定把铁厂保留，十万犒赏费，宫保请早预备。"

盛杏生也知道军行紧急，不可躭〔耽〕搁，便即告辞下车。临开车时，盛杏生在月台上还拱着双手道："拜托！拜托！"荫昌见他这行状急遽可笑，在车窗前也以一种滑稽态度，用两手指交叉搭着道："十万！十万！"试想这一天大将出征，何等威严，军行都有一定时刻，可是临开车时，送行人脱帽挥巾，军乐齐奏，车已蠕动，乃红旗一挥，又复停止，已经教人诧异了。

说是盛宫保要来，必是紧要的事。那天各国公使馆人物、各西报记者，都能说得一口京话的，怎不听懂他们言语！一回〔会〕儿说："钱预备好了。"一回〔会〕儿又是什么"十万！十万！"必是关于军饷问题，所以要由盛宣怀去筹款。他们通电出去都说清政府饷项不足，急欲筹款。由西报一宣传，再由上海各报一翻译，加着更有人散布谣言，于是上海大清银行挤兑，天津大清银行挤兑，北京大清银行挤兑，先是金融上吃了一个大亏，可谓出军不利。这是盛杏生这个倒霉鬼，车站送行，因此起了这个祸根。

荫昌的军车一路下去，逢站停顿，都有地方官在那里接差迎送。过了正定府，渐渐到了彰德，那是袁世凯住在这里。大家说："我们要去见见袁宫保吗？过门不入，似乎不好。"因为这些统兵官，大半是他的部下呢。荫昌道："他究竟是老前辈，也好！我们此次出征，应该向他请教一些方略。"到了彰德府，传了信去，袁世凯便即请见。荫昌带了他的参谋长等一行人前往，到了袁宅，袁世凯含笑相迎。让进西花厅，早有两位客在那里。一位约有五十多岁年纪，清癯面目的是张一麟；一位神气飞扬，不过四十岁左右年纪的是杨度。

袁世凯道："五楼，这一趟你要辛苦了。"荫昌连忙谦逊了一回，便道："此次特来拜访宫保，请示方略。"袁世凯道："这一回听得说革命党声势很大，各省都有响应的，你们到前敌，未可轻视啊！"荫昌道："将来还不是要请宫保出来，讨平此乱。不过这一次，我们出来，先给宫保打开一重门，好待宫保慢慢的布置。"袁世凯听了便不大高兴，他是个心高气傲的人，想怎么叫先打开一重门？我要是出来，自己会打开自己的门，别说一重，几十重我自己有力量也可打开。这时他便微笑不语了。在座的张一麐，向来不多说话，有好好先生之名；只有那个杨度，咭呱咭呱，言语独多，他说："这一下子，只怕打一年也不知道，打两年也不知道。你们的军饷怎么样，应得多备些呀。"一回〔会〕儿又说："听说我们湖南也不大安宁吧？要是各省都蠢动起来，那就有得麻烦哩！"

那天袁世凯便大排筵席，算替荫昌及一班军事人员又是接风，又是饯行。有许多军事人员，原是他的旧部，都一味恭维他，希望他出山。袁世凯叹口气道："我是不中用了，现在腿疾未愈，精气亦衰。回念受先太皇太后（谓慈禧）、先皇帝（谓光绪）深恩厚泽，无以为报。现在只有闭门思过，仰赖诸公同心戮力，歼此小丑耳。"袁世凯这些话，听来好像自承卑抑，实则是发了一阵牢骚而已。席间又畅谈了不少的话，荫昌等辞别以后，回到车站，吩咐开车，火车是很快的，便直达信阳州了。

信阳州是现在一个军行驻扎的地方，可以指挥前敌，也有许多将领在此进退集合。更有一重要的事，用兵必先筹饷，俗语说得好："三军未发，粮草先行。"原来此次他们从北京出发，原没有多备得军粮，因想有了银子，一路上随便什么地方〔都〕可以采办，可是要购大宗军食，也不能咄嗟立办。在彰德又被杨度提了一提，此刻计算下来，在军车上携带的，只彀七日之用。虽然后面也有军需辎重队陆续的来，正恐缓不济急，在此信阳州可以采办一些，只怕再向前进，供应就不周了。

荫昌驻扎在信阳州，不到几天，从前敌传来一个消息，说是自己的军队，忽然互相开火轰击起来，这是什么原因呢？原来是一种军衣问题的错误。当在正定府的时候，调赴前敌的第二镇协统王之春，就问到了敌军所穿的衣服是什么颜色。那位参谋长（按：这位参谋长，最初未调查到他的姓名，所以《留芳记》上也未列名）给他说道，敌军的衣服是穿蓝色的，我军衣服有黄色的，有灰色的。王之春记下来了。可知道中国的军队，参差不齐，未能统一，军服也随统兵官的己意为之。偏巧那个五十七标统带张希元手下所带的兵，全是蓝色军服，那位参谋长没有知道。可怜张希元的队伍，从河南调来，还没有扎住营盘。王之春的兵，见是蓝色军服，认定是敌军，一连几排枪，打得张希元的兵七零八落。张军莫名其故，立即回击，就此互相开火起来。直到信阳州大营赶忙派人去调停，方知是军衣颜色的误会，参谋长不得辞其咎。就这么一闹，自己人打自己人，军士的锐气便挫折了不少。

《留芳记》这一回目："待送行红旗停军旆，生冲突蓝服误戎机。"上一句，说的是盛杏生车站送行；下一句便是蓝色军服的误会了。

九一　辛亥风云（二）

关于袁世凯重行出山的一段历史，《留芳记》却有记载。

当我在北京搜集材料时，颇得到当时接近人物的传述，历观后来各家笔记野乘，也未见纪〔记〕述，今且录之如下：

袁世凯自从退归林下，由项城移居彰德，说是杜门养病了三年。可是他野心勃勃，急思发展，哪一天忘记了自己在清廷的权威？说什么圭塘唱和，洹上钓游，只不过附庸风雅，招几个书呆子排遣排遣，遮掩世人耳目而已。可知道他此中岁月，实非闲暇。他也知道这满清政府是搞不好了的，想到了两宫宴驾，为了戊戌政变旧怨，把他驱逐出来，他也不免怀有仇满之志呢。

在这个当儿，便是革命党人，也有好多和他暗中接洽的。东西洋留学生回国，常常有绕道到彰德一访袁世凯的。他也一一与他们周旋，而且时有馈赠。最凑趣的，当时有一位河南候补知县姓何的，他是一位星象家，每天从半夜里起来望气，逢人便说：王气在中原，总是中州一带，要出帝王。从本年（辛亥年）五月间就嚷起来了。加着许多名士，凡清廷不能容纳的，都向彰德奔走，真个如水赴壑。直至武汉民军起义，各省响应，北京政府一天要接着好些急电。亲贵中不是些老朽，便是些童骏，正在束手无策的当儿，那彰德府沉几观变的那位枭雄，也正在跃跃欲试了。

那时候，有一位袁府里的表老爷张镇芳，他很知道这位老表兄的心事，特地到彰德府来访袁世凯，便道："四哥！你的时候到了。在这个当儿，还不出去，等待何时！人生世间，机会最要紧的，但机会却一瞬即去，非把机会

347

捉住不可。"袁世凯道:"你的话是不差,可是一个人的出处,也不宜太轻躁,难道人家不有求于你,便可以炫玉求售吗?"张镇芳道:"兄弟有一个意见,我瞧现在的时势,他们满洲人是搞不好的了。各省都在蠢动,好比一间破屋,骤经大雨,各处都在漏了,他们又无法补漏。那个摄政王是一无主张的人,尽那班号称亲贵的小弟兄胡闹。其中还是老庆王说话有点儿力量,只是他近来越老越贪,他别的都不管,只拼命的要钱。你四哥如果愿意花这几十万银子,孝敬孝敬他,他还不和你尽力在里面帮腔说话吗?"

袁世凯点头说道:"你的计划,我难道不明白!花一些钱,那是小事,我向来不爱惜的。只是这一番,我不出去则已,要出去时,非大大干一下子不可。我们老弟兄,可以无话不谈。别的我都不放在心上,就是外交上,我还不敢说有十分把握,但也七八成地可以靠得住的。英国公使朱尔典,咱们是老朋友,不用说,他是一定肯帮忙的。记得三四年前,他还和我说,既是满洲人搞不好,何不自取之,那你们倒可以中兴一番。这话出于外国人之口,他竟肆无忌惮说了,要是在中国人口中说出来,岂不是大逆不道吗?我就怕那日本小鬼,素来和我有恶感,他们要是从中捣乱起来,也很是麻烦。不过在日俄之战里,我们帮他们的忙不少,还不能尽捐宿嫌吗?至于美、法、俄、德,这都不足虑,以我眼光看来,欧洲各国,互相猜忌,只怕战祸也就不远了。讲到兵力,这不是胡吹一句,谁不是我手下的人?就有几个乳毛未干的娃娃,正不在我心上。前天荫五楼在这儿,我瞧他一点也没有什么把握。他还意气飞扬,说什么先打开一重门,只怕未必吧。凡事总要先谋定而后动,我早知道,他们呢,总要找到我,也不过迟早之间罢了。你既想到此也好,里头烘托,当然好得多,发动可以快一些。不然,迟则生变,也是很可虑的。明儿汇四十万银子,这事就托你办了吧。"

不多几天,张镇芳到北京,找到了路子,把四十万银子送进庆邸去了。那个庆亲王奕劻,是个耄而好货、越老越贪的人,自然把四十万两银子笑纳了。他想:"到底是袁慰亭,他惦念我老头子,不走门路则已,要走门路,总是我的主顾。而且手笔也大,不像人家要他五万、六万,已是满头大汗,他一送就是四十万。就这一点瞧来,足见他是能办大事业的人。而且现在中国各大员中,如袁世凯这样的还有几个?所有外面统兵的官,哪一个不是他的人!他们只是闹着小孩子脾气,和他作对。我想这一回,非力保他起用不可。"

这时，老庆王已吃了袁世凯四十万两银子的迷魂汤，心中只有一个袁世凯，想现在先收了他四十万，将来他上台以后，与他合作，还不知可有多少哩！那时北京满清政府虽派了荫昌应敌，但是大军未曾报捷，而各省独立的急电，又似雪片飞来。摄政王载沣惊惶万状，便召集了各王公大臣，商谈办法。那个时候盈廷聚讼，你一言，我一语，莫衷一是。有人说，现在陆军大臣荫昌亲临前敌，让他先打几仗，要是能把汉口和汉阳两处夺回，武昌他们当然守不住了。有人说，现在的事，不但是湖北一方面的，各处都乱动了，我们要统筹全局，方能有效，否则就有顾此失彼之虞。也有人说，我们国家练兵数十年，秋操也开了好几回，现在陆军学堂里毕业的人，也不知道有多少了，难道几个革命党小子都不能打退吗？也太丢人了。大家纷纷议论了一阵子，都是不着边际的话，也没有一个办法。

老庆王想，这是我说话的时候了，便站起来说道："我有一个意见，说出来愿与诸位讨论。"大家齐声道："王爷是公忠谋国、老成远谋的人，定有高见。我们都愿意聆教。"庆王道："欲平此乱，我想只有一人，就是那退职回籍的袁世凯。"大家听得此话，不敢作声，只偷眼儿望着摄政王，摄政王也默然不作一声。老庆便继续说道："谋大事者不记小仇，当初齐桓公对于管仲，尚忘射钩之耻。现在大家想想，可以当此重任的，除了袁世凯，还有何人？自从他小站练兵以后，各处统兵大员，谁不是他的部下人？由他出来号召，可以登高一呼，四山响应。荫昌虽为陆军大臣，论起资望来，那是远不及他呢。据诸位说，现在陆军学堂毕业，及出洋留学陆军回来的人也不少，以我瞧起来，这些娃儿们都靠不住。别的没有学，都学了些洋人的邪说谬论，只怕都是革命党。即使不是革命党，也和革命党一鼻孔出气了，这哪里要得！还有一说，我朝自入关以来，待汉人也不薄，所以屡次内乱，都由汉大臣平定。长毛闹得那样厉害，也是老佛爷信托了曾国藩一班汉大臣平复的。依我的主意，惟有起用袁世凯，使他平乱要紧，傍〔旁〕的事我们慢慢再议。"

当时也有附和着老庆的，也有依违于两可之间的，也有沉默不语的。摄政王说："这事我们不能拿主意，只有奏明太后，共同商议。"可怜那个隆裕太后是个忠厚懦弱的妇人，她听说革命党起事，要打进北京城来，早已吓得慌乱无主。现在只要能平内乱的，不管是袁世凯也好，方世凯也好，都可以迁就。过了几天，就下了一道上谕，湖广总督着袁世凯补授。这电谕到了彰德，袁世凯知道四十万银子在那里说话，已经发生效力了。可是他还要拿乔，不能叫他们呼之即来，挥之即去，也须要装出一点儿身份来。便拟了一个不能奉诏的电报，大致是说："足疾未愈，衰病侵寻，恳请另简贤能，当此重任"云云。

要知道那个时候的清廷也分为两派，一派自命为老成派，以庆亲王奕劻领首，汉人中如徐世昌等辈，亦属于此派。都瞧不起那班新进人物，说这班人都靠不住，只是在那里胡闹。所谓新进派人呢，像那时的肃亲王善耆，以及军谘使良弼等，自命为满人中开通人物了。他们也知道现在时势，单靠满人是不能成事了，因此平素间，也常发融和满汉的论调。无奈这大清国二百六十多年来，汉人吃了他的苦头，真是擢发难数，种族之见愈深，报复之机愈迫，补救已是来不及了。

不论这新进派，都是不赞成袁世凯的：第一，他们说袁世凯是个老奸巨猾，野心难制，如果他一朝得志，满洲种族恐无噍类矣。第二，他是反复无常的小人，就照那戊戌政变的一役，阻遏新政全是害在他的手里，使德宗（谓光绪）幽居，一生抬不起头，可谓罪大恶极了。第三，他们知道北洋兵权全在他的手中，看定袁世凯是生有反骨的人，一旦反戈相向，将何以制裁他？还有一种不明事理、迷信法治的说道："国家自有制度法律，不能让他因此跋扈，即如德宗宾天，只一道上谕，就驱逐他出京了，将来也可以重演一回。"可是在此世变岌岌之中，哪里能让你从容不迫的高谈制度法律呢？

记得我当时的《留芳记》写到此，也还记着资政院里的一班君主立宪派（简称君宪派）还迷信着"立宪"两字，以为宪法一立，各处的民党冰消瓦解。当时宪政的党魁是谁呢？他们自然公举主张变法、力图维新的梁任公了。此外便是汤济武、林长民等一流人。那时已与满人中的善耆、良弼、载涛等所谓联络者已联络一气了，而且上达摄政王以及各亲贵，以为宪政一颁，革命不致复起。他们还拟定了宪法十九条的信条。

这信条上怎么写的，我今摘录于下：一、大清帝国之皇统，万世不易。二、皇帝神圣不可侵犯。三、皇帝之权，以宪法规定为限。四、皇帝继承之顺序，于宪法规定之。五、宪法由资政院起草议决，皇帝颁布之。六、宪法改正提案权，属于国会。七、上院议员，由国民于法定特别资格公选之……计共十九条，这些丑恶的条文，我也懒得再录下去了。当我为《留芳记》搜集材料时，得了这宝贝典故，还暗暗地想：这是我们作的孽了吧。

我们在金粟斋译书处的时候，叶浩吾先生曾译了日本宪法，我与汪允中两人正踌躇着要印不要印，结果是印出来了。后来为人所责骂，说这种钦定宪法，害人不浅。现在果然应验了。这种宪法信条，完全钞自日本宪法皇室典范，真是当时我们所意想不到的事。

不但此也，还有一个可叹可笑的文献，他们以为立宪大事，应得要宣誓太庙，昭告天下。当时便有人拟了一篇宣誓文，这宣誓文是谁人所作，也不必去管他了，无非后来给他戴上一顶保皇党的帽子。不过我把这宣誓文录下，或为将来编清史者所未知。其文曰：

> 维宣统三年某月日，监国摄政王载沣，摄行祀事，谨告诸先帝之灵曰：惟我太祖高皇帝以来，列祖列宗，贻谋宏达，迄今垂三百年矣。溥仪继承大统，用人行政，诸所未宜，以致上下睽违，民情未达，旬日之间，寰区纷扰，深恐颠覆我累世相传之统绪。兹经资政院会议，广采列邦最良宪法，依亲贵不与政事之规制，先裁决重大信条十九条。其馀紧急事项，一律记入宪法，迅速编纂，且速开国会以确定立宪政体。敢誓于列祖列宗之前。

这一件事，清廷已经算让步到万分。这班君宪党，以为宪法颁布，就此可以满汉一家，缓和种族革命的趋势。可是革命潮流不发则已，一发就横决而不可收拾了。

九二　辛亥风云（三）

我今回叙袁世凯在彰德奉了上谕，着补授湖广总督。但他还搭着架子，托言足疾未愈，不肯就任。可是各省独立的报告，一天紧一天，军无斗志，人有戒心。一个摄政王，又是庸懦优柔，自己拿不定主意。那天又开了个御前会议，召集王公大臣、军谘府、陆军部，商议此事。隆裕太后道："自从太皇太后、先皇帝宾天以后，皇上幼冲，我是一个妇人家，幸赖摄政王辅政，及诸位王公大臣相助治理。三年以来，内外相安，不料武昌革命党忽然起来。本想不难即日平定，谁知这几天一夕数惊，江西、安徽、云南各省，都电告独立，荫昌也没有告捷的电文，人心慌乱已极。我想命岑春煊到四川去，魏光焘到两湖去，这都是老成宿望，诸位意下如何？"

老庆王奕劻抢先说道："太后所见极是。岑春煊、魏光焘，都是老练有识的人，着他们遵旨迅速启行就好。皇上幼冲，群臣等辅弼无力，以致闹出这乱子来，自有应得之咎。可是国家练兵养士数十年，不能平此区区小丑，也太不成话了。请太后放心，我们还有数镇雄兵，不难一鼓荡平，就是督师无人，这是很焦心的。奴才的意思，还是叫袁世凯出来，只有他可以统率诸将，收指臂之助。前次放了他湖广总督，他托疾不就，想他是前任外务部尚书，可否仰恳太后慈恩，赦他已往之罪，授他为钦差大臣，所有赴援海陆部各军，并长江水师，统归节制。再令冯国璋统第一军，段祺瑞统第二军，均归袁世凯调遣。如此优待重用，不念旧恶，想袁世凯具有天良，他应感激圣恩，驰驱图报的了。"

太后道："我于外间情形不甚熟悉，也不知道到底该怎么办。袁世凯当日的事情，你们大家都知道，也不用说了。先皇帝龙驭上宾的时候，本要治他的罪，朝廷体念老臣，以足疾放归田里，也算得宽恕的了，袁世凯自己也应得摸摸良心。现在咱们要用他，他又摆架子，这事王爷与摄政王商议，该怎么办就怎么办。你们大家说袁世凯才具好，必能平乱，自然以国家为重，我还追念他从前罪恶吗？"隆裕说到那里，早止不住泪珠儿滚了出来，掩面先自回宫了。

老庆王便和摄政王商量，下了一道上谕：特授袁世凯为钦差大臣，所有赴援海陆各军，统归节制。又着冯国璋统第一军，段祺瑞统第二军，均归袁世凯调遣。那个摄政王是一无主张的人，也就唯唯否否。虽然他们的新进派里头，也有好多不以为然的，可是自己里头也提不出一个知兵大员来与袁世凯抗衡的，也只是敢怒而不敢言了！

那时候，清廷特派专使，到了彰德，说了许多好话。又派荫昌自己到彰德劝驾一次。袁世凯便道："朝廷笃念旧臣，赐予起复，又奉皇太后、皇上圣恩优渥，世凯人非木石，岂敢忘恩！虽然足疾未愈，自当力疾督师，驰驱赴敌，以尽犬马之劳。不过开拔檄调，一切饷糈，政府也尝筹及吗？这一回，不单是湖北一省的事，各省都已响应了起来。即使大军所指，即日荡平，那笔军饷也就不赀，何况如今还没有一个把握呢！"大家说道："但求宫保出山，饷项我们再从长计议。"袁世凯这时也预备有些头绪了，冯国璋、段祺瑞两位军统，也来请示机宜了。他就慢慢地由彰德起节，驻扎到信阳州来。我还记得袁世凯在他的《圭塘唱和集》中咏"春雪"一联有句云："数点飞鸿迷处所，一行猎马疾驰来。"正应了当时景象呢。

袁世凯奉命督师，到了信阳州，荫昌即与交接。他虽然是现任陆军大臣，资历甚浅，所谓"蜀中无大将，廖化作先锋"，调遣各军将领，也不能如袁的指挥用命，乐得卸肩了。老袁那时便一连几个急电，打给庆王，催索饷项，大致说：要饷项无亏，将士方乐于效命。那时节，清廷度支已渐渐不能支持，急切之间，到哪里去筹款呢？说不得个古老传语："朝廷不差饿兵。"要教他们出死力去打仗，如何可以不预备饷项呢？

正在束手无策、仰屋兴嗟的当儿，便有人献策于袁世凯（按：这个献策的人，当是一个要人。在我搜集《留芳记》资料的时候，曾询问告者何人，但他不肯道出姓名。他既欲保密，我也不好穷诘了），说是：从前慈禧太后私蓄，也都是刮的民脂民膏，现在他们既然要保那大清的天下，不可以教他们拿些出来吗？人民尚有毁家纾难的，何况他们帝室中，况且这也不必要侵及内府正供啊。袁世凯听了，拊掌称善，说道："对了！对了！你老兄真能在无办法中想办法。"便请这位献策的先生，即日到北京，和老庆王仔细商量去。那人到了北京，先去见了王士珍。王士珍道："果然筹饷是急如星火，明日且和庆邸商量。"到了明天，见了庆王，因说："慈禧太后既有私蓄，我们暂时借来一用，日后即可归还，这不过是应一个急儿罢了。"

庆王踌躇道："这是说有一笔储藏款儿，我也好像听人说过。自从老佛爷归天以后，当然归今太后保管了，只是我们怎好去问得？"王士珍道："王爷不好问得，我们更不好问得了。"庆王道："或者托摄政王可以想法子。"王士珍道："全仗王爷帮忙，那军饷一天不发，就一天不能开拔。此刻军情紧急，瞬息万变，最好仰求皇太后济一济急，暂时发放，将来国内平定以后，首先筹还。"老庆王道："明日叫起，我且问问去。"

当时庆王见了摄政王，便谈起了这事。摄政王道："确实有这笔款项，现归太后保管。只是咱们怎么可以开口向她要去呢？这是孝钦后的私蓄，并不是国家的正供呀。"

庆王道："现在时势很急，你想耽搁一天，要出多少乱子。怎么还管它私蓄与公蓄，只要有钱，就取出来济急。但能保得住大清天下，将来这笔帐，总可以算得清，即时归还的。不过这到底是宫廷私蓄，他们当然不愿意交出来，全仗您大力，好好儿的奏明太后，说现在不过借来一用，将来无论在哪一项收入上，可以拨还。要是国家度支宽裕，也不会向太后要这笔钱。如此说法，或者太后也就应许了。"庆王又低声道："最好把外头的事情说得更紧急些，想太后自然不至于留难呢。"摄政王是个懦弱的人，受了庆王的教唆，便道："我总极力的说去，事成与否，却未可必。"庆王道："全仗大力。"

那天摄政王便进宫中，和隆裕商量。太后道："好啦！你们大家想心思想到宫里头来了。这一宗款项，果然是老佛爷遗留下来，归我保管的。却不是取诸正供，乃是历代相传，一向归宫闱掌管，未曾动用，数目多少，连我都未曾知道。现在他们度支部在那里管甚么事，临时筹一些军饷也筹不到，要想到宫庭私蓄，这还成甚么事吗？"

摄政王道："要是外面能想法子，早已想了，还来叩求太后吗？实在这两天外头闹得很凶，军谘府里各省独立的电报似雪片一般飞来；所有派出去的人回京报告，也没有一个好消息。本来这几年中，库藏空虚，度支竭蹶，已经要闹饥荒了，怎能还用兵呢？就如袁世凯这个东西，先皇帝一生未能扬眉吐气，可不是为他所害！纵不加罪，何至于要起用他呢？也是为了时局艰难，一时京外没有统兵大员，不能不叫他出来。现在开拔无费，他就黏在信阳州，今天说足疾复发，明天说感冒未愈，不肯亲赴前敌。外面风声愈紧，延宕一天，就要出多少乱子，受多少损失。在这个时代，更不能提到外债、国债，所以大家的意思，都仰求太后，请将老佛爷的遗蓄暂时移作军用，济一济急。将来无论在哪一项收入上，可以尽先扫数归还。现在咱们以救国为先提〔题〕，请太后俯念时势急迫为是。"

隆裕不比慈禧，是个软弱的妇人，这时无话可说，但也说道："那也不全是现款，有许多是金条、金块这类，还有的是前朝一直保管下来的。老佛爷在日，也没有敢动它，到了咱们手里，难道就变卖了不成？"

摄政王知道这已经活动成功了，便道："有金子就可以变成现款，咱们向金店里一兑就行。或者着金店里暂免熔化，留存一年半载，咱们仍可以赎回。这一次荡平内乱以后，全国人民都要恭颂太后圣明，能通权达变，不是那般固守成法呢。"摄政王知道太后已应允，连忙把高帽子送上去。隆裕道："既然如此，我明天派小德张去开宫中库房，教他们搬出来，且点了数再说。"隆裕叹了一口气，又说："只是要悄密些儿，到底对于宫廷面子是不大好看的，又传出许多谣言。"

摄政王谢恩出来，明日就提出孝钦后那笔私蓄来了。要知道一共有多少呢？说是总共值银七百多万两，除了几百多万现银外，其馀都是金块金条。354 这些金条，有些是孝钦后的储蓄添置下来的，有一部份〔分〕，金条上还刻有

"大明嘉靖年制"的字样，这还是明朝大内之物。直到了民国三四年间，还有人瞧见过，可知还未能熔化尽净呢。袁世凯得到了这一笔钜款，自然满意，这时就派了第一军军统冯国璋克日南下，直抵汉阳，而自己却仍旧驻守在信阳州沉几观变。我今在此不提。

再说这价值七百多万两的孝钦后私蓄，说甚么平［定］内乱，即日筹还，到了袁世凯手里，都泡了汤了。一直到南北停战和议，袁世凯进京，做了总理大臣，像徐世昌这种人，貌为忠贞，其实和袁世凯一鼻孔出气。倒是王士珍这个老实人，为之愤愤不平，他说："咱们北洋派，要是大家肯出些力，区区革命党，真是不足平的。无奈大家不肯出力，既不出力，又要骗他们的钱。隆裕太后那里的陆续也已支到一千万了，当时向宫里去说时，我也在旁边拼命打边鼓，谁想如今白捞了他们的钱，一些儿不给他们颜色瞧。凭良心说，咱们也不该哄他孤儿寡妇的钱，诸位想想，我再有老脸进宫去见太后皇上吗？"

这话传到袁世凯那里，袁世凯道："王聘老真糊涂了，清室的钱是从哪里来的，还不是咱们老百姓的钱吗？从前聚了进去，此刻教他们散些出来，这不是应该的吗？想当年慈禧在日，把我们海军经费移造颐和园，王聘老怎么又不提了呢？不然，何至于我们中国几次和外国人打仗，搞得一败涂地呢？可是，钱确是已经用掉了，难道要我赔出来吗？"可见这时候，袁世凯一片狡狯耍赖的心事，已显露出来了。

九三　辛亥风云（四）

就《留芳记》所载，加以修正纪实，已重叙不少了。但《留芳记》二十回共有十万字，我不能一一重载于回忆录。其中有"端方之死"、"吴禄贞之死"、"良弼之死"以及"张勋与小毛子"、"易哭庵以神童资格，从太平天国做过小王子，以及被蒙古王僧格林沁救出"等等，都有翔实描写，此种或可为笔记材料。不过有一事，我得在此回忆录上简单的记一笔。

自从清廷退位之诏已下，命袁世凯组织临时政府，在上海议和的当儿，孙中山有约言，愿让位给袁世凯。民党中人很多不愿意的，中山说："我们现在的力量，不能及于北方，袁世凯虽然不能测他的将来，然因此改革国体，光复汉族，不能不借重他的。况且我言既出口，岂能反汗，我们当以大局为

355

重。"不过中山当时向参议院提出辞职书时，却有附带条件，就是临时政府要设在南京，不能更改。新总统举定了以后，也要亲到南京来就任。因为南京总算是民国开基之地，建都南京，可以气象一新。

但是袁世凯怎肯到南京来？他的势力全在北方，要是到了南方，如鱼失水，似鸟离巢，当时便来了个覆电，说："南行之愿，前电业已声明，然暂时羁绊在此，实为北方危机隐伏，全国半数之生命财产，万难预置。"又说："若专为个人责任计，舍北而南，则有无穷窒碍。北方军民意见，尚多纷歧，隐患实烦；皇族受外人愚弄，根株渐长。北京外交团向以世凯离此为虑，屡经言及……"他简直提出外国人来压制南方了。中山得此电后，再赴参议院，请付核定。几经覆议，再电北京，请袁世凯即日南来，特派专使，北上欢迎。

这专使三位是谁呢？以蔡元培为正专使，以汪兆铭、宋教仁为副专使。这一正二副，当时在《留芳记》上都详叙他们履历，现在已是大家所熟知的人，无庸再述了。这三位专使到北京，是民国元年二月二十七日，也便是旧历正月十一日。只见那正阳门外车站，搭盖了巨大的五色牌坊，用了青松翠柏扎出两个比栲栳还大的字来，左首一个是"欢"字，右首一个是"迎"字，晚上电灯灿烂，两面悬着红黄蓝白黑的五色国旗。两旁都是站着戎装军警，擎枪致敬。音乐队齐齐奏着军乐，袁世凯派了专员，迎接三位专使入城，引导入煤渣胡同的贵胄法政学堂，作为专使宾馆。

这个宾馆，陈设既极精雅，侍应也复周到，外面又派了一联〔连〕禁卫军，保护专使。当时在北京也有蔡、汪、宋三位专使的朋友，便来访问。专使一方面的人总说："南方人民渴望袁公早日南下，还有许多应兴应革的事，非袁公南下，不能解决。"北方朋友多半是刺探情况而来，他们却又说："北方人心，却都倾向袁公，也须袁公维系。况且明、清两代，数百年均定都北京，一旦迁都，谈何容易！事实上却有种种困难。而且东三省与内、外蒙古，殊有鞭长莫及之感。"这是来做说客的，谈了一回，也就去了。

到了明天，蔡专使带了汪兆铭、宋教仁两位进谒袁世凯，呈上中山先生的书函和参议院公文。袁世凯先是谦逊了一回，然后便说："我是渴想南来的，可与诸位先生共谋统一。中山先生又是生平所仰望的人，久欲一瞻颜色，聆听高论。无奈北方局势未能大定，许多军队也未能收束，急切间怎能走呢？更有一个外交上的关系，各使馆又都在北京，一旦南迁先要安排。诸位知道，这是有条约上的拘束的，先要和他们商量，不能随随便便的。"

356

三位专使当时轮流发言说:"南方人民,望公如望岁,况吾公为参议院正式选举,到了南方就任,方可避清室委任之嫌。不然因为南北建都问题不解决,以致共和民国不能统一,谁负此重大的责任呢?"袁世凯道:"南方要我前去,北方又要我留着,可惜我没有分身之术。可是久久不能统一,教外人无可承认,这不是大可忧虑的事吗?我说,与其中山先生辞职,倒不如兄弟即此退居。我想,请南京政府把北方各省军队,妥善办法,接收整理,却是一个善策。那时兄弟就退居田里,做一个共和时代国民,岂不甚佳!倘在没有接收以前,兄弟也不敢偷安,自当维持北方秩序。现在共和时代,总统也就是公仆,大家总维护国家大局,决不因为一总统问题,酿成了南北分歧之局啊!"

老袁肆其刁顽词锋,危言恫吓,动辄以外交为口实,实则以退为进而已。但专使也不肯让步,他们说:"总统手定大局,为物望所归,请不必太谦了。我辈今日北来,受参议院使命,深望总统南方一行,以慰民心。至于收束军队、迁移使馆等事,既已南北统一,更可共同计议。"

这三专使中,以宋教仁出语最力,辩才无碍。袁世凯到此只得说道:"既承中山先生及参议院和诸位先生的好意,兄弟何敢固辞。但仍须略加考虑,如果北方沉静,没有什么变端,兄弟也愿意南方一行,以与中山先生及诸君子一把晤为幸的呢!"

当日便设宴款待三专使,召集各大员,大开盛筵,极为隆重,自不必说。那时袁世凯还住在外交部大楼,散席以后,三专使也回到贵胄法政学堂去了。汪精卫先开口,他道:"蔡先生,您瞧老袁意思如何?"蔡鹤老是一位忠厚长者,只是摇头叹气。宋遯初早已忍不住了,他冷笑道:"不用说了,他是打定主意不肯往南方去了。我们这一次,决定是徒劳跋涉了。你瞧这个人怎样的狡狯,怎样的深沉!此人一朝得志,将来后患无穷。把民国托付于此辈之手,殊为失计。可怜我们志士先烈,牺牲了无数头颅铁血,造成这一番事业,将来就要败坏于奸雄之手。现在他已打定一个定盘心,无论如何不肯南下。我们再要逼着他,不知道又要闹出什么乱子来呢!"

道〔语〕声未了,只听得外面一片喧嚷之声,接连着又是几排枪的声音。一时弹子飞射声、喊杀声、哭救声、屋瓦震裂声、墙壁坍倒声,推窗一望,只见火星熊熊,如天半朱霞,映得室内一切东西变成了红色。汪精卫道:"不好!瞧这个情形,一定是兵变无疑了。"宋遯初道:"哼!刚才我说逼得他紧,

357

一定要闹出乱子来。果然，这不是老袁的手段来了吗?"

原来袁世凯见专使北来，逼着他要到南方去，颇想有所示威，要教他们知道，显见得我在这里是不能走的。他那天便召集了在京各军统制，和那民政首领赵秉钧及一班他的亲信人员，说是专使北来，要迫我南行，诸君意见如何? 大家说:"总统如何可以轻离北京，贸然的向南方去，这不是很危险吗?"老袁道:"他们逼迫我南行，我们须得想个方法，对待〔付〕他们一下子。"这时杨度在座，便说:"请总统放心，我们设想办法，明天总教他们不敢再来催迫。"赵秉钧也说:"我们有计划，须教他们自己有些觉悟。"袁世凯也没有再说什么话，他向来作事，只略表示一点意思，要教人揣测而知的（按:后来暗杀宋教仁的事，据说他的部下也曾请命于他的，他只"唔"了一声。后来南方说他是主犯，他老不认帐。及至赵秉钧暴毙，是为了灭口计。赵和袁以后闹得不好，赵不赞成洪宪帝制的。此是后话，附志于此）。

停了一会儿，袁世凯到里面休息去了。他部下的一班人便商量起来，说:这件事只有一法，这般这般，我们交给曹三哥办去就是了。曹三哥是谁呢? 便是现任第三镇统制曹锟。他是天津人，从前是在街市卖布的。袁世凯小站练兵，他当了一个陆军学生，渐渐的发达起来，现已升擢至第三镇统制，驻军畿辅，防卫京师，这时有一协六千人辎重炮军两营等在京。他们便和曹锟商议，说非这样办一下不可。曹锟虽是一个阿粗，却是有些儿胆怯。他知道所统的那些大兵，没有受到什么训练的，便道:"这恐怕要一发难收吧! 况且谁担这个责任呢?"他们说:"这是老头子的意思，我们不承受他的意思，敢胡乱办吗?"曹锟道:"既然如此，也好，你们晚上听消息吧。"

一方面赵秉钧也便授意各警察长官，先期把岗警撤退。到了那个时候，齐举并发，好似放了数千百头狼虎在都市间，一声呐喊，四处齐起。第一遭劫的是前门大街，什么大栅栏、珠宝市、廊房头条、观音寺，许多热闹地方，那一班商家，只好眼睁睁地瞧那成群结队的丘八大爷，耀武扬威，强取豪夺，还敢向他们噪一声儿吗? 停一会，东城一带以及哈德门外的典当银号，也都遭到了抢劫。可是古人说得对:"兵犹火也，不戢将自焚。"他们起初的意思，原是想吓吓南来的专使，教他们知道老袁决不能南下，以此作为示威运动。谁知道这样一鼓噪，军心便浮动起来，再加上地方的土匪地痞，也趁这个当儿乘势扰乱，从中起哄，酿成了一片声喧。

358　　　那时袁世凯的府邸门前，有四五十个卫兵，听见了他们在抢劫，知道这么一回事，是上级军官授意他们的，不免有些眼红起来。他们便互相谈论道："这一回，老弟兄们也多少有些油水可撩〔捞〕呀，也不枉出这一趟苦差。我们可是只好睁着眼，瞧他们发财。"一个卫兵道："当卫队是最没意思了，好比做人家们看门的狗，只守着门儿，一些也没有活动。"一个卫兵道："我们也疏散疏散不好吗？"可知袁世凯是处处在派着人侦缉人家的，这个消息传到里面。他便说道："不好！那种卫兵，最要小心他，一个不留神，便成了养虎贻患。现在这些话儿就不好听，万一反戈相向，岂不是弄假成真！"他便立命向库里搬出一百多个五十两大元宝来，教人传话出去，说是外面兵士在抢劫，总统念你们护卫有功，每人赏两个大元宝，即刻派人在号房里颁发，教你们大家去领。那卫兵听说每人赏两个元宝，谁不喜欢？于是每人手里分握着两个大元宝，别说是擎枪，连一切别的东西也不好拿了。他们眼热兵士们劫掠，也无非志在得钱。此刻每人捧着两个大元宝，只是咧着一张大口，呲着焦黄的牙齿，你瞧着我，我瞧着你，再没有别的心思了。这种地方，都足见袁世凯的狡狯计谋。可是这一次北京兵变，影响所及，已至于天津、保定。总之他们不过小小示威，在老百姓已大大遭殃了。

且说这三位专使，听得一片声喧，正在猜疑惊诧，只听哗喇喇一响，一个流弹，却在玻璃窗打入，玻璃也只打一个洞。弹子从玻璃窗穿过，直击上对面挂的一架西洋水彩画，从水彩画又击进后面墙壁，穿了一个窟窿出去了。蔡元培道："呵呀！好厉害的弹子呀！"只听外面有人喝道："这是南方来的专使蔡大人公馆，弟兄们别罗苏。"一人道："甚么砖使瓦使，我们都不知道，反正宫保也要到南方去了，北京城里也没人主持，我们乐得搅一搅。"说着，打得大门似擂鼓一般，把蔡老先生吓得发抖，说："不好了，他们竟要打进来了。"宋教仁道："他们那些北兵，蛮而无礼，枪子认不得人，我们不能吃眼前亏，还是走避为佳。"三人便向着后面逃避。这个贵胄法政学堂里面有多少房子，他们全不知道，只管向后走，见有一片空旷地，好似一个体操场。那天已是旧历正月十二日子〔时〕了，北方天气较寒，虽是星月交辉，却被火光烟气迷曚着不甚分明。好似那边有一带短墙，短墙以外，便是别人家了。

这三位专使都是文人，怎么会跳墙头呢？幸得宋教仁的身体还高，汪兆铭尤在青年，他们见墙角有一堆乱砖，两人便搬运过来，约略可以垫着脚，露出半个身子。汪精卫便说："遯初兄，我们先过去一人，在那边站着，把蔡先生先送了过去，蔡先生是不会跳墙，别跌闪了腿，不是当耍的。"宋教仁

359

说："谁先过去呢？"精卫道："你先过去，我在这里帮扶着蔡先生。"

于是宋教仁便一跃过墙，他在日本留学，也曾习过体操，有一些儿跳高的工夫，便一跃过墙去了。蔡先生是个瘦怯怯的老书生，好在汪精卫年强力壮，帮着他搭扶着，好容易也跳过去了。最后是精卫。三人都陆续跳过墙去，蔡先生笑着道："我们今天真是做了'段干木逾垣而避之'了。"汪精卫也笑道："不要是'逾东家墙……'不知那边是谁家？"语声末了，那边院子里喧声四起了。

原来这个院子是别一人家，当三位专使跳墙过去的当儿，恰巧有个小丫头出来冲茶，忽见隔壁跳下个人来，吓得丢下茶壶，话也说不清楚的告诉女主人。那时候，正是人声鼎沸，外面闹着兵变，忽听得墙上跳下人来，怎不惊骇！一刻儿工夫，便赶出许多家丁来，一看却是那三位先生，衣冠齐楚的，都是上流人。其中一个家人道："咦！这不是咱们隔壁贵胄学堂里南方派来的专使吗？"这时家人们一窝蜂的围上去，汪精卫和他们说明缘由："外面兵变，要打进门来，我们只得越墙走避。却是惊动贵宅，殊为抱歉。但不知那里是谁家宅子？"

你道这隔壁宅子是谁家，却是冯幼伟（耿光）冯六爷的家。那天主人不在家，正因梅兰芳刚搭进田际云的天乐园，与一班名士听戏以后，偕同兰芳到煤市桥致美楼小酌，也为外面兵变所阻。因此家人禀报冯宅老太太，老太太说："既是南来专使，我们好好地款待他们，候兵变宁静，送回宾馆。你们开了西花厅，生了火炉，说家主不在家，多多有慢。"天明以后，冯宅把三位专使送回宾馆。袁世凯又把天津、保定兵变的电报，送给三专使看。三专使知道他决不南行，只好有辱使命的回南方去了。

九四　记上海立报

上海的小型报，我前已记了《晶报》，我今再记及《立报》。《立报》又进一步，可算得后来居上了。在未写《立报》之前，先述及我的两首打油诗，录如下：

怀《立报》柬萨空了先生

高楼灯火语生春，立报风光殊可亲。

长着烂衫谢教授，细搜抽斗褚夫人。

小茶馆里歌呼起，花果山前跳跃频。

三十年来如一瞥，海隅一老感沉沦。

诸君意态各纵横，小记匆忙严谔声。

堪喜工徒写稿子，剧怜校对嚼花生。

座环半月众星拱，车走千街万马行。

大未必佳小了了，一般舆论最分明。

写这两首诗的时候，我已在香港了。中国"解放"以后，那一年，内地派了一个京剧团到香港，这个戏剧团的领导人萨空了先生，便是三十年前上海《立报》的总编辑，故有此咏。我那时与《立报》有半年多的文字因缘，因此乃回忆及之。

先是上海新闻界传出一消息，说是北方的新闻界，将到上海来开设一报馆，也未知何人来办。所云北方者，当然是北京了（按：自国民党北伐成功，迁都南京以后，北京已改称北平）。但未几，这消息又寂然。迟至一二月，又传北京确有人要到上海来办报，说是小型报而有大报风度的，拥有资本甚厚。到上海来，要别树一帜，不是和上海新闻界抢生意，而是要向上海新闻界吹进一点新空气。因此那种传言，亦颇为上海读报者所注意。

说实话，北京的新闻界与上海的新闻界，本是意趣不同。北京以政治为重心，上海则以商业为重心。到了"五四"以后，北京新闻界受此风潮影响，大足发扬；而上海新闻界则顽然如故。即使如《申报》的"自由谈"有所改革，只不过小小波动而已。及至史量才被刺，杜月笙当了总经理，《申报》更趋末路了。《新闻报》本已属于史氏，至此还有甚么声光？即以小《晶报》而言，本为三日刊，自从《神州日报》停刊以来，余大雄便想改为日刊，曾与我商量。我劝其勿改，结果还是改了，此时也日趋黯澹。《立报》在此时期，到上海来发展，正是大好策略呢。

还有一个传说：说是这个报，虽是小型，待遇极优。总编辑的月薪，便是三百元，其次也在百元以外。至于写小说及杂文等等，稿费亦在千字五元以上。于是爬格子的朋友，都欣然相告，都准备来尝一杯羹了。其实并没有这回事，总编辑的月薪只不过八十元而已，其他的编辑，当然自更少了。至于写小说、杂文的稿费，也和当时上海的市价一样，千字二三元而已。后来据《立报》的创办人说，他们并没有作此夸张宣传，故作张扬，近于恶谑，他们不负此责。

但是这《立报》，却与上海报纸有不同的数事，我得略说一说。第一，是绝对不登广告。上海那些老爷报，以广告为养命之源的。它是一张四开小报，能载广告几何？而喧宾夺主，侵略了新闻地位，且因此可以省去不少烦扰。第二，不迁就报贩。上海这时候的报贩，势力嚣张，大报贩之下，有小报贩；小报贩之下，有更小报贩；阶级重重，从事剥削。

他们有威胁报馆的权力，记得有一次，《新闻报》因为不遂他们的要求，竟扯碎了报纸数千份。而且他们这个职业是传代的，父以传子，母以传女，也有什么工会等等。至于新开报馆，先要与他们讲条件，或者请一次客。《立报》此次不买这本帐，说是我们已雇用了一百辆脚踏车，你们不送，我们一清早自行送达定〔订〕户。至于流动性质的，上海失学儿童有多少，可以组织他们在街头巷尾以及电车站、公共汽车站叫卖呢（按：中国"解放"以后，所有报贩一律取消，报纸的每日送达，统归邮政局）。其它如报馆不会客，报人不赴宴，事属寻常，不必说了。

我今要说到《立报》的编制，它是以小报的型〔形〕式，而有大报的体格的，从政治新闻以至社会新闻应当是具备的。不过这个时代，国民政府已在南京而不在北京，对于上海报界已便利得多了。既有长途电话，又有无线电台，更有中外的通讯社，不比我在时报馆那时候的常遭枯窘了。但《立报》对于此种资料，选择很精，有的必须动以手术，加以剪裁，不是什么"抓到篮里就是菜"的。有些官样文章，煌煌大文，实不能容，对不起只好付之字篓了。

《立报》的最特异的，就是一张四开小型报，而有三个副刊。这三个副刊便占有了全版面的八分之三，可算是空前的了。但是这三个副刊各有其意义，第一个副刊名曰"言林"，那是专为写给文化界学校中一般教师们、学生们看的。"言林"有多种言论之意，副刊往往用此"林"字，"小说林"、"快活林"之类。第二个副刊名曰"花果山"，那是给高、中产阶级，自由职业与商业界人看的。花果山本是《西游记》上孙悟空栖息之地，现在作了别解，以表示一如花果繁盛，多彩多姿之意。第三个副刊名曰"小茶馆"，是为了一般劳动阶级写的。江南各地，到处有小茶馆，那些劳农劳工，一天劳动以后，都到小茶馆喝一杯茶，谈天说地，自得其乐。所以这三个副刊的命名与其内容，都是有深意存在的。

那时主编"言林"的谢六逸，他本是上海复旦大学的教授。这些研究学问的人，好多是不事修饰的。他常穿一件蓝布长衫，微有破烂，所以我的打油诗中，有"长着烂衫谢教授"之句呢！主编"花果山"的是张恨水，恨水久居北京，却在上海《新闻报》写《啼笑因缘》小说，这已是家喻户晓的事了，此次当是《立报》同人请他来的。至于"小茶馆"这一专栏，乃是《立报》总编辑萨空了自己编的，极为劳工张目。工人辈日手一纸，为《立报》欢呼，这又是我打油诗中的"小茶馆里歌呼起，花果山前跳跃频"两句做注脚了。

我不是上面说到我与《立报》有半年多的文字因缘吗？原来，《立报》虽说报馆里不会客，但是熟友是可以去访问的，而且也和《晶报》一样，可以直达编辑部。因此我也曾去访过张恨水，并且《立报》的创办人现为社长的成舍我，我也是熟识的。可是有一天，成舍我和张恨水两人，惠顾到我家里来。我觉得奇异，想他们是"无事不登三宝殿"的，便直捷问道："两兄光临寒舍，有何见教？"恨水先开口，便道："有一事要相恳。我此次只身南来，家眷还在北平，前日接到家书，须要我回去一行。而这个《立报》副刊'花果山'，可否请公庖代一个月？一个月后，我就回来了。"

我那个时候，儿子可永已从德国回来，在上海有了职业，家庭经济由他负担了去，我便觉得无事一身轻了。古人所谓："三日不弹，手生荆棘。"这几年来，连小说也懒得写了，报馆里的事，也概不问津。因之我说："贵馆人才济济，'花果山'可以请哪一位先生兼任，我在新闻界已是落伍的人了。"但是舍我说："不！'花果山'一栏，为读者所欢迎，恨水暂离，务必借重先生代劳。"我因思两君既已枉顾，好在只不过一个月，又动了好奇心，人家都说《立报》是近代最新颖的小型报纸，颇思一观其异，因此就答应了他们暂代一个月。谁知张恨水施了他金蝉脱壳之计，他并不是回到北平去，这个猴子跳到南京，和张友鸾诸位办《南京人报》去了，而我一直做他临时代办。

到了立报馆，的确看出不同凡俗的新颖之处。先说他们的编辑室（上海习惯称为主笔房），室中有一张定制的半圆如月的巨大桌子，总编辑坐在正中，其馀的编辑、校对等环坐其周围。其中使我最欣赏的，便是编辑与校对同坐一桌，他们名之曰："编校合一。"但是表示编校平等，而且有许多便利之处，不必赘言了。

更有一寓庄于谐的事，本日出版的报，晚上检查一过，在规定一版只能错几字外，倘错一字，校对先生罚铜圆一枚，此款充公，买花生米、豆腐干，大家食之，所以《立报》上错字极少。再说他们的排字房，他们排字工友，都不是上海招集的，而是成舍我从北方带来的一班青年子弟，都是训练过的，有相当文字知识，大概是初中毕业程度，颇喜写短文，常投稿于"花果山"，颇有意思。那是我打油诗中的一联曰："堪喜工徒写稿子，剧怜校对嚼花生。"诗虽俚俗，却是写实呢。

立报馆的趣事甚多，我今略述一二。他们的编辑方面，在萨空了未来之先，褚保衡君主其事。褚君已届中年，而风度翩翩，望之如二十岁刚出头的人。因此在衣香鬓影中，有掷果潘郎之目。但是所掷的不是什么佳果，而是所掷的都是各女士惊鸿小影，你送一张容光艳丽的，我送一张姿态曼妙的，保衡都不敢携回家中去，带到报馆里来锁在自己的桌子抽屉里，以为万无一失了。不知如何为他夫人所侦知，某日上午，亲临《立报》编辑室，撬开那只视同保险箱的抽屉，所有佳丽，全被没收去了。人问结果如何？不知道。大约这就是结果吧？

还有一件，也是可笑的事。一位外勤记者，写来一则本埠新闻，涉及一诨名烂脚炳根的流氓云云，编辑本埠新闻的照发了。不知这个烂脚炳根者，是杜月笙的高徒，于是炳根便哭诉于杜先生说："他们骂我为流氓，杜先生也失面子呢。"那时杜月笙也是上海新闻界第一号人物呢。自从史量才被刺身死以后，杜月笙便是申报馆的总经理。杜月笙不得已，便派了申报馆一位职员唐世昌，向立报馆去责问："怎么的行为，叫做流氓？"但是，《立报》与上海各家大报素不往来，唐世昌跑去不受招待，既不能直闯编辑室，又没有一个会客室，只在楼下机器房（《立报》有一部小型卷筒机，日本货，甚灵便）徘徊五分钟，怏怏然回去了。唐世昌知道《立报》性质，重以杜先生的命令，不能不去走一趟。人问结果如何？不知道。大约以不了了之，没有结果吧？

我在《立报》这半年多以来，趣闻甚多，可是现在都不记得了。总之，《立报》在上海是别开生面的，另具一格的，使人欣赏的，使人快心的。当时有人还研究为甚么叫《立报》呢？这"立"字应作甚么解释呢？这可以作独立的立，亦可以作立志的立，这个"立"字，可见涵义甚多。可是有一位先生说得好笑，他道："《立报》是为我辈而设。"是甚么理由呢？他说："我们一清早搭电车上写字间，电车站已挤满了卖报童，把《立报》塞在你的手里。上了电车，没有坐地，一手攀着籐圈，一手握着《立报》，一直要立到目的地，而一张《立报》也看完了。《立报》是立着看的，故有此名。"这位先生是商界中人，北方所谓掌柜，南方的所谓白领阶级，其词倒也很为幽默。

《立报》出版以后，也曾哄动一时，有一时期，销数竟超出申、新两报之上，但到后来也渐渐阑珊了。自古无不散的筵席，虽是消极的观念，也是时势所使然。幸而他们见机得早，风声鹤唳，在日寇将到上海的时候，连忙便结束了。他们的经济问题，我是客卿，不大熟悉，据说各股东筹集了十万元，存在银行里随时动用。及至散场闭幕时，则十万元仍是十万元，未见有何损益，但是在我这也不过是耳食之谈而已。

回想《立报》编辑部诸友好，当时均英俊少年，星散以后，久未晤面。及至萨空了兄领导京剧团那一次到香港时，已相隔了三十年。那时以小白脸儿相谑的，亦渐见苍老了，如我老朽，更不足道。所以我的诗最后两句："三十年来如一瞥，海隅一老感沉沦。"也是纪实呀。

九五 回忆毕倚虹（一）

我对于毕倚虹这位朋友，很想写一写，但几次搁笔，我想人已死了，何必再加以评论。而且心中还横梗着一个念头，如果不遇着我，或者他的环境不同，另走了一个康庄大道，也不至于如此身世凄凉。我对于他很觉一直抱歉似的，及至他逝世以后，我续写了他的小说《人间地狱》，结束了这部书，写了一个序文，还叙述了这个负疚的意念呢。

我和他相遇的时期，大约在民国三四年间，我在《时报》编辑新闻之外，还编了一种《妇女时报》的杂志，属于有正书局出版的，是个月刊。这杂志是以征集妇女作品为宗旨，便也很为艰困，因为那个时候，女学方有萌芽，女权急思解放，不过真能提起笔来，写一篇文章的人，却是难得的。只有几位能写写诗填填词的名门闺秀，已算是凤毛麟角了。不过这些诗词之类，我们也一概欢迎，为之登载。

后来有位署名杨芬若女士者，投来诗词，颇见风华，我们也照例捧场。不过我一看写来的笔迹，便［觉］不像是女子所写。因为《妇女时报》的来稿，我已看得多了，大概是床头捉刀人所为，早已有之，亦无足怪。

不久，毕倚虹来访问了。那时他还没有倚虹这个笔名，只知道他名振达，号几庵。他以代为杨芬若领稿酬为名（当时的稿酬是有正书局的书券），其实专为访我。他承认杨芬若是他夫人。他告知我："本在北京当小京官，后随一外务部员陈恩梓君到新加坡去，陈为领事，我只是随员。谁知一到上海，武昌便起义了，我们停留在上海。辛亥革命成功，陈先生回苏州，我便到中国公学读书，不做官而当学生了。"他那时不过二十三四岁的人吧，我颇喜爱其风神俊逸，吐属清新，又以他与我的开蒙师陈恩梓陈先生相识，似乎更较亲切呢！

　　以后，便时相过从，但总是他到报馆来访我，我没有到他住居的地方去访他。实在，他和我所居的地方很相近。我住在沿北火车站一条弄堂叫做庆祥里，他也住在和北火车站相近，和他的一位好友郑丹辅（杭州人，亦世家子）住在一起。为什么呢？因为他们两人同在中国公学肄业，而中国公学却开设在吴淞，他们每天必要搭火车去就学的。那时郑丹辅学商科，毕倚虹学法政。毕倚虹的肄业于中国公学，却是有些可笑的。原来每一个星期，他至多只到三天，而每逢考试，必名列前茅。因为法政科没有外国文，至于中国文什么讲义，他一看就懂了。

　　这时他住在上海，他的大家庭是住在杭州。他的父亲毕畏三先生，在前清末纪，已由部曹而外放为浙江候补道了，在杭州建造了一所房子，在候潮门外，就预备定居在那里。这个宅子我曾去过，还记得一副门联，是集句的，上联是"圣代即今多雨露"，下联是"故乡无此好湖山"。这种联句，当时也是他们作寓公的陈旧老套了。辛亥革命以后，什么即用道、候补道，一古脑儿消灭于无形。然而官虽不做，人是要吃饭的，这些做官的，不做官教他去做什么呢？于是不做清朝官，便做民国官，"换汤不换药"，这也不是很为方便吗？可是在此时期，浙江省已是军阀当道，毕畏老周旋于这班武人之间，也很为吃力呢。

　　再说毕倚虹与郑丹辅两人，为入中国公学读书，租屋居住，但他也有几家亲戚在上海。先说一家刘氏，帮李鸿章打"长毛"的刘铭传（号省三，合肥人），后来又做过台湾巡抚的，有近代史知识的先生们当还记得吧。倚虹的祖老太太，记得就是刘氏。刘铭传已故世了，有一子及诸孙，均在上海。他们在孟德兰路造起一座大厦，与陈夔龙的房子可算望衡对宇。倚虹与他们诸孙辈都是表兄弟行，也时相过从的。还有，倚虹的妇翁杨云史这时也住在上海（住址在何处忘记了）。大家知道杨云史是李伯行的女婿，李鸿章的孙婿，但这位杨芬若的亲生母亲李氏太太早已逝世了。现在杨云史的续弦是徐氏，也是名门之女，名字唤作徐霞客。我们中国旅行家，都知道有一部《徐霞客游记》，这位徐霞客女士却与她的丈夫每日遨游于芙蓉城里，"霞客"两字，也可以称得名符其实了。因此倚虹不去丈人家，杨芬若亦少归宁。

这些牵丝攀藤的事不再述了，我且提及毕倚虹怎么到了时报馆来了呢？自从辛亥革命以后，时报馆的繁荣大不如前。本来执业于《时报》的，如雷继兴、林康侯、龚子英等等，都纷纷离去。有的做官，有的办学，还有银行家、经济家，各就所业。而最重要的是陈景韩的离《时报》而去《申报》，连息楼也是冷清清的了。《时报》编辑部请不到好的适当人才，狄楚青大有消极态度。我自从顶了景韩的缺后，有时仍兼了外埠新闻，屡次请楚青添人，他总说没有适当的人。我知道他是怕革命党人的，譬如像南社里的人，他宁可敬而远之。而不知你这保皇党的馀臭，趋时附势者，对于《时报》也就有些望望然而去之，不敢薰染呢。

在倚虹一方面呢，自从中国公学毕业以后，他的父亲原想他也回到杭州大家庭里去，以待机缘，谋得一官半职。毕畏老有两个儿子，倚虹居长，他第二子号介青，也来过上海，颇温文尔雅。但毕畏老以倚虹较开展，而介青颇拘谨，从来"知子莫若父"，故颇属望于倚虹。但倚虹呼吸了中国公学的新空气，又迷恋于繁华世界的上海滩，真是"此间乐，不思蜀"了。不过一个知识阶级人，游玩也有厌时，没有一个固定职业，吊儿郎当的也殊无聊。他颇歆羡于我们的记者生涯，几番向我作暗示，因此我就推荐于楚青，又由他们两人谈了一谈，事遂定局。

倚虹自入《时报》以后，我便感到一大轻松，外埠新闻便由他编了，要闻上偶然也能帮我的忙。这时外国通信社，也便多起来，除日本的东方通信社外，英、法、德、俄都有通信社（上海西文通信社稿，都译成中文送各报馆，故人名、地名都一律，由伍特公主其事），亦须检定排次序。再则《时报》当时有一个副刊，名曰"馀兴"，专载杂文、诗词之类，也是我到了时报馆以后创设的（"馀兴"还出单行本，月刊一册），倚虹也高兴编辑。他的什么"清宫词"之类，好似就在"馀兴"上发表的。既而我们嫌"馀兴"不活泼，便又商量创"小时报"，那是一种别开生面的副刊。

"小时报"对于大《时报》而言，乃是具体而微，我们先拟好了一个序目。第一是"小论"，这小论，规定至多不可超出三百字，至少要在二百字以外，要写得意简言深。其次是"特约马路电"，仿大《时报》上的专电格式，所载皆本地发生奇奇怪怪的事。这个"电"字，不是作电报解释，而是作电话解释，实际也是写了来的，以简短为贵，最好是不超过二十字而意都达到。其次是"小新闻"，就是所谓花边新闻中的有趣味的，诲盗诲淫之事均不录。其次艺文类，小诗、小词、对联、谜语之类皆属之。最后两栏，一为谈戏，一为花界轶闻。这真是俗语所说的"麻雀虽小，五脏俱全"了。

再说这"小论"，是我与倚虹两人轮流所写。我的署名是"小生"，他的署名是"小可"，不脱一"小"字呢。"特约马路电"是外稿，每日所载，多至四五条，少亦二三条。有酬资，非有正书局书券，普通者两角，特别者有一元至二元的。这等于读者来稿，我们对此很谨慎，但也闯了两次不大不小的祸（此事以后再述）。"小新闻"有本地的，有外埠的，且有外国的，可谓杂流并进。"艺文类"是几位常开玩笑的熟朋友每来投稿，如濮伯欣、杨千里等，打油诗词也就不少。戏剧栏有濮一乘的"花部丛谈"。谈花界事，则倚虹独擅胜场，名曰"花间小语"。每见一丽人，常口占七绝一首，而此种艳体诗，很多是传诵人口的。

倚虹的一生吃亏，就是为"情欲"两字所累，自古及今的才人，也都犯了此病，史不绝书，无可讳言。当他在中国公学读书的时候，究竟对上海这个社会情形不大熟悉，住得久了，也就薰染得渐渐深了。

他起初同游的除郑丹辅以外，只有刘氏昆仲，或者是杭州来的朋友。及至到了时报馆以后，我的朋友也就是他的朋友，加以他的气度风流，善于交际，人家也都欢迎他。上海在这个时候，正是吃花酒最盛行的时代，谈商业是吃花酒，宴友朋是吃花酒，甚而至谋革命的也是吃花酒，其他为所爱的人而捧场的，更不必说了。即使不吃花酒而在甚么西菜馆、中菜馆请客，也要"叫局"，所谓叫局者就是名妓侑酒的通称。

我是吃花酒的，踏进时报馆第三天，狄南士就请我吃花酒。那是他宴请一位北京来的朋友，邀我做陪客，那是我第一次进入花丛。后来有许多南社里的朋友，所谓文酒之会，也都是吃花酒。尤其是那位陈佩忍，竟以妓馆为家，会朋友在那里，写文章也在那里，也可以算得沉溺于此了。所以倚虹认识了我的朋友，我的朋友凡有宴会，也邀请了他，我们就联袂而往。我偶然请朋友，当然也必有倚虹在座。

有一次，苏曼殊从南洋到上海来，我请他吃饭。苏曼殊虽号称苏和尚，但不穿僧衣，不忌酒肉，出入于青楼也无足为异。我请他的地方记得是在悦宾楼一家京菜馆，离望平街很近。便约了叶楚伧、姚鹓雏等诸位，大家都是报馆里朋友，一呼而集。曼殊自己不叫局，而总是怂恿人家叫局。他说："喜公开不喜独占，为爱美故。自己叫一局来，坐在背后，不如看大家所叫的局，正在对面呢。"楚伧不服道："你只是利己主义，采取众人之所长，而自己不尽义务。"因令所叫来之局，都坐在曼殊那边去，使他欣赏。所以我的诗有"万花环绕一诗僧"之句也。

那时，倚虹还未深入花丛，乱叫堂差（按：堂差即是叫局，依我的考证，应为堂唱。吴语"唱"与"差"为双声，呼为堂差，是化定俗成）。朋友们称他为打游击，但没一个中选当意的。这时，曼殊忽然发言道："我昨天在惜春老四家，见一女娃儿，颇娇憨活泼，可取材也。"鹓雏说："和尚正法眼藏，必无错误。何妨叫来一看？"曼殊道："我不破戒叫堂差，我想介绍给几庵兄，来一个'打样堂差'，如何？"我说："好！"取出局票来，曼殊道："你只写三马路乐第好了。"花笺飞去，不及半小时，乐第来了。

来的两人，一是乐第，另一位比乐第年纪大一些。上海妓院中的不成文法，出堂差必是两人，一是本人，一是名之为跟堂差的（这个跟堂差的，我今不谈，但她是他时一历史人物）。

乐第诚如曼殊所说的，有娇憨活泼之致，号称十六岁（上海租界工部局章程，非满十六岁，不得为妓女），其实不过十五岁。面带圆形，一笑有两个酒涡，双瞳如点漆，虽说不出怎样的美，而令人见之觉得是可喜。坐在倚虹背后，不言亦不语，倚虹握其手，惟作吃吃笑。大约坐不到十五分钟，匆匆即去。只有乐第临走时，说一句"请来叫"，这也是她们出堂差的常套耳。既而我问倚虹道："这一本荐卷如何，能中主试之目否？"他不置可否，实则心已好之。当时自曼殊以及在座诸君，以为此不过一打样堂差，如惊鸿一瞥而已。谁知这一个娃娃，竟支配了倚虹半生的命运，这真是佛家所谓孽［缘］了。

九六　回忆毕倚虹（二）

上海的妓家，有数十年历史的，累代相传，世袭罔替，时人称之为"娼阀"，与军阀、学阀看齐。惜春老四亦娼阀之一也。她从前是个名妓，出过几

369

次码头，现在年已三十多了，徐娘半老，风韵尚存，可是不能与此辈后起之秀争胜。于是退为房老，蓄养了几个雏儿，作为养女，以继续其生涯。她以前嫁过与否，我们不知道，现在与上海一位名伶，艺名麒麟童的周信芳同居。上海的高等妓院，只许碰和吃酒，不许留客住宿的，那是租界中的工部局章程早已规定。倘有恶客强欲求宿滋扰，可以召警驱逐的。但这也是要真就真、要假就假而已。

惜春老四是一个能言善辩的人，她的生意上，便有几个好户头、好客人，南浔张家就是最好的一个户头了。那时的革命分子张静江，凡是请客吃花酒，都是到惜春老四那里去的，人家要请张静江的也在惜春家。其时静江尚未瘫痪，但步履已不大方便，惜春伺候周到，知他不便跑扶梯，必借楼下房间，总之她是一个最能应酬的妓院主政（主政两字，不知何人创此名词）。再说，惜春老四共有养女三四人，年龄均相若，而以乐第最为优秀，大概也如苏曼殊所说的娇憨活泼，因此狎客也都欢喜她。为了她的生涯之盛，养母不无偏爱，她在家里，有个绰号叫做"小老爷"。倚虹在《人间地狱》中，名之曰"秋波"。《西厢记》曰："临去秋波那一转"，意在爱赏其一双妙目吗？

惜春老四的养女中，还有一人，貌不及乐第，而性情颇醇厚，大家呼之为俞凤宾。俞凤宾者，上海一西医，有名于时。这恐怕也是倚虹发明的，因为她的脸儿极像俞凤宾。上海真是一窝蜂，于是就把她叫做俞凤宾，真名字反而不知道。有一天，张静江先生忽然浩叹："半生革命，我乃无后。"据医家说：他虽半身不遂，而精力充满，尚可以生子的。于是亲友辈为之物色，以为俞凤宾有宜男相，因此俞凤宾遂嫁了张静江，连举丈夫子二人。犹未已也，也由俞凤宾作伐，为其一姊妹，嫁与一高贵人物，成为中国第一小夫人。此姊妹为谁？即前章所述，我们在悦宾楼，因苏曼殊的介绍而倚虹第一次召乐第所跟来的姊妹呢。

我把惜春老四的家世叙述过了，再谈毕倚虹。倚虹虽然初入花丛，飞笺名花，尽有比乐第高出不少的，他都不锺意，而却赏识那个娃儿。从此以后，凡有宴会，大家提倡叫局的，他必叫乐第。吃花酒不必说了，有时我和他两人从报馆里出来，到"一家春"或是"一枝香"进西餐（那时西餐，每客一元，有四五道菜），他总是说："把乐第叫来吧！"乐第那时候也似依人小鸟，来了便不肯去。再进一步，便是倚虹报馆里事毕，每天夜里便溜到三马路惜春老四那个院子里去，直到深夜方归。因为她那里的女孩子多，来了一个像倚虹那样［的］漂亮客人，大家都欢迎他。

向来上海的妓院，都是在里弄里，只有三马路这一段，望衡对宇，都是妓家，每家都有月台。尤其是在夏天，夜阑客散，姊妹们都在月台上乘凉，悬着斗大的茉莉花球，张着蓝色的电灯，鬓影衣香，中人欲醉。乐第向倚虹附耳低语道："你夜里过了十二点钟来。"因为过了十二点钟，她们照例不出堂差，而她的养母惜春老四也回到了她的小房子里去，全是她们姊姊的世界，可以得到自由了。倚虹当然可以欣然从命，他现在一个人住在上海，郑丹辅已回到杭州去了，回到家里冷清清的，有甚么意思呢？

那时上海在夏季里，又新兴了两种事业：一是名为开夜花园，择一个郊区地方，搭一个芦席棚，弄点甚么冷饮品。既没有什么花，也不成其为园，可笑的就叫做"夜花园"了。因为上海这时流行汽车还不多几年，这些冶游人，最喜欢带着姑娘们深夜作郊游，名之曰"兜风"，夜花园便是他们驻足之地。后来闹出了阎瑞生谋杀王莲英的事，就在北新泾的麦田里。一是福州路至西藏路一带番菜馆，通宵营业，直至天明，名之曰"色白大菜"，不知何所取义。于是裙屐联翩，杯盘狼藉，各扶其半醉微酣的妙人回去。倚虹在此环境中，偶一为之，也是有的。

不要说倚虹的热爱乐第，乐第也痴恋着倚虹的。甚至于说道："你要怎样便怎样。"暗示着即使真个消魂亦所不吝。上海这些高等人家的子弟，对于那些雏妓偷袭之事（俗称"偷开苞"），亦时有之。但倚虹究竟是读书明理君子，不敢妄动。我曾忠告倚虹："第一，惜春老四不是容易对付的人，她方以此为奇货可居，待善价而沽，你沾染了她，这一个竹杠，可能敲得你死去活来。第二，后果如何？爱情当然有冒险精神，始乱之而终弃之，在良心上作何交待？如果大家庭外（其时杨夫人尚未离婚，儿女已有了七人），再组织小家庭，也要计谋周详呀！"

不久，倚虹的父亲毕畏三先生从杭州到上海来了，他是与上海的一帮浙江商界有所联络，尤其与虞洽卿称为老友。他们也请毕畏老吃花酒，而故意代他叫了惜春老四的局。这可知倚虹的冶游，在上海这班父执们已有闻知，藉此一开玩笑。但惜春早已知道毕老太爷来沪，应对周旋，非常得体，绝不露出他的少爷与她家有什么关系的。其实倚虹在上海［的］情形，畏老是略已风闻的了。

隔一天，倚虹对我说："家严要到你府上拜访老兄。"我说："这是不敢当

371

的，我当先去拜谒尊翁。"倚虹说："本可以到报馆里来奉访，但觉得说话有些不方便。"我说："这样吧！明天下午，我三四点钟出来，到他旅馆里去，请你向他约定就是了。"毕畏老住的是福州路胡家宅一家中等旅馆，凡是杭州人到上海来，常住在那里，我已忘其名字了。我到他那里时，他殷勤招待，是一个和蔼可亲的长者，年不过五十多岁，胡子已经花白了。

那天倚虹是没有在座的，畏老和我作了一番恳挚的谈话。他首先谢我提携倚虹进入新闻界，予以指导的那些客气话。

随后便自述身世，坦白地说，在杭州和他们这班军阀周旋，实在无聊之极，可是为了仰事俯育，又不得不如此。最后又谈到倚虹了，他说："小儿从小被家母宠坏了，不无有点任性妄为。在笔墨上，只怕不知好歹，乱得罪人。所以我的意思，还是教他到浙江来谋得一职业，以事历练。几次给他说了，他总是口是心非。前次同汪曼翁（汪曼锋，杭州一绅士）说了，曼翁说尽力帮忙。我知道小儿最肯听吾兄的话，可否请吾兄加以启导？"

我恍然知畏老的所以要访问我的，到此方是正文。我便说："老伯的意思，我完全明白，我一定劝告几庵兄脱离这个新闻界是非之场。狄楚翁那里，我也可以善为设词，教他另外请人。"那时我还有一个敏感，畏老只说到倚虹笔墨上怕乱得罪人，却没有说到倚虹在上海荒唐的事。他难道一点也不知道？他的上海老友一定透露风声给他了，而且也许说道："他是和他的好朋友包某在一起的。"这也不算是冤枉我，他的身入花丛，的确是我引进的。苏曼殊介绍乐第，曼殊也是我的朋友，谁知他竟迷恋着这个娃儿，而为情丝所缠缚呢？

我当天晚上在报馆里，便和倚虹说了。我说："你老太爷要你脱离报界，到杭州去就业。"倚虹皱眉道："现在也无业可就呀！杭州全是那些军阀在捣乱，恶化而又腐化，我不愿意钻进那圈子去。"我笑说："我们且不讨论军阀的腐恶问题，总之我辈新闻记者，是军阀所最厌恶的人。而你的父亲在此环境中，不能不周旋于此班军阀之间，你要谅解他的。再说，关于你与乐第的事，老太爷想已早有所闻，前天那班老友，给他叫了惜春老四的堂差，想你一定知道了。但他今天对我谈话，一字未提。还有，我有一点意见劝告你，你一人独居上海，大家庭则在杭州，已有近三个月未回去了。现在沪杭特快车，只要三个半钟头便可到达，你应该常常回去，一叙家庭之乐。你夫人尚在青年，处你们绅士家庭，她须上侍翁姑，下抚儿女，不能到上海来和你同居，你也得回去安慰她呢。"

我的言外之意，就是劝他不要在此迷恋于乐第，也得顾念及自己的家庭。倚虹是聪明人，也知道我言外之意，但却默不作声，也没有回答我什么话。可是过了两天，他对我说道："这回我想送父亲回去一趟，请你向报馆告几天假。"

我说："好极了！报馆里事你尽［管］放心，可以多住几天，至少一星期。"可是不到三天，他又回来了。问他为什么呢？他说："在杭州也无聊得很，郑丹辅又不在杭州。"当然不能忘情于三马路这个温柔乡了。以后几个月，倒是常常回杭州去，可是来去匆匆，总不过一两天。有人说，城〔车〕站的人力车夫都认识他。原来从杭州的火车站到他家里，车资照例是二角，他却给四角。于是一出火车站门，大家高呼毕大少爷，甚至两个车夫为了要争夺他而相打起来，他却踏上第三辆人力车飞驰去了。这些小事，都是使人资为谈助的。

不久，他的浙江沙田局局长发表了。自然是他父亲为他谋干到的，早有成约，不能不脱离上海，而且也不能不脱离《时报》了。他这时介绍了一位亲戚刘香亭到《时报》来（按：香亭便是刘铭传的孙儿，是辛亥革命以后，刘氏家族都住居上海了），代替他的原来职位。我对于此事很为欣喜，不是欣喜他的得官受职，而是欣喜他的从此可以一挥慧剑，斩断情丝，不再迷恋于乐第。他临行的那一天，乐第还到了车站去送别，所云"回忆词"五古百韵凄艳欲绝，便是他当年的杰作。

到了沙田局那个任所，其地址不是在杭州，好像是在萧山，我有些模糊了。不到三天，便写信给我，说是枯寂的很，局中同事都互不相识，无聊之极。又过十馀天，他写信给我，说是此间举目无亲，他急须要一体己的人，以司会计（即俗所谓帐房）。于是我乃介绍江红蕉（名铸，号镜心，是我内姑丈江凌九先生之子）给他。红蕉少年老成，倚虹也是相熟的。红蕉是苏州草桥中学毕业，后为叶绍钧妹婿，那时是住在我家。因倚虹催得急，便即去了。谁知倚虹等待红蕉去了，以为委托得人，把一切应处理的事交代了他，又悄悄地溜到上海来了。

他自离上海以后，原来独居的房子已经退租，此来必须住旅馆。而那个时候，广东的一般富商，正已到上海来大展营业。先有先施公司等大百货商店，又有东亚旅馆的新式客寓，一切都是最华丽、最新奇的设备，是上海所未有的。因此倚虹一到上海，便住到东亚旅馆去了。还有郑丹辅，还有一位新朋友李冀侯，他们如果从杭州到上海来，也是住在东亚旅馆的，这东亚旅馆的第三层楼，好像全是他们的世界。

倚虹于《时报》已脱离关系，并无职业，这完全是浪游而已。据说家里人还不知道，以为他收其放心，株守在沙田局里呢。

但是有一件事，他这次到上海来，对于乐第的热情减退得多了。只不过离开两三个月，乐第已别有所属意，娼门女儿，原不足怪。惜春老四本悬此鱼饵以钓他的，见鱼不上钩，只好收卷丝纶，别处垂钓了。倚虹正［似］俗语所说的交着了桃花运，颇多艳遇。就我所知，有两名妓，均属于炫玉求售者。此两人久已从良，我今讳其名，而以"月"与"云"两字代之。先说月：月于中秋节后，将嫁一钜商，其养母得身价银五千元，但在节前，月尚未出院。那时倚虹征召她不过二三次，她颇恋倚虹，私语其心腹云："倘所嫁的人，亦如毕三（倚虹在花丛间的诨名），也心满了。"婢以告倚虹，于是二人密谋，在中秋前数日，倚虹回杭州，乘夜车，月偕婢一直送至嘉兴下车，觅旅馆作双栖，获得一夜的尽情缱绻，便了却月的心愿了。再说云：云也是一位名下非虚的，方由北京回上海，已定于中秋节后，在上海重张艳帜，恰巧也住在东亚旅馆，与倚虹二人一见倾心。但倚虹知其人身价自高，未敢问津，而且同住东亚的一层楼上，耳目众多，亦未敢造次。当俟其中秋节进场以后，作缓兵之计，缓缓图之。孰知云乃持速战速决之策，私同倚虹道："我向新新旅馆另开一房间，你来玩吗？"倚虹喻其意，遂为入幕之宾。有人言，凡是那些欢场女儿，自命高贵者，反多性饥渴，不及家庭妇女的顺遂。此言亦不诬也。

在旧观念上不客气说来，倚虹是一位好色的登徒子。但他对于朋友的爱人，从不侵犯，不像有些新人物的可以自由，他还是守着旧道德的。就是上述"月"与"云"两件事，我确实知道的，可是他从不曾在他的《人间地狱》里写进去，这也有合于君子契约的。我这一章写倚虹的艳史，人将呵我为纯是鸳鸯蝴蝶派作风，不过我只是纪实而已，下一章我将完全写倚虹的哀史了。

在本节中写至此，我本拟将倚虹所作《回忆词》五古百韵，录在里面，稿存我处，乃遍觅不得。十馀日后，无意中于旧日记中忽然得之，因补录如下：

回忆篇〔词〕

少年不知愁，春江醉花月。白眼看黄金，酡颜听瑶瑟。
酒边初见君，依稀记那日。电烛光摇摇，照见秋波澈。
含颦一回眸，爱蒂从兹结。车骑累经过，形影疏以密。
娱乐未几时，西风何飘忽。羽书临安来，速我征车发。
置书怀袖中，未敢向君说。裁笺谢征召，几秃琉璃笔。
书上不报可，敦促乃益切。遂令耿耿心，难遣悠悠别。
别时五更初，天低星星没。相看无一言，秉烛启琼阙。
飞雪点征衣，晓风吹秀发。牵衣问归期，语细声哽咽。
肠断此时情，百岁难消歇。明朝渡钱塘，迢遥隔吴越。
徘徊望中庭，寒意砭肌骨。言念佳人欢，使我心烦郁。
遥夜凭清游，闭目犹仿佛。珠灯千障深，琼楼百尺凸。
箫管骑旂吹，酒花纵横列。万人方憧憧，尔我独清绝。
避地凌高台，仰视天河阔。白露下零瀼，坐久侵罗袜。
泥我相扶将，梯云蛮靴滑。凉宵走钿车，飙驰奔电疾。
絮语来二三，十里过六七。行行杨树浦，寒涛凄且烈。
大堤迥无人，长江净如雪。娉婷不禁风，拳曲枕我膝。
去去曹渡头，茆店红灯缀。入门谋薄醉，胡儿酒如蜜。
玉林琥珀光，琼浆杂冰屑。一饮肺腑清，再饮心脾冽。
曙色辨斜桥，缓缓寻归辙。当时只平常，过后成恍惚。
昨启金缕箱，检点得罗帕。上有鸳鸯纹，下有相思缬。
宛转随衫袖，人苦不及物。难忘薄暮时，夕阳明木末。
电话丁丁频，趣我过其室。室中何所有，尊盘陈一一。
乳茶已微温，炊饼有馀热。辛苦劝我尝，芳馨上唇舌。
流涕望八荒，几人问饥渴。旧事去如烟，前途黑如漆。
良辰不再来，嘉会期难必。寒月映窗纱，凄其共谁说？

九七　回忆毕倚虹（三）

杭州毕畏三先生的候潮门住宅，我曾去过两次。一为倚虹的祖母七十岁寿辰,前去拜寿。那时冠盖相望,车马喧闹,这怕要算他们到杭州以后全盛时期了。清理官产处的差使,想也在此时。一为倚虹的祖母逝世后的开吊,我也去拜奠,盛况就不及前了。本来丧事人家,也闹不出甚么来,不过我看这一次的毕畏老的精神大不如前,和我讲话,口水垂垂而下;向我敬茶时,两手震颤不已。

乃未几而畏老也故世了,这时我不在上海,未曾往吊,也不知如何发丧。亏空公款,他已是一个罪人了。这些军阀辈,待他死后发覆,已是给他一个大面子,以后就是公事公办了。

其实,谈毕倚虹的家运,自从他祖老太太故世,便衰颓下来了。不知如何,往往一位年已七八十岁的老太太,却能镇住一家,我的好多亲戚家,都是如此。试读《红楼梦》,贾母一死后的景象,曹雪芹必非无因而著此。而有清一代,那拉氏死后,这个宗族也遂倾覆了。我这话似乎涉于迷信命运之说,或者其中也有个至理吧?毕畏老在日,早已百孔千疮,自己也知已不了,只是硬撑着的。现在一瞑不视,这个家庭便立即崩溃了。死了还有甚么说的,好像小孩子撒了一堆烂尿,终于是要揩屁股的。当局便板起面孔,执行法律,责令赔偿,查抄家产,那便是专制时代的"抄家"了。那毕畏老仅有候潮门一所房子,馀无长物,立即充公,尚还不足。中国的传统法例,是父债子还,于是倚虹便吃官司,被拘留起来了。

其实我有一位同乡世交朱寿臣兄,我与他小考进学时是同案。他家里是丝织业钜商,苏州有朱义和纱缎庄,上海有老嘉福绸缎店,但他却到北京去做官,和毕畏老是同衙门,亦为好友。这一回,为了安排畏老身后事宜,诸老友出了一些力,他也被邀来杭。回去北京,路经上海,我请他了一餐饭,谈谈毕家的事。他说:"毕畏老是个忠厚老实人,怎能与此辈军阀周旋?即以他们的打牌而言,五百块底,一千块底,不算一回事,试问畏老如何吃得消?为了要在他们手里讨针线,不得不敷衍他们,坐下去了。而且他的手段极不高明,他们愈加欢迎他。至于他们这班武人,输了可以划帐,互相往来,畏老却是要现钱交出去,少说总有几千块钱输给他们了。朗兄!这就打牌一端而言,其馀你可以想见了。"

再说倚虹吃官司,有人说关在杭州监狱里,其实非是,他并不是甚么刑事犯呀。他只是软禁在县衙门里,而且那位县长对他很为优待,住居在花厅内一个耳房里,派一个仆役伺候他。所谓伺候他者,其实也是有看守他的性质的。有家中人访问他的自由，有与朋友们通信的自由，有阅读书报的自由，就是没有出门一步的自由。

这个时候，我正在上海大东书局办一个小说周刊，名曰《星期》，他供给了我许多短篇小说，颇多精奇之作。我问何所取材，原来这个看守他的仆役，本来是一个老兵，经历的地方，遭遇艰险，就是不少。倚虹在无聊之中，和他谈天说地，有时说得高兴，还犒以绍酒半斤。虽然也有些是无稽之谈，一经倚虹渲染，都是大好资料。

他父亲的事，幸有诸位老友为之料理弥补以后，倚虹也得释放了。但是家已破了，财已尽了，房子早已充公，亲属亦且离散。那时候，许多人便都谈到毕倚虹与他的夫人杨芬若离婚的事了。我于此先声明一笔，我就不想谈此一事。我不是像那老先生们固守旧道德，不谈人家闺阃的事，我只是想这是倚虹最摧心的一件事。要评论起来，当然是两方面各有不是，可是现在死的已经死了，老的也已老了，何必再翘〔撬〕起那种不愉快的前因后果呢？讲到离婚，现在已经不算一回事，在此恋爱自由、婚姻自由的世界，尽有最初男欢女爱，心心相印，一旦判决，反而若不相识，何况他们也还是盲婚呢！当时议论这一事，有善意的，有恶意的，有主观的，有客观的，有真实的，有虚诬的，真是不可究诘。我只好用放翁的一句诗"身后是非谁管得"，一言表过了。

我今要说的是倚虹再到上海，再进《时报》的事了。在此我不能不先述及刘香亭。前章我述及他离开《时报》时，举荐了香亭为代，他是曾做过台湾巡抚〔的〕刘铭传之孙。他们是军功起家，属于李鸿章的一派，也是合肥人。刘铭传的诸孙中，只有香亭文学最优，能写骈体文。在这时期的文体，虽未流行白话文，但已趋于文词的通畅，从事于骈四骊六的文章的已经不多。不过在小《时报》上那些小品文，每天不过三四百字，以及外埠新闻上一个短评，他也对付过去了，当然不及倚虹的冷隽而深刻。我有一时期，也曾定润例，作卖文生涯，代做一副对联者，四元；寿文、祭文、墓志铭等面议。我为甚么要有此举，因借此以拒绝许多泛泛之交的亲友向我揩油。"包先生！我的朋友死了，谢谢你！给我做一副挽联。"（这个润例发表后，恰值张仲仁的母亲故世了，我一连做了六副挽联，都是商界中人送的，说来说去这几句话，我二十四元袋袋平安了）至于杂文润例，原说是写散文的，忽有点戏要我写骈文的，说，润资加倍。这笔生意，我便介绍给香亭了。

香亭为人拘谨老实，友朋辈往往玩弄他，他也不敢与抗。他编小《时报》起初是个生手，我就帮了他的忙，后来也就弄惯了。当我离开《时报》的时候，他觉得单独，没有趣味，也想离去，我力劝他不要走。他的父亲子鹤先生，对他颇严厉，家本富有，而一个钱也不肯给他用，要他自寻职业。自己则金屋藏娇，打起奢华的小公馆来。我说："你的职位无论如何总是一个高尚职业。"我的私心还怕人家说：我是拖了他同进退的。但迟之又久，香亭谋到了一个职业，究竟离开《时报》去了。

香亭一去，狄楚青却伤起脑筋来了。因为编辑地方新闻，谁人可为？这个《小时报》，要雅俗共赏，有点风趣，带点幽默，不像《时事新报》、《民国日报》的谈玄学、表党义，严正立场。又好似一个顽皮的儿童，却又有些聪明活泼的。因此楚青急想征求人来弄这个玩意儿了。第一个来的是文公达，他本来是在《新闻报》的，以为似豆腐干大的小《时报》，不妨兼理一下。但他是研究古典文学的，所用成语，太古奥了，读者莫名其妙。有时还有生字、僻字，字模上没有见过，排字房对之摇头。公达自己也觉得非其所长，奉身而退。继之者乃是大名鼎鼎的况蕙风（周颐），于是白石、梦窗，跃然纸上；《虞美人》、《点绛唇》、《蝶恋花》、《沁园春》，联翩而来。大词家为之击节，小市民为之皱眉，北京戏剧家所说的"叫好不叫座"呢。

那时有人献议，这个小《时报》，非得小说家来办不可。当今小说家是谁呢？钱芥尘举荐了李涵秋。李涵秋居住扬州，有"扬州才子"之称，他所写的小说《广陵潮》，誉满大江南北，上海《新闻报》也连载他的小说。不过，这位先生闲居扬州，只是闭户造车，不肯出而合辙，可是要办报纸上一个副刊，不能在家纳福呀！狄楚青尊礼厚币请他到上海来，知道他上海无居住处，特地为他在东亚旅馆开了一个房间，那位李先生却因此闹了不少笑话。刚到上海，钱芥尘陪他走进东亚旅馆，踏上电梯，他说："阿呀！这房间怎么如此小呀！"告诉他，这是电梯，不是房间，同文因此传为笑谈。

还有他的房间是开在三层楼上的，但二层楼排列着的房间，与它一模一样，那是他们建筑家所谓标准化。可是李先生跑到二层楼，以为是自己的房间，开门进去，却是一位少妇，这也是有过的。并且李先生在扬州是早起早眠，上海的报人，都是夜游神，因此而惹起了饮食不时，起居无节。即在编辑方面言，这个扬州才子的笔调，也不大为上海市民所欣赏，于是李涵秋敬谢不敏，只得回到他的故乡去了。

　　这时倚虹料理了杭州的事，正要到上海来谋职业。时报馆李涵秋去后，正要觅人，旧燕重寻故巢，正是一拍既合。我给他两句古人诗道："无可奈何花落去，似曾相识燕归来。"我说："这真似为你写照呢。"这次他来上海后，我与他较为疏远，不似从前的朝夕相见，笔砚与共。不过我如果在上海时，每月总也有几次见面，总大概是在晶报馆的，有时也去吃个小馆子，谈谈近况。他的第二夫人汪女士，我在杭州倚虹家里曾见过两次，她是我们同乡苏州人，书香人家的女儿。本来倚虹是请她来作家庭教师，教他的儿女的，随后有情人便成眷属。汪女士是贤慧的，可惜不寿。逝世后，我挽以联曰："万转千回，宁为才子妇；廿年一梦，蜕此女儿身。"亦纪实也。

　　我今要谈谈倚虹病中的事了。实在说，在他重进《时报》的时候，已经有病在身了。那有好几个原因：他已经是一贫如洗的人，但人是总想生活下去的，离婚妻杨芬若把七个儿女（四男三女）扔给了他，飘然而去，他不能不对这些孩子们负教养之责。于是只好卖文为活，因此除《时报》外，在《申报》写长篇小说《人间地狱》，在《晶报》写小品文，此外东搭西搭的也不少。试想一人的精力有限，而况是个多病之身。再则无庸讳言，他是一个翩翩佳公子，出入花丛，情侣太多，未免斲丧过甚。有人说，他这种患肺病的人，性欲是强盛的。况且自第二夫人汪女士逝世后，又汲汲娶了第三夫人缪女士，燕尔新婚，又人情所应有的义务，如此煎迫，安能不病呢？

　　在他逝世以后，谣诼蜂起，有许多怪诞不经之谈。有一传说：谓其病中，有臧伯庸医生为之治病，不取医金，而每月资助他四百元。按臧伯庸为黄楚九的女婿，其不取医金，人可信之。当时为倚虹诊病者，尚有庞京周医生等，均不取资。如所周知，当时上海医生有一种风气，对于名人名士，以及报界中人，往往不收诊费，但得为之揄扬，也已足了。臧伯庸不过中产阶级，与倚虹亦不过泛泛之交，如果每与一穷朋友看病，要月送四百元，这是可以倾家的，世界哪有这种豪阔的医生？

　　说起四百元，我倒有个小小故事可述。先是，倚虹在家中取了珠花一对（这是杨夫人的奁物，当时还未流行钻石，贵族婚姻中的聘礼，以珍珠为最名贵），托我到银行里去抵押一千元。其时林康侯在上海的新华银行做行长，我就给他看了。银行里估价，说至多只能押八百元，而倚虹坚持要一千元。康侯说："这些小押款，我也不便做主。不过你若肯担保，或可勉强成功。"我为两方情面所感，便不得已担保了，为期只有半年，利息颇高，倚虹要钱用，

379

也不管它了。但是要他取赎，可说是个幻想，一年不赎，两年不赎，银行只是催迫保人。问问倚虹，也两手一摊，耸耸肩道："老兄知道我的景况的呀！"后来银行说："不赎只好拍卖了，价值短少，惟保人是问。"我也不问倚虹，此时已在病中，便说："拍卖就拍卖吧！"拍卖所得，这一对珠花只值六百元，我担保的人要代为赔偿四百元。我那时在陈光甫的上海商业储蓄银行里略有储蓄，便爽爽快快开了一张支票送去，以了一重公案。那时倚虹已病重，直到他咽气，我也不曾向他说过。

倚虹逝世后，友人为理其丧。新娶缪世珍夫人，恐还不到一年吧，却已有了身孕。急电扬州，召其弟介青来，共为善后之策。最紧要者，他一班子女如何安排。（按：杨夫人共生有四子三女，汪夫人无出，缪夫人在怀孕中，后生一女。倚虹第一子名庆昌，年已十四五，为中学生，亲友助其就学。第二子名庆康，由陈蝶仙（即天虚我生）担保荐至上海银行当练习生。第三子名庆芳，他嗣在介青后者，因介青无子故，由他教养。第四子名庆杭，年仅七岁，无所属。我坦然表示，我愿意任庆杭教养之责，请即往我家。介青示歉意，我说："无所谓，我家中子女多，可作伴也。"）

这时我也已有子女五人，三男两女，年龄都比庆杭大。庆杭到我家来，他们都欢迎他，爱护他。他们正在闹甚么音乐歌唱的玩意儿，写了一首《欢迎小七歌》（因庆杭的乳名是"小七子"也），以欢迎他。

他以七岁儿童离家，并没有凄恋之色，大概是失去母爱之故吧。不要看他是一个孤儿，他的性质是刚强。我试过他几次，有些事实，他心中是强烈反对的，即只是沉默不言，从不哭泣。在我家数年，及至高小毕业，那时候，我想到自己在他的年龄时，为了读书与习业问题，颇费思考，而现在又是"毕业即失业"的呼声甚高，有许多大学生皇皇然无所适从，中学生更艰难了。其时我有一位朋友周邦俊医生，为上海某大药房经理，谈起明年药房要派一班学生到日本学药剂师，先在本药厂实习一年。我以为此是一个机会，我便和周医生说了，也得了庆杭同意，那是要住在药厂里的。我太太为他料理了卧具衣物之类，我便亲送他到药厂的宿舍去了。

过了几天，我问周医生，他说："很好！这位毕世兄沉静寡言，倒像一个成人。"我笑说他素性如此，我觉得放了一条心。过了有一个月多的光景，倚虹的老弟介青写信给我，他信中说："庆杭写信来，他不愿习业，情愿读书。包老伯处受恩已多，不愿再烦劳他，想到扬州叔叔处来，再进学堂。"我得书深叹庆杭年少有志气，而深悔自己的冒昧从事，于是即覆书介青，促企其早日来沪，携庆杭而去。

前所说的倚虹有三个女儿是杨夫人所出，后来缪夫人又生一女，是遗腹的，所以倚虹共有四男四女。逝世以后，四个儿子已有安排，女儿们呢，都到了她们的姨母家。原来杨芬若有不少姊妹，杨云史女儿特多，都嫁在富商名宦之家。就我所知，一位是嫁在朱氏，上海人称为"叉袋角朱家"，开了有好几家纱厂的；有一位是嫁在阮家，是阮斗瞻（忠枢）的儿媳，袁世凯时代红人；其馀几个就不大清楚了。至于缪夫人，真是一位可敬的女士。照现代的伦理观，她尽可以改嫁。但她却含辛茹苦，抚此孤女，以至大学毕业，自己则以一白衣天使终其生也。

最后，我还要记述一笔，倚虹长子毕庆昌，是研习地质学的。当陈仪在台湾当长官，他是台湾关于地质部份〔分〕一个机关的主任。我在台湾时，他来访过我两次，他是一个温良挚厚的人。次子毕庆康，在上海商业储蓄银行以练习生升为行员，后又调入国家金融某机关。最后又经商至南洋各埠，在曼谷遇一华侨富商，见之大为赏识，招之为快婿，关于船务经营事，均由他主理。

三子毕庆芳，嗣于其弟介青的，其所经历，我不了解。至于四子毕庆杭，自随其叔父至扬州后，即入扬州中学女校去读书，未及三年，即已弃学。其中有一段过程，我未及知。旋知已参加共产党，到了印度，娶了华侨女儿为妻。在国共和谈时期，他曾一度至重庆，为《新华日报》记者，且已改名。解放以后，知其为印度大使馆一等秘书，并迎养其母杨夫人。故人有后，足令后死的老友，为之欣慰不已。

九八　回忆邵飘萍（上）

邵飘萍我在最初认识的时期，还没有这个名字。我们只知道他叫邵振青。飘萍两字，乃是他以后到了北京，在文字上所用的笔名。他的笔名也很多，我所记得的，有阿平、青萍等。后来人家只知道邵飘萍，想是飘萍两字用得多了。当时我说："飘萍两字不好，有轻浮之意。"他说："人生如断梗飘萍，有何不可？"至于青萍两字，到了他被害以后，文人词客，以之与林白水的作对偶，动辄曰"青萍白水"，两个为军阀惨杀的报人了。

我的认识邵飘萍，却是先认识了他的夫人汤修慧。因为我在编辑《妇女时报》杂志的时候，征求女界同志的文词，汤修慧即来投稿。她所写的不是诗词之类，却是短短的论文，谈的是教育、卫生一类的事。我起初以为不是她自己写的，或是有床头捉刀人，如毕倚虹夫人杨芬若所为。但后来她来领稿酬，亲来访我，方知确是她自己写的。她是苏州人，寄居于杭州，入杭州的浙江女师范读书的。她谈吐甚佳，既大方，又幽默，我认为在现代女界中是不可多得的。

　　继而始知其夫为邵振青。振青，浙江金华人，也是在杭州求学的，其学历我不详。他俩的有情人成了眷属，当是在西子湖边。修慧在访问我的时候，振青不在上海。后来他到了上海，夫妇两人同来访我，也常常吃小馆子，旋觉亲密了。不过他们来上海，只是作客，固定的居住地点，还是在杭州。我有时到杭州去，他们夫妇也常来陪我游玩，楼外楼鱼虾一餐，西子湖荡船半日，在所不免的。但飘萍那时候在杭州有何职业，我不知道，他既不言，我也未便问他。只见他好像很忙碌，时而上海，时而杭州。他的朋友很多，我都不认识的。他本来一口苏州话，是他夫人所薰染的，但遇到了他的同乡，这个金华话，实在莫名其妙了。

　　邵飘萍最初就是一个喜欢搞政治的人，但他从来不与我谈及政治。他有他的许多朋友，可是什么团体都未见他加入。他在杭州时，据说曾与褚辅成等一班人有所谋略，浙江当局认为他是反动份〔分〕子，曾欲捕其人。后有人为之疏通，汤修慧也奔走其间，这事他也没有和我谈过，是后来有人告知我的。他是个深藏不露的人，怕我是个新闻记者，乱说什么了吧！至于他的从杭州、上海到北京，早先也没有通知我，只是修慧和我说的。那时已在袁世凯洪宪时代以后，五四时代以前，什么日子，我已忘怀了。

　　一到北京，他就发挥他的新闻事业的天才。那时候，南方人士关于新闻事业而到北京去的有好几种：第一，南方各报馆特派到北京去的通电员、通信员。北京为政治的重心，当时外国的通讯社，也未能像后来的普遍，如上海《申报》所派的秦墨哂、《新闻报》所派的张继斋等，都是常驻北京发电的。第二，南方人有些政客，或是依附军阀，要伸张他们的权威的，便到北京去开报馆，因为那时在北京开报馆较为容易，不似上海的繁难。所以南方的所谓新知识阶级，都惠然肯来了。第三，至不得已也到北京来搞一个通讯社，倘能筹得一千元，可以办像样的一个通讯社，甚至有二三百元，也可以

382

办起来了。

这三种新闻事业，可以称为三部曲。可是邵飘萍去了北京，还不到一年，这三部曲完全创立成功了。最先就说，为南方各报特约通电与通信，那是飘萍起初的志愿，恐也受一些黄远庸等的影响。不要轻视那些特约通信员，他们是很有权威的。譬如说，我们蛰居于上海报馆里，编新闻，写评论，全靠北京通信员的报告，作为指示的。即使那时有外国通信社的报告，那是总不及自家的靠得住。黄远庸当时是只写文章，不发电报的；飘萍起初是又写通信，又发电报，到后来是只发电报，不写通信了。

黄元庸最初在《时报》写特约通信，可谓名重一时，到了《申报》易主，被史量才夺了去。但黄远庸不忘故旧，在《时报》每月也还有一二篇点缀其间。及至赴美被害，乃成绝笔。

不久，飘萍就设这个京报馆了。我不是说北京开报馆较为容易吗？第一是报址，有许多报馆都是开在自己家里的，那不是省俭得多，便利得多吗？辛亥革命以后，豪门贵族退出京师，巨邸也就不少。飘萍的报馆，就是开在他们家庭里。我第一次到他那里的时候，这地方唤做甜水井呢。第二是印刷，北京有很多印刷厂，这些厂家，都是代各家报社印刷报纸的。好在这些报出纸不多，销数也有限，所以一家印刷厂，可以担任几家报社的印刷。不过，飘萍的《京报》是自办排字印刷的。第三是发行，假如在外国各大都市以及中国如上海等处，报纸除本地销行以外，还要每日发行到外埠去的。北京的报纸，却只着重在京销行，到外省去的寥寥可数，那就省了许多手续（若《大公报》开设在天津乃是例外）。其它在采访、编辑上，便利之处也正多。若在飘萍，则与他的通电、通信，更有连系之妙呢！

北京特约通信，系《时报》与黄远庸创始的。这时的《时报》的北京特约通信，已成空隙了。虽有几位维护《时报》的朋友，偶尔通信，有所报告，那只是客串性质而已。故邵飘萍正在北京初发展，我就介绍他给《时报》通讯。以文笔而言，飘萍何能及远庸？远庸是个名进士，自八股以至策论，现又受了新文学影响，所谓"腹有诗书气自华"。可是发通电，则飘萍独擅胜场，精密而迅速，无能出其右者。可惜上海的报纸，都是持保守主义的，怕得罪权贵，泄露他们的秘密，不敢重用。

既而又开一个通信社了，通信社在北京已是很多了，不是我说有几百块钱就可开一个通信社吗？他这通信社附在报馆里，连几百块钱也可以省。原来这些通信社都有背景，或属于某军阀，或属于某政党，发稿给北京各报馆，以作宣传之用。他有了他的通信社，一、可与别的通信社作交换利用；二、可以采取对外通信的材料；三、可增加自己报纸上的新闻。可称是一举而三善备也。其实这些通讯社是可笑的，属于某一军阀的，只为某一军阀说话；属于某一政党的，更为某一政党宣传。他们不需资本，只要有一具日本的油印版，一刀中国的毛边纸，便可解决了。此外便有社长的薪水、采访的薪水，向他的后台老板报销。实在只一人兼之，广东人所谓"一脚踢"，而且东抄西袭，毫不费力。

为什么我说飘萍的为各报馆特约通电，独擅胜场呢？那是我亲知灼见的事。他的发电报，每天有三个时期。上午，如上海各报馆一样，无所事事。下午三四点钟，报馆及各通信社的报告来了，那都是普通新闻。他先发一次，往往自己不发，托人代发（其时潘公弼为《京报》编辑主任，常为他代发）。夜来九十点钟，有些政治要闻，是属于当天公开的，再发一次。这两次都是发的新闻电。如果发第三次电，必在夜间十二点钟以后，那就非他亲自发出不可，且不拘于发新闻电，常发三等急电，甚而至于可以发密电，也是有的。

有一次，我到了北京，汤修慧邀我住在他们家里。这正是北洋军阀繁盛时期，我觉得飘萍这时交际已经很广，每日下午多半不在家中，夜夜有饭局，什么报馆、通信社，他都不大问讯。及至夜阑人散以后，回到家里，他才忙了。第一是打电话，他所通电话的那里，都是可以得到政界要闻的几位朋友，大都是出席于政治会议的秘书长，或是各部总长的智囊团，当然那是最好的秘要新闻。不过飘萍是有斟酌的，有的发出去，可称独得之秘；有的觉得关系颇大，只好按住不发的。这些电报，就是在十二点钟以后，要发三等〔急〕电的了。他的电话在书房里，我适睡在后房，因此略知其事。那时我已出时报馆，不与问新闻界事，故他也不避忌我。

住在飘萍家里的时候，有一天早晨，修慧和我说："今天晚上，振青要在家里请客。"我忙问请的是什么人？修慧说："都是那些官老爷，我也不管，也不大清楚。"这个时候，交际应酬场中还是男人世界，凡是有什么宴会，即在家中，女主人亦不列席的。不过修慧所以告我，知道我不能高攀这班阔佬，通一消息给我。我知其意，那天下午就出去访朋友，串门子，吃夜饭，打游击战去了。及至回来时，他们家里还是宾客喧哗，我只见那个孙大胡子孙宝琦，正在兴高采烈的打牌。我便一溜烟的跑到房里去睡觉了。

谈起孙宝琦的打牌，我又有个插曲了。那个时候，北京赌风极盛，麻将牌已是家喻户晓，而舶来品的朴〔扑〕克牌，尤为首都人士所欢迎。至于军阀中这班老粗，还是以为传统的牌九来得爽快。可是这位外交部孙宝琦总长，酷嗜这个方城之戏，但是又打得手段奇劣。他有一个癖性，凡是摸到了中、发、白三张牌成为一克时，便将这三张牌合在台面上。有一次，起手就得了三张中风，洋洋有得色，照例合在台面上。随后他又摸到了一张中风，也不开杠，也不丢去。及至人家的牌和出来了，他才拈出那张中风来，说道："谁有中风？台面不见，可是被我扣留住了。"有人问道："那您合的是什么牌呀？"翻开来却是三张中风，大家都哈哈大笑。这是修慧讲的，她说："他是外交总长呀！怎么如此糊涂？"我笑说："那便是郑板桥所说的'小事糊涂，大事不糊涂'了吧。"

我住在飘萍家的时候，长日无聊，飘萍总是出门去了。修慧说："我们来打个小牌吧！"我们也是常常打的。除我与修慧两人之外，到外面编辑部里找两人便行了。但编辑部里只有潘公弼一人在，还是三缺一。修慧道："我们可以找徐老四。"徐老四何人？那便是凌宵〔霄〕汉阁主徐彬彬是也。本来自从黄远庸被害后，《时报》的特约通信后起无人，飘萍又懒于写长篇大论的通信稿的，于是我就介绍徐凌宵〔霄〕，倒也写了有好几年，现在久已不写了。他在北京穷困得很，和飘萍也认识，因为写通信时，我叫他到飘萍处探访新闻。现在飘萍知他经济困难，在京报馆为他位置了一职。

修慧便命仆人去请徐四爷来，因他住得相近。我因问徐老四境况如何？她说："他这个人太疏懒，不活动，在北京此刻这个地方，正是要手打脚踢，那他就吃亏了。他倒是老北京，一个人住在这里，没有家眷。他弟弟一士，却在天津，是人家称为掌故家的。"正说时，徐凌宵〔霄〕来了，穿了一件旧袍子，双袖都污黑了，真有些落拓不羁的样子。偏有那个修慧老给他开玩笑，冲着他道："徐四先生！您今天洗过脸吗？"徐凌宵〔霄〕虽别号彬彬，却也是嘻嘻哈哈的。

过了一天，我去访问了徐凌霄〔霄〕，直到了他的房间里。这间房，既是他的书房，又是他的卧房。桌子上乱七八糟，堆着许多不可究诘的书籍，卧床上张着一个月洞帐子。怎叫"月洞帐"呢？那是四周围全都围住，只在帐门前开一圆洞，人要蛇行而入的。这种帐子，在夏天防蚊最好的，但是北京很少蚊虫。问了他，他说："虽无蚊子，也有一种百蛉子，甚而至于还有蝎子。"那我就不知道了。我以好奇心向那月洞门里张了一张，便觉有一股气息冲鼻而来，不是吴刚砍的木樨香味。再一窥看，则见线装木版的整套书籍与痰盂、茶杯，分庭抗礼呢！

至于他的弟弟一士，我只仅见一二回。他们有个一元聚餐会，我曾临时加入过。何谓一元聚餐会？就是每人取出一块钱来，聚餐一次。那时物价廉，有八人至十人，也可以得丰美一席菜呢！座中许多同文同志，可惜我此时都记不起来了。

九九　回忆邵飘萍（下）

我到北京不下五六次，有时在天津也就停留下来。那时火车已通，从没有趁〔乘〕过轮船。但最初的火车，还未能联运，即如沪宁为一段，津浦又为一段。直到了联运以后，从上海可以直达北京，这便可以从我住居的爱而近路庆祥里踏出数十步，走进北火车站，登上火车，一直可以到北京东车站下车。名称也改为京沪铁路了，这是何等的便利呀！

到了北京，我总是住旅馆，只不过在邵飘萍家，住了也不到半个月。那时张岱杉先生也曾邀我住到他家里去，那是一个大公馆，排场极阔，仆役众多。我总觉得不便，不如住旅馆自由得多。在天津我也是住旅馆，我为什么有时到了天津便停留下来呢？因为在天津我也有许多朋友，我的老友钱芥尘，在那里开了一家报馆（报名我已忘却），我也住过在他报馆里，帮过他笔墨上的忙。当时天津与北京，就像北伐以后的国民政府迁都后，上海对于南京，做了首都的一个屏藩。因两处都有租界，那些贵官钜商，都似狡兔的在那里营巢窟呢！

我有一次到北京，并不是住在飘萍家里。这一次，从北京回上海的时候，在东车站已经上了火车，飘萍忽来送我。恰遇章行严夫人吴弱男女士，在我车厢隔邻。其时行严在上海大病，夫人急往省视，因托飘萍打电报到上海去。这一回事，我在前章已经说过了。我们正在谈话的时候，火车却已到了开行的时刻，站长挟了两面红绿旗，走进月台来了，飘萍也就急忙忙跳下车去。谁知道〔这〕一次火车送别，早有侦探跟在他的后面，或者是防他搭着火车，离开北京。幸而飘萍很机警，就在送我的当天晚上，避到了东交民巷六国饭店去。

到了明天，不客气的便到京报馆来抓人了。飘萍当然未被抓去，却把京报馆的主编潘公弼捉了去，着他【时】交［出］邵飘萍来，才可释放。

写到此，我还有一个闲笔，也得叙一叙：当飘萍送我匆匆下车时，把他一枝手杖遗留在我车厢里。及至发觉，他已在月台上，我即在车窗里将手杖伸出去，但火车已蠕蠕动了。飘萍忙说："不要了！不要了！那手杖送给你，作为一个纪念。"这话不过是一个戏言，这些小事，不足置意。我把这手杖带到上海家里，置诸壁角。我那时不用手杖，六十岁以后，渐渐用起手杖来了，也曾买了几枝手杖，都不趁手。因觉放在壁角飘萍所赠的手杖，长短适中，提在手里轻松，便取来用了。一直的用着，直到飘萍被害了，也是用着。有两次在电影院里遗失了，也还是失而复得的找回来。几年来流离转徙，一切书稿文物都散失，而独此手杖长随我身。我今写此稿时，这手杖尚植立壁间。当时飘萍说，给我作一个纪念，真是一种谶言呀！

我回上海，飘萍的那个遭遇，绝不知情。我还写信到他那里去，谢他车站送别，并告以章行严的病已痊愈。但没有得到答覆，这也是常事，"惯迟作答爱书来"，我们也常有此病，何况他是个忙人。迟之又久，在上海报上微露一点消息，说邵飘萍有被捕之说，已避入了东交民巷。至于为什么被捕，哪一个机关要捕他，也没有纪〔记〕载。以我推想，总是在他的通信上出了毛病，因为人家关于政治上［的］秘密，被你泄漏出去，那就有应得之罪了。我本想写信给修慧，问问她的实际情形。既而一想不好，人而至于要被捕，必然检查你的来往书信，未可冒昧从事。并且即使我知道了，又怎么样呢？未能于他有益，所以想写又搁笔了。

又过了一个多月光景，我在家中午饭以后，有人打电话来："喂！你知道我是谁呀？"我一听就听出飘萍的声音，我便问："你怎么到上海来的呀？几时到的呀？现在住在那里呀？"一连串的问话。他说："我刚刚到，第一个电话就打给你。我住在西藏路某一旅馆某号房间（按：所云西藏路某一旅馆，不是远东饭店，我已忘却这旅馆的名称，那只是一个中等旅馆），你可以就来吗？"我说："我可以立刻来。"他说："还有一事，我到此旅费已竭，你可以借给我一百块钱吗？如不便，少些也无妨。"我说："可以！可以！"

我想，住这等中级的旅馆，一百块钱，可以供一星期之用呢。到了旅馆里，知他住在楼上，门口旅客牌上，却写的是赵先生，赵与邵音相近也。不去管它，推进他的房门，却见另有一位年轻女子在座。飘萍连忙介绍道："这是张小姐，我们一同从北京来的。她是无锡人，要回去望她的妈妈，我们作伴同来的。"这位张小姐，年约廿一二岁，貌仅中姿，看她的态度一切，似为北京胡同中人。并且既是回无锡要看她的母亲，为什么经过无锡不下火车，一定要跟他到上海来呢？后来询之果然，原来飘萍施金蝉脱壳计，在八大胡同里，找到一位相识的，权为临时夫妇，以掩侦者之目，那就是这位张小姐的内幕了。

　　至此我方知那天东车站送我，即有侦探跟随其后，幸即发觉，遁入东交民巷，明日将潘公弼捕去，都是飘萍亲口告我的。至于为什么被捕呢？在我那时假想的不差，确是为了泄漏政府的政治机密？不过当时飘萍还不服气，我记得这还是段祺瑞执政时代吧，飘萍说："这些军阀，鬼鬼祟祟，捣乱世界，设计害民，我偏要撕破他们的秘密。"但究竟是什么一件事的秘密，在何处泄露了他们的秘密，飘萍没有说得清楚，我也未便穷诘他了。人家说："飘萍的通信机构，不独为报馆，也有个人的。"那是我所未知。也有人说，飘萍对于日本的报纸，也担任通信的，我更不知道。不过那时中外通信，并不禁止，日本也有通信社在中国，北京、天津、上海，还开有好几家日本报社呢。

　　飘萍来了不到一星期，好像个人经济上已有活动了，于是资遣了那位张小姐回无锡去，他也迁居于南京路一带的高级旅馆。最初汤修慧的来信，都寄到我家里转交的，后来他有了固定地址，就不必由我转了。我曾问过他："你既出走，而公弼又被拘留，这个京报馆、通讯社，如何办理呢？"他说："这个不用忧虑，修慧自能料理。前天她来的信上说，公弼被拘，公弼太太屡次来吵，除了薪水照发外，还有公弼别的进款，也要我们担任。当然是我移祸于他，据说现在也调停好了。现在我们先要把公弼保出来，修慧正在设法办理此事。"我觉得在现代妇女中，如修慧其人，殊不可多得。

　　飘萍是性情高傲不可抑制的人，他什么人都不买帐，但对于修慧却有些吃闪。飘萍与修慧本非元配，他在金华是有糟糠之妻的，不过没有读书识字，深居内地，未免有些土气。他自与修慧结合后，金华也就不回去，好像是离弃她的样子。倒是修慧教人把她从金华接到北京来，与之同居。又，修慧无所育，这元配太太却生了一个女孩子，玉雪可爱，修慧非常爱她，视如己生，这都是寻常妇女不可及处。我住在他们家里的时候，有一天，两人大吵嘴，也不知为了何事。我这个鲁仲连，只好作一个无理绪的排解，最后还是飘萍折服了。

更有奇妙可笑的事。飘萍好冶游，加以他结交的都是要人幕府所称为智囊人物，可以探取得秘要新闻的人。那就花天酒地，无足为奇，而正于此间，可以在无意中得多少大好资料。于是逛胡同，叫条子，成为家常便饭。修慧不能禁止，便即说："我也去！"飘萍笑说："这如何可能呢？哪有带着太太嫖堂子、吃花酒之理？况且满桌子都是男客，而其中却有女宾，似乎成为笑话。"修慧道："谁敢说是笑话？我就要训斥他们一顿。是谁定了这个法律？只许男人吃花酒，不许女人吃花酒，你们还叫着男女平权，却事事排斥女人！"飘萍无可如何，也只得让她同去。

到了胡同的院子里，飘萍有许多朋友是认得修慧的，真不敢笑话她，只说："邵太太也来了。欢迎！欢迎！"入席以后，大家都叫条子，她也叫条子（叫条子，即如上海妓院中"叫局"，乃召妓侑酒之意。上海妓院印有局票，此间则用红纸剪成纸条，写所召妓名于上）。这个时候，北京正筹开国会，各省议员云集京师，而上海妓院主政，也派了艳名噪一时的红姑娘，到北京来淘金，时人谓之"南花北植"。修慧就把上海最著名的姑娘叫来，她们不知征召者乃是一位女人。方错愕间，修慧却是一口吴语，先自招呼她们，说自己也从上海来，和她们称道姊妹，一点不搭架子。于是这一班花界姊妹，大家称赞邵太太不置。

但有一次却真闹成一个笑话。要知道北京八大胡同的妓院，是集体的，不似上海租界里的妓院，是散处的。它那里是每一妓院，是一个大院落，里面有几十个姑娘，至少也有十几个姑娘。每一姑娘就有一房间，各有领域，未能侵越。

还有一个规矩，别一个院子里的姑娘，不能平白无故到这个院了里来，除非是客人叫条子，那是本院有好处的。再则是客人串门子，带了别院的姑娘来，这个名称，叫作"过班"。那一天，有人请客，飘萍和一二朋友，酒酣饭饱之馀，由这个院子，到别一个院子串门子去了，修慧也跟了去。北京这种妓院，也带有一些官派，凡是客人踏进门去，便有一个人为之引导，问你找那位姑娘，便引导到那位姑娘房间去。这种人的名称，叫作"跑厅"。这回修慧跟了飘萍来，那个跑厅瞎了眼睛，以为是带了别院姑娘来了，大呼"过班"。被修慧顺手一个耳刮子，打得那个跑厅鼠窜而逃。

此事非我亲见，朋友告我一时传为笑柄。据闻事后修慧亦深悔之，一个有知识的女子，出手打人，未免有失闺仪，因此也对于飘萍持放任主义，不再步步为营了。女子终是弱者，结果飘萍还是金屋藏娇，自然是胡同中人物。及至飘萍死后，也就"蝉拽〔曳〕残声过别枝"了。

这些琐事我不再述了，再说当时飘萍在上海一住就是三个多月。他在上海本来有朋友，加以我所识的朋友，他也认识了，如余大雄、毕倚虹等等，并不寂寞寡欢。北京的事，由修慧给他奔走料理，呼吁疏通，不久，潘公弼也放出来了，他的事也渐渐的消释了。北洋军阀时代是瞬息千变，此长彼消，但看各方面势力如何。不过以修慧的贤能，我觉得飘萍实有些辜负了她。这次飘萍在上海，小有挥霍，所费也不赀，也不得不回北京去了。初到上海借我的百元，也没有见还，想他已囊无馀资，或已忘却。直至明年旧历岁阑，忽由某银行电汇我二百元，附语云："岁阑兄或有所需，贡此戋戋。"大似前清封疆大吏，致送北京穷翰林炭敬一般，他就是这样狡狯弄人呢。

第二次要抓他的，便是他送命的那一次了。这个时候，我已几年不到北京，连音问也久疏了。我的朋友在北京的也渐少，偶有人从北京来，传说邵飘萍仍很活动，意气飞扬，不可一世。而这时也正是军阀们战斗纷乱的时代。所以我直到飘萍死后，综合朋友所报告，略知其颠末。

据说第二次要抓他时，飘萍也早已有所觉察，也似第一次的避入东交民巷。但对方并没有像第一次的到报馆去捉人。那时潘公弼是否还在他的京报馆，我可不知道了。

所以飘萍虽然有即将被捕的风声，对方却不露觉色，好似没有这件事一般。但飘萍仍小心谨慎，躲在那里不敢出来。迟之又久，一点没有影响，觉这事已经松劲了。飘萍以思家心切，有几次在深夜溜出来，到了家里。他不但有大公馆，还有小公馆，东交民巷冷冷清清，凄凄切切，哪里有家里温柔乡之好呢？

有一天，他从东交民巷出来，遇到了这个倒毒鬼——夜壶张三张汉举（此人在北京，亦开一家报馆，为军阀们的走狗。夜壶张三这个绰号，是北京胡同里姑娘所题赠的，说他口臭专说脏话也。这个人，后来为了女伶孟小冬事件，做了梅兰芳的替死鬼，丑史甚多，兹不赘述）。张汉举向飘萍道："你早没有事了，我深知道，何必再躲躲闪闪呢？"飘萍因为知道他常奔走于这些军阀之门，常能刺探些消息，因此有些信他的话。而且好久以来，对方一点没有什么举动，躲在东交民巷，要到何日为止呢？所以他放大了胆子，住到家里来了。

谁知对方并未把这事放得轻松,张汉举哪里会知道这种事,只不过他在自己瞎吹,以为他能在那里参加机密,出来傲示于人罢了。飘萍从东交民巷出来,早有侦探追随其后,经详细侦察,确知飘萍那夜住在家中,便拦门捕捉,把飘萍押上囚车去了。那时候,北京的势力属于奉派,张宗昌、张学良均在北京,军政执法处是王琦,就是他奉命捉人的。飘萍捕去了,家人惶急,友朋们极力想法援救,但是无济于事,当夜已在东刑场秘密枪决了。

有人问:"邵飘萍到底犯了什么罪呢?"说是共产党。问:"有什么证据呢?"却是没有。那时候,这些凶残的军阀,不问捉到任何他所敌对的人、痛恨的人,给他一顶红帽子戴,说是共产党,也就完了。甚至于自己的姨太太,红杏出墙有了外好,捉了这个男人来,也说是共产党,枪毙了。但是飘萍究竟总有他们所视为犯罪的原因的,他只是一个新闻记者,为什么既无告发,又不审讯,便把他处死?这是否其中有不可告人的事,难于宣布呢?

据友人传述,略可置信者有二事:一为泄漏军事秘密,这件事,大家可以意想到的。在此争权夺利的世界,以飘萍的职业与他的大胆,即因此而把生命牺牲了,又何足怪。一为他虽然不是共产党而与共产党联络的,时人谓之"亲共",这也难于否认。因为飘萍当时交游既广泛,思想又激进,不知不觉的他们就目为"同路人"了。还有一说:飘萍近与冯玉祥甚为接近,玉祥是到过莫斯科的,更传说冯玉祥与他有经济关系的。凡此语言,都成为飘萍催命之符,这次罹祸,是否因此,亦难断定。

再要问:北京那时是奉派的天下,张宗昌、张学良都在北京,王琦不过是执行死刑的人,主动的究竟是谁呢?可是多数人说张宗昌,少数人说张学良。这也不难推想,张宗昌为了林白水丑诋潘复为肾囊,只一句话便说:"毙了他!"簇新鲜的事儿,可以作为旁证,而况执行者又是那个刽子手王琦。至于张学良似乎不像张宗昌自称老粗,绿林大学毕业,而比较有深谋的人。飘萍出事后有许多平日拥护少帅的人,都为之分辩。但有一客云:"为了疑心他夺权而杀了他的父执杨宇霆,又何惜乎这一个新闻记者呢?"飘萍死矣,至今还成一个谜。

一〇〇　时报小纠纷

新闻事业,是站于是非得失之林的,虽然誉之者说什么无冕帝王,三千毛瑟；亦自诩为不畏强暴，有闻必录。但闯起祸来，却是很大的。在中国，先是有在上海发生的苏报案，使到章炳麟、邹容的吃官司。后又有邵飘萍、林白水在北京罹杀身之祸，这种文字狱可不小呀！但是在我进入上海的新闻界时期，所谓申、新、时三大报纸的老板，都是小心谨慎，自保身家，不敢惹祸。专制政府虽痛恨报纸，而不庸讳言，报馆亦恃租界为护符，对于洋人也不敢得罪。不过大毛病虽是没有，小纠纷总是有的。我偶然想起几件事，且为述之：

有一次，我们《时报》的杭州访员，寄来一封通信，报告杭州出了一件井中放毒案，其词甚长，那个访员笔下也还通顺，我就发在地方新闻的第一段。谁知过了三天，我友杨补塘（荫杭）写了一封长有十馀张信笺的信来责备我。原来他正在杭州做高等审判厅长，这井中下毒案，官司正打得急鼓密锣的当儿，忽然《时报》登出这一封通信，语多歪曲，杭州人又都看《时报》的，于他的判决很多掣肘。他信中说："你应该知道在官司没有结案之前，报纸上不该瞎加批评的。"他这样的谴责我，我可俯首无词呀！但杨补塘这位朋友，我一向是尊敬他的。他是日本早稻田的学生，学法政的，和雷继兴、杨翼之等都是同学。为人严正，同学们戏呼他为"无锡孔圣人"（他是无锡人）。回国以后即入司法界，在辛亥革命、洪宪失败、段祺瑞执政的时候，他是北京的检察总监。是否这个名称不记得了，总之执行检举罪犯人的，那就有这一职司。讲到那里，杨补塘的故事来了。

原来北京那时有一种私娼，和前门外八大胡同的公娼是分道而驰的。在东城有一家私娼，叫做什么金八奶奶的，生涯鼎盛。这都是一般现任官僚所照顾的，因为他们不能彰明较著的到八大胡同去，只能到这些地方去吃酒打牌。那时老段执政，他的部下有所谓安福系者，大约金八奶奶那里，安福系出入的人最多。但是私娼是北京明令禁止的，检察总监是检举违法犯罪的人，金八奶奶那里人言啧啧，杨补塘早有所闻。那天晚上，带了法警，亲去捕捉。谁知捉了一大批都是安福系人，如朱深、曾毓秀等都是总长级，连一位规规矩矩[的]许矮子许世英也在内。于是许多高级机关里的人都来说情，打招呼，他一概不买帐。说是："我尽我职，明天解法院，听候审判。"

还是几位同学的好朋友劝了，说道："何苦呢？得罪了许多人，像许俊人（世英的号）想也不是同流合污的人，只是被他们硬拖了去。解到法院，怕也是一丘之貉，他们乐得做好人，用不着审判，就放归了。况且这又有什么大罪名，不过行止有亏罢了。"杨补塘想想也不差，就让他们用假姓名保出去了。不过他们想想，这个人留在京里，总觉有些讨厌，但是也扳不着什么差头，而且民望也好，总说他肯办事。适巧浙江高等审判厅长需人，便把他派到杭州来了。以检察而迁审判，似为升职，实在明升暗降。那是在军阀时代，他后来厌弃了在中国做司法官儿，重到欧美游学去了（曾在《申报》上写文章，笔名"老圃"）。

在晚年时，我常和他见面，同住在上海法租界，到夕阳西下时，法国公园（后改名为复兴公园）水边林下，是我们谈话之地。他的妹妹杨荫榆，和他的脾气一样地固执。我告诉他："荫榆就任北京女子师范初来的时候，我和杨千里都在北京。荫榆要请千里担任文学系什么（因荫榆在务本女塾时，千里是她的教师），千里自己不就，却移祸江东，把我介绍给她，以致荫榆到了我旅馆两次，极力劝驾。试想我哪有资格在北京女师范教书？极力再三辞谢，而已经被鲁迅在《语丝》上骂了。"补塘说："当时我极力劝荫榆不要到北京去。她在美国教书，岂不很好！她是爱国心热，说：'人是总要回祖国的，我不知现在中国的女孩子进步如何，也得回去看看。'她如此坚持，我还有何话可说，不想真是碰了一个大顶〔钉〕子回来。"

杨荫榆从北京回来以后，在苏州设立了一个私家女学校，从学的不过十馀人，都是高级女生。她是一个老处女，没有嫁人的。补塘一家，却仍住在上海。那个时候，已在日寇侵袭时期了，荫榆在苏州一家邻居，为日寇所强占。荫榆仗义执言，说她可以向日本领事馆去代他们控诉，因为她留学日本多年，可以说日语。老远的跑到盘门外青阳地日本领事馆，向之责问。领事很客气，说定要查办。回来走到高吴门桥上，谁知有人蹑其后，一个日兵，一脚把她踢下吴门桥死了。越数日，我在公园又遇见补塘，他对我只说了四个字："我的阿妹……"已泪如雨下，泣不成声了。

我原本是写《时报》杂事纠纷的，先想到杭州井中放毒案涉及杨补塘写信与我的事。忽然把杨氏兄妹的事叙述一番，去题千里，真是跑野马了。言归正传，我且说得了补塘的信后，便写一封抱歉回信，承认访稿是我发的，现在可怎么办呢？过了几天，得他回信，他说："案已判决了，报上也不必再谈了。照例，案子未判决以前，我也不应该写信与你辩论是非的，因为我们是老友，对你有违言，想能原谅的。"

这一小纠纷结束了，再说另一纠纷。这一个纠纷来势很凶险，但不及一小时，也解决了。

有一天，有两个军士模样的人，闯进了报馆来，到会客室中，把一枝手枪向桌子一碰，对报馆里的茶房（仆役）道："喊你们主笔出来！"茶房战战兢兢到主笔房报告，说："他们有手枪。"那时几位主笔都不在馆中，只有我一人在那里。听说他们有手枪，我倒有点儿吃闪，真是"秀才遇着兵，有理说不清"。无缘无故的吃了颗卫生丸，到了阴间，遇到了我家祖先的孝肃公，问你小子是怎么来的？我也回答不出。说是不敢见他们吧，我也还有点自尊心，不服气，难道就被一柄手枪吓倒了吗？

那时我便吩咐茶房向他们说："你们掏出手枪来，我们主笔便不肯出见，因为你们有手枪，我们主笔没有手枪。"茶房去说了，回报我道："手枪已收起来了。"我那时便去会见他们两人。

这两人是从江西来的，一个年纪较轻，大约不满三十岁，就是掏出手枪来的人；一个年长，约摸有五十多岁了。年轻的掏出一张破破烂烂的旧《时报》来，在一段新闻上，抹上了一个框子，我知道又是地方新闻出毛病了。他问道："你们这新闻是哪里来的？"我说："我们报馆有访员，是访员寄来的。"他说："这访员姓甚名谁？住在哪里？乱造谣言，我要办他。"我说："对不起，报馆里的规矩，不能把自己的访员随便告诉人的。"那时候，这个年长的发言道："那么假使访员报告一件不确实的事，报上登出来，报馆也不负责任吗？"我觉得这年长的话，就和缓得多了，我说："报馆是公正的，如果是不确实，你们可来函更正。"年长的道："应该由你们报馆自行更正。"我说："这也是可以的，但我们究不知访员的来稿是否确实，须得写信去调查，就得多费时日了。"那年轻的跳起来道："咱们等不及，也不要你们调查，咱们有办法。"我知道这是他的落场势了。

临行，我还警告他们："你们刚才掏出手枪来的举动是不对的。要知道这里是租界，如有人身边藏有手枪，在马路上行走，便拉到巡捕房去了。你们要小心。"我这话虽然有些调侃他们，实在也是实话呀！后来写信问南昌访员，说是甚么麻烦也没有。大约他们也不是专为这新闻而到上海来的。《时报》所登，还是两月前的事，路经上海，用手枪吓吓报馆里的人罢了。

这两件都属于地方新闻上的事。还有两件，乃是小《时报》上闯的祸了。不是说过小《时报》上有一种"特约马路电"吗？与特约路透电只差一字，这也是花边新闻，但仅限于本地风光，那已在刘香亭编辑小《时报》的时代了。当时设计小《时报》的当儿，原是说要做到雅俗共赏，人家称赏小《时报》，也说它能做到雅俗共赏，不似那《民国日报》、《时事新报》的那种副刊，专载论道讲学的大文章的。这次出毛病，也是一雅一俗，可算得是雅俗共赏了。

有一天晚上，有位某大学某教授（我这里不想记出学校及教授的名字），他到报馆里来，指名要见我。我看了他的名片，闻名而未曾见面，既然他来见访，必有所事，只得出来见他了。寒暄已毕，他谈到："你们办的小《时报》，很有兴趣呀。"我笑说："这是不登大雅之堂的东西。"他说："都是外来的投稿吗？"我说："是的。"他说："像那种特约马路电之类，也有稿费吗？"我说："那是微乎其微的，规定了两角至两元。"我暗想难道一位大教授也想在小《时报》投稿吗？但见他在胸前西装衣袋里，取出一本小记事簿，又取出一张小字条儿，是报纸上剪下来的，我知道这事情便有些不妙了。

原来这一个纸条儿，便是特约马路电，上刊着："某大学教授女公子，素有校花之誉，近已与同学某君，恋爱成熟，即将结婚，令人艳羡不已。"下面的署名是"萧郎"二字。某教授问道："像这样一个特约马路电，也只值两角钱吗？"我这时已面红耳赤，说："这是不该登的，这来稿虽不是我发的，我也应当负责。"我那时便极力道歉。他见我局促之状，便道："要是在欧美的报纸上，登出那种新闻，那是无所谓的。不过在中国，还是守着旧道德，以谈人闺阃为戒的。"我只得说："是！是！"我想，这个马路电已经登出来了，他此来意欲何为呢？

我说："我们是很抱歉的，怎样来一个补过之法呢？请先生见教。"他说："女孩子们性情固执的多，她看见了这条新闻，心中很不快，她想知道这投稿人的真姓名是谁呢。"我当时一看到投稿人的署名是"萧郎"两字，便知道就是追求他的女儿而失恋的人。因"侯门一入深如海，从此萧郎是路人"，大家已是读得烂熟的了。可是这也不便和那位教授说，但投稿人的真姓名，确是不知道。只得以实相告，幸而这位教授先生也不执意苛求，大概是他的那位的女儿，迫着他到报馆来，他敷衍一阵走了。这一个马路电是刘香亭发的，我告诉香亭，以后要小心，往往不过几十字，就惹出麻烦来了。

谁知在这两三个月后，小《时报》又出毛病了。有一天，有三位歪戴了草帽，身穿黑色短衣，不三不四的人，闯进报馆里来。自称探员（上海俗称"包打听"，又称"包探"的），也要来打主笔。

问他们为了什么事呢？原来也是马路电出了事。一个探长（包打听头脑，美其名则曰"督察长"）死了，说他是患了"夹阴伤寒"死的（"夹阴伤寒"说是在性交时受了风寒所致，中医有此病名，西医否认之）。那探长有一妻一妾，分居两处，却是死在小老婆那里。而这个大老婆是个悍妇，上海人所称为"白相人嫂嫂"的，要打到小老婆那里去。就是这一个新闻，我们这位刘香亭先生，大概觉得有趣味，发在马路电去了，其实也可以算得里巷琐闻的。

这次我真胆怯不敢直接去见他们了，因为这班人是没有灵性的，如果我贸贸然跑出去，他们不问情由，兜头对你一个巴掌也是很难说的，我就犯不着吃这眼前亏呀。我想起我们报馆营业部里有位陈先生，他的绰号叫做陈天亮（因为他也是一位夜游神，常常到天亮方才回去），和他们这班人有些连〔联〕络，请他出去解围。先告诉他，我们这里的主笔还没有来；再问问他，你们这回来找主笔，是什么意思？是否要求更正？我们可以给你们更正。至于大老婆要打小老婆，此乃他们家庭的事，报馆里可管不着了。

他们最初是其势汹汹，后经陈天亮和他们称兄道弟，嬉皮顽笑一番，也就缓和下来了。要说更正，如何的更正呢？所载的都是实事，据陈天亮说："这班都是包打听伙计（上海巡捕房一个探员，手下可用若干伙计的），要他们写一个更正稿也写不来的。"这件事便这样不了而了之了。这个马路电，时常闯祸，本想取消了它，但也常常有很好〔的〕特别的新闻，即如"阎瑞生谋杀王莲英"，在上海社会新闻上是一个特别案子，当夜就有人打电话给小《时报》，到明天别家都无此新闻，而《时报》独有呢！

以上都是新闻上的纠纷，就所能记忆的偶写一二。其馀尚多，均已忘却。更有一事，可恼而又可笑的，记之如下：

有一天，报馆接到一张会审公堂的传票，是控告时报馆的经理狄楚青和主笔是我的。为了什么事呢？说是我们的报上登载了非法的广告。什么是非法的广告呢？原来是那种卖春药的广告，什么"三鞭壮阳丸"呢，"大力种子丸"呢，名目也是繁多的。《时报》向来也是不登这类广告的，不知如何广告部不小心登出这类广告来了。

这也不去管它，不过我们编辑部，从来不管广告部事的，他们告经理是可以的，为什么告起我来呢？我对于他们广告部的事，不但不去问询，连大样也不看的，为甚么要带累我吃官司呢？

问了楚青，他好像没有甚么担心，说："吃官司就吃官司了，到那一天我雇一部马车，到你家里，同去新衙门就是了。"我道："我其实与广告无关，你去了，我可以不去的。"他笑道："你不去吗？临审不到，他们明天就出拘票来捉你了。"楚青好像是个老吃官司的来吓我。我问是谁审判呢？他说："一个外国人，大概是英国领事；一个中国人，便是关炯之。"我说："关炯之不是我们极熟的人吗？"楚青说："那时候，他板起面孔，不认得人了。"

说起关炯之，上海是无人不知的。他的原籍是湖北省，是前清一位举人，捐了一个同知官职，到江苏来候补，后来派到上海租界里来做会审官。楚青本来和他极相熟的，据说两人还是乡榜同年，不过一个是湖北，一个是江苏而已。他们两人时常在宴会上相遇，嘻嘻哈哈一番。关炯之还会哼几句京戏，有一次在电话里唱给楚青听。我由于楚青认识他，也认识他了。我住在爱而近路，下午坐了人力车到报馆，他坐了马车到新衙门（即会审公廨），在路上每次相遇，总是从车窗里探出头来和我招呼，现在竟要高坐堂皇审判我们了。

那天，我和楚青上午九点钟就到浙江路这个会审公廨了。只见里面拥挤很多人，也有小贩、苦力、黄包车夫等等，都是吃官司的。这个地方，不像是个法院，却见那个关老爷（上海一般"下级人"这样叫他）和一个外国人，并肩据案坐着。他是不穿西服的，把一顶软胎的瓜皮小帽，放在桌子上。旁边坐了几个是否翻译、书记之类，我们也弄不清楚。但对这个判决是爽快极了，也不询问，也无须答辩，被告走到案前，旁边一个书记模样的人，只说你罚几块钱。给他一张单子，便有一个穿制服的巡捕，陪他到缴款处，付了罚款就完事了。不过这些罚款，很为轻微，不过几块钱。但在那些小贩、苦力、黄包车夫，即使罚他两三块钱，也是几天生意白做呀！

轮到我们，也是一样，既不讯问，也无须答辩，关炯之看也不看我们，"顾左右而言他"，和这个英领事鬼头鬼脑，不知说些什么话。那个书记签发下一张单子，说是每人罚十元，因为我们比那些小贩"高级"，所以罚得要重些。楚青是带了报馆里一位会计先生的，让他去缴罚款，我们便坐了马车回去了。

随后，我们又把这个审判讨论了一下："为什么问也不问，便这样判决了呢？"楚青说："来不及呀！他们早晚两次，每次就有三四十件案子，你要讯问答辩，可要花多少时间？而且不问则已，一问就生出许多噜苏来，所以只好打一个闷棍了。"我说："难道没有冤枉的吗？"楚青道："我想多半是冤枉的，幸而这只不过违警罪，罚去两三块钱就算了。那些做小生意的，就怕你拖下去，他们是做一天，吃一天的，受了冤枉也就只好吞下肚里去了。"这种情形，不独当时上海租界如此，"天下的乌鸦一般黑"，凡是被侵略的什么殖民地、租借地的居民都要受其荼毒吧！

一〇一　路劫记

约在一九二〇至一九三〇年间，上海租界内，绑票路劫之案，真个是没有虚日。绑票是对于大资产阶级，路劫是对于小资产阶级，我曾被路劫过三次，想他们对我视为小资产阶级的了。再说，那种路劫行为的人，专剥去行路人身上的衣服，上海白相人的行语，叫做"剥猪猡"。我曾三次被剥，又得了这猪猡的雅号，真令人啼笑皆非。这种事，在当时他觉得有些惊恐、恼怒；如今想起来，还觉得有些滑稽可笑。

我已不记得哪一年，也不记得是何月何日，总之那个时候是冬天。我家住在邻近北火车站的爱而近路，每夜从望平街报馆里回去的时候，总要午夜两点钟，看过报纸的大样后，方才可以离开。从报馆里回到家中，自南而北，要经过一条极狭的路，叫做唐家衖。这唐家衖虽然既狭且短，但横路极多。某一夜，我报馆里事毕以后，即坐了人力车回家。车子刚到唐家衖中段，便有两人从横路里窜出，拦住车子，一人抽出手枪，向人力车夫背上抵住，人力车夫只得把车子停下来了。然后他把手枪移向我，叫我走下车子来，另一个便动手剥我身上那件皮大衣。持枪的人说道："喂！朋友！识相点！"那位剥大衣的朋友呢，把我背后的领口一拉，两袖一翻，轻轻巧巧的已到了他的手中。我手无缚鸡之力，何能抗拒！他剥了我的大衣，就向他自己身上一披，两个人便扬长去了。那个人力车夫呆立着问道："先生！怎么办呢？"我说："有怎么办！你拉我到那边的巡捕房报案就是了。"

那个车夫很胆怯，说："不要被巡捕房关起来吗？"我说："放心！这与你无关。"原来一出唐家衖，就是一个捕房，这个叫做汇司捕房。从唐家衖一直到我家所住的爱而近路，这一带区域，都归它管理的。这个捕房的督察长（督察长就是探长，法租界三大亨之一黄金荣，也就是督察长出身）叫做陆连奎（此人于上海沦陷于敌伪时期，被人暗杀的），我也认识他。到捕房里，照例问了一问，纪〔记〕录下来。他们说："这种案子太多了，每夜各捕房来报案的，平均总有五六起。"又喝问拉我的人力车夫道："你认得那两个人吗？"吓得车夫瑟瑟抖，我连忙说道："不！这个车夫，车子常停在我们报馆门口，我和他很熟的。"捕房里的人说道："你不知道这班做案的人，常常与车夫串通的。"

虽然报了案，我知道失物复得，那是渺茫的事，只好自叹晦气。三天以后，我在报馆里接到一封信，上写了我的姓名，是本地寄来的，没有寄信人的姓名，只写了"内详"两字。启封，先发现一张当票，此外是一张八行书的信笺。信写得很客气，开头是"某某老夫子大人钧鉴"，其下的许多话，大概是说前夜的冒犯尊驾，实在处身困境，不得已而为之。还说，他曾当过革命军，被裁撤了，一家数口，无以为生。最后说："知道你少爷出洋留学，将来如何发达，祝颂公侯万代"云云。下署的名是"革命遇难人"。

最初，我很纳闷，他怎么知道我的姓名？怎么知道我在时报馆而把信寄来？及至看到"少爷出洋留学"的话，方才省起有一封我的儿子在德国寄来的信，是寄到报馆里的，我留在皮大衣的里袋内的，被他搜得了，凭了这封信，寄还了当票给我了。信虽写得不伦不类，但通篇倒没有一个别字，字迹也比较还工整。为了"钧鉴"两字，我真要相信他是当过革命军的，而且把当票寄回我，还算是"强盗发善心"呢。后与朋友谈起，他们说："你别上他们的当吧！知道你是报馆里的人，高谈革命，他也就戴上一顶革命帽子。上海滩上许多流氓，都自称为革命人物。至于把当票寄回你，你要知道这些贼骨头，向来偷盗人家的衣物，上了当铺，概不取赎的。钱财到手，当票扯碎，那种〔是〕笨贼。留着这当票，乐得寄回你，使你自赎，也可以销案了。"

这件皮大衣，在当票上当了四十元，我便把那封信以及当票交给了汇司捕房。当票请他们代为取赎，交给他们四十元。因为由捕房去领赃，不要利息的。这一件案子，我损失的四十元，总算是结束了。

谁知过不到一个月，我在深夜坐了人力车，又经过唐家衖，又从横街里窜出两个人，拦住车子，抽出手枪对着我。我这时已有了经验了，不必他说"识相点"，而我早已识相了。我便乖乖地自己脱下这件皮大衣，不必他们动手了。他也照常向他身上一披，疾驰而去。好似我和他合作，身手快捷，恐不到三分钟。我疑心这两个人，就是称我为"老夫子"而祝我"公侯万代"的人。不过那里灯昏月黑，视线不明，我也未能认识真切呢。

立刻又到汇司捕房，陆连奎正在捕房里，笑道："你先生又来了。"纪〔记〕录以后，他说："唐家衖常常出事，你何必一定要走唐家衖呢？"我告以从报馆里回家，唐家衖是必经之路，有此近路，黄包车夫怎肯舍近路走而兜远路呢？我又责问他们道："你们既知唐家衖常常出事，为甚么不多派几个巡捕在唐家衖巡缉呢？"他也没有答覆我。既而又说道："他们的那些手枪，都是假的，你不如在我们这里领一枝真手枪，以为防身之用。你们报馆里的主笔先生有此资格的，连同枪照、注册等等，也不用花多少钱。你如果不会放手枪，我们可以教你。只要放在大衣里，你掏出真手枪来，那吓得假手枪连忙逃走了。"

我想：我是来报案，他却在拉生意了。原来那时租界里，凡是有高等职业的人（他们称之为"体面商人"），都可备有手枪，以为防盗之用。或是向外国军火商购取，或是向租界工部局申领，可都要领有执照，印有号码，以备可以随时稽查。除了那手枪的价值之外，也还有一些费用。但是我当时便谢绝了他，我说："谢谢你，我不要手枪。"

我的所以不要手枪，有三个原因：第一，他们说那班路劫人用的是假手枪，我不敢相信，保不定也是真手枪。而我又是近视眼，手腕又不及他灵活，我刚掏出手枪而他却先放了，这可怎么办？第二，我家里小孩子多，这手枪藏在甚么地方呢？抽屉里既不方便，衣袋里又不妥。儿童好奇心重，取出来玩弄玩弄，那就要闯大祸了。第三，那就是我的过于天真的脾气了，为人道主义着想，他不过剥我一件大衣，我的损失还有限，而他也罪不至死。我何必要用手枪杀他呢？因此三者，我决不要。陆连奎道："好！那么我给你查就是了。上一次是他们当去的，大概几家典当里一查，也就查出来了。"

果然不到一星期，汇司捕房来关照：说是大衣已是查出来了，在某一当铺里。上海的巡捕房与各当铺都有连〔联〕系的，如何提取赃物，具有章程。认明了是失物，用不着当票，当票早被盗窃者毁弃了。还说是当了五十元，照当本赎取，不要利息。这件大衣，可笑是涨价了。好！五十元就五十元吧！天又冷，我与这件皮大衣已发生了深切恋爱的感情了。

据友人说：唐家衖的周围，有好几家赌窟。这些赌窟，都不是像法租界三大亨所组织的大赌场，只是那班游手好闲之辈，上海所谓"白相人"以及流氓、光棍等的巢窟。他们赢了钱，呼朋唤友，喝酒搞女人，胡闹一阵；输了钱，便当夜出去"做世界"、"剥猪猡"，作为明日的赌本。有了赌窟，便有许多赌徒，赌徒多了，他们也便有组织，他们有他们的茶会，外行人不知道，警察们是总有些知道的。我又要谈到在中国未有司法独立，未有警察局以前，这些盗贼案子，都归县衙门处理。而县衙门里执行捕盗贼的，名之曰"捕快"，所以有一句通行的俗语，叫做"捕快贼出身"。以此推断，巡捕房里的人，和他们有些连〔联〕络，也不足为怪的。据说，有些人如果知道他们茶会，熟识他们的门径，原物便可以取还，不过也花一点钱。现在巡捕房说，在某当铺，要五十元方可赎出。我也不去问他在哪一当铺，付出大衍之数，物归原主了。

我为了陆连奎问我，何以必走唐家衖，可知他也是知道唐家衖是个不安靖的地方，被剥的猪猡，不止我一人。我想：就不走唐家衖吧，宁可兜一个圈子，不走北浙江路，便走北河南路，加一点钱给人力车夫，不成问题。谁知还不到一个月，又遇到贼人了。在北河南路的小菜场旁边，又窜出了两人，拦住去路，用他的不知是真是假的手枪，在车夫背上敲了一下，车夫只得把车子停下来。可是这一回他们凶狠了，不但剥去我的大衣，连我袍子里的一只金表也摸了去。他们是还想剥我袍子的，幸而救星来了，远远的灯光一闪，有一辆汽车飞驰而来，他们便急急忙忙披上我的大衣逃了。

从此以后，我这件皮大衣便"黄鹤一去不复返"了。我虽也报告捕房，捕房也不会为我查得原物。其时好像是在齐卢战争时代，租界里也防务吃紧，他们不注意于此小事了。吾妻还为我解嘲道："这件大衣，即使能完璧归赵，也不要再穿它了。"我问："为什么呢？"她说："这件大衣被劫取后，即披上贼身，已三次了，多少有点贼气了。"我大笑。原来这件大衣，原是我太太给我设法购得的。我本来有件驼绒里的大衣，已敝旧不堪，太太怜我深夜冲寒归，欲为我制一袭皮大衣。因为当时流行这种狐皮大衣，我们许多亲朋都有此一袭。但一袭狐皮大衣，价可二百元，我嫌其太贵。太太说："我有办法。"因为我家亲戚在上海开典当的两家，每年有两次，将绝当的贵重衣服，划交大衣庄，名曰"划包"。在划包的时候，典当的主人或亲友，可以照划价提取，她就预托其主者代为留意。至时，我便在十馀件皮大衣中，选取了一件，最为配身。虽是半新旧的，而狐貉深厚，识者谓是猞猁狲，獭皮领亦佳，为值仅百元。虽在严寒风雪中，御之温暖如春也。

此金表我亦爱之，用之十年，从未修理，不爽时刻。为爱而近厂所制，表壳里面有西文牌号，我以其与我所居住之爱而近路名词相同，颇以为巧。有一天，狄平子到我家来访问，适我不在家。他在我书桌上写了一句道："爱而路近天涯远。"（此"而"字可作"尔"解）我自失表后，便续了一句道： 401

"一日思君十二时。"

一〇二　我与电影（上）

我有一个笔名，叫作染指翁，那是有人在什么近代文学史上写文章，以之讽刺我的。大旨是在说我"作品体裁多样，长篇、短篇、话剧、电影、笔记、诗歌，无不染指。"读之不胜惭愧，但我又不能不承认此"染指"两字。我们苏州人有句俗语，叫做"猪头肉，三弗精"，就是样样要去弄弄，而样样搞不好。想起了我的读外国文，什么英文、法文、日文，也都尝试过，到头来一事无成，可以思过半了。所以说我样样都思染指，也有些承认，但要说哪一些文艺，不许人家染指，那就未免不公平。那就想到他们所说我于电影染指的一端，这是一件极幼稚而可笑的事。若说染指，那是指尖也没有触着鼎的，更不能说"他日我如此，必尝异味"了（见《左传》）。在二十世纪以前，中国从不知道有电影这一回事：把灯火置于幕后，在幕上显出种种形象，这些古老的话，我从未研究，不去说它。可是电影初到中国来时，也称为影戏，大家只是说去看影戏，可知其出发点原是从戏剧而来。后来又称为影片，如上海的明星公司，最初即称为影片公司是。

记得我初看电影的时期，是在上海黄楚九所开设的大世界游艺场，在里面附设一个小戏院，叫做"小京班"，那是男女合演的。虽附属于大世界，但到小京班看戏，要另外取费的，但亦取价甚廉，不过银圆三四角而已。自晚上八点开锣，一直演至十二点钟。十二点钟以后，便放映电影了，电影可放映至一点半钟，取价更廉，不过一二角而已。这个时候，生意奇佳，尤其是花丛姊妹，连翩而来，因为那个时候，她们较为自由了。那么电影所演的是什么故事呢？也像现在电视上所映的若干集子，今日映一集，明日又映一集，可蝉联至十馀集。每集必以西方美人名其集。什么西方美人呢？我已想不出，大概都是香港对于残暴施虐的台风所予的美人名字吧！

不用说，西方亦在草创之始，这种电影不知是来自英国或美国。那时也无所谓银幕，只张着一幅白布而已。映出来的人，走路都在跳跃，房屋亦会移动，外景却是特多的。故事只是糊糊涂涂，也没有说明书，其中必定有一个妙龄女郎的，此外一个侠客，一个侦探，也是常有的。我常问花丛姊妹道："你们知道这影戏里所映的是什么人物吗？"她们回答道："我们知道这里面有三种人：一是女人，二是好人，三是坏人。"真是简单明瞭，妙人妙语。试想我们读史传，写小说，也不能跳出这三种人的圈子吧！

后来上海的电影院渐渐开起来，那时是无声电影，只是黑白片。外国片源源而来，美国片最多，英国片次之，法国片又次之，偶然亦有印度片，是给上海印度人看的，日本片却没有。后来，有俄国片到上海，它是俄国领事馆发出，纯是宣传性质，招待上海绅商各界以及新闻记者。我去看过几次，忘却片名。只有一部名曰《予打击者以打击》，我还没有忘却，那是夸示他们的新兴武力。记得其中有一场，一大块平平整整的草地，一转瞬间，从草地上翻开来一排排的高射炮，其它类此的正多。我那时在上海看电影，各电影院都去看过，而尤以爱多亚路的一家"南京大戏院"为最多，因为我从家里出来到报馆是必经之路呢！

中国人自制电影的，首推上海的明星公司。直到如今，要谈到中国电影史的，总要提及明星公司。我与中国电影创始时沾有一点小关系的，也在明星公司。明星公司的组织，是三个主脑人物，一、张石川，二、周剑云，三、郑正秋（以前还有一位郑鹧鸪，早故世了）。我所最先认识的便是郑正秋，他是广东潮州人，却是老上海，是上海某一土行（鸦片烟土）的小老板，却是研究文艺的，尤潜心于戏剧。从前在《大共和日报》常常投稿，与人常作戏剧辩论，所以与新闻界中人颇多认识。

上海当时初创的电影，并无所谓电影剧本，也没有什么导演、编剧的名义。不过一部电影，总要有一个故事，于是有的杜撰一个故老的传闻，有是只好在旧小说去采拾。这个剧本是很重要的，花了钜大的资本，制成一部电影，而不入观众之眼，或竟嗤之以鼻，非但损失资本，也且毁伤名誉。那时明星公司，由故事荒而转进到剧本荒了。

有一天，郑正秋便到我报馆里来了，他说："明星影片公司要拜托先生写几部电影上的剧本，特地要我来向你请求。"我说："你们真问道于盲了，我又不懂得怎样写电影剧本，看都没有看见，何从下笔？"正秋道："这事简单得很，只要想好一个故事，把故事中的情节写出来，当然这情节最好是要离奇曲折一点，但也不脱离合悲欢之旨罢了。"我笑说："这只是写一段故事，怎么可以算做剧本呢？"正秋说："我们就是这样办法。我们见你先生写的短篇小说，每篇大概不过四五千字，请你也把这个故事写成四五千字，或者再简短些也无妨。我们可以把这故事另行扩充，加以点缀，分场分幕成了一个剧本。

你先生以为如何？"

我那时有点犹夷，动于好奇心，真似人家说我的，对于各种文艺，都想染指。不管自己有无能力，却想似胡适之所说的去尝试一番。

这个所谓电影故事、电影剧本，我从未写过，倘如现在郑正秋所说的，那真是简单不过的，也何妨尝试一下呢？我还未及回答正秋的话，他又说道："明星公司同人的意思，请你先生每月给我们写一个电影故事，每月奉送酬资一百元，暂以一年为期。但电影故事可以慢慢地写，最好先把你的两部长篇小说《空谷兰》与《梅花落》，整理一下，写一个简要的本事。我们很想把你的两部小说拍为电影，想不见拒吧！"

至此我乃恍然，郑正秋此来，要把我的两部小说《空谷兰》与《梅花落》取去摄映电影，这是他们的主意，至于写电影故事，乃是馀事耳。我在此且对这两部小说解说一下：原来我初到时报馆的时候，就在报上写了三部连载小说，第一部是《心狱》，第二部是《空谷兰》，第三部是《梅花落》。这三部书，有正书局都印有单行本。这种小说，我是从日本译来的，而日文本也是从西文本译来的，改头换面，变成为中国故事。在明星影片公司未创办之前，张石川、郑正秋等就办了一个"民鸣社"，专演一种新派剧，没有音乐，不事歌舞，上海人称之为"文明戏"的。也曾把《空谷兰》、《梅花落》两部小说，作为他们〔的〕戏剧材料，我那时不甚注意，随他们搞去，这一回又来了。我也想不到后来电影编剧声价高贵，编一部剧本，价至数千元的。可是俗语说的"一分行情一分货"，我这写五千字一个故事，拿他们一百块钱，比了当时两元一千字的小说，价值已经高得很了。

这个时候，明星公司有两位女主角，一是杨耐梅，一是张织云，两人都是广东人，这两人可以算得上海女明星中的开国元勋。后来在上海继起的女明星，也以广东人为多，我总想起为什么上海的女明星，总以广东人为多呢？大概有两个原因：我国海岸通商，南方得风气之先，广东的女孩儿们接近欧化，活泼浪漫，生活也比较随便。不像江南的女儿们，坚贞自守，耽于礼教，束缚既久，未能解放。其次，则于缠脚也有关系，缠了脚的女孩儿，总是拘拘束束，即使放大了，还是故步自封。谁像广东女孩子是不缠脚的，赤脚就赤脚，行路跳跃如飞，那就适合于演剧了呢？就杨耐梅与张织云两人个性而言，我觉得耐梅颇活动，而织云较柔顺，也各有其所长。

404 我那时以七天工夫把《空谷兰》、《梅花落》两部小说的故事，顺序整理好了，至于如何分场分幕，我一点也不懂得，不敢假充内行。不过这两个故事，究竟是先拍哪一个呢？他们说，先要审定一下。我和他们说："这两个故事中，恰巧每部都有两个女人，一善一恶。你们有两位女明星，可以分配。"结果，审定下来，是先把《空谷兰》两位女明星分配起来，张织云是正面人物，杨耐梅为反面人物。那就是我上面听花界姊妹所说的一个是好人，一个是坏人了。

　　但这还是在无声电影时期，后称之为"默片"，银幕上的人影幢幢，观众不知道他们搞什么事；银幕上人的道白、对话，只见他们的嘴唇在动，也不知他们在说些什么。所以在电影开映的当儿，同时就要放映一个说明，告诉观众，这是什么一回事，那个人嘴唇在动，是说的什么一句话。这个说明，当然在"默片"里是很重要的，他们叫作"字幕"。我平常不大到明星公司去的，但做"字幕"的时候，便非去不可了。那些女明星，不过樱唇动一动，而我们就要代她说出一句话儿来，并且这话儿一定要说得相当得体。我笑说，我们做八股文，人家说是"为圣人立言"，现在做"字幕"，却是为女明星立言了。

　　做"字幕"总是在夜里，晚上七点钟就去，中间吃一顿夜饭，直要弄到十二点钟以后。列席的除我以外，便是张石川、郑正秋两人。那时明星公司还没有请什么导演，后来洪深来了，洪深是必然列席的。我的《空谷兰》是张石川导演的，石川是宁波人，好像是明星公司的东家，其实是间接的。他是上海一位资产家经润三的外甥，经曾与黄楚九最先开办新世界游艺场的。后来经润三故世了，他的太太成为富孀，但也颇赏识张石川这个外甥，所以明星公司的资本，大都出自经家的。张石川虽非文化阶级中人，却是有点技术，不免有点霸气，但对于我是极客气的。

　　再说，我不是为了做"字幕"，夜里到明星公司去的，后来在白天我也有时去了。去了就在郑正秋那个烟榻上一横，便谈天说地起来。郑正秋是有枪（鸦片烟枪）阶级，而且是超级的。人家吸鸦片以钱计。他可能以两计，除了白饭以外，便是黑饭。所以明星公司那张烟榻，便是他的宝座，这一只烟灯，真是一粒明星，他是与它相依为命的。

　　因此我在明星公司，也认识了许多演员，也认识了几位明星，也还有不少电影界以外的朋友。

　　《空谷兰》中有一场外景，张石川主张到杭州西湖去摄影。他说："电影不　　　405

比戏剧，戏剧只是局促在舞台上，所以都是内景。电影与其在摄影场里造房子、搭布景，不如到外面适应的地方，多拍外景为宜。"这话是对的，况且上海有许多人，从未到过杭州西湖的，将来可以使观众开开眼，这也是上海人所谓的"噱头"。石川也来邀我同去，我也去了，同时演员、明星，一共恐有二十多人。他们先派人到杭州西湖去雇好一条船，那是一条大船，有舱有蓬的，比了苏州的那些画舫，还要大些。又在湖滨旅馆去定了好几个房间，演员中确有多人未曾到过杭州，便是杨耐梅、张织云也不曾作过湖上之游呀！所以这一回大家兴高采烈，经过三天两夜，外景拍成，回到上海。

一○三　我与电影（下）

《空谷兰》开映了，居然一连几天卖了满座，殊出我意料之外。那不是我的自卑感，试想只是四五千字，写了一个故事，平铺直叙的等于一张说明书，有何可取之处？如果强要说它有何争胜之处，或者是张石川的加以许多噱头，广告术的夸大狂了吧？可是映出来的编剧是我的名字，真使我害羞。但那个时候，上海有不少电影公司开创，记得有一家电影公司，不必举其名，现在他们已经大发达了。他们当时拍一部"孟姜女"的影片，把一座昆山城作为万里长城，为观众所哗笑，实在太儿戏。那以明星公司和他们比起来，显然当行出色了。

《空谷兰》究竟是甚么一个情节呢？我以极短简的几句话说一说：有一位贵族，起初爱了一女子（张织云饰），这女子很良善的，与之结婚，生了一个儿子。后来那个贵族又遇到一女子（杨耐梅饰），这女子是刁恶的。迷恋了后一个女子，而把前一个女子离弃了，但是前女子所生的儿子，他是锺爱的。后女子夺爱以后，做了主妇，没有生育，为了占夺贵族家产，百计谋害其子。前女子虽然离异，为了怀念其子，改容易貌，装作一个女佣，出入贵族之家，以保护她的爱儿。后女子以毒物置饮食中，其子病，幸有一医生，与以瓶药，可愈其子。后女子又欲偷去其瓶药，前女子觉之，两女相斗，其案遂破。后女子出门坠车死，前女子与贵族复为夫妇如初。这是根据于十九世纪初的英国小说，封建气氛极为浓厚的。而当时上海的观众，却喜欢看此种情节曲折的男女悲喜剧。

在这里我还有一个插话，是不关于电影上事的。当我在《时报》上连载

《空谷兰》的时候，也像现在的同文投稿连载小说一般，往往迫到当天交货。正译写到"两女争斗，抢夺这一个药瓶"的当儿，恰值我有一个侄女在医院里病死了，我急欲料理其丧事。便以这部《空谷兰》的日文原本，交给陈景韩，请他给我代写一段。这不是创举，他在写连载小说的时候，我也曾帮过他忙。及至明晨，我翻开《时报》来一看，不觉大惊，原来他不看原文，自作主张，把两女相斗时这个药瓶掷在地上打破了。我说："这瓶药是那孩子救命的，你怎么大拆滥污？"他就是有这种怪脾气，记得他也曾译一部日文小说，已译了大半部，不高兴译了，弄出一条狗来，把书中那个主角咬死了。我骇问何故，他说："他也不是好人，死了就结束了。"他就是有这怪脾气。后来我想出一个补救之法，说打碎的这瓶药水是假的，真的一瓶药水，还在这孩子的亲生母手里，反而多一个曲折呢。

《空谷兰》既然吃香叫座，于是即拍《梅花落》了，因为这两部小说，称之为姊妹花。《梅花落》中也有两个女人，一个是好的女人，一个是坏的女人，仍由张织云、杨耐梅二人担任。但是到后来放映，并不十分见佳，远不及《空谷兰》的盛况。要指出所以不及之故，我也说不出；询问观众，他们也不大说得出，只好委之命运而已。譬如人类中一对姊妹，并皆佳妙，一个嫁得如意郎君，一个配一个薄幸少年，古人所说的"虽曰人事，岂非天哉"，庶几近之了。所以到后来有声电影也来了，彩色电影也来了，明星公司总不肯放弃这《空谷兰》一影片。一再重新翻印，以胡蝶代了张织云的一职。直至周剑云夫妇陪同胡蝶，作苏联欧陆之游，还带了《空谷兰》同行，到处公映呢（按胡蝶老了，在香港曾演出我的小说《苦儿流浪记》。忆此聊赘一笔）。

我后来也写了好几个故事，作为他们剧本的资料，因此常常到明星公司去，和他们那些演员也相熟了。一部电影，不能不有个出色的女明星，从前如此，现在也如此。

就杨耐梅、张织云二人而言，虽然不能如现代女明星的日趋放浪，但是一个剧中人，怎能如幽闺处女一般？而况"天下乌鸦一般黑"，老板的心情，正要以你的玉体，博取人家的金钱呢！在女明星自己，今日演一回假夫妇，明日演一回假情人，男女两情关系，早已看得平澹无奇。但人非木石，孰能无情，女子与男子一样有性欲的冲动，于此中人而责以贞操，岂非苛求！

杨耐梅与张织云，各有所欢，她们也不讳言，而且也是我所认识的，试一述之。

先说杨耐梅，她与朱飞发生了关系，朱飞是谁呢？也是明星公司的一个演员，是个主角，有"风流小生"的雅号，北方人所称的小白脸儿。无论什么戏剧，有旦必有生，是少不了他的。起初他们发生关系，是人不知，鬼不觉的，就是为了那一次《空谷兰》到杭州西湖拍外景，忽然发现他们鸳梦双栖，便不能保密了。但他们只是游击战，并没有固守阵地的。朱飞在明星公司里，恃其漂亮面孔、轻佻技术，对于女明星们，都想黏〔拈〕花惹草。据说，为了此种行动，曾经被张石川掌了一个耳括子，但是终不能辞退他。为的他在剧中，扮演着花花公子、纨绔少年，真是一绝，电影剧中也实在少不得他呀！

后来杨耐梅又有了王吉亭，也是明星公司的一位演员。谈起王吉亭，我又有一段插话。许多朋友都叫他王妹妹，为甚么呢？原来他的父亲是上海一位富商，生了几个儿子都不育，最后就生了他。他的母亲涉于迷信，以为这个世界重男轻女，生男不育，生女无妨，就把他当作女孩儿，呼他妹妹。苏沪间无知识的女流，饶有这种愚妄思想。及至成人以后，因习惯而又加以调笑，人人都唤他为王妹妹了。父亲去世，母亲溺爱，王吉亭大肆挥霍，传闻汽车初流行到上海时，他一购三辆（当时汽车无现在考究，价值亦无现在高贵）。他无所事事，只好尽在马路上兜圈子了。

他雇用的一个汽车夫，后来成为上海名人之一。这人叫做谢葆生，本身是一个马夫出身，后升级为汽车夫。从前不比现在这样平等，称为司机，汽车夫等于仆人，所以他见了王吉亭，必恭必敬的叫他一声少爷。及至王吉亭家产使光，已是蹩脚了，谢葆生进入法租界三大亨之门，抖起来了，见了王吉亭，仍呼少爷。不过加上"嗳呀"两个字，轻藐的唤一声"嗳呀少爷！"后来谢葆生在黑社会更有名了，他是一个牛山濯濯鬎鬎头，人家呼他为"鬎葆生"，提起他来，大大有名的。他还想做官，敌伪时代，陈群做了江苏伪省长，谢葆生便是江苏警察厅长，大概是杜月笙所推荐的。有人责问陈群：为什么用了这样一个宝贝？陈群回答得妙："这是以毒攻毒之法，因他认得的坏人多呢！你们可知道前清时代有一句话，叫做'捕快贼出身'吗？"及至日本投降，陈群自杀，谢葆生听说被重庆来的人捉去枪毙了。

我的话又说野了，现在书归正传。且说杨耐梅与王吉亭，这回倒不是打游击战，而是组织有小公馆的，在什么地方我已不记得了。那一天，杨耐梅约我到她家里吃便饭，我问："什么事？是你的生日吗？"她说："不是！我新学会做几样菜。请你尝尝。不约别人，就只约了织云。"我很欣然，她约的是午餐，我想他们一定起身得迟的，过了十二点钟才去。到了那里，果见耐梅云鬓蓬松，头也不梳，王吉亭却扳起面孔，唉唉不已。两人略略招呼客人，还在斗口。始而小声，既而大声，旋见吉亭丢去一只茶杯，耐梅也不相让，就在手边撩〔捞〕起一只香烟灰盆掷过去。忽见王吉亭到厨房取出一把劈柴刀，向桌子上掼下来，"彭〔嘭〕"的一声，我吓得连忙逃走。过了几天，在明星公司又遇见了他们两人，频频向我道歉，说是过一天要补请我吃饭。我说："谢谢吧！这个'鸿门宴'，不敢再尝试了。"张织云倒真的请我吃了一次饭，而且是极为高贵的筵席。当她和卜万苍同居的时候，他们也有小公馆的。她屡次邀我到她家里去游玩，我因为和卜万苍不大相熟，所以不曾去得。及至她与唐季珊同居的时候，我与唐季珊是认识的，因为有几次是广东朋友请客，我在宴会上和他同席过。他善于交际，而且说得一口纯熟的上海话。那天请我吃饭是请柬上唐季珊、张织云两人列名的，地点是在虹口一家粤菜馆，是什么店名，我已记不得了。早先张织云向我道："阿唐说，那天务必要请你到。"我便去了，当然还有许多客，连他们两位主人，共有十二人一个大圆桌。菜是丰盛极了，如今要我报告是什么菜，我也说不出。后来知道这席菜是一百元，那是我生平从未吃过，这一回是破天荒。那必须到虹口来吃，福州路杏花楼也无此价值。

我除了《空谷兰》、《梅花落》两个故事以外，还写了好几篇故事，供给他们，作为电影剧本的资料。我那时正在读托尔斯泰的小说《复活》，想这可以编为电影剧本，我便把俄国事改成中国事，当然，里面所有人名也都改过了。略去枝蔓，选取精华，约略为之分场分幕，交给了明星公司，那是由郑正秋导演的。其中有一位女主角，是杨耐梅担任的，演得极好，在这女主角"追火车"一场，真使我赞美不已。剧情是这样的：一个贵族少年，在他的亲戚家里，与一侍女发生恋爱，矢天誓日，永不负她。后来他贵显了，便已忘她。适路经亲戚家旧地，在火车站，此侍女欲往见之，见他仪容严肃，却又不敢，只在车窗外偷看，但心颇恋恋。火车旋即开行，她追逐火车至数百步，火车远去，她怏怏而归（大致如此，手边无《复活》原书，多半已忘却了）。

为了有一场"追火车"的外景，明星公司已与上海火车站商量，得其同意，作实地映摄。那天的耐梅真卖力，一面追火车，一面作出颠跌之状，颈上的围巾，被风飘去也不管。直追至月台尽处，怏怏而归，满面失望悲哀之色，真演得入情入理呢。这还是无声电影呀！但这一场真是"此际无声胜有声"，大家一望而不觉得悲从中来的。我没有直接在火车站看，只是在冲洗后试映时看过而已。一般人对于称赞女明星，总是说色艺双绝，杨耐梅可是艺胜于色呢。因为托尔斯泰这小说，记得那贵族少年，追悔自己的事，后来与此侍女重续前缘，故书名曰《复活》。我拟的剧名也是《复活》，但郑正秋一定要加上"良心"两字，这剧名叫做《良心复活》。这是他们的生意眼，怎能依你书生之见作主观呢？

还有我的短篇小说《一缕麻》，也给了他们作电影剧本资料，他们改其名曰《挂名夫妻》。最初改名的事，我还不知道，后来才知道，是阮玲玉主演，而卜万苍导演的。有人说：还是阮玲玉破题儿第一回之作呢。除此以外，我还贡献了不少电影剧本材料，现在记不起了。好像有些是宣景琳主演的。

说起宣景琳，来头可不小。她不是广东人，她是前上海都督陈其美的姨太太的妹妹，我在她十一二岁时就认识她。本在明星公司作配角，有"小老太婆"的绰号。写此稿时，可已是真老太婆了。

那时候，洪深回国到上海来了（洪深号浅哉，小名叫七斤，号还有人知道，小名恐无人知，我在北京看了籍没的《洪述祖日记》才知道的）。明星公司便聘请了洪深为编剧。他是在外国学习过戏剧的，研究有素，不像我们是个半吊子。自从洪深来了，明星公司似乎方始踏上了轨道。他是编导合一的，只可惜所编的剧，有些曲高和寡，北方人所谓"叫好不叫座"，那就是上海观众的程度问题了。洪深是个诚挚而谦虚的人，那电影还在默片时代，当我们共同商量做字幕、分场景时候，他以为我是老上海，不耻下问的。

这也算是我染指于电影界不成熟的小小一故事。

一〇四　护花律师

律师，在旧中国是没有这一种职业的，可说是个舶来品了。在旧中国只有一种叫作讼师，讼师是什么呢？说他是舞文弄法，包揽词讼，为国家所禁止，为社会所不齿，称之为刀笔吏、恶讼师。律师则大不然，那就是为国家所尊崇，社会所仰仗了。这两者如何去辨别呢？自然是一正一邪，一善一恶了。但我也听民间传诵，一个讼师，与官场奋斗，出神入化，平反了一个冤狱。我也见近代新闻，一个律师受豪强指使，贪赃枉法，诬害许多良民。那么所谓律师与讼师者，也不过仅一字之差而已。

话休烦絮，我且谈谈上海的律师界。向来中国人打官司，没有请过律师的，有之则自上海租界始。但最初也只有外国律师，没有中国律师。因为他们洋人与洋人打官司，自有他们外国的法律，非请外国律师不可。但后来华洋交涉频繁，尤其租界里，中国人与中国人的交涉也多起来了，渐也有了中国律师。可是凡有大讼案，中国人还是请教外国律师的，惹得他们搭臭架子，乱敲竹杠。辛亥革命以后，中国律师渐渐多起来了，提倡司法独立，各大都市也设立了法院。及至民国十六年（一九二七）以来，上海特别市政府成立，会审公廨收回，设立特区地方法院后，那时候到上海来当律师的，不是说多于过江之鲫，真似大群的散巢之蜂了。

我是不深明法律的，清代的《大清律例》既不曾看过，民国的《六法全书》也不曾读过。不过身为新闻记者，这普通的常识，终要知道一点的吧！谁知后来的许多名律师的，竟有连这一点儿常识也没有。凡为律师者，不仅要精通法理，而且也要敷佐文理。这一班律师先生，竟文字也不甚了了，至于外国文，更不必说了，他们本没有资格涉及国际交涉词讼的。为什么造成这一班庸才呢？讲起来也就有种种理由呢。

我在上海认识了不少律师，这也有几种原因：第一，上海的律师是自由职业，不是像有些国家，放出官家面孔，甚么"皇家大律师"等名称。他们也喜与新闻记者亲近，有时也要与报界有所联系。第二，上海的律师，在开业以后先是要有人来请教，但也不能像一个商家那样，登大广告，发宣传品，有失律师身份。于是只有用交际之法，请客宴会，拉拢朋友，我就常常被他们拉去作座上之客了。第三，我为甚么常作座上客呢？原来上海的律师，以江苏省人为多，浙江省人次之，而江苏省中尤以苏州人为多，有的本来是亲戚朋友，现在是律师了，也是常常要找到我的。

我最先所认识的律师，都是有高才卓识的，他们都是从西洋法政大学毕业回来的。日本早稻田一派也不弱，因为他们于中国文学早有了根底的。我早先识得的一位朱斯蒂律师，他号榜生，湖州人，年纪在三十岁左右，为人颇潇洒俊逸。他也是世家子，那个时候，中国律师上海还不多呢。不过他开业以来，先把基础打好，什么是基础呢？先要找几家常年主顾如富商大户的作为后援。朱榜生便是如此，据我所知，他的同乡南浔张家便是他的长年主顾。平时是法律顾问，每年送他若干钱，如果是一场官司，不论是原告、被告，要他出庭辩护的，也规定律师费为一千元。因为产业多，钱债的纠纷亦随之而起。只要一年有几场官司打，律师的经济就可以无虞了。

朱榜生还有"护花律师"的艳誉，他也是出入花丛的人，上海堂子里叫他朱二少。但是有许多孤苦女娃堕落在风尘中，受尽虐待，得以解脱的，全仗他的法力。先是有不自由的姊妹花，知道他是位名律师，暗暗的乞求他拯救她们在苦海中，他也心中颇怜悯之。有一天，有一个十五岁雏妓，涕泣向他道："朱二少！救救我！我的假母（鸨母）强要我给一个五十多岁粗野军官开苞（初次性交），我死也不愿意。"

朱榜生觉得这事不大好办，但也可怜她，想了一想，因说道："你明天上午，捉一个空，到我事务所里，给你谈谈，或者可能有一个办法。"便把事务所的地址给了她。

明天上午，她去事务所了，朱律师摊开一个记事簿来，便问："你是哪里人？亲生父母在哪里？怎样的到上海来做妓女的？详细的说一说。"那雏妓道："我是南京人，家在南京，只知有母而不知有父。家里穷得没有饭吃，把我卖出来，有一个专做贩卖人口的老太婆，把我贩卖到上海堂子里来的。"朱律师道："现在你想怎么样呢？是不是可以回到亲生母那里去呢？"她说："不！契约订定断绝关系，我也不知道亲生母现在哪里，我是九岁就卖出来的。"朱律师皱眉道："你得自己想一想：你出来了怎么样？虽然假母从前虐待你，但是到底有吃有住，最时髦的衣裳给你穿，最珍贵的珠宝给你戴。你要出来以后，一无所有，你能自己独立吗？"

那雏妓只是垂泪不语。朱律师道："你要坦白地说一说，你的客人中，有没有相爱的人，可以帮你的人吗？"她涨红了脸道："有是有一人，他说很喜欢我，很爱我。"朱律师问是谁，她说："是郑大少，杭州人。他虽然如此说，不知是否真心。"朱律师道："好！那末三天后，你来听回音。"原来朱二少与郑大少也是老朋友，于是朱榜生约了郑君来，和他商谈一切。他说："这女孩子，在堂子里还算有志气的，她说你很喜欢她，我已答应他〔她〕办这事了，但必须你帮忙不可。"郑君问："怎样的帮忙呢？"他说："简单得很，她是从妓院里一个人光身出来，既无食，又无住，一切她的生活费用，都要你担任，直到案子结束。你是有钱的人，应当不在乎的。"郑君道："说出来不好听，人家说我包一个妓女。"榜生道："这是秘密的，我不说出，人家不会知道。"于是

412

郑君允诺而去。

明天，那个雏妓来听回音了，朱律师道："我和你的郑大少已商量好，明天你就可以出来，住到我一个指定的旅馆里去。但是他们给你漂亮的衣服、珍贵的首饰，一概不能带出来，只好穿一身家常衣服。不然，他们可以告你卷逃。到了旅馆里，只要说朱律师定下来的，他们自会招呼你到某一个你一人独居的房间，不要走出来露面。你的饮食、零用等等，也由旅馆里处理，你不必花钱。告诉你，一切都是郑大少出钱给你安排的，可是在这个期间，郑大少不能和你见面，要等你这案子结束后，方可与你相会。听我说话，放心点，去吧！"

且说那个雏妓，这天悄悄地走出了妓院，院中人都没有觉察。及至晚上，叫堂差来了，却不见她。假母大阿嫂骂道："这几天子阿囡生意好一点，就放荡极了，又是同什么小姊妹看电影去了。"到了深夜，还不见她回来，一夜不归，便疑心她逃走了。暂时又不敢报告捕房，查问审讯，添出许多麻烦，而且于生意上更有许多窒碍。正惶惑间，朱二少的律师信来了，信中说："你们的小阿囡，投奔到我这里来，说你们虐待她，强迫她和一个不愿意的人睡觉，破坏她的贞操，要求法律起诉。你们来一个人，试行谈判。"

妓院主任（这个名称，上海小报题出来的）大阿嫂见信，大为跳脚，说是："小阿囡哪里想得出这个主意，一定是那个拆白党恶讼师，把她拐骗去了，我要和他去拼命。"便到朱律师事务所里去大闹，嚷说："小阿囡是我的女儿，虽然不是亲生的，是用大红帖子写了文契（按：即卖身文契），过继过来，也和亲生的一样。甚么强迫和不愿意的人睡觉，那是我们堂子里'点大蜡烛'（即"开苞"，古文中称之为"梳栊"，日本文中名为"初夜权"），是光明正大的事，朋友们还要饮酒道贺呢。"朱律师起初只是闷声不响，等她闹过以后，便问她道："你说用大红帖子写了文契，把她过继过来的，那你出了多少钱呢？"她道："不是白花花出了八十块大洋吗？你若不信，我可以把文契拿给你看。"朱律师笑笑，又问："那末这个开苞客人，允许给你多少钱？"她想夸示一番，一想不好，便道："那还没有讲定妥呢！"

朱律师至此板起面孔来说道："我是当律师的，依法为人代理诉讼事件。现在明白的对你说，你已犯了两种罪。你说：这个小阿囡，是你用了大红帖子写了文契过继过来的，付了他们八十元。告诉你：这个文契，就叫做卖身文契，你说过继作〔做〕女儿，怎么将她作〔做〕妓女呢？你这个罪名就叫

413

'卖良为娼'。你说堂子里'点大蜡烛'是个光明正大的事，法律上可不像你所说的。一个女人，如果不愿与这个男子奸宿，而强制执行，这便叫做'强奸'。对于未成年的女子奸淫，'虽和同强'。你的小阿囡还只有十五岁呢，你就是出卖她童贞的人。就这两个罪名，你吃得消吗？关进监狱里就有你的份了。"

那个老太婆急吼吼说道："嗳呀！那是小阿囡答应的呀。请你叫小阿囡出来，我可以问她。"朱律师道："你威逼她，她只好答应，何以现在又不愿呢？她此刻不能和你见面，我有保护她的责任。"他见这老太婆不敢再倔强，便缓和其词地说道："本来我这状子一进去，巡捕房就到你生意上捉人了。不过你的小阿囡还顾怜你，说是不要太难为你，害你坐监牢，吃官司。所以先招你来问问，有可以和解的方法，这官司就可以不打了。"那老太婆道："朱二少！朱律师！你也是很体谅人的。这小阿囡还是九岁到我那里的，真是一个黄毛丫头，养到了现在，刚刚有些出秀，我的棺材本，就靠在她身上，不想她竟没有良心。"

朱律师道："你的造孽钱也已赚得不少了，还说什么棺材本吗？现在对你只有两条路，第一，小阿囡是不再和你有甚么母女关系了，也不再到你这个生意上来了，你把这张当年的卖身文契交出来，另立一张脱离关系的字据。第二，要是你不服的话，我们就起诉，听候法官如何判断了。你或者和人要商量一下，三天内听你回音。"那个妓院主任，只得悻悻然去了。

朱榜生那天招来了郑大少，说道："这事可以解决了，但小阿囡如何处置之法，是你的责任。再有，那个假母是用八十块钱把她买来的，养了她也有五六年了，刚刚出道，这回是做了蚀本生意。我想点缀她一下，给她四百元，收回卖身文契。我们都是吃花酒的朋友，不要做得太绝。不过这四百块钱我要派你出，你大少爷不在乎此，我的律师费，已经为你们牺牲了。"郑大少只得答应了。愿天下有情人都成了眷属，后来这个雏妓终究是嫁了郑大少爷去。此事结束以后，为朋辈所传闻，都说朱律师办得好，办得痛快。传及花界姊妹中，都说我们要跳出火坑，除非找朱二少，他是我们救星。因此如法炮制的又有数起，于是"护花律师"之名大震于花间。

一〇五　上海律师群像

律师，在将来这个世界，有不有这种职业，我不敢说。

自古以来，有政治即有法律，可知政法是并行的。孔子说："导之以政，齐之以刑，民免而无耻。"那是进一步的说法。到后来政日以繁，法日以纷，法学家遂有立法、司法之分。因为人民都有昧于法律的，于是就有律师出现了。我不谙西方历史，不知西方的律师，始于何时，若在中国，不过数十寒暑而已。写此稿时，现在中国大陆已无律师，将来恐怕也未必有律师。但在上海这数十寒暑林林总总的律师群，其现象亦颇可观感呢。

我先从辛亥革命以前清代的司法界说起：凡是诉讼刑罚事件，第一级总是知县官，上一级便是知府，因为他们是地方亲民之官。再上一级便是按察司（俗称臬台），再上一级便是刑部了。他们无所谓律师制度，以为做了官，应当知道法律，若是做官而有什么过失罪愆，那就要说他"知法犯法"了。但是真的都能明瞭法律吗？未必尽然。于是有辅助之的，是为幕府。譬如知县官衙门里的幕府，即有两种人才，一曰钱谷，一曰刑名，而刑名就是佐理县官法律事宜的人。

佐理知县官刑名的幕府中人，虽不是律师，但是民间的称呼，一向称之为刑名师爷。在旧中国当刑名师爷的以绍兴人为最多，于是约定俗成，改呼之为"绍兴师爷"。现在南方有呼律师为师爷者，可见今之律师，与昔日之所谓绍兴师爷原是二而一者，只不过名称之不同而已。这种绍兴师爷，往往为民间所不满，说他们舞文弄法。只要看许多戏剧中，常有穿插一绍兴师爷出现，总是以丑角演之。一口绍兴话，形容绝倒，常以智囊自诩，骂之者则呼之"门角落里诸葛亮"。我们据父老所传，史传所载，不能谓其必无诬陷良善。然而由他们平反冤狱，亦是有之，不能将之一笔抹煞的呀！

到了辛亥革命以后，标榜司法独立，县官不理词讼，绍兴师爷退治，律师便取而代之。那时中国的新人士，不是大家都说要变法吗，首先取资外国法律。因此外国的律师，亦随之而至。因为外国在中国有租界、有殖民地，且有所谓嚣张的治外法权，推倒中国的旧法律而厉行他们的新法律。随后中国自己亦觉得旧法不足以图治，必须采取西方的新法，方能有效。于是派留学生到国外去学习哩，在国内设立法政学堂哩，因此造成了许多中国大律师。

上海这个地方，是江南繁盛之区，又是为外国租借地，凡事得风气之先。本已五方杂处，良莠不齐，加以内地发生战争，有身家的人为了避乱起见，都向租界跑。一时富商大贾、钜室豪门，都麕集于此。那些律师是最能观察时势的，觉得这是最可能发展的地方，最可以咀嚼的一块肥肉，便络续的来此开业了。他们在公则保障公权，在私则营谋私财，岂不是名利双收吗？

而那些富商大贾、钜室豪门，也正需要律师。以商业而言，尤其是那些大银行、大公司，都是新兴事业，资本雄厚，急思扩张发展，不似从前的一味保守行为。所以业务愈大，则纠纷愈多，事事牵连到法律问题。但他们的董事哩、经理哩，未必都能精通法律的，有了律师，便可以请他做法律顾问，一切由他支持了。我最初见到译自外国的纪〔记〕载：说他们律师，非但请他写一封信，要出律师费，即和他说几句话，也要付出律师谈话费若干。可是中国的律师，却没有如此小家气，做这种零零碎碎的生意。至于大银行、大公司的金融贸易，出入常在百千万以上，涉于词讼，则必争取得之，以一显其手腕。

其次，便是那些钜室豪门的家庭诉讼，也是足以使上海律师歆动的。不是说为了避乱起见，都迁居到上海租界里来吗？造了大洋房，开了大商店，安居乐业，自适其适。可是家庭的纠纷来了。第一件事便是兄弟争产：做官的刮了民脂民膏，经商的也是巧取豪夺，所得的不义之财，一旦这个老头死了，留下遗产，便是祸根。不但兄弟争产，姊妹也可以争产，因为那时候已是男女平权了。像武进盛氏盛宣怀的家属，不就是这样吗？为了遗产的争执，你请一个律师，我请一个律师，未成年的女儿，刚出世的孩子，也可以各请一个律师，真可以说聚讼盈廷〔庭〕，莫衷一是。

还有那嫡庶之争，妻妾之斗，离婚案、重婚案、遗弃案、奸污案，属于男女两性间的问题，正是多多。这些案子，也都出在富豪之家，而为律师所欢迎。因为这种官司，都属于软性的，不必剑拔弩张，到结尾总是以经济为解决，律师的报酬，亦是从丰。要知道律师与律师并不是仇敌，他们受当事人的聘请，各为其主。虽然在法庭上互相辩驳，争论得面红耳赤，但一出法庭，称兄道弟，依然是好朋友。

所以有些案子，当事人不必露面，只凭原告律师与被告律师两方面谈判，以求解决，差不多律师就是和事老了。在这种情况中，两律师可以互相勾结，各施技术。"鹬蚌相争，渔翁得利。"这话正为此辈而说。因此他们有句格言：

"官司最好只打半场。"为什么最好只打半场呢？那就是半途凭律师之力和解了，这其间律师自然大有好处。

律师弄法，有种种法门。有一种，其术语叫做"树上开花"。怎么叫做树上开花呢？我今说一个最浅显而在上海也是最普通的故事：假定有一位富翁，他本来是住在内地的，家里极穷，但是已有了妻子。到上海后，或是他的运气好，或是他的手段高，只不过数年工夫，已经很发达了。可是他的老婆却不曾带到上海来的。上海这个地方，是繁华绮丽之场，妇女既然解放，交际场中，也必须有一位漂亮的太太一同出席。内地的那个黄面婆，土里土气，怎么能见得世面呢？不要说他"饱暖思淫欲"吧，在情势中，自然要找一位漂亮的夫人了。

找漂亮夫人也不是易事呀！当然要正式结婚，瞒过了新夫人，也瞒过了旧夫人，已是犯了重婚之罪了。最初对于旧夫人，每年寄些钱去，敷衍了一下，后来连这个慰藉也没有了，即使有告急信来，也不开封了。可是这样的事，终究瞒不过人的。家乡人来，探知他的近况，或者不值〔直〕他的行为，有些多管闲事、代抱不平的人，便报告他的旧夫人了。那时她虽没有到过上海，势必到上海与薄幸人来拼命了。两雌不并立，简单地表过一言，就非闹到要打官司不可了。

打官司谈何容易，就得要花钱，要请律师。但她是一个赤贫的人，没钱怎办？但上海就有一班做律师经纪人的可以介绍，把她的情况叙述一番，律师觉得这案子大可受理。第一，律师费现在不必谈，以后再说。第二，她一个孤苦女人，到上海来生活无着，有人包办她的生活费，也是将来再算。一切定妥了，然后向对方下手，先告以重婚罪，后谈到可以和解，须得赡养费若干万。对方当然不敢出面，也请了一位律师做代表，律师和律师讲斤头，那是再好也没有了。

至于内地出来的那个妇人呢，可怜举目无亲，他们把她安置在一个小旅馆里，或是就住在担任她生活费那人的家里，所费是有限的。那妇人来到上海，自然要想和她的丈夫见面，他们总不让她见面，实在那男人也不愿意和她见面。他们总劝说："这样负心人，还见他做什么？不如实际一点，向他大大地要一笔赡养费。有了钱都好办，放利息，做生意，离婚后也可以自由嫁人。"那个乡下太太也无可奈何，只得屈从了。这时和解下来，如果敲得到五万元的，她最多可以得到两万元，其馀三万元，由他们平分了。当然律师得

417

了大宗，此外便是当时担任这位女人生活费的，做律师经纪人介绍这场讼事的，一切帮忙的人，以及与对方相勾结的律师，都是有份的。这个名称，就叫做"树上开花"。

我上面所说的，不过举一例耳。其实这"树上开花"，也正变化多端。试想植物上有许多树，就开许多花，所以这个术名是确切的。在旧中国文言叫做"包揽词讼"，俗语叫做"包打官司"，但没有这样花巧呢。律师界经营这种业务，最好有个黑社会中人，做后台老板，以助声势。而黑社会中人，也愿意与律师界多所交接，譬如"闲话一句"，两造慴服，岂不省了许多事呢？我这是在写的当时实地的情况，并不是做小说。假如好做小说，把它夸张起来，可以写成十万字的一个长篇呢。

不过我所认识的律师朋友，不是没有正义感的人。有一位朋友，还是固守旧道德，凡是离婚案，一概不接，总是劝告人一番。有几位朋友，为穷苦人尽义务，律师费也不要。更有可敬的人，为志士仁人呼援求助，宁为当道嫉视，我在此不能一一举了。最坏的是那种贪利忘义之徒，实为此中败类。要知道法律原是人为的，立法不善，那舞文弄法的人，便愈多了。到了后来，中国开了不少的法政学堂，以及各大学中的政法系，凡于此中毕业的，都可以当律师，可谓一榜尽赐及第。于是这个律师潮，泛滥于上海，有人夸张说有千馀律师，其实都不是执业者，只是有一个律师头衔而已。他们从不出庭为人辩护，或者当人家一位法律顾问，博取每年一二百元，或者为人家写些法律上文字，作一个高级律师的助手。

有些初出道的，也居然可以为人辩护出庭的，往往闹成笑话。记得有一位某律师，还是个原告方面的吧，临讯之日，匆匆忙忙到了法庭，摊开公文皮包，却忘带了这案的卷宗。法官嘲笑他道："贵律师怕是叉了通宵麻雀，没有回家取卷吧？"有一位某律师更有趣，照例，律师出庭辩护，应穿法衣。法衣是什么样子呢？是一件黑色的长袍，到了庭上，方始穿起来。这天那位律师，不知如何，拿错了他的夫人一件黑呢绒的旗袍，四周还有花边，披在身上，短了半截。引得哄堂大笑，连法官也忍俊不禁。

笑话正多，我不必再写了。至于高级律师，也有很多趣事。大概他们都有外宠，上海人称之为"黑市夫人"。可是家里的正式太太，执法颇严，不许走私，每夜必须归号。要知道上海租界自撤消了会审公廨，我国便正式成立了司法机关，上海只是地方法院，直属于苏州的高等法院，什么重要上诉案

418

都要到高等法院审理。"扭计师爷"于是心生一计，告诉他夫人道:"明天要到苏州高等法院出庭，照例上午九点钟开庭，当天去是来不及的，只有今天搭夜车去了。"夫人亦信之。哪知他并没有高院出庭，并没有到苏州去，只是在他的小公馆温柔乡里，尽情享受了一夜。直到了明天夕阳在山，方说是从苏州回来了。

最先数次，他夫人也还相信他，后来有些怀疑了。为什么只提了一个公文包，连牙刷、毛巾也不带，匆匆走了? 问他到苏州住什么旅馆，也支吾以答。夫人道:"好! 你到苏州，给我到观前街采芳斋买玫瑰水炒（西瓜子，采芝斋驰名的）两罐、松子脆糖两罐回来。"这位律师先生心中一怔，没有到苏州去，何处找采芝斋? 但要不露马脚，只好答应了。到了小公馆，和他爱人商量，虽不出庭高院，也可同到苏州一游，趁夜车到铁路饭店作海燕的双栖，未始非一举两得呀。这位律师是我的朋友，我嘲以诗曰:"最怜花落讼庭空，一夜姑苏双宿中。腻味秋香甜到骨，人间多少采芝翁。"

我何以知道此事? 原来他为未雨绸缪，真的到苏州"出庭"去，买了不少采芝斋瓜子糖果，以备不时之需。我住在爱而近路，距北火车站密迩。他踏下火车后，即到我家，将那些瓜子糖果罐头，塞在我的玻璃书橱里。以便他走私的时候，与爱人作长夜之欢，明日即可以此归遗细君，作为物证也。

一〇六 痴官王引才

我生长于苏州，在苏州居住了三十年，在上海居住了四十年。苏州为我第一故乡，上海才是我第二故乡。语云:"游子不忘故乡。"我这个回忆录，写我儿童时代在苏州，就占了不少篇幅。就是住在上海时，一年也有好多次到苏州，除非暂时不在上海。有一年，到年终计算下来，竟去了数十次，这是有特别原因的。

苏州本来是个省城，人文荟萃之区，物产繁华之地，俗语所称"上有天堂，下有苏杭"，别一个省城所望尘弗及的。可是自从辛亥革命以后，苏州渐渐有退化的现象。为的是西化东渐，有一个"强邻"虎视眈眈在你侧，那就是上海。因此向来有些老辈，不许子弟到上海去的，总说上海是坏地方，现在也放任了。资产阶级向来不做上海生意的，现在觉得容易赚钱，也做上海生意了。科举既废，读书人觉得在苏州无出路，也往上海跑了。但苏州终究是个清嘉安适的住宅区域，所有老乡绅、老寓公，还觉得此间乐，不肯放弃。一直到国民党北伐军兴，迁都南京，江苏省政府移往镇江，苏州省城一变而成为一个县城，真有一落千丈之势。

但我还是常到苏州去的，因为我在苏亲友很多。我有一位老姊在苏，姊丈已经故世了，时常要去存问一下。我的岳家也仍住在苏州。后来我的两个女儿，在苏州天赐庄景海女学校读书（是美国人办的教会学堂），也得去看看她们。好在苏沪火车便捷，快车不到两小时，价钱便宜，我常是坐二等车，车费不过银圆六角。

最妙的在苏沪往来间，常常遇到新知旧友，在谈天说地之中，往往得到新闻故事。有一次，我在火车中，对面坐一人，似为绅士模样的，他对我点头微笑，我亦报之以微笑。他问我贵姓，我出一名片示之，他也报我一名片，乃阮忠枢（号斗瞻），为袁世凯四方奔走，当洪宪时代之先，人称之为神行太保的。我在小《时报》写一则曰："阮忠枢之脚"，毕倚虹则写一则曰："张一麐之头"。因张当初力言袁世凯决不做皇帝，倘真做皇帝，请砍我头，真如孟子所说的"君子可欺以方"也。

又有一次，我在火车中遇到吴稚晖先生，他和我大谈其报馆发行报纸。他说："清晨走过望平街，群众杂乱，人行道上，尽是报纸。在外国，报馆出版了报纸，自己绝不发行，另有一个机关，专为发行报纸的。"我说："这也是习俗使然，上海报贩凶得很，他们可以挟制报馆。"我虽然常坐二等车，有时也到三等车里去看看。那天却见一位汤蛰仙先生（寿潜）厕身于许多贩夫走卒之中，缩在壁角看报。他在清季，就是沪杭铁路建筑时，他是浙江方面的主办人；江苏方面，就是吾吴王胜之先生（同愈）的主办人。辛亥革命，他是浙江都督，何以蹐伏在此？好在我认识他，他不认识我，后来询诸友人，他们说："他生性如此，亦无足怪。"

总之每一次在火车上，遇到的新知旧友，笔难尽述。但这一次我所遇到的这位先生，我要记述一下的了。

这一次我从上海回苏州，刚在火车上坐定，却见前排椅子上有位躯体魁梧的先生，过来和我招呼。我认得他，这是王引才，上海人，是个教育家，一向在上海王培孙所办的南洋中学教书。他是我老［早］认得的，在未到上海之先，同朋友到嘉兴参观秀水学堂，他就在那里教书了。后来在时报馆的息楼，他也来过几次，因此并不陌生。于是他从前排椅子上移过来，和我坐

420

在一起了。他知道我是苏州人，便问："常回苏州吗？"我也问他："也是到苏州去吗？"原来他已由省里委他做吴县县长，现在他就上任去的。

现在要叙述在哪个时代呢，这是国民党北伐成功，移都南京，江苏省城迁往镇江的时候。不过像王引才这样的老教育家，有些冬烘气息的，竟也想出来做官，殊出意外。我当时便向他道贺："原来是老父母，我要改称为公祖了。"他说："老朋友！别开玩笑！我是蒙钮惕老的照顾，他说江苏有好几县份，都还没有委人，教我选择，我就选了个吴县。因为苏州乃我吴文物之邦，我可以向诸位老先生们请教。"我至此方知道他是走了钮惕生门路而来的，钮惕生是松江人，他们的同乡。那时江苏的省主席是不是钮惕生，我可忘记了。

但王引才是一个老实头，我不能不以诚意告他，我说："苏州现在成为一个空壳子，从前在地方上有权力的一班老先生，所谓绅士阶级，都不在苏州了。你所熟悉而要去请教的是哪几位？"王引才道："我实在没有熟悉的人，本想请钮惕老写信给张仲仁先生，惕老事忙也未写。我想到了苏州，便去拜访他们。"我说："张仲老也不在苏州，还有何人，你所认识的吗？"他说："没有！"我想："糟了！你一个人盲天瞎地的跑到苏州，举目无亲，谁来睬你呢？"

我又问他道："你这一回去，总算是到任了，可曾通知苏州的县衙门里吗？"他说："听说省里已有通知下去，我呢，也已得到了省府的公文。不过我不想马上就接任，到苏州后，打算先观察一番。"

我想到在前清时代，无论那一个外省官署，凡是新官到任，总要忙乱一阵，还有交印、接印的仪式。虽是一个县衙门，却人员极多，因为他是一个地方事务官，与老百姓最亲近，什么事都要管，现在可不同了。这几十年来的政治变幻，我也未加研究；从前的官场情形，我也更不熟悉。王引才既想做官，自然应当知一点治理之策，谁知也是个吴下阿蒙。他说："我这一次出来，现在想想，殊觉冒昧。今日得遇老兄，可谓幸事。你告诉我张仲老不在苏州，那我到了苏州，去拜访谁呢？你老兄到了苏州，住在哪里呢！"我说："我住在表弟吴子深的家里，在阊门内桃花坞。"

我也问他住在哪里？他说："想住旅馆。听说城外旅馆极多，随便捡一家住就成了。"我说："万不可住城外旅馆，那是下等娼妓出入之所，不管你是何等客人，她们便闯进你房间里来。而且还有流氓、土匪，知道你是县长，那更糟了。"他说："那怎么办呢？"我说："还是住城内旅馆，比较干净些，但也不要露姓名。反正我没有什么事，我可以陪你到我熟悉［的］一家旅馆去。"

这家旅馆在景德路近观前街，安置已毕，我们两人便在松鹤楼吃了一餐饭，我算是为他接风。谈吐之间，他自称冒昧从事，我觉得他非但冒昧，实在有点糊涂。苏州人有句俗语，叫做"湿手捏着干面粉"，看你如何处置了。引才皱了眉头，再三要我帮忙，好像要我做他的高等顾问。我离苏已久，于故乡事也不甚了解，真是爱莫能助。

我问他："你出省时，上级对于你，是否有所指示？第一是地方经济问题，现在江苏各县，都成为贫脊〔瘠〕之区。"他说："没有呀！"我问他："你曾否请示过？"他也说："没有！省府里的几位先生，都是忙乱得很。他们的意思，以为地方上的经费，总是在地方上筹集。苏州地方的公款，都是在苏州几位绅士的手中，所以我此来要拜访张仲老呀。"我想：此公热中于做官，以为吴县是一个好缺。可是今非昔比，看他是一个书呆子，把一个烂包袱给他背上了。

我本来不管此事，也无能力管此事，引才却再三要我给他想想法子，我只得说让我考虑一下。

到了吴子深那里，和他谈起路上遇见王引才，是新到任的吴县县长。子深问："是怎样一个人？现在苏州真是糟透了，地方上的事，要略尽一点义务的，谁也不管，变成个无政府。是你的朋友吗？我们见见他，明天请他吃一餐饭，如何？"我这里又有个插话了，桃花坞吴家，我舅祖清卿公（前文早有纪〔记〕载）即子深的祖父，他是个富翁。可是苏州是绅富并重的，官场中有什么事，都邀请他，无非是要钱。虽然自己也是捐了一个二品顶戴的道员，却是最怕见官。到了我表叔砚农公的时期，是子深的父亲，便渐已开放了。苏州的富室，都已到上海做生意，他们也在上海买起地产，开店铺、营商业。及至在子深的时期，那是更加发展了。因为他是一位画家，在城南沧浪亭造起了一座苏州美术学堂，在南园设立了一个小小农业试验场，似乎一破先人固守主义之戒了。

我因此怦然心动，便说："你问是怎样一个人，人却是一个正派人，是个老教育家，决不成为甚么贪官污吏。不过太庸懦了，他以为苏州是一个好地方，绝不知它现在的内容。苏州人士，他一个也不认识，今天见了我，一定要我给他想办法。你知道的，我有什么办法可想？你若高兴，帮帮他的忙也好，也是地方上公益的事。"子深问："如何帮他的忙呢？"我道："老实说，便是钱的问题。俗语说得好：'有钱万事兴。'不然，就僵化了，他是想在地方上筹款。"子深说:"你知道!此刻他们都不在这里,南京的南京,上海的上海。好!我们明天与他见了面再说吧!"

王引才在旅馆里,正在发愁,如何与苏州地方人士接洽,见了我们去,十分欢迎。子深与引才两人也谈得很好,因为王引才是一个不搭架子的人,吴子深一个不懂客气的人,两人说说笑笑,真觉一见如故。我于此简单说一句,子深已肯在经济上给他帮忙了。因为他的亲戚故旧,都是绅富阶级,银钱上也时有往来,上海的俗语,叫做"兜得转的人"。好在为数不多,筹措到这么二三万块钱,就可以渡过难关。县政府是公家机关,它是有收入的,不怕它少了人家的钱,何况有吴子深的担保呢!

有了钱,王引才便有恃无恐的接任了。衙门里留守着的职员,正在窘迫中,薪水无着,现已有望了,所谓"有奶便是娘",这话不差的。王引才没有带家眷来,孤家寡人,一个人便住在衙门里,不耐寂寞,常常溜出来,各处乱跑。在前清时代,一个知县官在省城里,出衙门时,虽没有放炮吹鼓,可是要蓝呢四人轿,前有红伞,后有跟马,还要喝道呢。到了民国时代,当然没有这势派,但是既然是个官,也须有个尊严,如此溜出溜进,也不像样。我们劝他,还是租两间房子,住在外面。再买一辆私家人力车(苏人呼为包车),雇用一个车夫,用以代步,较为合宜。这可以作县长正常开销的,他也听从了。苏州那种人力车,脚踏下装有一铃,叮当作响,他坐了招摇过市,也显出一些县长威风。

但是苏州的那些老乡绅,还是瞧不起他的。他们有些都是科甲出身,在前清做过大员的,从没有见过这样一位县官。王引才自命为新人物,也不买他们的帐,你摆出你的绅士权威,也吓不倒人。其中有一位费仲深(树蔚)在袁世凯时代做过肃政使的(等于前清的都御史),对于王引才嗤之以鼻,说这等人也配来做县官。张云搏(一鹏)是张仲仁的兄弟,性喜诙谐,他说:"王引才这样的痴头痴脑,真是一个痴官。"(按:痴官这个名词,早已有之,如戏剧中戴圆翅纱帽,抹白鼻子,穿短官服一类的是)苏州人士,口齿轻薄,往往喜欢题人家以绰号。但一提出来,觉得维妙维肖,这个口碑,就传诵人间了。

我在苏州不过勾留了三四天,便即回到上海。在赴苏的火车中,无意的遇到了王引才,和子深两人帮助了他接任吴县县长,也是佛家所称的一个"缘"字。不想于此发生一个惊险的镜头,那是出于意外的。原来国民党北伐成功，迁都南京，尚未建设就绪，孙传芳忽来一次反攻。这个在近代史上必有所纪〔记〕载，我不多说了。那风声传到了苏州，大家去找县长探听消息，王引才却不见了。衙门里也没有，公馆里也没有，到处去找都没有，当然桃花坞吴家也曾去问过。扰攘了一日夜，总说了一句，吴县县长王引才是失踪了。

这不是小事呀！县官有守土之责，在军事时代，一个县官若是见敌逃遁，可以明正典刑，就地正法，这不是儿戏的事呢！

吴子深是习惯起身得迟的，明天一清早，搭早车从苏州到上海来了，赶到我家里来，一进门便说："不好了！王引才逃走了！"问其所以，我也为之惊惶。现在可怎么办呢？子深道："他的家里不是住在上海？我们到他家里去找，也许他逃回家里。"但是他的家里住在上海哪里呢？子深不知道，我也不晓得。无怪子深要急得团团转，向苏州绅富借垫得来的二三万块钱款子，都是凭他的面子，由他担保的。现在王引才失踪，向谁去追讨呢？

我说："你且不要急，我们想办法。"我因想引才一向是在王培孙的学校里教书的，我们可以问问王培孙去，至少也晓得他家里的住址。于是我们便雇了一辆计时汽车，直到南洋中学访问王培孙去。王培孙说："引才这个人，好好地在我们学堂里教书，忽然热中起来，要去做官。我劝他做官有什么意思，何况在这个乱世时期。但他不肯听劝，他既执持己见，我们也不好拦阻他，妨碍他的前程，现在却闹出乱子来了。"因问他家里的住址，培孙也不大清楚。吴子深愁眉不展，培孙又道："要说引才就此撒撒烂污，一走了事，那是决不会的。他到底是个诚实的人，我深知道，你们放心好了。"

听了王培孙一番劝慰之词，我们也无可奈何，只得回去。及至到了家里，却说：苏州来了个长途电话，报告王县长已经回来了，而且到过桃花坞吴宅。我们好似胸中一块大石头落下去了。我对子深说："可以放心了。你今天不必回苏州，明天我和你一同回去，问问他为什么忽然出走。"到了明天，见了引才，我说："你这个玩笑正开得不小，把人都急死了。"引才道："不是呀！我听得孙传芳反攻，军事紧急，苏州如何处置，去问问钮惕老他们，你们何必大惊小怪！"我说："好了！你以后如果再要离境出走，希望秘密通知我们一声，免得我们敲脚炉盖找寻。"（按：苏州旧风俗，凡小儿走失，都敲脚炉盖找寻）自经此役后，痴官两字的口碑，更传诵于人口。

我且说苏州改省为县，省政府又移居镇江，那时的省主席，是钮惕生，还是陈果夫,我有点模糊了。草创伊始,地方政制,都没有好好的规定。从前一个县官,审官司也是他,捕盗贼也是他,举凡地方上兴革之事,都属于他。现在司法独立,诉讼的事,他可以不管了。

新政制中,警察也不属于县署所管辖,即如苏州,省里也派了一位警察局长来,与县长是平行的。此人姓郑,不大正派,也瞧不起王引才,专与他捣蛋。王以恃有后援,亦不相让。最可笑者,苏州有些青年学生,研究国民党党义的,以为他不识党义,借了一点事,想去诘责他。惹得王引才老气横秋的说:"老弟!你要把孙中山先生的遗教,细心研究。他的《建国真诠》上怎么说,你读过吗?我倒要考考你!"说着,他把这一段书背诵如流。学生被他吓倒了,原来他是老党员,也许是老同盟。

那末县长现在所干的是什么事呢?最主要的便是田赋钱粮的事。从前每一个县衙门里,总有一位钱谷师爷,以绍兴人为多,专理此业的。以下就是本衙门书吏,都是本县人。他们熟悉其事的。革命以后,钱谷师爷不存在了,可是这种本县人的书吏,不能去掉,于是改称为职员。所以县官可以更易,他们是不能更易的。新县官到任,茫无头绪,他们却是罗罗清楚的。王引才来做县长,主要的也只有这一件事,而且也是很清闲的。这时候,省里忽然又出新花样了。苏州向称为工商发达之区,宜成立为一市,这便是所谓"省辖市"。以吴县县长兼苏州市长,王引才自然十分高兴。这个市[长]俨然民主作风,要推举几位本地方人,作为参议。

王引才便把子深和我举为参议。我说:"我已不是苏州人,我是上海人了。参议一席,敬谢不敏。"他说:"你当顾恤乡谊,我可时常领教,我与本地人不熟。老朋友!务请帮帮忙。"我想一个市,就要有市政,办市政就要有经费。现在一个大钱也没有,办什么市呢?但他言之再三,和子深商量,子深说:"这个什么参议,纯尽义务,没有薪给的。你老兄住在上海,每月开参议会两次,还要白贴火车费呢。好在你现在闲空没有事,譬如到吴苑吃茶听书,住就住在我家,借此常来玩玩,亦无不可,省得他说我们不肯尽义务。"因此之故,我就每借开会,到苏游玩一次。

开会的时候,一张长桌,县长坐了主席,我们坐在两边。还有几位参议,他们的姓名,我完全不记得。起初也讲到苏州应兴应革的事宜,全是空话。后来便谈到从前的故事,近时的新闻,两个小时散会。省里还派一位工程师来,是我一位老友裴荑芳之子,不知在何处工业学校毕业的,好像苏州市有大建筑似的。

有人说：参议会上尽是谈天说地，也不像样，我们既是参议，必有所提议。于是我也有两个小提议：一是城里的街道，必须修理一下；二是许多小河浜，已成沟渠了，臭秽不堪，不如填塞了，可使街道放宽。我想这轻而易举，也不须多少钱，但也没有成事。对于填浜的话，还引出老绅士们什么古迹呀，风水呀，很不赞成的语调，我也不必与他争论了。

我这一节的回忆写得太多了，我要结束一下子。先说那个苏州市，无事可办，成为一个赘疣。苏州这些士绅，起初是视若无睹，后来便啧有烦言。我们也觉得没有意思，索性由地方人民上一个公呈，把苏州市撤消了（这呈子还是我代笔的）。王引才呢？当了两年多吴县县长，也算过了他的官瘾了，渐觉得没有什么趣味，那时省政府又在那里调动，就此下台了。子深替他张罗的款子，到任后几个月早已归清了。虽得了一个痴官的雅号，人家相信他是廉洁的，不是贪官。在苏州买了一些假书画、假古董，欣然归去，这一场戏闭幕了。

写此稿后两三日，我忽又想起王引才一个轶事，不能辜负了他，因此补叙如下：

在旧历的八月十八日，苏州有一处地方，有一个盛会，就是游石湖，看串月，那天是画船笙歌，十分热闹的。这里有一座山，叫作上方山，供奉一个神庙，叫作五通庙。五通是五弟兄，上有一母。一向为苏州男女巫师所崇拜，借此愚弄乡民。清初汤斌抚苏，曾毁其庙而将神像投诸河，为海内人士所称颂，见诸史乘。后来这个五通庙复活了，地方人士也不管。不过八月十八游石湖，还是一个苏州游览名胜的大节目。花船帮的出厂船，就是以六月廿四荷花生日游荷花荡开始，到八月十八游石湖作为结束的。可是近年以来，已渐趋冷落了。却有一班上海白相人来捧场，黄金荣带了他的徒众，什么许愿酬神，消灾纳福，胡闹一天。常有种种迷信怪事，也不必去说它了。

就在这一天，有人招宴王引才，或者是他的上海朋友吧？我不在座，子深恐是在座的，座中有一客，因谈起今日是游石湖［的］日子，上方山五通神是个淫祠，汤文正如何毁庙投河的故事，可惜以后无人敢作〔做〕了。王引才当时也没说什么话，过了三天，他亲率县警，人不知，鬼不觉的到上方山，往毁神像。大家都也没有知道这件事，及至有人见那个女偶像（五通之母）珠冠绣袍，从石湖一直浮荡到了横塘，始知其事。吴中士绅，又说他痴。

426

我却为之辩护，掉一句古人成语曰："臣叔不痴。"

一〇七　缀玉轩杂缀

当我写《留芳记》时，在林琴南先生弁言之后，我又自写一缘起，中有句云："会走京师，获交梅畹华君，美艺冠于当时，声闻溢乎世界，冉冉若青云之始翔，蔼蔼如初日之未央。盖自民国以来，名高未有如君者也"云云。现在读了它，此种词章滥调，实在可笑。因为当时除小说可用白话外，其馀的文字，都要用文言，以为若用白话，便觉得不雅驯。现在的风气改变了，用了语体文，即使评论一个人，不应作那种浮泛夸张之词了。我与梅兰芳，见面不多，就是在他青年时代一时期，我在北京，见得最多。以后，我不到北京去，他又难得到上海来。为了他的业务，拿了包银，到上海来唱戏，常被人家包围得密不通风。他照例要到各报馆以及黑社会头脑等处（因为上海开戏馆的，大都是黑社会头子）拜客一次，我从来不去访他。

有一次，梅兰芳到上海来唱戏，我也忘了是哪一戏院所包的。那时上海的明星影片公司要请他吃饭，为了他们和兰芳尚未驯熟，也借用了我的名义。这个时候正是上海绑票盛行的时候，据说那个戏馆老板，雇用了四个保镖，以保护梅兰芳。这四个保镖中，有中国人，有外国人（其时苏联逃出来的白俄群聚上海，专做这保镖生意，用外国面孔来吓人，其实一无用场），出入追随，寸步不离。结果，梅兰芳还是不曾来，只来了几个配角来赴宴，频频的道歉。明星公司中人，意有所不满，以为梅兰芳搭架子。我为他解释道："你们要原谅他，他此刻不是自由身体了，就像上海堂子里的姑娘'讨人'（养女的别名）身体一般，不由自己作主。"这不是我亵渎他，凡是上海那些开戏馆的人，到北京去聘请名伶，除了包银以外，所有接、送、食、住，全都包下来了。以后你的身体自由权，全属于他，一切要听他指挥，得他许可了。

所以梅兰芳几次到上海来，我都懒得去访问他。在北京这一个时期，在他的缀玉轩中，却常常有我的足迹。

我到他那里时，冯幼伟、李释堪两位是不常来的。但齐如山总是在那里，而且他喜欢谈话，因此颇不寂寞。兰芳呼冯幼伟为冯六爷，呼李释堪为李四爷，其馀则概呼为先生。如对齐如山则呼齐先生，对我则呼包先生，这其间没有什么尊卑之分。北方风俗，凡晚辈的对于长者，总是称之为某爷的，况且这两人确是栽培兰芳使之成功的。北方对于伶人的尊称，都呼之为老板（我想必是"班"字的音误，后来便相习成风了。南方文人又改称为"老阊"，这"阊"字，字典上虽有，音盼，但别有解说，不合逻辑），但梅的友人从不唤他为梅老板，直呼他以兰芳，倒是有的。

评论梅兰芳的美德，我将以"温和谦实"四个字概括。他对于初见的人，如旧相识，总是和气迎人的。他的书架上有许多照相簿，有的是戏装的，有的是便装的。对于戏装，我因为懂得京戏甚少，只拣了他的便装的观看，有西装的，有中装的。他忽然翻出一簿他儿童时代的照相给我看。他笑着道："你瞧瞧！丑死了！"那时他是十二三岁吧，额发剃得老高，两耳是招风的，眼睛睁得圆圆的，真是有点儿傻里傻气。我说："这或是照相照得不好吧？"他说："不，这还是北京最好的照相馆呢。"他又告诉我："有些报纸上说我近视眼，我并不近视，曾经生过一次眼病，病好了，我的大眼睛细小了，人家翻说我有眼神。我喜欢养鸽子，瞧它飞去天空，回翔于青天白云之间，人家又说我在练眼神，岂不可笑？"我说："不！美是自然而然的，你在不知不觉间而美自来了，人工仅及其半。"他说："您过奖了！您过奖了！"

我以时常涉足于缀玉轩之故，每获得非份〔分〕的享受。说来可笑，一曰吃白食，二曰看白戏。什么叫做吃白食？就是自己不惠钞而专吃人家的一种成语。京师号称首善之区，人文荟萃，各地方的人士都到北京来，各地方的馆子，也就随着都到北京来。还有那些名公钜卿，讲究吃喝的为之提倡，常常的邀客饮宴，互相酬酢，所以每一省都有著名的馆子在北京。除大馆子外，还有小馆子，这小馆子，在北京尤其发达。有些生长南方，来到北京的小京官、穷翰林，在他家乡倒是吃好吃惯的，到北方吃不惯北京的饭食，又雇不起厨子，于是专攻向那些小馆子了。不要看轻那些小馆子，往往有一经品题，声价十倍，也或有一味佳肴，传诵人口，从此成名的，这些也都有人为之纪〔记〕载呢。

我到兰芳家里去游玩的时候，也常常为他们一班朋友邀着同去吃小馆子。有时是冯幼伟请客的，有时是李释堪作东的，有时是来了一位不常来的朋友（这些朋友，我已不能列举了），一时拉拉扯扯便同去了。北京的小馆子，是不计其数，什么"致美斋"、"百景楼"等等，我在以前已搞不清楚，不用说是现在了。但我记得那时北京的广东馆子很少，远不及上海的多，只有一家唤作"广成居"的广东小馆子，凡是冯六爷请客，我们倒是常去的。这地方只有一间平屋，摆了四五张方桌子，已经"实不能容"了，圆台面也休想。可是生意却是上海人打话，"好得邪邪气气"。在里面挤得人家屁股碰屁股，但那班吃客终不肯退出去。

我问他们："既然如此生意好，为什么不扩充起来？北京房屋又不贵，再加以刷新一下，即使不能成为一个大馆子，至少也能成为一个中等馆子。"冯幼伟道："他们开小馆子有个迷信，不能迁居，不能更换新装修。说起来也很有些道理，一家小饮食店，要它兴旺起来，也非一朝一夕之功。也要有几样拿手好菜，第一要使吃客走熟，时常光顾。忽然的迁居了，可是吃客是不迁居呢，失去原来的主顾，却是失策的。还有，中国人是一向有传统思想，尤其是在北京这种地方，商人们常以百年老店自夸，连门前挂的招牌，已经破烂不堪，他们也不肯更换，以为这块老招牌是不能废弃的。你们写文章，说什么'发思古之幽情'的话，在北京的商人们，也正在大发思古幽情呢！"他说得合座皆笑。

每次吃小馆子，当然有兰芳在座，不过兰芳的吃东西，我觉得小有麻烦。那便是这也不吃，那也不吃，辣的不吃，酸的不吃，不但是北方的白酒不吃，连南方的黄酒也不吃。为什么呢？那就是怕破坏了他的嗓子。虽则兰芳自己也很为谨慎，但这几位先生好像有意无意的监护他似的，颇觉可笑。在广成居吃饭时，却有一物，有人不喜吃的，兰芳却喜欢吃，这是苦瓜。苦瓜是出在广东的吗？我久闻其名，未曾尝过，在上海时，连虹口的三角小菜场（广东人在上海多数住居虹口），也没苦瓜卖，这里的广成居却有，真是物稀为贵了。兰芳请我试尝之，入口虽觉得苦，而收口津津回甘，方知此是正味。到香港来，始知苦瓜乃是家常菜蔬，在筵席间上不得杯盘，因知苦口还不谐于人呢！

我们吃了许多小馆子，却没有吃过西餐。北京的西菜馆，当时也已有的了，在南城外一带有数家，实在不大高明。否则就是要东交民巷（按：东交民巷在明朝时代始，原名"东江米巷"，因江南运输入北京的米，称之为"江米"，东、西两巷，都是米集，此亦曾见蒲留仙的《醒世姻缘》）使馆区域的六国饭店等处了。好在北京人也不喜欢吃西餐，有那些多姿多采的中国菜，还吃那些一成不变的外国菜做什么呢？除非是到天津去，天津租界多，运输便，当然比北京为强。说起西餐也有小吃部，天津的"起士林"（亦有译作"凯司令"的），是德国人所开设的一家小餐馆，在当时真名噪遐迩。在当初

429

只是制糖果的，后来却饷人以西餐了。

谈起那家德国小餐馆"起士林"，我有一段插话了。

还是在前清时代，有一对德国中年夫妇跑到天津来，开了一家小糖果店。所有糖果，都是他们夫妇自制的，很为精美。只租了一间屋子，也没有伙计，一切由他们夫妇自理。后来他们又添设了一个小吃部，只有六七个座位。谁知生意大佳，又扩充一间餐室，女主人当炉，男主人则奔走为侍者，并且添了一位助手，这位助手也是德国人。"起士林"的名声传到上海，我们行经天津的，必定去吃它一餐，精美而丰富，价亦不贵。他们对于中国人非常客气，且亦能说中国话呢！

当第一次世界大战时，起士林的主人奉本国征召，要回国从军，因为他是军籍上有名的。于是他回到自己祖国，奉令出征去了。但是起士林还是开在天津，因为那时生意甚发达，弃之可惜，因此就由老板娘和那位助手支持经营。这位助手是一个孑然无家室的人，且也颇忠实于他的职业。三年以后，一个凶信来了，老板战死了。一年以后，那个老板娘和那个助手，在天津一个小教堂结婚了。半年以后，老板施施然回到天津来了，原来说他战死阵亡的消息，并不确实，于是弄得很僵。助手道："我们不知老板并未战死，误会了，我应当走开。"老板道："这也不是你的过失，你们已经正式结婚，我应当走开。"老板娘道："你们两人都不差，都是我的过失，我应当走开。"结果，三个人均未走开，仍旧同心协力经营这个小餐馆。在中国世俗之见的人，觉得有点不合于伦理。可是一班明达之士，却是原谅他们，赞成他们。

我的话又说野了，现在要拉回来，仍说到与梅氏宾客吃小馆子的事。为什么我说我常［吃］白食呢？我觉得我时常吃他们的，有点不好意思，有时我说："今天让我做一个小东，请诸位赏光。"他们笑道："你点菜是个外行，惠钞也是个外行，瞧他们会收你的钱吗？"这话被他们说中了，我是最怕点菜的。在北京吃小馆子，在座有几个人，都是要每人点一样菜的，问到我，总是交白卷。尤其是北京菜，什么"两作鱼"、"三吃鸭"，那种奇丽名儿，我也闹不清楚。到了抢着的向柜上付账的时候，掌柜的总笑迷迷〔眯眯〕的说："某爷已吩咐过了，您老请下一回吧！"于是我又吃了一次白食了。

我再说我的看白戏，也不是没有理由的。梅兰芳在北京，不是长日在家闲居，逍遥自在的，一年之中，便有好多回搭了班子上台唱戏的。在那个时候，几位老朋友，当然要捧场。如冯六爷、李四爷等几位是一定到的，此外还有政治界的梅党，银行界的梅党，都预先为之定座。他们定的都是第二排、第三排位置。两排座位，可能坐廿人，至少也须坐十馀人。可是往往坐不到此数，如果两排座位而只有稀稀疏疏的几位座客，不但减少兴趣，而且有失面子，那就要拉客了，我就是被拉者之一。北京那时候不唱夜戏，大概在下午三点钟开锣，至天黑以后为止。因为北京的电灯太不明亮了，还是一个灯不明、路不平的时代。下午三点钟开演，许多职业界的捧场人，也都没有散出来，我却清闲无事，应该来尽此义务了。

那时上海的戏台，已经改了新式的了，北京还是老样子，四方型的，三面都可以看得真切。主要的是正厅（他们唤作"池子"），捧角的大概都坐正厅，他们所定的二三排座位，就是正厅。什么是座位呢？原只是一条条加阔的长凳，不要说现在的戏院子里装着舒适的沙发座位，就是要一只靠背的椅子也是没有的。中间只有小小的一张半桌，两边都没有桌子。在上海看戏有一种叫做"案目"，招待殷勤，伺候周到，北京是没有的。你定了座位，只有一种看座的。你没有来时，代你看座，来了时把一个大茶壶搁在长凳上走了。这种长板凳坐了真不舒服，然在当时，无论你是什么士大夫阶级，他们都处之泰然。

北京戏院有三种人：一种就是那看座的；一种是绞手巾的；还有一种是装水烟的。看座的连一把大茶壶，大概给他数十文钱小帐就是了。绞手巾的却有一种本领，从东面的边厢里，抛上西面的楼厢里的热手巾，在许多观众头上飞过，万无一失。装水烟的更离奇了，一位名角儿上台，你正在瞑目静听，一根长长的水烟管，触到了嘴唇边，吓了你一跳。

至于喝采，北京戏院子里是不禁的，而且是有些提倡的。如果一位新角儿登台，没有采声，那是很失色的。可是喝采却有关于知识与学问，要真赏他的艺术，恰到好处，喝一声采，那是最有价值。不懂戏的人乱喝一阵，那是令人憎厌的。北方听戏的人，还有故意提尖了嗓子，怪声怪气的喝起来，引人发笑。我是不会喝采的，他们这班捧梅的朋友，也难得喝采的。只有一位易哭庵先生，他最欢喜喝采，连"我的妈呀！"也喊出来。易先生我在北京曾见过一面，他说："我与你的名字，恰好对照，因为你是笑而我是哭呀！"易先生是神童，是才子，是诗人，是显宦（在前清放了广西右江道）。辛亥革命以后，他也剪了辫子，做了一首剪辫子的古风，把新旧政府都骂得一个狗血喷头。这首古风，我的《留芳记》中倒是载的，想君左处当有遗稿。陈散原

431

先生评之曰："此诗令人笑，亦令人哭也。"

　　我的话又说野了，急忙收回来，回到我上文所说看白戏的话。我不是戏迷，尤其对于京戏所知极少。我有许多朋友，虽不是玩票，多少还能哼几句，我是一句也哼不来的。北京是考究听戏的，我也听到好，而不知其所以好。我虽然也是缀玉轩一宾客，也不会定两排座位捧场请客的。不过他们既邀请到我，我又清闲无事，而况兰芳时常有新戏上台，轰动一时，我为什么不去呢？再说，凡是梅兰芳在北京登台的日子，每天不过唱三出戏，不像上海那种戏院子，每天总要排五六出戏。下午三点钟开锣，先唱了两出（按：时人每称"一齣戏"，实应称"一出戏"，我从简笔），到四点多钟后，休息十五分钟，然后梅兰芳登台，唱毕等他卸装以后，便相偕去吃小馆子了。

一〇八　姚玉芙一故事

　　在北京有一时期，我常往梅兰芳家中游玩。我记得他那时是住在无量大人胡同，他那里家中是宾客不断的。我们到他那里去时，不必通报主人，主人家也不来陪客，所以缀玉轩中，常常是宾朋满座。我常说：有古人的两句诗，可以形容它。哪两句诗呢？就是"自去自来梁上燕，相亲相近水中鸥"。有时，兰芳为了戏剧上的事忙着，或是他要练习，他是勤于练习的，我们也不去打扰他。甚至他已出门去了，我们几个熟朋友，仍在那里谈笑自若。我又掉了《陋室铭》中两句文词道："谈笑有鸿儒，往来无白丁。"但是兰芳那时总是在家的日子多，难得出门的。

　　我在他的家里，认识了许多朋友，如李释堪、冯幼伟、齐如山等诸位先生，都是第一次见面。像罗瘿公先生却是先已认识，而且他也难得到梅家来的，况且他已有了程艳秋，别树一帜了。还有张聊止，他在上海时早已认得的，其馀诸人，都已忘却了。可是梅兰芳到底是一个伶人，想起来应该有伶界朋友，彼此往来，但我在那里，一个也没有见到。只有一个姚玉芙，是兰芳的徒弟，也是他的配角。梅与姚虽是师徒，兰芳的视玉芙，有如兄弟。譬如配起戏来，有两个旦角的，一正一副，梅正而姚副。如"游园"的梅为杜丽娘，姚即是春香；如"断桥"的［梅为］白素贞，姚就是小青。诸如此类的甚多。后来姚玉芙不大演戏了，却为师门管理一切，在家庭间竟如一总管，在业务上乃如一经理人。

谈起姚玉芙，却有清末民初小小一段掌故。原来他本是学唱须生的，在韵秀学堂为子弟，身世孤寒。当辛亥革命之前，班子解散了，他也只得辞别师傅，别寻门路。年纪不过十五岁吧！没有家庭，无所栖止。有一天，有一位他们唱戏的老前辈，对他说道："阿顺（因为他的小名叫阿顺）！你既没有地方可以栖止，我可以介绍你到现在民政部大臣赵秉钧赵大人那里去。他是袁宫保手下第一等红人。他那里场面阔绰，用人很多，也不在乎多你这一个人。你要乖巧灵活些，说不定碰到什么机会，总比了现在失业强。你要有意，我给你说去。"

姚玉芙道："我到他那里去做什么呢？当仆人，当书童吗？想我当时出来学戏，原是想习成一艺，可以自立。要是到那些做官人家去当一个小当差，不是太辱没了吗？"

那唱戏的老前辈道："话不是这样说的，在这乱糟糟的时代，咱们要抓机会，碰运气。说不得是大丈夫能屈能伸，譬如你唱须生，皇帝也要扮，老家人也要扮。当个仆役，有什么关系！'英雄不怕出身低'，咱们的戏里，不是常有那种事吗？"姚玉芙想到一身孤露，到处飘零，不走这条路，到哪里去呢？沉吟了一下来，也答应到赵家去了。

到了赵宅，赵秉钧正躺在烟榻上抽大烟，他是一个对于鸦片有大瘾的人。家人们把姚玉芙引进了，他也不管，抽足了大烟，才把姚玉芙瞧了一眼，便问道："你能做什么的吗？"姚回答道："会唱戏。"赵秉钧鼻子里嗤了一声道："人家闹革命，正忙得要命，谁有闲工夫来听戏呢？"姚玉芙一想："好了！这事算吹了！"恰巧赵秉钧自己装的烟斗上，一个烟泡掉了下来，姚玉芙手快，连忙给他在烟盘里拾了起来。赵秉钧灵机一动，便问："你会装烟吗？"答道："会！"原来他在学戏的时候，就给他的师傅烧烟的。赵秉钧就把手中的烟签递给他，便道："好！那你就留在这儿吧！"

姚玉芙自从进了赵宅，因为他机警灵敏，所以上下都欢迎他。又因为他每天和主人装烟，总是个亲近主人的人，也不敢轻视他。赵秉钧的家庭，有一个缺陷，他的正式太太，既没有公子，还有一位山东太太，也没有生育，只螟蛉了一位少爷，却和赵秉钧不大合式，见了他就生气。所以家庭之内，甚不圆满，忙了一天，回到家里，只觉寂寞寡欢。惟有与阿芙蓉为缘，猛抽大烟，因此那烟瘾越抽越大了。现在有了个装烟的人，有时也和他谈谈说说，以解无聊。赵秉钧有许多密切的朋友，谈论公事私事，都在烟榻上周旋。他的亲信的属员，回公事，做报告，也在烟榻之旁。从前抽大烟的人以为一灯相对，思潮便奔凑而来，集中在一起了。

这时候，他们的家人，如不呼唤，例不进来的。只有那个阿顺，为了要给主人装烟，不能离开，也不用避忌，因为他还是一个孩子，懂得什么呢？阿顺也很乖觉，他从来不开口，只听在心中。可是他很能鉴别人材，知道某人是哪一个路数，某人是哪一种流品，见得多了，难逃他一双慧目。赵秉钧在客去高兴的时候，也和他讲讲那来客是何人，姓甚名谁，官居何职，他来见我有什么宗旨。

不高兴的时候，也就默默无言，在烟榻上瞌睡了。但他是袁世凯手下第一等红人，所谓能者多劳，因此无论什么人，都要找他说话，无论什么事，都要由他手里经过。因此车马喧阗，其门如市。别说在京城里向来奔走的人，便是从南方来投效游说的各处青年，以及东西洋留学生，凡是来求见袁世凯的，都要先见见赵秉钧方为合式。

有一天，赵秉钧从早晨起来，见了一排客，都是南方来的那班青年学生，广东、福建、江苏、浙江的人，尤为多数。他们的言语之间，大半都挟着革命宗旨。他把他们敷衍了一阵子，说着许多恭维的话去了。到了下午，又来了一排客，也是南方来的少年志士，他又把他们敷衍走了。这两次客会了后，急忙忙坐了马车出去，上衙门，办公事，还得到袁世凯府第报告一下。几处地方一兜，早觉得痠眼塞鼻，呵欠连连，抵挡不住这鸦片烟瘾已上来了。

回到家里，一叠连声的叫："阿顺装烟！"阿顺早已把四五杆烟枪，什么湘竹枪、象牙枪、甘蔗枪、柠檬枪，都是几十年的老枪，一齐满满的、高高的装好了。银烟盘擦得雪亮，广东式的高玻璃烟灯点起，另外一个景泰蓝烟缸里，打好了三四十个似小蜜枣一般的烟泡，等候着他。赵秉钧脱去马褂，便向烟榻上一横，他一面吸，一面装，周而复始，一排枪，一排枪的递过去，一口气要吸了二十馀筒，渐觉得骨节通灵，精神抖擞；渐渐的便觉得神清气爽，有说有笑起来了。

姚玉芙见他今天似乎很高兴的样子，便也和他有一搭没一搭的乱话起来。他又叹起苦经来了："我一天到晚要见许多客，你说累不累？他们都是有志青年，特来见我，我不能不见。"姚玉芙道："今天来见你的，大半都是穿西装的，我猜都是出洋留学生吧？"赵秉钧道："怎说不是？你也瞧出来了。"姚说："他们穿了西装，都已绞了辫子了吧？"赵秉钧道："穿西装怎能不绞辫子？现在绞辫子的已经很多,再过几天,说不定大家都要绞辫子呢。"姚道:"我瞧绞了辫子,倒觉便利,不过总得穿西装才行。不然,长袍短褂,背后没有一条辫子,似乎不大好看。"赵秉钧道:"将来看惯了,大家都是这个样子,便也不觉得什么了。"

说到那里,他忽然道:"我且问你,你瞧我今天见了这许多南方来的志士,招待他们,可算得殷勤吗?"姚玉芙一面装烟,一面只是微笑不语。"你笑什么?难道我的话不对吗?"赵秉钧责问他,他又摇摇头,既而笑道:"要我说吗,您别生气,您不过敷衍他们罢了,您的许多话全是假的。"赵秉钧听了这话,不觉为之一怔,便道:"怎么说我的说话是假的?你且说个理由来。"姚玉芙道:"这谁也瞧不出来,您只是随机应变,对于什么人,便说什么话,只要对付过去就是了,又何必认真呢?"赵秉钧听了,默然无语,寻思这小子却有如此眼力,平日我见他不声不响,无所顾忌,谁知他口虽不言,胸中明白。可是我这里来客很多,还有许多机密事件,未便外泄的,这些计谋,都是在烟榻上筹划的。他又是日伺烟榻的人,小孩子家口没遮拦,泄漏出去,可不是玩意儿呢。

过了几天,赵秉钧便借着一件事,说他做得不对,不教他在烟榻旁边烧烟了。那个时候,正是袁世凯重行出山,召集进京,任命为内阁总理大臣的时候。赵秉钧便是民政大臣,大家知道他是最接近袁的人,未见袁世凯,先要见见赵秉钧,大有专制时代的两句话:"未去朝天子,先来谒相公。"南方志士,东、西洋留学生,胸怀革命,也觉得要推翻满清朝,非袁世凯不可。但是不能直接见袁,也不能坦白说出自己的意思。可是赵秉钧,却随便什么人都见。所以这些南方人士,到北京来直趋其门,至少也可以探探局势,听听口气。谁知赵秉钧和他们一味敷衍,也探听不出什么来。

原来赵秉钧初到直隶(今河北)的时候,只是一个小小的典史,不知如何为袁世凯所赏识,一帆风顺,从一个县尉历保至道员,充天津、保定巡警总办。他也福至心灵,交游很广,擘画井然,直到了前清的巡警部设立时,袁已举荐为右侍郎了。到袁世凯开缺下野,他也以原品休致。此番袁氏出山,第一个就是保他做民政部大臣,把个警权先抓在手中再说。所以赵秉钧不但是袁世凯的爪牙,也是袁世凯的心腹了。此番和姚玉芙无聊闲言之中,却被那个十五六岁娃儿,窥破他的行藏,他却戒惧起来了。姚玉芙也觉得那天的话,不该是如此说的,这个地方,也是危险所在,我还是离开为佳,去找罗瘿公罗老爷去吧，他老人家是最肯提携人的。

那罗瘿公是广东顺德县人，曾任邮传部郎中，大学堂教习，公馀课暇，却最喜听歌观舞，常以改良中国戏剧自任。所以他和一班伶界中人最为接近，人家也都来就教于他。姚玉芙出了赵宅的门，便来寻罗瘿公，记得他是住在草厂头条的广东会馆的。就出了前门，到广东会馆来，见在路口一个宅子，是低洼下去的，门前两个石盘陀，上面一块横匾，是白地黑字，写着"广东会馆"四个大字，不知是哪一位名家手笔。到了那里，从门房里走出一个花白胡子的长班，问是找谁？说是找罗瘿公罗老爷，长班便领了姚玉芙进去了。

这一座是一并排三间的书室，满壁琳琅，都是些书籍、字画。此外有些古玩、石刻之类。罗瘿公还认得姚玉芙，便问："我听得人说，你不是在西堂子胡同赵家赵智庵那里吗？"姚玉芙道："是的！我现在已经出来了。"便详述了一切情形，又说："我从前出来学戏，原希望学成一艺，为将来糊口之计，何必到权门去，充当一个贱役呢？"罗瘿公暗暗称赞他有志气，便说："你的主意很对，人只要有一艺之长，就可以自立。像赵秉钧现在虽炙手可热，可是他行险徼倖的事很多，阴谋诡计的也不少，如你所说，确是一个危险所在。不过现在唱戏也不是这个时代，许多班子，停的停了，散的散了。你如有志，年纪也还轻，不如进学堂去读书，你以为如何？"

姚玉芙道："难得罗老爷如此热心栽培，真是感激无地。只是我已过了读书年龄，只怕进不去学堂。"罗瘿公想了一想，说道："有个汇文书院，却是外国人办的教会学堂，你不妨到那里去专习英文。可知现在及将来，外国文总是少不了的，你要是精通了，不愁将来没有一个职业。好在汇文书院可以住宿，你不必在外面早〔寻〕找住居的地方了。"于是姚玉芙便进了汇文书院。但是姚玉芙进这个教会学堂总觉得不惯，而英文也学不好，究竟是年龄大了，心思不专，他还系恋于他的唱戏的老本行。于是罗瘿公再把他介绍给梅兰芳，拜兰芳为师，姚玉芙那就安心依附于梅家了。我以上所记的，大半出之于罗瘿公先生所述。

一〇九　东方饭店杂事秘

我在辛亥革命以前，从未到过北京；国民党北伐成功以后，亦未到过北京，这时已改北京的名称为北平了。

这一个时期，称为北洋军阀时期，以袁世凯的筹备帝制时期并计之，也扰攘了十有馀年。我的初次到北京，也已在张勋闹复辟以后了。那个时候，也号称行新政，开国会，而纷乱荒淫，不可究诘。我那时正离开了上海的时报馆，厌弃了记者生涯，可以稍作长期旅游；又很想换换空气，找别一职业，以为糊口之计，我辈穷书生，不是什么有闲阶级呢。不过我不自讳，我在这一个时期，颇受到浪漫的倾向，古人有五十而知非之说，我那时也已四十多岁了。

我初到北京时，住到一家旅馆，叫做东方饭店。中国的招待旅客居住，也有三阶级，最初名曰客栈，我从苏州初到上海的时候，所住的就是客栈，那是简陋得很的。后来渐渐进步了，改称之为旅馆，人家以为旅馆的名词最适当，所以那时一班广东商人到上海来开设百货公司，附设的有新型而模仿西式的客寓，仍名之为旅馆，如"东亚旅馆"、"大新旅馆"之类，并没有称为饭店的。但是饭店两字的名词，是早已有的，老老实实就是大家吃饭的地方，如上海的有饭店、弄堂之类。可是现在最高等的旅馆，往往称之为饭店。北京的东交民巷，先有了"六国饭店"，北京的城内，也有了"北京饭店"，正不知何所据而云然。

东方饭店是一位姓丘的由上海到北京来开设的。据说那位姓丘的，本来是上海某西商所开办的餐馆里一位侍者，现在发展了，有此经营，有没有后台老板，却不知道。其地在北京南城外的香厂，也是新开辟的区域。那地方接近市场繁盛之区，而尤其是北京夙昔所驰名的艳窟八大胡同，在其邻近。东方饭店地址很宽大，但其建筑，一半是三层楼，一半只是二层楼。二三层楼都是客房，总计大约有七八十个大小房间，楼下就是一大间餐室以及大厅、会客室、账房间之类。规模虽不及北京那些大饭店之大，可也算在上、中等之列了。许多从上海来的人，都喜欢住东方饭店。为什么呢？因为那是由上海人到此来开设，虽在北京，还脱不了上海气息。譬如说，这里所雇用的侍者，大一半是南方人，尤以宁波人为多，帐房间里也有上海人，于语言、习俗上便利得不少。方〔人〕以类聚，物以群分。先有几个上海人来住了，觉得满意，互相推荐，有许多熟朋友，住在一起，岂不是更多趣味呢？况且这个饭店主人，为了生意之道，满招呼，极客气，自然宾至如归了。

东方饭店的房间，是怎样分别的呢？大房间在二层楼，每间附有浴室，连每日三餐在内，取费五元。小房间在三层楼，没有浴室，也没有厕所，只有公共浴室与厕所，也每日供给你三餐，取资三元。现在想想，真可谓廉价到极了。但是一个房间只许住一人，如要多住一人，便须加价；供给三餐，也只备一客所需。加价大房间每人一元半，小房间一元，大房间可加一榻，小房间实不能容，只有双栖而已。所谓三餐者，都是西餐，早餐则牛奶、咖啡、面包或麦糊等都备，午餐一汤、两菜，一概如上海例，晚餐则较丰富些。但如要临时点心或消夜餐，则需另计了。

再讲到设备，最好的是冬天有暖气水汀。北方天气寒，家家有火炉，但于旅馆不相宜，这时冷热汽机尚未流行，一烧水汀，则全楼温暖如春了。惟夏天无风扇，此间人以为无需此物，因即在盛夏，亦不过中午数小时感到炎热，早晨中夜，凉爽过于初秋呢。但怕热的客人，如要风扇者，亦可供应，必须另计。厕所已一律用抽水马桶了，甚为清洁，可是闹出笑话来了。有些北方健儿，亦有住居东方饭店的，他们向来的习惯，便急则上茅厕，有些更喜登野坑，蹲踞于野田草丛之间，悠然自得。但东方饭店无茅厕，也不能出门寻野坑，急不及待，于是脚踏马桶边，一泄如注，遂致黄花满地呢。

我在东方饭店住得最久，大、小房间都住过，住小房间尤为合算，一月不过百元耳，却连三餐在内。倘住大房间，则非二百元不可，如有爱人同居，至少须三百［元］以外了。且小房间亦殊可人，一榻之外，有一桌两椅，电灯、茗具，应有尽有，小楼一角，颇饶静趣。不过时在夏日，常移居大房间，因其附有浴室，且有冷热水管，不致如小房间的只有公共浴室，争先恐后，有种种的不便呢。东方饭店的旅客，不仅是上海来的，东南各省的人士，来的也很多。因为那时正筹开国会，这些未来的议员老爷们，来此竞选甚多。上海的红姑娘也来此掘金，其间异闻轶事不少。我性好弄笔，往往掇拾一二，投寄上海《晶报》，名之曰《东方杂志》。《东方杂志》者，上海商务印书馆的定期刊物也，而我所记者，乃是东方饭店的杂事而已。

有一点近乎哀艳的事，我不觉想起来了：当我住在上海爱而近路的时候，邻家有少女，年可十四五，常在我家门前踢毽子、拍皮球，憨跳作乐。本在某女校读书，颇见聪慧，后来忽然辍学，与诸姊妹嬉游，成为交际之花。那时有两名姝，一曰FF，一曰SS。FF后来香港，即殷女士，其女但女士，且为驰誉世界的香港小姐。我且弗谈FF而谈SS，她的名字叫做衰淡然，我亦不知这两个外国名字是什么来由，不过我与她邻居而认识其人。

不数年，她到北京去，竟树艳帜于八大胡同。最初，她欲署名为SS，群以为花间并无有以外国字作商标的，上海如此，北京亦如此，乃改成以译音"爱思"两字应征，亦殊佳妙。一日，袁寒云在小莺莺处宴客（关于小莺莺，涉及洪宪掌故甚多，刘成禺《洪宪纪事诗》中曾述及之），我亦在座。对面坐者为颜世清（号韵伯），召一妓，视之，乃我之芳邻也。含笑点头，问我住何处。我说："住东方饭店。"她低语道："我亦住东方饭店。"此不足异，胡同中好多位上海来的姑娘，不住院中；都住东方饭店，较为自由。越一日，她到我房中，说道："我房里无浴室，你有浴室，可以借我一用吗？"我答应她："可。"于是时常来我室。

又一天，她向我说："和你商量一件事，让我在你房里吸一次烟。"那时北京是禁烟的，还有这些巡缉队、宪兵队，每夜要到各旅馆查房间，像煞有介事的。但有一个期限，一过了午夜十二点钟，便不会再来查了。所以在十二点钟以后，便是那些男女烟霞客的解放时期。因此我问："为什么你自己房里不能吸呢？"她说："我防颜瘸子要来。"（北方呼跛足者为瘸子。颜世清跛一足，此亦曾见刘成禺《洪宪纪事诗》袁克定亦跛一足，与颜世清交拜事）其时她与颜已订嫁娶，节后，即嫁颜了。我以情不能却，姑允之。但此例一开，她常携具至我房中，深宵不去，我不能不委婉下逐客令了。嫁后遇其侍儿询之。她说："可怜！躲在床底下偷吸烟，为颜所殴。"我出京后得自传闻，SS已香消玉殒了。

我在东方饭店住得最久，这并非是说一次住了许久，乃是每次来京必住在这里。我在北京时有一个时期，常往天津。到天津就不定住那一家旅馆了，大约是住在日租界的日子最多了。

至于那个高贵的李顺德大饭店，我没有住过。天津不比北京，欧美人较多，这些都是外国人居留之地。有一次我到天津，听说近有一家新开的旅馆，在英租界（我已忘其名），如何清洁，如何安静，我便住到那里去了。这间旅馆不大，是新开的，当然比较清洁，安静却是未必。不过比了日租界那些旅馆好得多了。日租界那些旅馆，可以公开吸鸦片，可以公开召妓女，真是一个藏垢纳污的所在。过去就是叫作"三不管"的地方，更无忌惮了。

且说我到了那个新开旅馆，选了二层楼一个房间，倒也窗明几净。开出左首几扇窗来，外面是一片旷场。似堆着无数巨大箱笼等件，原也不在其意。睡至半夜，忽闻有狮吼声、虎啸声、猿啼声、犬嗥声，如处身于深山密林之中。你道是什么？原来是天津新到一个马戏班，在船运上岸以后，各类兽笼

439

无可安置，即安置在这个旷场之间，遂使我为群兽所扰，一夜无眠。好在我明日即回京，不必再移居别处了。在北京的使馆区六国饭店，我虽不曾住过，为友人招宴，却去过一二次。里面的那些侍者（外国人呼为"仆欧"，中国人唤作"西崽"），真是奇形怪状。已是民国七八年了，还拖着一条辫子，戴一顶瓜皮小帽，上面有个大红绒球，衣服也是特制的不中不西。这些仆欧不是年轻的，还是四五十岁的人呢，见之令人恚恨。

我在东方饭店，还做了一次狂荡的事呢，我不讳言，索性坦白的说一说：我住在三层楼上时，离开那个数丈之遥的天井，望衡对宇的房间里，住着一位西洋女子。一头金黄色的头发，两颊红红的，年可十八九，似颇美丽。隔窗远望，不甚真切，但三层楼同一扶梯，偶然相遇，见其亦甚端庄。三层楼都是小房间，惟有她所住的是大房间，有浴室。但她一人独处，不见有男人来，所谓"小姑居处本无郎"也。东方饭店的侍役如上海例，亦呼为茶房。三层楼上的三号茶房，是宁波人而从上海来的，我见他常常跑到那个金发女郎房间去听使唤，我因问他道："这个外国女人是做什么的？是不是某一洋行里的职员吗〔呢〕？"

那三号茶房向我笑了一笑，说道："先生，你觉得她漂亮，喜欢她吗？"我说："问她做什么的，怎说喜欢不喜欢的话？"三号道："她是做生意的。"我说："原是问你，她做什么生意。"三号掩口笑道："我说的生意，就是上海堂子里所做的生意。"我诧异道："难道是妓女吗？"三号道："谁说不是？所以我问你先生喜欢不喜欢她。如果你有意思的，我可以给你想办法。"我问："她作此营生，这里饭店老板知道吗？"他说："她的房间是包月的，房间里的事，不能去管她的，何况她是个外国女人。怎么样？吃了胡同里的中菜，再尝尝饭店里西餐，各有各的滋味呀。"这三号竟要极力玉成其事，而我却对此也有些怦然心动。

忆我在三十岁以前，真个是守身如玉，除了自己太太以外，可称是不二色。三十岁以后居住在上海，交游既多，出入花丛，在所难免。那时对于女性，颇多迷恋，但亦能强自抑制。四十岁以后，躯体顽健，性欲旺盛，此刻正在这个时期，而且久旷已在半年以上，再加以金发红颜，更刺激我好奇之心。因问三号道："你说有办法，是哪样的办法呢？价值如何？有噜苏的事吧〔吗〕？"他道："不！她倒是直捷痛快的。自然要问过她，告诉她是甚么人，要先得她的同意，然后成事。你先生既决定了，停一回儿我就去问她。"不久，即欣然来告道："已说妥了，价值是一百元，今天夜里十二点钟以后，便可以迎接你先生到她房里去。"

我问："为什么这样急急呢?"三号道："她说明天有人请她吃夜饭，恐回来得很迟，否则就要后天了。先生今天有甚么不便? '打铁趁热'，我以为就是今天最好。"他又竖了一指道："这一百元，可不可以预先交给了她，作为定洋? 如果是当面交给她，觉得有点不好意思，她也是要面子的人。"我想这个茶房，为甚么这样性急，真似"皇帝弗急，急煞了太监"呢。最后他又说："喔! 有一个条件，她说她的房间里不能住夜的，就是不能睡到天明，要请你原谅。你先生住在同楼，回到自己房间去睡便是了。"我说："这不成问题。"这个我倒知道的，西方妓女有此规矩，上海租界的红灯区亦如此。我国留学生回国的假洋鬼子（鲁迅语）常常光顾，他们称之为"一炮主义"。

"月上柳梢头，人约黄昏后"，我叩门而入，先之以一握，继之以一吻，好戏开场，顺序而进。有三节目，我名之曰三重曲，第一曰"入浴"。我先入浴，她助我如助产妇的濯婴儿，极为周到。浴罢，她命我上床安眠，她即入浴。浴罢，作画家模特儿的型式，飞身上床。第二曰"同眠"。同眠无他奇，只"拥抱抚摩"四字而已。第三曰"动作"。动作则似乎她是主动而我是被动，既而她娇呼一声曰："非纳虚。"这就是三重曲的尾声了。旋即为善后事宜，她再入浴，并为我洁身。休息五分钟，她似乎馀勇可贾，而我已如倦鸟归巢，奉身告退了。自始至终，不过二小时，简言之：她是做了二小时的劳动工作。她为了博取金钱，我为了解决性欲，交易而退，各得其所，所以此中并无爱情之可言，只可说是一场幻梦罢了。

半年后，我又到北京，又住东方饭店三层楼。凭栏凝望，则室迩人遐，不免有人面桃花之感。询诸侍者，他说："自从你先生回上海后，不久，她也回国去了。"我想：关于性欲，人之所以异于禽兽者，仅此一缕馀恋而已。

一一〇　铁门小住

我在北京，除居住在东方饭店外，也曾租房居住。其地在宣武门内一条胡同，叫做"铁门"，那是他们新起的一个名字，觉得甚怪。记得佛家有"铁门槛"的话，这里却叫作"铁门"，不知何所取义。这条胡同是新造的，全仿上海的里弄格式，曲曲弯弯的里面有十馀所房子。虽然那条胡同是仿上海里

441

弄式的，里面的房子却仍是北京式的，一律是小型四合院。北京的房子，有大四合院，有小四合院。铁门是小四合院，可也有北屋三间，南屋两间，东、西屋各两间，门口还有一个小门房。北京很少楼房，都是平屋。

这种房子怎样的支配呢？大概北屋三间是主人家所住，又称之为上房；对面南屋两间，作为会客之用，或者做一个小书房。东屋做厨房，西屋可以作佣人室，这样就可以成为一个小家庭了。中间是一个庭心，也不让它空闲，有的是筑一座花砌，可以让你杂莳花木；有的是装了两条石版凳，搭了几层花架子，北京人喜欢盆栽，亲手灌溉，顾而乐之。我住的这所屋子，是铁门进去的第三所，门牌就是第三号。房子是新造的，没有人住过，墙壁都是雪白的。窗是所谓和合窗，都是纸糊的，中间镶嵌一方玻璃。那时北京的窗户，都是如此。可是铁门有两事占胜了，一是电灯，一是自来水。这因为那是新造的屋子，若北京那些旧房子，还是没有的呢！

电灯没有的时候，怎么办呢？那已是流行火油灯了，这东西既肮脏而又危险。至于自来水没有的地方，他们都是买水度日，每天要用几桶水，自有人送来。我这屋子，既装有电灯线，又有了自来水管子，并且是新造的，租金不过十三四元吧，与北京老房子比较，也算是高价了。有了房子，就要家具，我们苏州人的俗语，称之为"屋肚肠"。"屋肚肠"是不可少的，于是我便向木器店里，购买了几件家具。北京的木器店，也很不差呀，我觉得比上海的木器店好。上海的木器店，一味仿洋式，而偷工减料，不切实用的，北京的木器，倒是坚实而精致的。我购买了一张木床，他们北方人是睡火炕的，我们南方人哪里睡得惯？我又购买了一张小书桌，一个小书架，这是我的工具，差不多晨夕不离的。其馀有些桌椅杂物之类，我都向北京有正书局借用的。

说起北京有正书局，我又有插话了，原来狄楚青当时开办有正书局，不独上海有，北京也有。他是以报馆与书店并驾齐驱的，他是老北京，又是才人、名士，在北京的交游很广。所以上海的老报馆，如《申报》、《新闻报》，北京都没有分馆，《时报》一开办就有分馆了。北京的有正书局与《时报》分馆，当然成为一家，就有多少便利。上海有正所印行的各种孤本书籍，都是从北京来的，即如戚蓼生的八十回《红楼梦》，也是如此。我与北京有正的蒋先生很相熟，铁门的房子，也是由他介绍指引得来的。

442　　我为甚么不住旅馆，而要另找一个房子居住呢？实在东方饭店已经住得很腻了。最讨厌的是天天吃西餐，真是倒足胃口了。其他旅馆里有种种不舒服之处，笔难尽述。我自从脱离《时报》以后，来作北京之游。一则因久居上海，北京尚未到过，来此换换空气；二则上海朋友来北京的已多，他们都有职业，我不是可以闲荡的人，遇有机会，也想谋一职，而又不愿意钻入官场中。林康侯、杨荫孙几位老朋友，都劝我不可小就，慢慢地来。但久居旅馆，也不是事。还有一个理由，我有一位女友，她要从南京到北京来。

部署既定，我乃雇用一男佣人，名张福，以其能烧饭、做菜、作北方面食，实为一普通厨子。那就既不受西餐的侵袭，也不必时常跑小馆子，打游击战了。

自从定居了铁门以后，有许多朋友知道了，时来见访。后来方知道张恨水也住在这条胡同里，我住在前进，他住在后进。他的朋友去访他，却也是我的朋友，先来访我。不过我们两人，这时还不相识，直到他后来到上海后方见面哩。那时在铁门访我的，有一位特客，乃是荀慧生（艺名白牡丹），他丰神俊美，姓了荀，不愧有荀令风仪。我本来不认识他，是一位南京朋友舒舍予（不是写小说的老舍）陪同来的。因此我在当时所谓四大名旦之中，梅兰芳、程艳秋、荀慧生，三人都认识，只有尚小云不认识。

我又想起一件事了，当梅兰芳第二次到上海时，送了我一页他自己画的扇面，画的是花卉，落了他的款。这一回我到北京，带了这扇面去，因为一面是空白，也就请他再写一写。兰芳很坦直，看了便说："这不是我画的。那一次到上海来，大家商量送些什么与你们诸位，因请人画了十几页扇面，好似记得严独鹤、周瘦鹃等诸位先生，也每人都有一页的。我不敢欺骗您，过几天，我给您亲笔画一页就是了。"我谢谢他，我深赞他的以坦白诚挚待人。这几天来，荀慧生来访我，我知道他在习字，就取出这个扇面，请他在背面写字。他不敢写，他说："我的字恶劣，远不及兰芳写得好。"我说："不管它，你拿去写就是了。"后来他写了一段《洛神赋》的小楷，虽然拘束得很，也还工整。我配以扇骨，携以出门（从前夏天出门必携扇），不知在何处，那扇子却失踪了。

记得我移居铁门的时候，正在初夏天气，在北京正多游观的地方，可是我许多地方都没有去（故宫是否已开放，不记得了），长城也没有去（那时去长城没有现在的便利），颐和园却去过三次。到那种地方去，第一要有游伴，第二要有兴趣。我在北京的朋友，大家都有职业，谁有闲工夫，陪你去游玩呢？也有许多好游的人，不必要人陪，自己可以独往独来。但是我却是疏懒成性，与其一个人去寻幽探胜，不如在家里静坐看书了。

不过有一个地方，在那长日无聊的时候，我却是常常去的。这在当时的名称，是中央公园，后来又改名为中山公园了。

中山公园有好几个茶座，供人啜茗消遣之所。一处是叫作"春明馆"，一处是叫作"长美轩"，又有一处的名次较特别，唤作"柏斯馨"。这三处茶座，每处仅有一间屋子，而且比邻而居，但茶客却是大有分别的。我先说"春明馆"，它那里的茶客，都是年龄很大的，大概是所谓老北京，苍颜白发，沉默寡言，似乎都是饱经世故的人。再说"长美轩"，它那里的茶客，却以中年人为最多，有几位茶客每天必到的，有几个桌子上，设有棋盘棋子，"长日闲消一局棋"，他们也是欢迎的。我见许多新闻界的人，都在此作茶叙，上海申报馆北京通信员秦墨哂，也常在此作棋客。

至于"柏斯馨"，那是更热闹了，凡是上海来的人，以及东南各地方新来的人，无论男女，如到中央公园来，一定到"柏斯馨"。为什么叫做柏斯馨呢？原来中央公园的柏树是出名的，都是数百年前之物，它那里正是古柏参天，浓荫蔽日。但这个茶座不称馆，不称轩，而称曰"柏斯馨"，觉得有点奇怪。后来忽然想起来了，记得《诗经》上有"松柏斯馨"一句，他像作八股小题文的搭截题一般，因此地无松只有柏，便去掉了"松"，而成为"柏斯馨"（国民党北伐以后，中央公园改为中山公园，柏斯馨个名字也改了，改了什么名字，我未去过，也就忘了）。

我的朋友杨潜庵（常熟人，杨云史之弟），有诗咏之曰："春明馆聚老人星，长美轩中髯尚青。茗座也分三部落，朱颜红粉柏斯馨。"真是如此的景象。但我到中央公园去，总是坐到柏斯馨的茶座，因为在那边，总有几个熟人，一见了总是打招呼："这里来！这里来！"柏斯馨那边男女杂坐，太太小姐一大群，于是引起了胡同里姑娘也来了。它生涯发展，屋子里不能容纳，于是广设了露天茶座。好在北京地方在长夏时间，雨水极少，像这个夕阳挂在林梢，凉风披拂时候，莺莺燕燕，相率而来。茶博士格外殷勤，每一茶桌上，添设了瓜子、花生，以及糖果之类。这个露天茶座愈加扩大，本来春明馆、长美轩，也各有其室外空场地盘，但它们仅守其室内保守主义，而柏斯馨以越〔超〕级茶座的声势，便侵越过来了。

444　中央公园另一个茶座，唤作"来今雨轩"，这是另一部分人集会之地，以学人政客为多，不与柏斯馨一班人同流合污，以示高傲。中央公园里面就是少什么可以饮食的小馆子，大概当时规定的，表示清洁，免使喧嚷吧？

我有几位好酒的朋友，公园散出来，都是访寻酒家，常邀约了我同去。这些都是热酒店，喝绍兴酒为主，是南方人来开设的。我的酒量很窄，绍兴酒只能喝半斤，适可而止，若要喝至十二两，便有些酩然了。虽是热酒店，上海和苏州不同，北京又和上海不同。北京酒店的喝绍酒，以碗计，不似苏沪的以壶计，一碗就是四两，四碗就是一斤。量高者可喝十馀碗，我只能喝两碗，所谓浅尝即止耳。

据好饮的朋友说：北京的绍酒，比上海的为佳，我也觉得似为醇厚。本来从前绍酒之名，曰花雕（因酒瓮上雕花），曰京庄（装入京都，用以入贡的），此种掌故，酒徒都能言之，我没有考订过。近来绍兴酒又有许多名词，从前的名词，又要说它有封建气息了。北京的名点，我也吃过不少，什么萝卜丝饼、千层糕等等，都已忘却，但我觉得总不及我们苏州故乡之佳。北京也有稻香村茶食店，当然是冒牌，但他们什么檀香扇、麻将牌等也卖，竟成了苏州土产公司。北京也有许多忌讳，譬如在食物中，忌说一个"蛋"字。南方人常吃的"炒蛋"，他们称之为"摊黄菜"，我们常吃的"水铺鸡蛋"，他们唤作"卧果儿"。这三字不知何所取义，总之菜肴中遇到有蛋字的都避去。问他们是什么缘故呢？说：蛋字是骂人，北方人骂人，就是昏蛋、浑蛋、王八蛋，不绝于口呀！

北京的路政不修，已有好多人在笔记上提及了。有某君说：北京的道路，晴天像香炉，雨天像荷花缸。因为晴天满路都是灰沙，一到雨天，便满地泥泞，深入几寸了。北京人当时怀旧思古之心，牢不可破，甚么事物，都以越旧越古为好。商店里的宣传品，动辄以百年前的老店为号召。所以他们虽生意已十分兴隆，门前的招牌，破坏不堪，也不肯更换。前门外大栅栏许多大商店，门前就是一条沟，沟的外围方是路。沟久不修，日积月累，也渐高了，几与店门看齐。有时沟中粪秽直冲至店门以内，而他们也不肯修治。问他们为什么呢？说有关本店风水，名为"黄金入柜"。这不是我乱造谣言，当时实有此景状，直要到"解放"以后，新中国破旧立新，方才改革了吧！

我于这些大栅栏、廊房头条的大商店，都不曾去过。我最怕是买东西，尤其是那种讨价还价的货品。但是有一种卖帽子的商店，我却就光顾了好几次。北京天气冷，一到了冬天，人人都戴起了皮帽子。在前清时代，那些官老爷们，一天到晚，官服不离身，穿了皮的官服，就要戴皮的官帽。而且还有品级的制度，要几品以上，才可以戴貂帽。你若差一点，对不起，都老爷（御史）就参你一本，说你僭越了。你们看翁同龢的日记，到了冬天，必定记上一笔今天穿什么皮衣服，这不是浪费笔墨，很有关系呢。辛亥革命以后，这种制度都改革了，可是革去了制度，革不去皮帽子。为什么呢？这是实用呀，不是虚文呀，换汤不换药，官帽变成了便帽，皮帽子一时又摩登起来了。

皮帽子有种种型式，有三瓦块、四瓦块、敞口、平顶、安昆帽、拉虎帽许多名词，我也莫名其妙。质料则有獭皮、貂皮、海虎、玄狐等等，我也不能悉举其名。这种皮帽子，渐渐自北京流行到上海，但上海帽子店，未能如北京所制的精妙。我去北京，见到有型式新异的必买一顶。但我不善购物，必约了邵太太汤修慧同去，因为她最内行、最精明、最熟悉，这一带的大商店，差不多都认识她。我有一顶獭皮而平顶的，形同僧帽，戴了它已经十年，微有破损，爱其温暖，终未弃去。古人诗句云："破帽多情却恋头。"真有此情景。

后来我看见许多俄国人都戴这种皮帽子，方知道这是从欧化而来的。还有一种帽子，是用绒线织成的，有棕色的，有黑色的，戴了只露出两只眼睛，一只鼻子，以之御风雪，可以夺中国旧时风帽之席。这种帽子，名之曰"罗宋帽"（从前上海一部分人，呼俄国为罗宋，呼美国为花旗，呼德国为茄门）。这种罗宋帽，已风行于中国全国，以至于今。既而上海就有罗宋大菜、罗宋汤，自北而南，口碑载道。可知虽一物之微，你细加推想，也大有意义存在其中。但是我们中国人，却是大度包容，习焉不察呢。

我写了许多在北京琐屑的事，游骑无归，现今忙收笔再说到铁门。我在铁门这屋子的租期是一年，实在只住了九个月，还有三个月，我回到南方去了。那好像已是冬天了，我送我的女友回南京，我自己则到上海去过年了。到了明春，我再到北京来，那时北京的气氛更坏了，不但是纷乱，而且是险恶了。和北京的几位老朋友谈谈，他们都是横点头，我也不想在北京居住了。

回到铁门的屋子里，我这个雇用的仆役而兼厨子的张福，为我看家，此次主人回来，显然表示欢迎。谁知这个老实人，也大拆其滥污，趁我不在时，招留了一个野女人在家，作为双栖之计。我的所有家具器物，自然由他们享用，我留在那里［的］衾枕卧具之类，幸亏锁在一个小木橱中，而我的一张木床，一定是他们的大舞台了。他们粗心大意，还留着一张该女人的照片，在我书桌的抽斗里，是一个将近中年的北方妇人，但决不是张福的妻子。因为他受佣的时候，曾说过他没有老婆的。我不曾谴责他，我想此番来，房子也要退租了，佣人也自然解雇了，这些事也不必再问了。我多发给一个月工资与他，把他遣散了。

所有在有正书局借来的家具，仍还给了他们。不但如此，我在这一年中也陆续添置了些轻便器具，除厨房用具，我给了张福外，一总送到有正书局，名为寄存，但从此一去不复返了。那时北京的形势愈恶，有上海来就职的许多朋友，也都南归了。我这一回离开了北京后，再没有来过。以后北伐军兴，国民政府成立，北京便改称为北平了。解放以后，又恢复了北京的名称。我以待尽之年，衰病侵寻，北望燕云，弥深恋感。

一一一 军阀时代赌与嫖

在中国的北洋军阀时期，也正是最混乱的日子，其恶化、腐化的情形，笔难尽述。恶化方面的争权夺利，互相厮杀，继续不绝，我怕即使现代要修近代史的也搞不清楚吧？腐化方面，我这时正在北京，据所见闻，略述一二：

腐化方面最显著的是"赌"与"嫖"，探其源也不脱"财"、"色"两字。如要分析一下，这个时期，不但军人腐化，官僚亦腐化，而且要我说起来，军人的腐化大半为官僚所引诱。因为军人当政，僚属要趋奉他，遂成此种现象。军人既作恶多端，而又日趋腐败，所以中国古贤哲所说的"君子恶居下流，天下之恶皆归焉"，这话是很有意义而足为矜式的。

我先说军阀的赌，那时候的北京，外国舶来品的赌风，即如扑克，如沙蟹，尚未流行，但麻将牌则已渐盛行于都人士之间。不过这个军阀中人，没有这个耐心，来此作方城之战，他们以为这些［是］婆婆妈妈的娘儿所玩的把戏。他们喜欢痛快、豪爽、速战速决。还是中国传统下的牌九、摇摊，来得爽快，一二分钟即见输赢。中国的赌，本来也分两种，如打牌等等，称之为文赌；牌九等等则称之为武赌。武人喜欢武赌，也算是事理的适当呢。

张宗昌有一个绰号，叫做"狗肉将军"，这绰号的来源如何呢？他是不是和广东人一般的喜吃狗肉呢？非也。原来他们有个隐语，对于摊牌九，就叫做吃狗肉。因为广东的语音，"九"字读作"狗"，如"天九"读成"天狗"之类。那时广东军阀、广东议员，也都群集京师，常与张宗昌周旋，因此便得了这狗肉将军的徽号。可是张宗昌的赌品坏透了，牌九常是做庄家，输了常是骂人，赢了也是骂人。为什么赢了也是骂人呢？他是以骂人为口头禅的。北京那种赌法，一个做庄的人，傍〔旁〕边常有护卫的人，桌边还有给他收发筹码的人，叫做"开配"，好像有侍从武官一般。张宗昌就踞坐在那里，装疯作势，呼么喝六。

张宗昌赌钱，还要作弊。据说：有一次，也是他牌九做庄，输了钱不少，很想翻本，无奈牌风不振。有一副牌，天门上下门，都翻出来了，不是天罡，便是地九。他拈了自己两张牌，他是先欢喜拈开一张然后再拈开一张的。他先拈开的一张是"二四"，他想糟了，这张"二四"，无论配上什么牌，都不中用。他再拈开一张牌是"长二"，那"长二"是四点，搭配了"二四"六点，恰好是十点，是牌九中最坏的牌，名曰"鳖十"。他灵机一动，把那"长二"的一头掀〔揿〕住了，说是"一张'么二'，是个'至尊宝'，统吃！统吃！"说着，便把手中的两张牌，向乱牌中一丢。傍〔旁〕边的开配，知情识意，便把台面上的所有筹码，一鼓而擒之。他站起身来，哈哈一笑，说道："翻本！翻本！"

我再说到张作霖，据说：张作霖倒喜欢文赌而不喜欢武赌，他居然能叉麻将。他是以胡子出身（清末民初，对于张作霖一辈，每呼之为红胡子、马贼），猜想起来，一定是个老粗，可是他并不粗鲁，是个深谋远虑的人。后来成为关外王，霸占东北三省，不愧为一草莽英雄。我不叙他的历史了，我只谈到他的叉麻雀事。他不是不懂得中国南北最流行的牌九那种武赌，但赌博的对方是何等人，亦须加以顾虑。

如果一位上司与他的下属赌博，不免有失身份，而且令大家拘束。张作霖现在已是老成持重的人了，他的儿子少帅已出道，人家都争呼他为老帅了。和牌九桌那些叫嚣呼喝的小子们为侣，似乎不成体统。

张作霖学会了叉麻将以后，便觉得很高兴，以为这是所谓上流社会的玩意儿。入关进京，见那北京的部长阶级，人人都会叉麻将的，尤其南方来的人。他们都是文官，都是文质彬彬的，谈起方城之战，也是很有兴趣，张作霖不免要小试其技了。张作霖的麻将牌，并不高明，他是羽毛还未丰满的，并不是一头老麻雀。但每次打牌，他都是赢家，虽然赢得不多，却使他十分高兴，以为他自己技术高超了。其实是这班官僚政客，用《红楼梦》上王凤姐对付贾母的法子，使他开开心，好在输赢不大，这不过是五百块钱一底小麻将而已。

那时有一位某政客，想在东省谋一职，曾经某有力者推荐，老帅已经答应了，可是久久没有发表。或者是觉得某政客人地不相宜，或者把这事早已忘怀了。有一天，遇到了一位旧友，现为老帅的顾问，他把自己的事，诉之于这位老友，可否见到老帅时，设法提起一下，如果他已忘了，或者因此想起。某顾问摇头说："不好！你既有人推荐了，而我再为你说词，好像是追问他一般。他是个多疑的人，便要想起你为甚么如此热中，迫不及待的要在他那里谋事呢！"某政客愁眉不语，他的老友笑道："我想得一策，老张近来很高兴打牌，我们借某总长住宅请他吃饭打牌。打牌的时候，座中就有你，你是麻将中的超级好手，但是只许输，不许赢。不妨使自己输到脱底，务必使老张赢到满意，到了那时候，山人自有妙策。"

某政客道："要输多少呀？可是我现在手头枯窘呀！"他的老友道："你要是拿这个吝啬主义，可不能在这个社会立身呢。不过老张平素打牌，以五百元底最配胃口，至多也不过一千元底。你要谋一个职业，或一个差使，花几千块钱，算不了什么事，人家都是上万哩！"某一天，依着他老友的话，如法炮制，借了某总长的宅子，由这位顾问出面，请老张吃饭打牌。张作霖这几天正空闲得很，颇想招人消遣，便欣然而往。除了这位顾问以外，还有两位客，一位就是某政客，一位也是顾问的朋友。

不是说老张平素只打五百块底吗？这天他们要加码，说是打一千块底的，那顾问还故作凑趣的说道："他们要赢老帅的钱呢！"张作霖大人大物，不能与他们争执，显得小家子气，一千块底就是一千块底吧！

四人入局以后，张作霖一路顺风，要甚么牌就来甚么牌。连庄像总统的连任，清一色好似组织内阁。某政客不愧为麻将圣手，他可以把张作霖手中的十三张牌，看得清清楚楚，知道他已经在等和了，便自己拆了搭子，给他和满贯。十二圈牌结算下来，某政客输了两千多，张老帅赢了一千八。他自诩运气之佳，手段之好，赢钱还是小事耳，十分开心得意。某政客开了支票，付了赌款，匆匆即去。事后，某顾问陪着张老将在烟榻上烧烟，也深贺老帅运气佳，手段好。既而笑道："今天某君输苦了！他不是富有的人，到北京来，想谋求一个职业的。"张作霖道："他是你的朋友吗？那就把支票还了他，咱们一两千块钱，不在乎的。"某顾问道："那不好！他也是要面子的，决不肯收回。他在前清还是一位京官哩，也很有些才干，老帅若能调剂他，给他一个甚么职司，他就感激不尽哩！"张作霖道："嗳！想起来了！某老也曾经推荐过他。"不出一星期，某政客就发表了一个很优的职司。

这两个故事，都是友朋所传述者，据说都是确实的。总之军阀时代的赌风称盛，无可讳言，千奇百怪的遗闻轶事，也笔难尽述。他们赌局，总是开在那些钜官贵人的大宅子里，此外北京也有公共娱乐所在，如招待所、俱乐部之类，门前军警林立，十分森严，而里面却是藏垢纳污之场。他们有什么赌局，总是要"叫条子"的（叫条子，就是征召妓女），八大胡同的规例，称之为"城里条子"，那些上海来的红姑娘，最是欢迎。有些是城里用汽车来接她们进去的，有些是自己雇了汽车进去的，她们听得是个赌局，皆大欢喜。虽然出"城里条子"的规定，每次不过十元，但遇着她爱好的客人赢钱时，临行塞了两枝筹码与她，也不足为奇。到他们的临时的赌账房去领钱，每一枝筹码就是一百元。

最恶毒而丧心病狂的要算张宗昌，遇着"吃狗肉"手气不好的时候，他要临时强捉一个雏妓去开苞。他们那些赌徒，有这种野蛮的迷信，说是要见见红，运气就来了。赌局里是有吸鸦片烟的房间，他就在房间的烟榻上恣其蹂躏，不管这女孩子哀呼惨叫，他仍发〔施〕展他的淫威。外间的赌徒听得了，不见哀怜，反加以谑笑，此辈尚有人心吗？在国民党时代，上海的武人杨啸天，也有这个恶癖。有个私娼周老五，专搜集穷苦人家苦娃娃，供其兽欲，这也是沪人所熟知的。

还有当时北京有位著名人物夜壶张三（前在"回忆邵飘萍"一章中提及过），我不怕写那种龌龊文字，他叫作张汉举，也是我们的同业，新闻记者。他开了一家报馆，那时北京报馆多，共有五十多家，我早已记不得它是什么报了。他除了这一家之外，还有三件法宝：一、是一座宽大的房子；二、是要有一辆汽车；三、是他有一位黑市夫人。这三件法宝的功用如何呢？我且略为述之：

第一，为甚么他要一座宽大的房子呢？并不是他的报馆所用，报馆只占一小间，摆摆样子而已。他的所以要宽大的房子，是预备为招待来宾之用。有设备得很华美的房间，有会客厅，有吸大烟的烟室之类。他所要招待的是何等人物呢？是各省到北京来的督军以及甚么镇守使、巡阅使等等，总之是武人一派。所以他要每日探听，某省的督军，哪一天到北京来了，他便要到车站去迎接，迎接来了，便是他的主顾。而且总要使他们住得称心适意，方

450

可以收近悦远来之效。

第二，为甚么他要有一辆汽车呢？这时候，北京的私家车还不多，即使是总长阶级，也不过坐一辆马车，阔气一点的坐双马车。不过有几个大军阀，已是有汽车了，他们出来，必有两个马弁，站立于汽车两边的脚踏上，以树威风。现在张汉举为甚么要一辆汽车？就是为的到火车站接客之用。那些外省的军人，跑到北京来，往往茫无头绪，尤其是初次来京的，也不知住在哪里。此刻由他开了汽车，亲自去迎接，正是欢迎之至呢。

第三，他有一位黑市夫人，大概也是八大胡同中的"窑变"（按："窑变"两字，我得解释一下：中国的古瓷器中，有一种烧窑而变色的，变得甚为美丽，名曰"窑变"，颇为珍贵。北京的妓馆，称为"窑子"，有些嫁人而仍不脱窑风的，亦称之为"窑变"，这都是北京的名士，题出她这种捉〔促〕狭的名词呢），而这位黑市夫人，带来了一位父亲，能办筵席的厨子。那张汉举正用得着他，招待贵宾，不必上馆子，自己家里可以做菜，这又是何乐不为呢？

所以张汉举对于军阀要人们所需要的，都供应得很好，如果他们高兴要成一个赌局，有宽大的厅房，连吸鸦片烟的烟室也有，因为那班武人，都是老枪阶级。赌局总是连带了饭局，便有他的"准丈人"厨子大司务出手。住在他家的贵客们，或者要招几位胡同里的红姑娘来陪伴的话，也可以由他的黑市夫人介绍她的小姊妹来，畅叙幽情。倘使要留宿在他家里呢，也有很华丽的房间，最柔软的卧榻。马君武的诗句云："温柔乡是英雄冢"，一个老粗的武人，怎不消魂。因此这夜壶张三，其名虽不雅驯，却是军阀时代的宠臣。

那些督军们到北京来，把公事办好以后也就要回去了。身受了张汉举的逢迎招待，当然有多少谢意。手头阔绰的多给他一些不算一回事，遇到了啬刻的，少给了他，他就要开腔了："近来办报真不容易呀！我这个报，已经赔贴了不少哩。为了宣传主义文化事业，总是要硬挺下去。不过我的报是持论公正的，上峰每日都要观看的，您大帅能赐予一点津贴，感且不朽！"那时这个对方，也只好解他悭囊了。张汉举是在北京以帮闲驰名的，不想帮到梅兰芳那里，做了一个替死鬼。梅兰芳一生幸福，只有这一次最为伤心，而孟小冬一代女名伶，遂至蹉跎了毕生。我虽不懂戏，除兰芳外，于福芝芳（梅夫人）、孟小冬的戏都曾看过。他们唱了一辈子戏，不想自己却演成悲剧呢。

北洋军阀时代的武人好赌，可惊可笑的故事儿，我听得很多，可惜都已忘怀了。有些从外省来的军人，本是到北京来领饷的，昏天暗地一赌，把所领的饷银尽输光，这可怎么办呢？于是贪污作弊，克扣军粮，总是老百姓倒霉。至于在北京的大军阀呢，他们好似坐山虎，来一个，吃一个，不怕你不弃甲曳兵而走。即使输了，他们也有法子想。所谓"百足之虫，死而不僵"。北京的有些银行，都与他们有连〔联〕络，据说：他们向银行要钱，并不用支票，随便取一张纸条儿，写一个数目就行了。因为他们像鬼画符一般的字，银行里都认得。在赌台的时候，有时急不及待，把香烟纸壳拆开来胡乱写个数目，派人到银行里，银行里也照样付了。

张勋，你别瞧他是个老粗呀！他是很狡猾的。在某一次进京时他们约着他赌钱，他说："好！咱们来玩一下子！"他未来之前，先派两个辫子兵，掮了两个"钉包"来（"钉包"者，银库里装银条、元宝所用，譬如有五十两元宝二十只，便是一千两，一千两便是一"钉包"，用木箱装好，用钉钉牢，贴上封皮，这个就叫做"钉包"）。大概张勋是领了饷银得来的。大家见了笑道："大帅！这是算什么呢？"张勋道："赌钱是要有本钱的，不能只想赢，也要预备输的。咱们不与银行往来，也不喜欢什么钞票。输了，您掮一个'钉包'去，不是很爽快吗？"大家说："大帅鸿运当头，不会输的，输了也不必急急付款。"其实张勋也早已算定，他们赢了，也不好意思掮了"钉包"去；他们输了，我就老实不客气伸手要现款了。

在北洋军阀时代，不但武官好赌，文官也有多数好赌的，张岱杉先生就是豪赌客之一。不过他们既做官，于公事、私事上要分清楚，不能乱来。有位哲学家说：好赌是人的本性，先有精神之赌，渐趋于物欲之赌，甚而至于争权夺利，战斗杀伐，也可以一"赌"字赅之。赌是出于人之好胜，故赌之赢与输，文言中即称之为胜与败也。段祺瑞好围棋，自以为是高手。一日，与他的儿子共斗棋，自以为必可胜过儿子，谁知是输了。他怒极，伸手括了儿子两个巴掌，一时传为笑柄。与儿子着围棋，并没有什么银钱做输赢的，而他乃激怒如此，这纯乎是一个好胜之心作祟了。

我说当时北京这班官僚的豪赌，并非虚语，一局终结，输去十万、二十万元，无足为奇。他们不用现款，以自己的资产为赌本，住宅别墅，书画古董，股票证券，都可作为抵偿，就是姨太太还不曾听说让渡过。他们还很讲究赌品，古人所云："胜固欣然，败亦可喜。"不像那班武人们，赢了狂呼大吼，表示得意；输了粗言秽语，肆意骂人。据他们那个团体中人说：赌品中以王克敏为最高，无论输多少，夷然处之，口中咬的雪茄烟，灰有一寸多长，可以永久不坠。比他次一等的，输得太多了，不免要皱眉头或微微的叹息了。

一一二　记丙子同庚会

在前清科举时代，有所谓"同年"的一种友谊。何谓同年？这非同年出世的同年，而是同年中试的同年。有乡试中式的同年，有会试中式的同年，从来是素不相识的，一旦成为同年，便亲切起来，有不可思议的。打破籍贯的界限，年谊有重于乡谊的；废除年龄的尊卑，一位年纪不过二十岁的新进，和年逾六十的老宿，总是尊之为兄。称其父为年伯，称其子为年侄，真像一家人呢！这虽说是封建制度，可知中国人是要朋友的，笃于友情的，传统就是如此。我们读《论语》，开卷便是"有朋自远方来，不亦乐乎"的句子。降至下流，江湖卖解之流，搭起场子，拍着胸脯，也说是"在家靠父母，出外靠朋友"。科举时代的叙同年，出发点也是从友道而来。

科举既废，这个同年的名义也就消灭了，然而人们这个求友之心，却未消灭。于是不从科举中式着想，而从同时生出的年龄着想，结成联盟。其实这倒是可以真正称为同年，但因为同年两字，已为科举时代的同年占去，免于重复及误会，遂改称之为"同庚"。会叙的时候，则称之为"同庚会"。

我们当时就组织了一个同庚会，这个名词，叫做"丙子同庚会"，因为我们都是在清光绪二年丙子（公元一八七六年）那时代生出的。那时我们都在上海，我们的年龄，都是五十岁了，兴致却还很高。发起这个丙子同庚会的最高兴人是谁呢？一位是林康侯，一位是穆藕初，他们两位都是上海本地人，都是交游很广的人。一经号召以后，纷纷列名来加入的共有七十多人，都是丙子生，都是五十岁，都是住在上海租界内外的。有的是闻名已久的人，有的是素不相识的人。我也是丙子生，我也是五十岁，我也是常住在上海的，在林、穆两君发起的时候，早把我拉进去了，我也算发起人之一。

林康侯，我们是老朋友了，不必去说他。穆藕初乃是新相识，他是在美国学习农业的，也是一位老留学生了。他有一位哥哥穆杼斋，是前清一位举人，也是一位新人物。当最初南洋公学闹风潮，组织爱国学社时，杼斋很为出力。吴稚晖拳打章太炎，他也为之调停，有名于时。现在藕初学习农业回国以后，便是兴实业，办纱厂。但是上海纱厂已多，尤其是日本的喧宾夺主，肆意侵占，上海就有不少日本纱厂。棉花是美国人、印度人，向中国倾销。利用中国工人的穷苦，工值的廉贱，以事剥削，而使他们发财。

所以穆藕初的计划，不在上海开纱厂，却在中国内地去开纱厂；不用美国人、印度人的棉花，而中国人自己种棉花以供厂用。在内地开纱厂，即使运输不便，他也无意要输出到外国去，倚靠外国人，发什么洋财。

所以他选择在河南省地方，开了一家纱厂，也就在河南各处地方种起棉花来。他是个农学家，研究了棉花种类，改良了棉花种子。我于此种事业完全外行，且年老善忘，语焉不详，想几位开明的事业家老前辈，还能想得起了吧。至于他的提倡昆剧，使数百年的文艺，得以重兴一时，那是尽人皆知，尤其使爱好文艺的人，为之鼓舞。可惜的是夕阳虽好，已近黄昏了。这一档子事，说起来又是一大篇，我今且搁起来，仍谈到同庚会的事。

我们一呼而召集了五十岁同年纪的人，有了七十多位，究竟是何意义，有何作用呢？为的兴学校吗？不是。为的成立一个什么政党之类吗？更不是。那只不过因为同庚之故，大家见了面，互呼一声庚兄而已（按：这与科举时代的同年相同，只有年兄的称呼而没有年弟，现在同庚会，也只有庚兄的称呼而没有庚弟，可见是尊而不亲）。于是我们几位发起人商量之下，除了约齐了七十多位庚兄开了一个茶话会，大家见面认识以外，另外有了一个小组织。

是什么小组织呢？这个名称叫作"千龄会"。我们约定了二十位意气相投志同道合的庚兄，成了那个千龄会，现在大家都是五十岁，二十个人合并起来，不是一千岁吗？那就是千龄会得名的由来。千龄会成立了，也就要问是何意义，有何作用呢？实在说不出什么意义，真是什么意气相投，志同道合吗？可也未必。至于有何作用呢？从千龄会中，又组织了一个"聚餐会"。聚餐会的作用如何呢？不过使廿位庚兄，每月聚餐一次而已。

聚餐会是这样的，每年十次，除一月与十二月不举行外，其馀每月举行。每次举行时，各位庚兄均出餐费两元，共为四十元，以十人为一桌，可以成两桌（如吃西餐，不分桌次了）。每次聚餐，以庚兄两位当值，所有餐费都交给他们，如四十元不够，由他们代填，有馀移交下月当值的（但从来没有不够的，那时顶好的菜，每桌不过十二元，西餐每客普通是一元，高价的一元二角五，庚兄们都不吃洋酒，除加一小帐外，没有什么花费的）。

这个聚餐会，行之有十年吧（不过后来以人事关系，有些零零落落）。在我所参加的聚餐会中，要算最长命的了。

　　这二十位庚兄，我现在已不能一一记出了，总之是十分之五六是上海本地人，那是无足为怪的。因为康侯与藕初两人是上海本地人，他们所号召得来的，自然是同乡了。此外，苏州人只有两人，就是我与孙东吴。康侯屡次向我说，要约几位苏州人加入聚餐会。在苏州亲友中，和我同年龄的可不少，从前我们组织励学会时候，就有好多人。但是他们都不住在上海，谁高兴坐了火车、轮船来吃一餐呢？只有孙东吴（号企渊，老《申报》时代主笔，他比我进入新闻界还早）是住在上海的，就约了他。此外，记得有两位常州人，有几位浙江省人，有一位广东人，姓名却是都不记得了。

　　聚餐会中有两位特客，一位是姓卫的，也是上海本地人，这位卫庚兄是吃长素的。他的吃素，并不是信仰的。他的吃素，并不是信仰佛教而吃素，也不是为了卫生主义而吃素。据说他自出娘胎，即厌弃荤腥，上海人叫作"胎里素"。我有许多吃素的朋友，但他们鸡蛋、牛奶都是吃的，这位卫庚兄，连鸡蛋、牛奶也不沾唇的，称之为"净素"。谈起吃素，我又有一个插曲了。那一年，李石曾先生到了上海，丁福保（号仲祜，无锡人）请他吃饭。两人都是吃素的，当然都是素菜了。陪客中就有吴稚晖，他是不吃素的。座中都谈及吃素有益于卫生。吴稚晖喜欢说粗话，忽然发言道："李先生上头吃素，下头是不吃素的；我们上头不吃素，下头却是吃素的。"什么上头下头，说得李石曾有点窘。原来李石曾七十七岁了，还新结婚，吴稚晖吃他的豆腐。他们两个老头儿，原是老搭档，开个玩笑，无足为异，却引得合座为之轩渠了。

　　我的插话太多了，仍要说到我们的聚餐会。所以为了卫庚兄吃素，每次聚餐，必关照要备几样素菜。中国馆子里不必说，也有厨子能做很好的素菜的。并且有几次，到了夏天，我们大家吃素菜，什么功德林、禅悦斋，上海有的是。至于西餐馆，要吃素菜，就麻烦了。可是那些宁波大菜馆，也能做到，什么磨〔蘑〕菇汤、冬菰汤、罐头芦笋、青豆白饭，乱搞一阵，也可以成为一客素大菜。

　　那时还有一种新发明的素菜，叫作"素鸡"，味美传誉人口，是一家宝记照相馆的主人欧阳先生（广东人）所发明的。虽然有的素菜馆也能做，但是因为是他发明的，向各素菜馆要收"版税"。发明素菜而要收版税，也是奇闻，那是狄楚青讲的。实在那个素鸡的原料是什么呢？乃是一种豆腐皮做的，而这种豆腐皮，上海不出产，却是从浙江路里来的。刚说插话太多，现在又说插话了。总之卫庚兄的"胎里素"，极为敏感，不耐荤腥味儿，我们是要早为之安排的。

再说另一位特客吧，姓翁，广东潮州人，是个富翁，是个鸦片烟土行老板。我说我们聚餐会里，只有这一位广东人，便是这位翁庚兄了。他是久居在上海的人，也已与上海人同化了。那一次聚餐，恰巧与我并坐，餐毕以后，却见他从身边取出一只小银匣，约比那个洋火匣子，略为大一些，开出盖来，里面排列得很整齐的一个个似小密枣儿的药物。我有许多朋友，常因胃病消化不良，饭后吃些消化药片，时所常有的。但我见这些消化片都是白色，怎么这却是黑色，只瞧了一瞧，不敢问他。

但是这位翁庚兄已经觉察了，一面把这个小黑枣儿向嘴里塞，一面喝了一口浓茶，对我微笑道："你猜是什么呀？那是烟膏，那是鸦片烟膏呀！"我诧问道："鸦片烟膏怎可生吞的呢？"因为我在亲戚友朋中，所见的吸鸦片烟人不少，都是熟吸的，没有生吸的，都是躺着吸的，没有坐着吸的。因此便有烟榻、烟盘、烟枪、烟灯的种种道具，如果随随便便像啖朱古力糖的一般，未免太简便了吗！不想后来更有什么大麻毒草，流行于世界，简便之中，还有更简便的呢。那时我们这位翁庚兄回答我道："我可以生食，你们不可以生食。老实说，我的烟瘾大，非此不足以抵瘾。在家里，我也像寻常吸烟的人一样，出门则'一日不可无此君'了。"不过我们这个千龄会中，除他以外，其馀十九人，没有一位与芙蓉城主有缘的，所以我称之为特客了。

我们这个丙子同庚会，最盛的一个时期，莫如"集体做寿"。那个时候，集体结婚已有了端倪，而集体做寿，乃是我们开的破天荒。因为那一年岁次乙亥，依照旧历，我们大家已是六十岁了。千龄二字，也已打破，已集合成一千二百岁了。

这时林康侯、穆藕初两位当初发起人，也都在上海，他们是最兴高采烈的，于是我们便商量这个集体做寿了。第一是关于时期，我们的做寿，应在什么日子呢？因为我们的生日，各人不同，有的在正月里，有的在十二月里，当然不能在某一位庚兄生日那天，也要凑在这廿个人齐在上海，不能缺一。于是选择了四月（旧历）那一天，这个日子，我已经记不起来了。

第二，是要找一处宽大的地方，可以容纳数百人的，而且也要妆点成一个寿堂式的。做寿是要开寿筵的，我们预备每一庚兄名下开一席，每席坐十人（用圆桌面，上海的通例），这二十席就是二百人了。邀的是什么人呢？除了庚兄自己以外，全是他家庭中人，或是他的至亲好友。此外不发帖，不请客，不收礼。上海那时的风气，无论婚丧喜庆，都是送一顶幛子，作为礼物。如果发帖请客，将有千馀人到来，没有这个大餐厅，便是送下来的寿幛，也无处可以悬挂呢。

既然说是集团做寿，也就是可以说集资做寿了。怎样的集资方法呢？便是每一位庚兄，只要出资二十元。在我写此稿的时候，二十元算什么，只供高级的白领阶级一客午餐而已。而那时的每一位庚兄二十元，合共为四百元，要供应二百人的寿筵宏开，还要演戏听歌，聚家庭老幼妇孺于一堂，尽一日的欢娱哩。假如不信，可以分析你听：上海那时的筵席，最高的也不过十二元一席，可以坐十人。酒是只〔吃〕中国酒，不吃外国酒的，席上如有女宾，她们是点滴不饮的。所以每席菜除了例应的小帐，以及例外的花费以外，还有多馀的。

上面不是说到除了寿筵宏开之外，还有演戏听歌的一个节目吗？那是我们靠了穆藕初的福而得以享受的。自从北方的京戏盛行以来，南方的昆剧日渐衰落，甚至那些老伶工无以为炊，饿死街头。而这一种高级的文艺，也几绝灭了。穆藕初从美学了农业回国以后，便是种棉花、开纱厂以外，就是提倡这个昆剧，使之复兴。这个过程，有诸位先生都详细说过了，想那些老曲家，还能回忆到此吧。这次我们集体做寿，为仙霓社这班同人所知，就是大家称之为传字班的（因其名字上都有一传字），他们一向受惠于穆先生的，拟尽义务，贡献一台戏，以为祝寿。藕初说，那是不可以的，这是你们的职业所在，未可牺牲，于是送了他们一百元，还另开了一席，请他们吃了一顿。

这戏剧是七点钟开锣，一直演到了深夜十二点。我们那天是借的南京路新新旅馆的大餐厅，临时搭起了一个戏台。这种小戏台，现在上海各大旅馆都有了。而且像那种昆剧之类，不必要什么大戏台的。那天的戏目，想是藕初和他们斟酌商量过的。当时每个餐席上，都有一张戏单，可惜所演唱的戏，我都有些忘怀了。只有一出在《狮吼记》中的"梳妆"、"跪池"，还能记得。这是嘲笑怕老婆的，记得是朱传茗演河东柳氏，周传瑛演陈季常，郑传鉴演苏东坡，可谓工力悉敌。为什么要点这个戏呢？因为那天各餐席上有不少夫人、太太在座。因为我们各位庚兄都已六十岁了，像我那样的老夫老妻，不必说它，也正有老树着花，娶了二三十岁新太太的，恐也是有的。藕初所以点了这出戏，不无有些儿幽默。好在座中各位庚兄的太太们，决不会对此而生气的。

此外好像有张传芳的《春香闹学》，也是时下最流行的，连京戏里也常常插进去的。《牡丹亭》里的"游园"、"惊梦"，所谓"良辰美景奈何天，赏心乐事谁家院?"早已传诵人口，曲子是好的，演出来不免使人觉得沉闷幽凄，在这个寿筵上是不合宜的。总之这一次的演出，看得人人都满意，比了京戏里那种胡搞乱闹的要好得多。这个仙霓社，现在能演唱的不过十馀人，而这次来演出的还不满十人，仅是这八九人，如何能演出这许多戏呢?要知道演唱昆剧的人是平等的，不像唱京戏的人，一被人捧，就自命不凡，乱搭臭架子的。譬如说：他们中一位名旦，唱完《杨妃醉酒》以后，下几出戏里缺少一个宫女站班，他便脱去绣袍玉带，扮作宫女站班了。唱生的也是如此，一个李太白，一个唐明皇，一转眼间，都变成跑龙套了。试问京戏里的大老板能如此吗?

我不再多说了，语云："盛极必衰"。自从这六十岁集体做寿以后，我们这个每月聚餐会，也渐露凋零之象。人事与世事，交相煎迫。康侯与藕初，时时不在上海，好像六军无主。以这二十位庚兄中，也已有谢世的，未能遇缺即补。老成凋谢，国难频仍，从六十岁到七十岁，这一个过程中，华发苍颜，大家也没有什么好兴会了。

我要说的，那时北京也有一个丙子同庚会，它发起在我们之后，不是在五十岁成立的，所以也没有什么千龄会。更不知道他们共有多少人。但却知道都是知名之士，都是宦海中人，大半是东南各省人。记得好像有王克敏、张寿镛、曹汝霖（后来见曹写了一部《一生之回忆》，上面印有一个小印章，朱文是"生于丙子"四字，方征实)，更有一位是我们苏州人潘子欣，常住在天津的，北方人呼之为潘七爷，重诺仗义。我这位老朋友，谈起他来，又是一大篇，这个插曲，暂时不唱了。其他还有几个丙子同庚的，当时记得，至今都遗忘了。他们还有风雅的事，说是苏东坡也是生于丙子的，考据他的生年月日，致祭一番，作诗酒之会，我们可是没有给苏公做冥寿呀。

我还要附录一笔，上海有了丙子同庚会之后，又有一个甲午同庚会。不用说，那就是甲午那一年生的（前清战败于日本，也是中国可纪念的年份)，他们也组织了一个同庚会。这个同庚会，可说全是名人，有一大半人我都认得的。吴湖帆是这个同庚会中人，梅兰芳也是这个同庚会中人。本来湖帆与兰芳两人是不认识的，只是大家闻声相思而已。那一天，湖帆说："我要去访问梅兰芳，不知他住在哪里?"我告诉他，住在马斯南路，可是湖帆懒洋洋，没有就去。我又向梅兰芳说了，兰芳喜跃道："吴湖帆先生我已渴慕了好久，哪有他来访我之理？您为我介绍，我即日先去拜访他。"到了明天，兰芳便到嵩山路去拜访湖帆，从此谈画论艺，两人又是庚兄，又是好友了。

俱往矣！梅兰芳、吴湖帆相继逝世，不要说我们丙子同庚会已凋谢，他们这甲午同庚会也就零落了。孔子云："逝者如斯夫，不舍昼夜！"新陈代谢，大自然早已为我们安排。记得在十年以前的某月日，我与林康侯同在香港，我们谈及丙子同庚会事。康侯说："从前我们千龄会中的二十人，除了我们二人之外，其他十八人，早都逝世了。"我说："当然是轮到我们了。"于是我们二人，互相戏谑，互相推测。我说："应是我先别君而去。"康侯问："有何理由？"我说："我的生日在二月，而你的生日在四月，我比你早出世两个月，亦应比你早去世也。"康侯道："不！我身体不好，精神衰弱，应是我先。"

其时我们年皆八十有八了，转瞬即将九十。乃不幸康侯于一九六四年即在香港先我而逝世，年八十九，尚未逾九十，而我乃于此硕果仅存矣。

一一三　神童易顺鼎

神童的名称，自古有之，史不绝书。我于六七岁就读家塾时，即知所谓孔融让梨、陆郎怀橘的故事，还笑说，这何足异，我亦能之。但今昔时世不同，儿童的知识有超越成人的，为善如此，作恶亦如此。不过家有一早熟的儿童，有才学，有道德，总是宗族的光荣，社会所称誉。近代以来，易实甫先生以神童称，我试略述其事：

易实甫先生，名顺鼎，号哭庵，湖南汉寿县人。这个汉寿两字，先前已经闹了一个误解。因为在《三国志》上，关羽曾封为汉寿亭侯，后来那些为关羽写履历的人，竟说他是汉朝的寿亭侯，不知道汉寿是个地名，亭侯乃是汉朝一个爵位的名称。那是不知史实，乱搞了一阵子的人所为，现在也不去说它。且说那个汉寿县，本来也不是叫汉寿县，叫做龙阳县，因为这个龙阳两字实在难听得很，从前在战国时代有一个叫龙阳君，以男色事人，所以后来文人笔下，说到龙阳两字便代表了同性恋爱。此刻已经改为汉寿了，可是跟易实甫开玩笑的，还是称他为"龙阳才子"。

原来这易家在前清也是世代簪缨，易实甫的老太爷也是一位名士，出为宰官，在陕西汉中府的任上，正值国内大乱，兵祸不绝，他也统兵出战。那时的川陕兵，把汉中府围困起来，要杀进衙门里来。这时实甫只有五岁，却从小就很聪明。据他的自述，五岁就能做诗，是他的母亲教的，他的母亲是大家闺秀，也是一位女诗人。到了汉中府失守，他母亲企图自尽，教两个差弁背着他，冲出城外，投奔大营，交给他的父亲。可是他的母亲却没有死得成功，被仆妇们救活了。这个背易实甫的差弁，刚走到汉江沙洲岸上，被匪众掳去了，把这个五岁小娃娃，丢弃在芦苇丛中一块大石头上。

后不知如何，那个小孩子，即是易实甫，到了太平天国军中一个启王的军营里。启王见他很聪明，问他的姓名，他也对答如流。启王知道他是汉中府易某的儿子，倒也很为欢喜。便给他香汤沐浴，改换衣襟。你道穿的是什么？头上紫金冠，身上小龙袍，脚上绣花鞋，打扮得好似前朝小东宫一般。原来这些衣服，都是从一个戏班子里没收得来的。

不久，这个消息，渐渐传到他的父亲那里，知道他的儿子在太平军中，设法令人去赎取。可是启王那里却是奇货可居起来，开出的条件，要银子几万两，烟土几万斤，还要易实甫父亲所喜欢而常骑的一匹乌云点雪的战马。那个差官请见一见小主人，见他正打扮得似小王子一般，倒也亲笔写了给父亲母亲禀安的帖子。可惜那差官回来的时候，他老子已革职撤营，待罪军中，哪里还顾得到赎儿子的事！易实甫只得随着太平军启王跑，一个小孩子，还有什么办法呢？

后来那个启王，为了从汉中回救金陵，刚到湖北应山县地方，却被清军中那个蒙古亲王僧格林沁的马队冲过来，冲得启王的队伍七零八落。易实甫本来由四个难民背负而逃，恰巧遇着一位军官飞马过来，四个难民只得跪下求饶。那军官见那个小孩子穿了这样的服饰，以为必是太平军中的王子王孙，便把他带〔去〕见了王爷。这个蒙古亲王僧格林沁，却生得赤面浓眉，长髯过腹，就像各处庙宇里塑的关爷爷一般。坐在黄土坡上一把虎皮椅子上，左右围缭〔绕〕着红顶珠、蓝顶珠、孔雀翎、黄马褂，挨挨挤挤的文官武将，就有一百馀人之多。

僧格林沁亲王这时便向这个小王子问话了，易实甫小声小气，王爷听不真切，便命人把他抱将上来。易实甫在家里早练成以手指蘸水作字，便在王爷手心里画起字来。王爷道："这个娃娃会写字吗？"吩咐快拿笔墨与他。易实甫便将自己的姓名和老子的姓名，一齐写了出来。僧王抱他在膝上，很是欢喜，立即命传应山县知县上来。那知县战战兢兢，不知道出了什么事。王爷便吩咐应山县知县，设法送这个孩子回家，俾得他们家人团聚。恰巧那位应山县知县和易实甫同乡，那事便顺利进行，即行送信给他老子知道，才派了两个老家人，迎接这位小主人回家。

据说易实甫在七八岁的时候，自己便写了一篇《述难文》，如何写法，我不曾见过。他回家以后，十五岁就进了学，是一个秀才；十七岁中了举人，称之为孝廉公。十五岁进学不稀奇，十七岁中举，便比较少了。

直指望飞黄腾达，中进士，点翰林，是个金马玉堂人物。在清代的读书人，谁不是这样的想法？在当时有一句成语，叫做"宰相必用读书人"，而清朝的制度，凡是入阁拜相的大学士，必从翰林出身。所以有才的士子，总以不得翰林为憾。易实甫虽是一个神童，又是一位才子，但是在会试上却阻住了，五上春官，都是落第。不过他们是缙绅诗礼之家，落第尽管落第，做官还是要做的。除神童、才子以外，还有一个诗人的嘉誉，也是难能可贵的了。直到了清光绪廿八年，易实甫简放了广西右江道谢恩的那一天，军机大臣荣禄，向西太后奏道："这易顺鼎是一个神童，在兵难中，僧格林沁救出来的。"因此易实甫这个神童之名，已是"上达天听"，国内愈是震动了。

我和易实甫先生，仅见过一面，前章曾述过，也是在北京某一宴会之所。因为他的笔名为哭庵，而我的笔名中有一笑字，一哭一笑，互相对照，资为谐谑。可是他为什么要哭呢？这在他的诗早已说过，他是哭他的母亲。据说易实甫极孝顺他的母亲，在他的诗中，时有所述。他太夫人逝世以后，甚至要庐墓三年。那末他除了才子以外，还是一个孝子呢！我为什么知道这一个故事呢？因为我那时为写《留芳记》在北京搜集材料，是一班同文讲给我听的。是为了谈起了剪辫子，有许多自命为前清遗老，把一条辫子总是不肯剪。易实甫虽然也挤在遗老队里，却是毅然把辫子剪了，而且痛痛快快还写了一首长歌。我将这长歌，录之如下：

> 三户灭秦非项梁，五世相韩非子房。
>
> 御寇嫁卫本贫士，相如任汉由赀郎。
>
> 分非与国同休戚，义非与土俱存亡。
>
> 众人待我众人报，虽事二姓谁雌黄。
>
> 何为区区数茎发，欲剪不剪心彷皇。
>
> 薄言剪之勿犹豫，赋诗聊以知其详。

嗟我先君忏权贵，大藩三莅悭封疆。
我生遭逢更坎坷，出入虎口行羊肠。
五上春官悉报罢，六乘夏缦皆投荒。
岂惟封疆不能到，三司直似强台强。
自从皇纲一解纽，新政旧政纷蜩螗。
西园卖鬻竞煊赫，东楼贿赂且昭彰。
礼义廉耻表四维，君父夫妇废三纲。
文官爱钱武怕死，贤士无名谀高张。
不贤者皆父盗跖，贤者亦复兄孔方。
土崩瓦解固其所，冠裂冕毁知非常。
烂羊沐猴遍天下，乳臭铜臭争腾骧。
侯王尽变为盗贼，盗贼尽变为侯王。
彼所操者至巧妙，金钱主义争微芒。
或用鼓吹或运动，利器远胜炮与枪。
不操戈矛取人国，不折一矢倾人祊。
取利禄复取名誉，肱人之箧如探囊。
争夺革命比汤武，争夺揖让高虞唐。
牺牲亿兆人性命，为汝数辈供酒浆。
牺牲千万世利益，为汝数辈修囷仓。
所称志士尤可笑，改制易服悬徽章。
其状非驴亦非马，其人如羊而如狼。
为东胡奴则不屑，为西胡奴又何忙。
又有受恩深重者，高官大爵何辉煌。
国家无事则富贵，国家有事则叛降。
此世界是何世界，狗盗盗贼兼优倡。
无廉耻又无君父，无是非尤无天良。
嗟我不富不贵者，为廉所累居首阳。
嗟我不叛不降者，为节所累成翳桑。
人不负我我负人，宜多操懿与禹光。
我不负人人负我，抚衷希幸无惭惶。
嗟我如金早跃冶，志拟天地真不祥。

昔但哭母不哭国，唐衢贾谊误比量。

今将死忠笑非分，昔不死孝当雁殃。

我今欲为万世殉，鲍焦徐衍同悲凉。

恐人疑我死一姓，我死一姓何芬芳。

昔非尧舜薄周公，今侣禽兽依犬羊。

圣人大盗我所叹，英雄竖子阮所伤。

臣之形生而质死，臣之发短而心长。

我发本为个人惜，微时故剑同难忘。

二百余年祖宗物，勿剪勿伐同甘棠。

五十余年吾身物，如妻如友无参商。

甘违禁令逾半载，时时护惜深掩藏。

有时欲作头陀服，有时欲改道士装。

恐人疑我忠一姓，我忠一姓殊骇狂。

微子尚言泣不可，嫌疑瓜李宜深防。

夏王解衣入裸国，泰伯断发居蛮乡。

今朝决计便剪去，地下本不见高皇。

下告宾友上祖祢，余发种种天苍苍。

　　这一首《剪发诗》的古风，诗家陈散原（三立）批详它道："此诗喷薄而出，读之令人笑，令人哭也。"大抵一个才人，青年时志高气扬，不可一世，几经挫折，便要发这种冷嘲热骂的文章。那位易实甫先生，始而神童，继而才子，十七岁中举后，原想连捷上去，像他那样的多才博学，一个翰林总可以稳拿到手吧？谁知"五上春官悉报罢"（他诗中语），你有什么法子好想呢？不得已做官吧，外放捐道员，也得不到好差使，刚得了广西右江道的实缺，不久也就辛亥革命了。把他所有的功名利禄，连根带叶，一齐铲光，这怎不教他要大发牢骚吗〔呢〕？

　　这《剪发诗》可说是一顿臭骂，新也骂，旧也骂，上也骂，下也骂，骂满人，也骂汉人。他诗中的两句道："为东胡奴则不屑，为西胡奴又何忙。"真是骂尽当时的中国人呢！

　　我与易实甫先生虽仅见过一面，我和他的公子君左，却是熟友，父子都是诗家，真是相得益彰。不过君左的诗，比他父亲的要蕴藉多了，那是处境

463

使然，他不曾经过似他父亲这般流离艰危，只是在风雅中度生活而已。但他的出名，也甚奇诡。最初以"闲话扬州"一文，得罪了扬州人，小小的惹了一点文字祸，而成了报纸上的人物。继又以好为对联的人，把"易君左矣"对"林子超然"（林子超是林森的姓名），传诵于词人之口。顾君左的风流倜傥，亦诗如其人也。

记得有一次，还在"解放"之前，君左到台湾，曾有杯酒之欢，在座有张振宇、陈定山等诸位。他在台北还办了一种杂志，唤作《新希望》，是个周刊，再三要我写一些什么。我那时疏懒得很，也实在觉得写不出什么来，只寄了几首小诗去，那真是班门弄斧了。他的《新希望》中，附有一栏，名曰"台湾诗情"，他把我的小诗载入其中。我说："你们贤乔梓都是诗人，我只是打油而已。"不久，他的《新希望》便失望了，我也离开了台湾了。他的年龄还比我轻得多吧，最近又闻他先我而逝了。

写至此，偶阅金梁的《近世人物志》，始知易顺鼎的父亲为易佩绅，号笏山。在王湘绮的日记中，常述及此君。有一则云："易笏山每作日记辄记过自责，日日有过日日自责，亦近顽矣。"按从前的老辈，以道学自命，每日有写功过格的，笏山想就是如此的吧？又一则云："闻笏山辞官，亦近知耻。"又云："访笏山，门可罗雀，多谈乩仙。笏山好谈禅，禅客厌之。"既而又述及实甫了，云："易郎实甫来谈，并送行卷，亦有经说，知时尚所趋，转移为最捷也。"又一则云："与易郎谈华才非成道之器，东坡六十而犹弄聪明，故终无一成。"又云："至笏山父子处久谈，笏山方颠狂自恣，微箴之，无益也。"人称易实甫为神童，湘绮则称之为仙童，其日记中云："为易仙童评诗稿，颇多箴纠，易或未足语此，正论宜令时贤知之。"又致书易哭盦，劝勿再哭。又云："仙童已为两督所保，当以才子侍天后矣。得易仙童书，纯乎贾宝玉议论。"以王湘绮的老气横秋，常以幽默作调侃语，亦无足异。然易家父子风范，亦可见了。

叶昌炽的《缘督庐日记钞》亦有纪〔记〕载："易实甫观察赠所著书，一枝好笔，如天马行空，不可羁勒。奇人奇才，吾见亦罕。其学问宗旨，在一'灭'字，自叙云：一身灭则无一身之苦，一家灭则无一家之苦，世界灭则无世界之苦。刍狗万物，实欲驾释老而上之，可谓好奇矣。"其评论如此。

图书在版编目（CIP）数据

钏影楼回忆录 钏影楼回忆录续编 / 包天笑著；刘幼生点校.——太原：三晋出版社，2014.3
ISBN 978-7-5457-0930-8

Ⅰ.①钏… Ⅱ.①包… ②刘…Ⅲ.①包天笑（1876～1973）——回忆录 Ⅳ.① K825.6

中国版本图书馆CIP数据核字（2014）第047183号

钏影楼回忆录 钏影楼回忆录续编

著　　者：包天笑
点 校 者：刘幼生
责任编辑：周　雨
责任印制：李佳音

出 版 社：山西出版传媒集团 ·三晋出版社（原山西古籍出版社）
地　　址：太原市建设南路21号
邮　　编：030012
电　　话：0351-4922268（发行中心）
　　　　　0351-4956036（综合办）
　　　　　0351-4922203（印制部）
E—mail：sj@sxpmg.com
网　　址：http://sjs.sxpmg.com

经 销 者：新华书店
承 印 者：山西省美术印务有限责任公司

开　　本：787mm×1092mm　1/16
印　　张：30
字　　数：582千字
印　　数：1-3000册
版　　次：2014年3月　第1版
印　　次：2014年3月　第1次印刷
书　　号：ISBN 978-7-5457-0930-8
定　　价：68.00元